本著作由上海市律师协会资助出版

倪正茂全集

和沣题

法律战卷 9

倪正茂 著

學苑出版社

图书在版编目（CIP）数据

倪正茂全集．法律战卷 / 倪正茂著．—北京：学苑出版社，2023.11

ISBN 978-7-5077-6723-0

Ⅰ．①倪… Ⅱ．①倪… Ⅲ．①倪正茂—全集②战争法—文集 Ⅳ．①C52 ②D995-53

中国国家版本馆CIP数据核字（2023）第133477号

出 版 人：洪文雄
责任编辑：孟　玮
出版发行：学苑出版社
社　　址：北京市丰台区南方庄 2 号院 1 号楼
邮政编码：100079
网　　址：www.book001.com
电子信箱：xueyuanpress@163.com
联系电话：010-67601101（营销部）、010-67603091（总编室）
印 刷 厂：北京建宏印刷有限公司
开本尺寸：787mm × 1092mm　1/16
印　　张：29.5　彩插 2
字　　数：581 千字
版　　次：2023 年 11 月第 1 版
印　　次：2023 年 11 月第 1 次印刷
定　　价：280.00 元

作者简介

倪正茂，1940年出生于浙江省苍南县金乡镇，先后就读于金乡小学、平阳二中、平阳一中、瑞安中学。1957年考入复旦大学法律系，1961年毕业于上海社会科学院政法系。先后从教于上海南洋模范中学、淮海中学、零陵中学等。1979年进入上海社会科学院法学研究所工作，1997年赴上海大学法学院工作，1988年获“上海市有突出贡献的中青年专家”称号。2006年获上海市首届“五一劳动奖章”。2008年获聘为上海政法学院终身教授。已发表文章五百多篇，出版《隋律研究》《科技法学导论》《法哲学经纬》《生命法学探析》《比较法学探析》《激励法学探析》《苏联国家与法的历史》《中华法苑四千年》等专著、合著、译著四十四部。

总 序

今天是我的 78 岁生日。剩下的时间不会很多了，于是动了凡心，将前此发表的文字汇编成集一并出版。

我大致是从 1980 年前后（也就是 40 岁前后）开始发表文字的。此前，自觉在大学期间所学无几，故而花了近 20 年的时间自学法学、哲学、文学、史学和外语。讵料 1981 年发表第一篇法学论文《论法律的起源》，即引起法学界的热议，竟至法学院校、研究机构多有分成了臧否两派，纷争热烈。原因是传统的观点认为法律起源于奴隶社会，而我认为法律起源于从原始社会向奴隶社会的过渡时期。尽管否我者认为我的观点“离经叛道”，在后来的“精神污染”运动中我甚至被领导点了名，但我的观点最终却成了法史学家的共识。受此事件的鼓舞，后来的学术研究中，我坚持了这样几点：第一，言（文）须有新意；第二，坚持追求真理，对权威的观点不随意苟同。

因为有这样的自我要求，所以，我获得了写出新中国第一部法哲学著作《法哲学经纬》，第一部全面考证、研究隋律的专著《隋律研究》及后来的《隋代法制考》，第一部全面论证法的激励功能的专著《激励法学探析》，主编、主撰了第一部论述法律战基本理论的《法律战导论》，第一批科技法学专著《科技法学导论》《科技法学原理》，第一批生命法学著作《生命法学引论》《生命法学探析》，第一部批判欧美中心主义的比较法学专著《比较法学探析》等法学成果。所有这些成果都获得了国家级或上海市级的优秀著作奖。

除著作外，我还发表了 500 多篇文章。这些文章，除极少几篇是“合作”的之外，都是“单干”的产物；而且，除语言逻辑方面的文章外，几篇“合作”的作品，也多是本人起草、执笔的。在此前以及本文集中，凡是有合作者的，无论是著作或文章，我都注明了合作者的姓名。

500 多篇文章中，有不少是耦合时事、随性涂写的长文短论，所以，本文集盖以“随笔”概括之。其中有一些属于“游记”，但据说与绝大多数游记不同，是什么“政治性游记”。上海社会科学院文学研究所潘颂德研究员竟极力翊赞为“开创了政治游记”的“游记新品种”。但纵览中国文学史不难发现，古往今来的中国文学史家也写了许多带政治内容的，只不过不像我写得那么直白罢了。而这“直白”，也许不过思想浅薄罢了。

本文集中，还有一些非法学类的作品，涉及语言逻辑、教育、社会、心理等，大多是随意而发的东西，算不上学术著作，只是一些普及读物罢了。之所以收入文集之中，不过是为了让读者了解我之为文的大概。此外，在搁笔之际，忽然念及一生竟然历经了肺病、肝炎、肾炎、心脏病、胃病、肠炎、盲肠炎、大面积脑梗死、脑萎缩、“典型的帕金森症”等“吓死人的病”，只是除了脾脏、胰脏没有患过病，却还活到如今并顶着一个“终身教授”的金色大盖帽，仍如四五十岁时那样，既无寒暑假及其他节假日休息，白天夜晚也忙碌得不亦乐乎，从而觉得我的生命历程中，也许这一“战胜”疾病的经验，比那些所谓的学术文章更有趣，也更有益于读者，甚至还值得医学家们略事研究，于是做了一番整理，写成了“养生感悟”，用以“断后”。读者自可断言我的“养生”不过只是一个“蠢”字罢了，但是或许有一些东西还有研究的价值，不是“呸”地一哂，即可弃如敝屣、扬长而去的。毕竟，一则活到了这把年纪而仍精力充沛，二则几乎所有我的同龄人无不啧啧称奇并真切艳羡我“比同龄人要年轻得多”！

倪正茂

2018年5月14日

本 卷 说 明

一、本卷收入了倪正茂教授主编、主撰的我国第一部论述法律战基本理论的著作一部，以及与他人合著图书倪正茂教授个人撰写部分。

二、收入著作的版本信息，均在篇首“题记”下以注释的方式做了说明。

三、本卷在编校时主要遵从下列原则：

1. 篇章节名：一般采用原标题。

2. 书稿排序：与人合著图书个人撰写部分排于专著之后，收入本卷的章节遵从原书，不再重新排序。

3. 原书注释：为方便读者阅读，原书的注释统一改为脚注，并在每页重新编码。注释格式原则上遵照原文，按本书要求略做改动。原书引用的文献，因当时出版规范与现行的不一致，在现有资料的基础上，对相应注释做了最大限度的补充。

4. 原书引用文献的外国人名译法：引用版本较早的图书，外国人名译法与今日通行译法有差别的，如果遵从原文会使读者产生误解，按今日通行译法直接改正。

5. 法律、法规：原书中所引用的法律、法规现今或修订，或废止，为避免读者发生版本混淆，以括注方式对相关法律、法规的版本在书中第一次出现时进行说明。

6. 国家机构：原书中出现的中华人民共和国成立后的国家机构现今发生变化的，以注释方式加以说明。

7. 原书中出现的相关人物的生卒时间情况有更新的，直接修订。

8. 数字表达原则上遵照原文，尽量做到局部统一。

9. 原书的明显错讹、缺漏，在征得作者同意的前提下加以修订。

10. 原书的编排体例按本书要求略做改动。

目　录

法律战导论

国际规则：入世后的中国法律对策（节选）

法律战导论

《法律战导论》* 题记

大概是在2003年12月初，我在《法制日报》或者《人民法院报》上偶然看到了一条简讯，谓《中国人民解放军政治工作条例》第10版于当年12月5日颁布，较之此前的版本，增加了关于开展“舆论战”“心理战”“法律战”宣传的要求。记得当时即心头一震，直如触电。所“触”之“电”，是作为法学工作者，深感必须研究“法律战”。此后，开始了有关的资料收集工作，举凡与战争有关的古今中外著作，尤其是法学著作中关于战争与法律的关系的文字都一一复印或者抄摘收录。

到2004年1月，大致形成了写一本名谓“法律战导论”的书的构想，并草拟了全书的提纲。这年的3月，我将初拟的“法律战导论”的提纲交给我的研究生张烽等人讨论后，进行了修改。提纲修订后，我请我的二年级硕士研究生张玉瑜、章斐、张烽、林泉、闫冬、许军英等人并通过他们另选的几位硕士一年级研究生屠文涛、郑飞云等，一起来按照我初拟的书稿提纲，直接进入“法律战导论”的研究与编写。其间，许军英同学邀请了在部队服役的张友军同志参与编写。约四个月过去，大家都按时交出了初稿，然后由我和张玉瑜同学修改定稿，交付上海社会科学院出版社印制出版。出版社按我的要求既印出了平装本，同时又印出了精装本；而且，不但没有要作者付“版面费”，还给作者支付了高额稿酬。据告，首批印刷的书迅即销售一空，后来还应原南京军区之请增印了800册。因此一书，2006年起，原南京军区特聘我任“南京军区法律战专家咨询组”专家。

我们编撰《法律战导论》一书，可说是“秘密”进行的，因为我对一、二年级的硕士生能否胜任并无很大的把握。所以，我既不敢声张，更不敢向校方开口要什么“科研经费”。只是在全书定稿之后，我才告知校长，并披露自己的一个“大大的野心”：希望能让部分作者留校工作，先成立一个研究小组，然后发展为“研究中心”，最后建立一个研究所，为将来应对我国面临的侵略战争威胁而预筹法律对策。万分可惜的是，此愿未遂，所谓“法律战研究”也就不了了之了。

---

* 倪正茂主编，上海社会科学院出版社2006年版。

序 言

一

人类还处在它的童年时期。

童年时期的人类，还不能完全避免战争，而战争带给人类社会的往往是巨大的破坏。第一次世界大战中，军民死亡950万人，伤3000多万人。第二次世界大战中，仅太平洋战场和欧洲战场，军民死亡数就高达4000余万人，伤1.2亿人；中国战场死亡3500万人。第二次世界大战以后，仅在多次大规模机械化战争中，死亡总数达3000万人，伤近1亿人。以上死伤总数相加，达到3.645亿人，约相当于13世纪时地球上人口的总数，等于当代英国、法国、德国、日本和韩国的人口总和。

因此，防止战争和预筹敌人将战争强加于我时的对策，就成了每一个有责任心的爱国者必须高度重视的研究课题。中共中央、中央军委2003年12月5日批准颁布的《中国人民解放军政治工作条例》(以下简称《条例》)之明确写进“舆论战、心理战、法律战”这“三战”，中国军队随后之普遍开展“三战”研究和训练，正是我国军队防止战争和预筹敌人将战争强加于我时的有效对策的一部分。

法律战概念的提出，为时不长。法律战观念的确立与加强，将是一个漫长的过程。但法律战本身则是古已有之而于今为烈。张景恩先生著《国际法与战争》一书中提及的古希腊城邦国家间的战争，多有运用国际法于和战决策、战争规则、人道处置等方面的[①]。该书还提及古代中国春秋时期诸侯国之间运用国际法于战争制度、战争规则、人道处置等方面的许多实例[②]。近代以来，运用法律于军事冲突以求“不战而屈人之兵”，或激战而求取人道主义待遇，或虽已停战却力争扩大战果等等的实例，更比比皆是。欧洲1618—1648

① 张景恩:《国际法与战争》，国防大学出版社1999年版，第34—42页。

② 张景恩:《国际法与战争》，国防大学出版社1999年版，第42—48页。

年的“三十年战争”，战前、战中、战后都发生过激烈的法律战。[①] 英国资产阶级革命，法国与西班牙争夺陆上与海上霸权的战争，俄国扩张领土引起的“北方大战”，美国独立战争，俄土战争，法国资产阶级革命战争及此前此后的对外侵略战争，欧洲列强侵略中国的战争，其间都充斥着法律的攻与防、交与易、屈与伸的和战斗争。随着社会的进步、民主潮流的发展和法治共识的增强，法律战在现代战争中更被广泛运用，有时可谓达到了它的艺术性运用的极致。因此，无论从总结历史的经验与教训而言，或者从未雨绸缪、防止战争而言，抑或是从一旦外敌将战争强加于我时从容应对而言，研究“三战”之一的法律战，今正其时。

2004 年以来，中央军委机关报《解放军报》和中国人民解放军各大军区报纸以及其他报刊先后刊登了《积极开展法律战教育训练》[②]、《现代战争中“法律战”概念辨析》[③]、《法律战：现代战争的第二战场》[④]、《为我军未来军事斗争提供可靠的法理依据》[⑤]、《如何做好法律战准备工作》[⑥]、《信息化战争中的几个问题》[⑦]、《关于法律战的几个问题》[⑧] 等重要文章。点击雅虎网站可以得悉，涉及法律战的信息已达 36500 多条（截至 2005 年 10 月 10 日）。军事科学出版社、解放军出版社等还出版了《火淬天平——二战中的法律战》[⑨]、《舆论战　心理战　法律战 300 问》[⑩]、《法律战 100 例——经典案例评析》[⑪] 等案例分析、问题解答性的著作。可以预期，法律战研究将会成为一个热点，关于法律战的科学将会成为一门显学。但直至笔者执笔写此序言时为止，还未见有关于法律战的系统的理论著作面世，也还未见有非军事部门的法学界人士的介入。后者，当随时光的流逝而有所改变，我们这些非军事界的法学人士之撰著此书，算是一次尝试吧；至于前者，精品当出在军界，而我们的作品则是引玉之砖。踉跄学步，不免幼稚，遽尔前行，更易跌跤，但为防止战争和一旦外敌将战争强加于我时可有预设的对策，这一拳拳之心，是可对青天、可问山河的。

尽管一定是幼稚的，尽管一定有许多不成熟或欠妥之处，我们还是大胆地把法律战问题写成了一部有一定系统性的、篇幅可观的著作了。之所以这样做，一是因为“初生牛犊不怕虎”；二是总要有“第一个吃螃蟹的人”。

---

① 鲁毅等主编：《国际关系史》（第 1 卷），世界知识出版社 1995 年版。

② 何新民：《积极开展法律战教育训练》，《解放军报》2004 年 3 月 8 日。

③ 丛文胜：《现代战争中“法律战”概念辨析》，《法制日报》2004 年 9 月 27 日。

④ 刘家新：《法律战：现代战争的第二战场》，光明网，2005 年 3 月 9 日。

⑤ 李亦楠：《为我军未来军事斗争提供可靠的法理依据》，《军队政工理论研究》2004 年第 3 期。

⑥ 李华伟、杨民：《如何做好法律战准备工作》，《政工学刊》2004 年第 12 期。

⑦ 徐连跃：《信息化战争中的几个问题》，《法制日报》2004 年 8 月 24 日。

⑧ 俞正山：《关于法律战的几个问题》，《西安政治学院学报》2004 年第 2 期。

⑨ 许江瑞：《火淬天平——二战中的法律战》，军事科学出版社 2004 年版。

⑩ 张瑞忠等主编：《舆论战　心理战　法律战 300 问》，军事科学出版社 2004 年版。

⑪ 丛文胜：《法律战 100 例——经典案例评析》，解放军出版社 2005 年版。

二

初尝法律战这一大“螃蟹”，笔者有了一些也许是可笑的发现，要言之：法律战是一门大学问。这门大学问至少包括以下几个方面。

（一）法律战史研究

笔者检阅了《国际关系史》[①]、《外交史》[②] 等书，大致可以认定，其主要内容就是法律战。不过这些著作是从外交——国际交往的角度写的，如果写法律战史，则应围绕军事斗争来写。

这里有两个问题值得注意。

一是中、苏等国学者编著的名为“国际关系史”“外交史”的著作，似乎范围过窄了。近代以来的国际关系，焦点确是在军事斗争上；但除军事斗争外，还有经济斗争、科技较量、宗教冲突、文化互动等等，都牵涉国家或地区的重大利益，也都通过法律的“战争”而防止国权的丧失、利益的减损，保护国威之长存、权利之增益。尤其是新技术革命浪潮兴起以来，科技实力的较量，已经并必将越来越成为国际交往中的“重头戏”，其中当然也包括围绕科技的法律上的斗争。因此，“国际关系史”“外交史”等无疑都应对各个领域的法律斗争予以青睐，否则就是跛足的“国际关系史”与“外交史”。

二是法律战有广义与狭义之分。广义的法律战涉及各个领域，狭义的法律战则只围绕军事冲突。因此，法律战史也有广义与狭义之不同。狭义的法律战，专指围绕一国之内或国家、地区间的军事冲突，以法律的制定与运用为内容而求克敌制胜的斗争。因此，有关的法律战史为狭义的法律战史。广义的法律战，则指围绕国家、地区间一切重大事项而以法律的制定、运用为内容以求克敌制胜的斗争，有关的法律战史则是广义的法律战史。

鉴于上述情况以及《条例》提出法律战的任务，我们把法律战史限定在狭义范围内。

尽管限定在狭义范围内，法律战史也还是一个庞大的史学系统。按时序划分，可以有古代法律战史、中世纪法律战史、近代法律战史、现代和当代法律战史；当然，还可综合为法律战通史。按地域划分，大者可以有国际法律战史、区域法律战史；小者可以有无数个两国或多国法律战史和国内法律战史。按内容划分，可以分为政治法律战史、经济法律战史、舆论法律战史、心理法律战史、宗教法律战史、科技法律战史、习俗法律战史、军

---

① 王绳祖主编：《国际关系史》，世界知识出版社 1995 年版。该书共 10 卷，王绳祖任总主编，各卷有分卷主编。

② [苏] В.П. 波将金等编：《外交史》，大连外国语学院俄语教研室翻译组译，生活·读书·新知三联书店 1979 年版。

事法律战史、司法对抗史等。其中每一方面又可做更细小的划分，如军事法律战史又可分为陆战法律战史、海战法律战史、空战法律战史等。此外，还有法律战学说史。

（二）法律战理论研究

诸如法律战概念、法律战要素、法律战分类、法律战原则、法律战过程、法律战系统、法律战规律、法律战文化、法律战价值、法律战意识、法律战理论范畴、法律战理论研究方法等等。

（三）法律战实务研究

每一场法律战实战，都有其共性与个性。研究其个性，可为共性研究提供归纳推理的前提，从而找出法律战的共同特点与规律；研究其共性，则可用以指导具体的法律战，以求克敌制胜。

法律战实务分战前、战中、战后三者，各有其具体内容。法律战实务涉及人、法、战场、过程。法律战中的人分决策者、指挥员、战士、法学家、交涉者（外交家及一般交涉人员）和民众等。法律战战场有国际战场与国内战场之分，有交战国战场、非交战国战场、友邻国战场之分，有外交战场、军事战场、民间战场之分，有正面战场、侧翼战场、后方战场之分，等等。法律战中的法分国际法、国际惯例、国内法，还与交战各国习俗有关。法律战过程，无论是战前、战中、战后，都有准备过程与实施过程之分。法律战实务还分具体法律战法理研究、法律战宣传、法律战培训等等。

（四）法律战不是独立存在的系统

同任何一个系统一样，法律战也不是一个孤立的、可以独立存在的系统。法律战与社会制度、经济、政治、文化、科技、宗教、心理、语言、习俗、传统以及地理环境、人口等等，有或远或近、或紧或疏的关系。因此，法律战研究应在与以上各个方面关系的互动中开展。

三

本书作为引玉之砖，包括了法律战理论研究的几个重要方面。

（一）研讨法律战概念，企求给法律战下一个比较准确的定义

现已出版的有关著作和论文，多有涉及法律战概念之定义的，但个个略有不同。笔者将尽力搜集有关的论点，进行比较，提出我们的看法。在这一部分还将围绕法律战概念、战争与法律战的关系、法律战的特点等展开论述。

（二）研讨法律战要素，企求对打胜一场法律战所必须具备的主观与客观条件做一科学的分析

笔者认为，在法律战中，法律是法律战的基础性要素，为此，必须力求有利于我地签订或制定有关的国际法或国内法。人才是法律战的智能性要素，举凡战略决策人才、战术指挥人才、战斗行动人才、其他辅助人才，都应对相关法律有不同程度的研究或了解，因此，各类各级人才应事先培训，力求掌握。战场是法律战的环境性要素，无论是法律战的国际战场还是国内战场，无论是交战国战场还是非交战国战场抑或友邻国战场，无论是法律战的外交战场还是军事战场抑或民间战场，无论是正面战场还是侧翼战场抑或战场后方，无论是战前战场还是战中战场抑或战后战场，都必须按事物的系统性原理加以系统性筹划，既不临事张皇也不缓急不分，既不分散战力也不厚此薄彼，既不主次不分也不轻重无别。战法是法律战技术性要素，从法律战指挥方针的确定、组织准备的进行、行动计划的制订，到具体实施、实效监测、方向纠偏、战法修正以及经验总结、教训吸取，都在法律战实践范围之内，都应一丝不苟，环环相扣，步步为营，层层推进，节节求胜。此外，法律战还有政治、经济、科技、宗教、文化等一系列辅助性要素，都应视同真枪实弹，准备、操练得“十八般武艺样样精通”，以求配合法律上的直接较量，有备无患，稳操胜券，力求不战则已，战必成功。

（三）研讨法律战分类

按法律战的内容，可以分为法律政治战、法律经济战、法律文化战、法律舆论战、法律心理战、法律军事战、法律语言战和司法对抗战等不同模式，它们各有技巧，各有战法，各有成败利钝；按法律战的时域，可以分为战前法律战、战中法律战、战后法律战，它们各有侧重，各有战术，各有主次缓急；按法律战的地域，可以分为国内冲突中的法律战、两国纠纷中的法律战、多国纠纷中的法律战和全球大战中的法律战。涉及面既有大小不同，法律战的复杂性自然繁简有别，“运用之妙，存乎一心”，因而都应具体情况做具体分析，特殊局面有特殊对策。

（四）研讨法律战原则

法律战虽然不同于以血肉之躯真刀真枪地殊死拼搏，但绝不是摇唇鼓舌的无事生非，也不是海阔天空的纸上谈兵，法律战既是“战”，就会有激烈的交锋，也会有或胜或败或和[①]的结局，因此，必须掌握规律，讲求规范，这就要根据古今中外的法律战经验教训，总结出一些“规矩方圆”，制定出一些原则来，以资遵循。笔者认为，法律战和军事斗争

---

① 也可能以“和”而告终，为行文简洁，下文仍以“或胜或败”代指“或胜或败或和”。

一样，与千百万人的生命财产安全息息相关，一定要讲究实效原则、利害原则、全方位原则、一体化原则和平战结合等原则。这里的每一项原则都有其具体内容，总结经验教训，加以深入探讨，当对法律战之成功有极大助益。

（五）研讨法律战过程

世间万事万物直至人类的思维，都是一个过程。每一场货真价实的法律战，都有其如同写作文章般的“起承转合”过程。力求做出准确的判断，是每一场具体的法律战的开始；依据判断而选择作战手段，是具体法律战制胜的必需；据此而进行方案准备、法律准备、证据准备以及或胜或败时的进退准备，是“运筹帷幄，决胜千里”的关键；周详、正确、科学地做好上述三项工作，目的全在于“驰骋疆场”的决胜战斗，这就是法律战的实施过程。至于莺歌燕舞的和平时期，应当看作是法律战的前沿与后展过程，因此要进行不厌其烦的法律战演练。“平时多流汗，战时少流血”，准备充分，演练纯熟，才有可能百战不殆。

（六）研讨法律战系统

世间一切都是关系，都成系统。法律战、心理战、舆论战结成了“三战”系统，这是“软系统”；“三战”又与武力战、信息战、政治战、经济战、文化战、科技战、宗教战等等结成大大小小、形形色色、或刚或柔、或紧或松的系统，各个系统之间都在军事斗争这个大系统的范围内发挥层级不同、强弱有别的作用。系统论以及与之直接相连的控制论、信息论，都与法律战系统的研究关系密切。如何有效运用系统论等科学方法论于法律战，将是法律战研究的一个长期课题。

（七）研讨法律战规律

一切事物都有其发展变化的必然性规律。战争有战争的规律，法律战有法律战的规律。既有一般法律战的共同规律，也有具体类型法律战的特殊规律。事物发展的辩证规律，如对立统一规律、量变质变规律、否定肯定规律、普遍联系规律、过程转化规律、链环结合规律、波浪式前进规律等等，都会体现、贯穿在法律战之中。同时，法律战还有自身的特殊规律。一场大规模的军事冲突只表现于一时，法律战却贯穿战前、战中直至战后；军事冲突的长过程必有打打停停之日，法律战却必须径直向前，绝无停顿之时；军事冲突重在军事战斗人员，法律战却必须军民结合、官民同举；军事冲突中也有“合纵连横”的统战对策，但总是以本军的战场决胜为主，法律战的胜负却往往以友军力量集结得如何、发挥得如何而影响至深至巨。

四

作为法律战理论研究的一种“尝试”，理应包括法律战理论研究的方法。但本书以“法律战导论”冠名，恰恰只能论述法律战本身，所以把方法论研究略去了。这里对法律战理论研究的方法问题略做陈述，一以弥补不足，二以求教方家。

在笔者看来，法律战理论研究的方法，最根本的是辩证唯物主义、历史唯物主义与唯物辩证法的方法。

或有不以“辩证唯物主义”以及“历史唯物主义”“唯物辩证法”为研究方法者，他们认为，只能以调查研究（包括实地调查、问卷调查、座谈咨询以及文献调查等）、比较研究之类为研究方法。其实这一看法不无偏颇。

调查什么，如何研究？比较什么，如何比较？这里有唯物和唯心之分野，有辩证与形而上之不同。实际调查而把对象孤立起来、割裂开来，是得不出正确结论的。盲人摸象也是实际调查，但不见整体、只见局部且以局部为整体，是形而上学的方法，得出的结论必然沦为笑柄。文献调查也一样。某君调查了《清太宗实录》，据其第 14 卷有“崇德元年四月十二日登基后议定会典”16 字等，遂论定清朝有《崇德会典》，甚至有 250 卷之多。此论久为学术界诟病，后田涛君做了《虚假的材料与结论的虚假》一文予以全面辩证。[①] 不能说某君之“《崇德会典》说”纯属臆造，他是做了史料调查的，但是他从一两个文字得出了宏大结论，虽非臆造，却为臆断，犯了同摸象的盲人一样的错误。新中国成立以来出版了数以千计的法制史著作，大多有比较翔实的文献调查，但得出的结论却背离了法制史，是人类解放自身的历史这一科学的、本质的结论，而贴上了阶级压迫史的标签。其根本原因，就在于采用了历史唯心主义而非历史唯物主义的分析方法。法律战史研究的大忌，首先在于背离、抛弃唯物主义与辩证法。略事考察，几乎所有的战争法都很冠冕堂皇，但究其实，却大多与强权政治关系密切，有的或者就是强权战争法，尽管这些战争法文献上充斥着自由、平等、人道之类的字眼。如果我们只重战争法文献而不用马克思主义唯物辩证法的“望远镜”与“显微镜”去分析，结论必与实际相去万里，科学性当然无从谈起。

辩证唯物主义、历史唯物主义和唯物辩证法既是一切研究方法的科学基础，本身也是重要的科学研究方法。其对立面是机械唯物主义、历史唯心主义和形而上学。毫无疑问，机械唯物主义、历史唯心主义和形而上学也是研究方法。受其毒害，历史上万千学问家、法律战研究者殚精竭虑、皓首穷经而无所收获或所获甚谬。这是今天研究法律战者应该尽力避免的。

---

① 倪正茂主编：《批判与重建：中国法律史研究反拨》，法律出版社 2002 年版。

明确了这一点，我们才可进而探讨与此相关的法律战研究的下列重要方法。

（一）文献调查法

“唯物”之“物”，不仅包括眼前之“物”，而且包括以往之“物”，亦即既要关注现代、当代的法律战，而且要关注古代、近代的法律战。那就只能求诸历史文献——国际关系史、外交史、战争史等的文献了。古代希腊、中国、印度、埃及和其他东方国家早就在国际交往中孕育与锻造出了国际法，并把这些国际法运用到战争中。大约在公元前 1400 年，埃及地区就出现过关于对待战俘的协议。[①]《伯罗奔尼撒战争史》记载过战败者的投降条件。例如公元前 435 年，科西拉战胜科林斯后，被迫投降者接受的条件是其中的外国军队和移民被卖为奴隶；公元前 413 年德莫斯提尼率领雅典军人接受了叙拉古的下列投降条件：雅典方放下武器投降；叙拉古方不能杀死任何人、囚死或饿死任何人。[②] 公元前 2 世纪至公元 2 世纪出现的古印度《摩奴法典》规定：“战士在战斗中绝不应该对敌使用奸诈兵器，如内藏尖锥的棍棒，或有钩刺的、涂毒的箭，或燃火的标枪。”“如此做好征讨准备时，可以通过谈判和其他三种方法，即收买、离间、使用武力，使敌臣服。”“如通过最初三种方法不足以使其臣服，可使用武力公开打击，渐次迫使他们就范。”“四种有效措施，以条约为首，识者为国家利益着想，始终更加重视和平谈判与战争。”[③] 中世纪以来的《威斯特伐利亚和约》[④]、《比利牛斯条约》[⑤]、《卡洛维茨和约》[⑥]、《里斯维克和约》[⑦]、《库楚克-凯纳吉条约》[⑧]、《亚眠和约》[⑨] 等等，都是军事斗争的结果，也都成了而后法律战的武器，无疑也是研究法律战的重要文献。

当然，这方面的文献绝非仅如上述法律文献，其他历史文献中也蕴藏着极为丰富的有关法律战的材料，或涉及防止战争，或涉及法律战的战前准备与运筹、战中实施、战后运用，或涉及增益军事战果，或涉及“合纵连横”“远交近攻”等。

如前所说，调查所及之文献，有真伪之分、精粗之别，当运用科学的眼光去伪存真、弃粗取精。为此，还应运用阶级分析的方法与比较研究的方法。

---

① Ingrid Detter. *The Law of War*, Second Edition. Cambridge University Press，P151.

② ［古希腊］修昔底德:《伯罗奔尼撒战争史》，谢德风译，商务印书馆 1960 年版，第 25、560 页。

③《摩奴法典》第 90、107、108、109 条，商务印书馆 1996 年版。

④ 1648 年 10 月 24 日签订。

⑤ 1659 年 11 月签订。

⑥ 1699 年 1 月 26 日签订。

⑦ 1697 年 9—10 月签订。

⑧ 1774 年 7 月 21 日签订。

⑨ 1802 年 3 月 27 日签订。

（二）阶级分析法

古往今来的法律战，发生在不同国家之间。不同国家、不同历史时期的不同统治集团在主导性地运用法律战于军事斗争中时，必然打上阶级的烙印。因此，对法律战的研究无疑必须运用阶级分析的方法，否则就很可能得出错误的结论。“弱国无外交”“强权即真理”等说法，反映了近代以来国际关系的一个极为重要的方面，同样反映了近代法律战的一个主要特点。“弱国”“强权”只是对现象的描述，对本质的剖析只能依赖于阶级分析的方法。

曾有一度，阶级分析方法运用过了头。到处贴阶级标签的结果，如同“真理再向前一步便成了谬误”一样，使得某些问题被淆乱不清甚至黑白颠倒了，造成了极大的危害与严重的恶果。显然，鄙弃乱贴标签，是拨乱反正之举，应当坚持。但是“当泼污水时把澡盆里的孩子也泼了出去”，就犯了大错。有些人“从一个极端跳到另一个极端”，从反对乱贴阶级标签进而否定阶级分析，这是错误而且危险的。当我们研究法律战的理论问题时，尤应注意这一点。

同时也应注意，尽管不同阶级出于不同的阶级利益会以不同的态度、不同的手法对待法律战，但只要都属法律战，就会有其共同的特点、共同的规律。而这，正是我们研究法律战的一个重要方面。

（三）比较研究法

有比较才能有鉴别。“比较是医治受骗的良方”（鲁迅语）。比较研究不同历史时期、不同类型国家、不同法律战手段及其不同的后果，可以从中总结出法律战的最佳战略、策略、模式、手段，从中找出指导法律战的科学理念、科学方法。

比较研究的前提是，用来比较的材料必须真实和全面。“投入稻草，是磨不出面粉的。”根据真实材料进行比较，才可能得出真实的结论，但也不一定能得出真实的结论。真实结论之得出，还有赖于全面的比较，进行科学的综合分析。如果用来比较的法律战材料只及鳞爪而不及全盘，只及树木而不及森林，也就不可能有什么“综合”，因而往往会比较分析出错误的结论来。这里，“真实”是唯物主义方法的要求，“全面”是辩证方法的要求。

法律战理论研究的方法远不止以上所述，但上述四者为其重要方面当大致不错。作为最新的战争内容与战争方式的探索，法律战研究刚刚起步，因此，其研究方法应该说还是一个实践性的问题，那就让我们在研究实践中去发展它、完善它吧！

第一章　法律战概念论

前已述及，法律战概念首见于2003年12月5日发布的新版《条例》。《条例》指出，总政治部[①]战时任务之一是“发挥政治工作的作战功能，组织开展舆论战、心理战、法律战，做好瓦解敌军工作，防范敌人策反破坏”。自此，舆论战、心理战、法律战“三战”成为热爱和平的中国人民防止战争和一旦外敌将战争强加于我时起而抗争的重要法宝，当然也成了肩负保卫国防重任的中国人民解放军官兵的重要任务。如果说，舆论战、心理战是出现已久、较为常见的概念的话，那么，对我国军民来说，法律战则是全新的概念。因此，在全面探讨法律战之始，有必要先事论述法律战的概念及与之相关的一系列问题。

一、战争与法律战

战争是战争，法律是法律。本来相互区别的战争与法律，二者联袂而成“法律战”，有一个历史发展过程。因此，要定义法律战概念，探讨法律战概念的相关问题，必须考察法律在战争中的作用，从而探明法律战的诞生、发展及前因后果、来龙去脉，探明法律战概念的内涵和外延以及法律战的特点。

（一）战争起源略议

关于战争的起源，古往今来有不同的观点，撮其大端，约略有二。

其一，认为战争和人类与生俱来，“可以说一部人类历史就是一部战争史”[②]。

人类的历史有多长，战争的历史就有多长，只不过每一次具体战争的目的、手段、形

---

① 即中国人民解放军总政治部。2016年1月，中国人民解放军总政治部调整，一部分职能新名称改为中国共产党中央军事委员会政治工作部，另一部分职能变为军委纪律检查委员会、军委政法委员会。——编者注

② 周健、尹争艳：《法律战：战争法》，海潮出版社2004年版，第1页。

态、规模、性质、结局等等个个不同而已。这一观点不无道理。人类是从类人猿进化而来的。作为高级动物，类人猿具有一般动物的共性：为抢夺食物、居所而争斗。如果说，从类人猿脱胎而来的人类始祖个体之间的争斗用不上“战争”这一宏大词语的话，那么，因血缘关系而集结成团的民族、部落之间的争斗，以“战争”相名本非绝对不可。

但战争毕竟与争斗、打群架之类有所不同，因而有特定的内涵，于是有了另一种观点。

其二，战争是“从有私有财产和有阶级以来就开始了的，用以解决阶级和阶级、民族和民族、国家和国家、政治集团和政治集团之间，在一定发展阶段上的矛盾的一种最高的斗争形式”[①]。

这是毛泽东给战争下的定义。这一定义解释了战争的本质特点，即战争是为解决阶级、民族、国家、政治集团的矛盾斗争服务的。

毛泽东说战争是“用以解决……矛盾的一种最高斗争形式”，他没有说是什么矛盾，但人们引用此语时往往加以发挥而论断“战争实质上是为……政治斗争服务的”。这样引申论断，笔者认为可能曲解了毛泽东的原意。首先，“政治斗争”虽然是各种斗争的关键，但不是最终目的。人们完全有理由续问：政治斗争又为什么服务呢？其次，有各种各样的矛盾：政治矛盾、经济矛盾、宗教矛盾、民族矛盾、种族矛盾……因此，战争就可能因上述矛盾中的任何一种或几种而发生；而综观古今中外的战争史实，确有各种不同原因引起而又是为着解决相应矛盾的战争的。综上所说，我们不妨断言：实际上，最基础、最根本的矛盾是经济矛盾；战争从根本上说，是为国家与国家、地区和地区、民族和民族、阶级和阶级、政治集团和政治集团之间的经济利益的分配服务的。著名的普鲁士资产阶级军事学家克劳塞维茨（1780—1831）曾正确地指出：“战争属于社会生活的领域。战争是一种巨大的利害关系的冲突。”[②] 虽然他常把战争看成是“政治的继续”，但是，政治又是以“利害关系”为根本基础的。正因如此，战争是“从有私有财产和有阶级以来就开始了的”。私有财产和阶级，是在原始社会第一次人类大分工之后就产生了[③]，而不是在政治集团形成之后，更不是在国家形成之后。既然“有私有财产和有阶级以来就开始了”战争，可见，说战争全是“为政治斗争服务”就较勉强。尤应注意的是，人类社会越往前发展，仅因“政治”而发生战争的可能性就越小，决定战争之起始与终结的，更根本、更起决定性的是经济利益。第一次世界大战时对垒的双方主力都是资本主义国家；第二次世界大战除苏德、中日之间外，也发生在互相敌对的不同帝国主义营垒之间。这两次世界大战都因争夺经济利益而掀起，也以经济利益的瓜分而告终。

---

① 《毛泽东选集》（第 1 卷），人民出版社 1991 年版，第 171 页。

② ［德］克劳塞维茨：《战争论》（第 1 卷），中国人民解放军军事科学院译，解放军出版社 1964 年版，第 179 页。

③ ［德］恩格斯：《家庭、私有制和国家的起源》，《马克思恩格斯选集》（第 4 卷），人民出版社 1972 年版，第 157—162 页。

当然，统治集团或政治集团的经济利益必然会在政治上反映出来，其中包括在形形色色的法律上反映出来。在这种情况下，战争就成了“政治的继续”；而法律则与战争藤葛相连地纠结在一起。最能说明这一观点的也许是近代史上1667—1668年的“法西战争”。这次战争居然被史家共同称为“遗产战争”或“权利转移战争”。1665年，西王腓力四世死去，继位的查理二世（1665—1700在位）体弱多病，又非嫡长。法王路易十四根据1659年法西之间签订的《比利牛斯条约》及“古老的法律”，提出其妻玛丽·特蕾莎系嫡长女，较查理二世有优先继承的权利，向西班牙索取财产，即享有弗朗什孔泰、佛兰德斯、纳尔瓦、那不勒斯等一系列西王领地。但他向西班牙要求割让南尼德兰遭到拒绝，为尽快把上述领地拿到手，便迫不及待地于1667年向西班牙发动了战争。因此，这次战争一开始便被称为“遗产战争”，亦称“权利转移战争”。战争开始，路易十四亲自参战，法军如入无人之境。然而，刚结束英荷战争不久的英荷两国，看到了路易十四的扩张给他们带来的威胁，于是匆匆结成同盟，瑞典也随即加入。三国同盟出面调停法西的冲突。考虑到把战争继续下去的严重国际后果，路易十四只好顺水推舟接受调停，无可奈何地于1668年同西班牙签订《亚琛和约》，停止了战争。《亚琛和约》迫使路易十四暂时放弃扩张领土的打算，不得不把占领的弗朗什孔泰还给西班牙。但是，和约仍使法国取得了南尼德兰的部分领土，其中包括有里尔、列日、沙勒尔瓦、库特莱等12城。[①]“遗产”之“权利转移”，昭然可见。

比较研究以上观点，并考察战争的历史发展进程，笔者认为：第一，不能说战争是和人类与生俱来的，它只是在人类社会发展到一定历史阶段之后，即发展到私有财产和阶级产生以后才出现的。第二，战争的动因，主要是一定发展阶段上的阶级矛盾，或者民族矛盾、国家矛盾、政治集团矛盾、宗教矛盾等等达到了极端尖锐的程度，非以战争的手段而不能解决。第三，阶级矛盾、民族矛盾、国家矛盾、政治集团矛盾、宗教矛盾等，通常都以政治矛盾和政治斗争的形式表现出来。因此，战争往往成了“政治的延续”。第四，所有上述矛盾的渊源以及解决矛盾的目的，归根到底都是为了调处与获取经济利益。最基础、最根本的矛盾，是经济矛盾。因此，战争实质上是为经济斗争服务的。第五，只有当国家、地区以及集团性人类的经济矛盾基本消失以后，战争才会消失；而人类社会科学技术和经济的发展，总有达到基本解决经济矛盾的一天，因而，也就总有达到战争最终消失的一天。第六，在战争的历史发展进程中，逐渐出现并日益强化着形形色色的法律问题，交战各方也必逐渐学会以法律为武器配合军事斗争，求取战争的胜利和战争胜利果实的最大化。

① 外交学院编：《近代国际关系史参考资料》，世界知识出版社1957年版，第3—4页。

（二）战争的历史发展与法律战实践

1. 战争的历史发展

远古的原始社会早期，私有财产还未产生，私有观念还未形成，私有制度还未建立，人们共同劳动、共同分配、共同消费。其时，“大道之行也，天下为公，选贤与能，讲信修睦，故人不独亲其亲，不独子其子，使老有所终，壮有所用，幼有所长，矜、寡、孤、独、废疾者有所养”[①]。但这种和平景象只是存在于氏族、部落的范围之内。氏族、部落或部落联盟之间，在“饱即弃余”、和平共处之外，还有“饥即求食”[②]的残酷争斗，有时往往打得天昏地暗、“血流漂杵”[③]。“或是为了占领生存的客观条件，或是为了保护并永久保持这种占领”[④]，中国古代传说中的黄帝部落联盟与蚩尤部落联盟之间及与炎帝部落联盟之间，尧、舜、禹和“三苗”部落之间，外国如古希腊荷马史诗记述的“英雄时代”各部落之间，就曾发生过大规模的暴力冲突。毫无疑问，人类始祖的这种暴力冲突，实即尔后战争的雏形。

随着生产力的发展和劳动生产率的提高，人的劳动力可以生产出超过维持劳动力所需的产品，从而也就有了剩余劳动。剩余劳动带来更多的剩余产品，战俘不被杀死或吃掉成了有利可图的事，战争就成了取得新劳动力的主要来源。与此同时，对剩余产品的占有有了可能，私有制与私有制观念迅速形成、日益强化，从而造成“古代部落对部落的战争，已经开始蜕变为在陆上和海上抢夺家畜、奴隶和财宝而不断进行的抢劫，变为一种正常的营生”[⑤]。正是随着生产力的发展而造成的私有财产的出现、私有观念的产生、私有制度的确立，战争变得越来越频繁。

在古代中国，可以征诸史料的，夏代有夏启之攻打有扈氏，夷族首领后羿之战夺安邑、废位太康、立号“有穷”，寒浞之攻杀羿孙相，相子少康之攻灭寒浞；夏代后期有武王汤灭韦、顾，战败昆吾，最后战败夏桀，建立商朝；商代前期有武丁征服下旨、土方、鬼方，其他君主征伐吉方、人方、澜方、基方、羌方、盂方、周人等方国和荆蛮等氏族部落；商代的最后一个国王纣被周武王所灭，周朝建立；西周时期各族之间长期大战，终至百余个诸侯国纷纷建立，互相攻伐，导致进入东周的春秋战国时期；战国时期的燕、赵、韩、魏、秦、齐、楚七雄并立，战火连绵，最后以“秦王扫六合，天下成一统”，建立中央集权封建专制的大一统秦国而告终。自此以后，秦为汉灭；汉末魏、蜀、吴三国大战，转而进入魏晋南北朝时期；360 年的长期混战后，隋文帝统一中国，旋又为唐所灭；唐末

---

① 《礼记·礼运》。

② 《白虎通义》(卷 1)。

③ 《史记·五帝本纪》。

④ 《马克思恩格斯全集》(第 46 卷上)，人民出版社 1979 年版，第 475 页。

⑤ 《马克思恩格斯军事文集》(第 3 卷)，中国人民解放军军事科学院战士出版社 1982 年版，第 431 页。

大乱，进入“五代十国”的长期混战，直至宋朝建立。此后的宋、元、明、清时期，也有此起彼伏的内战与外战。掠夺与反掠夺、压迫与反压迫、侵略与反侵略、争霸与反争霸、扩张与反扩张的战争，绵绵不断，高潮迭起，构成了中国古代社会的血腥历史。

这种情况，在外国也是大体如此。例如自公元前800年始，希腊进入有文字记载的时期，同样是基于攻城略地，同样是凭借武力、不断战争，到公元前600年前后，逐渐形成了数百个大大小小的城邦国家。其中势力最强的希腊还大肆对外扩张，在小亚细亚西北沿岸、爱琴海诸岛、北非沿岸及西西里、意大利南部各地建立了许多殖民地，从而危及亚洲，尤其是危及当时较为强大并向欧洲扩张的波斯，于是导致公元前492年到公元前449年欧亚之间第一次的大规模战争——希波战争的爆发，战争的结果是希腊打败了波斯。但希腊各城邦内部又爆发了新的冲突。其中，不断向外扩张的雅典与斯巴达形成了争霸希腊的局面，终至造成了公元前431年至公元前404年在雅典领导的提洛同盟和斯巴达领导的伯罗奔尼撒同盟之间爆发的史称“伯罗奔尼撒战争”的大规模冲突，战争以雅典霸主地位的确立而告终。

从中世纪前后到近代，战争的火焰从未停息，相关国家不仅有国内战争连绵不断，而且逐渐扩展为国际战争。

2. 伴随战争发展的法律战

从古代到近代，在战争的历史发展中，法律战相伴着武力战。

孟子评价春秋时期的战争谓“春秋无义战”。这“义战”的标准就是其时以“义”为核心的战争法律制度。《司马法》云:“古者，以仁为本，以义治之之谓正。正不获意则权。权出于战，不出于中人。是故杀人安人，杀之可也；攻其国，爱其民，攻之可也；以战止战，虽战可也。”[①]《尉缭子》曰:“凡兵，不攻无过之城，不杀无罪之人。夫杀人之父兄，利人之货财，臣妾人之子女，此皆盗也。故兵者，所以诛暴乱、禁不义也。兵之所加者，农不离其田业，贾不离其肆宅，士大夫不离其官府，由其武议在于一人。故兵不血刃，而天下亲焉。”[②] 又曰:“兵者，凶器也。战者，逆德也。争者，事之末也。故王者伐暴乱，本仁义焉。”[③]《三略》谓:“圣王之用兵，非乐之也，将以诛暴讨乱也。夫以义诛不义，若决江河而溉爝火，临不测而挤欲堕，其克必矣。所以优游恬淡而不进者，重伤人物也。夫兵者，不祥之器，天道恶之。不得已而用之，是天道也。夫人之在道，若鱼之在水，得水而生，失水而死。故君子者常畏惧而不敢失道。”[④] 这些说的都是有关战争发动的法律性制度，而这些制度，是在长期的诸侯国相互交往中逐渐形成并达成共识，认为应予遵守的。

① 《中国军事史》编写组:《武经七书注释》，解放军出版社1986年版，第80页。
② 《中国军事史》编写组:《武经七书注释》，解放军出版社1986年版，第178页。
③ 《中国军事史》编写组:《武经七书注释》，解放军出版社1986年版，第226页。
④ 《中国军事史》编写组:《武经七书注释》，解放军出版社1986年版，第508页。

《左传》上记载了这样一个宣战例子：左成王十三年夏四月戊午，晋侯派遣吕相使秦与之绝交。晋国向秦国发出文书谴责秦国背弃盟约，五月晋秦战于麻隧，晋军打败秦国。但是，在实际战争中，很少有诸侯国家认真遵守，更多的则是从一己之利出发攻打他国，而且也不遵守共同确认过的一些战争规则。甚至，偶有遵守规则的，反而成了批评、耻笑的对象。例如宋、楚在左僖公二十二年的泓水之战中，宋襄公之遵守“君子不重伤，不禽二毛，不以阻隘，不鼓不成列”的作战规则，就引致司马子鱼的批评：“君未知战！勍敌之人，隘而不列，天赞我也；阻而鼓之，不亦可乎？犹有惧焉！且今之勍者，皆吾敌也，虽及胡者，获则取之，何有于二毛？明耻教战，求杀敌也。伤未及死，如何勿重？若爱重伤，则如勿伤。爱其二毛，则如服焉！三军以利用也，金鼓以声气也，利而用之，阻隘可也，声盛致志，鼓儳可也。”[①] 尽管很少有诸侯国遵守战争发动的法律性制度和其他的战争规则，但相互之间指责对方“不仁”“不义”的却所在多有。这就是最初的法律战，目的是为了争取民心、争取他国的支持。《说苑》卷15《指武》所载管仲阻止齐桓公伐鲁、《左传·僖公二十六年》所载展喜以理屈齐师、《左传·昭公十三年》所载冶区夫劝季平子不执费人及《左传·哀公十二年》所载鲁哀公不重温盟约的故事等，都是以遵守既成的战争规则对待发动战争或战争中的敌国民众问题的适例；而《战国策·燕策一》等所记苏秦妙用合纵之计与张仪巧以连横之策大破六国联盟，其间打的都是结盟与反结盟的法律战。

早在公元前5世纪至公元前4世纪，以希腊罗马为中心的地中海广大地区各城邦国家之间，也在不断的战争中形成了一系列战争规则，包括战争权、宣战、休战、合约、仲裁、结盟、中立、投降、战俘、战时平民等方面的内容。这些战争规则或被遵守，或被违反，或因遵守、违反而被交战国加以不同方式的利用，从而反映了其时的法律战实践。在古代拉丁文献中，就有关于战争法（Ius Belli）、战争的习俗（Mos Belli）、军事法（Ius Bellicum）和随军祭司法（Ius Fetiale）等的原始的详尽记载。例如在李维的《罗马史》中，就记载有：

1.15：“维爱人的心灵为非德奈人的战争所感染，之所以如此，乃因为他们与非德奈人共血，因为非德奈人也是埃特鲁斯人，还因为他们自己是罗马人的邻人，而罗马人的武力对所有的邻人都不安全，于是，他们侵入了罗马人的土地，与其说他们遵循了正当的战争习俗，不如说他们进行了劫掠。所以，他们既未扎下营盘，也未等待敌人的军队，他们就带着在田野里搞到的战利品回维爱去了。”

2.12：记载了共和初期，罗马的民族英雄穆丘斯·谢沃拉行刺的故事。这位英雄被克鲁西乌姆人擒获。但他视死如归，为了表现自己的英雄气概，他不动声色地在火堆上烧掉了自己的右手。这时，克鲁西乌姆人的王波尔塞纳对他说：“走吧！因为你敢

① 《左传·僖公二十二年》。

于对自己施加比我要对你施加的更大的暴力。如果你的勇气用在我的祖国身上，我会为它鼓掌。现在，我根据战争法让你自由，让你完整无损地离开这里。”

9.1：记载萨谟尼安人的司令官在其使者带回未与罗马人达成和约的消息后说："为了平息神的愤怒并为了安抚人，还有谁能比我们做得更多呢？我们返还了从敌人夺得的根据战争法可以认为是我们的战利品，我们把已死了的战争的教唆者交到了他们手上，因为我们已不能把他们活着交出，我们把他们的财产也带到了罗马，为的是不让任何有过错的同谋者留在我们中间。”

李维的《罗马史》还记述公元前321年的考蒂流姆和约案已使用过随军祭司法（Ius Fetiale）一事。而在拉丁文献中，比李维早将近100年的西塞罗（前106—前43）在其《论义务》第3节、第29节、第108节中更早地使用了这一术语："而雷古鲁斯不应以伪誓违反与敌人订立的战争条件和协议，因为人们是在与一个正常和合法的敌人做这些事情，我们与他们共有整个的随军祭司法以及许多的法。若非如此，元老院决不会把如此尊贵的人捆起来交出。”从文胜先生的《战争法原理与实用》一书也记述了古希腊国家"在遵守和约问题上，各国往往根据自身利益的需要从严或从宽掌握条约和战争规则的条款"的情况。例如，在公元前425年，斯巴达和雅典就斯巴达在派娄斯被围军队的休战协定规定：斯巴达人将参加过战斗的船舰开到派娄斯，悉数交给雅典人，其他在拉哥尼亚的船舰也同样地交出；他们不得从海上或陆地上进攻要塞。雅典人允许在大陆上的斯巴达人将搓成面条的粮食按照规定的数量运往留在岛上的斯巴达人。这些口粮应在雅典人监视下运送前往，禁止私运。雅典人应该和以前一样，继续对海岛加以监视，但不得登陆，也不得从海上或陆地上进攻伯罗奔尼撒军队。如果任何方面有丝毫违背本协定之处，休战即应终止。休战有效时间截至斯巴达代表们从雅典回来之日为止，斯巴达代表们回来时，休战的期限即告完结。雅典人所交还的船舰应当保持接收时的原状。但当斯巴达和雅典之间的谈判破裂，斯巴达人要求按照他们以前所同意的办法将斯巴达的船舰退回时，雅典军队却拒绝退还。按照雅典人的说法，斯巴达人有一次进攻派娄斯城垣，虽然当时雅典并没有认为休战中止，但事后认为这就是破坏休战，故他们不能交还斯巴达的船舰。在这里，雅典对条约是从严掌握的。另一个例子，当雅典和斯巴达签订一年休战和约后，斯巴达将领伯拉西达不遵守条约，仍然鼓动赛尼翁人背叛雅典，虽然雅典军队和赛尼翁斯巴达联军在赛尼翁兵戎相见，但双方仍把休战持续到休战期结束。《战争法原理与实用》一书作者指出：在前一个例子中，如果雅典将斯巴达的舰船交还，则增加了斯巴达进攻派娄斯雅典守军的力量，危及雅典军队的生存，显然，雅典军队会找出各种各样的借口，不归还斯巴达舰船。但在后一个例子中，由于斯巴达和雅典之间已经进行了长达十余年的战争，双方都已十分疲惫，希望获得一个喘息的时间，于是只作相互指责，并不立即诉诸战争。[①]

较之古代，近代战争中伴随、交织着法律战的情况更见明显、更见频繁、更见全面。例如，1618—1648 年欧洲国家间的“三十年战争”就是一个典型。早在战前的 1608 年前后，法国国王亨利四世为了对付西班牙的反法政策，就和新教国家英国、荷兰以及德国的新教诸侯结成反哈布斯堡联盟。联盟条约签订实则“三十年战争”的法律战准备。“三十年战争”初期，战场主要在德国。参战的国家一方以法国为首，包括瑞典、丹麦以及在宗教改革中扩大了疆土、增强了实力的德意志诸侯，支持其战争伙伴关系的是反哈布斯堡联盟条约；另一方则以神圣罗马皇帝为首，包括奥地利、西班牙以及在宗教改革中失去了疆土与削弱了实力的德意志诸侯，同样以承认双方、多方的联盟条约而集结力量。战争进行过程中，从 1643 年起，交战双方便开始了和谈，一直谈到 1648 年 12 月 24 日才签订《威斯特伐利亚和约》，宣告“三十年战争”的结束。《威斯特伐利亚和约》的主要内容是：①法国、瑞典和德意志的新教诸侯得到了大片领土。法国取得阿尔萨斯（斯特拉斯堡除外），并肯定了它早先取得的三个主教区——梅斯、土耳其和凡尔登归它所有。瑞典则获得了波罗的海沿岸和北海沿岸最重要的港口，并且取得了军费赔偿。②限制了皇帝的权力，承认各诸侯有独立的外交权，从政治上分裂了帝国。③瑞士和荷兰的独立获得缔约国的承认。④卡尔文教派可享受与路德教派同样的权利；在帝国法庭中，天主教和新教的法官各占相等的人数。这不仅扩大了新教的力量，而且制止了天主教利用法庭去迫害新教徒。5 年多的谈判，可谓艰辛的法律战激战，每项内容、每一条款甚至每一字句，都斟酌再三，讨价再三，舌战再三。

美国 1861—1865 年的内战即“南北战争”过程中，甚至围绕军事封锁的有效性，就有关国际法条款的解释，展开了激烈的交锋。《国际法与战争》[②] 一书对此做了以下记述：1861 年美国联邦海军对南部进行封锁时，只有 42 艘战舰，要对南部 3500 英里（5632.704 千米）的海岸线上 189 个装卸货物的港口和海湾进行有效封锁，实在是难以做到的。因此，联邦封锁的效果在内战中曾引起激烈的争论。邦联的国务卿坚持认为它是一个“名义上的封锁”，不符合国际法，也不应得到国际承认。但封锁必须“确实有效”。那么这是否意味着要用军舰对每一个港口都形成一个严密的封锁线呢？作为前几次欧洲战争中的中立国美国，过去一直持这种观点，而世界海军大国英国则认为只要军舰力求不让敌人进出港口就是有效封锁。这两种不同的解释曾是 1812 年英美之间战争的原因之一。但现在情况不同了，美国是交战一方，英国是中立国，美国放弃其传统的解释而采取了英国的立场，而南部联邦则仍坚持美国原来的立场。在这种情况下，英国可以放弃其原有立场，但英国作为一个海军大国，不愿意制造先例，以免在未来战争中自食其果，因此，虽然南部

① 丛文胜：《战争法原理与实用》，军事科学出版社 2003 年版，第 46—47 页。

② 张景恩：《国际法与战争》，国防大学出版社 1999 年版，第 56—57 页。

提出了曾偷越封锁线的长长的船只名单，英国出于自身利益的考虑，英国外交大臣仍然于 1862 年 2 月 15 日宣布联邦的封锁是合法的，因为联邦海军“有足够的能力以阻止越过封锁线或对进出港口船只产生明显的危险”。联邦的封锁是符合“明显危险”这一标准的。1861 年后，联邦海军攻占了南部的罗亚尔港等几个港口，封锁效果明显改善。到 1864 年，联邦执行封锁任务的军舰达 471 艘。在整个战争期间，南部突破封锁出口了 100 万包棉花，进口了 60 万支步枪、50 万双军鞋。南部突破封锁的船舶约有 8500 艘次，而海军捕获或摧毁的船舶仅 1500 艘。尽管如此，与内战前 3 年出口的 1000 万包棉花和内战前 4 年 20000 艘船舶的运输量相比，封锁对战争胜负起到了重大的作用。法律战之伴随武力战的进行并对武力战的胜负所起重大作用，由此可见一斑。

从古代到近代，伴随着战争而开展的法律战实践，具有由不自觉逐渐走向自觉的特点。

最初的法律战，大多体现在为扩展实力、孤立敌人而与本国的邻国或敌国的邻国订立结盟条约，并运用结盟条约制约结盟对方的行动，以求达到削弱敌方力量的目的。其间也逐渐地、零散地形成一些关于宣战、开战、休战、停战和战后问题处理，以及武器使用甚至战斗队列等方面的战争规则。这是法律战的雏形，处于非自觉法律战时期。其时的结盟及结盟条约的签订，往往还有“临时抱佛脚”的特点。在以条约结盟的大量法律实践中得到好处以后，就逐渐上升为自觉的法律行动，在和平时期即千方百计开展结盟及签约活动，为未来可能发生的战争做必要的准备。但是，时日一久，国际关系往往发生变化，诸如国际友情冷却，国际关系淡化甚至恶化。如果恶化到一定程度而可能发生军事冲突时，原先签订的结盟条约就成了双方据以争斗的依据，如一方指责另一方毁约，另一方亦指责对方违约，等等。这样，就围绕同一部处理双边结盟关系的法律展开唇枪舌剑、互相攻讦，也就是形成了激烈的法律战，从而逐渐地进入了自觉法律战时期。

大致在非自觉法律战向自觉法律战转化的同时，战争实践中逐渐形成的各种各样的战争发起规则、战争进行规则和战后事务处理规则也一步步地完善起来。这些规则最初大多是约定俗成的一些习惯，如“两国交兵，不杀来使”之类；后来就逐渐羼入了处理国际关系的一些条约之中，从而形成具体规定战争规则的战争法。近代出现的《关于河流自由航行的规章》(1815 年 2 月)、《巴黎会议关于海上若干原则的宣言》(1856 年 4 月)、《改善战地武装部队伤者境遇的公约》(1864 年 8 月) 等等，都属于这一类，而围绕武力战利用这类战争法开展斗争，就是比较自觉的法律战了。从古代到近代，正是法律战从不自觉到逐渐自觉的演变过程。

(三) 近代一次自觉法律战的典型

1787—1792 年的俄(国)土(耳其)战争，可谓近代一次比较自觉的法律战的典型。

俄国在 1768—1774 年俄土战争中打败土耳其，迫使土耳其签订了《库楚克－凯纳吉条约》。该《条约》主要内容包括：①俄国取得进入黑海的重要港口，其中包括克里木半岛上的叶尼卡尔和刻赤要塞。②宣布克里木汗国脱离奥斯曼帝国独立，《条约》规定承认所有鞑靼民族为自由的、完全不依赖于任何外来政权的民族。③俄国商船可以在黑海、奥斯曼帝国的其他海域以及多瑙河上自由航行，自由出入博斯普鲁斯海峡和达达尼尔海峡，可在所有码头、港湾包括首都君士坦丁堡停靠；俄国商人可以在奥斯曼帝国境内自由通商，并享受最惠国待遇。

《库楚克－凯纳吉条约》使俄国终于打通了南方出海口，进入了黑海，同时为吞并克里木做了准备，是俄土关系史上最重要的条约之一。在《条约》中，俄国故意对多瑙河公国、对保护基督教臣民问题做了一些含糊规定，以便为进一步向巴尔干和近东扩张埋下伏笔、预谋借口。

早在伊凡四世（1533—1584 在位）时，俄国就想夺取克里木了。女皇叶卡捷琳娜二世上台后，俄国在 1744 年的《库楚克－凯纳吉条约》中迫使奥斯曼苏丹承认克里木汗国独立，不过是为进一步吞并做准备。1780 年初，俄国把吞并克里木汗国作为对外政策的主要目标。这一年，俄国女皇在和神圣罗马帝国皇帝约瑟夫二世会晤于莫吉廖夫时，确定了俄国和奥地利对土耳其和波兰采取“同样的立场”。虽然由于外交程序上的分歧，没有正式签订同盟条约，但通过两国皇帝之间在 1781 年 4 至 5 月交换的具有一定法律约束力的亲笔信，俄国和奥地利建立了同盟关系。这些，实际上就是法律战的准备工作。在做了上述一些法律准备之后，1783 年 4 月 19 日，女皇发表了一个正式吞并克里木的宣言，声称：“作为永远消除扰乱俄国和奥斯曼帝国之间缔结的永久和平的不愉快的根源的一种手段……朕已决定，将克里木半岛、塔曼岛和库班地区（库班河右岸）置于我们的管辖之下。”[①] 克里木汗国被俄罗斯吞并，成为“新俄罗斯”的“边区”。

俄国吞并克里木汗国后，为巩固其在黑海上的势力，立即着手建立黑海舰队和建设军港。黑海舰队基地塞瓦斯托波尔的拱门上公然大书“去君士坦丁堡之门”，宣告了俄国以此为基地继续南进的野心。为了减少法国的阻力，顺利巩固其对克里木的吞并，俄国还在 1786 年底与法国缔结了《俄法商约》来改善两国关系，使法国在君士坦丁堡不再从事反俄宣传。《俄法商约》的签订，成了俄土武力战的法律战准备的有机组成部分。

土耳其对于被赶出克里木当然极为不满，而俄国在黑海上咄咄逼人的推进，使俄土矛盾更加尖锐起来。由于俄国提出了对多瑙河两公国和格鲁吉亚的保护权问题，终于导致 1787—1792 年的一场新的俄土战争。

这次俄土战争的直接导火线是多瑙河两公国和格鲁吉亚问题。在 1768—1774 年俄土战争中，俄军曾经占领过这些地方。《库楚克－凯纳吉条约》规定了俄军必须从这些地区撤退。而俄国早就想得到这些地方，并不甘心撤退。在签订条约的时候，俄国就做了准备

① ［美］乔治·沃尔纳茨基（George Vernadsky）：《俄国历史资料集（早期—1917）》（*A Sourse Book for Russian History from Early Time to 1917*，第 2 卷），耶鲁大学出版社 1972 年版，第 412 页。

法律战的手脚。如在该《条约》第16条中，在规定俄国将全部比萨拉比亚以及瓦拉几亚、摩尔达维亚两公国归还给奥斯曼帝国政府的同时，规定了奥斯曼政府应遵守的10个条件，其中第10条为：苏丹政府“应同意驻奥斯曼帝国的俄罗斯国宫廷大臣可视两公国之情况为其居民的利益伸张。奥斯曼帝国政府应保证以对友好国家的尊敬态度听取上述意见”。诸如此类的条件，使俄国仿佛是两公国的保护者与利益代言人。这些含糊不清的规定，成了俄国后来提出对两公国有保护权的法律依据。关于格鲁吉亚，《库楚克－凯纳吉条约》的规定也很含糊：“被俄军武装占领的格鲁吉亚和明格列里亚的一些城堡，俄国认为它们应该属于它们自古以来就所属的那些人。因此，如果上述这些城堡确实自古以来就是奥斯曼帝国政府占有的，就应被确认是属于它的。本条约换文后，俄国军队将在适当时间从那里撤走。”（第23条）同时也规定了奥斯曼政府保证遵守的一些条件。

1783年7月23日，俄国与格鲁吉亚在圣·格奥尔基签订了保护条约，土耳其政府不予承认。1787年7月26日，土耳其政府向俄国提出最后通牒，要求承认苏丹政府对格鲁吉亚的最高统治权、向克里木派驻领事、交出不久前曾跑到俄国的摩尔达维亚大公马甫罗高德等。俄国政府拒绝了通牒提出的要求。1787年8月21日，土耳其舰队向黑海北岸金布恩要塞的俄国舰队发起进攻，俄土战争开始。次年2月，奥地利加入俄国方面对土耳其宣战。

战争使俄国与英国、普鲁士的关系更趋紧张，战争阴云密布这些国家的上空。作为法律战的一个部分，1788年8月15日，英国和普鲁士、荷兰在柏林签订了针对俄国的三国同盟条约，主要目的是束缚住俄国在近东的手脚，破坏它在波罗的海的阵地。英国还和普鲁士鼓动瑞典从北方进攻俄国。

1788年6月，不宣而战的瑞典陆军从芬兰边境发动对俄国的进攻，海军则在芬兰湾登陆。瑞典国王古斯塔夫三世向俄国发出照会，提出以下要求：归还由《尼什塔得和约》（1721）和《阿波条约》（1743）所割占的全部领土；在瑞典的参与下，同土耳其签订和约，并归还克里木；如果土耳其政府仍不满意，那么就恢复1768年以前的边界，即废除《库楚克－凯纳吉条约》。

瑞典军队没有很快取得初战的胜利，而俄国的同盟者丹麦在1788年8月也参加了对瑞典的战争。英国和普鲁士不愿看到瑞典败于俄国，更担心后者加强在波罗的海的地位，于是急忙向哥本哈根派出特使，对丹麦横施压力，甚至以战争相威胁，要求丹麦撤军并签订和约。普鲁士也派出执行同样使命的特使。在英、普两国强大的压力下，丹麦被迫在1788年10月9日签订和约，答应在俄瑞战争中保持中立。

俄奥军队在南方取得的对土耳其军队的几次胜利，使英国和普鲁士大为紧张。英国的强硬派议员力主帮助土耳其对俄作战，其结果是导致1790年春形成了以俄奥为一方，以英普为另一方的对峙形势。为争取战争中的同盟，这一年普鲁士又与波兰签订了旨在反对俄国的同盟条约。奥地利之参加对土作战，表面上是为履行与俄国同盟的义务，实质却是为了夺取亚得里亚海沿岸的土地和塞尔维亚，因为它与俄国在多瑙河两公国等问题上也存在严重矛盾。当面临与英普对峙的形势时，奥地利陷入了深深的危机之中。1790 年 7 月，在英国和普鲁士的压力下，奥地利在来亨巴赫国际会议上，同意与土耳其签订和约，承诺不再给俄国以任何帮助。

1790 年 3 月，俄国不得不和瑞典开始和谈。由于瑞典要求俄国放弃根据 1743 年《阿波条约》所占领的芬兰的一部分土地，谈判时断时续，进展艰难。但 1790 年 8 月俄国因前线上的几次军事失利，被迫在芬兰的一个小村维列尔签订了和约，恢复了两国战前的状况。

在奥地利单独媾和及俄军败于瑞军的不利形势下，俄国处境孤立，不得不放弃了对土耳其的广泛领土要求。1791 年 8 月，俄国代表与土耳其代表在雅西开始和平条约的谈判。1792 年 1 月，签订了《雅西和约》。《雅西和约》绕开了格鲁吉亚问题，只规定土耳其答应不对格鲁吉亚采取敌对行动。其主要内容包括：重新肯定 1774 年《库楚克 – 凯纳吉条约》和此后的一系列外交文件（包括对克里木和库班河的吞并）；俄国的国境向西推进到德涅斯特河；俄国得到奥卡利夫，把占领的比萨拉比亚和多瑙河公国归还给土耳其，不过土耳其给俄国提供一定的贸易特惠。

1787—1792 年的俄土战争，围绕着武力战的显然是一次比较自觉地开展的法律战。作为武力战的前奏，《库楚克 – 凯纳吉条约》的签订（尤其是《条约》中若干处意思含糊的规定），俄国与格鲁吉亚签订保护条约，《俄法商约》的签订，俄、奥两国元首以亲笔信的准法律形式确认建立同盟关系，与奥地利签订同盟条约等等，是俄方有计划、有预谋地开展的法律行动，即以这些国际条约预谋发动战争的借口，事先策划一旦发生战争时求助于同盟者以增强己方的实力。俄方的法律战伴随着军事上武力战形势的变化而变化，由于武力战的失利，不得不以签订《雅西和约》而结束战争。作为俄土战争的另一方，不仅仅是土耳其一国开展了法律战，其同盟国、利害关系国如瑞典、英国、普鲁士、荷兰等国也都单独或者联手开展了针对俄国的法律战。俄土战争开始后，英、普、荷三国同盟条约的签订；瑞典要求归还《库楚克 – 凯纳吉条约》《阿波和约》中割让给俄国的领土，要求参与俄土和约的签订，要求废除《库楚克 – 凯纳吉条约》；英国、普鲁士之迫使丹麦签订和约，保证在俄瑞战争中保持中立；普鲁士之与波兰签订反对俄国的同盟条约……所有这一切，构成了俄土战争中纷繁复杂的法律战宏大场面，使 1787—1792 年的俄土战争同时成了近代战争史上一场颇为壮观的比较自觉的法律战。

（四）现代战争与法律战的发展

1. 现代战争与法律战

人类进入现代社会以后，发生了三个方面的重大变化：一是帝国主义的形成与发展。

“自从帝国主义这个怪物出世以后，世界的事情就联成一气了，要想割开也不可能了”。[①]二是在各国经济发展的基础上，世界市场形成，国际经济交往日益频繁，规模越来越大，矛盾也越来越多，越来越尖锐。三是交通、通信越来越发达，以致人类居住的偌大星球逐渐演变成了小小的“地球村”。三者的互动，以经济矛盾的扩大化、尖锐化为主导，引起了1914—1918年和1941—1945年的两次世界大战的爆发。这是人类历史上规模最大的两次战争，战火燃遍世界各国，无数生灵惨遭涂炭。其中，第一次世界大战基本上是不同帝国主义集团之间的恶斗，其结果是导致俄国爆发社会主义革命，建立了第一个社会主义国家；第二次世界大战同样缘起帝国主义国家的尖锐矛盾，但不久即转化成了世界性的反抗德、意、日法西斯侵略集团的浴血战争。在第一次世界大战之前、第二次世界大战之后以及两次世界大战期间，还发生过无数次规模不等的大小战争。从第二次世界大战结束到1989年间，共发生各类武装冲突与局部战争429起。“频繁的战争给人类带来巨大的创伤，死亡人数已达2100多万，相当于第一次世界大战死亡人数的2倍，第二次世界大战死亡人数的一半，武器弹药消耗量已远远超过两次世界大战消耗量的总和。它动摇了世界和平大厦的基础，撼动着开启世界战争的大门。”[②]“据统计，1990年世界共有各种规模的冲突28起，其中新发生6起；1991年共有29起，其中新发生7起；1992年共有30起，其中新发生12起；1993年共有34起，其中新发生13起；1994年共有38起，其中新发生15起……1990年至1999年的10年中，共有各种规模的冲突达351场次，年均约35场次，新发生的共有101场，年均约10场。”[③]其中对世人影响最大的有海湾战争、阿富汗战争、科索沃战争、美伊战争等。直至21世纪之初的今天，战火仍未停息。在所有这些大大小小的现代战争中，都伴随着法律战，从而使法律战的准备越来越深入、细致，法律战的设计越来越机巧、周密，法律战的规模越来越全面、庞大，法律战的时域越来越延伸、扩展，法律战的战果越来越具体、丰硕。

早在19世纪末，欧洲列强便展开了激烈的军备竞争。1874—1896年，欧洲列强军费开支大约平均增长50%以上。其中，德国增长为79%，俄国为75%，英国为47%，法国为43%，奥匈为21%。到20世纪初，军费更是持续上升。战前10年间，英国增长了16.1%，法国增长了21.3%，俄国增长了25.4%，德国增长了30.5%，奥匈增长了26.8%，意大利增长了40.2%。大战以前，除了英美两国实行募兵制之外，列强为了扩大兵源，普遍采取义务兵役制。服役期为2—4年，然后转入预备役。预备役期为13—17年，预备役期满后编入民团。到1914年，各国受过军训的人数是：俄国565万人，法国506.7万人，英国120.3万人，德国490万人，奥匈300万人。这样各国都使自己在战争爆发时

① 《论反对日本帝国主义的策略》,《毛泽东选集》(第1卷)，人民出版社1966年版，第156页。

② 顾德欣:《战争新论》，世界知识出版社1990年版，第161页。

③ 张锋:《世界战争热点透视(1)》,《解放军报》2002年1月9日。

能动员数以百万计的庞大军队，超过了常备军的 3—4 倍之多。[①] 在此期间，为了掩盖自己的扩张野心和扩军活动，帝国主义国家纷纷祭起了法律战的法宝，于是“强盗装正经”，坐到一起开起了所谓的“和平会议”。1899 年 5 月 18 日至 7 月 29 日在荷兰举行了第一次海牙和平会议，参加会议的共有包括欧亚美洲的 26 个国家。在会议开始之前，沙皇政府就提出了 8 项建议，内容是：①商定不增加陆海作战力量和军事预算，并研究将来削减军备的措施；②禁止使用新式火器或爆炸物；③禁止在战场上发射爆炸性子弹；④禁止在海战中使用潜水艇或鱼雷艇；⑤修订 1864 年日内瓦会议规定的海战条例；⑥确认在海战中从事救援工作的船舰处于中立状态；⑦修订 1874 年在布鲁塞尔制定的战争法；⑧确认为防止各国间的武装冲突而进行斡旋、调停和仲裁的统一原则，并制定实施办法等。在为期 40 天的会议中，与会者就裁军问题发表了许多冠冕堂皇的讲话，可是却没有任何具体结果，只是在一个公约中表示：“现在世界各国，武装用款为数过巨，贻累滋大，亟应设法限制。”但是，它对于各国扩军没有起到任何限制作用，也根本没有得到各国重视。海牙和平会议在一片吵闹声中签署了三项公约，发表了三项宣言，即《关于和平解决国际争端公约》《关于陆地战争的法规和惯例公约》《关于海上战争采用 1864 年 8 月 22 日日内瓦公约原则的公约》以及《关于禁止从气球上投抛炸弹和爆炸物宣言》《关于禁止使用专为宣泄毒恶气质的炸弹的宣言》《关于禁止使用入体膨胀或易成扁形的子弹的宣言》。[②] 然而就在和会结束仅 3 个月，英布战争就爆发了。1900 年八国联军又大举入侵中国。1904—1905 年，日俄战争爆发。1905 年，法德两国为争夺摩洛哥又发生了冲突。为了缓和充满着火药味的国际局势，也鉴于各方尚未做好战争的充分准备，各怀鬼胎的强盗们重又拾起了“和平会议”的遮羞布。1907 年 6 月 15 日至 10 月 18 日，有 44 个国家参加的第二次海牙和平会议召开。忙于扩军备战的各列强根本无意于裁军，企图夺取世界霸权的德国甚至公开激烈地反对裁军。第二次海牙和平会议重新审议通过了 1899 年的《关于和平解决国际争端公约》等三项公约。同时，因为意识到大战不可避免，列强们着重讨论了战争的法规问题，通过了 10 个有关战争的新公约：《关于和平解决国际争端公约》《限制使用武力以索偿契约债务公约》《关于战争开始公约》《陆战法规与惯例公约》《陆战时中立国家和人民之权利义务公约》《关于战争开始时敌国商船地位之公约》《关于商船改充战舰之公约》《敷设自动水雷公约》《战时海军轰击公约》《日内瓦公约诸原则运用于海战公约》《海战时限制行使捕获权之公约》《设立国际捕获物法庭公约》《海战时中立国权利义务公约》。也就是说，会议不但没有解决裁军与和平问题，相反却制定了一系列如何作战的法规，从而使一次讨论和平的会议，变成了战争的准备会议。不久之后，第一次世界大战便爆发了。

---

① 朱瀛泉等主编：《国际关系史》（第 3 卷），世界知识出版社 1995 年版，第 357—359 页。

② [美] 司克脱：《两次海牙国际和平会盟约全书》，蓬莱、钱宝源译，上海商务印书馆 1912 年版，第 11 页。

第一次世界大战的战前法律战，以帝国主义列强各国达成以法律互相蒙骗和一旦开战又如何以法律束缚对方手脚的共同阴谋而告终。这一时期的法律战，除主要体现在两次海牙和平会议及其通过的各种公约之外，还有围绕奥俄冲突，俄国与意大利于1909年秘密缔结《拉匡尼基协定》；围绕摩洛哥危机而导致在摩洛哥有利益之争的法德两国于1911年签订《法德关于摩洛哥条约》，以及法国和摩洛哥的《非斯条约》；围绕海军扩张与冲突而导致美国与德国于1913年签订《英法海军条约》；围绕意大利与土耳其的战争，导致两国于1912年缔结《洛桑条约》；围绕巴尔干战争，塞尔维亚与保加利亚于1912年签订《塞保同盟条约》与《塞保军事专约》，希腊与保加利亚于1912年也签订了《希保条约》及军事专约，德、奥、英、法、意、俄、土等国于1913年签订了《伦敦和约》，保加利亚与希腊、罗马尼亚、塞尔维亚、门的内哥罗于1913年签订了《布加勒斯特条约》。但紧锣密鼓的战前法律战，并没有阻止大战的爆发，只是为各有关国家寻找开战理由，或对敌方预设障碍，或为战时多有同盟力量做了准备而已。

第一次世界大战爆发后，“交战各国政府纷纷发表文书，冠冕堂皇地声明本国参战的正义性质。德国人说，为了‘保卫祖国，反对沙皇制度，捍卫文化发展和民族发展的自由’，‘在被迫的情况下，我们用纯洁的良心和纯洁的手，拿起宝剑’。奥匈则宣称：‘皇家政府为维护其权利，不得不采用武力。’俄国反复声明自己被迫作战，纯系‘斯拉夫兄弟的尊严受到奥匈帝国的侮辱’。法国人大唱高调，扬言要为‘保卫法兰西而战斗’，总统彭加勒给议会的战争咨文中，又强调‘法国再一次为人类的自由、理性和正义而斗争’”[①]。同时，从大战的第一天开始，各国便开展起了战时法律战。其主要内容是在一片混乱的激战中争取同盟军的斗争。当时没有参战的欧洲国家可以分为两类：一类是与这次大战较少利害关系的瑞典、挪威和丹麦，西欧的荷兰和瑞士，南欧的西班牙和葡萄牙。这些不愿卷入大国争霸战旋涡的国家，纷纷宣布中立。“交战国为了把这些中立国或作为获得物资和粮食的供应地，或作为开展间谍活动的场所，都纷纷表示尊重这些国家中立国的权利。”[②]另一类是同这次大战利害攸关的国家，如意大利、土耳其、希腊、罗马尼亚、保加利亚等，“它们企图利用这次战争达到扩张领土或摧毁对手的目的，跃跃欲试，伺机一搏。它们一直在观察战争形势，在交战双方之间待价而沽。交战国则以对方领土为诱饵，争取它们参加自己的阵营”[③]。例如意大利，大战开始后，意大利背弃盟约，于1914年8月3日发表中立宣言。但其中立是故作姿态，目的是向两个交战集团进行外交讹诈，准备参加可能成为战胜国而又愿意给它较高代价的一方作战。意大利一方面秘密传话给德国大使，如能得到足够报酬，准备援助盟国；同时，又向协约国“暗送秋波”，进行共同对奥匈作战的秘

① 朱瀛泉等主编：《国际关系史》(第3卷)，世界知识出版社1995年版，第405—406页、第409页。

② 朱瀛泉等主编：《国际关系史》(第3卷)，世界知识出版社1995年版，第405—406页、第409页。

③ 朱瀛泉等主编：《国际关系史》(第3卷)，世界知识出版社1995年版，第405—406页、第409页。

密谈判。它以同奥匈的谈判向协约国施加压力，又以同协约国的谈判对同盟国施加压力，协约国基本上满足了它的要求。根据 1915 年 4 月 26 日签订的《伦敦秘密条约》，协约国允诺在战后把奥匈帝国所属的特兰提诺、蒂罗尔、达尔马提亚、的里雅斯特等地区给意大利。英国还给它贷款 5000 万英镑作为参战费用。5 月 3 日，意大利撕毁三国盟约，于 1915 年 5 月 23 日对奥匈宣战。

第一次世界大战结束前及结束后的一段时间内，演出了一场法律战的典型活剧。其中心是围绕着美国总统威尔逊在战争末期的 1918 年 1 月 8 日提出的美国关于战后世界和平的十四点纲领。其主要内容是：①签订公开和约，杜绝秘密条约，公开外交；②平时和战时海上航行的绝对自由；③消除国际贸易障碍；④裁军和限制军备；⑤公道地处置殖民地，尊重殖民地人民和主管国政府的正当要求；⑥归还被占领的俄国土地，由世界各国协助解决俄国问题，使之自由地、独立地解决自身政治发展；⑦恢复比利时的领土完整和主权独立；⑧阿尔萨斯－洛林以及其他被占领土归还法国；⑨根据民族分布线修正意大利疆界；⑩允许奥匈境内各族自治；⑪ 罗马尼亚、塞尔维亚、门的内哥罗的领土应予恢复，塞尔维亚应取得出海口，巴尔干国家的政治独立和领土完整应由国际保证；⑫ 土耳其境内各民族应予自治，达达尼尔海峡国际化；⑬ 建立独立的大波兰；⑭ 建立国际联合机构。1918 年 9 月，威尔逊又把十四点的主要内容加以归纳，在纽约发表演说时，提出和平方案的“五原则”：民族平等、共同利益、国际联盟、国际经济合作、公开外交。但是，美国的欧洲盟国认为，欧洲国家以巨大的牺牲为代价，换取了战场上来之不易的胜利，不能依照美国的要求处理战后和平问题。其中，英国的反对尤为强烈。但是，在大战末期，美国不仅在经济上而且在政治、军事上都拥有最强大的实力，欧洲国家在结束战争和战后重建问题上都要仰仗美国。在这样的情势下，协约国集团内部在经过一番激烈的争论后，最终还是确定以“十四点纲领”作为对德和平谈判的基础。

这是一场旷日持久的，因讨价还价而展开的尖锐、激烈的法律战。丘吉尔在《第一次世界大战回忆录》中记录了当时的一些情况。例如关于“十四点”中第二点的讨论，他写道：

> 接着宣读第二点。
>
> “在平时和战时，在领海外公海上航行有绝对自由，只有在为了实施国际条约而采取国际行动时可以封闭整个或部分海洋。”
>
> 这一点涉及所谓的“海上自由”的问题，自然引起英国的关切。它听起来意图良好，但它用意何在？它意味着取消战时封锁权吗？我们刚从一场自由斗争中脱身，在这场斗争中封锁对于保护欧洲自由和美国权利发挥了重要作用。英国海军刚刚才粉碎了潜艇战。英国的船舰刚刚才将大部分美军运到欧洲。我们使用制海权拯救自己免遭入侵和保护我们全体人民免挨饥饿。在我们的大力援助下，我们的朋友们刚取得一个

共同胜利，就在此时告诉我们，要把封锁这一伟大的保卫武器变钝、变为无用（即使不是使其破碎）肯定很难接受。今后情况不一定需要，未来的环境并不需要，或者说没有可能对交战国海上权利的整个问题做一次审核。此刻敌人的防线正被法军和英军付出生命和鲜血的可怕代价打垮，此刻英国在皇家海军的保护下正平安地走出人类最大的灾难，此刻难道我们应该在接到通知后几天或几乎几个钟头就被要求：在生死攸关，可能意味着天大干系，也可能毫无干系的问题上同意这么一个方案。英国代表、首相劳合·乔治先生说，他无论如何不能接受这个条款，目前是战时，如果接受我们将失去封锁的权力。德国垮台可以说是受封锁的结果，几乎相当于军事作战的结果……他不愿在第二款未经讨论时便建立和批准国际联盟。即使在国际联盟建立之后，他也准备讨论这一条款。他不打算与德国讨论这个问题。如果要停战，就要我们承诺这些条件，否则停战是不可能的。

法国代表、总理克列孟梭和意大利代表桑尼诺同意劳合·乔治的意见。

然后美国代表豪斯上校说，现今一切讨论最后都可以得出这样的结论，即此前与德国和奥地利的一切谈判必须一笔勾销。总统没有选择余地，只能告诉敌人，他的条件不为协约国所接受。于是出现的问题是，美国是否会不得不直接与德、奥着手处理这些问题。

克列孟梭发问，豪斯上校的意思是否暗示在美国与敌人间将会出现单独和平。豪斯上校说有可能导致单独和平。这要看美国能不能同意法国、英国和意大利提出的条件。

现在我们要为美国承担巨大责任。军队仍在全面作战。即使在美国做出最大努力的这个月，每天凡死伤一个美国兵就有4个英、法、意士兵倒下。美国在欧洲战场上的投入是无比的少，但这里却出现了直接威胁，如果英、法、意不吞下全部十四点，不管她们怎样或被要求怎样，美国都将从前线撤兵，与德、奥单独媾和，听任战场陷入完全混乱之中，并使世界可悲地进入另一年的战争。这是在劳合·乔治为国效劳时对他品质的一次度量，他没有在这种无法辩解的压力前退缩。

首相回答说，英国政府不可能同意第二点。要是美国打算单独媾和，我们对此深感遗憾，可是我们将准备继续战斗。（这里克列孟梭插话说“是的”。）“我们决不能放弃将美国军队带到欧洲的这种运输力量。这就是我们为之战斗不能放弃的东西。英国不是真正的军事国家；它的主要防御力量是舰队。英国没有一个人会同意放弃使用它的舰队的权利。此外，我们的海上力量从来不粗暴滥用。……除了海上航行自由的问题外，威尔逊总统的言辞中没有说到有关比利时和法国财产被恣意毁坏和船舶被击沉的赔偿问题。”此外他不反对总统的十四点。他建议给总统一份答复，表示十四点必须包括赔偿，我们相信总统演讲中不会没有关于赔偿的意见，但是我们希望对这个问题有彻底的了解，我们能接受我们所理解的对德国被授予海上自由这一点所做的说明。

豪斯上校同意，第一步由协约国政府聚集在一起，提出它们对威尔逊总统条件不同意的所在。在提到其他几点后，他说，总统条件的措辞都有十分广泛的含义。例如，拿阿尔萨斯－洛林来说，他并不是特指这个地方归还给法国，只是意味那个地方是肯定要还的。克列孟梭说，德国人对这点肯定不做这样的解释。豪斯上校接着说，总统在其他场合已经说了这么多（意即说得很清楚了）。总统坚持德国必须接受他全部演说内容，而根据这个演说你们任何人都可以对德国提出几乎任何要求。对比利时和法国的赔偿肯定在第七款和第八款中有所暗示，这两款说明这些国家的入侵敌人必须撤出，领土必须“恢复”。对在海上非法击沉的船舶和中立国船舶使用同一原则。

然后一致同意，协约国的保留意见应当系统地提出。

将近一个星期在紧张中过去。威尔逊总统用一份最后通牒加强豪斯上校的地位，他的代表决定把它保留着以待后用。这个文件写于10月30日，他说：“我觉得有责任授权给你，你可以说我认为，如果和平的内容不包括海上自由，我不能同意参加和平谈判，因为我们宣誓要打倒的不只是普鲁士的军国主义而是每一个地方的军国主义。我也不能参加不包括国际联盟的解决办法，因为这样的一种和平在几年之内会造成无保证状态，只能带来灾难性的普遍军备竞争。我希望我不会被迫公开这个立场。”

同时英国拟定了它的保留意见。

意大利人有其他保留意见，他们指出现在的谈判只应用于德国，不涉及对待奥匈帝国的办法。克列孟梭同意英国的草案，它是至关重要的文件。

第三次会议于11月3日在豪斯上校的寓所召开，当时豪斯宣读威尔逊总统的一封信，信中对“海上自由”准则做了慰抚性的阐述。

“总统说，他直率和同情地认识到海洋——不论是领海还是沟通整个帝国的海洋——对英国及其地位的必要性。他理解，海上自由是应当予以最自由的讨论和最公允的交换意见的问题。但是总统未确知协约国是否明确地接受海上自由的原则，它们是否只保留这个主题使用的限度和对它的自由讨论。……总统坚持第一款、第二款、第三款和第十四款是“十四点”纲领中最关键的美国条款，他不能对这四点让步。海上自由问题只要我们事先在协约国之间取得一致，不必与德国政府讨论。……封锁是问题之一，它在这场战争的发展中已经改变，控制封锁的法律当然必须改变。然而不存在废除封锁的危险。”

劳合·乔治先生说，协约国采取的方案仅供自由讨论（见第二点），并非对美国的立场有所怀疑，美国有完全的自由进入和会并提出自己的观点。

豪斯上校问，劳合·乔治先生是否不能接受海上自由的原则。首相回答，他不能接受。“它最终与放弃封锁的思想联系在一起。他不想限制美国政府在讨论中发表意见，他只想为英国政府取得行动自由。”在豪斯上校再次发问是否接受这个原则时，劳合·乔治先生再次拒绝。他说：“即使他接受了，这也只不过是意味着一星期之内此地将有一个新的首相，这位新来者肯定说他也不能接受这个原则。英国人民不愿看到这个原则。在这个问题上，这个国家是绝对一致的。因此，他说能够接受是没有用处的，因为他知道，他不是代表大不列颠说话。”根据豪斯上校回忆，劳合·乔治先生又一次说：“英国愿花尽它最后一个几尼以保持它的海军优于美国或任何别的大国的海军，没有一个持不同立场的内阁官员能继续在英国政府内供职。”

豪斯上校然后修正了他的立场，他想要的只是“这个问题能加以讨论的原则”。没有人能够反对这个原则。劳合·乔治先生立即回答：“我们很愿意从当前战争过程中出现的新条件的角度来讨论海上自由。”①

除美、英、法、意的代表在法律战的“前方战场”即谈判桌上唇枪舌剑地交锋外，美国总统威尔逊还在场外时时发出声音，严重影响谈判，几近直接参加了。

不用说，在战后的巴黎和会上，围绕《凡尔赛和约》《圣日耳曼条约》《特里亚农条约》《纳伊条约》以及《色佛尔条约》等瓜分领土、瓜分利益的条约，帝国主义列强各国也是展开了极为尖锐、激烈的斗争的。总之，“一战”战前、战中、战后的法律战，不见硝烟而战火熊熊，不闻枪炮而杀气腾腾。

第二次世界大战之战前、战中、战后，同样围绕着武力战而发生过尖锐、复杂的法律战。囿于篇幅，除“二战”末期的法律战在下文另述外，其余的这里就不一一详述了。

2. 新生苏维埃俄国成功的法律战

1917 年俄国十月革命成功时，俄国正深陷“一战”火网之中，沙皇俄国还没有完全垮台，沙皇政府手中仍掌握着数百万“武装到牙齿”的军队，完全可能并正在与帝国主义国家勾结起来疯狂绞杀十月革命烈火中刚刚诞生的苏维埃国家。同时，苏俄国内反动势力还相当强大，正在作疯狂的垂死挣扎。面对这一极为严峻的形势，为了打赢国际帝国主义必然会发动的绞杀苏俄这一“新生的婴儿”的血腥战争，为了打赢国内反动派垂死之际必然会疯狂发动的夺回政权的战争，在十月社会主义革命胜利的第二天，即 1917 年 11 月 8 日，在全俄工兵苏维埃第二次代表大会上，全体代表一致通过了列宁起草的《和平法令》。

《和平法令》精辟简明地宣告了无产阶级专政的苏维埃国家对外政策的基本原则，充分表达了苏俄政府和人民反对帝国主义战争政策和侵略政策，为实现和平、民族平等、民族自决、废除秘密外交的坚强决心。其主要内容如下：

首先，无情揭露和谴责了一切帝国主义交战国所抱的强盗性掠夺的罪恶目的，指出了帝国主义战争的卑鄙性质，提出帝国主义战争的责任问题，强烈谴责帝国主义列强为争夺殖民地、宰割小民族而进行的战争“是反人类的滔天罪行”。

---

① [英] 温斯特·丘吉尔：《第一次世界大战回忆录》(下卷)，吴良健译，南方出版社 2002 年版，第 1346—1350 页。

其次，郑重呼吁一切交战国政府和人民立即“就公正和民主的和约开始谈判”，“立即实现不割地（即不侵占别国领土，不强迫合并别的民族）、不赔款的和平”，“立即签订和约，终止这场战争”。

再次，主张各国政府在全体人民面前完全公开地进行和平谈判。庄严宣告废除秘密外交，按新方式确立国际关系原则。

最后，向交战国政府发出呼吁，立即缔结三个月以上的停战协定，以便进行和谈；同时向交战国人民，“特别向人类三个最先进的民族，这次战争中三个最大的参战国即英、法、德三国的觉悟工人呼吁”①。

1917 年 11 月 21 日，外交人民委员部照会各协约国大使，照会附有《和平法令》的内容。外交人民委员部要求将此照会视同立即在所有战线停战，立即开始媾和谈判的正式建议，视同俄罗斯共和国全权政府同时向一切交战国人民及其政府提出的建议。

为了避免资产阶级政治家颠倒是非的故伎重演，列宁在《和平法令》里对“兼并”一词下了经典性的定义：“凡是一个弱小民族合并入一个强大国家而没有得到这个民族的同意合并、希望合并的明确而自愿的表示，就是兼并或侵犯别国领土的行为，不管这种强迫合并是发生在什么时候，不管这个被强迫合并或被强制留在别国版图之内的民族的发展或落后情形如何，最后，不管这个民族是居住在欧洲或是居住在远隔重洋的国家，都是一样。”② 这个关于“兼并”的定义成了各国人民反对帝国主义国家侵略干涉政策而开展法律战的有力武器。这是国际法、国际关系理论发展上的一大进步，对当时及尔后的法律战有重要的意义。

苏俄政府“立刻着手公布地主资本家政府从 1917 年 2 月到 10 月 25 日所批准和缔结的全部秘密条约。苏维埃政府宣布立即无条件地废除这些条约的全部规定，因为这些规定多半是为俄国地主和资本家谋取利益和特权的，为俄罗斯人保持和扩大兼并的领土的”③。苏俄政府从 1917 年 11 月 23 日开始在《真理报》《消息报》《工人与士兵》等重要报刊上，陆续公布了一些秘密条约、协定和外交函电。截至 1918 年 1 月，在短短两个月内，总共公布了 100 多个密约和文件。从 1917 年 12 月到 1918 年 1 月，外交人民委员部出版了《前外交部档案中的秘密文件汇编》，共 9 个分册。如公布了 1892 年法俄军事秘密协定，1905 年 7 月俄德军事条约，1907 年俄英瓜分伊朗、阿富汗和中国西藏的秘密协定和条约，1916 年，春英法与沙俄缔结的关于瓜分土耳其的协定，协约国关于为罗马尼亚参加协约国作战提供一笔报酬的秘密公约，1916 年 7 月 3 日，日本与沙俄缔结的瓜分中国的秘密协定。上述这些秘密条约和文件的公布，充分揭露了帝国主义列强进行第一次世界大战

① 《列宁全集》（第 26 卷），人民出版社 1957 年版，第 229 页。
② 《列宁全集》（第 26 卷），人民出版社 1957 年版，第 227—228 页。
③ 《列宁全集》（第 26 卷），人民出版社 1957 年版，第 228 页。

的真正目的。苏俄政府宣告终结秘密外交，公布和废除秘密条约，这在人类历史上是第一次。列宁还针对帝国主义的诽谤和攻击说："我们公布了一些秘密条约，今后还要公布。任何怀恨和诽谤都不能阻止我们这样做。资产阶级老爷们所以狂怒，是因为人民已经看清他们是为什么被赶入屠场的。"①

苏俄政府公布和废除秘密条约，在世界政坛产生了强烈影响。1917 年 12 月，法国总工会召开大会通过决议，要求废除秘密外交。1918 年 1 月初，英国社会党发表宣言指出：苏维埃政府公布秘密条约一事，揭露了帝国主义者；苏维埃要求公开进行和谈，将迫使德帝国主义者暴露他们的阴谋。

《和平法令》的公布方式体现了苏俄以外交方式进行的法律战的原则性与灵活性的结合。列宁估计到，某些不愿接受《和平法令》提出的要求但又不敢公开表示拒绝的国家，企图把破坏和谈的罪责推到苏俄政府头上，并借口苏俄政府提出的和谈条件是最后通牒。因此，列宁在《和平法令》中强调指出：苏俄政府决不认为《和平法令》提出的坚持无条件进行和谈是最后通牒式的，表示苏俄政府愿意考虑任何其他和平条件，而只坚持西方尽快地提出这种条件，条件要提得十分明确，并要公开讨论这些条件，无条件地排除秘密方式，坚决主张立即开始和平谈判。这使帝国主义政府无法借口苏俄外交缺乏和解态度而拒绝与苏俄谈判，从而取得了法律战的主导权。

《和平法令》的发表和秘密条约的公布，像一颗重型炸弹爆炸，在全世界产生了强烈的反响。各国报刊纷纷转载，国际舆论热烈赞扬。法国著名作家昂利·巴比塞写道："当取得解放的人类要纪念自己的解放节日的时候，他们就会极其兴奋、极其热情地庆祝 1917 年 11 月 7 日这个苏维埃国家诞生的日子，而苏维埃国家最早一个法令就是《和平法令》。"有人以《和平法令》的公布而推荐它的起草者列宁为 1917 年诺贝尔和平奖的候选人。《和平法令》在全世界受苦受难的人民心头燃起了革命的熊熊烈火。革命的工人运动和民族解放运动把"不割地、不赔款的和平"作为自己的行动口号。对此，国际帝国主义势力惊恐不安，英法等国纷纷强烈抗议，威胁苏俄政府要对其"破坏行为"导致的最严重后果负责。美国国务卿兰辛攻讦《和平法令》是"对各国现存制度的直接威胁"。英国外交大臣贝尔福乞求美国总统威尔逊发表声明，来抵消《和平法令》的革命影响。毫无疑问，《和平法令》的公布，是十月革命胜利后的一场法律战的伟大胜利。

《和平法令》公布之后，1917 年 11 月 15 日，苏俄政府紧接着通过了《俄国各族人民权利宣言》，庄严宣告彻底废除沙皇和临时政府推行的民族不平等、争吵和残杀的政策，阐明了解放沙俄被压迫民族的具体纲领和苏俄国家民族政策的基本原则。《俄国各族人民权利宣言》宣布：①俄国各族人民享有平等与自主权；②俄国各族人民享有自由的自决权乃至分离和建立独立国家的权利；③废除所有一切民族的和民族宗教的特权和限制；④

① 《列宁全集》(第 26 卷)，人民出版社 1957 年版，第 323 页。

居住在俄国领土上的各少数民族与民族集团的自由发展。[①]1918 年 8 月 29 日，苏俄政府又声明废除俄、普、奥三国关于瓜分波兰的条约。1918 年 1 月 27 日，外交人民委员部照会伊朗驻彼得格勒公使，正式宣告“彻底废除旨在反对波斯人民的自由和独立的 1907 年英俄协定”。照会还确认在 1907 年协定之前和之后“无论在哪个方面限制或束缚波斯人民自由和独立生存权利”的所有协定全部无效和作废。[②]1921 年 2 月 26 日，苏俄政府与伊朗签订了友好条约，宣布废除和放弃沙俄与伊朗以及沙俄与欧洲国家签订的一切有损伊朗利益的条约和由此而取得的特权，并将沙俄在伊朗领土上掠夺的一切权益无偿地移交伊朗人民。1918 年 1 月 11 日，苏俄政府通过了《关于土耳其属亚美尼亚法令》，承认 1915—1917 年被俄军占领的土属亚美尼亚人享有自决直至完全独立的权利。1918 年 3 月 16 日，苏俄政府又与土耳其签订了友好亲善条约，放弃领事裁判权，取消土耳其欠俄国的一切债务。条约宣布支持民族自决的原则立场，认为东方各族享有自由、独立和按照自己的意愿选择政体的权利。1921 年 2 月 28 日，苏俄政府与阿富汗签订了友好条约，解决了历史遗留下来的边界争端。

当时苏俄国家与德奥集团的交战状态还未终结，德奥集团的军队还占领着苏俄的大片领土。尤其令人忧心的是，当时苏俄国家仅有在十月革命时建立的临时的工人赤卫队武装，还没有真正建立起自己的常备军。前线的几百万旧俄军队，军心涣散，大批逃跑，几近彻底瓦解状态。总司令杜鹤宁将军拒绝执行苏俄政权的命令。而他的这种反革命行为却得到协约国帝国主义者的喝彩和支持。德国企图利用俄国这种处境，乘机占领苏俄大片土地，以便扑灭苏俄革命，结束东线战争。同时，协约国也正在用金钱和弹药把沙俄白卫匪军从头到脚武装起来。国际帝国主义武装干涉苏俄的战争如同黑云压城。因此，从国际环境和对外关系上看，苏维埃政权的地位还远远不能认为已经巩固。苏俄国家为了进一步巩固革命政权，必须毫不犹豫地退出帝国主义战争，以缔结和约的方式主动展开法律战，使苏维埃政权赢得一定的喘息时机，以便尽快巩固工农联盟，镇压被推翻的反革命阶级的反抗，建立红军，建设苏维埃经济。

持续了三年多的世界大战已经使各国人民和士兵饱尝战争灾难，极其痛苦，他们越来越憎恶这场帝国主义战争，拥护苏俄的正义主张，全世界反战情绪日益高涨。迫于人民大众强烈的反战要求，协约国集团各国政府对《和平法令》提出的和平建议采取沉默的抵制态度。但是，心怀鬼胎的德奥集团，态度却与协约国有所区别。当时，德奥集团国家由于三年战争的消耗，粮食奇缺，原料匮乏，物价飞涨，民怨沸腾，反战情绪迅疾高涨。加之协约国严密的海上封锁，更加剧了这些国家的困难局面，而德国的盟国处境更糟。面对危如累卵的险局，德奥当局希望尽快结束东西两线作战的不利局面，以便集中兵力对付西

① 《苏联对外政策文件汇编》(第 1 卷)，莫斯科，1957 年，第 15 页。
② 《苏联对外政策文件汇编》(第 1 卷)，莫斯科，1957 年，第 34 页。

线，与英法决一死战，企图以此扭转战局。怀有扩张主义野心的德帝国主义，更是妄想利用和平谈判达到掠夺苏俄领土的罪恶目的。德国于 1917 年 11 月 27 日通知苏俄政府，表示同意进行和平谈判。12 月 3 日，在德国占领下的布列斯特－里托夫斯克，苏俄为一方和以德国、奥匈、保加利亚、土耳其为另一方开始了停战谈判。12 月 5 日，签订了为期 28 天的停战协定。至此，停战谈判宣告结束。双方保证，如果要中断协定，必须于中断的 7 天前通知对方。苏俄同德、奥、保、土接着进行的和平谈判，于 1917 年 12 月 22 日午后 4 时 24 分在布列斯特－里托夫斯克的军官俱乐部大楼里开始，到 1918 年 3 月 3 日止，其结果是苏俄不得不在屈辱的《布列斯特和约》上签字。《布列斯特和约》的主要内容是：俄国放弃芬兰、波兰、立陶宛、爱沙尼亚、拉脱维亚及奥兰群岛的管辖权。德国在“民族自决”的幌子下，使它们名义上取得独立，但实际上受柏林控制。波罗的海的一些最大的港口，如里加、里巴伐等都落到德国手中。苏俄政府必须承认乌克兰中央拉达同德国缔结的条约。根据这个条约，乌克兰将变为德国的附属国。在高加索地区将喀斯、阿达汉和巴统让给土耳其。苏俄必须立即使全部军队包括新组成的红军和赤卫队复员，并解除海军舰队的武装。恢复 1904 年德国与俄国缔结的不利于俄国的两国通商条约，如免税从俄国运出木材和矿石。1918 年 8 月 27 日，在柏林签订的补充条款中，规定苏俄要偿付德国 60 亿马克。那么，《布列斯特和约》的签订，是否意味着苏俄在法律战中惨然败北呢？

在是否签订《布列斯特和约》这个重大问题上，当时在布尔什维克党和苏俄政府领导层中存在严重分歧。“在 1918 年 1 月和 2 月，在无休无止的中央会议上，就签订和约还是继续战争的问题展开了一场激烈的辩论和争吵。从一开始中央就分裂成三派：①列宁派，主张不惜任何代价立即签订和约；②布哈林派，主张继续进行‘革命战争’；③托洛茨基派，主张在‘不要战争也不要和约’的口号下进一步施展手腕。”[①] 列宁坚持自己的正确主张，极尽耐心不厌其烦、反反复复地向党和不明真相的群众说明接受苛刻的和约条件、争取时间的必要性和缔结和约的重大意义。列宁强调指出：“如果开战，我们的政府将被摧毁，和约将由另一个政府签订。”[②] 列宁的结论是：“如果我们目前不清清楚楚地说，我们同意媾和，那我们就只有死亡。”[③] 通过与布哈林、托洛茨基的辩论，党中央委员会终于在这次会议上通过了列宁的建议，即尽力拖延和平谈判，如果德国提出最后通牒，就立即接受德方条件签订和约。《布列斯特和约》使苏俄丧失了 100 万平方千米、相当于德法两国领土总和的土地，将近 5000 万人口，损失的煤矿占全国 90%、铁矿占 73%、工业设备占全俄的三分之一、铁路的 33%，还有大量赔款。这是德国帝国主义强加在苏俄头上的一个

① [苏]阿·阿夫托尔汉诺夫：《苏共野史》(上卷)，晨曦、李荫寰、关益译，湖北人民出版社 1982 年版，第 317 页。

② 《中央委员会纪录》(俄文版)，第 168 页。

③ 《中央委员会纪录》(俄文版)，第 172 页。

和约，是一个十分苛刻、“空前屈辱”的、极端掠夺性的“不幸的和约”。但是，这个和约的签订，对世界上第一个苏维埃国家的巩固和发展却有其历史意义。历史证明，这是苏俄国家有原则、有目的、有秩序地实行退却，即革命的妥协，是为了赢得喘息机会，以便组织力量，组织新的进攻。正是由于《布列斯特和约》的签订，使苏俄国家有可能赢得时间来发展苏维埃经济，建立红军，保持工人阶级对农民的领导，从而巩固了苏维埃政权，并有可能积聚力量和利用帝国主义阵营中的矛盾。这一切为后来击退外国武装干涉和平息国内反革命叛乱准备了胜利的条件，这就保卫了新生的社会主义国家，捍卫了十月社会主义革命的成果。列宁说：“我们交出了许多空间，但是赢得足以巩固自己的时间。”① “第一个打碎帝国主义镣铐的就是我们的国家。我们在打碎这一镣铐的斗争中遭受了重大牺牲，但是我们打碎了它。”②《布列斯特和约》的签订，可以说是极为巧妙的一场法律大战。列宁早就预见到这个条约是短命的，不久列宁的预见就成为现实。1918 年 11 月，德国成了战败国，并发生了革命，这种形势为苏俄摆脱奴役性的《布列斯特和约》提供了条件。11 月 13 日，全俄中央执行委员会在大都会旅馆召开重要会议。会上，执行委员会主席斯维尔德洛夫宣读了由全俄执行委员会通过的关于 1918 年 3 月 3 日缔结的《布列斯特和约》完全失效的决议。苏俄国家还进行了大量工作，采取了分化瓦解的政策，争取了周边小国，打破了自己政治上被孤立、军事上被包围的状态，为反武装干涉的胜利创造了有利条件。本来，协约国花了很大力量拉拢波罗的海沿岸各小国的资产阶级来建立一道阻止布尔什维克主义蔓延的“防疫线”，但是，由于苏俄在法律战和外交战中，利用这些小国与协约国之间的矛盾，积极灵活地展开了法律与外交攻势，并在红军节节胜利的形势的推动下，这些小国愿与苏俄议和。爱沙尼亚通过谈判，首先于 1920 年 4 月与苏俄签订了和约。和约规定苏俄承认爱沙尼亚的独立，废除对沙俄的债务，并给予贸易优惠，双方建立外交关系。双方保证，不得允许在本国领土上建立和驻留敌视对方的组织和集团。接着，苏俄又在 7 月、8 月、10 月，分别同立陶宛、拉脱维亚和芬兰签订了和约。

1920 年 4 月 11 日，帝国主义大国发动了第三次武装进攻。在高尔察克和邓尼金的进攻被粉碎之后，不甘心失败的协约国把希望寄托在地主资产阶级统治的波兰对苏俄的进攻上。苏俄曾多次向波兰提出和平建议。1920 年 1 月 28 日，苏俄再次照会波兰，重申承认波兰的独立、主权，并表示在领土问题上以承认波兰在白俄罗斯所占领的那些非波兰领土作为谈判基础。但是在帝国主义大国支持下的波兰，断然拒绝了苏俄关于和谈的建议，于 1920 年 4 月 25 日向苏俄发动了进攻，占领了乌克兰首府基辅和乌克兰、白俄罗斯的大部分地区。苏俄动员全部力量击退波兰军队以及白卫军的进攻。6 月初，红军开始反攻，7 月 12 日解放了基辅，把侵略者赶出了乌克兰和白俄罗斯。红军越过国界进入波兰，逼近

① 《列宁全集》(第 31 卷)，人民出版社 1957 年版，第 401 页。
② 《给美国工人的信》，《列宁选集》(第 3 卷)，人民出版社 1972 年版，第 598 页。

华沙，打乱了协约国的部署。为了使波兰军队免于崩溃，协约国由英国外交大臣寇松出面，向苏俄发出最后通牒，要求红军停止进攻，并建议苏波双方举行会谈，在承认所谓“寇松线”的基础上同波兰签订停战协定；否则，英国及其盟国将用它们拥有的一切手段援助波兰。苏俄、波兰后来通过谈判，于10月12日在里加签订了停战协定并缔结了预备和约。双方承认乌克兰和白俄罗斯的独立，西乌克兰和西白俄罗斯划归波兰。双方彼此尊重国家主权，保证不支持任何针对另一方的敌对行动。1921年3月18日，双方缔结了正式和约。

苏俄—波兰战争结束，为最后粉碎帝国主义武装干涉创造了条件。列宁说：“对波兰的战争，确切地说是7月、8月两个月的战役，根本改变了国际政治局势。”①

在苏俄政府奋力开展法律战的同时，其敌人也一刻不停地开展法律战以配合发动侵略苏俄的武力战。

从十月革命成功的第一天开始，国际帝国主义就积极策划发动战争，武装干涉苏俄政局，扼杀年轻的苏维埃国家成了国际帝国主义的共同目标。丘吉尔就曾叫嚣要把苏维埃这个婴儿“掐死在摇篮里”。奥兰多提出要在苏俄周围建立一道“防疫线”。克雷孟梭在议会里鼓吹“要在布尔什维主义周围装上铁幕，以防止它破坏文明的欧洲”②。与此同时，他们发动的法律战在幕前幕后大肆展开了。美、英、法三国的代表早在1917年12月初就在巴黎聚会，决定组织反苏武装干涉并分配彼此的任务。12月23日，英法两国缔结了关于在俄国划分“势力范围”的协定，该协定宣布了它们的总掠夺目标：使乌克兰、北高加索、格鲁吉亚、亚美尼亚、俄国的中亚地区、西伯利亚和远东都脱离俄国。

协约国还和美国紧密联合开始从俄国北方对苏俄进行武装干涉。首批侵略军于1918年3月9日在摩尔曼斯克港登陆，企图在此建立一个向苏俄内地进攻，颠覆苏维埃政权的桥头堡，为掩饰其野蛮的侵略行径，他们借口这是为“保护摩尔曼斯克边疆区不受德国人侵犯”而必须采取的行动。为此，早在行动前的3月2日，英军司令部就曾与苏俄叛徒、当时摩尔曼斯克苏维埃主席尤里耶夫签订了《关于为使摩尔曼斯克边疆区不受德国人侵犯而采取共同防卫行动协定》。这个协定是为了使帝国主义的武装干涉军在苏俄北方登陆“合法化”。居心叵测的武装干涉者就是这样以法律为工具配合其武力战的。

1919年1—2月红军全线胜利进军国际帝国主义武装干涉苏俄的计划被彻底打乱了。1919年3月初，出席巴黎和会的美国代表团政治情报处处长布利特率领一个特别使团访问莫斯科，作为美英的代表与苏俄政府谈判。布利特带来了威尔逊和劳合·乔治提出的、并经协约国方面认可的谈判条件，谈判于3月8日至14日进行。

布利特提出的主要条件是：①在一切战线上停止军事行动；②保存各地事实上存在

① 《列宁全集》(第31卷)，人民出版社1957年版，第242页。

② [法]斯洛韦斯:《法国和苏联》，巴黎，1935年，第118页。

的政府；③协约国公民可以自由进入苏俄境内；④赦免双方全部的政治犯，曾站在协约国方面作战的全部俄国人也应享有充分的自由；⑤恢复俄国与外界的贸易关系；⑥俄国军队复员并交出剩余的军火以后，一切协约国军队撤离俄国。

在列宁的密切关注和直接指导下，苏俄外交代表契切林、李维诺夫等参加了与布利特的谈判。列宁还会晤了布利特。在谈判过程中，契切林十分巧妙地阐明了列宁制定的同帝国主义大国的和平纲领。苏俄对布利特提出的以上建议，表示原则上同意，但对其中具体条件做了实质性修正。修改后的建议方案规定，停止俄国所有战场上的行动，召开会议，并在下列原则基础上讨论缔结和约的问题：①原俄罗斯帝国和芬兰领土上所有事实存在的政府仍留在当地。②解除对俄国的经济封锁，恢复苏俄同外国的贸易关系。③苏俄政府的火车有权在俄国所有铁路上畅通无阻地通过，苏俄政府有权使用原俄罗斯帝国和芬兰的全部港口。④俄国苏维埃共和国的公民有权进入同盟国，盟国公民也有权进入俄国；俄罗斯苏维埃各共和国和外国重新互派官方代表。⑤大赦双方拘留的政治犯，所有战俘可以返回故乡。⑥所有外国军队立即从俄国领土撤走，停止对白卫军政府的军事援助。⑦在原俄罗斯帝国和芬兰领土上事实存在的所有政府都承担俄罗斯帝国的债务。列宁当然知道上述协议对苏俄“极端不利”，但是为了达到和平，苏俄还是准备接受它。[①] 列宁强调指出：“即使是缔结对我们最不利的和约，也会获得更多的好处，因为在和平时期，我们会逐渐强大几十倍。”[②] 1919 年 3 月，在俄共（布）中央的会议上曾两次讨论了同布利特谈判的问题，对列宁的决策表示赞同。

虽然协约国后来撕毁了这个协议，但谈判事实本身、所签的协议以及协议之被撕毁，这一场法律战的全过程，恰恰最好不过地揭露了协约国的法律战骗局。针对这场骗局，列宁指出：“这个旧世界有自己一套旧的外交，它不能相信可以直截了当地开诚布公地谈问题。”[③] 事后，布利特也揭露说：“这是对舆论最粗劣的欺骗，也可以说是我一生所知道的欺骗中最无耻的欺骗。”

3. 第二次世界大战末期及战后盟军的法律战

第二次世界大战临近结束时，法律战也上演得更加壮阔精彩，而其背后，则是苏、美、英之间因领土与经济等利益形成的极为复杂的盟国关系。其时，左右当时三国关系的，依然是进一步加强军事协作、政治合作的需要，但随着战争的胜利发展，三国之间产生了一系列新的问题和利益分配上的矛盾，加之德日伺机挑拨，形势也就变得错综复杂、扑朔迷离了。

当时英苏关系相当紧张，使丘吉尔对如何捍卫大英帝国利益感到特别“焦虑”。丘吉

---

① 《列宁全集》（第 31 卷），人民出版社 1957 年版，第 424 页。

② 《列宁全集》（第 31 卷），人民出版社 1957 年版，第 147 页。

③ 《列宁全集》（第 33 卷），人民出版社 1957 年版，第 123 页。

尔的《第二次世界大战回忆录》和1973年英方公布的英苏会谈记录都有记载，在1944年10月9日英苏会谈中，丘吉尔曾向斯大林建议瓜分巴尔干势力范围，提出“俄国在罗马尼亚有主要利益”，可以“占90%的优势”“英国在希腊占同样地位”“有90%的发言权”；在“匈牙利和南斯拉夫则各占相等的利益”，以“平分秋色”。20世纪90年代以来出版的一些苏联著作也提及，丘吉尔确曾提出过大国间在巴尔干“划分势力范围”的建议。至于苏联对丘吉尔建议的态度却众说纷纭，莫衷一是。有的认为同意了英国主张并与之达成了协议；有的却认为斯大林“驳斥”和“拒绝了丘吉尔瓜分巴尔干势力范围”的主张，甚至对之是“不屑一顾的”。但是，丘吉尔和艾登都未提出斯大林同意其建议的任何有说服力的事实材料，只是在回忆录中说：斯大林在丘吉尔临时写在半张纸上的关于百分比的纸条上用铅笔“勾一勾表示同意”，然后把纸条递回给他。而苏联材料中只是说苏方记录中根本无百分比的副本，也没有说出斯大林当场或在以后会谈中明确反对丘吉尔关于“瓜分巴尔干势力范围”的事实根据。因此，“瓜分巴尔干势力范围”的真相和内幕仍然是国际关系史上一个尚未完全解开的“谜”。[①]

此外，美英之间也不无矛盾。为了解决分歧，组成与苏联对阵的统一集团，丘吉尔力主在雅尔塔会议前，先在马耳他举行英美军政领导人的会谈。1945年1月31日，英美联合参谋长委员会在马耳他开会。会上英美之间出现了四个分歧：第一，船舶使用问题。美军航运力量空前紧张，要求船只东调。英国当局则强调对欧洲提供救济物资之需，最后说服了美军当局同意指定一定船只供作民用。[②] 第二，意大利战役前途问题。英国再次建议继续在意发动进攻，进而攻占奥地利。美国则力主从地中海撤走部分军队，以增强西线。最后，美国主张占了上风，决定从意战场将五个师调往西线。第三，西线作战方案。英国主张突破一点，强渡莱茵河；美国则主张继续执行正面挺进莱茵河、南北夹击鲁尔的“艾森豪威尔计划”。双方各执己见，互不相让。最后，英国勉强同意了美国的方案。第四，有关德国占领区问题。英美担心苏军先入德境并继续西进。为此，美国做出了对英国的让步，接受了英国关于进出和控制不来梅港口的权利规定。此外，对丘吉尔召开英美预备会议的主张，罗斯福未予采纳，只是派私人顾问霍普金斯于1月21日赴英与丘吉尔交换意见。

雅尔塔会议终于在1945年2月4—11日在苏联克里米亚半岛的雅尔塔召开。苏、美、英三国各有各自的与会目的。美国主要考虑：第一，扫除障碍，保证迅速成立联合国组织。第二，希望解决欧洲和远东未来的战略问题。欧洲战略主要是解决英美分歧，保证尽快击退德国。远东战略关键是争取苏联早日参战，以尽快击退日本，并减少美军损失。美

① 石磊等主编：《国际关系史》（第6卷），世界知识出版社1995年版，第332—333页。

② [美]舍伍德：《罗斯福与霍普金斯》（第2卷），福建师范大学外语系编译室译，商务印书馆1980年版，第840—841页。

国政府为总统参加雅尔塔会议准备的备忘录中写道："为了击败德国，我们应该有苏联的支持。在欧洲结束战争后，为了同日本作战，我们更是绝不可没有苏联。"[①] 英国的意图主要是：第一，弄清苏联的意图。第二，用某些义务约束住莫斯科，主要是限制苏军在东欧和西欧的进军。第三，坚持苏参加对日作战，促使波兰问题得到有利于西方的解决。第四，最重要的是捍卫大英帝国的利益。苏联的与会目的则是：第一，与盟国进一步配合行动，最后彻底击溃法西斯德国和军国主义日本，早日结束战争，恢复和平。第二，正确处理德国问题，使德国军国主义不会东山再起，重新威胁苏联安全和世界和平。第三，取得德国赔偿，并获得沙俄在日俄战争中失去的权利，以此作为对日作战的条件。第四，解决欧洲被解放国家问题，使其向民主方向发展，有力地保障苏联安全。会议最后签署了《苏、美、英三国克里米亚（雅尔塔）会议公报》《克里米亚（雅尔塔）会议议定书》和《苏、美、英三国关于日本的协定（雅尔塔协定）》。

雅尔塔会议的一项重要内容就是讨论苏联出兵中国东北问题。2 月 8 日，斯大林在雅尔塔同罗斯福秘密会谈时，提出了出兵的条件，他说："如果这些条件不能得到满足，我们将难以向苏联人民解释，为什么俄国要参加对日作战。" 10 日，斯大林同罗斯福再次会晤，达成正式文本。英国没有参与协定草案的制定。但 2 月 11 日，斯大林和罗斯福却邀请丘吉尔在协定书上签了字。雅塔尔会议使斯大林终于达到了自己的目的。《雅塔尔协定》主要内容如下：在德国投降及欧洲战争结束后的两个月或三个月内，苏联将参加同盟国方面对日作战。其条件为：第一，蒙古（蒙古人民共和国）的现状须予维持。第二，日本 1904 年背信弃义进攻所破坏的俄国以前的权益须予恢复，即：①萨哈林岛南部及临近一些岛屿须交还苏联；②大连商港须国际化，苏联在该港的优越权益须予保证，苏联之租用旅顺港为海军基地也须予恢复；③对沟通大连与外界联系的中东铁路和南满铁路，应设立一中苏合办的公司以共同经营之，经谅解，苏联的优越权益须予保证，而中国须保持在满洲的全部主权。第三，千岛群岛须交于苏联。1945 年 7 月 17 日至 8 月 2 日，斯大林、杜鲁门和丘吉尔在位于德国首都柏林西南 30 千米处的波茨坦，举行了代号为"终点"的秘密会议。美国助理国务卿格鲁早在 5 月 5 日，就将敦促日本投降的公告初稿起草完毕。7 月 24 日，杜鲁门同丘吉尔就草案的内容进行磋商，双方同意邀请中国参加。随后，杜鲁门将公告的文本发给蒋介石，征求他的意见并在公告上签字。蒋介石表示赞同，但他希望在发布公告时，将三国首脑名字的顺序调换一下，把他的名字放在丘吉尔的前面，这样，他在国际国内都有点面子。杜鲁门同意了。7 月 26 日晚 9 时 20 分，美、中、英三国向日本发出由杜鲁门、蒋介石、丘吉尔签署的《促令日本投降之波茨坦公告》。苏联当时没有在《波茨坦公告》上签字，事先美国也没有征求苏联的意见。直到 8 月 8 日，苏联宣布同

---

① [美] 威廉·哈代·麦克尼尔：《美国、英国和俄国》，转引自石磊等主编：《国际关系史》（第 6 卷），世界知识出版社 1995 年版，第 337 页。

日本处于战争状况时，才要求参加《波茨坦公告》。

7月27日东京时间早晨六时，日本方面收听了《波茨坦公告》全文。当天日本首相铃木主持召开最高战争指导会议，讨论政府对《公告》的立场。以阿南惟几、丰田等为代表的军方态度十分强硬，提出为了不影响日本军队决战的士气，不要公布《波茨坦公告》；如果真要公布，也应附上一项声明，表示坚决反对。铃木屈服于军方的压力，他在第二天的记者招待会上声明:《波茨坦公告》不过是开罗宣言的改头换面，因此“政府认为公告并无任何重要价值，只有对它置之不理，我们只能为战争到底向前迈进”。日本拒绝《波茨坦公告》的结果，一是招致美国向日本投放原子弹；二是招致苏联出兵中国东北。

斯大林原定8月11日发动进攻，后因美国在日本广岛投放原子弹而提前。莫斯科时间8月7日下午4时30分，斯大林签署命令，要求苏联远东红军做好准备，于9日零时开始进攻。8月8日下午5时，莫洛托夫宣读了苏联对日本的宣战书。8月9日零点10分，苏联红军从东、西、北三个方向，在4000多千米的战线上，越过中苏、中蒙边境，向关东军发动突然袭击。1945年8月14日，中国国民政府同苏联政府签订了《中苏友好同盟条约》。同日，苏军各集团军迅速向东北腹地推进。就在这天，日本政府向美、英、苏、中四国政府发出照会:“天皇陛下已就日本政府接受《波茨坦公告》条款一事发出诏书；天皇陛下还准备命令所有陆海空军当局和所有在他们统辖之下的各地部队停止作战行动，缴出武器。”8月15日中午，日本天皇发布投降诏书。

正是紧锣密鼓的法律战有力地配合着威武雄壮的武力战，使得日本法西斯集团举起了降旗。

意大利、德国和日本法西斯的惨败和投降，宣告了第二次世界大战武力战的最终结束，但围绕“二战”武力战的法律战还在继续。有关的重大事项大略如下。

第一，意大利、罗马尼亚、保加利亚、匈牙利、芬兰五国和约的缔结。1943—1944年，意、罗、保、匈、芬五国就已先后退出战争，并与有关盟国分别签订了停战协定，达成了退出战争的政治、军事、领土以及赔偿的各项条款。为准备五国和约的第一届外长会已于1945年9月11日至10月2日在伦敦召开。但在一系列问题尤其是东欧国家问题上，发生了尖锐的利益之争，终于导致会议失败，引起世界各国舆论的密切关注和严重不安。美国深知东欧事实上已为苏联所控制，如长期拖延对罗、保、匈缔约问题，它在这些国家的影响力将大大降低甚至丧失殆尽。同时，向苏联摊牌的时机尚未成熟，战争遗留的大量问题仍需同苏联协商解决。根据雅尔塔会议有关三大国每三个月会商一次的决定，美、英、苏三国外长莫斯科会议于1945年12月16日至26日召开。会议除在日本、朝鲜、中国以及原子能管制等问题达成有关决议和谅解外，还就五国和约问题达成了协议。为缔结五国和约而召开的巴黎会议于1946年7月29日在法国巴黎的卢森堡宫揭幕。和会的任务是审议五国和约草案，并就草案条款提出建议。会议的代表除五大国外，还有曾“以实际武力积极对欧洲敌国作战”的澳大利亚、比利时、白俄罗斯、巴西、加拿大、捷克斯洛伐克、埃塞俄比亚、希腊、印度、新西兰、挪威、波兰、荷兰、南非联邦、南斯拉夫、乌克兰 16 国，共计 21 国代表参加。会议经历 78 天，于 10 月 15 日闭幕，就五国和约的主要条款达成协议。1947 年 2 月 10 日各有关国家在巴黎分别在五国和约上签字，并于 9 月 15 日交出批准书，五国和约正式生效。其主要内容如对意和约规定，将意大利西北部意边境的四处小地区做有利于法国的割让；意南方边界做有利于南斯拉夫的变动，将伊斯特拉半岛和尤利亚腊伊纳的一部分、阜姆城、扎腊及其附近岛屿、帕里萨岛及其附近各岛划归南斯拉夫；的里雅斯特及其周围地区作为自由区；多德卡尼斯群岛划归希腊。意大利向苏联赔偿 1 亿美元，向希腊赔偿 1.05 亿美元，向南斯拉夫赔偿 1.25 亿美元，向埃塞俄比亚赔偿 2500 万美元，向阿尔巴尼亚赔偿 500 万美元。意大利总共赔偿 3.6 亿美元。对意政治条款规定，意大利应解散一切法西斯组织，保证公民享有一切基本自由；意大利应采取一切必要措施，拘留并审讯一切犯有战争罪行的人，以及叛国投敌的同盟国公民。对意军事条款规定，拆除意法、意南边界的永久工程和军事设施，禁止建立新的海军基地；撒丁岛和西西里岛部分不设防；禁止生产原子弹、导弹以及超过 30 千米射程的大炮和特殊类型的自动爆发水雷或鱼雷；意大利的军队不得超过 25 万人，并将其舰队的一部分交美、英、法处理。

第二，对德国问题的处理。美、英、苏三大国首脑早在 1943 年的德黑兰会议上就对德国问题的处理在原则上达成了共识，即必须永久分割德国，绝对不允许德国再成为一个“中央集权”的统一国家。1945 年 6 月 5 日，苏、美、英、法四国驻德占领军总司令于德国投降后不久，联合签署了《关于击败德国并在德国承担最高权力的宣言》《关于德国管制机构的声明》《关于德国占领区的声明》三个文件，明令公布雅尔塔会议已经达成的四国分区占领和共同管制德国的协议，宣告四国共同接管德国的最高权力；四国分区占领德国，为此目的，在 1937 年 12 月 31 日的德国边界内划分四个区，东区由苏联占领，西北区由英国占领，西南区由美国占领，西区由法国占领（法占区由美英原定占领区各划出一块组成），大柏林市虽地处苏占区内，也根据分区占领原则处置。战后初期，设立纽伦堡国际军事法庭，审判和惩罚纳粹战犯是苏、美、英、法在处理德国问题上最重要的一次合作。这一措施是国际法上的创举，使发动侵略战争的罪魁祸首承担战争责任，由国际法庭进行审判，处以重刑，以示警戒。1945 年 8 月 8 日，苏、美、英、法四国代表在伦敦签订设立纽伦堡国际军事法庭的协定。11 月 20 日，法庭成立并开始审理 24 名首要战犯。经过近 11 个月的调查和辩论，判处戈林、里宾特洛甫、凯特尔等 12 人绞刑，纳粹副元首赫斯无期徒刑。

第三，对日本问题的处理。与德国不同，日本战后由美国单独占领。1945 年 7 月 15 日，美国提出《对日占领军与军政府备忘录》，详尽阐述了美国单独占领日本的构想。《对日占领军与军政府备忘录》指出：美国在太平洋战争中起了决定性作用，因此在处理日本问题上，美国的地位应该与其发挥的作用相适应，不应像处理德国问题那样搞多国家的分区占领，美国负有提供占领军的主要责任，占领军统帅及其属下的主要司令官应是美国人。为了照顾其他同盟国家的情绪，可以邀请它们参加占领军政府，但基本原则是“美国在决定军政府时应有至高无上的发言权”。8 月 13 日，在美、苏、英、中的共同认可下，美国将军麦克阿瑟就任盟军最高统帅。同时，麦克阿瑟发布“总命令第一号”，正式把日本本土划入自己单独占领的范围。命令规定：帝国大本营、其高级指挥官以及日本本岛及附近小岛和北纬 38 度线以南的朝鲜、琉球群岛与菲律宾所有陆、海、空军和辅助部队，应向太平洋地区美军总司令投降。日本在海外的其他地区：中国大陆、台湾、北纬 16 度线以北的印度支那的日军应向蒋介石投降；中国东北、北纬 38 度线以北的朝鲜、库页岛、千岛群岛等地的日军应向苏联远东军司令投降；马来亚、缅甸、北纬 16 度线以南的日军应向东南亚盟军最高统帅投降；婆罗洲、英属新几内亚地区的日军应向澳大利亚陆军最高司令投降。这一命令使美国实现了单独占领日本的第一步。美国初步确立了对日本的独占地位后，杜鲁门总统于日本宣布投降的当天，发布《战后占领日本本土的各国部队的组成》的命令，强调美国将与各盟国协商占领政策，盟国可以参加对日占领或政策的制定，但主导权须由美国掌握，各国提供的占领部队也必须听从由美国任命的总司令的指挥。8 月 29 日，美国政府正式批准“美国战后初期对日政策”，详细规定了单独占领的基本立场和政策目标；再次确认，占领的基本目标是确保日本今后不再成为美国的威胁，不再成为世界和平与安全的威胁，使之最终建立一个和平与负责任的政府，该政策将尊重他国的权利，并支持联合国宪章的理想和原则中所显示的美国目标。正是凭借武力战中显现的强大实力，美国在战后法律战中几乎是一手遮天地取得了独占日本的战果。

十月革命胜利后列宁领导苏维埃俄国巧妙地开展了法律战，成功地辅助了武力战，终于战胜了国内外反动势力的合力围攻。从此，世界历史上第一个社会主义国家——苏联，在相当长的时期里，成了人类前进的灯塔。没有法律战对武力战的辅助，当时的苏联工农红军反抗国内外反动势力的武力战，几乎是必败无疑的。法律战的伟力由此可见一斑。而“二战”结束时同盟国携手开展的法律战，不仅大大加快了胜利结束武力战的进程，而且大大扩展了武力战胜利结束的成果，虽然“二战”中后期的武力战与法律战本身因受强权政治的影响而充满着血腥与污秽，在许多问题上与公平、正义相去甚远，但是法律战功能的充分发挥，却也得到了有力的确证。虽然，在以上两方面例子中，以往的史学著作、政治家言辞以及广大民众的议论中，都没有提到“法律战”，通常都只是以“国际外交”“外交政策”等等相况，但它作为“法律战”的典型，在今天看来，显然是毫无疑问的。正是由于实践中法律战所在多有，而且以法律为武器开展辅助武力战的斗争，越来越频繁，越来越明显，越来越巧妙，越来越成功，进而把实践中的法律战从理论上加以概括，就是理所当然、势所必然的了。

二、法律战概念

（一）法律战概念的提出

检阅近代、现代各国政要的讲话、著作和各国政界、学界的文件，检阅中外近代以来出版的种种国际关系史、外交史或一般的通史性著作，均未见“法律战”字样，而实践中大量存在的法律战，都是以“外交战”“国际斗争”等概念加以表达的。有时甚至还把实际上的法律战以施行某种“对外政策”加以表述，货真价实的法律战似乎成了单方面的政策宣示。

前文所引述的俄国十月革命成功后，苏俄政府配合军事上对内外敌人的武力战而开展的十分标准的、地道的法律战，就是以“对外政策”“外交政策”“外交斗争”的概念表述的。列宁在1917年9月为布尔什维克党中央起草的决议草案中，把他所拟定的夺取政权以后的法律战举措表述为“执行和平政策”[①]。在谈到苏俄政府公布“地主资本家政府”1917年2月到10月25日所批准和缔结的全部秘密条约并宣布予以废除这一法律战的重大举措时，列宁指出：“拿对外政策来说，在任何一个最民主的资产阶级国家中，对外政策都是不公开的。……苏维埃政权用革命手段揭露了对外政策的黑幕。”[②] 关于《布列斯特和约》签订前后的一系列活动，关于后来苏俄政府围绕着粉碎国内外敌人以武装进攻而以法律手段处理与周边国家关系的一系列活动，列宁、苏俄政府的其他领导人，几乎一律以“外交政策”“外交活动”“国际政策”等概念相况。

前文所引述的“二战”临近结束时，苏、中、美、英等国围绕着最后击溃日本法西斯的一系列法律活动，罗斯福、丘吉尔、斯大林以及其他政界、军界要人，都是以“国际斗争”“外交斗争”“外交活动”等概念加以指称，从未见他们使用“法律战”概念。而所有记述、评论“一战”“二战”中围绕军事斗争而展开的法律斗争活动，同样都是以“外交斗争”“国际斗争”“外交政策”“国际政策”等概念相况，从未见有使用“法律战”概念的。

这种情况，一直延续到20世纪后期，才逐渐地起了变化。“冷战以来的几次重大局部战争，交战双方都把‘斗力’和‘斗法’、武器系统的对抗与系统的法律对抗、硬杀伤和软杀伤紧密地结合在一起，互相支持、互相配合、互相加强，去争取战争的胜利、实现战争的政治目的的。正是基于这样一个客观事实，美国总结海湾战争，时任参谋长联席会议主席鲍威尔才会说：战争法的作用是不可估量的！法国总结科索沃战争，得出结论说：‘法律问题今后在我们解决危机的防务工具中占有重要位置’，要求‘在武装部队中大力宣传法律知识，特别是努力宣传武装冲突法’。2001年，俄国国防部长专门颁布国防部长令，要

① 《列宁全集》（第25卷），人民出版社1957年版，第309—310页。

② 《列宁全集》（第28卷），人民出版社1957年版，第228—229页。

求国防部和武装部队各级首长必须采取措施保证俄武装部队的全体成员严格遵守战争法，并根据俄国《宪法》、《立法法》、国防部法令和军队条令的规定，对武装部队全体成员进行战争法的教育和训练。在第 17 届国际军事法和战争法学年会上，有代表指出，国际法、战争法是任何武器都代替不了的'新式武器'，谁掌握了它，谁就拥有了主动权。英国代表说：法律是'原子弹'，谁掌握了它，谁就有了主动权，谁就能最终赢得战争。"[①]

在中国，"早在 1978 年，邓小平同志就提出，要大力加强对国际法的研究。1991 年 6 月，海湾战争结束不久，军委主席江泽民就在'海湾战争座谈会'上指出，国际法是一个斗争武器，要求我们掌握好这个武器。1996 年，江主席又一次要求我们'要善于运用国际法这个武器，来维护我们的国家利益和民族尊严'"[②]。后来，江泽民同志又在中共中央举办的"国际法在国际关系中的作用"座谈会上发表重要讲话，要求"领导干部特别是高级干部，都要注意学习国际法知识，努力提高运用国际法知识，努力提高运用国际法能力，都要善于运用国际法这个武器，来维护我们的国家利益和民族尊严，伸张国际正义，牢牢掌握国际合作与斗争的主动权"[③]。中共中央、中央军委 2003 年 12 月 5 日批准颁布的《中国人民解放军政治工作条例》明确提出了法律战的概念，把进行法律战作为一项战时政治工作列入了"政治工作的主要内容"（第二章），把组织开展法律战作为"领导战时政治工作"的内容之一列入了"总政治部的主要职责"（第三章），作为"领导部队战时政治工作"的内容之一列入了军区级单位政治部主要职责（第七章）。此前，我军先后颁布过 10 部《政工条例》，从未提到过法律战问题，国家和军队的其他军事法律法规、军队建设的指导性文章，也从没有提到过法律战。[④]

综上所述，可以认为，"法律战"概念是中国人民解放军以新版《中国人民解放军政治工作条例》首次提出的。

（二）法律战概念的界定

1. 法律战概念的若干定义

雷渊深先生在为《法律战：战时军事法总论》丛书[⑤]所写的总序《战时军事法：法律战体系的核心》中，概述过一些学者关于法律战概念定义的见解。他指出：虽然法律战的研究还处于起步阶段，但关于法律战的定义至少已经有如下几种。

第一，有学者认为法律战是指运用法律于战争，依法用兵，以法用兵，以法为兵，通过实现法律的人道价值、军事价值、心战价值和政治价值，打击敌人，保护自己，夺

---

① 俞正山：《关于法律战的几个问题》，《西安政治学院学报》2004 年第 2 期。
② 俞正山：《关于法律战的几个问题》，《西安政治学院学报》2004 年第 2 期。
③ 张瑞忠等主编：《舆论战 心理战 法律战 300 问》，军事科学出版社 2004 年版，第 218 页。
④ 俞正山：《关于法律战的几个问题》，《西安政治学院学报》2004 年第 2 期。
⑤ 周健等：《法律战：战时军事法总论》，海潮出版社 2004 年版，"总序"第 2—3 页。

取胜利。[①]

第二，还有学者认为法律战是一种作战样式，它以法律对抗为主要斗争手段，与其他作战样式配合使用。[②]

第三，还有学者认为，法律战的含义有狭义和广义之分。狭义的，就是指以战争法为核心，通过寻找战争的合法性，保障作战行动顺利进行，并为达到作战目的在某方面规避战争法规则；广义的，法律战涉及所有军事法规范，首先在观念上跳出工业时代军队的武器装备、组织体制、军事理论、军事训练、后勤保障、战法样式等圈子，完善满足信息化战争需要的法律规范，充分发挥条令、条例和各种法规作用，以法治军，从严治军，促进部队整体系统产生最大的战斗力。[③]

除雷渊深的上述定义外，笔者还见者如下。

其一，“法律战，是指战争双方依据国内法、国际法，特别是战争法或武装冲突法，通过各种形式揭露敌方违法行为，夺取法理优势，争取国际政治和道义支持而展开的有利于己、不利于敌的法律对抗活动”[④]。

其二，“所谓法律战，是指依据国内法、国际法和国际惯例，通过各种渠道所进行的有利于已而不利于敌的法律斗争”[⑤]。

其三，“军事斗争的法律战，也就是说军队按政治工作条例上要求进行的法律战定义是：一句话，依法制敌或用法制敌。如果把法律战的诸多主要因素都吸收进来，就可以表述为：是以法律为武器，采取以运用法律与舆论宣传、心理感化等对敌政治斗争手段相结合的综合斗争形式，以完成对敌军事斗争需要为目的的一种政治斗争手段或政治作战方式”[⑥]。

其四，“所谓法律战，是指战争过程中，各交战主体借助国际法及战争法的适用，以达成其政治目的的非武力斗争形式”[⑦]。

以上是我们收集到的关于法律战概念定义的几种表述。为科学地论定法律战概念的定义，有必要事先略述概念定义的逻辑规则。

2. 概念定义的逻辑规则

为概念下定义，必须遵守一系列逻辑规则，这是从亚里士多德时代起就已比较明确的认定，而至今仍无所变的。这些逻辑规则如下。

---

① 俞正山：《关于法律战的几个问题》，《西安政治学院学报》2004 年第 2 期。

② 张山新：《法律战：斗智斗勇又斗法》，《政工导刊》2004 年第 5 期。

③ 《解放军报》2004 年 5 月 31 日。

④ 《舆论战 心理战 法律战三战促中国完成统一大业》，《环球时报》2005 年 3 月 8 日。

⑤ 高潮：《从“虐俘事件”看法律战》，《解放军报》2004 年 6 月 13 日。

⑥ 丛文胜：《现代战争中“法律战”概念辨析》，《法制日报》2005 年 3 月 9 日。

⑦ 张瑞忠等主编：《舆论战 心理战 法律战 300 问》，军事科学出版社 2004 年版，第 217 页。

第一，定义必须通过最近的属概念（genus proximum）和种差（differentia spezifica）揭示被定义概念的内涵。古罗马晚期哲学家波爱修斯（约480—524）曾以下列公式表达这一逻辑规则：

概念＝概念所依存的属＋种差

这一公式可以简化为“概念＝属＋种差”的表述方式。“军事法是国家制定或认可的，并有国家强制力保证其实施的，调整军事领域内各种社会关系的法律规范的总称”①，就是这样一个“属＋种差”定义。“国际法，顾名思义就是国家间的法律”②，也是典型的“属＋种差”定义。其中，“法律规范的总称”“法律”是“军事法”“国际法”所依存的“最近的属概念”。所谓“最近的属概念”，是指可被其涵盖的最切近的概念，在被下定义的概念与“属概念”之间，不可能再插入其他的概念。例如，“人是生物”，这一说法虽然不能否定，但不应视为科学的定义，因为“生物”不是“人”的最近的属概念。说“人是动物”，仍然不能否定，但也仍然不是科学的定义，因为“动物”也不是“人”的最近的属概念。“人”的最近的属概念是“高等动物”。不过仅仅指明“人是高等动物”，也还不算关于“人”的科学定义，因为“人”这一被下定义的概念，还必须与他的同“属”——“高等动物”，如“类人猿”等区分开来。这时就必须揭示“人”与“类人猿”等同“属”高等动物的“种差”。现在，人们的共识是这样定义的：人是能够制造并使用劳动工具创造物质财富和精神财富的高等动物。这一定义中的“种差”即人与其他高等动物的区别是，人“能够制造并使用劳动工具创造物质财富和精神财富”。

第二，用以下定义概念的外延必须与被定义概念的外延相符。也有人把这一规则简化为“定义不能过宽或过窄”。“法律是行为规范”就是犯了定义过宽的逻辑错误；而“法律是惩罚犯罪的规范”则犯了定义过窄的逻辑错误，因为按照这一定义，民法、经济法都不能算是法律了。

第三，定义不能循环。循环定义往往表现为“同语反复”，说了等于没说。例如说“战争是被称为战争的人类行为”就是同语反复，说了等于没说。

第四，定义不能是否定的。这是因为，定义必须揭示对象的属性以使人明确它“是什么”，而不是为了确定对象“不是什么”。后者即使再详尽，例如罗列了一大堆诸如“战争不是和平”“战争不是请客吃饭”“战争不是写文章”“法律不是道德”“法律不是政策”“法律不是教条”“法律战不是心理战”“法律战不是舆论战”等，仍然不能使人了解战争、法律、法律战究竟是什么。

第五，定义不能自相矛盾。如果定义“世贸组织规则是调整国际经济关系和部分国内

① 钱寿根：《军事法理学》，国防大学出版社2004年版，第58页。

② 张景恩：《国际法与战争》，国防大学出版社1999年版，第1页。

经济关系的法律”，就犯了定义自相矛盾的逻辑错误。定义人的用意可能是为了表达“在国内经济活动中也应遵守世贸组织规则”的观点。这虽然并无错误，但却与世贸组织规则之不能调整国内经济关系的性质相悖，同时也与仅仅用于调整国际经济关系的世贸组织规则性质抵牾。国内经济关系只能由国内经济法来调整，它所依靠的是国家强制力，这与世贸组织规则之依靠国际强制力是不同的。

第六，定义应该是明确的。譬喻或模棱两可的说法，都不能作为定义的语言来使用。诸如，“法律战是克敌制胜的原子弹”“建筑是凝固的音乐”“战争法是克敌制胜的法宝”等等，虽然说明了一定问题，但并未明确揭示对象的本质属性，仍然不能使人真正了解法律战、建筑、战争法究竟是什么。[①]

为了给法律战概念下一个科学的定义，必须遵守以上这些基本的逻辑规则。

3. 法律战概念既成定义评析

现在我们运用上述关于定义的六条逻辑规则，来评析一下前文所引七条法律战概念的既成定义。

首先必须申明，这些定义大致上都是正确的，有助于人们理解法律战为何物，但是，作为科学的定义，作为全面研究法律战的基础，又都存在这样那样的问题，而我们的评析则限于指出问题所在，不是为了否定这些定义，而是为了改进关于法律战概念定义的表述。

关于第 1 条定义：“法律战是指运用法律于战争，依法用兵，以法用兵，通过实现法律的人道价值、军事价值、心战价值和政治价值，打击敌人，保护自己，夺取胜利。”这用作我军法律战的定义显然是可行的。但当不做“我军”的限定时，就有这样几点值得商榷：其一，是否适用于一切法律战。当我们为“法律战”下定义时，用以定义“法律战”的概念的外延，必须与被定义的“法律战”概念的外延相符，但法律战是“人皆可为”之事，我们打法律战，敌人也打法律战。许江瑞先生所撰《火淬天平——二战中的法律战》一书集中介绍了“二战”中“具有典型意义的法律战事例”，告诉读者“法律战贯穿于战争活动的整个阶段，即在战前准备、战中实施、战后恢复三个阶段上，都存在着适应战争的政治利益需要的法律斗争”。全书共分六个单元，“第一单元，主要反映了日本、意大利、德国作为侵略者，在形成战争策源地期间与国际社会之间的法律斗争”“第二单元，主要反映了欧洲战争初期，法西斯之首的德国与盟国之间的法律斗争……”[②]。许江瑞先生告诉我们的是，德、意、日法西斯也打法律战。事实正是如此。古往今来，运用法律战来配合武力战的，比比皆是，并不分敌、我、友，也不管是否人道，甚至，有时也不管是否“依

① 以上关于定义的六条规则，参见［德意志民主共和国］格·克劳斯：《形式逻辑导论》，金培文、康宏逵译，上海译文出版社 1981 年版，第 225—230 页。其中，格·克劳斯所述定义的第二条规则原为“被定义概念的外延必须与定义概念的外延相符”。这样表达显然有问题，因为“被定义概念”是被动的，所以我把这条规则改称为“用以下定义概念的外延必须与被定义概念的外延相符”。

② 许江瑞：《火淬天平——二战中的法律战》前言，军事科学出版社 2004 年版。

法”。所谓“有时不管是否‘依法’”是指，巧于用法者，有时会利用法律规定中的含义不明之处，做出有利于己而实则违反制定法律时的本意的解释。总之，当定义“法律战”时，是指古往今来的一切法律战，是指敌、我、友各方都会开展的法律战。因此，法律战是一个中性的概念。这样，第 1 条定义就“定义过窄”了，因为它只适用于我军即中国人民解放军的法律战，并不适用于一切法律战。其二，该条定义试图揭示我军法律战的功能与价值，这一目的，应当说是很好地达到了。但法律在战时的功能与价值，不仅仅表现在“人道”“军事”“心战”“政治”四个方面，还可能表现在诸如舆论、伦理、文化、经济、科技、诉讼等等方面，而后者对打赢武力战同样有极为重要的作用。也就是说，在一条定义中试图揭示被定义概念的一切属性既然是做不到的，或难以做到的，那么，还是以放弃这一努力为好。定义，只要可用以将所定义者与其他事物区分开来就达到目的了，这就是关于定义的“简明性”的要求。其实，第 1 条定义的首句——“法律战是指运用法律于战争”，倒是比较简洁、比较能使人明了法律战为何物的说明，虽然还应再加上一点“种差”。

关于第 2 条定义：“法律战是一种作战样式，它以法律对抗为主要斗争手段，与其他作战样式配合使用。”这一定义避免了“定义过窄”问题，它可适用于一切法律战，既包括我军的，也包括敌军的。但也有几个值得商榷的问题：其一，所云法律战以法律对抗为“主要斗争手段”，可以逻辑地推论：法律战除法律对抗手段外，还有其他的（虽然是“非主要的”）斗争手段。这可能有问题。我们认为，不能把法律战的范围扩展到非法律对抗的范围去，只能限定在“法律对抗”的范围内。即其他手段的对抗，不属法律战范围，不能以“法律战”涵盖。其二，该定义的语言表述方式，与定义的规范表述方式——“定义=属+种差”，似有不相契合之处，不如改为“法律战是一种以法律对抗为……斗争手段，与其他作战样式配合使用的作战样式”。但是，其三，该定义包括“与其他作战样式配合使用”一语，从它揭示了法律战的辅助性特点看，是完全正确的。但法律战的属性、特点很多，无法也不必一一揭示，所以，可舍而去之。

关于第 3 条定义，有狭义与广义之分。

法律战的狭义定义为：“以战争法为核心，通过寻找战争的合法性，保障作战行动顺利进行，并为达到作战目的在某方面规避战争规则。”这一狭义定义同样避免了“定义过窄”问题。“寻找战争的合法性”云云，可涵盖敌、我、友三者各自目的的不同的法律战；“规避战争规则”云云，更反映了大量出现过、至今仍存在的强权政治下以恶劣手段“规避战争规则”的法律战行为事实，有其可取之处。雷渊深先生评论该狭义定义时指出，它“类似于前两种”，即类似于第 1 条和第 2 条定义，“偏重于认为战争法是法律战的核心组成部分，国内法相对而言较为次之”[①]。此外，该定义比较全面地把“寻找战争的合法性”

① 雷渊深：《战时军事法：法律战体系的核心》，周健等：《法律战：战时军事法总论》丛书总序，海潮出版社 2004 年版。

与“规避战争规则”两个方面都提出来了，但正因为列举了这两个方面，反而引致“不全面”之咎：战后战俘、战犯、赔偿等问题的处置，仍属法律战的范围，却被舍去了。因此，还不如不做列举。

法律战的广义定义“涉及所有军事法规范”，为雷渊深先生所称许。他指出，法律战的广义定义“将法律战视为一个宏观的体系，这一体系涉及面极为广泛。我们倾向于广义的概念”。他同时指出要对这一广义定义“进行修正，应包含战争法的内容”。据此，雷渊深先生这样定义：

> 法律战是中国人民解放军根据国家战略意图，为取得军事斗争的法理优势，在统一组织和指挥下，围绕军事行动的合法性、正义性，遵循法律基本准则和规范，综合运用法律威慑、打击、反击、约束、制裁、防护等战法所进行的一系列法律对抗活动。法律战作为中国人民解放军战时政治工作的重要内容，是信息化条件下新的作战形式。

这是迄今为止对“中国人民解放军的‘法律战’”所下的一个很适用的定义，值得反复钻研、深入领会、认真贯彻。

关于第 4 条定义，可以简化为：“法律战是指战争双方……的法律对抗活动。”其余内容为揭示这一“法律对抗活动”的依据（“依据国内法、国际法特别是战争法或武器冲突法”）、手段（以“各种形式揭露地方违法行为”）与目的（“夺取法理优势……”）。这恰与第 5 条定义相吻合，只是后者表述得更简洁一些：“所谓法律战，是指依据国内法、国际法和国际惯例，通过各种渠道所进行的有利于己而不利于敌的法律斗争。”第 6 条定义则更为简明：“一句话，以法制敌或用法制敌。”丛文胜先生对此还有一个假设，即“如果把法律战的诸多主要因素都吸收进来的话，就可以表述为……”这“诸多主要因素”同样是对法律战“用什么”“如何用”“为何用”三者的回答，与第 4、第 5 两条定义相同。第 7 条定义大致与第 4、第 5、第 6 条定义的含义相类似，但有两点值得商榷：其一，将法律战限定在“战争过程中”，排除了与一场战争直接相关的“战前法律战”与“战后法律战”，似有不妥。其二，用属概念“非武力斗争形式”虽不能说是错的，但因其不是法律战的“最切近的属概念”而显得不够确切。

根据以上分析，笔者尝试这样定义法律战：法律战是围绕武力战而以法律为工具进行的军事对抗斗争。

笔者认为，这样定义完全遵循了定义的全部逻辑规则；非常简明因而便于掌握法律战的含义；可涵盖古今中外的一切法律战因而有利于研究一切具体的法律战实践，从中总结出法律战的原则与规律来。但是，简明的定义必须经过进一步阐释才能了解其丰富的内容，主要包括法律战概念的内涵与外延、法律战的特点等等。下文将涉笔上述与理解法律战概念相关的重要问题。

（三）法律战概念的内涵

按照“法律战是围绕武力战而以法律为工具进行的军事对抗斗争”这一法律战概念的定义，可以确定法律战概念的内涵包括以下三个方面。

1. 法律战是军事对抗斗争

确认这一内涵的意义在于：把所要定义的法律战概念限定于“军事对抗斗争”的范围内。

由于世界各国的社会性质不同或社会制度不同、历史文化传统不同、宗教习俗不同以及其他重大方面的不同，经常可能因国家利益的冲突而发生战争。此外，还有阶级与阶级、民族与民族、政治集团与政治集团之间，也会因政治矛盾、经济矛盾、民族矛盾、种族矛盾、宗教矛盾，归根结底则是因经济矛盾而发生战争。古往今来，伴随着战争的，如上文所说，从不自觉到自觉，从部分的、零散的到全面的、完整的，总是进行着法律上的抗争。但法律战并不仅仅伴随着战争而发生，当今世界各国因纯经济、纯科技、纯文化甚至纯体育，都可能发生法律战。所以，我们将法律战分为狭义法律战和广义法律战两大类。狭义法律战亦即本书所议法律战，是伴随战争而发生的。该定义将法律战概念限定于“军事对抗斗争”的范围内，可以将它与广义法律战区分开来。

确认法律战为军事对抗斗争这一内涵的意义还在于：肯定法律战为“军事对抗斗争”的一部分。围绕着战争而进行的，或在战争时期发生的对抗斗争，还有文化战、经济战、科技战、政治战、外交战、宗教战等等，其中有的与军事对抗斗争直接相关，有的则仅仅有间接的关系；而法律战不仅“与军事对抗斗争直接相关”，而且就是军事对抗斗争的组成部分。

此外，作为法律战最切近属概念的“军事对抗斗争”，用以定义法律战恰正符合概念定义的第一规则。当然，还必须加上“种差”，下文将谈到这一点。

2. 法律战是“围绕武力战”而展开的“军事对抗斗争”

现代的“军事对抗斗争”涵盖面仍然相当广泛，举凡“军队的武器装备、组织体制、军事理论、军事训练、后勤保障、战法样式”① 等等，都包括在内。但这些不仅仅是在战时不可或缺，在平时同样也都存在。“养兵千日，用在一朝。”“千日”之“养兵”，都有武器装备、军事训练、后勤保障等等。“千日”之“养兵”诚然也是为了“用在一朝”，但这是广义的。狭义的“用在一朝”，就与“养兵千日”之时的武器装备、军事训练、后勤保障等等大不相同了。至少，在紧迫性、实践性上，一者为“养兵”，一者为“用兵”，二者显然不可同日而语。揭示法律战之“围绕武力战”，是为了突出法律战乃“用兵”之时的法律

---

① 雷渊深：《战时军事法：法律战体系的核心》，周健等：《法律战：战时军事法总论》丛书总序，海潮出版社 2004 年版。

战，而非“养兵”之时的法律上的斗争。

以“围绕武力战”措辞，与若干定义之“运用法律于战争”、以法律战“保障作战行动顺利进行”“战争过程中……”的措辞，有着重大的区别。后者都把法律战的时域大大缩短了，即将法律战的时域限制在“战争”过程即“作战行动”过程中。战争过程是具体的，始于“第一枪”，终于最后的阵地占领。但法律战却在“第一枪”之前就紧张地展开了。这“‘第一枪’之前”的时间，可能是相当长，甚至长于一场战争的起始与终结的时间。海湾战争只打了 28 天，但法律战在此之前近一年就已开始了。最近的美伊战争也不过几个月，但法律战却先期打了近两年。不仅如此，法律战几乎全都后于“作战行动”而结束，因为战俘、战犯、赔偿等因“作战行动”引发的问题的解决，往往耗时费日，有时甚至旷日持久。科索沃战争、海湾战争、最近的美伊战争都早已结束，但围绕三者的法律战仍然在进行，甚至可能结束之日遥遥无期。

这样，以“围绕武力战”措辞，就比较恰当。而且，这样措辞，既可将它与武力战区分开来，也可与其他的“军事对抗斗争”区分开来。雷渊深先生在为法律战下定义时，也正是以“围绕军事行动……”措辞的。①

3. 法律战是以法律为工具而进行的军事对抗斗争

这是法律战概念定义所包含的最重要方面，也是法律战之为法律战的根本。一切使用其他工具而进行的军事对抗斗争，都不是法律战。所以，这一内涵亦即法律战之与其他种种“军事对抗斗争”的本质性“种差”。以此本质性“种差”加上法律战最切近属的概念“军事对抗斗争”，就大致可以较好地定义“法律战”这一概念了。俞正山先生之“运用法律于战争”，张山新先生之“以法律对抗为……武器”，丛文胜先生之以极简括的语言“以法制敌”或“用法制敌”，都非常明确地阐明了法律战的本质特征。

其他种种定义，对“以法律为工具”并无异议，但大多把这里的“法律”限定为“战争法”或“武装冲突法”或加上“国际法”。这是值得商榷的。实际上，一切法，不管是国际法还是国内法，不管是实体法还是程序法，不管是成文法还是习惯法，不管是制定法还是判例法，不管是武装冲突法还是非武装冲突法（包括一般的刑法、民法、经济法等），只要是围绕武力战而可以用作克敌制胜、进行军事对抗工具的法律，都应包括在法律战概念定义中的“法律”范围之内。当然，在具体的战争中援引什么法律，是另一回事，那是战各不同，时各有异，需加灵活运用，而不能死守一隅、故步自封的。

甚至，有“灵活”到强迫别的国家通过其国内法来为自己的军事侵略服务的。例如美国之强迫古巴制宪会议接受《普拉特修正案》作为古巴宪法的附件，以求肯定美国武装干涉古巴独立斗争的战果并攫取战场以外的成果，就是这种法律战实例的典型。19 世纪，

① 雷渊深：《战时军事法：法律战体系的核心》，周健等：《法律战：战时军事法总论》丛书总序，海潮出版社 2004 年版。

古巴人民为争取民族独立进行了艰苦卓绝的英勇斗争，其中规模最大的是反抗西班牙殖民统治的 1868 年至 1878 年的“十年战争”和 1895 年开始的“独立战争”。作为古巴近邻的美国，与古巴的经济关系比较密切。美国最初准备站在西班牙政府一边，帮助它镇压起义军。但是，西班牙政府却认为美国是在干涉其内政，因而复照美国：“古巴岛自它被发现之日起，一直为西班牙所专有”，“在那里存在着世界上最自由的政治制度之一”；“它渴求迅速平定古巴”，但“除非武装叛乱者首先向母国真正投降以外，是没有平定古巴的有效途径的”；对美国要求的“调解”和“斡旋”，西班牙认为根本没有讨论的必要。美国政府鉴于西班牙政府的这种态度，调整了对古巴的政策，最终导致美国武装干涉古巴。1898 年 4 月 28 日，美国宣布与西班牙处于战争状态。随后就发生了被列宁称之为帝国主义时代到来的标志之一的“美西战争”。战争的结果是 1898 年 12 月 10 日，美西签订《巴黎和约》，规定古巴将由美军占领。美国占领古巴以后，立即下令解散古巴起义军。前门拒狼，后门进虎。古巴人民摆脱了西班牙殖民统治的枷锁，却又处于美国军政府的军事统治之下。美国军政府为了巩固对古巴的控制，网罗了一批古巴的亲美分子，在 1900 年 11 月 5 日举行所谓古巴制宪会议。美国军政府硬要把一些使古巴人难堪的苛刻条文塞进古巴宪法中去。1901 年 3 月 2 日，美国参议院奥维尔·希契科克·普拉特把那些条文改称《普拉特修正案》送交古巴制宪会议。6 月 12 日，古巴制宪会议在刺刀的胁迫下，不得不把这个修正案作为附件载入宪法。《普拉特修正案》共有 8 条，主要内容有：古巴政府不得与任何国家缔结条约，也不得允许任何外国在岛上驻军，当然美国是唯一例外；古巴政府不得向其他国家借债；美国拥有干涉古巴内政的权力；美国占领军军政府颁布的法令和法律继续有效；古巴应把一些港口和土地出售或租借给美国，以便美国修建加煤站和海军军港。美国强迫古巴制宪会议接受《普拉特修正案》，使古巴沦为不折不扣的美国的“保护国”。

有网民“天朗和畅”者谓，钓鱼岛问题上的对日法律战，只需福建一县级政府土地行政主管部门出马即可：没收非法占地的非法建筑——灯塔。他提出的具体办法是，由福建一县级政府土地行政主管部门做出行政处罚决定：没收在钓鱼岛上未经批准非法占地的非法建筑物——灯塔，责令退还非法占用的土地并处以罚款；在处罚决定中同时告知行政相对人：建塔的日本人及日本政府可依中国法律提起行政诉讼。“天朗和畅”认为此等办法可以援引的法律有《中华人民共和国土地管理法》(2004 年 8 月 28 日）第 76 条，《行政诉讼法》(1989 年 4 月 4 日）第 37 条、39 条、54 条，《中华人民共和国行政处罚法》(1996 年 3 月 17 日）第 40 条等。这里，我们且不讨论“天朗和畅”先生的建议是否可行，但他所表达的至少正确地说明了以下观点：可作为法律战的“法律”的，不限于国际法、战争法等，举凡土地管理法、行政诉讼法、行政处罚法等国内法，也可用于法律战。

美国 20 世纪 30 年代的国内立法《中立法》，就曾在美国对付当时行将爆发的第二次世界大战的法律战中起过相当重大的作用。为防止美国卷入大战，从 1935 年 4 月起，美国国会围绕制订中立法问题展开过一场对外政策的大辩论。经过三个多月的辩论，美国参议院于8月21日匆匆表决由外交委员会主席基·皮特曼所提出的中立法方案，只用了25分钟的讨论便一致投票通过，这就是1935年8月的第一个中立法。经1936年的修改，到1937年被制定成了永久性的《中立法》。《中立法》的显著特点有："一是不规定有效期，具有永久性；二是将其应用范围扩大到发生'大规模'内战的国家；三是增加了'现购自运'的条款，准许美国商人和交战国之间进行除武器、军火之外的其他贸易，条件只是要求付现金，并不得由美国船只运载。显然，这一规定，除有利于美国商人发战争财之外，对拥有海上运输力量的侵略国是有利的，而对缺乏现款，没有运载力量的被侵略的弱国是不利的。"[①] 随着国际军事形势的变化，《中立法》后来被1941年3月通过的《租借法》所取代，目的仍是适应当时的战争需要。从《中立法》到《租借法》，美国的国内立法都成了法律战的工具。

此外，还应指出，仍有一些学者在定义法律战时，把作为法律战工具的"法律"具化为"国际法与国内法"。笔者以为，"国际法"加上"国内法"二者以"法律"一语已可充分表达，所以，定义中以"以法律为工具……"云云，已经足够了。

（四）法律战概念的外延

法律战概念的外延，一言以蔽之，即古今中外，一切围绕武力战而以法律为工具进行的军事对抗斗争。略事细析，关于法律战概念的外延，至少应涉及以下几个方面。

第一，无论是自觉开展的还是非自觉开展的围绕武力战而以法律为工具进行的军事对抗斗争，都是法律战。

确认这一外延不无意义。古代乃至近现代，虽然并没提出"法律战"的概念，虽然直至前几年美国、法国、俄国、英国的政治家、军事家几乎是话到嘴边却仍未提出"法律战"的概念，虽然直至2003年12月"法律战"概念才首次出现在《中国人民解放军政治工作条例》中，但是如前所说，法律战实践早在古代中国、古代希腊、罗马、印度就已屡见不鲜了。正因如此，有的学者关于法律战概念的定义以"现代战争中……"加以限定，就不妥当了。确认一切非自觉开展的围绕武力战而以法律为工具进行的军事对抗斗争应被包括在法律战概念的外延之内，既是对历史事实的承认，也大大有益于促进我们积极地去总结古往今来一切非自觉地开展的法律战的经验与教训，总结古往今来的法律战实践。这是法律战研究的必需。尤其是在法律战概念刚刚提出，法律战研究刚刚开始的时候，把我们的眼界大大打开，是绝对必要的。古人有云"刑期无刑"，我们不妨说"战期无战"，研究法律战是期望不再有战争，包括不再有法律战。但是，只有充分地做好了打赢战争包括打赢法律战的准备，"无战"的期望才有可能实现。有鉴于此，中国人应当写出一部《世界法律战通史》来。

---

① 蒋相泽等主编：《国际关系史》（第5卷），世界知识出版社1996年版，第276页。

第二，无论是正义的还是非正义的，无论是运用法律还是规避法律，无论是法律作为还是不作为，只要是围绕武力战而以法律为工具进行的军事对抗斗争，都在法律战概念的外延之内。

认识这一点十分重要。古往今来的战争，并非都是正义战争，此其一；其二，即使是正义战争，战争双方中必有一方是非正义的；其三，非正义的一方往往既会利用强权世界所订定的不尽公平、不尽正义、不尽人道的法律为伥张目，也会故意违反、规避、践踏比较公平、正义、人道的法律以售其奸；等等。总之，古今中外各种战争中，交战各方的立场、目的、利益均极复杂，而其所运用的法律或运用法律的手段更是花样百出，因此所开展的法律战也是各式各样以至光怪陆离的，既有革命的、科学的经验，也有反革命的、奸诈的鬼蜮伎俩；而革命是必须从反革命那里有所学习的。同时，了解反革命的法律战手段，也必有助于识破其真实面目，可帮助我们更有效地揭露其奸险用心。

日本侵略中国的战争中，大规模地使用了违反天理人道的化学武器。为此，日本侵略者曾不遗余力地以践踏国际法的方式开展法律战，规避、隐瞒犯罪真相，企图欺骗世人。早在第二次世界大战前，鉴于化学武器必定对人类造成野蛮的毒害，国际社会就通过了一系列条约，禁止使用毒气等化学武器。在相关国际条约中，日本签署并批准了 1899 年通过的关于禁止投射毒气的《海牙公约》。这个公约规定“缔约国各自禁止使用专用于散布窒息性或有毒气体的投射物”。日本还签署并批准了 1907 年通过的第二次海牙公约即《陆战法规和惯例公约》及其章程。章程第 23 条第 1 款规定，禁止“使用毒物或有毒武器”。第一次世界大战结束时，日本又签署并批准了《协约和参战各国对德和约》，该和约第 171 条规定：“窒息性毒剂、其他气体及类似的一切液体、材料或设计均禁止使用，鉴此，严禁在德国国内生产或进口。前款之规定特别适用于以生产、储藏及使用上述物品或设计为目的之材料……”日本还签署并批准了 1922 年的《华盛顿协约》，该条约规定禁止制造和使用窒息性、中毒性气体以及一切与之类似的液体和其他物资。但是，早在 1918 年，日本军队就已经在研究和制造化学武器，训练和培养化学部队，进行化学战的准备工作。至 1937 年，日本陆军将研究和改进的化学武器加以制式化，正式列为装备军队的武器。这时，正式确定为日本陆军使用的化学毒剂见表 1。①

表 1　正式确定为日本陆军使用的化学毒剂表

毒剂名称	陆军代号	性质	制式时间
苯氯乙酮	绿 1 号	催泪	1931
氯溴苄基	绿 2 号	催泪	1931
二苯氰砷	赤 1 号	呕吐	1936
芥子气	黄 1 甲	糜烂	1931

① 日本化学战罪行研究课题组：《违反天理人道的日本化学战》，《人民日报》2005 年 9 月 16 日。

续表

毒剂名称	陆军代号	性质	制式时间
芥子气	黄 1 乙	糜烂	1931
不冻芥子气	黄 1 丙	糜烂	1931
路易氏气	黄 2 号	糜烂	1931
光气	蓝 1 号	窒息	1931
氢氰酸	茶 1 号	血液中毒	1937

从 1937 年发动全面侵华大战到 1945 年无条件投降，日本在中国大肆使用化学武器，伤天害理，残害了无数中国军民。毫无疑问，日本在战争中研制和使用毒气等化学武器，纯属故意违法犯罪行为。时至今日，日本国内的极右翼分子还企图抵赖在化学战争中对中国人欠下的累累血债，但这是绝对徒劳的。日本的一系列外交文件清楚地证明了这一点。据查，1938 年 3 月，日本外务省制定了一个题为《有关中国事变的国际法律问题》的文件。这个文件不仅回顾了国际社会关于禁止毒气等化学武器各项条约的内容，而且编造了在使用毒气等化学武器后如何应对国际社会指责的所谓理由。该文件竟然指使道："对北京所指责的产生的战斗伤害，要表明日本并不知为催泪气体所造成；同时要向各主要列国说明使用催泪气体在理论上的合法性。""在上述解释与说明不理想时可以使用权谋，即宣传中国方面违反国际法，使用'达姆'弹，反而污蔑日本使用毒气，说日本是为了报复才用了一下催泪气体。"事实上，在下达使用化学武器的绝密指示时，日本参谋部总是严令前线部队保密并消除痕迹。如 1938 年 4 月 11 日参谋总长载仁下达的"大陆指第 110 号"，明确指示"严密隐匿使用毒气之事实，切勿留下痕迹"；同年 8 月 6 日下达的"大陆指第 225 号"，再次强调"不可在市区及不可留下痕迹"；1939 年 5 月 13 日下达的"大陆指第 452 号"中还要求部下"勿使彼等对隐匿之行为感到遗憾"。这些文件有力地证明了日军使用毒气等化学武器纯属肆意践踏国际法。

今天，我们不仅要清算日本军国主义的侵华战争罪行，而且要研究其如何以践踏国际法的方式开展法律战的罪行，从中总结出不同类型法律战的规则、规律来。

以上是就宏观法律战而言。如果就微观法律战而言，那么：

第三，无论是战前的，还是战中的，抑或是战后的，只要具备"围绕武力战"、"以法律为工具"、属于"军事对抗斗争"的一部分这三个特点，就都在法律战概念外延之内。

有鉴于此，一些法律战概念的定义只及"战争行动中""军事冲突中"，是显然不妥的。战中法律战自不待言，战前与战后法律战也很重要。成功的战前法律战，或"不战而屈人之兵"，制止了战争的爆发；或夺得了开战的法理优势，既动员了本国民众，也打击了敌国的士气与民气，还争取了他国的支援，至少使之保持中立而使我方不至腹背受敌，因而是不可稍有怠慢、轻忽的。成功的战后法律战，可以因之扩大战果，得到战场上得不到的收获；可以进一步严惩敌人，直至使之再无“还手之力”。如“二战”后以一系列国际法制裁德国与日本，使其一切战争设施均被没收，一切战争准备都不允许，从而长期不可能再行发动战争。而这，不是打败希特勒、使日本天皇下无条件投降命令，从而实现结束战争、停止军事冲突所能完全达到的。至于战中的法律战，往往易被军事冲突、被武力战所掩盖。此时武力战是“重头戏”，交战双方都会全神贯注、全力以赴，也就往往会忽视了法律战。其实，此时的法律战仍然是十分重要的，这不仅对统帅部来说是如此，因为其时法律战打得好，可以大大减轻武力战的压力；而且，甚至对每一个作战士兵来说，都是极为重要的，因为战士们也会在军事行动中遇到法律问题，当战士们也都熟谙法律战时，就会大大增强战争实力、大大扩展战胜的机会、大大减少可能的损失、大大增多武力战结束后清算敌人战争罪恶的制胜筹码。

第四，无论是国际的，还是国内的，只要是围绕武力战而以法律为工具进行的军事对抗斗争也都在法律战概念外延之内。

不少法律战概念的定义实际上把国内法律战排除在法律战概念之外了。例如，有关定义中运用的法律工具只涉及国际法、武装冲突法，实际上就把国内战争中的法律战排除在外了。毛泽东所说战争是“从私有财产和有阶级以来就开始了的，用以解决阶级和阶级、民族和民族、国家和国家、政治集团和政治集团之间，在一定发展阶段上的矛盾的一种最高的斗争形式”①，似乎被他们忘记了。美国的南北战争，我国的解放战争，都不是国际战争，而是典型的国内战争，但都伴随着法律战。一般来说，用以“解决阶级和阶级”“政治集团和政治集团”矛盾的斗争，大多是国内斗争。这样的战争过去有，现在有，将来还会有。这样的战争中同样会有、必须有法律战。对中国人民来说，由于还存在着“台独”分子的分裂祖国的活动，就还存在着以武力插手台湾的现实可能性，因而也就必须为此打赢法律战。法律战概念外延之包括国内法律战，由此可见一斑。

把国内法律战如实地包括在法律战概念外延之内，并据此而认真研究中国的、他国的国内法律战经验与教训，同样是理论研究与战争实践包括法律战实战的需要。

论及法律战的外延时，必须将法律战与外交战区别开来。

外交战的外延是相当宽广的，一切围绕国家关系而以外交形式展开的斗争，都属外交战范围。战争时期，由于往往需要倾国家全力夺取战争的主动权直至打赢战争，其时的外交战，很自然地围绕着战争而开展。又由于法律战对打赢一场战争有极为重要的作用，围绕战争而开展的外交战，就往往突出地表现为外交法律战。这说明，法律战与外交战有概念外延重合的部分。但法律战与外交战至少有以下几个重要的区别。

其一，法律战是始终而且唯一围绕着武力战而开展的，而外交法律战只占外交战中的很小一部分。

---

①《毛泽东选集》(第1卷)，人民出版社1991年版，第171页。

其二，法律战的唯一目的是制止或打赢武力战并扩大其战果，而外交战却在不同时期有不同的目的，即使在战时，外交战也不仅是围绕武力战而开展的。

其三，法律战所使用的工具是法律，而外交战不仅仅使用法律为工具，举凡财产、土地、科学技术、宗教、文化产品、人际关系等等都可用作工具。

其四，只要发生战争，投入法律战的就应是以军队为主体而“全民皆兵”、全民参战，而外交战有参与者的极大局限性，一般来说，只有从事外交工作的人才能真正名副其实地参与外交战。

其五，法律战即是围绕武力战而开展的，在时域上就仅仅局限于战争时期（包括战中和战前、战后的一小段时间），而外交战则只要存有国际关系（不管是否建立了邦交关系）就会战而不休。

其六，法律战只发生在武力战有关的方面，而外交战则可能发生在一切国际关系问题上。

其七，法律战有国际法律战与国内法律战，而外交战只发生在国际之间，绝无国内的什么“外交战”。

综上所述，不能将法律战和外交战相提并论。也因此，既然外交战久已成为显学，外交史、外交学论著也已汗牛充栋，那么法律战史、法律战学研究也应紧紧跟上。

三、法律战特点

法律战是“看不见硝烟的战争”，具有与武力战不同的特点。

（一）法律性

战争，从来被当作“动刀动枪”的事，但法律战虽以“战”为名，却与武力战不同。

武力战使用的是兵器，从远古的石块、木棍等原始兵器，到后来的刀、矛、箭、戟等冷兵器，再到枪、炮、坦克、导弹等热兵器，及至原子弹、氢弹、中子弹等热核兵器和正在发展中的激光武器、微波武器、次声武器、地震武器、气象武器等新概念兵器，无不带有暴力、血腥、残酷之色彩，有人形容是“白刀子进去，红刀子出来”；法律战使用的是法律，国际法、国内法、战争法、结盟法、刑法、民法、诉讼法等，有人笑侃为“嘴上功夫”“纸上文章”。虽不准确，却大体反映了武力战与法律战的明显不同，反映了法律战所具有的不同于武力战的法律性特点。

关于法律战的法律性特点，丛文胜先生在《现代战争中“法律战”概念辨析》一文中做了这样的表述：“军事的法律战就具有如下特点：一是使用的工具和武器是法律，同时使用的武器包括国际法和国内法。”张瑞忠先生等所编《舆论战 心理战 法律战 300 问》一书议及法律战“与传统的作战样式相比”法律战的主要特征时指出：“①它是一种非武力斗争形式，战争过程中并没有暴力与血腥；②它以法律对抗为主要斗争手段，主要表现为交战国借助国际法及战争法基本原则、规则和制度的适用，从而实现小战大胜、不战而胜的战争目的……”[①] 法律战的法律性特点，可以说是学界的共识。

法律战的法律性特点，具体来说，可以见诸以下几个方面。

第一，法律战双方必须遵守共同签订的双边条约以及都已签字的国际法。

由于有关国际法是参与国际关系的国家根据自身利益和实力而同意、签字从而生效的，因此，如果有所违反，无论在本国还是在国际上，都会输了理，从而陷入孤立无援的困境。所谓“得道多助，失道寡助”。“道”即道义，国际法本身在一定时期、一定程度上即体现了道义，是道义的法律化，违反国际法即违反了道义，因而“失道”，此其一；其二，共同签订或签字表示同意遵行某法而后又公然违法，是不守信用的表现，“人而无信，不知其可”，失信也是“失道”。“失道寡助”，减弱了军事上制胜的可能性。如果一而再，再而三地违法、毁约，则将经由量到质的变化，导致“多行不义必自毙”的恶果。

1991 年 1 月 17 日凌晨，以美国为首的多国部队在联合国安理会的授权下，开始空袭伊拉克，发起“沙漠风暴”行动，至 2 月 28 日结束，是谓历时仅 42 天的“海湾战争”。在海湾战争中，美国运用法律战使伊拉克在政治上和道义上处于严重被动，为战争的胜利铺平了道路。伊拉克入侵科威特后，美国即着手为进攻伊拉克做法律战的准备，它先是利用其作为联合国安理会常任理事国的地位，特别是利用其在 1990 年 11 月担任安理会轮值主席的机会，提出了一份授权成员国用武力将伊拉克军队赶出科威特的决议草案，使进攻伊拉克合理化。为此，美国总统老布什和国务卿贝克等四处奔走、游说联合国主要成员国支持通过一项批准对伊动武的决议，终于使安理会 5 个常任理事国对美国的草案基本达成了一致的意见，并取得了大多数联合国成员国的同意。11 月 29 日，联合国安理会通过了第 678 号决议，授权同科威特政府合作的会员国使用“一切必要手段”将伊拉克军队从科威特驱逐出去。

该决议的主要内容如下。

其一，要求伊拉克完全遵守第 660 号决议及随后的所有有关决议。并决定，在维持所有各决定的同时，为表示善意，暂停一下，给予伊拉克最后一次遵守决议的机会。

其二，授权同科威特政府合作的会员国，除非伊拉克在 1990 年 1 月 15 日或在此之前按以上第 1 段的规定完全执行上述各项决议，否则可以使用一切必要手段，维护并执行安全理事会第 660 号决议及随后的所有有关决议，并恢复该地区的国际和平和安全。

其三，请所有国家对根据本决议第 2 段采取的行动，提供适当支援。

其四，请有关国家将根据本决议第 2 段和第 3 段所采取行动的进展情况，随时通报安理会。

这样，美国进攻伊拉克的法律战首战大获成功，以美国为首的多国部队的道路铺平了。

---

① 张瑞忠等主编:《舆论战 心理战 法律战 300 问》，军事科学出版社 2004 年版，第 217 页。

为对抗美国的武力干预，伊拉克扣留在伊、科境内的 1 万多名西方公民作为人质，将这些人质分别集中在本国和科威特的 3 家旅馆内，以此要挟西方国家。对此，美国援引《关于战时保护平民的日内瓦公约》第 34 条关于禁止扣押人质的规定，并援引 8 月 18 日联合国安理会通过的第 664 号决议，该决议要求伊拉克准许和便利外国公民立即撤离科威特和伊拉克，不要采取任何行动危害他们的安全或健康，并谴责伊拉克“违反国际法”。在此情况下，萨达姆提出了西方人的离境条件：一是安理会应促使美国从海湾地区撤离，伊拉克与沙特阿拉伯保证互不侵犯。二是安理会应促使所有外国军队撤离海湾地区。三是如实现上述两点，所有外国人可以自由离开伊拉克；布什总统应书面保证撤走美军和西方武装力量，解除封锁并在相互尊重的基础上与伊谈判；科威特问题由阿拉伯国家内部解决。在美、英等西方国家断然拒绝萨达姆的建议后，伊拉克于 20 日将其扣押的西方人质转移到发电厂、炼油厂和军事战略重地。美国随即谴责了伊拉克的这一违法行为，指出伊拉克把在伊拉克的美国和其他国家人质关在军事目标内作“人体盾牌”的行为违反了《关于战时保护平民的日内瓦公约》第 28 条和第 38 条第 4 款。

伊拉克之入侵科威特，本就赤裸裸地违反了国际法，引起举世震惊与义愤。为巩固在中东地区的霸权及垄断该地区的石油利益的美国，虽然其图谋早已广为世人所知，但却在武力进攻伊拉克前充分利用《关于战时保护平民的日内瓦公约》和具有国际法约束力的联合国决议（第 664 号），强烈谴责伊拉克的战争罪行与非人道罪行，强化了全世界各国对伊拉克的不满与义愤，从而赢得了海湾战争开始之前的法律战，成了一定程度上“得道”的大赢家，共计 30 多个国家参加了以美国为首的多国部队共同进攻伊拉克；而伊拉克则成了“失道”的典型，陷入了彻底“无助”的窘境，连与伊拉克有着宗教信仰一致、民族情感相近、久有同盟关系的某些阿拉伯国家，也只能袖手旁观伊拉克之痛遭挨打与迅速败退。海湾战争中的美、伊两方，虽然均无“道义”可言，但是，各自所打的不同的法律牌，却造成了美国因“得道”而“多助”、伊拉克因“失道”而“无助”的结果。这是很值得法律战学者探讨，很值得各国政治家研究，很值得全世界人民深长思之的。

第二，作为以强制性为特征的法律，国际法具有一定的强制执行力，违反国际法，容易引致强制执行的惩罚。

国际法的强执行力来自签约国自身，也来自其他签约国或国际组织的义务。有无强制性是法律与道德的根本区别。违反国际法不仅会因丧失道义而得不到同情、得不到援助，而且还会由于国际法本身的法律责任条款、强制执行条款，而受到各种形式的惩罚，如军事进攻、经济制裁等。国际法的签约国家如果受到别的签约国家的非法侵害，受侵害国家自可义正词严诉诸军事反击，而其他缔约国和国际组织也可根据国际条约的义务进行干涉包括武装干涉，使国际法得到强制执行。

但是，国际法与国内法有一个极大的不同点：举凡国内法，都有国家政权的强制力予以保障；而国际法的强制执行力是有诸多限制的，所以，前文的措辞不是“国际法具有强制执行力”，而仅仅是“具有一定的强制力”。

法律战大多是在这样的情况下开始的：国际条约的一方对（或将对）另一方发动军事进攻。这时，发动进攻的一方准备实施（或开始实施）违反国际法的行为。就进攻方而言，当然已将国际法弃如敝屣，不再履行应遵守的国际法义务，自然不存在自觉对自身的强制遵行的力量。所剩下的，只有被进攻国家和其他国家及国家组织的强制执行力。因此，法律战的法律性是大大地打了折扣的。为求加强国际法的强制执行力，第一次世界大战以后，英、法、中、日、意等国于1920年组织了“国际联盟”（League of Nations）。但当时的国际法也罢，国际联盟也罢，都是强权政治的产物。[①] 因此，凭借当时的国际法、借助国际联盟的联合力量而实施强制执行，也并不是公平、公正、完全合乎国际正义的。第二次世界大战以后，尤其是亚洲、非洲、拉丁美洲殖民地、半殖民地国家民族解放运动的开展，大批社会主义国家和民族主义国家独立形成，在人民民主、民族独立、和平发展潮流的推动下，已有196个会员国的联合国对国际法的实施，正发挥着越来越强有力的作用。但尽管如此，凭借联合国力量实施的国际法与凭借国家力量实施的国内法，其强制执行力仍然不能等量齐观。也就是说，法律战的法律性是鲜明的，但又是很有局限的。相对于国内法的“强制力”而言，它的制约力只是一种“弱制力”而已。

不过，为求揭露发动战争国家进攻行为的非正义性，使其军队和人民认清战争的违法性，也为了使本国军队和人民理直气壮、前赴后继地投入反侵略战争，更为了使他国人民认清发动进攻者的违法性和非正义性，进而帮助被进攻的国家和人民，仍然要认真地、充分地利用法律战的法律性，打好法律战。

（二）辅助性

法律战的第二个特点是它的辅助性（或曰从属性），以辅助武力战为目的、为职志。

关于法律战的辅助性特点，丛文胜先生在《现代战争中“法律战”概念辨析》一文中

---

① 1919年4月28日在巴黎和会上通过了《国际联盟盟约》，它被列为《凡尔赛和约》的一部分。1920年1月10日《凡尔赛和约》的正式生效，标志国际联盟正式宣告成立。根据《国际联盟盟约》规定，第一批参加国际联盟的国家是参加对德作战的国家以及在《盟约》附件上签字的国家，如英、法、中、意、日等44国。国际联盟的成员国至1934年发展到59个国家。国际联盟形式上是作为“促进国际合作，保证国际和平与安全”的机构而创立的，实际上是巩固战后资本主义世界“新秩序”，维护帝国主义列强利益的工具。国际联盟的主要机构为全体代表大会和行政院。在国际大会上每个会员国拥有一票的表决权，但英国除本国外还加上它的5个自治领，共拥有6票，其他国家尤其是小国、弱国的平等权也就大大削弱。盟约规定对“从事战争者”其他会员国“应立即与它断绝各种商业上或财政上的关系”，但并没有规定侵略的定义和制裁的办法，而且还需全体一致通过决议才能采取制裁行动，结果使制裁侵略成为空话。英国政府曾直言不讳地宣称国际联盟是“英国外交政策的附属物”。列宁揭露国际联盟“实际上是一群你抢我夺的强盗的联盟”。参见《列宁全集》（第31卷），人民出版社1957年版，第289页。

做了这样的表述："法律战……主要是配合军事斗争的需要，是起辅助性作用的，并不是单一的使用法律做斗争，还要同时运用军事的手段才能保证战争的胜利。"① 西安政治学院院长刘家新少将在《法律战：现代战争的第二战场》一文中，对法律战的辅助性特点，做了引申性的科学诠释。他指出，要克服"法律战无所不能"的思想。他认为："任何一场战争都是各种因素综合作用的结果，法律战在现代战争中的作用虽然很大，但它必须与军事经济实力相结合才能相得益彰。法律战作为一种独立的作战样式，只是方法和手段上的相对独立，其最终目的和效果必须服务和服从于军事斗争的需要，二者相辅相成，重此失彼是不正确的。"②

法律战的辅助性特点可从以下几个方面来看。

1. 法律战是因武力战而起的

世界上如果没有了武力战，就不再会有法律战（注意：这里指的是狭义的即本书意义上的围绕武力战的法律战）。虽然法律战贯穿于战前、战中与战后，从时域而言，比武力战的时间还长，但是，如果不是确实存在着武力战的危险，如果确实根本不存在外敌发动武力战的可能性，凭空而行的法律战就不但是徒劳的，而且是可笑的了。例如，目前根本不存在英、美之间爆发武力战的可能，它们的任何一方如果忙忙碌碌、喋喋不休地诉诸什么国际法来预防对方发起武力战，就十分可笑了。反之，如果出现外敌入侵的危险性、存在外敌发动武力战的现实可能性，那么，即使枪声尚未打响，法律战当然也可视为因武力战而起的。战中自不待言；战后的法律战，为的是从法律上解决武力战所遗留下来的问题，如战俘问题、赔偿问题、战犯问题、战后的军事力量、军事设施问题等，都是因武力战而起，又都依靠法律战来最终解决。

2. 法律战是围绕武力战而展开的

这在战中表现得尤为明显。一场旷日持久的战争中，几乎无时无刻不同时进行着法律战。第一次世界大战与第二次世界大战期间，对垒的双方相互之间，各国之间，都进行着法律战，或为了指斥敌国的不义行为，削弱敌国的战争力量；或为了加强盟友的团结，增强本国的战争力量。如果武力战停息下来，那么，除围绕战争遗留的战俘、战犯、赔偿等问题外，法律战便也告一段落。所谓"围绕武力战而展开"，包括战前与战后。战前法律战，是针对行将发生的武力战开展的；战后法律战，则是针对已经发生的武力战的遗留问题，如赔偿、战俘与战犯、死难平民的抚恤等而从法律上寻求解决之道。

3. 决定战争胜负的，从根本上说是军事实力

法律战有其局限性，在一般的情况下，起决定作用的是武力战，而不是法律战。很难想象在武力战中一败涂地的国家，可以通过法律战"挽狂澜于既倒，扶大厦于将倾"。西

① 丛文胜：《现代战争中"法律战"概念辨析》，《法制日报》2005 年 3 月 9 日。

② 《光明日报》2004 年 11 月 2 日。

欧 1618 年至 1648 年“三十年战争”的第二阶段即“丹麦阶段”[①] 中，丹麦的遭遇是很好的例证。“三十年战争”初期，丹麦—挪威国王克里斯蒂安四世曾宣布严守中立。但 1624 年，他为在波罗的海地区建立霸权等经济利益，却企图介入争端，放弃中立。这一年，他与英国、荷兰达成提供补助金的专门条约，按此条约，得到英、荷军事补贴的丹麦军队投入了战争。其时法国宰相黎塞留为了法国的利益也极力策动丹麦参战。但是丹麦—挪威王国的军队在武力战中被打败了，不得不与它的对手德意志军队签订了《卢卑克和约》，条件是恢复战前的状况。从中立到放弃中立而又复归中立，其间种种法律交易虽曾起过一时作用，最终都于事无补，武力战起了决定性的作用。1650 年开始的第一次英葡战争与 1652 年开始的第一次英荷战争，也是武力战有决定性作用的例证。1650 年 7 月，英国向葡萄牙宣战，并封锁了里斯本。在葡军被打败的情形下，1651 年 1 月，双方开始谈判，英国提出苛刻条件，谈判旷日持久，直到葡萄牙答应赔偿英国商人的一切损失，双方才于 1654 年 7 月 10 日签订《温莎条约》。这一条约保证英国人在葡萄牙和包括巴西在内的一切葡属领地享受葡萄牙商人享受的优惠条件；在陆上、内河和海上自由贸易，自由进出口，买卖货物的数量不受限制。这一条约等于把同葡萄牙殖民地的全部贸易都让给了英国人。从 1652 年开始，英荷战争在两国海域、地中海、松德海峡和印度洋同时进行。战争初始，荷兰人占据了优势，但不久，优势就转到英国人一边。荷兰由于被打败，不得不提出谈判。谈判历时一年，荷兰人坚持废除《航海条例》，英国人则坚持其利己条件。荷兰由于军事失利，只好对英国人让步。1654 年 4 月 5 日，双方缔结《威斯敏斯特和约》。《威斯敏斯特和约》规定荷兰不得与欧洲以外的英国岛屿和殖民地通商，英国也不得同欧洲以外的荷兰岛屿和殖民地通商，这就等于荷兰被迫承认了《航海条例》；荷兰保证赔偿从 1611—1652 年给英国东印度公司造成的损失，惩办 1623 年在安波那岛杀害英国人的罪犯；发给证书的私掠船被认为是合法的（荷兰在此之前要求禁止颁发此类私掠船证书）。条约附加的秘密条款规定，荷兰声明不选举奥伦治亲王为荷兰执政。从此，作为海上大国的荷兰势力迅疾衰落，英国则大踏步走上争夺海洋霸权的殖民帝国的道路。

19 世纪 70—80 年代的中俄交涉，同样比较典型地见证了武力战与法律战的关系及法律战的辅助性特点。19 世纪 70 年代，俄国把侵略魔爪指向中国领土新疆，为此，中俄发生了严重的争端，时时处于武装冲突事件之中。当时的清廷认识到新疆问题和收回伊犁的主权，“断非空言所能有济，必须中国兵力足以震慑，先发制人，方能操纵自如，杜其觊觎之渐”；必须“先复玛纳斯、再与景廉联络，进复乌鲁木齐”，剥夺对手之遁词，“挽回

① 欧洲“三十年战争”被史家分为四个阶段：一为波希米亚－普法尔茨阶段（1618—1623）；二为丹麦阶段（1624—1629）；三为瑞典阶段（1630—1635）；四为法国－瑞典阶段（1635—1648）。参见王绳祖主编：《国际关系史》（第 1 卷），世界知识出版社 1995 年版，第 34—66 页。但该书将丹麦阶段划定为从 1625 年开始。本书之所以从 1624 年起算，是因为丹麦的主要战争准备是发生在 1624 年。

大局”。1875 年 3 月 19 日，左宗棠受命为钦差大臣，督办新疆军务，负责规复新疆。1876 年 7 月 28 日，左宗棠的大军进抵乌鲁木齐附近的阜康。8 月 18 日，清军收复乌鲁木齐城与附近地区；接着，清兵继续向西北进军，于 11 月初，占领了玛纳斯，从而结束了北路的战斗。在屡战屡败的形势下，俄国沙皇政府仍扬言“俄国并非无力量，至条约准不准，在俄国总是一样”，并增兵西伯利亚，调动庞大舰队驶往远东，进行武力威胁。当时，中国存在着与俄决战的气氛，以致出现“街谈巷议，无不以一战为快”的形势。于是，清政府谕令左宗棠、李鸿章、曾国荃、刘琨一等督抚加强边防积极备战，以支持外交谈判。在谈判中，中方代表曾纪泽以“百折不回”的毅力，反复与俄方折冲，终于在 1881 年 2 月 24 日（光绪七年正月二十六），两国政府在圣彼得堡签订了《中俄伊犁条约》，它包括解决伊犁问题的《改订条约》和《改订陆路通商章程》两部分，又称《中俄圣彼得堡条约》。《中俄伊犁条约》大体上收回了一度被夺去的权益，规定俄国退还特克斯河川、莫萨尔山口及伊犁九城；但仍割去霍尔果斯河以西原属中国的大片土地，“中国伊犁地方与俄国地方交界，自别珍岛山，顺霍尔果斯河，至该河入伊犁河汇流处，再过伊犁河，往南至乌宗岛山廓里扎特村东边。自此处往南，同治三年（1864）《塔城界约》所定旧界”，“斋桑湖迤东之界，查有不妥之处，应由两国特派大臣会同勘改”。条约还规定，俄国在肃州、吐鲁番二处增设领事，允增添肃州一处贸易；俄商在新疆各地贸易“暂不纳税”，约定“俟将来商务兴旺，由两国议定税则，即将免税之例废弃”；赔款增加一倍，合计达 900 万卢布。《中俄伊犁条约》总体上还是一个不平等条约。但是，因中国方面挟武力战之成功而对既成格局表示坚决的反对，从而推翻前约，收回相当部分的主权，在中国近代对外关系史上还是第一次。

古今中外，未有不设防的城市、不设防的国家而仅凭法律战即战胜敌国的。或谓，中立国是一种例外，这是一种误解。中立国既无所谓“敌国”，当然也不存在“仅凭法律战”而“战胜敌国”的问题。关于中立的概念、中立的规则及中立国家的形成，有一个过程。它是 16 世纪世界贸易开拓时期以后才开始的事情。在古代和中世纪，中立观念并未形成因而只是偶尔被作为一种策略而提及或运用，成文的中立规则则根本不存在。直到 18 世纪末，围绕着中立国贸易，才有了关于中立的国际法规定的基本轮廓。1856 年的《巴黎宣言》，最大限度地确立了中立贸易的自由。直到 1899 年和 1907 年两次海牙和平会议所制定的各项公约和 1909 年的《伦敦宣言》，才基本上完成了中立法规的成文化。但第一次世界大战和第二次世界大战的炮火把中立法规轰击得百孔千疮，所以，其时得以维持中立的国家极为罕见。20 世纪 60 年代以来，国际社会经历了冷战时期及和平、民主、发展大潮有力推动下形成的相对平静时期，奉行中立主义的瑞士等一批国家成了举世公认的“中立国”。这是国际上主要的势力集团相抗衡态势下出现的新现象。瑞士等中立国暂时不存在“战胜敌国”的问题，当然也无“仅凭法律战”而如何如何之类的问题。因此，不能以此作为“例外”来否定“决定战争胜负，从根本上说，是军事实力”的观点。

关于法律战的局限性问题，张长浩先生在《科索沃战争中的法律战研究》[①] 一文中指出，“法律战具有有限性”，因而要“克服法律战万能思想”。他认为：“任何一场战争都是各种因素综合作用的结果。法律战在现代战争中的作用当然重大，但我们必须认识到其作用的有限性，尤其代替不了军事力量的对抗，也离不开一定军事实力的支撑。”张长浩先生分析了科索沃战争中美国和南联盟运用法律战的情况，论述了“法律战必须与一定的军事经济实力相结合，才能相得益彰，发挥最大的效用”的道理。在科索沃战争中，美国依靠其强大的军事与经济实力，充分发挥了法律战的功能，达到了它所预期的目的。而南联盟方面，虽然也深谙法律战的重要，奋力开展法律战，但其军事、经济实力远远不如美军，尤其是在其通信广播系统被摧毁之后，法律战平台大大缺失，终至陷入十分被动的局面。甚至于出现了国家领导人米洛舍维奇被作为战犯而遭到起诉的不测后果，法律战与军事战一起均告惨败。

尽管相对于武力战而言法律战是从属性、辅助性的，但是，在特定的情况下，法律战也能起到“不战而屈人之兵”的作用。但“不战而屈人之兵”的法律战仍属辅助性的，因为它的背后有强大的军事实力的支撑。如无强大的军事实力的支撑，法律战只能事倍功半，甚至徒劳无功。“不战而屈人之兵”的作用有以下两种。

一是制止武力战于战前。当外敌谋划将战争强加于我时，只要武力战尚未开始，就还有使之停息下来的可能。这种可能首先取决于我军的实力，这是最根本的。其次取决于运用声势浩大的、有效的法律战，动员本国人民同仇敌忾维护国际法，揭露敌国违反国际法而使之不仅在国内失去民心，而且在国际上陷于孤立，使之为发动战争的严重恶果而深自恐惧，从而停止或推迟发动战争。

二是削弱敌方的军事力量于战中。战争既已发生，不同于武力战的法律战仍有“屈人之兵”的重要作用。这时的法律战同样有动员本国人民支持战争，动摇敌国军队士气、公众民气，以及继续争取国际力量支持的重要作用。

（三）进攻性

法律战的第三个特点是它的进攻性，即无论在什么情况下，法律战都带主动出击的性质，是积极的而非消极的。

法律战无论是从有关法律的签订还是实施看，无论所要配合的武力战是进攻性的还是防御性的，无论是战前还是战中或战后，无论是施于国内还是敌国或他国，都应是进攻性的。

所谓进攻性的法律战，是指自觉地、主动地、积极地开展法律战的姿态。自觉开展法律战十分重要。战胜敌人的法宝多多益善，法律战既有“不战而屈人之兵”的可能，不加运用当然失策。战胜敌人的力量越强越好，不加聚合当然失利。主动开展法律战是为了避

---

① 西安政治学院战争法研究所编：《法律战研究》，西安政治学院科研部 2004 年印，第 44—45 页。

免陷于被动。鉴于某些国际法的规定是特殊政治情势下的产物，是国际力量较量之后一定程度上妥协的结果；鉴于某些国际法的规定带有原则性的特点，甚至有的规定可能是模糊的、有歧义或易致歧解的，主动开展法律战，对相关法律、法条做科学的、合乎法理的、符合国际惯例并有利于我方的解释、宣传或持以交涉，较之被动地应对敌方的任意解释、歪曲宣传，当然以主动为上。积极开展法律战，则可保证对武力战的及时有效的配合。所谓积极开展法律战，指的是事前的积极准备，事中的积极进行，事后的积极总结，毫不懈怠，一丝不苟。

后文将会提及，可以把法律战分为进攻型法律战与防御型法律战。进攻型法律战的进攻性不言自明。防御型法律战指的是，为防止敌方以法律为武器对我发起进攻，我方以制定法律、签订国际条约以及宣传这些法律、条约来抵御敌方的进攻型法律战。从应对敌方的进攻型法律战来说，我方可以说是防御型的。但这种防御型的法律战，绝不是被动的、消极的，而仍是主动的、自觉的、积极的，因此，其本质仍是进攻性的。所云“以退为进”此之谓也。

武力战有时是进攻性的，如国内敌对势力集结兵力或准备武装斗争时，另一方主动发动武力战击垮敌兵，或以武力瓦解敌对势力使之丧失武装斗争的可能；又如外敌屡行挑衅而又屡诫不止，造成了另一方军民生命财产的巨大损失，虽然敌方并未诉诸大规模的武装进攻，但另一方到了不以武力进攻而不能制止敌人的挑衅时，即发动进攻性的武力战。第二次世界大战末，苏联红军之出兵中国东北，激战日本关东军；“二战”中美国军队之长途奔袭横行欧洲的德国法西斯军队，都是进攻性的。但武力战有时又是防御性的。敌进我退，弃城远遁而避敌军攻击的锋芒，并寻机反攻，即是防御性的战争。这在古往今来则比比皆是。与武力战不同，法律战应当永远处于进攻性的态势，也就是说，不管所要辅助的武力战是进攻性的还是防御性的，法律战都应是进攻性的。

当武力战是进攻性的时候，战前就要积极开始法律战以宣传进攻的正义性、合法性；战中则继续主动进一步开展法律战，以保证武力战的胜利；战后同样要进攻性地开展法律战，以扩大战果，严惩战犯，谨防新的武力冲突。西安政治学院战争法研究所所长俞正山教授在《关于法律战的几个问题》① 一文中论及“法律战的主题”时指出：“在战争开始以前和战争前期，法律战的主题是争取、论证和宣传自己一方使用武力的合法性，揭露和攻击敌对一方使用武力的非法性，使自己‘得道多助’，令对方‘失道寡助’。在武力冲突过程中，法律战主题是尽量依法拓展自己的军事活动空间，最大限度地限制对方违法军事行为，揭露和依法对抗敌方违法作战。在武装冲突结束以后的一段时间，法律战的主题是以法律的形式巩固军事斗争的成果，实现军事斗争所追求的政治目的。”俞正山教授在论及法律战的“具体实施原则”时又强调必须“先发制人，先入为主”即进攻性的打法，他指

① 西安政治学院战争法研究所编：《法律战研究》，西安政治学院科研部2004年印，第5、7、9页。

出，要“先入为主”，因为“先入为主，是一种普遍的心理现象。因此，在法律舆论战方面，必须先声夺人、先机制敌，而不能让对方先我着鞭。要在不暴露我军作战意图的前提下，先敌展开强大的法律攻势，率先压倒敌人。首先，战前要尽量广泛、深入地向本国公民、敌方民众和国际社会宣示我使用武力的合法性。不仅要让相关国际组织（不仅有国家间的官方国际组织如联合国等，还有重要的民间国际组织如红十字国际委员会等）、各方各类民众、各种传媒了解我方使用武力具有充分的法律依据，而且还要让他们知道，我方为避免使用武力做了大量工作，是在一切可能的和平的努力均被对方拒绝之后，不得已而使用武力的。其次，运用国际法和战争法作为武器，通过直接交涉、间接交涉、动用世界舆论，防范和迟滞外部势力以武力介入和干涉我军事活动。外敌一旦介入，除依法采取相应的恰当的军事措施之外，要及时向国际社会和国际舆论寻求支持，迫使外敌最大限度地控制介入的规模和程度。最后，对于国内的分裂势力使用武力，可以在战前或战争初期，依据战争法和国内法对分裂国家、战争犯罪的规定，适时公布战争罪犯名单，对敌形成强大法律威慑，瓦解其斗志，离散其军心”①。

法律战之运用法律于求取武力战的胜利，面对的不仅仅是敌对的一方。也可以这样说，既然敌方决心诉诸武力而发动了进攻，“法律”已“战”不到冥顽不化的敌方主将身上，甚至往往对敌方的军民也因消息封锁而收效甚微，那么，法律战所要争取的、所要面对的，往往主要是他国的军民。即使在这种情况下，仍要保证法律战的进攻性。这里的“进攻”当然不是“战胜”他国的意思，而是从法律上以己方战争的正义性、合法性，说服他国支持己方，至少做到不支持敌方。而这，当然间接地有利于己方在武力战中取得胜利。

（四）功利性

法律战的第四个特点是，它带有极强的功利性。

举凡开展法律战的国家，都为着功利的目的，以求配合武力战，取得战胜敌方、赢得尽可能大的战果，或者利用法律战尽可能取得减少损失的结果。欧洲“三十年战争”后期交战各方公开或私下进行的以交易为特征的法律战，也许是比较典型的例证。“三十年战争”的交战双方角逐激烈，战争持久而残酷，交战国兵力伤亡惨重，财政陷入困境。“所有的国家都经历了财政困难，军队哗变，供给不足，国内反对增税。”尤其到了最后10年，双方都确确实实用光了人力和物力。正是在这种形势下，交战双方开始和平谈判。早在1637年，被战争拖得筋疲力尽的交战双方就开始试探媾和，但尝试未果。后来，神圣罗马帝国皇帝斐迪南三世曾与瑞典在汉堡举行秘密谈判，而帝国议会不同意双边交易，要求召开全会进行和谈。1641年6月30日，法国和瑞典在再次结盟（1635年曾结盟）的协

① 俞正山：《关于法律战的几个问题》，西安政治学院战争法研究所编：《法律战研究》，第13页。

议中，倡议在威斯特伐利亚相邻的两个城镇同时召开和会。同年 12 月 25 日，交战双方在汉堡经过协商决定：于 1643 年 7 月 11 日在威斯特伐利亚的这两个城镇召集各国全权大使举行会议，开始和谈并要求双方正式确定的全权大使在预定的时间出席。和谈会议进行得既拖拉又曲折，前后持续了 5 年之久。因矛盾重重，双方都仍想在战场上见高低，又无国际会议经验，在会议程序、礼仪、代表资格以及实质问题上都争论不休。其中争执较大的是神圣罗马帝国皇帝要求代表整个帝国对德意志诸侯的独立性提出抗议而引起的。法国和瑞典两国的代表则强调在德意志诸侯的代表没有出席之前不同意开始谈判。在此期间，战场的军事行动并未间断，当法国和瑞典在军事较量中已取得优势，皇帝斐迪南三世才被迫让步。同时，与会的其他国家之间，甚至在一个国家的代表之间也存在着意见分歧。如瑞典的代表，就存在主张实行强硬的征服性政策与力主不惜任何代价赢得和平的分歧。在和谈期间，由于交战双方的军事行动仍在延续；同时，各国的全权代表还受到各自政府指令的束缚和限制，从而使会谈进展极为缓慢。直到 1648 年 10 月 24 日才签订了《威斯特伐利亚和约》。[①] 显然，从打打谈谈到谈谈打打的过程，从《和约》的内容以及和谈的方式（许多时候是秘密的会谈），都说明与武力战交织而行的法律战，几乎可说纯然是功利性的。其功利内容，一为促成武力战胜利，二为夺取在武力战场上得不到或较少得到的东西，终极目的当然仍是经济利益。

海湾战争也是一场极具明显功利性的战争。这场战争是主导方美国“利用伊拉克侵占科威特的错误而发动的一场削弱和制服伊拉克，牢牢控制中东石油资源，确保和强化自身霸权的一场战争。它通过向萨达姆传递某种信息，使伊拉克出兵吞并科威特，并由此取得联合国对伊拉克使用武力的授权。这样，美国就把一场为石油和霸权而战的战争变成了执行联合国决议、反对伊拉克侵略、恢复科威特独立的正义的合法的战争；同时也从法律上确认了伊拉克使用武力，不论是入侵科威特，还是抵抗美国等西方国家的进攻，都是非法的”[②]。

张长浩先生研究科索沃战争中的法律战问题，概括出了美国为首的北约实施法律战的若干特点：其一是“战前先发制人，多管齐下”。包括利用国际法学说理论为战“正名”，“渗透司法机关，抢占主导”地位。其二是战中“战”“法”灵活结合，以强大的舆论力量宣传其依法“明确打击目标”，严格实行有关国际法在武装冲突中的“区分原则”，同时又借口“军事需要”而进行野蛮轰炸。其三是“利用战争法的滞后性，大肆使用新武器”，如使用了可使南联盟大规模停电的新式炸弹——“石墨炸弹”和主要用于摧毁坚固建筑物的“贫铀炸弹”，还使用了介于常规炸弹与核弹之间的新式大规模杀伤性炸弹——电磁脉冲

---

① 鲁毅等主编：《国际关系史》（第 1 卷），世界知识出版社 1995 年版，第 56—59 页。

② 俞正山：《关于法律战的几个问题》，西安政治学院战争法研究所编：《法律战研究》，第 5—6 页。

武器。[①] 美国等运用法律战于战争中的这种明显功利性目的，是值得我们认真研究、认真对待的。

我们一般不反对功利。任何阶级都要寻求功利的最大化，功利有其鲜明的阶级性。我们诉诸法律战而承认其功利性时，目的在于配合武力战而战胜敌人，从而保护先进生产力的发展，保护先进文化的发展，保障最广大人民的根本利益。

但是，如前所说，许多国际法不过是国际力量对比下的妥协性产物，甚至有的国际法还是强权政治的产物，这样，当我们讨论法律战的功利性时，就必须注意以下几个问题。

其一，我们之诉诸法律战于配合武力战，只能选取有利于我的国际法或国际法条；一切不利于我的国际法或国际法条，不仅不予遵行，而且要揭露其不合理、非正义的成分。针对我国现已签字的国际法，当然应予遵守。但是，同样的法律或法条，往往可以做出不尽相同甚至了不相同的解释。就国内法而言，具体的法律或立法法会有法律解释权属的规定，国际法往往没有这样的规定，或者即便有这样的规定也不被遵行。因此，从事法律战的准备时，就要谋划出现不同法律解释时的应对之策。

这一点，在进入法律战的司法对抗战阶段尤为重要。例如，司法审判与仲裁，都可能因主持审判的法官、主持仲裁的仲裁员“个人感情作用，受民族观念影响，曲解法律，判决偏颇，或收受贿赂，舞弊欺诈，或……越权办理，或判词含糊等情况……”[②]。在这种情况下，就必须起而揭露，且绝不服从。这“不服从”的本身，就是法律战的一个部分。

其二，在以往和未来的法律战中，我们的敌人必然利用有关的国际法或国际法条来与我们对抗。这里的国际法，有的可能是未经我们签字加入的，有的则是已经我们签字加入的。前者比较好办：不予承认，同时重申以前不加入、不签字的理由，从而昭告世人其中的不合理之处就可以了。对于后者，则必须：指明敌人所引用的法条不当；或者指明敌人对引用的法条做了曲解；或者指明有关国际法签订之时的国际环境中的特殊情况，表明我之签字、加入是有前提、有条件的。总之，是要揭露敌方利用某国际法或国际法条之别有用心，让本国、敌国、他国军民都了解我们的法律立场之合情性、合理性与正当性、正义性。

---

① 张长浩:《科索沃战争中的法律战研究》，西安政治学院战争法研究所编:《法律战研究》，第33—38页。

② 郑麟同:《国际司法问题》，商务印书馆1936年版，第13页。

第二章　法律战要素论

“要素”一词，其含义主要有以下几种：① element，构成事物的必要因素；② essence，事物必须具有的实质或本质；③ feature，可合而构成某类东西的东西；④ stuff，组成或构成某种东西的基本物质、本质；⑤ moment，契机，主要的或组成的必要因素；⑥ payoff，使局势得到解决或带来最后结论的决定性事实或因素；⑦ essentials，属于或构成某事物的必要主体、特性或结构的东西。简而言之，要素是一事物之所以成为该事物的不可缺少的组成部分。在探讨法律战之始，有必要先了解构成法律战不可缺少的各个主要组成部分。

顾名思义，法律战的要素，由“法律”与“战”二者构成。一方面，法律战以法律为工具，为武器。没有法律就不能开战，如果用别的作武器就不是法律战了，所以法律是法律战的基础性要素。国际法律战以国际条约和国际习惯为基本法律渊源，禁止非法使用武力，以法律限制作战手段和方法，保护受到或可能受到战争危害的人员和物体，调整交战国（方）之间以及交战国（方）与中立国（方）之间关系。构成法律战要素的法律体系，以使用武力的法律规定为基础，以作战行为的法律规定为主体，以中立法为补充，以惩处战争犯罪的法律规定为保障。法律战所使用的法律的性质，决定了法律战的性质。是否为正义的法律战，是根据它所适用的法律和正义性来定义的。另一方面，法律战是围绕武力战而展开的，这一本质属性决定了法律战是一种军事对抗斗争。也就是说，法律战的另一个必备要素就是“战”，这里的“战”，包括战法、战术，当然还得有战场，更需要有作战的人，这些都构成了法律战的具体要素。

鉴于以上对法律战要素的一般性认识，我们认为法律战包含以下四种要素：一为基础性要素——法律；二为能动性要素——人才；三为环境性要素——战场；四为技术性要素——战法。

一、基础性要素——法律

法律是法律战的基础性要素。法律战以法律对抗为主要斗争手段，贯穿于武力战的全过程，而且先于武力战展开，后于武力战结束，是任何武器都代替不了的“新式武器”。对法律战的这一基础性要素，可从法律渊源、法律基本原则、法律基本规则、具体规则四个方面加以探讨。需加说明的是，一国之内如有两个或多个并存的政权，如中国历史上的“三国”时期曹魏、刘蜀、孙吴政权“三足鼎立”，就可能发生国内法律战。鉴于现代国内法律战发生的概率比国际法律战的概率要小，我们的探讨以国际法律战为限。但是，所涉及的有关问题，如法律战要素、分类、过程、规则、规律等等，大多也适用于国内法律战。

（一）法律渊源要素

“法律渊源”一词，作为法学专用术语，原意是指法的源泉。通常是指法律存在的形式或表现形式，是具有不同法律效力和法律地位的各种类别的规范性法律文件的总称。作为法律战的基础性要素——法律，其渊源主要有法律战的国际条约、国际习惯和可以用作法律战武器的部分国内法。

1. 国际条约

适用于战争的法律规范，古已有之且内容丰富。《司马法》记载：“古者，逐奔不过百步，纵绥不过三舍，是以明其礼也。不穷不能而哀怜伤病，是以明其仁也。成列而鼓，是以明其信也。争义不争利，是以明其义也。”这些都是西周以前即适用于战争的具有约束力的惯例性法律规范，意思是说，古时候，追击溃逃的敌人不超过百步，追踪主动退却的敌人不超过九十里，这是为了表示礼让；不残杀丧失战斗力的敌人并哀怜其伤病人员，这是为了表示仁爱；等敌人布阵完毕再发起进攻，这是为了表示诚信。争大义而不争小利，这是为了表示战争的正义性。“明其礼”“明其仁”“明其信”“明其义”是当时的政治口号，也是当时的战争惯例。① 诸如此类的战争惯例，大多是在诸侯国之间发生攻伐征战过程中形成的，可以视为国际战争惯例，亦即其时的“国际法”渊源。

真正具有现代意义的能作为法律战渊源的国际条约及其正式编纂是19世纪中叶以后开始的，19世纪末20世纪初达到高潮，经第一次世界大战与第二次世界大战的推动而继续发展，当代与法律战相关的国际条约，可概括分类为三大体系：一是以《联合国宪章》为主体的联合国大会通过的一系列关于维护和平，禁止侵略和侵略战争，制裁和惩办侵略及战争犯罪的规约体系；二是以对战争手段和方法加以限制为主要内容的，以《海牙公约》为主体形成的体系；三是以人道主义保护为主要内容的，以《日内瓦公约》为主体形成的体系。以下为其具体内容。

第一，以《联合国宪章》为主体的一系列关于维护和平，禁止侵略和侵略战争，制裁和惩办侵略及战争犯罪的规约体系。这类规约有：

---

① 张景恩：《国际法与战争》，国防大学出版社1999年版，第10页。

1929年7月25日生效，由比利时、捷克斯洛伐克、法国、德国、日本、意大利、波兰、英国、澳大利亚、加拿大、印度、爱尔兰、新西兰、美国、南非等15个国家和地区的代表在巴黎签订的《非战公约》(全称《关于废弃战争作为国家政策工具的一般条约》，又称《白里安–凯洛格公约》或《巴黎非战公约》)。

1945年6月26日联合国国际组织会议签于旧金山的《联合国宪章》。

1945年8月8日订于伦敦的《关于控诉和惩处欧洲轴心国主要战犯的协定》及其附件《欧洲国际军事法庭宪章》。

1946年1月19日公布于东京的《远东盟军最高统帅部宣布成立远东国际军事法庭的特别通告》及其附件《远东国际军事法庭宪章》。

1946年12月11日联合国大会（以下简称联大）通过的《联合国大会确认纽伦堡宪章承认的国际法原则的决议》。

1949年4月28日联大通过的《和平解决国际争端修订总议定书》。

1950年12月14日联大第325次全体会议第A/RES/429号决议通过的《难民地位公约草案》。

1956年12月21日联大通过的《关于各国内政不容干涉及其独立与主权之保护宣言》。

1957年4月29日订于斯特拉斯堡的《关于和平解决争端的欧洲公约》。

1961年11月24日联大第16届第1063次全体会议通过的《禁止使用核及热核武器宣言》。

1968年11月26日联大通过的《战争罪及危害人类罪不适用法定时效公约》。

1970年10月24日联大通过的《关于各国依联合国宪章建立友好关系及合作之国际法原则之宣言》。

1971年12月16日联大第2022次全体会议第2826号决议通过的《关于禁止发展、生产和储存细菌（生物）及毒素武器和销毁此种武器的公约》。

1973年12月3日联大通过的《关于侦察、逮捕、引渡和惩治战争罪犯和危害人类罪犯的国际合作原则》。

1974年12月14日联大第29届第2139次全体会议通过的《关于侵略定义的决议》《在非常状态和武装冲突中保护妇女和儿童宣言》《武装冲突中对人权的尊重》。

1975年12月9日联大第2433次大会第3452号决议通过的《保护人人不受酷刑和其他残忍、不人道或有辱人格待遇或处罚宣言》。

1979年7月联合国国际法委员会拟定的《关于国家责任的条文草案》。

1982年11月15日联大通过的《关于和平解决国际争端的马尼拉宣言》。

联合国第三次海洋法会议通过的1982年12月10日订于牙买加蒙特哥湾的《联合国海洋法公约》。

1985年11月29日联大第40/34号决议通过的《为罪行不滥用权力行为受害者取得公

理的基本原则宣言》。

1986年3月21日订于维也纳的《关于国家和国际组织间或国际组织相互间条约法的维也纳公约》。

1988年12月5日联大第43/51号决议通过的《关于预防和消除可能威胁国际和平与安全的争端和局势以及关于联合国在该领域的作用宣言》。

1989年12月4日联大第44/34号决议通过的《反对招募、使用、资助和训练雇佣军国际公约》。

1990年12月14日联大第68次全体会议第45/111号决议通过的《囚犯待遇基本原则》。

1992年12月1日联大通过的《禁止研制、生产、贮存和使用化学武器以及销毁此种武器公约》。

1994年12月9日联大第49/60号决议通过的《消灭国际恐怖主义措施宣言》及1996年12月17日第51/210号决议通过的《补充1994年消除国际恐怖主义的措施的宣言》。

1995年12月11日联大第87次全体会议第50/50号决议通过的《联合国国家间争端和解示范规则》。

1996年12月12日联大第82次全体会议第51/60号决议通过的《联合国关于犯罪和公共安全问题的宣言》。

2000年6月30日联大第98次全体会议第54/280号决议通过的《规定联合国同全面禁止核试验条约组织筹备委员会之间关系的协定》。

2000年12月4日联大第81次全体会议第55/59号决议通过的《关于犯罪和司法：迎接二十一世纪的挑战的维也纳宣言》。

2001年9月7日联大第111次全体会议第55/283号决议通过的《联合国同禁止化学武器组织间关系的协定》。

2002年9月25日联大第50次会议第E/2002/23号决议通过的《〈禁止酷刑和其他残忍、不人道或有辱人格的待遇或处罚公约〉任择议定书草案》。

2003年3月18日安全理事会第4720次会议第1467(2003)号决议通过的《小武器和轻武器扩散及雇佣军活动：对西非和平与安全的威胁的项目通过附后的宣言》。

2005年4月15日联大第91次全体会议第59/290号决议通过的《制止核恐怖主义行为国际公约》。[①]

第二，以《海牙公约》为主体形成的对战争手段和方法加以限制为主要内容的体系。这类国际条约有：

1856年4月16日巴黎会议《关于海上若干原则的宣言》。

---

① 参见联合国官方网站由达格·哈马舍尔德图书馆整理的《1946年以来列载在大会决议中的公约、宣言和其他文书清单》。

1868 年 12 月 11 日《禁止在战争中使用某些爆炸性子弹的圣彼得堡宣言》。

1899 年 5 月 18 日—7 月 29 日海牙第一次和平会议签订的 3 个公约和 3 个宣言，包括:《和平解决国际争端公约》(1899 年海牙第一公约)、《陆战法规和惯例公约》(海牙第二公约)及其附件《陆战法规和惯例章程》、《关于 1864 年 8 月 22 日日内瓦公约的原则适用于海战的公约》(海牙第三公约)、《禁止从气球上或用其他新的类似方法投掷投射物和爆炸物宣言》(第一宣言)、《禁止使用专用于散布窒息性或有毒气体的投射物的宣言》(第二宣言)以及《禁止使用在人体内易于膨胀或变形的投射物，如外壳坚硬而未完全包住弹心或外壳上刻有裂纹的子弹的宣言》(第三宣言)。

1907 年 6 月 15 日—10 月 18 日在海牙召开的第二次和平会议对 1899 年的 3 项公约和 1 项宣言(第一宣言)进行了修订，并新订了 10 项公约，总计 13 项公约和 1 项宣言。主要包括:《和平解决国际争端公约》(1907 年海牙第一公约)、《限制使用武力索偿契约债务公约》(1907 年海牙第二公约)、《关于战争开始的公约》(第三公约)、《陆战法规和惯例公约》(第四公约)及其附件《陆战法规和惯例章程》、《中立国和人民在陆战中的权利和义务》(第五公约)、《关于战争开始时敌国商船地位公约》(第六公约)、《关于商船改装为军舰公约》(第七公约)、《关于敷设自动触发水雷公约》(第八公约)、《关于战时海军轰击公约》(第九公约)、《关于 1906 年 7 月 6 日日内瓦公约原则适用于海战的公约》(第十公约)、《关于海战中限制行使捕获权公约》(第十一公约)、《关于建立国际捕获法院公约》(第十二公约)、《关于中立国在海战中的权利和义务公约》(第十三公约)、《禁止从气球上投掷投射物和爆炸物宣言》。

1922 年 2 月 6 日订于华盛顿的《关于在战争中使用潜水艇和有毒气体的公约》。

1928 年 8 月 27 日订于巴黎的《关于废弃战争作为国家政策工具的一般条约》。

1930 年 4 月 22 日订于伦敦的《限制和裁减海军军备的国际条约第四部分关于潜艇的作战规则》。

1936 年 11 月 6 日在伦敦签订的《1930 年 4 月 22 日伦敦条约第四部分关于潜艇作战规则的议定书》。

1937 年 9 月 14 日《尼翁协定》及其附件 1937 年 9 月 17 日《尼翁协定的补充议定书》。

1954 年 5 月 14 日订于海牙的《关于发生武装冲突时保护文化财产的公约》。

1963 年 8 月 8 日在伦敦、莫斯科和华盛顿开放签署的《禁止在大气层、外层空间和水下进行核武器试验条约》。

1967 年 2 月 14 日在墨西哥城开放签署的《拉丁美洲禁止核武器条约》。

1968 年 7 月 1 日在伦敦、莫斯科和华盛顿开放签署的《不扩散核武器条约》。

1971 年 2 月 11 日在伦敦、莫斯科和华盛顿开放签署的《禁止在海床洋底及其底土安置核武器和其他大规模毁灭性武器条约》。

1972 年 4 月 10 日在伦敦、莫斯科和华盛顿开放签署的《禁止细菌(生物)及毒素武器的发展、生产及储存及销毁这类武器的公约》。

第三，以《日内瓦公约》为主体形成的以人道主义保护为主要内容的体系。这类国际条约有：

1864 年 8 月 22 日订于日内瓦的《改善战地武装部队伤者境遇的公约》。

1906 年 7 月 6 日订于日内瓦的《关于改善战地武装部队伤者和病者境遇的公约》。

1925 年 6 月 17 日订于日内瓦的《禁止在战争中使用窒息性、毒性或其他气体和细菌作战方法的议定书》。

1929 年 7 月 29 日的日内瓦公约，包括《关于改善战地武装部队伤者病者境遇的日内瓦公约》《关于战俘待遇的日内瓦公约》。

1937 年 11 月 16 日订于日内瓦的《防止和惩治恐怖主义公约》。

1948 年 12 月 9 日订于巴黎的《防止及惩治灭绝种族罪公约》。

1949 年 8 月 12 日的日内瓦公约，包括以下 4 个公约：《改善战场武装部队伤者病者境遇的日内瓦公约》（第一公约）、《改善海上武装部队伤者病者及遇船难者境遇的日内瓦公约》（第二公约）、《关于战俘待遇的日内瓦公约》（第三公约）、《关于战时保护平民的日内瓦公约》（第四公约）。

1977 年 5 月 18 日订于日内瓦的《禁止为军事或任何其他敌对目的使用改变环境的技术的公约》。

1977 年 6 月 8 日在日内瓦签订的对 1949 年 8 月 12 日日内瓦四公约附加的两项议定书，即《1949 年 8 月 12 日日内瓦四公约关于保护国际性武装冲突受难者的附加议定书》（第一议定书）和《1949 年 8 月 12 日日内瓦四公约关于保护非国际性武装冲突受难者的附加议定书》（第二议定书）。

1980 年 10 月 10 日《禁止或限制使用某些可被认为具有过分伤害力或滥杀滥伤作用的常规武器公约》及以下 4 个附件：附件一《关于无法检测的碎片的议定书》、附件二《禁止或限制使用地雷（水雷）、饵雷和其他装置的议定书》、附件三《禁止或限制使用燃烧武器议定书》、附件四《关于小口径武器系统的决议》。

2. 国际习惯

现代法律战的“法律”要素，其渊源的主要存在形式是国际条约，但关于战争的国际习惯的重要性同样是不容忽视的。在没有签署国际条约的领域或者是缔约国与非缔约国之间的战争行为本身受到国际习惯制约的情况下，违背了国际习惯，同样要受到国际社会的指责甚至惩处。迄今为止，国际习惯还大量存在并运用于法律战之中，并发生着效力，成为法律战基础要素渊源之一。一方面，在某些战争法条约对非缔约国没有拘束力的情况下，起作用的往往还是国际习惯；另一方面，国际习惯还在发展，不但一些战争规则需要以国际习惯为背景来加以理解和解释，而且一些必须但暂时还不能被国际社会接受的新规则也要通过国际习惯的方式逐渐获得认可。例如，大陆架制度在第二次世界大战结束之后才在国际上提出，但在不到 20 年的时间里，由于许多国家相继迅速采取类似的行动，于是得到普遍的承认，并演变成了国际习惯法制度，而 1958 年《日内瓦大陆架公约》则以条约的形式确认了这个制度。

除以上两者外，大量的国际司法判例、国际组织决议、公法学家的有关学说等，也是重要的法律渊源。当然，各国国内大量存在的调整武力战的国内法，诸如《军事刑法》《军事诉讼法》等，也都是法律战的法律渊源要素之一。

（二）基本原则要素

法律战中的法律主要是由大量国际条约和国际习惯规则组成，根据这些条约和习惯规则，可以概括出作为法律战要素构成部分的以下法律基本原则：

1. 军事必要不解除履行国际义务的原则

无论是国际战争，还是国内战争，交战各方都必须遵守根据国际条约和习惯产生的义务。1945 年《联合国宪章》强调："欲免后世再遭今代人类两度身历惨不堪言之战"，必须"保证非为公共利益，不得使用武力"。由此可见，武力只有在必要时方能使用，即"军事必要"。为防止有些国家以"军事必要"为借口，同时还规定"军事必要"不能解除交战各方遵守战争法规的义务，即交战各方不得以"军事必要"为理由，攻击不设防的城市、乡村、医院、学校、宗教场所等非军事目标，不得虐待或杀害平民、伤病员或战俘，也不得破坏中立国的中立地位。这就是著名的"马顿斯条款"（Martens Clause）[①] 的基本内容，即在国际协定未规定的情况下，平民和战斗员仍受来源于既定习惯、人道原则和公众良心要求的国际法原则的保护和支配。这一条款最初写在 1899 年《海牙第二公约》中的《陆战法规和惯例章程》中，后来，1977 年《日内瓦四公约关于保护国际性武装冲突受难者的附加议定书（第一议定书）》中第 1 条第 2 款中明确规定"在本议定书或其他国际协定所未包括的情形下，平民和战斗员仍受来源于既定习惯、人道原则和公众良心要求的国际法原则的保护和支配"，使这一条款得到充分体现。

2. 人道主义原则

人道主义原则是与军事必要不解除履行国际义务原则相并列的两大重要原则之一。所谓人道主义原则，从狭义上讲，即国际人道法，也就是"国际人道主义法""日内瓦人道法规体系""战争法中的人道主义规则"，要求在战争和武装冲突期间，保护平民、战斗员及战争受难者的法律原则、规则和规章制度的总称。从广义上讲，国际人道法是指在战争

---

① 马顿斯是俄国出席第一次海牙和平会议的代表，他在会上发表了一项声明："凡遇有本条文中规定之事项，则有种种国际法之原则，从文明人民之惯例上，从人道之原则上，自良心之要求上，发生事变之两交战国与其人民之间，应在此原则之保护与支配下。"该声明载入《海牙公约》的"序言"中和 1977 年日内瓦四公约《第一附加议定书》中，故称为"马顿斯条款"。

和武装冲突时，限制交战方行动自由以保护个人在战争与武装冲突状态下的合法权益，减少并限制战争与武装冲突对个人的伤害的法律原则、规则和制度的总称。这种意义上的国际人道法，其内容不仅包括日内瓦条约体系（关于保护平民和战争受难者的法规体系），而且出于人道主义目的，还包括决定战斗行动、武器使用、战斗员的行为以及进行复仇等所应遵守的界限的条约和惯例。[①]《日内瓦四公约》和两个《附加议定书》都是以维护人道主义为目的，为了更加有效地保护战争受难者而制定的。其共同特点包括尽可能扩大其适用范围以扩大保护范围。《日内瓦四公约》第 2 条规定："于平时应予实施之各项规定之外，本公约适用于两个或两个以上缔约国间所发生之一切经过宣战的战争或任何其他武装冲突，即使其中一国不承认有战争状态。凡在一缔约国的领土一部分或全部被占领之场合，即使此项占领未遇武装抵抗，亦适用本公约。冲突之一方虽非缔约国，其他曾签订本公约之国家于其相互关系上，仍应受本公约之拘束。设若上述非缔约国接受并援用本公约之规定时，则缔约各国对该国之关系，亦应受本公约之拘束。"

3. 区别对待原则

在古代，战争往往是各交战国全体人民之间的武力争斗。一个交战国的任何人，不论是否携带武器作战，不论男女或成年未成年，都可以被交战国敌方任意杀死或执为奴隶。[②]这种不分青红皂白随意杀人的行为，在后来的战争中逐渐被认为是残酷和非人道的。因此，到了近现代，区别对待原则在战争法中逐渐形成并得到普遍的承认和遵守。区别对待原则是指在战争期间，冲突各方无论何时均应把平民与武装部队战斗员、民用物体与军事目标区别开来，并在武装冲突中给予不同的对待。冲突一方仅应以军事目标（含战斗员）为攻击对象，除平民直接参加敌对行动和民用物体直接用于军事目的之外，平民和民用物体不应成为攻击或报复的对象，尤其禁止"不分青红皂白地攻击"。在美伊战争中，伊拉克政府将军事人员伪装成平民，人为地混淆民用目标和军用目标。这种做法虽然给美英联军制造了诸多障碍，但不被国际法所认可。如果美英以伊方的行为为借口而实际杀伤大量平民，也同样不被国际法所接受。

4. 遵守中立义务原则

中立制度是法律战基础性要素中的重要组成部分之一，在国家之间发生战争的情况下，交战国与中立国之间形成特殊的权利义务关系。交战国应保护中立国的利益，不得损害其中立地位；中立国亦应在交战国之间保持不偏不倚的立场，不支持交战的任何一方。交战国侵害中立国中立地位的行为和中立国违反其中立义务的行为，均构成国际不法行为，行为国应承担相应的国际责任。

---

① 黄瑶：《国际法关键词》，法律出版社 2004 年版，第 254 页。

② [英]劳特派特修订：《奥本海国际法》（下卷），第 1 分册，王铁崖、陈体强译，商务印书馆 1972 年版，第 147—148 页。

5. 战争罪犯承担个人刑事责任原则

第一次世界大战以后，对策划、发动、组织和指挥侵略战争以及对严重违反国际人道主义法的罪行负主要责任的国家领导人和高级军事指挥官应承担个人刑事责任的原则逐渐确立起来。这一原则的具体确立是在纽伦堡审判中形成的，纽伦堡审判开创了审判战争罪犯的历史先河。1945 年 11 月 20 日，国际军事法庭在德国南部城市纽伦堡开庭。包括纳粹第二、第三号人物戈林、赫斯和外长里宾特洛甫在内的 20 多名战犯被提起公诉。1946 年10月1日，法庭做出了最后判决，判处戈林等12人绞刑，3人无期徒刑，4人有期徒刑。这一审判的意义就在于：正式确立了个人承担国际刑事责任的国际法原则，即策划、发动侵略战争是违反国际法的犯罪行为，参与战争犯罪者必须承担国际法上的个人战争责任。

（三）基本规则要素

有关国际法与国际惯例要求，在作战过程中必须遵循一系列基本行为规则。这些规则也是法律战法律要素的重要方面，在法律战过程中具有重大意义，普遍适用于陆战、海战和空战。法律战的基本规则要素主要如下。

1. 战争开始规则及其法律后果

战争标志着交战国之间的法律关系从和平状态进入敌对的战争状态。传统战争法认为战争必须通过宣战（declaration of war）而开始，否则就是非法的行为。这曾是一项古老的惯例（usage）。如古希腊、罗马时代国家间就常以宣战方式宣告敌对行动的开始。1907 年《关于战争开始的公约》第 1 条也规定："缔约国承认，除有预先的和明确无误的警告，彼此间不应开始敌对行为。警告的形式应是说明理由的宣战声明或是有条件的最后通牒。"[①] 虽然自古在国际战争实践中有以宣战作为战争开始的方法之惯例，1907 年《关于战争开始的公约》还是规定了宣战规则，但该公约的缔约国只有 28 个，都不足以作为宣战是战争开始的一项必须遵守的国际性习惯法规则。[②] 实际上，国际实践中存有许多不宣而战的情形，特别是 1928 年《非战公约》及其他法律文件规定禁止侵略战争和非法使用武力后，一些国家为了逃避此项义务，纵欲大举进攻别国，发起战争，也不宣战。如 1935 年意大利进攻阿比西尼亚，德国 1938 年入侵奥地利、1939 年入侵捷克斯洛伐克和阿尔巴尼亚、1941 年入侵苏联，1931 年和 1937 年日本入侵中国。在《联合国宪章》再次郑重宣告禁止非法使用武力后，仍有一些国家为逃避义务不宣而战，如 1980 年的两伊战争及 1982 年英国和阿根廷之战等均未事先宣战。对这样的武力冲突是否就一概不认为是战争呢？对此，国际上虽有分歧意见，但一般认为，如果发生了大规模的、全面的敌对行动，无论是否经

---

① 《国际条约集（1872—1916）》，世界知识出版社 1986 年版，第 395 页。

② ［英］劳特派特修订：《奥本海国际法》（下卷），第 1 分册，王铁崖、陈体强译，商务印书馆 1972 年版，第 213—214 页。

过宣战程序均应视为战争。从战争法的适用上，武装冲突发生后，不论其是否进入战争状态均适用战争法的原则和规则。

战争开始后，交战国之间的法律关系开始发生重大变化，产生一系列法律后果，主要体现在以下六个方面。

（1）外交和领事关系的断绝

战争开始后交战国之间就断绝外交关系和领事关系。通常在战争发生后，交战国的外交人员随即主动撤离敌国，也有被驻在国强制出境的。按国际惯例和1961年的《维也纳外交关系公约》，享有外交特权和豁免的人员，应得到便利尽速离境，外交代表在离境前仍然享有外交特权和豁免。此外，派遣国对其使、领馆的档案、馆舍、寓所、财产以及侨民的权益可委托接受国认可的第三国（一般是中立国）保管。

（2）交战国的条约关系受到严重影响

战争开始使某些条约的标的永久消失以致条约不能履行或因战争使情况发生变化，导致某些条约的义务范围受到影响。根据国际实践，这种变化主要有三种情况。

其一，仅以交战国为当事国的条约效力，据以下情况决定：凡以维持共同政治行动或友好关系为前提的条约，如同盟条约、互助条约或和平友好条约立即废止，因为两国关系已经变成了战争敌对关系，根本不可能维持共同的政治行动。一般政治性和经济性条约，如引渡条约、商务条约等，除条约另有规定外，应停止施行。另外，关于规定缔约国之间固定或永久状态的条约，如边界条约、割让条约等一般应继续维持，除非这类条约另有规定，或缔约方另有协议。

其二，以交战国与非交战国为当事国的多边条约的效力，有两种情况：一种是普遍性的多边条约或有关卫生、医疗的条约不因战争开始而终止，但是其中与交战行为相冲突的条款可停止执行，待到战争结束后恢复效力；另一种是条约本身明文规定，战时即停止效力，如1944年《芝加哥国际民用航空公约》规定该公约战时可停止效力。

其三，关于涉及战争规范的条约效力。凡规定战争行为规范的条约于战争开始后不仅有效，而且恰恰必须适用，当事国应严格遵守。

（3）经贸往来的禁止

战争开始，交战国之间的政治、经济、军事等诸多方面活动都处于敌对状态，因此断绝经贸往来是情理之中的事。

（4）敌产（enemy property）受到的影响

交战国在战争中对敌产的处理包括公有财产和私有财产。交战国对于其境内的敌国财产，除使、领馆外可予以没收。对占领区内属于军事性的敌国动产可征用，对不动产可以使用，但不得取得、变卖或做其他处置，唯对具有军事性的不动产，如桥梁、要塞等可于必要时予以破坏。对于敌国人民的私有财产，根据1907年《陆战法规和惯例公约》第23条规定："战时对于敌侨之私有财产，不得没收或破坏，但为战争上所必要，而不得已时，不在此限。”

另外，交战国对在海上遇到的敌国公、私船舶及货物可予以拿捕没收。但对从事探险、科学、宗教、慈善以及执行医疗任务的船舶不应采取此种措施。中立国商船上的敌国私产，除可用于战争目的外，一般不应拿捕没收。对敌国的公、私航空器及其所载货物均可拿捕没收。

（5）对敌国公民的影响

战争开始，交战国对其境内的敌国公民（enemy alien）可实行各种限制，如进行敌侨登记、强制集中居住或拘禁等，但在战争许可范围内应尽可能地减免对敌国公民人身、财产和尊荣上的限制和强制。

（6）关于敌性的确定

战争开始，交战国为达战争之目的，有权采取对敌人和敌产不利的行为，从而使与此相关的法律关系发生根本性的变化，如前所述的没收、破坏、限制、拿捕以及使用等，就必定改变与其相关的既定法律关系，但在采取此种行为前须明确实施对象的敌性（enemy character）。确定敌性的对象包括个人、公司、船舶和货物等。对象不同则方法各异。

其一，个人敌性的确定。国际实践中对个人敌性的确定标准有三种：居住地制、国籍制和混合制。如英、美等国认为，居住在敌国境内或其占领区内的人，不论其国籍所属均具有敌性。这是以住所作为确定敌性的标准。法国等欧洲大陆国家则以国籍为标准，凡具有敌国国籍者，无论其居住于何地均具有敌性。混合制是把居住地制与国籍制结合运用确定敌性。

其二，公司敌性的确定。国际实践对公司法人敌性的确定有三种制度：一种是设立登记制，即凡在敌国设立并登记的公司具有敌性；另一种是营业地制，凡在敌国境内或其占领区内营业的公司，或主要营业地在敌国境内或其占领区的公司，不论它在何国登记，均具有敌性；还有一种是经理人制，即凡公司的经理或代理人住在敌国、依附敌国或接受敌国指示、控制，该公司虽不是在敌国登记，也不在敌国营业，均具有敌性。现在各国都不同程度地把上述三种制度兼用来确定公司的敌性。

其三，船舶敌性的确定。船舶包括公、私船舶。船舶敌性均以其悬挂的旗帜来决定。凡悬挂敌国国旗的船舶都具有敌性；悬挂中立国国旗的，不具敌性。但若此种船舶本无悬挂中立国旗的权利或直接参与敌对行动，或接受敌国指挥控制，或完全为敌国运输军队或传递情报，或武力抵抗交战国军舰的合法临检、搜索、拿捕，或受敌国特许经营平时不能经营的贸易，或全部或部分所有人具有敌国国籍的，均具有敌性。

其四，货物敌性的确定。按照传统惯例，确定货物敌性有两项原则：一是凡在敌性船上的货物，均被推定具有敌性，其中经确切证明属于中立国人民的，可恢复中立性。二是如货主具有敌性，则其货物亦具有敌性。

2. 战争结束规则及其法律后果

任何战争都不可能永远不停地打下去，必然会有结束或停战的时候。对于没有经过正式宣战的战争，当实际武装冲突停止，双方释放战俘并自动恢复平常性的人员往来后即可视为战争业已结束。有人认为，战争的结束还以"恢复经贸关系"为条件，这是值得商榷的。一般来说，经贸关系的恢复需有相当长的时间准备，是一个比较复杂的过程。因此，我们认为，战争的结束不应以经贸关系的恢复为标志性条件之一。从现代国际实践看，对于正式宣战的战争，其结束一般分为两个步骤：军事行动的停止和战争状态的结束。其中，军事行动的停止方式通常有以下三种。

（1）停战

停战（armistice）是指根据交战的协定停止军事行动。停战有两种情形：一种是停战协定规定全面停止敌对行动，即海陆空军全部停止敌对行动。这不仅表现为全部停止敌对行动，而且是事实上结束战争，最后由和约确认。例如，1918 年 11 月 11 日所签的全面停战协议就是第一次世界大战的实际结束时间，而后被 1919 年的《凡尔赛和约》确认。另一种停战协定规定局部停止敌对行动，即在战区的特定部分停止敌对活动，以便派遣军使、打扫战场、交换战俘或安排投降等。局部停战不产生战争结束的法律后果。

（2）无条件投降

无条件投降（unconditional surrender）是指战败国只能按照联合国规定的条件，而自己不得附任何条件的投降。无条件投降的实践，中外历史上早已有之。但作为一种术语是在 1943 年 1 月 24 日，美国总统罗斯福在卡萨布兰卡会议讨论 1943 年作战方针时首次使用的。当时罗斯福在记者招待会上曾宣布他们正预备起草一项有关此次会议情况的声明，以便在适当时机对记者发表，而且打算在此项声明内宣称，美国与大英帝国决心将战争毫不容情地进行到底，直至德日两国无条件投降为止。战败国无条件投降后，即停止了一切军事敌对行动。例如，1945 年 5 月 8 日德国法西斯被粉碎后，在柏林签署了关于德国武装部队军事投降书。同年 9 月 2 日签订了日本无条件投降书。投降书中分别宣布德、日彻底解除武装，停止一切军事行动。

（3）停火与休战

停火（cease fire）与休战（truce）是联合国实践中经常使用的停止军事行动的方式。现在，根据联合国的有关规定，停火是指在联合国安理会的命令或要求下停止敌对行动，但实践中素来就有冲突双方约定的停火。停火的效力是在规定的期限内，于命令或协定规定的地区内，绝对停止敌对行动。休战是一个较停战更少限定意义的停止敌对行动的用语。例如，1948 年由安理会采取行动决定在巴勒斯坦休战。

3. 战争状态结束规则

战争状态结束与战争结束不是一个概念。战争结束一般是指武装冲突的停止，而交战国间战争状态的结束是对有关约束战争和停止战争行动的一切政治、经济、领土和其他问题做出最终解决的决定，结束战争的法律状态，恢复和平关系。例如第二次世界大战是在1945年结束的，但不少国家对德国、日本等的战争状态，却是在若干年后才宣告结束的。中国是在1955年才宣告结束与德国的战争状态的。战争状态的结束通常有以下三种方式。

（1）交战方缔结和平条约

缔结和平条约（peace treaty）是结束战争状态的最通常的方式。和平条约一般都详细规定与交战国相关的全部未决事项。例如，对战争的终结和承认主权、领土占领的结束，遣返战俘，财产关系和赔偿等事项。和平条约生效，则双方不得再行对敌方实施攻击，根据双方的和平条约实施撤军、释放战俘等。

（2）交战的单方宣布结束战争状态

这是由战胜国宣布结束战争状态。例如，1955年4月7日，中华人民共和国主席发布命令，宣布结束与德国间的战争状态。

（3）交战双方发表联合声明

交战国双方可以以发表联合声明的方式结束战争状态。例如，苏联于1956年10月19日与日本发表联合声明，宣布结束它们之间的战争状态。

此外，还常常采取签订停战协定的方式来表示战争状态的结束。如韩国与朝鲜于1953年7月27日星期一下午，在板门店签署《停战协议》，使战场终于获得宁静，还形成了非军事区（Demilitarized Zone）。另一具有代表性的实例是1973年1月27日，美国和越南签订关于停止战争的《巴黎协定》，该协定第3条规定，在越南停火和停止美国针对越南民主共和国领土的一切军事行动，目的是保证巩固持久和平。

交战国无论采取何种方式宣布结束它们之间的战争状态以后，双方恢复正常的和平关系，相应的战争法的规则终止适用，在其国家关系中，恢复适用国际法；恢复外交和领事关系；恢复经济贸易通商活动；因战争中止实施的条约恢复效力；取消对原交战国家或国民的财产及其他权利的限制等。

4. 中立规则及其法律后果

中立是国际社会关系中伴随着战争而出现的，有战争才有所谓的中立，无战争则无中立。但这是就漫长的历史时期而言的。历史上，战火不断，战祸频频，有的国家因其特殊的历史机缘而置身于战争之外，仍与各交战国保持和平关系。这种关系，在战时会显得十分突出，对交战国也很重要，因为树敌越少就越有利于自己，有利于集中兵力打击敌人。对中立国而言，则是由于远离战火而得到和平之利。这种状况，在战后也可以保持，即对相互敌对的国家、阵营保持不偏不倚的中立状态、中立关系，久而久之，就形成了固化的中立国，如宣布“永久中立”的瑞士就是其中之一。但这里讨论的是战时中立国与交战国之间的关系。

中立规则调整的是交战国与非交战国之间的关系，主要涉及以下问题。

（1）战时中立和战时中立法

战时中立（wartime neutrality）是指在战争时期，非交战国（即第三国）不参加、不介入他国之间的战争，对交战双方保持不偏不倚的立场和态度。非交战国一经选定中立立场，则享有中立国的权利和承担相应的义务，交战国应尊重中立国的中立地位。非交战国一旦宣布中立，在交战国和中立国之间就开始适用中立法。[①] 战时中立国（wartime neutral state）不仅不参加交战国的作战和敌对行为，而且也不支持或援助交战国任何一方。国家的战时中立地位是战争开始后选择的，是临时性的中立。国家可以随时宣布结束它的这种中立地位。战时中立不同于政治意义上中立和中立主义。战时中立是一个国家在其他国家之间发生战争时选择的中立地位。另外，战时中立与永久中立不同。永久中立国不仅在战时保持中立，在平时也要恪守中立，因为永久中立地位的确立是由国际条约决定的，永久中立国不得任意放弃这种地位，如瑞士和奥地利这样的永久中立国在任何时候都应遵守中立义务。

战时中立法（law of wartime neutrality）是规定交战国与中立国之间权利和义务关系的原则和规则。其目的在于使交战国与中立国之间的利益保持平衡。构成中立法的国际文件主要有 1907 年的《陆战时中立国及中立人民之权利义务公约》《关于中立国在海战中的权利和义务公约》。另外，1949 年日内瓦第一公约和第二公约以及 1977 年日内瓦公约第一附加议定书中也有关于中立的规定。

（2）战时中立国的权利和义务

战时中立国的权利是在国家平等权利的基础上建立的。通常认为中立国的权利主要包括以下几个方面。首先，中立国的领土和主权应得到交战国的尊重，不受侵犯也不得供任何交战国用于战争的目的。1907 年 10 月海牙和平会议《中立国和人民在陆战中的权利和义务公约》第 1 条规定：“中立国的领土不得侵犯。交战国必须尊重中立国的主权，并避免在中立国领土或领水内，从事任何可能构成违反中立的行为。”其次，中立国人员的权益应得到保护。凡与投入战争行动无关的中立国公有、私有财产均不得侵犯和破坏。除因战争等不可避免的原因损毁外，对任何故意实施的损害中立国人员各种权益的行为，中立国财产所有人或政府有权请求赔偿或恢复原状。最后，中立国与交战国关系中的某些特殊权利受到保护。中立国在战时可以继续与交战国保持原有的外交关系和经济、文化等往来。此外，中立国在受到交战国或非交战国侵犯时仍然保有自卫的权利。1907 年 10 月海牙和平会议通过的《中立国和人民在陆战中的权利和义务公约》第 25 条规定：“中立国应以自己所拥有的手段执行监督，以防止在它的港口、锚地或领水内发生任何违反上述规定的行为。”

战时中立法既然是调整中立国与交战国之间关系的法律规范，当然要求中立国与交战国共同遵守，各自在行使其权利的同时也要履行义务。它们之间的权利和义务关系是相互

① 黄瑶：《国际法关键词》，法律出版社 2004 年版，第 252 页。

对应的，如果说中立国的战时权利决定了交战国的义务，那么中立国的义务就是交战国的权利。因此，切实遵守和维护战时中立规则，对中立国和交战国都是有益的。

中立国对交战国承担的义务一般有三个方面：不作为义务、防止义务和容忍义务。

不作为义务，指中立国不得直接或间接地向任何交战国提供军事援助，包括不得提供军队、武器、给养、货款或向交战国军队提供庇护场所等。但是中立国基于人道主义理由为交战国提供医药或医护人员不在此限。

防止义务，指中立国有义务采取一切可能的措施，防止交战国在其领土或其管辖范围内的区域从事战争，或利用其资源准备从事战争敌对行动以及同战争相关的行动，包括在该区域中征兵、备战、建立军事设施或捕获法庭、军队及军用装备过境等；还要防止交战国利用中立国领土或其管辖区域，装备船舰或增加船舰武装，包括将商船改装为军舰。

容忍义务，指中立国须容忍交战国依战争法而对其国家和人民采取的有关措施，包括对其有关船舶的临检和搜索，对悬挂其船旗而载有战时禁制品（contraband of war）、破坏封锁或从事非中立义务（unneutral service）的船舶的拿捕、审判、处罚及非常征用。

如果中立国或交战国违反其承担的上述任何一项义务而给对方造成损害或损失，应承担国家责任。但对中立国来说，只能使用由其自行决定的手段来履行义务，假若中立国无法阻止比它更强大的交战国破坏中立义务，从而使其不能履行义务而给另一交战国造成损害，它可不负责任。

（3）战时中立法的局限性

现代战争实践证明，传统的战时中立受到了冲击，发生了很大的变化。战时中立法的局限性表现在以下四个方面。

其一，军事技术和武器的发展，特别是航空器的出现，使战时中立国不能完全脱离交战国的作战区域。而且，由于现代战争往往是全面战争，特别需要对敌国的经济予以打击，因此，交战国战时禁制品的范围不断扩大，封锁区域也日益扩大，从而使战时中立国处于十分被动的地位，传统的战时中立法受到很大的局限。

其二，国家间签订的互助条约，使缔约国为了遵守条约的义务而援助遭受侵略的国家。

其三，由于现代国际法废弃战争，使不宣而战的武装冲突日益增多。当武装冲突构不成战争，也不构成战争状态时，处于武装冲突以外的国家就无法确立传统的战时中立地位。因此，也就无法享受和承担战时中立国的权利和义务。

其四，《联合国宪章》规定的集体安全体制，使战时中立的实现处于两难的境地。①

5. 战争犯罪和惩处规则

战争犯罪是指在国际武力战中，严重违反战争法规定所实施的行为，是国际犯罪中

① 曹建明等主编：《国际公法学》，法律出版社 1998 年版，第 703—704 页。同见龚瑜主编：《国际法学论点要览》，法律出版社 2002 年版，第 436 页。

最为严重的国际罪行。凡违反战争法规定的都要受到相应的惩处，这也是战争法具有强制拘束力的体现和重要保证。早在公元前 4 世纪，中国著名军事家孙子就提出了“违者负受命处置”的责任。另在《百战奇略》中亦有相关记载：“隋大将杨素，御戎严整，有犯军令者，立斩之，无所宽贷。”这句话的意思是说，隋代名将杨素能够严格要求部队，对违犯军令者及时予以惩治，防止部队松散懈怠。1474 年，28 名神圣罗马帝国法官审理了指挥官皮特·冯·哈根·巴赫允许其军队在军事占领区实施强奸、杀害和掠夺无辜平民财产的案件，认定其行为侵犯了“上帝和人道法”而被判处死刑。[①] 有的国家的国内法也列入了关于战争犯罪的罪名及相应的刑罚。例如，1789 年美国颁布的惩治犯罪的法案，亦规定了任何人在战争中违反联邦法和条约的犯罪行为都要受到惩处。

（1）战争罪行的概念

战争罪行这一概念最早体现在 1919 年 6 月 28 日签订的《凡尔赛条约》第 227 条规定的“协约国将组织特别法庭审判德国皇帝威廉二世，并治之以破坏国际道德和条约尊严的最大罪状”。后来，还陆续颁布了很多条约。目前国际上达成共识的战争罪行主要是指：破坏和平罪（侵略罪）、战争罪、反人道罪和灭绝种族罪。对于战争罪行的罪名及其犯罪构成，规定在“二战”后 1945 年盟军颁布的《欧洲国际军事法庭宪章》和《远东国际军事法庭宪章》以及 1948 年联合国大会通过的《防止和惩治灭绝种族罪公约》中。破坏和平罪（侵略罪）是指计划、准备、发动或从事侵略战争，或违反国际条约、协定的战争，或参与实现上述任何战争之一种的共同计划或同谋。战争罪，是指在国际性武装冲突或非国际性武装冲突中，严重违反武装冲突法规或惯例所实施的行为。此种违反包括谋杀，为奴役或为其他目的而虐待或放逐占领地平民，谋杀或虐待战俘或海上人员，杀害人质，掠夺公私财产，毁灭城镇或乡村或非基于军事上必要之破坏，但不以此为限。反人道罪是指在战争发生前或战争进行中之杀害、灭种、奴役、借暴力强迫迁居，以及其他不人道行为，或基于政治上或种族上的理由之虐害行为。灭绝种族罪是指蓄意全部或局部消灭某一民族、人种、种族或者宗教团体的行为之一的犯罪。根据有关国际规约，涉及国际性武装冲突进而构成战争罪的行为主要有两类：一是严重破坏《日内瓦公约》的行为，比如故意杀害、故意造成重大伤害、酷刑或不人道待遇、强迫战俘或其他被保护人在敌国部队中服役等；二是严重违反国际法既定范围内适用于国际武装冲突的法规和惯例的其他行为，比如故意指令攻击平民、故意指令攻击非军事目标、故意杀害战俘等。

此外，《欧洲军事法庭宪章》和《远东国际军事法庭宪章》还规定，凡参与规划或实行旨在完成上述罪行的共同计划或阴谋之领导者、组织者、教唆者与共谋者，对于任何人为实现此种计划而做出的一切行为，均应负责。

① 从文胜：《战争法原理与实用》，军事出版社 2003 年版，第 558 页。

(2)追究战争罪犯法律责任规则

根据第二次世界大战后的一系列国际文件和国际法庭的审判实践，确立和形成了一系列关于追究战争责任、惩治战争犯罪的规则，主要内容如下。

其一，追究犯罪者个人责任。从事构成违反国际法的犯罪行为的人应承担个人责任并受惩罚这一规则，是在纽伦堡审判中首次确定的。其他国际军事法庭和刑事法庭的约章亦规定了这项规则。例如，《欧洲国际军事法庭宪章》第6条规定:“依本宪章第1条所提协定成立的法庭，应有权审判及处罚一切为轴心国之利益而以个人资格或团体成员资格有违反和平罪、战争罪和反人类罪或其中一种罪行的人。犯有此种罪行的人应负个人责任。”

其二，官方身份不免除个人责任。被告的官职地位，不能作为免除国际法责任的理由。也就是说，不论被告的官职是国家元首、政府首脑或是其他高级官员，还是低级的官员，或是普通士兵，只要他们从事了国际犯罪行为均应负国际责任。《欧洲国际军事法庭宪章》第7条规定:“被告之官职地位，无论系国家之元首或政府各部之负责官吏，均不得为免除责任或减轻刑罚之理由。”确立这项规则可以使那些身居国家领导人或高官地位的人因实施国际罪行而受到惩治，这样就可以使他们滥用国家权力，违反国际法的行为因受震慑而得到遏制，从而保证国际法得到遵守和执行。由此可见，国际法不保护那些犯有国际罪行的国家代表。正如欧洲国际军事法庭判决书中指出的:“国际法中关于在某种情形下保护国家代表的原则，不能适用于国际法中已斥为犯罪的行为。干这种行为的人不能用官员的身份为掩护，而在相应的诉讼程序中免除处罚。”①

其三，政府或上级命令不免除责任。该规则是指出于执行政府或上级命令而犯国际罪行的人，不得因此理由而免除责任，而应同样受到惩罚。《欧洲国际军事法庭规约》第8条规定:“被告遵照其政府或某一长官之命令而行动之事实，不能使其免除责任，但如法庭认为合乎正义之要求时，得于刑罚之减轻上加以考虑。”确立该项规则的目的是惩治那些支持或执行其政府或其上级命令实施违反国际法的国际犯罪行为的人，即使他们实施这种犯罪是为了执行政府或上级命令，也不能免除他们的刑事责任。

以上三项原则不仅被前述各种国际文件和国际法庭的审判实践所确立，而且为联合国所肯定。在1946年12月11日联合国大会一致通过的95号(1)决议就确认了这些规则，并被纽伦堡原则所涵盖。

其四，国内法不免除责任。这一规则是指不违反所在国的国内法不能作为免除国际法责任的理由。

其五，上级责任规则。上级责任规则是指上级长官知道或应该知道其部下将实施或已实施了违反战争法的犯罪行为而不予防止或处罚，则应由该上级承担责任。早在1907年颁行的《陆战法规和惯例章程》第1条中就规定:“交战者必须由一个对部下负责的人指

① 《国际军事法庭审判德国首要战犯判决书》，知识出版社1955年版，第69页。

挥。”此外，1977年《日内瓦公约第一议定书》第86条第2条规定得更加明确：“部下破坏各公约或本议定书的事实，并不使其上级免除按照情形所应负的刑事或纪律责任，如果上级知悉或有情报使其能对当时情况做出结论、其部下是正在从事或将要从事这种破坏条约行为，而且如果上级不在其权力内采取一切可能的防止或取缔该破坏条约的措施。”

其六，不适用法定时效。1968年联合国大会通过的《战争罪及危害人类罪不适用法定时效公约》规定：对战争罪及危害人类罪，不论其犯罪日期，不适用法定时效。缔约国承允各依本国宪法程序，采取必要立法或其他措施，以确保法定或他种时效不适用于本公约所称上述各罪之追诉权及行刑权，倘有此项时效规定，应行废止。

惩治战争犯罪的规则除了上述各项，还有一些其他规则，如对被指控犯罪者应进行公平审判、战争罪犯无权要求庇护等。

（3）对战争犯罪的审判

第二次世界大战以后进行的纽伦堡审判和东京审判，开创了设立国际法庭追究个人国际刑事责任的先河。早在战争进行期间，同盟国于1943年发表的《关于暴行的莫斯科宣言》就指出：战争罪犯必须受到惩罚，凡犯有暴行或罪行的人员，应被送回罪行发生地国并由获得解放的国家根据其本国法予以惩处；凡犯有不限于特定地理位置的重大罪行的战争罪犯，由同盟国共同进行惩处。1945年8月8日，美国、英国、法国、苏联四国在伦敦签订了《关于控诉和惩处欧洲轴心国家主要战犯的协定》及其附件《欧洲国际军事法庭宪章》，规定犯有破坏和平罪、战争罪和反人道罪的战争罪犯应受到国际军事法庭的惩处。

根据1946年1月19日《远东盟军最高统帅总部宣布成立远东国际军事法庭的特别通告》及其附件《远东国际军事法庭宪章》，中国、美国、英国、法国、苏联、荷兰、印度、加拿大、菲律宾、新西兰、澳大利亚等11国各派一名法官组成远东国际军事法庭，并由它们各派一名检察官组成检察官委员会。从1946年4月至1948年11月，远东国际军事法庭在东京对日本首要战争罪犯进行了审判，判处东条英机等7人绞刑，荒木贞夫等18人徒刑。除纽伦堡国际法庭和东京国际法庭之外，中国、美国、英国、法国、苏联、澳大利亚等国家也都分别组织军事法庭，在本国对德国和日本的部分战争罪犯进行了审判和处罚。

1992年10月6日安理会正式通过第780号决议建立前南斯拉夫调查战争罪行专家委员会，这个专家委员会负责对前南斯拉夫冲突中的“严重违反日内瓦公约和其他违反国际人道法的行为”的调查和取证工作。1993年2月22日，继专家委员会递交第一份临时报告后，安理会第808号决议明确规定：“设立一个国际法庭来起诉应对1991年以来前南斯拉夫境内所犯的严重违反国际人道主义法行为负责的人。”不久，安理会通过了附有《前南斯拉夫问题国际刑事法庭规约》的第827号决议，于是，1993年5月25日前南国际刑事法庭（1CTFY，以下简称前南法庭）在海牙正式成立。继前南法庭建立之后，1994年7月安理会通过第935号决议，旨在调查卢旺达内战期间严重违反国际人道法的行为，并建立了卢旺达调查违反国际人道法专家委员会，其中包括调查可能实施种族灭绝行为的专家委员会。同时安理会第 995 号决议批准了卢旺达法庭规约和审判机制。前南国际法庭和卢旺达国际法庭设立的目的分别是起诉和惩处在南斯拉夫境内和卢旺达境内的武装冲突中犯有严重违反国际人道主义法的人。由于卢旺达国际法庭是参照前南国际法庭而设立的，这两个法庭的性质是相同的。

根据《前南国际法庭规约》第 11 条的规定，前南国际法庭包括三个部分：①分庭，其中包括两个初审分庭和一个上诉分庭；②检察官；③书记官处。法庭是司法机关，案件先由初审分庭审理，再由上诉分庭审理初审分庭提起的上诉。法官任期四年。法庭共有 11 名法官。检察官即检察机关，其职能是调查案件，准备起诉书并对应对所犯罪行负责的人起诉。前南国际法庭和卢旺达国际法庭的设立，表达了国际社会起诉和惩治在武装冲突中严重违反国际人道主义法行为人的愿望和决心。

另外，国际刑事法院是人类历史上第一个常设国际刑事法院，具有开创性意义。其依据是《国际刑事法院罗马规约》。1992 年 11 月 25 日联合国大会一致通过一项决议，要求国际法委员会开始根据 1992 年国际法委员会组成的工作组的建议，起草国际刑事法院规约。1994 年国际刑事法院规约草案出台，国际社会于是加快了建立国际刑事法院的进程。1995 年联合国成立了建立国际刑事法院筹备委员会。1996 年 10 月 28 日筹备委员会向联合国第 51 届大会递交了报告，请求扩大筹备委员会的工作范围，并决定于 1998 年完成统一的公约文本、规约和附加议定书。1998 年 6 月 15 日至 7 月 17 日在意大利罗马举行的世界外交官大会上，《国际刑事法院罗马规约》(Rome Statute of the International Criminal Court) 被正式通过。作为创立国际刑事法院依据的主要法律文件，规约确立了严格的诉讼机制和行政机制，其细微之处囊括了国际刑事法院的各个环节。国际刑事法院的工作将对惩治战争犯罪和其他国际犯罪，维护国际法律秩序发挥更大的作用。

6. 关于作战手段和方法限制的规则

战争中为击败敌方，交战者可以使用现有的或可能发明的作战手段和方法，但是不得使用法律所禁止使用的作战手段和方法。对作战手段和方法的限制是战争法规则的最重要的内容。现行国际条约有以下规定。

（1）禁止使用极度残酷的武器

极度残酷的武器，一般是指超越了使战斗人员丧失战斗力的程度，而给其造成极度痛苦后死亡的武器。1868 年的《圣彼得堡宣言》规定：缔约国在发生战争时，放弃使用任何轻于 400 克的爆炸性弹丸或是装有爆炸性或易燃物质的弹丸；1899 年海牙第三宣言规定，禁止使用在人体内易于膨胀或变形的投射物，如外壳坚硬而未全部包住弹心或外壳上刻有裂纹的子弹；1980 年联合国通过的《禁止或限制使用某些可被认为具有过分伤害力或滥杀滥伤作用的常规武器公约》及其三个议定书，其中明确规定，禁止使用任何其主要作用在于以碎片伤人而其碎片在人体内无法用 X 射线检测的武器；此外还有禁止使用激光致盲武器；禁止或限制使用地雷（水雷）、饵雷和其他装置以及禁止或限制使用燃烧武器。

（2）禁止使用大规模杀伤性武器

大规模杀伤性武器的要害主要有两个：一是具有大规模的、惨无人道的杀伤力，可以给人类社会造成巨大的损害，给受害者造成肉体上和精神上的巨大痛苦；二是不能精确打击，无法限定打击军事目标与非军事目标，无法区分战斗员和非战斗员，在武器攻击的效力范围内所有的人员都难以幸免于难。[①] 1899 年的《禁止使用专用于散布窒息性或有毒气体的投射物的宣言》（海牙第二宣言）宣告禁止使用专用于散布窒息性或有毒气体的投射物。1899 年和 1907 年的海牙第二公约和第四公约特别禁止使用毒物或有毒武器。1925 年的《禁止在战争中使用窒息性、毒性或其他气体和细菌作战方法的议定书》不仅重申了上述规定，而且推广到细菌武器。1972 年签订的《禁止细菌（生物）及毒素武器的发展、生产及储存以及销毁此类武器的公约》，不仅规定禁止使用细菌和毒素武器，而且还规定永远禁止在任何情况下发展、生产、贮存、取得和保留这类武器。1992 年通过的《禁止化学武器公约》不仅在全世界范围内禁止使用化学武器，而且还禁止研制、生产、贮存和转让化学武器以及销毁这类化学武器及其生产设施。

（3）禁止使用核武器

核武器（包括原子弹和氢弹）是利用核爆炸所产生的巨大能量的一种武器。核武器是迄今为止对人类社会具有最大危害性的武器。1961 年联合国大会通过的《禁止使用核武器和热核武器宣言》郑重声明：任何国家使用核及热核武器，一概作为破坏联合国宪章、违反人道法则及犯摧残人类及其文化罪论。1967 年签署的《拉丁美洲禁止核武器条约》规定了缔约国的义务：禁止和防止用任何方法试验、使用、制造、生产或取得任何核武器；禁止和防止接受、储存、安装、部署和以任何形式拥有任何核武器；禁止和防止从事、鼓励或授权，或以任何方式参加任何核武器的试验、使用、制造、生产、拥有或控制。

（4）禁止使用改变环境的作战手段和方法

禁止改变环境的作战手段和方法是 20 世纪以后才出现的。1977 年联合国开放签署的《禁止为军事或任何其他敌对目的使用改变环境的技术的公约》第 1 条规定：各缔约国承诺不为军事或任何其他敌对目的使用广泛、持久或严重后果的改变环境的技术作为摧毁、破坏或伤害任何其他缔约国的手段。第 2 条规定“改变环境的技术”是指通过蓄意操控自然过程改变地球或外层空间的动态、组成或结构的技术。

（5）禁止使用殃及平民、不分青红皂白的作战手段和方法

1907 年《海牙第四公约》附件第 25 条规定“禁止以任何手段攻击或袭击不设防的城镇、村庄、住所和建筑物”，第 27 条规定“在围攻和轰击中，应采取一切必要措施，尽可能保全专用于宗教、艺术、科学和慈善事业的建筑物，历史纪念物，医院和病者、伤者的收容所”。1949 年《关于战时保护平民的日内瓦第四公约》规定：不得攻击医院和安全地

① 丛文胜：《战争法原理与实用》，军事出版社 2003 年版，第 221 页。

带。1977年《日内瓦四公约第一附加议定书》更明确规定，禁止不分皂白的攻击，并列举了不分皂白的攻击行为：不以特定军事目标为对象的攻击；使用不能以特定军事目标为对象的作战方法或手段；使用其效果不能按照本议定书的要求加以限制的作战方法和手段。以上情况，都是属于无区别地打击军事目标和平民或民用物体的性质。此外，还规定以下情况也视为不分皂白的攻击：使用任何将平民和民用物体集中的城镇、乡村或其他地区内许多分散而独立的军事目标视为单一的军事目标的方法或手段进行轰击的攻击；可能附带使平民生命损失、平民受伤害、平民物体受损害或三种情形均有而且与预期的具体和直接军事目标相比损害过分的攻击。

(6) 禁止使用背信弃义的作战手段和方法

“无论如何，如果一交战国曾经明示或默示地承诺向敌说实话因而负有说实话的首选义务，那么，背负敌人的信任就是背信弃义，这就构成了违背信实的行为。”[①] 1977年《日内瓦四公约第一附加议定书》做出了比较明确的规定：禁止诉诸背信弃义行为，以杀死、伤害或俘获敌人，以背弃敌人的信任为目的而诱使敌人的信任，使敌人相信其有权享受或有义务给予适用于武装冲突的国际法规则所规定的保护的行为，应构成背信弃义行为。议定书规定的背信弃义的情况有：在休战旗下假装有谈判或投降的意图；假装因伤或因病而无能力；假装具有平民、非战斗员的身份；使用联合国或中立国家或其他非冲突各方的国家的记号、标志或制服而假装享有被保护的地位。

7. 关于人道主义保护规则

人道主义是战争法的基础，战争法的建立和发展都是与人道主义保护密不可分的，战争法的基本原则和规则都体现了人道主义。自从1846年最早的日内瓦公约首次确立保护伤兵待遇的原则开始，逐渐形成了以人道主义保护规则为主体的“日内瓦体系”。具体包括以下方面的人道主义保护。

(1) 战时平民的保护

军事行动应限于针对战斗员，不得攻击和杀害平民，是最古老的战争法规之一。许多条约和惯例禁止或者限制使用波及平民的武器和作战方法。在1899年《海牙第二公约》和1907年《海牙第四公约》附件的第2编“敌对行动”和第3编“在敌国领土内的军事占领”中，都包括保护平民的条文。战争在两个方面危及平民：一是由于可能使用的战争手段；二是由于敌国当局或者军事占领当局对落入其控制之下的平民可能行使的权力。1949年的《日内瓦战时保护平民公约》主要针对后者。1977年《日内瓦四公约附加议定书》对上述两个方面都做了进一步补充。第一议定书不但扩大了对平民和民用物品的保护，且更大程度地限制了作战方法和武器的使用；第二附加议定书把保护范围扩大到了非国际性武

① [英]劳特派特修订：《奥本海国际法》(下卷)，第1分册，王铁崖、陈体强译，商务印书馆1972年版，第320页。

装冲突（国内战争）中的平民。

处于冲突一方权力下的平民又有两种情况。一种是开战时在敌国领土上的平民。按照1949年《日内瓦第四公约》第35条、36条的规定，应准予安全离境，不得随意扣留。未被遣返的平民的基本权利应得到保障。另一种是处在敌国占领之下的领土上的平民，即军事占领下的平民。按照1907年《海牙第四公约》附件的规定，军事占领是战争中的暂时现象，并不决定有关领土的归属问题。对占领地的平民应给予以下人道主义的待遇：不得强迫占领区的居民反对其本国；尊重当地居民的生命、财产、家族荣誉和权利，以及宗教信仰；除供占领军军需和当地行政费用外，不得征收现金、赋税、实物和劳役；不得没收和破坏私有财产，乡镇财产，属于宗教、慈善事业和教育艺术及科学机构的国有财产；禁止掠夺和集体惩罚；不准把平民扣作人质或用作医学实验；禁止把占领地的平民个别或者集体移送或者驱逐；18岁以下的人，不得判处死刑。

特别应该指出的是，日内瓦四公约共同第3条为伤病员、战俘和平民待遇规定了最低标准，也就是最基本的保障。两次世界大战期间，特别是第二次世界大战中德国和日本粗暴地破坏了上述规定，犯下了令人发指的罪行。

（2）战时伤病员的待遇

伤病员（wounded and sick）是指战争或武装冲突中的患病者或负伤者。规定伤病员待遇的公约主要是《改善战地武装部队伤者病者境遇的日内瓦公约》。其主要内容如下。

其一，敌我伤病员在一切情况下应无区别地予以人道的待遇和照顾，不得基于性别、种族、国籍、宗教、政治意见或其他类似标准而有所歧视。不得故意不给予医疗救助及照顾。

其二，交战国的伤者、病者落于敌手时，除应得到上述待遇外，应视为战俘，适用战俘待遇的规定。

其三，每次战斗后，冲突各方应立即采取一切可能的措施搜寻并收集伤者、病者，并给予适当的照顾和人道待遇。环境许可时，应商定停战或停火办法，以便搬运、交换或运送战场上遗落的受伤者。

其四，冲突各方应尽速登记落入其手中的每一敌方伤者、病者或死者，并交换名单。冲突各方应保证在情况许可时，将死者进行埋葬和焚化之前，详细检查尸体，以确定死亡、证明身份，以便做成报告。

其五，军事当局，即使在入侵或占领地区，也应准许居民或救济团体自动收集和照顾任何国籍之伤者、病者。

另外，针对海战的特殊性，1949年《改善海上武装部队伤者病者及遇船难者境遇的日内瓦公约》对海战中的伤病者做了一些特殊规定。

其一，在海上受伤、患病或遇船难的武装部队人员或其他人员，在一切情况下，应受尊重与保护。“船难”一词应理解为任何原因的船难，包括飞机被迫降落海面或被迫自飞机上跳海者在内。

其二，交战者的一切军舰应有权要求交出军用医院船，属于救济团体或私人的医院船，以及商船、游艇或其船只上的伤者、病者或遇船难者，不拘国籍，但须伤者、病者处于适合移动的状况，而该军舰具有必要的医疗设备。

（3）战俘的待遇

战俘（prisoner of war）又称“俘虏”，是指在战争或者武装冲突期间落入敌方权力之下的合法战斗人员，不论他们是被迫放下武器还是自愿投降均构成战俘。[①] 对他们不应加以惩罚、虐待，更不应加以伤害，相反，应给他们以适当的待遇。

战俘包括以下几类：一为正规军（regular army），又称正规武装部队。海牙陆战法规惯例公约附件没有明确解释武装部队以及对武装部队的要求，一般还包括民兵、志愿部队人员。二为非正规军（non-regular forces），又称非正规武装部队，是指由政府或当局负责的司令部统率下的有组织的武装部队、团体或单位。三为军使（parlementaire），是奉交战一方的命令，前往敌方进行谈判的代表。《海牙第四公约》附件规定：军使以白旗为标志。军使及其他随员（翻译、号手、鼓手）享有不可侵犯的权利（第 32 条），但是军使前往接头的司令官没有必须接待军使的义务（第 33 条）。军使滥用特权时即丧失其不可侵犯权（第 34 条）。为防备军使利用其使命刺探军情，可以施加必要之一切保护手段。司令官遇到军使滥用特权的时候，有暂时扣留他的权力。四为侦察兵（reconnoiterer），指负有侦察军情的使命，身穿军装前往敌方作战或控制区进行军事活动的武装部队人员。《海牙第四公约》附件规定“在他方作战地带内，隐秘行动或者虚构口实，以收集各种情报有意通知交战一方者”才是间谍。身穿军服，进入敌军作战地带收集情报者，不得视为间谍，执行寄送本国军队或者敌军书信的军人或者文职人员，也不得视为间谍（第 29 条）。另外，1977 年日内瓦议定书明确规定“外国雇佣兵不应享有作为战斗员或成为战俘的权利”，并规定雇佣兵（mercenaries）须同时满足下述条件：在当地或者外国特别招募以便在武装冲突中作战；事实上直接参加对敌行动；主要以获得私利的愿望为参加敌对行动的动机，并在事实上冲突一方允诺给予远超过对该方武装部队内具有类似等级和职责的战斗员所允诺或者付给的物质报偿；既不是冲突一方的国民，又不是冲突一方所控制的领土的居民。五为其他人员。不是冲突一方的武装部队的人员，也不是非冲突一方的国家所派遣作为其武装部队人员执行官方职务的人。此外，未占领地的居民，当敌人迫近时来不及组织即自动拿起武器抵抗者，等等。如果对于有关某一类人是否有权享有战俘身份问题存在异议，这类人在主管法庭决定其身份之前，应继续享有战俘身份。然而，各交战国的医务人员、牧师、红十字会成员不得被视为战俘，但可以被拘留国留下继续为战俘提供服务。这些人员是受武装冲突法保护的特殊人员。

① 黄瑶：《国际法关键词》，法律出版社 2004 年版，第 258 页。

有关战俘规定主要是从1899年的《海牙第二公约》附件编纂的关于战俘待遇的规则开始的。1907年的《海牙第四公约》附件重申了这些规则。1929年的日内瓦外交会议上制定了单独的保护战俘公约，该公约是对两个海牙公约的补充。1949年又在日内瓦重新制定了战俘待遇公约。目前国际法渊源主要是1949年的《关于战俘待遇的日内瓦公约》和1977年的《关于1949年日内瓦公约的第一附加议定书》。

按照以上公约，关于战俘的待遇主要有以下规定。

——战俘处于敌国权力之下，应当予以人道的待遇，并且予以保护，使其免受暴行、侮辱和公众好奇心的烦扰。他们有权利主张其人身和荣誉得到尊重，并且保有其完全的民事权利能力。他们继续保持实行礼拜的完全自由。拘留国有义务维持他们的生活。他们的衣、食、住等生活方面应有能够维持使其健康的水平。而且在战俘营内，应当采取一切可能的卫生措施。

——战俘在原则上受拘留国的法律和命令的支配。但是，体罚，禁闭在并无日光的处所，以及任何暴虐行为，都是禁止的。对于脱逃的战俘，只能予以惩戒性的处罚。如果战俘脱逃成功，那么，在其重被俘获的情形下，不得予以处罚。

——战俘除了将校级军官和具有同等地位的人员以外，可以当作劳动者使用。但是，命令战俘劳动应该考虑战俘的年龄、性别、等级及体力，不得令战俘从事危险及屈辱的工作。对于每个战俘，应当保证每星期给予至少连续24小时的休息。

——交战国负有义务在使重病和重伤的战俘处于可以被运送的状况以后，不问他们的军阶和人数，一律遣返到他们的本国。关于这些条件是否具备的问题，应当由混合医师委员会决定。此外，交战国由于人道的理由，也可以就把长期在俘的健康战俘遣返本国或者把他们安置在中立国（收容）的问题，缔结协定。

——战争行为停止后，遣返战俘应当在最短期间内进行。但是，战俘因犯普通法上的重罪或轻罪而被追诉或被判决处刑时，可予以拘留，直至服刑期满为止。

——战争行为开始时，交战各方应当为在其领土内的战俘设立官方的情报局。此外，还应当在中立国领土内设立一个有关战俘的中央情报局。

——不得违反任何战俘自己的意愿而令其从事有害健康和危险的劳动（包括扫雷或类似的劳动）。因此，在第二次世界大战中，德国使用盟国战俘从事军事工程劳动，例如：扫雷、修筑工事、运输或装卸军火等等，是严重违法行为。

——任何战俘，如果在他实施某一行为时，这个行为既不为拘留国法所禁止，也不为国际法所禁止，那么就不得因为他实施了这个行为而加以处罚。

——战俘有权请求保护国代表提出申诉，有权指定其受托人在军事当局和保护国前代理他们。保护国或者代替保护国的人道主义组织访问战俘居留的地方，它们（的代表）有权出入战俘使用的一切场所并且在没有见证人在场的情况下，同他们会谈，特别是同他们的受托人会谈。

——战俘应“在实际战争行为终结后即予释放和遣返，不得迟延”。

——拘留国只能把战俘移送于一个能适用并且准备适用本公约的缔约国。如果该缔约国不遵守这些规定，这些战俘就必须立即释放和予以接回。因此，1953 年，在朝鲜战争停战的谈判桌上，美方提出的所谓“停战后战俘自愿遣返原则”明显违反了该规定。美军还在战俘营内强制实施所谓的“遣返志愿甄别”，即将中国志愿军战俘划分为“愿回大陆”和“要去台湾”两类人分别关押。对于那些坚决要求回大陆的战俘，美军采用了一切手段阻止，用上了所有能够想象出的酷刑，如剜心、活埋、倒悬、火油灌口、割肉、蒸笼蒸人、沸水煮人等。当被关押在韩国釜山的志愿军伤病战俘们以绝食和升起五星红旗的方式来抗拒美军的非法甄别时，美军对他们采用了断药、断粮、断水的惩罚，甚至用坦克冲进战俘营进行屠杀，并施放了大量的毒气弹。由此可见，以美国为首的联合国军以所谓的“自愿遣返”的原则扣留朝鲜人民军和中国人民志愿军的被俘人员，是对公约规定的赤裸裸的破坏。①

（四）具体规则要素

人类社会最早出现的战争形态就是陆战。陆战早于海战和空战，在陆战中最先形成的一系列规则和惯例也就成了战争法的历史渊源。随着科学技术的进步，出现了海战、空战等各种作战形态和方法，海战、空战也在逐步形成适合各自作战特点的作战规则。在法律战的运用过程中，除了上述适用于海战、陆战、空战的基本规则要素外，还有一些特别的适用于不同作战方法的具体规则要素。

1. 陆战法规则

陆战主要是通过使用武力手段攻击陆上之敌，以达到消灭、击退、捕获或削弱敌军陆上武装力量的目的。按照 1907 年《海牙陆战规则》，战争各方并没有无限制地施加损害权，特别是下列各项都是禁止的。

——使用重量不满 400 克并且爆炸的或者装填了爆裂性或易燃性物质的弹丸（1868 年《圣彼得堡宣言》）。

——使用在人体内容易膨胀或压溃的弹丸，例如，硬壳并不完全包裹弹心的弹丸，或者外壳上刻有裂纹的弹丸（达姆弹）。

——使用适于造成不必要损害的武器、弹丸或物质（《海牙陆战规则》第 23 条第 5 款）。

——使用毒物或有毒武器（《海牙陆战规则》第 23 条第 1 款）。

——杀害或者伤害已经放下或者没有武器的、无条件投降的敌人（《海牙陆战规则》第 23 条第 3 款）。

---

① [奥]阿尔弗雷德·菲德罗斯、[奥]斯特凡·菲罗斯塔、[奥]卡尔·策马内克：《国际法》，李浩培译，商务印书馆 1981 年版，第 537—539 页。

——强迫敌方的国民参加对其本国的战争行动，即使他们在战争以前曾经作为外国人军队为他方服兵役，也是一样（《海牙陆战规则》第 23 条末款）。

此外，还有关于下列行为的一些规定。

——禁止用任何方法来攻击或者炮击不设防的城市、乡村、住所或者建筑物（《海牙陆战规则》第 25 条）。

——在对设防处所进行原则上许可的炮击的时候，应当采取一切预防措施，以便尽可能保全供宗教礼拜、艺术、科学和慈善事业用的建筑物，以及历史纪念物、医院和病者伤者的集合所，但以这些物体并不同时使用于军事目的为条件（《海牙陆战规则》第 27 条）。

1935 年 4 月 15 日，泛美联盟的全体成员国共 21 个国家缔结了保护美术纪念物的条约（《关于保护美术和科学机关以及历史纪念物的条约》）。这个条约也称为《罗里奇条约》，因为它追溯到移住美洲的俄国学者罗里奇的思想。这个条约把历史纪念物、博物院，以及科学、艺术、教育和文化机关及其人员都宣告为处于“中立”的范围内，超越了《海牙陆战规则》第 27 条的规定（第 1 条）。它们及在这些机构中工作的人员应免受攻击，不管军事冲突处于何种状况，都应当给予无条件的保护。免予攻击的纪念物和机关应当用特别的旗帜标出（第 3 条）。但是如果这些纪念物和机关供军事目的之用，它们就丧失保护（第 5 条）。

——医务部门的流动医疗队和固定医疗所、伤者和病者的运输队以及医用飞机，在它们不被使用于敌对目的的范围内，应当受到尊重。

——禁止对敌方的城市或者地区肆行抢劫（《海牙陆战规则》第 28 条）。

——在战争需要并不紧迫要求破坏或者夺取敌人财产的范围内，禁止予以破坏或者夺取（《海牙陆战规则》第 23 条第 7 款）。所以，超出这个目的的一切破坏都是违反国际法的。

——禁止滥用军使旗、国旗、军阶标志、敌人军服以及日内瓦公约的标志（《海牙陆战规则》第 23 条第 6 款）。例如，如果使用军使旗来攻入敌人的战线，就是滥用军使旗的情形。

2. 海战法规则

海战是国与国之间的海军力量在水上作战的一种形式。水上作战的目的是为了消灭敌国的军舰、拿捕敌国的一切船舶和任何国家企图破坏封锁的船只，占据海上优势以控制海上交通线，并以海上武装力量对陆上目标实施打击，以取得战争的胜利。

所有陆战的法规和惯例如果能够适用于海战的，都应该适用。1907 年海牙会议文件中提道：“在任何情况下，国家在海战范围内尽可能适用陆战法规与惯例的原则。”作战的规则也是这样。但由于海战的主要目的是击败对方的海军、消灭敌国商船、破坏敌国的海岸军事设施等，所以它在被禁止或限制的作战手段和方法上有自己的特点，涉及以下四个方面。

（1）海战区和战斗员

海战区是指适用海上战争法的区域，即不论是在领海、公海或是江河内水及海峡等，凡是适用海上战争法的区域都称为海战区；不适用海战法的地区则不是海战区。[①] 关于战斗员，在海战中，海军部队的战斗员和非战斗员的确定取决于参加战斗的船舶地位。无论是编入各类舰艇的还是编入海岸要塞的战斗员，都是海战战斗员，都享有合法战斗员的权利，同样受战争法和惯例的保护并承担同等的义务。

（2）海战工具

海军作战的主要工具包括军舰、潜水艇、商船改装的军舰、水雷、鱼雷。

军舰。海战中，军舰是作战的主要工具，也是攻击的目标。军舰包括商船改装的军舰，具有与军舰相同的地位，具有交战者资格，可以采取作战行动，受战争法规的约束。船上人员被敌方俘获后，享受战俘待遇。

潜水艇。潜水艇的法律地位与军舰几乎相同。1922年签订的《关于在战争中使用潜水艇和有毒气体的公约》规定，潜水艇不得对遇到的商船立即攻击，在拿捕商船前应先命令它接受临检，以便确定它的性质，对于拒绝临检或拿捕后不遵守指令的路线行驶的商船可以进行攻击。在确有必要的情况下破坏商船，但应先将商船上的船员及旅客安置于安全的地方。

武装商船。为了防御目的，武装商船是允许的，但武装商船如果主动攻击敌国军舰或商船，将失去国际法的保护。但商船改装的军舰具有与军舰相同的地位，不同于武装商船。1907年《关于商船改装为军舰公约》规定了商船改为军舰的条件：其一，任何改装为军舰的商船，除非被置于船旗国的直接管辖、控制和负责之下，不能取得军舰的权利和义务；其二，改装为军舰的商船必须具备本国军舰特有的外部标志；其三，舰长应为国家服役并由主管机关正式任命，他的姓名必须列入战斗舰队军官名册；其四，船员应受军队纪律的约束；其五，任何改装为军舰的商船必须在作战中遵守战争法规和惯例；其六，把商船改装为军舰的交战国应尽速宣布此项改装，载入军舰名单中。

水雷和鱼雷。水雷和鱼雷的使用严重地威胁到国际航运和中立国的利益，根据1907年签订的《关于敷设自动触发水雷公约》，对水雷和鱼雷的使用做了限制和禁止规定：其一，禁止敷设无锚的自动触发水雷，但对其失去控制后至多1小时后失效的除外；其二，禁止敷设在脱锚后不立即成为无害的有锚自动触发水雷；其三，禁止使用在未击中目标后仍不成为无害的鱼雷；其四，禁止以截断商业航运为唯一目的而在敌国海岸和港口敷设自动触发水雷；其五，在使用有锚的自动触发水雷时，应对和平航运的安全采取一切可能的预防措施；其六，交战国保证竭尽一切努力，务使此种水雷在一定时间内成为无害；其七，中立国如在其海岸外敷设自动触发水雷，必须遵守强加给交战国的同样规则并采取同样的预防措施。

（3）海军轰击

1907年海牙《关于战时海军轰击公约》，对海军轰击做了限制和禁止性规定：禁止海

① 从文胜：《战争法原理与实用》，军事出版社2003年版，第353页。

军对不设防的港口、城镇、村庄、居民区或建筑物进行轰击；对处在不设防地点的军事设施可以轰击，但轰击前应通知有关地方当局限期毁坏上述目标，在发出警告的合理期限后，可以轰击摧毁之；拒绝为停泊在该地的海军征集其急需的粮食和供应，须正式通知后，海军可对该不设防的港口、城镇、村庄、居住区或建筑物进行轰击；禁止由于未支付现金捐献而对不设防的港口、城镇、村庄、居住区或建筑物进行轰击。另外，在海军轰击时，指挥官必须采取一切必要的措施，尽可能减少对该城市的损害，保全宗教建筑、文艺、科学和慈善事业的建筑物、历史纪念物、医院和伤病员集体场所。上述建筑物不得同时充作军事用途。居民应转移这些纪念物、建筑物或集合场所，用明显的记号标出。如军事情势许可，海军进攻部队指挥官在进行轰击之前应尽力向当局发出警告。

（4）海上封锁

海上封锁是海战中的一种重要的特有作战方式，是运用国家的军事力量从海上对敌方的海岸、航道和港口进行有效封闭，以达到阻断敌方水上交通航运，断绝敌方的供应来源，以达成作战目的或不战而屈人之兵。但是战争法禁止采用以饥饿为目的的封锁。[①] 海上封锁的具体规则主要体现在 1994 年《圣雷莫海战法手册》中，其中规定：实施封锁应向所有交战国和中立国宣布和通告，宣布时应详细说明封锁的开始时间、持续时间、位置、范围，以及允许中立国船只驶离被封锁海岸的期限；维持封锁的部队有权按军事需求确定的距离进行驻泊；对于有理由证明正在突破封锁的商船有权进行拿捕；对于经预先警告后明显抵抗拿捕的商船有权进行攻击；实施封锁不得阻止进入中立国港口和海岸；封锁方有权在做出包括进行搜查在内的技术安排之后，允许专供平民居民或武装部队伤病员使用的医疗物品通行；等等。

3. 空战法规则

空战主要是指交战国的空中武装力量在空气空间的作战行动。既包括空中格斗和从空中对地面及海上目标的攻击和轰炸，也包括从地面及海上对空中目标的攻击，后者的规定相对较少。

对于空战，除了适用一般禁止规则外，还有以下一些特别规定。

《海牙陆战规则》第 25 条规定："禁止以任何手段攻击或者炮击不设防的城市、村庄、住所和建筑物。"所以禁止炮击不设防的地方，只是出于这种地方甚至可以无须炮击而予以占领，从而炮击只会造成不必要的苦难。而这对独立的空战是不适用的，因为在独立的空战的情形下，破坏在战争中重要的建筑物并不是占领一个地方的方法。

1923 年《海牙空战规则》企图对独立性的空战做出规定。它只是许可对军事目的物，如武装部队、军事建设物、设备和居住地、弹药制造厂、交通线和运输线进行空中轰炸（第 24 条），另一方面，它禁止为了恐吓敌方居民、伤害非战斗员或者破坏非军事的私有

① 从文胜：《战争法原理与实用》，军事出版社 2003 年版，第 373 页。

财产而进行不加区别的空中轰炸（第 22 条）。它也禁止轰炸以强制捐献（第 23 条）。

二、能动性要素：人才

法律是法律战的基础性要素，但“徒法不足以自行”，只有求诸人的实施，才能发挥其作用。要想赢得战争，必须培养和使用一流人才，充分发挥人的主观能动性，力争打赢法律战。人才是法律战的能动性要素，优秀的法律战人才能够能动地巧妙地运用法律于法律战，进而求得法律战的凯歌高奏。

（一）法律战人才概述

人是战争胜负的决定性因素。要想赢得战争，必须培养和使用一流人才。而人最大的特点在于其具有主观能动性，这种主观能动性在战争中得到淋漓尽致的表现。

“人是战争胜负的决定因素”，战争是人发动的，战争的发展由人的活动推动着，战争中的其他因素如武器、作战条件等都受制于人的因素并最终通过人的因素来发挥作用。毛泽东在《论持久战》中对人在战争中的作用做了精辟的论述。他认为，在战略上，“必须先有人根据客观事实，引出思想、道理、意见，提出计划、方针、政策、战略、战术，方能做得好”。在战术指导上，“指导战争的人们不能超越客观条件许可的限度期求战争的胜利，然而可以而且必须在客观条件的限度之内，能动地争取战争的胜利”“他们不但要有压倒敌人的勇气，而且要有驾驭整个战争变化发展的能力。指挥员在战争的大海中游泳，他们要不使自己沉没，而要使自己决定地有步骤地到达彼岸。作为战争指导规律的战略战术，就是战争大海中的游泳术”。[①] 在法律战中，人的这种决定性作用体现得尤为突出。这是因为，法律战的发动与发展，法律战作战条件的创造与作战时机的把握，乃至于法律战作战成果的维护，高素质人才在所有这些活动中都起着决定性的作用。由于法律战以法律为武器，因此法律战相比于武力战和其他作战样式，人的作用更为明显。

要在法律战中充分发挥出人的决定性作用，关键在于发挥出人的主观能动性。能动反映论是辩证唯物主义认识论的主要特征。主观能动性是指人类所特有的认识世界和改造世界的能力，亦称“自觉的能动性”，是人区别于动物的特点。作为主体的人对作为客体的客观物质世界的能动反映，即主体在反映客体时，是带着主体的需要进行的。整个反映过程是积极的、主动的，不仅能反映客体的现象，而且能透过现象探寻客体的本质及其发展规律；不仅能反映客体的现状，而且能经理性的思索而追溯客体的过去、预测客体的未来。马克思主义哲学认为，人不仅能够通过实践认识世界，而且能够通过实践能动地改造世界。这种能动性表现于战争中，即进行法律战的主体根据其对法律战这一客体的认识和

① 《毛泽东选集》(第 2 卷)，人民出版社 1966 年版，第 477—479 页。

把握，结合自己的目的和需要，通过法律战实践对客观世界进行改造。

正因如此，法律战中如何发挥人的能动性，是法律战中重大的根本性问题。为打赢法律战而发挥人的主观能动性，大致包括两方面：一是在平时对法律战人才的教育与培养，增强人的各方面能力，提高人的综合素质，最终为提高法律战作战能力做准备；二是在战时充分调动法律战参与人的积极因素与才华才能，打好法律战。这里主要探讨法律战人才的教育培养问题，关于人才在法律战中的使用问题将在法律战过程论中分析讨论。

在讨论平时对法律战人才的教育与培养之前，要首先来研究一下什么是法律战人才，以及法律战人才具体包括哪些类型和相应的基本要求。

所谓法律战的人才，是指能围绕武力战深刻了解与把握相关法律，并用以对抗敌军法律战的法律人才。这样的法律战人才主要包括：法律战战略研究人才、法律战战术指挥人才、法律战战斗人员。这些人才中有战略思想家、专门研究机构成员、军队法律顾问、外交谈判专员、法律情报人员以及法律战司法人员等。

对上述法律战人才的共同要求是：首先必须具备优良的政治素质。在政治方向上，在我国，必须坚持党对军队的绝对领导。因此，政治素质的一个核心是服从党的领导。这是人民军队保持战无不胜伟力的关键。优良的政治素质当然还包括对国家法律的服从和对军人职责的忠诚。其次，作为法律战人才，还应该具备基本的军事素质。对法律战人才来说，这种要求具体体现在以下三个方面。

一要具有法律战的战争意识，具有较高的法律战谋略和理论水平，熟悉法律战的基本样式，能熟练运用法律战作战基本战法和有关法律战攻防手段。

二要具备法律战技术素养。包括了解战争合法性的理论基础和发展趋势；掌握关于作战手段和方法限制规则；能熟练运用军网、民网和其他现代信息技术手段进行各种战争法律信息资料的查询、搜索；能借助信息技术手段对所获取的各种法律信息资料进行识别、判断；能将所获得的各种法律信息转化到军事斗争实践中去。

三要掌握法律信息管理能力，熟悉国家和军队的各种法律、条令条例和规章制度，具备战争法律信息管理的一般知识和技能，以保证各种信息及其设备设施的安全、可靠和有序运行。

下文就法律战战略研究人才、法律战战术指挥人才、法律战战斗人员的有关问题分别进行探讨。

（二）法律战战略研究人才

1. 法律战战略研究人才概念

“战略”一词在英文中为“Strategy”，语根出于希腊语“stratos”一词，意为军队。1770 年，法国人梅齐乐在翻译毛里斯的 *Strategikon* 一书时，根据其书名创造出“Strategy”一词，并于 1777 年在自己所著的《战争理论》一书中首次使用。这是西方国家以“战略”

一词作为现代军语的缘起。[①] 19世纪末，日本人将西方的“Strategy”一词翻译成中文词汇“战略”，后由中国留日学生传回国内。在我国，“战略”一词最早由西晋历史学家司马彪以此为名撰著了《战略》一书，可惜此书后来佚失了。公元4世纪初，裴松之在为《三国志》作注时曾引用了《战略》一书的内容，说明在南北朝时《战略》一书还是流行的。后来又出现过几部以“战略”为书名的著作，但大多亡佚。现今保存最完整的只有明代茅元仪的《廿一史战略考》。除了书名外，“战略”作为概念使用，最早出现在《宋书》“授以兵经战略”中。《现代汉语词典》对“战略”的解释为，指导战争全局的计划和策略。《新华词典》对“战略”的概念阐述得比较详细：“战略”为“对战争全局的筹划和指导。规划军事力量的准备和运用……规划作战方针，战区划分，作战原则等等”。从以上简明文字我们可以看到，战略其实是一种宏观的、高层次的、富有创造性的人类思维活动，对战争的进程具有决定性影响。从古至今，一些杰出的军事家，都试图从战略的高度出发，把握军事同政治、经济的关系，分析敌我力量对比，注意应用适合社会条件的战法；试图从纷繁复杂、变化多端的战争表象中发现其内在规律，用来指导战争。早在春秋战国时期，军事战略家孙子就第一次系统地提出了战略理论。[②] 他指出，“上兵伐谋，其次伐交，再次伐兵”“百战百胜，非善之善者，不战而屈人之兵，善之善者也”，指出了战争和外交，战争和战法的关系以及评价战争胜负、战争成果大小的标准问题。这些，对我们深入研究法律战战略人才问题，是颇有启迪的。

法律战的首要问题是确定法律战的战略。因为法律战所关注的不仅包括战争与政治的关系，战争与经济的关系，战争与外交的关系，其涵盖的范围涉及人类社会生活的方方面面，而法律战的切入点是法律，从关注战争的合法性入手，探究战争与法律，与人类社会各种活动之间的相互影响、相互作用、相互制约，从而确定法律战战法、步骤、策略。法律战战略的内容是十分丰富的，其对法律战的进行及最终的作战结果都至关重要。有所谓“运筹帷幄，决胜千里”，“帷幄”之中精心“运筹”的首先就是战略，未有战略失算而战争制胜的；只有战略运筹得当，才可能收“决胜千里”之利。因此，法律战战略人才的培养也就至关重要。

法律战战略的起点为对未来法律战环境的适应之道的设想与应对之策的谋划。法律战战略的终点为行动，即把法律战思想、计划等转化为行动，法律战战略才不至于沦为空谈。法律战思想与行动之间又要有一座桥梁，否则就会彼此隔绝，法律战战略不仅不能形成整体而且必定流为画饼。此一桥梁即为法律战计划。有计划，谋划设想始有可能落实，始能逐步付之行动。计划乃行动的基础，行动必须接受计划的指导。无计划的行动不但不

① 钮先钟：《西方战略思想史》，广西师范大学出版社2003年版，第2—3页、第69页

② 军事科学院计划组织部编：《战争与战略问题研究》，军事科学出版社1988年版，第90页。李少军：《论战略观念的起源》，《世界经济与政治》2002年第7期。

会有效，而且还可能铸成大错。基于以上的分析可知，只有当法律战思想、计划、行动三位一体、有机结合，才算形成法律战战略。唯有如此，思想始不至于空洞，计划始不至于失当，行动始不至于盲目。因此，法律战战略研究人才，即从事法律战战略思考的人，拟定法律战战略计划的人，检查、监督法律战实施的人。

2. 现代法律战战略研究人才类型与“思想库”

战略研究人才有不同的类型，中国古代的“食客”也许可以说是一种为主人出谋划策包括在战争中为主人出谋划策的战略研究人才。时至19世纪，欧洲各国普遍设立参谋本部，于是战略计划的制定成了参谋本部的专业。人类文明社会的发展日益促使思想家们对战争做理性的审视。法律战，实际上包含战略思想家们对如何在战争中减少暴力与血腥以达到政治目的的战略考虑。古往今来的战争中，各种战略研究人员、研究机构日益发展出法律战略研究的功能。法律战的漫长发展过程中，现代法律战战略研究人才已有多种身份表现形式，包括身居要职的国家政治、军事统领如国家元首、外交部部长、国防部长等决策核心圈，官方的专门研究机构如国家战略研究部门，民间的各种战略研究组织如民间的各式各样的“思想库”。

美国的各种思想库在美国战略决策包括法律战决策的酝酿、形成、实施、评估中起着举足轻重的作用。之所以把思想库视为美国的法律战战略研究人才的主要表现形式，是因为自思想库在美国出现以来，对美国的战略包括法律战战略产生了越来越巨大的影响。特别是冷战后的几次地区武装冲突中，思想库提供的战略研究与战略决策建议大部分都为美国当局所采用，其中不乏开展法律战的对策建议。

目前，美国的思想库已达1600多家。在1600多家思想库中，有政府资助和民间出资的，有从事综合研究和专门研究的，大大小小，五花八门，其中比较活跃的有300多家。有的以对外政策为研究对象，有的以国内政策为工作目标。最有影响力的有对外关系委员会、兰德公司、胡佛研究所、美国企业研究所、布鲁金斯学会、卡内基国际和平基金会、和平研究所、传统基金会等。美国思想库的最主要特点是实用性。思想库从事的政策研究大到国家安全战略、对外战略、政府改革纲领，小到导弹技术、对某国家或地区的援助。这些战略研究机构并不是单纯的法律战战略研究机构，而是在其研究过程与研究成果中多多少少体现出了法律战的思想。他们制定对外战争策略时关于对“战争的合法性”的研究，对美国的战略制定起着至关重要的作用。例如2001年“9·11”后第8天，美国战略与国际研究中心向布什政府提出了发动反恐怖主义战役的7点建议，后来布什政府的反恐战略基本照此行事，为美国的反恐行动提供了“正义”“合法”的外衣。

目前美国的战略研究及策略制定核心人员都是来源于美国的思想库人才。这些研究机构和核心人员中，不少是从事与法律战有关的研究的。布什政府的前国家安全事务助理、现国务卿赖斯来自胡佛研究所；副国务卿多布里扬斯基、国防部国防政策委员会主席理查德来自传统基金会；负责军备控制和国际安全事务的副国务卿约翰·博尔顿为美国企业研究所副所长；等等。其中，美国企业研究所一直呼吁对“无赖国家”发动先发制人的打击行动，并指责克林顿时期对朝鲜、伊朗“修好”的所有努力都是绥靖政策。这些政策建议在小布什的外交、安全政策中都得到了体现，特别是为反恐战争与伊拉克战争中先发制人提供了合法性的理论依据。[①] 而所谓“先发制人”就是美国法律战战略的产物。

美国的民间战略研究机构即所谓“思想库”的经验，对培养我国自身的法律战战略人才尤其是开展民间的法律战战略研究，调动民间的力量进行法律战，有着积极的借鉴意义。现代战争是全民性的战争。“全民皆兵”思想在现代战争中是十分重要的战略思想。同样，法律战也是一种全民性质的战争，从战略研究到实际施行都需要全社会各方面力量的参与，而民间战略思想研究库是一种相当好的值得借鉴的形式。

3. 法律战战略研究人才的培养

法律战战略研究人才的培养与实践应相互协调地开展。由于法律战战略研究理论性非常强而又与现实紧密相连，这就决定了法律战战略研究人才的培养与实践是不可分割的整体。研究是为了把研究成果付诸实践，实践则是培养人才的最重要过程和最佳途径。“纸上谈兵”不能全盘否定，但“纸上得来终觉浅，绝知此事要躬行”[②]，只有与实践紧密结合，才可能培养出优秀的法律战战略研究人才。

第一，美国思想库在培养和储备人才上的某些经验值得研究。

其一，注意培养未来的研究人员和决策者。通过民间或官方的战略研究机构来培养战略家后备梯队，这些梯队中可能包括未来的外交部部长、国防部长甚至国家元首，当然其中最重要的还是为以后经常性地进行法律战战略研究做准备。美国兰德公司设有自己的研究生院，对外关系委员会有新生代研究员。思想库还为年轻人提供“实习项目”，使他们有机会结交前辈，投身实践，历练才干。雄心勃勃的年轻一代也大多首选进入战略智库学习制定政策、提案技能，继而寻找与政治家合作的机缘，重在及时表现才华。这些都值得我们借鉴学习。

其二，尽可能搜罗社会精英。作为法律战战略研究机构，为了实现其目的，必须创造各种条件以吸引社会上的精英分子到研究机构来。在美国，政治、经济、外交等社会资源实际上掌握在少数精英手中，形成了权势集团，思想库通常是这些人物的汇聚之所。对外关系委员会就是典型的权势“俱乐部”，3600 名会员几乎囊括了社会各领域的精英人物。

其三，成为学界与政界的交流区。研究机构的这种作用的发挥在美国已经相当成熟。战略研究机构一方面将其精锐输送到政府机构任职，由政策分析家变为决策者，如前美国国务卿舒尔茨曾担任兰德公司领导职务，基辛格在对外关系委员会效力多年后出任尼克松总统的国家安全事务助理；另一方面为四年一届总统选举中的下台官员提供容身之所，

① 中国现代国际关系研究所：《美国思想库及其对华倾向》，时事出版社 2003 年版，第 66—67 页。

② 〔宋〕陆游：《冬夜读书示子聿》。

“韬光养晦”以待东山再起，如前克林顿政府的部分成员虽已离开白宫，但在华盛顿思想库中仍颇具影响。通过这种作用，学界与政界、思想与权力之间得到通畅的交流，从而有效地保证思想库对政策施加影响。现今，思想库的地位日益显赫，华盛顿有“智库一条街”，那里思想库云集，是美国内外政策构想的一大诞生地，政界颇为关注，并乐于投以巨资，政界人士前往研修已成惯例。培养战略研究机构的这种作用，对法律战战略的制定有很重要的意义。它能够实现战略思想和战略计划的上下沟通，保证最终的法律战战略方案来自各方面的影响和作用，从而很大程度上可以避免重大战略方针的错误。我国在这个方面现在还十分薄弱。着眼于长期，我们应该加强这方面的建设。

第二，发挥法律战战略人才的作用。

还是先以美国的思想库为例。美国思想库的作用方式有以下几种。

一为影响决策。思想库对决策施加的影响，有些是直接的，但是像思想库的研究报告直接成为总统的锦囊妙计或是羽扇纶巾的智谋之士坐在白宫办公桌前侃侃而谈的情况并不多见，主要还是通过日常工作对决策施以间接的影响。美国政府在做出决策尤其是重大外交决策前，一般都尽可能地听取学术界意见，有时请学者做专题报告，从报告中汲取决策智慧。

二为“生产思想”。出“点子”、造“主意”是思想库最基本的功能，就是通过研究和分析形成新的政策主张，并力图使这些主张获得公众的支持和决策者的重视，希望有朝一日被政府采纳。

三为教育宣传。不仅针对普通民众，也面向决策者和社会精英。思想库采取了多种途径：其一，出版书刊。主要思想库每年都出版大量专著、期刊、研究报告、简报，有些是政府官员和研究人员的必读刊物。其二，在主流媒体上接受采访、发表评论，举办媒体吹风会。其三，举办各种讲座、报告会和培训班，提供访问学者资助。这些项目通常面对社会各阶层和各行业，尤为重视国会议员、政府官员和军官。这些活动既带有“启蒙”作用，也有助于同政府和各界建立关系网。其四，出席国会听证会，参与政府政策咨询。思想库成员凭借对某些领域的深入研究，在这些场合的发言往往具有一言九鼎的分量。

四为参与选举。总统大选时更是思想库发挥作用的绝佳时期，自20世纪70年代以来任何想入主白宫的政治人物无一例外都要借助思想库。每届政府上台后，也都要从兰德公司这样的思想库中聘请一些人担任要职，以至于美国的许多思想库被称为“影子内阁”“影子政府”和“美国的大脑”。

根据以上美国思想库的经验，结合我国的情况，笔者认为，法律战战略研究机构的工作大致可有以下几种。

一为进行战略思想研究。这种研究必须具有很强的针对性和实践性，能够切实地解决实际问题，并有深厚的理论背景做支撑。这在一定程度上可以改变我国学术界仅做纯理论推导和泛泛而谈的现状。

二为影响政府决策。目前我国政府的决策和学术界的联系已经较为紧密，但还需要创造出更多高效、实用的形式。尤其在法律战中，可以通过建立各种直接与间接的联系来加强沟通，并使之正规化、经常化、制度化。

三为影响公众，吸引公众参与法律战的学习、研究与宣传。通过扩大宣传，促使公众关心自己的切身利益，关心法律战，参与法律战。

四为积极参与政治过程。由于军事、政治与法律的密切关系，法律战战略研究机构参与政治过程是十分必要的，也是可能的，法律战战略研究机构通过现实生活中的实际政治过程如选举、对行政行为的监督等实际过程，来促使全社会包括政府和各界民众都加入法律战的队伍，并发挥各自应有的作用。

4. 案例分析：配合“先发制人”军事战略的法律战战略的提出与美国反恐战争

“9·11”事件后美国外交安全战略有了重大变化，在法律战方面最大的改变就是提出了配合“先发制人”军事战略的法律战战略。

“9·11”事件发生后的第8天，位于华盛顿的美国战略与国际研究中心就向布什政府提出了发动反恐怖主义战役的建议。其中关于“先发制人”军事战略与法律战战略的言论如：“我们必须长远地考虑现在的紧急任务，包括我们正在准备的对袭击世贸中心和五角大楼的恐怖分子的反击，根除他们的网络、资金支持和一些国家对他们的支持。我们必须通过多方面力量的运用实施一个多维的斗争，……通过对阿拉伯和穆斯林世界的重点外交努力显示我们的目标是合法的，……建立一个重点外交战略来解决关键国家包括伊朗、伊拉克、黎巴嫩、利比亚、朝鲜、巴基斯坦、叙利亚的问题。如果它们成为恐怖活动和极端主义运动的庇护者，我们必须加大它们在外交和经济上要付出的代价，并尽一切可能使它们扮演的角色成为最不受欢迎的。……调整我们的反恐怖程序。我们必须抛弃空泛的做法和一般的努力，要配备更精干的人员努力对付个别国家和恐怖运动。改变国内的法律以提高其对反恐怖的威力，并利用国际法加强协作，使我们的反恐怖程序更加有效。……复活美国的情报系统，这大约需要5年时间。无疑，这将大大加强人工情报的来源和能力，也将使我们能够快速清除有关障碍以充实新的情报局，减少法律与情报部门间的障碍，重建情报能力从而对付恐怖分子和支持他们的国家。……我们需要坚持使用手中所有的手段而不仅仅是军事手段。我们的武器包括政治、财政、情报和法律诉讼，还包括发动反恐怖运动和贸易战。……我们需要利用合法的手段解决与盟国和合作国家的协调问题。……不移交到别的国家和国际法庭是可以接受的。我们必须减少在美国的审讯，例如洛克比空难，它演变成法律上的争论和无休止的问题。我们必须清楚定罪是可能的，我们只是要他们抵罪。”美国战略与国际研究中心的这些建议，为了美国的国家安全，以法律战中的核心价值即“合法性”作为其基础，提出了“反恐”的法律战概念，为其作战目标、外交战略、国内与国际法律宣传、法律与情报、法律诉讼、法律合作协调等提供了游离于国家政治利益与国际战争法之间的正义说辞。在国际舆论探讨“先发制人”是否合法之前，美国为其战争提供了合法、正义的借口。可以说，这一法律战战略对美国的国家安全战略起到了十分重要的配合作用。

我们将美国战略与国际研究中心的战略建议与布什政府“先发制人”的军事战略相对照就可以发现，它们的核心思想是一致的。由此可见，法律战战略研究人才在美国法律战中的作用十分重要。这至少说明，一方面美国战略研究机构的发达，其研究已经达到相当高的水平；另一方面，美国法律战决策当局是能够充分运用这些战略研究机构的研究成果的，法律战战略研究成果与其运用之间的沟通转化渠道是很畅通的。而这两方面，在我国都有待于建设与培育。

（三）法律战战术指挥人才

1. 法律战战术指挥人才概述

好的战略，可以说为战争的走向打造了一个总体的框架。战争是由战役组成的，而战役又以战斗为基本单位。在每一场具体的战斗中，战术的运用是至关重要的问题，因此，法律战战术指挥人才的培养在法律战实际进程中的作用显而易见。

战术，是战斗的原则和方法。克劳塞维茨认为战术是“战斗本身的部署和实施，即战斗中使用军队的学问”①。毛泽东曾以生动的比喻来说明战术指挥员在战争的大海中游泳，他们不使自己沉没，而要使自己决定地有步骤地达到彼岸。如果从字面上看，战略往往是从大局出发，从宏观角度着眼，综合社会各种因素为军事所用；战术，则是相对地从局部、微观的角度出发了。战略为战术的发挥指明方向，是战术发挥的基础。而战术的良好发挥，又为战略目的的实现提供了良好保证。战略大体属于妙算范畴，而战术大多是限于瞬息万变、生死之间的刹那。所以其最为可贵的在于“奇”“准”二字。撇开其他不论，有好的战略、战术的一方，在战争中胜利的机会一定大于对方。

法律战战术亦是如此。法律战战术的优良与否及运用得如何，关系到法律战的进行是否顺利，是否可以达到战略目的。而这一切都离不开法律战战术指挥人才。法律战战术指挥人才是指在法律战过程中，具体运用法律进行战争的专业指挥人员。作为承接战略研究和一线战斗实施之间的桥梁，法律战战术指挥人才的作用主要体现在以下两个方面。

第一，在严格执行法律战战略安排的前提下，制定具体法律战过程的战术原则、方法。

法律战战略只是为法律战的走向安排了一个抽象、总体的框架，但要具体运用到战斗当中，法律战战术指挥员至关重要。由于“在法律战场上的战斗都是以概念、法律原则和法理的对抗为手段进行的”②，法律战战术指挥员应当根据战略安排，针对相关的抽象的“概念、法律原则和法理”进行部署，在战争中要既不偏离战略安排，又使作战合法地达到效果。

---

① ［德］克劳塞维茨：《战争论》，中国人民解放军军事科学院译，商务印书馆 1997 年版，第 103 页。

② 张景恩：《国际法与战争》，国防大学出版社 1999 年版，第 193 页。

第二，指挥一线战斗人员开展法律战。

由于一线战斗人员直接面对的是复杂的战场，其战斗行动是紧张且充满极大的不确定性的，他们很难有足够时间去思考随机发生的问题，这就需要指挥者的正确指导。在战争进程中，一线战斗人员可能知道并遵守国际法的有关规定，比如保护中立国或第三方的合法利益，保护受难者的合法权益，不使用国际法禁止或限制使用的作战手段和方法等，但何时、何地、以何种方式适当地作战，却需要指挥人员根据总体的战略安排来加以指导。

2. 法律战战术指挥人才的教育与培养

江泽民曾指出："没有一大批高素质人才，就无法掌握新的武器装备，无法创造和运用新的战法，也不可能赢得战争的胜利。"法律战要靠具备高法律素质战术指挥人员来打。可见，法律战的激烈较量归根结底是人才的较量，而高素质的法律战战术指挥员则是法律战较量的关键。法律战准备对指挥人才的标准和素质构成提出了更高的要求。法律战战术指挥员要对武装冲突法有更广泛、深入的了解，尤其要熟知作为一级指挥官在武装冲突法的遵守和传播方面的职责，以尽量减少战场上违反武装冲突法的行为和现象。因此，法律战战术指挥人才的教育与培养应当着重注意以下几个方面：

第一，提高法律战战术指挥人员深刻理解上级的战略安排并将战略加以实施的能力。

法律对战争在某种程度上有一定的限制，要求依法而战，实现战争"文明化"。但同时，战争有其自身发展规律，只要存在阶级，存在利益冲突，战争就必然发生。战争要突破法律的制约和规范，必然会在战争缘由、战争形态、战略运用、策略选择等方面加以改进和创新，以规避、甚至突破相关法律的制约，促进战争形态的转化。联系军事斗争准备的严峻形势，法律战战术指挥员要依法正确定位战争的目的层面和策略层面，确定战争目的和作战策略。美军在伊拉克战争中一反常态，在空军打击足够的情况下仍然出动其精锐陆军，其目的不是简简单单地摧垮伊拉克政权，而是要在摧垮其政权的基础上，在伊驻军，获取石油等资源上的利益。因此，美国的一些军事学家纷纷指出，在新的国际形势下立足于强敌干预，采取由防御为主到以攻势为上的战略态势，注重战略威慑，抵制和杜绝外部强权势力采取任何方法手段及借口干涉，是舆论战与法律战的一个重要方面。他们认为，在一定的前提下，可以使用法律未限定的新概念，运用诸如"外科手术式"的信息战术打信息战，实行由点（敌信息系统）到面（敌全部战场体系）再到体（敌全部经济基础和上层建筑）的全方位打击，使对方的全部国家体系瘫痪；在具体的军事行动中，依法对作战计划进行审查，对武器装备使用、战略目标的选择、攻击方法范围等进行限定；艺术化运用相关法律规定，恰当使用报复权，使用战争诈术，从而最终实现打赢战略安排下的法律战。这些意见是值得重视、研究的。

第二，加强了解和掌握国际上有关作战手段和方法的国际法基本原则。

包括区分原则、限制原则、军事必要原则和不必要痛苦等基本原则在国际人道法领域乃至整个武装冲突法领域中的地位非常重要。战术指挥人员掌握了这些基本原则才能对其他具体规则运用得更加得心应手。国际法尤其是战争法以及国内法对武装冲突中的作战手段、作战方法、人道主义做出的“弹性规定”，目的就是减少战争的危害性，战术指挥人员对此必须深入领会并娴熟运用。

第三，加强对临场指挥判断能力的培养。

战术指挥人员应当根据法律战一线战斗人员发现、揭露的敌人违反武装冲突法的行为做出判断，并有力应对敌人的违法行为，为我所用。运用国际法及武装冲突法揭露敌方的违法行为，是取得军事斗争主动地位的又一“战场”。综观现代战争，不论是朝鲜战争、越南战争、中东战争还是海湾战争和科索沃战争，除了打经济战、打政治战、打军事战，也在打法律战，交战双方都在运用国际法揭露对方的违法和宣传己方的合法。因此，应当采取一切可能的手段全面监视敌方的作战行动，注意搜集、保存我方遵守武装冲突法、敌方违反武装冲突法作战的证据，以便及时揭露敌方违反武装冲突法的行为，以求达到揭露与孤立敌人的目的。这里有两方面的工作。一是搜集和保存我方遵守武装冲突法的证据：在作战中为减少平民和民用物体严重损害而采取的各项有力措施；确证可能引起争议的攻击目标是军事目标的证据；我方为避免由于敌方的过错、过失或有意违反武装冲突法规定导致敌方平民和民用物体严重损害而放弃可以获得的军事利益的证据；等等。二是要特别注意搜集和保存敌方违反武装冲突法的证据：攻击我平民和民用物体的证据；使用了武装冲突法中禁止使用的武器弹药的证据；背信弃义行为的证据，如冒用保护性标志，把医院船、医务飞机用于军事敌对行动等；把管辖区或占领区内受保护的人员和物体，如平民、教堂、医院、学校等用于军事目的；等等。可用大量真实、可靠的人证、物证，有力揭露敌方的违法行为，同时运用各种媒体包括广播、电视、报刊、网络等揭露敌方的罪行，陷敌于被动，使敌方陷于千夫所指的孤立境地；同时鼓动我方的反侵略义愤，同仇敌忾、众志成城地抗击敌人。

（四）法律战战斗人才

1. 法律战战斗人才概述

法律战一线战斗人才是指在法律战前线直接进行法律战斗的专业性人员，它一般包括军队法律顾问、外交谈判专员、法律情报人员以及战后司法审判、辩护与控诉法律人员等。在法律战中，军队律师由于具备较扎实的专业知识，在一定条件下较易胜任包括军队法律顾问、外交谈判专员、法律情报人员以及战后审判、辩护与控诉法律人员的工作。在军队中加强军队律师的培养与建设，不仅是平时依法治军的需要，而且是战时法律战中克敌制胜的必需人力资源。因此，下面将主要介绍军队律师。

从现代各国的国家和军队的立法及若干国际条约来看，军队律师作为军队战斗力生成和提高的不可缺少的重要力量之一，其法律地位已毋庸置疑。1977 年 6 月 8 日签订的《日内瓦公约第一附加议定书》第 82 条规定：“缔约各方无论何时，以及冲突各方在武装冲突时，应保证于必要时有法律顾问，对各个公约和本议定书的适用以及就此问题发给武装部队适当指示，向相当等级的军事司令官提供意见。”这是国际公约关于在军队中设置法律顾问（主要由军队律师担任）的规定。1983 年 9 月，我国批准参加了该条约，自然就承担了遵守和履行该条约的法律义务。1997 年 1 月 1 日施行的我国第一部《律师法》第 50 条规定：“为军队提供法律服务的军队律师，其律师资格的取得和权利、义务及行为准则，适用本法规定；对军队律师的具体管理办法，由国务院和中央军事委员会另行制定。”该条款首次以国家立法形式确立了军队律师的法律地位，明确了军队律师在资格取得、权利与义务、行为准则等方面与普通社会律师的一致性和差异性。2000 年，中央军委曾决定在中国人民解放军的集团军、师、旅三级部队政治机关正式设置军队律师，并具体规定了其职能、任务和主管部门。这在我军历史上，首次以设置律师编制的形式确认了军队律师的重要地位。目前，全军专业性律师机构已有 400 多个，全军师以下单位法律咨询站（组）已经发展到两万多个，基层法律咨询员 6 万多人，近 2000 名军队律师活跃在军营。

当今世界多数国家军队都编有律师，并且越来越重视和肯定军队律师的作用。外国军队律师占军队总员额的比例大多远高于我军。如美国军队律师有 7000 人，占全军编制的 0.58%；俄罗斯军队律师有 2000 多人，占全军编制的 0.15%；澳大利亚军队律师所占的比例高达 1%。我国为推进军队现代化建设，也建立了军队律师制度，但我国军队律师只占全军编制的 0.06% 左右。此外，外国军队律师的军衔一般也比我军高，有的国家军队律师的军衔最高可到中将，文职可评为副教授。通过比较可以发现，近十几年来我国军队律师制度从无到有，迅速壮大，有了历史性的飞跃。但也要看到，和发达国家相比在很多方面还有很大差距，需要我们认真研究，切实改进，尽快完善。建立健全军队律师制度，是推进依法治军的需要，也是开展法律战的迫切需要。

2. 军队律师

军队律师在法律战中的价值主要体现在其职责上。各国军队律师的职责基本一致，主要包括：为各级领导的决策和管理提供法律咨询意见，协助处理有关法律事务，纠正违法行为；通过各项专业法律服务和法律帮助，与国家和军队执法机关一起或单独担负军法审判方面的法律事务，运用法律手段解决部队和官兵遇到的重大涉法问题；做好经常性法律咨询工作，开展经常性法制教育，培训法律服务骨干，增强官兵的法制观念和法律意识。这些职责与法律战也有密切的关系。但军队律师在法律战中的作用另有以下五个具体方面。

（1）在战争过程中提供决策建议

战争是交战双方政治、经济、外交等综合实力和综合手段的较量。综合手段的运用涉及众多的国际条约、公约以及国内法。越到当代，法律对战争的制约力量越是增强，越会成为军队指挥员决策时的重要依据。尽管当代战争中指挥员大多具备一定的法律意识、法律知识，但他们毕竟不及通晓法律特别是战争法的军队律师。军队律师作为法律人才，熟知政治、外交等各种公约、协约，懂得怎样为了国家利益和军事利益，最大限度地适用战争法，争取多数国家及国际社会的同情和支持，最大限度地孤立主要的敌人，削弱敌人的整体力量，不断改善军事斗争的外部环境，使敌人受到多方的限制和约束，阻遏其力量的发挥。军队律师为决策提供法律服务，提高了决策的合法性、有效性。因此，军队律师就自然成为高技术条件下军队指挥官必不可少的法律智囊。从英、美、加拿大等国看，军队律师在各级司令部中处于无可争辩、不可或缺的地位。讨论重大军事行动的决策会议，他们是当然的成员；军队指挥官在做重大决策和遇到涉法问题时，都要咨询军队律师的意见，以求决策的正确性和科学性。

具体来说，军队律师应就战争法有关内容向作战决策的指挥官提供法律意见，这是最重要的，也是难度最大的工作。这些工作包括提供战争法有关条约、公约、条款的具体适用意见。国际社会和国际组织正是依据战争法条约、公约来评价战争的性质、合法性及做出是否进行国际干预的决定的。军队律师依据战争法有关规定，对未来可能发生的战争该不该打，控制在何种规模，采用什么样的手段，直至在具体战斗中使用何种武器等提供法律咨询和建议。如在海湾战争中，一位英军法律顾问看到一份报告，说美军战地指挥官计划轰炸伊拉克某水坝，他认为这违反《日内瓦公约》，违反战争法，于是通过英国防部照会美国防部，防止了这一违反战争法的军事行动。在高技术条件下的局部战争中，战争双方交战的战场空间缩小，但战争部署和作战行动所涉及的空间大大扩展，甚至可以达到地球的任何角落和外层空间。高技术条件下局部战争空间的这种变化，使战争行动和非战争军事行动对政治、法律、外交的依附性加强，在条约、协约、议定书以及各规则规定的具体内容交叉冲突时，由于指挥机关在这方面的非专业性，对军队律师的依赖性增强。军队律师除战争法外，还就有关军事行动地区和空间涉及国际法、海洋法、外层空间法等法律为军队指挥官及指挥机关提供咨询和服务，以符合战争对作战指挥官、机关的指挥素养、指挥艺术的较高要求。军队律师如何参与有关战争事宜决策过程，是否有可能直接向高级将领甚至最高统帅提出顾问意见，这是衡量军队律师作用的一个重要标准。

（2）在具体法律战中提供相关法律服务

军队律师具有双重身份，既是军人，又是律师；既要懂军事，又要懂法律；既要熟悉国家法律，又要精通国际军事法律法规，尤其要懂战争法；既有国家统一承认的律师资格，又要经过普通法律和军事法规双重培训，还要掌握适应高技术条件下局部战争的国际法、战争法、海洋法。军事活动的保密性，决定了军队律师以法律顾问的身份参加重大战役的决策时，必须严格遵守保密纪律。军事法和战争法的专业性决定了军队律师除了要掌握国家法律外，还必须熟练掌握并精通军事法规和世界有关战争法的各种条约、公约、协约、议定书等。同其他律师相比，这些法规具有极强的专业性，世界各国都有专门人员从事该专业的研究工作，军队律师是其重要的研究主体。军队律师在法律战过程中的法律服务包括以下几个方面：首先，在武力战战前、战中提供敌军发动军事进攻和在武力战期间的违法性依据，包括违法事实和与该事实相关的国际法、国际惯例；在武力战结束后，提供控诉敌方的有关事实与法律依据，提供关于严惩战争罪犯和人道主义善后事宜的法律依据，甚至直接参与有关的司法诉讼工作。其次，对己方依据国际法与国际惯例开展武力战，规避有关国际法的限制条款，并运用国际法与国际惯例收集敌军的违法事实证据等工作进行指导，使己方从指挥员到战斗员都能在国际法与国际惯例的规范下行动，同时成为法律战的自觉参与者。

（3）参与对外宣传的策划工作

加强对外宣传，赢得国际、国内的广泛同情和支持，说明己方军队是正义之师，师出有名，这是法律战中运用综合手段的重要组成部分。针对法律战特点，对进攻与防御做出战略上的调整。在战略上军队律师应根据战争法有关规定，找出有利于己方进攻的法律依据。当今世界上没有也永远不会有什么国家公开宣布它不遵守国际法、战争法的。相反，有许多例子表明，即使一个国家的行为违反国际法、战争法，该国也会想方设法钻法律空子，为自己的行为寻找法律依据。实践证明，国际法、战争法如果运用得好，可以对实现一个国家的军事行动起到重要的辅助作用。军队律师为了国家的利益，要依据国际法、战争法找出己方使用武力的合法性，揭露敌方使用武力的违法性，随时收集敌方违反战争法的证据，广泛宣传，以争取国际社会和广大民众的普遍同情和支持，利用战争法的国际执行机制，破坏敌人的战略部署和战略行动，使对方陷于孤立和被动。

（4）直接参与战俘处理工作

武力战结束以后涉及问题较多，处理起来时间较长，需要军队律师较好地发挥作用。根据 1977 年《日内瓦公约第一附加议定书》的规定，各国军队律师在保障有关战争法公约的全面、正确履行方面，担负着十分重要的职责，这已成为所有条约参加国的法律义务。从近年来国际军事斗争实践看，军队律师这方面的工作突出地反映在保障战俘的合法权益等方面。例如英国在海湾战争中共有四名军队律师随部队行动，其中两名律师完全从事战俘管理工作，包括拟制战俘管理计划，检查战俘管理情况，组织接收、登记、甄别、转送几万名战俘，与国际红十字组织联络等，做了大量卓有成效的工作，发挥了应有的作用。

（5）参与对战斗员的战争法等的法律教育

不懂得国际战争法的战斗员将在现代战场上受到很大的制约，只有让每一个战斗员掌握了它，才能进一步提高其在战斗中的主动性，从而增大战场上的自由度，确保自己站在有利的地位上，在国际斗争中赢得主动权。如战斗员应熟悉在作战中哪些目标不能攻击，哪些人权应受保护，哪些武器不能随便使用等基本的规定，军队律师应担当起战争法的“普法”教育任务。

对于军队律师的教育与培养，应注意以下三个方面。

其一，不断完善军队律师建制。军以上法律顾问处应成为有名有实的法律服务机构，并赋予其参与法律战准备的重要职责。其人员、组织体系、职责、内部运行机制都应有定规，办公经费应列入国防预算。随形势的发展，应逐步为顾问处配备现代化的办公设施和交通通信设备。此外，要在有关军队指挥作战、训练、行政管理、后勤保障等法规中确立军队律师提供咨询意见制度，使其为首长和机关提供咨询等法律服务的业务规范化、程序化。一些重大决策，特别是高技术条件下局部战争中的决策，咨询律师意见应是必经程序；并规定违背该制度的法律责任，以保障决策的合法性、有效性，避免决策失误，从而维护国家和军事及军队利益，打赢法律战。

其二，通过提高军队律师自身素质，增强其法律服务效能，充分发挥其作用。军队律师要在适应高技术条件下的局部战争中发挥作用，必须从提高自身素质做起，要让更多的军队律师成为懂法律、懂军事、懂科技、懂外语的专业人才。军队律师应力争当好首长的法律参谋，特别是就如何在高技术条件下局部战争中发挥好自己的作用进行研究。军队律师首先要加强学习，尤其是高技术条件下战争所需的国际法、战争法、海洋法、外层空间法等法律，通过学习成为这方面的专才和通才。

其三，为全面提高军队律师素质，有关机构应举办多种培训班，不断对军队律师进行再教育，特别是高技术条件下有关法律的教育；举办各种研讨会，促进军内律师之间以及和地方律师之间的交流；适时地有选择地邀请外军律师来华讲学，进行交流，有选择地派员参观访问，参加国际培训；在专业刊物上增加对外军律师和各国军队律师的情况介绍，重点是外军律师在法律战中的工作、经验等方面情况的介绍。

3. 其他法律战一线人才

（1）法律战情报分析人员

一般意义上的情报分析人员不仅仅指国家中央情报局或国防情报局内的专业情报工作人员，还包括分布在政府各个部门专门从事研究分析工作的大量研究人员、国务院情报与研究局的工作人员。法律战情报分析人员是整个战争（包括战前战后）过程中相当复杂的一类一线人员。他们主要是判断敌方所采用的法律战战略方向，探析其法律战战术指挥思想及法律战战术方法、法律战策略和可能应用的法律信息等等。

（2）战后审判、辩护与控诉法律人员

就战争的宏观层面而言，停战并不代表整个战争的结束，因为战争的目的还得通过战后的一系列活动加以确认。其中，战后审判就是一项重要内容。战胜国要惩治战争罪犯，而战败国要为自己的战争行为开脱，战败国的相关军事首领也需为自己在战争中的行为寻求合法借口。在这个过程中，就需要战后审判、辩护与控诉法律人员的参与。第二次世界大战结束后，同盟国在东京成立远东国际军事法庭，对日本战犯罪行进行审判。这次审判从 1946 年 5 月到 1948 年 11 月，历时两年零六个月，在追究日本的战争责任和发展战争法律制度两方面都做出了重要贡献，对战后日本的历史发展及日本与亚洲各国的关系也产生了深远影响。东京审判在战争法上首创了若干法律原则，并从法理上对诉讼制度、罪名认定、责任主体等问题做了不少有益的探讨。1946 年 1 月 19 日，同盟国发布《远东盟军最高统帅部宣布成立远东国际军事法庭的特别通告》，决定在东京设立临时军事法庭，对日本的战争罪行进行审判，这是“二战”结束以后依照国际公法成立的继纽伦堡军事法庭后的第二个战争犯罪审判法庭，其管辖范围为亚洲及太平洋地区与日本战争犯罪有关的国际刑事案件。随后同盟国正式公布了《远东国际军事法庭宪章》和《远东国际军事法庭程序规则》，为临时军事法庭确定了一般审判原则，法庭的权利、权限，审判基本程序，决定由美、苏、英、法、中、荷兰、印度、加拿大、新西兰、菲律宾、澳大利亚 11 个战胜国共同派出代表组成军事法庭，行使审判职权。同时，同盟国方面成立了侦查与起诉委员会，一方面行使侦查权，一方面代表受害国在法庭上行使控诉职能。此外，为确保公平审判，根据盟军当局的指派和被告人的委托，由一批资深法律界人士组成了辩护律师团，分别为 28 名被告人进行辩护。在未来战争中，也必有战后的控、审战争罪犯以及与此相关的法律辩护工作。这一方面的法律人才，也应注意培养。“养兵千日”宁可不用，也不能在需要“用”时却“踏破铁鞋无觅处”，慨叹“兵到用时方恨少”。

（3）法律战谈判人员

法律战谈判人员的工作主要如下：一是武力战开始前，在与敌方的谈判中，力求以国际法及国际惯例揭露敌方的违法行径，亦即以法律的威慑力遏止敌方发动进攻，达到“不战而屈人之兵”的效果。二是在武力战过程中，充分运用谈判来打击敌人的气焰，束缚其战争手脚；而在与盟国或中立国的谈判中，扩大与它们的同盟关系，协同行动，从而达到“不战而强己之兵”的目的。三是通过与敌方的谈判促进战争的早日结束，促进战后的国家间秩序的恢复与相关利益的确定。在停战方面，谈判在结束现代战争特别是法律战中起着重要作用。从以结束战争为目的的谈判实践看，主要可以分为以下两种：一是停战谈判，即交战双方为终止军事行动而进行的谈判，它一般不涉及政治内容，只就停止军事行动的事项做出规定。但停战谈判能否导致战争的真正结束还有赖于停战后政治军事形势的发展。二是媾和谈判，即交战双方为结束战争，特别是以缔结和约的方式结束战争而进行的谈判。其内容主要包括结束战争状态、恢复和平关系，分清战争责任及采取相应的解决办法，缔结和约等。通过谈判，可以沟通彼此的立场，互相了解对方意图，以寻求结束战争途径；通过谈判，进行讨价还价，确定结束战争的条件；通过谈判，可以将军事斗争的成果转化为政治等方面的收获。正是由于谈判在现代局部战争中可以发挥如此重要作用，打与谈相结合就成了战争的主要特点之一。打与谈的表现形式有：先谈后打、先打后谈、边打边谈、以谈促打、以打促谈等。不管形式如何，谈判必定要运用有关的国际法，这就需要精通相关法律的谈判人员。条约的形式、条约的内容安排、结束战争的条件等，都要与国际法的相关规定相符合。

（五）法律战人才的培养

法律战人才的培养是一项系统工程，它涉及观念的更新，对国外经验的借鉴，培养机制的科学化，等等。

在观念上，必须突破传统思想的禁锢，从确立新的人才建设指导观入手，使军事法律人才队伍建设更好地适应军事变革的新需求，树立人才建设的大国防观念、跨越发展观念、整体推进观念等诸多新观念：一是确立大国防观念。军事斗争准备、人才培养是国家的大事，应举全国之力来推行。要有开放性的育人意识，明确法律战的人才培养必须面向社会、面向世界，不断拓宽视野、拓宽途径，寓军于民，走开放式、联合式培养的路。因此，对法律战的研究，绝不应限于军事院校，而应扩及整个法学界；培养法律战人才的任务，军外法学界也责无旁贷、职有攸归，应认真对待。二是跨越发展的观念。以前瞻的眼光，站在未来法律战的高度设计今天的人才培养规划，通过超前培养和跨越发展，为国防法治化建设培养和储备大批高素质法律战人才。三是整体推进的观念。法律战是人才群体的整体对抗，需要各类人才协调发展，需要各方面、各层次的整体合力。特别是法律战战略研究人才、法律战战术指挥人才、法律战战斗人员的培养与发展，必须整体推进，协调发展。

在具体培养上，应注意以下四点。

第一，借鉴国外军队适用和传播武装冲突法的做法，采取各种方式培养法律战一线战斗人才，特别是对军队律师的教育与培养。

培养法律战专门人才是“斗法”与“斗兵”结合的一个重要条件。世界多数国家军队在军队条例、条令中都有规定，每个军人，无论士兵还是军官，从入伍开始就要接受武装冲突法的训练。一般地说，外军的武装冲突法训练的方式和内容由于对象的不同而有所不同。其对象总体上可以分为三类：一是士兵。他们所要求掌握的是武装冲突法的一些基本原则以及战场规则。对士兵的训练要反复进行，使他们不但对一些武装冲突法基本规则做到耳熟能详，而且要做到一旦遇事能不假思索地做出反应。二是指挥军官。他们要对武装冲突法有比较全面、深入的了解，尤其要熟知作为一级指挥官在武装冲突法的遵守和传播方面的职责，以尽量减少战场上发生违反武装冲突法的“事故”发生。三是军队的法律工作者。对他们的武装冲突法训练属于专业训练。通过训练使他们能够全面掌握和了解武装冲突法在各种形势和情况下的运用，以便为指挥官在制定作战计划和进行实际作战时提供有力的法律意见和建议。澳大利亚军队中武装冲突法的训练就分为A、B、C、D四级，A级指的是在军事院校的基础晋升课程中设置的武装冲突法课，由各级人员参加；B级为由野战部队人员参加的武装冲突法课程；C级是为在军事院校学习的高级指挥和参谋军官设置的武装冲突法课程，属于作战法课程中的一项；D级是为法律工作人员设置的武装冲突法课程。再如，荷兰陆军中的武装冲突法训练，分成士兵训练、军士训练和军官训练三种。

第二，紧紧结合现实任务，引导官兵学习掌握相关的法规条例，做好法律战的知识储备。

力求使武装冲突法灵活、准确地为己所用是法律战的重要基础。我军要适应未来战场需要，达到“保存自己、消灭敌人”的目的，每个军人都应当机动灵活地运用武装冲突法，从容应对战场上出现的各种突发情况和问题。因此，必须在军事斗争的法律准备中，坚持学中用，用中学，增强实战技能。武装冲突法的学习应纳入军事斗争准备规划，与技能训练协调开展；同时学习不能囫囵吞枣，不分侧重。可以采取以下方法引导官兵做好法律战的知识储备：一是针对当前形势的国际国内背景确定学习内容，重点学习联合国宪章《关于主权国家权利义务规定》和联合国大会《关于侵略定义的决议》。二是针对战时部队担负的保障任务确定学习内容，分兵种组织官兵认真学习《陆战法规》《海战法规》《空战法规》等，明确法规要求，便于规范行动。三是针对官兵的职责明确学习内容。战士着重学习《关于战俘待遇的日内瓦公约》《关于战时保护平民的日内瓦公约》等法规，正确处理与平民、战争受难者及俘虏的关系。指挥员还要掌握《人道主义规则》，把握攻击的目标、作战手段的应用以及对宗教场所、人类文化遗产如何保护等相关法律法规。

第三，健全科学的运行机制是法律战人才建设的基本保证。

重点建立健全军地共育协调机制、军地资源共享机制、军地人才交流机制三种机制，形成统揽全局、协调军地的共育工作格局。一是军地共育协调机制。从某种意义上讲，法律战人才是知识型人才，依托国民教育是培养知识型人才的重要途径。因此地方和军队的教育领导机关对于共育法律战人才要加强协调，通盘考虑，形成合力。通过协调机制，增强军队培养与依托国民教育培养法律战人才的制度化和规范性。二是军地资源共享机制。针对法律战规范的军民通用性，军队应充分发挥地方重点高校的人才和资源优势，采取“走出去学”“请进来教”的方法，以联合办班的形式，在地方大学定期为部队开办法律本科班、研究生班、短期轮训班等，全面提高军人的法学素质；要分批选送有发展后劲的各类指挥人才、技术人才、军事硕士及博士生等到地方院校接受系统法学教育，全面提高知识层次，以供军用。三是军地人才交流机制。军地双方都要努力推进人才战略，加强军地法律战人才的交流。对法律战人才的引进、选拔、培养、使用、保留等各个环节制定一系列具体规范。按照信息化人才培养的新标准，创新引进人才的方法和手段。部队要扩大从地方高校、科研院所中招收军事法律人才的比例，把国内法学特别是国际法领域的高、精、尖人才吸引到军队，委以重任，提升部队法律战人才的技术层次。

第四，军事法律人才是进行法律战的能动性关键要素，但不能忽视广大人民群众的作用。

因为，在高技术局部战争中，不仅应重视单个人的素质与作用，而且更需要强调人与人、部队与部队、军队与民众的通力协作，追求最大的群体或整体力量与敌抗衡。“战争的伟力之最深厚的根源，存在于民众之中”[①]，毛泽东在谈到军力的时候总要提到民众。在高技术局部战争中，民众所起的作用有增无减，在对敌人进行“软”打击方面，民众既可

① 《论持久战》,《毛泽东选集》(第 2 卷)，人民出版社 1966 年版，第 478 页。

以发挥其“人多眼杂”的作用，充分了解敌方违法的情况；也可发挥其“人多势众”的作用，以建立在合法性基础上的同仇敌忾与成城众志，陷敌于灭顶之灾。

三、环境性要素：战场

（一）环境性要素概述

战争的环境性要素包括自然环境与社会环境。就法律战来谈，与自然环境关系不大，而与社会环境却息息相关。战争的社会环境有政治环境、经济环境、民族环境、语言环境等之分，它们统统会在“战场”这一综合体上表现出来。所以，我们论述法律战的环境性要素时，以分析战场与法律战的关系为限。法律战过程往往存在着复杂的环境，我们要利用既存的环境性因素，同时还须根据我方的需要创造相关的环境条件。

环境性要素在法律战中占有相当重要的地位。由于法律战贯穿于战争的预备、发起、进行直至结束、战后安排等各个阶段，每个阶段都有各自所存在的环境，这些环境互有关联同时也相互区别。研究法律战的环境性要素，就是要研究各种情况下的战场，并加以选择和利用，保证法律战的顺利开展，达成预期的效果。

法律战战场是指进行法律战、评判战争正义性以及评判武力战中各种事件的合法性、战后判定权益划分等的场所，该场所包括联合国战场、交战国战场以及非交战国战场。

战争是政治的继续，是国家间、民族间、政治集团间和阶级间的矛盾发展的最高形式。作为战争组成部分的法律战同样如此。与战争相关的法律对国家的权利义务，对国家的利益进行了权衡，并做出了法律上强制性的规范和约定。战争开始与否，要达到什么目的，战争的早与迟，战争付出与获取的比率等这些因素，都受法律规范的原则框架制约，都必须符合法律的导向。法律战就是要运用法律武器在一定条件下配合武力战为己方谋取最大的利益。这个“一定条件”就包括了法律战战场。

法律战战场有其鲜明的强综合性特点。强综合性即法律战战场是一个综合了政治、经济、文化等各种因素而以法律作为主线的一定空间条件的总和。从这个角度来说，法律战战场的综合性要比武力战战场强得多。在法律战战场中，要考虑到各个方面的因素及它们之间的相互作用对法律战的影响。正因为这个特点，法律战常常结合心理战、舆论战或其他形式的战法来进行。也因为这个特点，法律战参与者尤其是法律战团队不仅要精通法律武器，而且要对国际政治、经济、文化等因素有所了解，有所分析，有所研究，使自己的法律战行动不致顾此失彼，而要综合运用战场的各种有利条件达到胜利的目的。

（二）法律战的联合国战场

联合国是国际交往的大平台，是国际斗争的大舞台，也是法律战的大战场。当今世界，由于联合国会员国数量大增，一旦发生武力战，它就必定成为法律战的最重要战场。

这一战场应予关注的主要是：联合国体制、集体安全体制、安理会对使用武力合法性的判断机制等方面。

“二战”后成立的联合国是为“免除后世再遭当代人类两度身历惨不堪言之战祸（指两次世界大战）”而建立的。《联合国宪章》（以下简称《宪章》）把维护国际和平与安全列为其首要宗旨，其第 1 条规定：“维持国际和平及安全；并为此目的采取有效集体办法，以防止并消除和平面临的威胁，制止侵略或其他破坏和平的行为；以和平方式并依照国际法原则，调整或解决足以破坏和平的争端或情势。”《宪章》强调安理会在维护国际和平与安全方面的权威性，规定只有安理会有权采取包括军事手段在内的一切必要强制措施维护国际和平与安全。而且强调只有所有非军事手段被证明无效时才可诉诸武力。该体制经过数十年尤其是冷战后的实践，证明是有效并应得到尊重的。

联合国集体安全体制明确规定联合国安理会对维持国际社会和平与安宁负主要责任；安理会设 5 个常任理事国（中、俄、美、英、法）和 10 个非常任理事国（1965 年前是 6 个非常任理事国）。

安理会每个理事国有一票表决权。程序问题，由 15 个理事国中 9 个理事国的可决票决定。非程序问题，以 9 个理事国的可决票包括全体常任理事国的同意票决定，即任一常任理事国的反对票都可否决决议。但是常任理事国不参加投票或者弃权，不构成否决。这就是众所周知的大国否决权。

程序问题有：通过或修改安理会的议事规则；确定推选安理会主席的方法；组织安理会机构活动；设立其执行职能所必需的机构；邀请在安理会中没有代表的会员国在对该国利益有特别关系时参加安理会的讨论；邀请在安理会正在审议的争端中为当事国的任何国家参加关于该争端的讨论等等。

非程序事项有：其一，调查足以引起国际争端的情势，断定对和平构成威胁的客观事实是否存在；并促请当事国遵行必要或适当的临时措施。其二，制止破坏和平事件的发生和控制事态的发展，采取积极有效的措施，消除对和平构成的威胁，如局部或全部停止经济关系，断绝铁路、海运、航空、邮电、无线电及其他交通工具往来，断绝外交关系，采取会员国海、陆、空军示威、封锁及其他军事行动；拟订军备管制方案，在战略性地区行使联合国托管职能。其三，选举国际法院法官；为执行国际法院判决，决定应采取的措施；向大会建议推荐新会员国，中止会员国权利或开除会员国；向大会推荐联合国秘书长。

联合国集体安全机制充分说明联合国作为和平解决国际争端的国际组织的性质。《宪章》第 33 条第 1 款规定：“任何争端之当事国，于争端之继续存在足以危及国际和平与安全之维持时，应尽先以谈判，调查，调停，和解，公断，司法解决，区域机关或区域办法之利用，或各该国自行选择之其他和平办法，求得解决。”

根据《宪章》规定，安理会有权采取断绝交通、经济封锁、军事武力行动等强制措施，但纯属对非法国家法律制裁手段，以制止非法行为发生，控制事态发展，消除对和平的威胁，最终实现和平。

依照联合国《宪章》第39条规定："安理会应断定任何和平之威胁、和平之破坏或侵略行为之是否存在，并应做成建议或抉择依第41条及第42条规定之办法，以维持或恢复国际和平与安全。"第41条规定了安理会有权决定促请联合国会员国对上述行为的国家采取执行武力以外的强制措施，如全部或局部停止交通和通讯，断绝外交关系等。按照《宪章》第42条规定，安理会如认为第41条制裁办法不足或已经证明不足时，可采取必要之空海陆军行动以维持或恢复国际和平及安全。此项行动可包括联合国会员国之空海陆军示威、封锁及其他军事行动。

我们可以从1950年朝鲜战争中，美国假手联合国以售其奸这个反面例子看到联合国及其安理会这个"战场"对于法律战的重大作用。1950年6月25日朝鲜战争爆发后，美国当局连续召开紧急会议谋划对策。杜鲁门总统决定双管齐下：一是由美国亲自出兵直接干预朝鲜局势；二是将朝鲜问题紧急提交联合国安理会，以给美国的干涉提供合法的"联合国的外衣"。在美国强词夺理、软硬兼施的逼迫后，在苏联未出席的情况下，安理会通过了组织联合国军出兵朝鲜的决议。在这支由16国部队组成的联合国军中，美军占到了总数的90%，其他15个国家加在一起仅占10%。那么，美国为什么非要打着联合国军的旗号不可并要求其他会员国提供这些"象征性"的军队呢？联合国军总司令麦克阿瑟的一段话可谓意味深长。他说，这些部队"从军事上说，毫无用处，他们也许从来没有打过仗。从政治上说，他们增添了一股联合国的香味"。同麦克阿瑟的诙谐相比，另一名统帅李奇微将军的看法更为直接且更具战略眼光。他说："尽管联合国其他成员国实际提供的人力并不是很多，可是在联合国的旗帜下作战能使我们在朝鲜的行动带有道义上得到支持的色彩，而这在我们与自由世界其他国家打交道时具有无可估量的价值。"[①] 正是因为美国当局十分清楚联合国在提供合法依据、争取道义支持上的重大价值，杜鲁门以及美国的一些军政要员在朝鲜战争中一再告诫桀骜不驯的麦克阿瑟，要他避免出现任何单方面的美国的军事行动，而应"保证让全世界都注意这个事实，那就是美国在朝鲜正为联合国而战，并非为了美国"[②]。显然，美国正是借联合国以自重，以正名，利用联合国这个战场推行霸权。其计妙，其行恶矣！

这里应当注意的是，在朝鲜战争爆发后，新中国也在联合国战场上进行了针锋相对的法律战斗争。1950年7月6日，周恩来外长在致联合国秘书长赖依的电报中强调，"联合国安全理事会于6月27日在美国政府指使和操纵下所通过的关于要求联合国会员国协助

---

① [美]马修·邦克·李奇微：《朝鲜战争》，军事科学院外国军事研究部译，军事科学出版社1983年版，第149页。

② [美]詹姆斯·F.施纳贝尔：《朝鲜战争中的美国陆军》(第2卷)，国防大学出版社1990年版，第109页。

南朝鲜（韩国，编者按）当局的决议，是支持美国武装侵略、干涉朝鲜内政和破坏世界和平的，并且这一决议是在没有中华人民共和国和苏联两个常任理事国参加下通过的，显然是非法的”。他声明，安全理事会关于朝鲜问题的决议，不仅毫无法律效力，而且大大破坏了联合国宪章。[①] 中国的外交法律战虽然最终没能阻止美国对朝鲜的侵略，但却鲜明地表达了中国的立场，声援了朝鲜的反侵略战争。其声微，其身正矣！

鉴于联合国战场的重要作用，因此，一旦出现武力战危险时，当处于武力战过程中和武力战结束后，有关国家都可能把联合国及其安理会当作法律战的大战场，或以违法指责对方，或以合法卫护己方；或在这一战场“嘤其鸣矣，求其友声”，寻求支持者，或在这一战场拉帮结派，或在这一战场大发雄威，威慑已经出现的和潜在的“异己”国家。值此之时，熟悉与运用国际法、国际惯例开展对敌斗争，是十分重要的。一要重视开展法律战；二要讲求法律战技巧，“出其不意，攻其不备”“让开强拳，攻其软肋”，寻找敌方运用法律的漏洞，“以子之矛，攻子之盾”，等等；三要随机应变，及时调整法律战的攻击方向、攻击方式、攻击技术和攻击内容。总之是要充分利用联合国这一法律战的大战场，“演出威武雄壮的活剧”来，争得武力战战场上不易得到的胜利果实。

（三）法律战的交战国战场

交战国战场，是指交战国双方所进行法律战的场所，包括外交战场、军事战场以及新闻媒体等民间战场。

1. 外交战场

外交战场上的法律战主要体现在交战国双方在国家发生矛盾与冲突时进行谈判，在战争过程中的谈判以及停战协议、和约的签署等各个外交过程上。

外交战场上的法律战在武力战开始前，以交战国双方历史上的协议与现实中的争议所产生的矛盾为斗争焦点；在战争过程中，以停战条件为斗争焦点；在武力战结束后则以武力战遗留的后果（如战犯惩罚、战俘处理、战争赔款、领土调整等）以及未来的国家权利与义务为斗争焦点。

以谈判制止战争。从发动战争的一方来说，是以谈判迫使对方接受行将开始的武力战所要达到的要求，如割让领土、放弃某些国家权利、停止军事部队集结等；从迎战的一方来说，是以谈判使对方停止武力进攻的准备，求取“不战而屈人之兵”。谈判中除各自宣传己方必胜的种种优势条件以遏阻敌方之外，主要的就是以法律为武器，指明敌方的违法行径必将自食苦果，从而达到以法制敌的目的。

以谈判结束战争。谈判在结束现代局部战争中起着重要作用。从局部战争中的谈判实践看，以结束战争为目的的谈判主要有以下两种：一是停火谈判，即交战双方为终止或

① 《中华人民共和国对外关系文件集》（第 1 集），世界知识出版社 1957 年版，第 131 页。

局部暂时停火而进行的谈判。谈判能否令战争真正结束还有赖于停火后政治军事形势的发展。二是停战谈判，即交战双方为结束战争，特别是以缔结和约的方式结束战争而进行的谈判。其内容主要包括结束战争状态、恢复和平关系、缔结和约等。

以谈判处理武力战战后事宜。这是十分重要的法律战战场，因为整个武力战或胜或败或和，本来就是以血的代价换来的。武力战的结束，胜、败双方都要使血的代价转化成现实的利益。就战胜者来说是要使利益最大化，而就战败者来说，则是尽可能地减少利益损失。其实除仍旧以己方的实力作为遏止对方采取现实行动如再次展开武力战的后果外，主要也是以法律为武器，寻求有法律依据的战后事宜处理办法。

无论是以谈判制止战争，还是以谈判结束战争，抑或以谈判处理战后事宜，法律武器的娴熟运用都是关键，此时的外交战场，是以外交谈判的形式开展法律战，亦即等同于法律战战场。

2. 军事战场

军事战场上的法律战主要体现在交战国双方在交战过程中，在战争方式的选择、战争手段和方法的运用、打击目标的选择等方面所进行的斗争。

在军事战场的法律战中，战争规模、样式以及范围的大小、时间的长短都要考虑到战争法的因素和相关规定。只有运用好战争法才能有理、有利、有节地进行军事斗争，在法理上立于不败之地。这时的“运用好战争法”，作为法律战的组成部分，分两个方面：一是以己方的遵守国际法、国际惯例，尤其是遵守具体战争规则以及人道主义处理敌军俘虏、敌方平民等，为谈判提供有利于己的依据；二是尽力搜集敌方违反国际法、国际惯例的证据。所谓“兵不厌诈”，军事斗争过程中并不排除诱使敌人做出违反国际法的行动来，这也可为谈判创造有利条件，并使敌方在交战双方之外的国家面前输了理，从而使敌方更加孤立。如在具体作战过程中，进行合法自卫战争的国家有权选择除中立国有效控制及特殊国际航道以外的一切水域、空域和陆地作为战区并以此实施海空封锁、拿捕和设置禁飞区和禁航区等等。在军事打击目标的选择上，战争法确定了“区分原则”，即严格区分军事设施与民用物体、平民居民与武装部队中战斗员、有战斗能力的战斗员与丧失战斗能力的战争受难者，不得滥杀滥伤。只有针对明显构成交战一方军事利益的目标，实施攻击和轰炸才是合法的。因此，在千变万化的军事战场上，实施法律战的主要意义就在于对打击目标的确认与选择。对那些平民、不设防的城镇不得进行军事攻击，但前提条件是这些目标当时未用于军事目的。如果在法律战过程中，发现这些目标用于军事目的，那实施攻击就是合法合理的了。

在伊拉克战争中，美军曾竭尽全力以各种方式利用战争法为己方政治和军事目的服务。首先，在战略上宣称严格适用战争法，树立“依法作战”的形象。战争开始前后，布什多次发表讲话，声称伊拉克战争针对的只是萨达姆及其支持者，而不是平民百姓。美军战地总司令弗兰克斯也说，联军将利用高精度武器，打击既定目标，把战争中不可避免的平民伤亡降到最低限度。其次，揭露伊方的违法行为，陷其于政治和道义上的被动。如布什在宣布战争开始时就声称，美国面对的是一个无视战争规则和道德准则的敌人，萨达姆把伊拉克军队和装备部署在平民居民区，企图利用无辜的平民作为其军队的盾牌。美国国防部长、参谋长联席会议主席也多次指责萨达姆利用学校、医院、文化设施来保护军事人员，从而使无辜的人民暴露在危险之中。对在战斗进行中发现的伊军违法行为，美军也都及时通过媒体予以揭露。再次，及时采取报复措施，削弱敌方战争潜力。每当伊军违法作战取得一定效果后，美军都及时做出反应，并采取相应报复措施。如伊军采取诈降战术取得初步效果后，美军就在伊拉克南部搜捕那些身着平民服装、涉嫌参加准军事组织的伊拉克人。在经历了自杀性袭击后，美军官员声称对身份可疑的平民进行攻击是合法的。最后，以军事需要为借口，扩大打击目标范围。在现代高技术战争中，军民界限日益模糊，有些民用设施可以在战时直接用于军事行动，有些设施本身就是“军民合一”，这给美军扩大打击范围提供了借口。美军声称，“至于军民两用目标，如果打击它们可以获得军事优势，那么就可对其实施攻击”，而且这种“军事优势不只限于战术上的得益，而且与整个战争的战略相关”。在这一原则指导下，美军以电视台可用于指挥和控制部队为由轰炸了伊拉克电视台，以军事目标位于居民区为由对居民区进行了轰炸。最后，在武器利用方面，美国利用战争法空白，大量使用新式武器。如战争法没有规定的电磁炸弹、贫铀弹、集束炸弹、地堡炸弹等新式武器，尽管这几种武器从根本上讲都违反了战争法的基本原则，应属非法武器，但美军以战争法没有明文禁止为由，在战争中大量使用。

3. 民间战场

民间战场上的法律战，主要体现在交战国双方的民间组织、民间人士利用民间交流、新闻媒体和其他平台进行的法律斗争上。

民间交流方面。尽管两国交恶、兵戎相见，打得天昏地暗、“血流漂杵”，正常的民间交往骤然锐减，但绝不可能停止民间的一切交流。其时的邮、电直接往来以及通过第三国转达信息，甚至迂回绕道的人员往来，都还会存在，因此，利用尚存的民间交流一线渠道，述说己方军事行动的法律依据，揭露敌方当局军事行动的违法性，也是应予重视的。20世纪50至60年代，海峡两岸的武装对峙，就伴随着数量可观、威力甚巨的民间法律战行动。例如福建前线我方居民之利用大风、潮水，以放飞风筝，漂流纸船、小瓶的方法，向金门、马祖大量散发传单，其中就有不少内容涉及有关的法律问题。世界各国也都曾利用战争期间的一切人员交往机会以及邮、电渠道，向敌方亲戚、朋友宣传国际法，以证明己方军事行动的合法性与对方军事行动的非法性。由于民间交往相对于官方外交往往具有更大的可信性，所以，利用民间交往，使之成为法律战的一个战场，也是不可忽略的。“聚沙成塔，集腋成裘”，“众人拾柴火焰高”，充分利用民间渠道开展法律战，是军事斗争制胜的重要组成部分。

学者的意见在民间交流方面有特别重要的作用。学者对交战国法律问题的看法，因其学术地位及其在“科学无国界”的各国同道中的影响，往往比政府官员发表的官方意见影响更大。美伊战争期间美国的一批诺贝尔奖获得者集体发表的指责布什政府违反国际法的声明，就曾使美国军方十分被动；而后来一大批学者对美军“虐俘”的反人道主义谴责，更使美国占领军当局陷入十分狼狈的窘境。因此，交战各国无不竭力影响对方的学者，努力使之站到己方的立场上，加入己方的法律战，为己方服务。

新闻媒体方面。充分利用媒体进行法律战，可以极大地影响公众舆论。交战国当局的战略决策、战事指挥必须考虑国内公众的舆论。如在 1992 年，美国前总统老布什在离任前 7 周决定向索马里派遣维和部队，当时多数美国人支持这一人道主义救援行动。第二年 10 月 3 日，在一次美军与索马里叛军交火过程中，美军士兵 18 人阵亡、78 人受伤。翌日，各大电视台在播出这一消息时还穿插了一名美国士兵打死后被拖在摩加迪沙街道上的镜头。随即，美国公众要求美军撤出索马里的电话潮水般涌向国会山。调查显示，有 85% 的民众要求“带孩子们回家”。经过 3 天紧急磋商，克林顿总统遵从公众舆论，于 7 日宣布将于 1994 年 3 月 31 日前撤出全部美军战斗部队。11 个月后，在美国军队入侵海地的前几天，《芝加哥论坛报》发表了一幅漫画：满载军人的舰艇正在海地登陆，指挥台上的克林顿口中振振有词地说：“应该让民意调查人员打头阵。”漫画反映出美国各界的一个比较普遍的观点：克林顿政府的外交政策受到公众舆论相当程度的影响。实践经验告诉我们，媒体不仅可以用来向己方民众宣传，以吸引公众舆论站在己方，形成军民一体、官民一体的法律战强大阵营，而且可以设法利用敌方内部的矛盾，使敌方的某些媒体“为我所用”，与我同样地揭露、批评、指责他们所在国家及军事当局的非法行径，通过敌方公众舆论影响敌方决策，从而间接地帮助己方打赢法律战，总之，要运用法律在总体上造成一种态势，使敌方官兵精神疲软，斗志涣散，以促成“不战而屈人之兵”的战略效果。当然，新闻媒体的这种“造势”如果被利用，有时也能起颠倒黑白的作用。当下，“台独”分子经常利用台湾一些媒体以及国际上一些反华媒体散布诸如“中国的存在严重威胁着台湾的生存”等舆论，欺骗台湾人民并在国际社会造成不良影响。我们主张和平统一，但不排除将来以武力解决台湾问题的可能，因此，必须有力回击这些颠倒是非，愚弄人民的新闻、言论，并通过国内外新闻媒体向台湾人民、世界人民表达我方的正义立场，揭露“台独”分子分裂国家、民族的无耻行径，以明是非，以正视听。

法律战的民间战场，有时往往会在战后还久久延续着。这种长期延续的法律战，最为明显地表现在中、韩两国民众对日本侵略造成伤害的民间索赔上。从 1995 年首例中国花冈劳工诉日本鹿岛会社开始至 2002 年 8 月底止，中国大陆的战争受害者向日本法院提起诉讼的已经有 20 起。归纳起来，至今为止，中国原告胜诉的案件只是针对日本的企业或个人的诉讼，在中国受害者起诉日本国国家责任的问题上，日本法院则是置公平和正义原则不顾，一味地维护着本国的国家“荣誉”。自 1997 年 8 月 731 细菌战受难者起诉日本政府以来，细菌战受难者的日本辩护律师和学者们就对日民间赔偿的问题进行了深入和长期的理论研究，并为此举行过多次的国际法方面的国际学术会议。1999 年 9 月 22 日，日本东京地方法院对 3 起侵华战争的受害人提起的索赔诉讼做出了驳回诉讼请求的判决。这是日本司法部门首次对侵华战争受害人提起的索赔诉讼做出的驳回诉讼请求的判决。该判决书的要旨是，虽然日本在侵华战争期间给中国人民造成极度的损害，但却认为战争导致的个人损害应通过国家间的和平条约及其他外交手段解决，甚至说和平条约缔结后被害人提起诉讼会扰乱基于和平条约确立的友好关系。但是根据国际法中战争法的规定，对平民所施行的反人道暴行，必须承担国家责任。现代国家责任的主要形式有：惩罚战争罪犯、限制主权、战争赔偿和道歉。战争赔偿的范围本身包括两部分，一部分是国家主权、军人、国有财产、历史文化等所遭受的损害赔偿；另一部分是受害国国民在战争期间因遭到敌国军队、军人不分皂白地屠杀平民、强暴妇女及施放细菌性武器和化学武器等所受到的人身伤害和财产损害。1972 年 9 月 29 日中华人民共和国政府曾经宣布，为了中日两国人民的友好，放弃对日本国战争赔偿的请求。但这不等于同时放弃民间赔偿请求。1992 年，国务院原副总理吴学谦公开表示：民间赔偿和政府赔偿不是一回事，遭受战争创伤的中国人民通过正常渠道，提出他们的要求是完全正当的。1995 年，国务院副总理钱其琛在全国人大会议上，再一次表明中国政府的严正立场：“《中日联合声明》并没有放弃中国人民以个人名义行使向日本政府要求赔偿的权利。”如何进行民间战争赔偿的索赔？国家的索偿途径与民间的索偿途径是不同的。国家可以通过外交和司法途径索偿，如外交谈判、第三国斡旋、调停、国际调查等，必要时可以对被求偿国采取有限度的强制措施，或者是通过国际仲裁或司法判决。根据国际惯例和日本的国内法，中国的战争受害个人是有权利向日本法院提起诉讼请求的。同时，根据国际法的规定，私人因国际不当行为遭受损害，其所属国可以以“外交保护”方式向实施不当行为的国际法主体追究国家责任，使个人的损失得以补偿。外交保护的条件是：一为本国国民的合法权益受到所在国的不法侵害。二为受害人自受害之日至抗议或求偿结束之日，须持有保护国国籍。三为受害人需“用尽当地救济”且未获合理补偿，对于中国国民对日提出战争赔偿不能获得赔偿时，中国政府完全有权利行使外交保护权。中国政府保护本国公民而行使外交保护权，这虽然涉及国家之间的国际法问题，但主要的还是靠国民加以推进，而最终的法律战后果也体现在民间赔偿上。韩国民众之争取日本赔偿的斗争也正如火如荼地展开。中、韩民众的这种索赔斗争，是以法律为武器进行的，是中日武力战、日韩武力战因“后事未了”的法律战的延续。这种斗争不仅对“了却前嫌”是不可轻忽的，而且对预防未来战争也是十分重要的。因此，完全可以将其视为法律战未了部分。

（四）法律战的非交战国战场

不论战争缘由、战争形态是什么，只要存在战争，就必然存在敌对方，除世界大战外，往往也存在战争中立方。法律战中的非交战国战场就是建立于存在中立方的基础上的。非交战国战场的法律战，就是为争取中立国民众持利于己而不利于敌的态度，要求中立方履行义务，从而扩展己方政治、经济、军事、道义等方面的主动权。法律战中的非交战国战场主要有民间战场和外交战场两种形式。

1. 民间战场

法律战中非交战国的民间战场上，可资利用的有新闻媒体、反战团体、人道主义救助团体以及民间个人等等。

一般来说，非交战国的新闻媒体有可能站在比较公正的立场上，不偏不倚地分析交战各国的国际法依据，报道军事行动是否符合战争法规范；反战团体一般也会比较客观地依据国际法宣传对交战各方行为的看法；至于民间个人，往往也有其行其言举足轻重、影响巨大的。因此，争取非交战国新闻媒体、反战团体以及民间个人，使之站到我方的立场上，助我法律战一臂之力，是事半功倍的重要工作。而人道主义救助团体的言行，对运用法律从人道主义角度揭露敌方的非人道行为，依据法律开展有利于我的人道主义救助，同样是十分重要的。这些，都属于法律战的一个部分，利用得好，将凸显非交战国战场法律战的重要性。

（1）人道主义救助团体

战争中的人道保护历来受到世界人民和人道组织的关注。如国际红十字组织。世界各国的国际红十字组织主要是为战时的人道主义保护而建立起来的非政府的、民间性质的组织，由于它的非官方性和中立性使得这一组织的战时活动可以被各国所接受。国际红十字会从诞生以来，经过一百多年的发展，其活动对于督促交战各方严格遵守战时人道主义保护规则往往能起到官方国际组织所起不到的作用。该组织出现以来，在战时人道主义保护上发挥了重要作用。伊拉克战争开始前后，联合国、国际红十字会、国际记者联盟等国际组织及一些国家政府多次呼吁交战双方遵守人道保护规则。迫于国际舆论的压力，交战双方都采取了一定措施尽可能地不违反人道保护规则，减轻了战争造成的灾难。阿富汗战争期间轰炸国际红十字会贮存人道救援物质的仓库以及阿富汗最大的大坝和水电站，科索沃战争期间袭击国际列车，海湾战争期间轰炸“阿马里亚掩体”等类似的令人惊骇的事件在美伊战争中没有发生。美英联军占领伊拉克后，没有像伊拉克占领科威特后，从事公然地杀害科威特人、故意地破坏群体生活条件、强迫儿童转移、扣押人质、酷刑等反人道行为，相反却采取了一定措施来恢复被战争破坏的基础设施，进行人道救援等。在战争期间，战俘的问题也特别令人关注。先是美方电视转播了伊拉克战俘的场面以打心理战，伊方也随之公布了美方战俘的录像。美国总统等要员立刻发表声明认为伊方违反了日内瓦关于战俘的公约，是战争犯罪行为。伊方则反驳说没有违反战俘公约（《关于战俘待遇的日内瓦公约》），不仅承诺按照关于战俘的公约对待美英战俘，而且给俘虏提供最优质的食品。国际社会也呼吁交战各方人道地对待战俘。尽管战俘公约由于当时的条件限制，还没有就能否对战俘进行录像和播放做出明确规定，但交战双方及国际社会在战俘问题上的立场，使战俘的权利得到了进一步的保护。

（2）反战团体

由于法律战是围绕武力战而运用法律工具进行的军事斗争，所以归根结底就是军事斗争。而反战团体的存在意义就是要反对武力战，包括利用法律工具而进行的武力战。虽然反战团体作为民间组织，很难从根本上对战争加以遏制，但随着人类社会的发展，反战团体还是在一定程度上遏制了战争的急剧蔓延。这样，就有必要也有可能利用各国各类反战团体，使之依据国际法与国际惯例揭露、抵制本国的违法军事行动，从而间接地帮助己方，使己方处于军事斗争的有利地位。我们可以考察反战和平思想及反战团体的历史流变以说明反战团体的影响。在早期和平运动的推动下，世界上第一个和平协会于 1815 年在美国纽约成立；次年，伦敦和平协会成立，并于 1843 年在伦敦召开了第一次国际和平运动大会。在 1864 年的日内瓦会议上，战争人道化思想被代表们接受，各国为战争人道化订立出种种规定，使战争伤员和俘虏的痛苦稍稍得到缓解，这是早期和平运动所取得的一个重大成果。20 世纪 70 年代末 80 年代初掀起了反核和平运动，对美苏核军备竞赛起到了良好的牵制效果，进而对美苏的《中导条约》最后签署也起到了一定的推动作用。冷战结束后，国际政治的结构性特征发生了转变。核军备竞赛对世界安全造成的现实威胁有所缓解，发动大规模的全面战争的可能性也大大降低。然而，冷战后的世界并没有进入一个各种威胁人类安全与生存的冲突现象都已完全消除的时代，反战和平运动也没有停息促进世界和平和人类安全的积极努力。同时，国际格局的转变也促使当代反战和平运动关注的重心，从迫在眉睫的战争危险转向了反对各种直接或间接伤害无辜平民的非人道战争，以及禁绝各种可能造成重大人道主义伤害的非人道武器等事务领域。冷战后的反战和平运动具有高度的跨国性质。冷战期间的反战和平运动也并非完全局限于一国之内。如美国的反越战运动就得到了西欧、日本等社会力量的有力支持，而造成美国越战失败的因素中反战团体的斗争占有很大比重；同样，西欧各国的反核和平运动也在日本和美国得到了积极的响应。国际非政府组织在其中扮演的串联、组织和领导角色也是一个重要的原因。国际非政府组织将分散的、无组织的和平力量聚合成一种相互配合、相互协调的跨国社会运动网络。国际非政府组织的组织和领导使和平运动的行动能力实现了实质性的突破，反战和平运动已不再是一种传统意义上的国内政治现象，而是一种跨国性的社会运动。因此，在现代军事行动中，为己方战争进行合法性辩护时，必须充分重视反战团体的声音，必须使之成为己方法律战的一个有机组成部分。

当代世界各国的各种新闻媒体纷纷加入和平运动的阵营之中，扮演着一种无可替代的信息传播者和信息扩散者的角色。在冷战期间的反战和平运动中，新闻媒体对和平运动的关注主要是一种基于和平运动过程和运动影响的新闻价值的关注。随着互联网技术的突飞猛进，各种致力于和平运动的国际非政府组织也具备了一定信息发布和新闻议程设置能力，经其发布的信息的权威性和爆炸性，往往可以在很大程度上影响各国政要的决策包括军事决策。因此，充分利用“民间战场”的新闻媒体强己之力，也是不可忽视的。

2. 外交战场

非交战国战场的外交战场方面，主要活动就是尽可能地争取同盟等，充分利用与非交战国签订的多边或双边条约，为军事打击谋求国际支持并孤立敌方，争取第三国介入进行斡旋、调停，甚至拉拢第三国使之成为己方的战争盟友。

在武力战开始之前，交战双方常使用一切可能的外交手段，取得战争权的合法性，以减少战争中的阻力。在战争开始后，交战各方也总是力求拉拢非交战国站在自己一方或保持中立，从而保证己方不致四面受敌。17 世纪中叶的法荷战争中，法国大力开展的争取同盟的法律战，是其最终战胜荷兰的重要行动。夺取欧洲霸权是法国路易十四皇帝的既定方针，为此，他把战争矛头首先对准了荷兰，因为荷兰是当时英、荷、瑞典三国反法同盟的主角，同时，法荷之间还有政治与商业上的深刻矛盾。为此，路易十四利用英荷争夺海洋的斗争，于 1670 年同英王查理二世秘密签订了《多佛尔密约》。根据密约，查理二世同意与法国联合对荷兰作战，法国则支持英国恢复天主教，并援助查理二世 200 万里弗尔和 6000 名步兵，如进行战争则每年还援助查理二世 300 万里弗尔的补助金。接着，法国又针对瑞典与英、荷在波罗的海上的矛盾以及缺乏军费，以向瑞典提供 40 万埃居的诱饵，换取瑞典背弃与荷兰的盟约。此外，法国还同神圣罗马帝国皇帝订立了密约，规定一旦法荷开战，罗马帝国皇帝保持中立。荷兰当然也不失时机地利用一切机会，采取一切手段离间法国与其他国家的关系，扩大自己的同盟者队伍。荷皇威廉展开的外交法律战，首先是利用哈布斯堡王朝与波旁王朝的矛盾，与奥地利、西班牙结成军事同盟。接着，威廉又利用《多佛尔密约》泄露的机会，向英国提出议和，从而瓦解了英法同盟。但外交法律战只是辅助性的，战争胜负最终取决于军事实力。法荷战争的结果是于 1678 年 8 月签订大大有利于法国的《奈梅根和约》。路易十四利用各个击破的外交手段，与多方单独谈判，分别签订有利于法国的和约。但这一过程已可昭告世人，武力战战前、战中，利用外交场开展斗争，缔结各种离间敌方阵营、扩大己方盟友的条约，是对武力战的有力支持。

四、技术性要素：战法

（一）技术性要素概述

战争过程是复杂的。从客观上说，战争的自然环境和社会环境对战术的发挥直至战略决策都有种种限制，从简单的街道巷战、森林平原战到复杂的海陆空一体化战争，从国内战争到国际战争，从民族战争到世界大战，盘根错节，犬牙交错，此起彼伏，彼伏此起。因此，战争指挥者的主观能动性作用极为重要，必须运筹得当、随机应变。这就使得战争的技术性要素——战法问题凸显出来了。

法律战同样要讲求技术，因此，法律战的战法也成了法律战的要素之一，我们名之为技术性要素。法律战战法是指在法律战中，如何策划、发动、组织、开展法律战，并对法律战进行检验的方法体系。这是一个动态的体系，由指挥方针、组织准备、行动方针、具体实施、实效检测五个方面组成。

（二）指挥方针

在国际法上，战争的发起和战争状态的存在，意味着和平时期国际法关系的结束和战争法律关系的开始。从战争的历史发展来看，战争中的法律战变得越来越频繁、越来越密集、越来越尖锐复杂了。在现代历史情境下，国家之行使战争权受到越来越多的限制，因此战争指挥者对即将进行的战争，必须考虑到以下法律战指挥方针：

1. 判定法律战信息的及时性和准确性

知己知彼，百战不殆。经验多的军人，摸熟了自己的部队（指挥员、战斗员、武器、给养等及其总体）的脾气，又摸熟了敌人的部队（同样是指挥员、战斗员、武器、给养等及其总体）的脾气，摸熟了一切和战争有关的其他的条件如政治、经济、地理、气候等，这样的军人指导战争或作战，就比较有把握，比较能打胜仗。法律战作为一种军事斗争活动，也须“知己知彼”，只有如此，才能“百战不殆”。“知己”包括己方对战争法规的了解和遵守，“知彼”包括对敌方违法情况的了解。同时，法律战还要求对第三方的相关情况进行了解，因为除敌我双方的法律战战场外，还有“非交战国战场”，这在前文已略述及。

以内战海战区为例：在海上作战中，按照国际法规定，合法交战团体享有作战使用权的海域包括本国的内水、领海，本国和相邻国的专属经济区、大陆架上覆水域，还包括公海、非他国领海海峡，而不具备合法交战团体的分裂集团、叛乱团体，则不享有对海域的合法使用权，因为反政府一方不是国际法的主体，且叛乱具有非法性，因而不得以国家的名义享有在海上的交战权。法律战指挥者对合法交战团体和非法交战团体在内战中对使用海战区的法律权限如能了如指掌，便可有效地进一步揭露非法交战团体的非法行径，以便更好地动员己方军民鼎力抗击，也更有力地团结国际力量共同开展对非法交战团体的斗争。“知己知彼”还包括对周边态势的了解。在合法使用的海区内，除本国的主权海域外，在其他海域的交战权是与他国的航行权、管辖权共存的。因此，在维护海上交战权的同时，要明确他国的利益所在，尊重他国的海上合法权益，但对非法利益决不姑息。

2. 随机应变，既坚持遵守战争法的原则性又保持战法的灵活性

战争是政治的继续，战争法体现的是国际政治。要达到战争的政治目的，往往需要通过改变国际法律关系来实现。因此在一般意义上而言，战争与战争法规的关系是先有战争实践，后有战争规则，再逐步形成战争法。战争法应该是世界各国达成的共同协议，体现的是共性和互利，但“国际法作为历史的产物，又有其复杂性和内在的矛盾性。国际法不是一个完美无缺由逻辑推论出来的理论体系，而是历史积累的结果，它必然带有历史上的矛盾痕迹”[①]。由于各国的利益不同，许多意见难以达成共识，形不成协议，造成法规体系存在诸多空白点，也有许多已经制定的规定因尚未得到大多数国家的认可而没有法律效力，造成法律遵循中的不确定性。同时，现代技术的飞速发展，往往最先体现在军用工业上，从而带来战争武器、手段、方式等方面的变化，这些都必然造成战争法律的严重滞后性和陈旧性，造成一部分规定与现实严重脱节。如关于水雷的规则，无法反映现代水雷技术及攻势布雷的问题；又如关于封锁“实效性”的规则，主要反映的是海军强国的意志和利益，没有体现封锁的公正和公平性。因此，如何对待既成规则，是机械泥守、生搬硬套，还是随机应变、灵活运用，这是法律战指挥员在择定指挥方针时必须认真对待的问题。

在对战争法原则的把握上，在适用相关战争法律的过程中，对他国的一些实践经验，只要不违背诸如人道主义等国际法基本原则，在战后也不致遭到国际法庭审判和世界舆论的谴责，是应该予以借鉴的。对法律的运用完全不应该是教条式的，应该掌握与把握相结合，对条约中明确规定的要严格执行，对不明确和空白之处要将原则性掌握与灵活处理相结合，在战法上灵活适用。如海战中要区别商船的军用性和民用性，而现代商船普遍配备武器，使商船的军、民两性难于判别；拿捕规则要求军舰对商船攻击前必须先行临检，这也使拿捕制度难以实行。在这种情况下，临检必须进行，这是原则。不做检查，未掌握任何证据便发起攻击，就可能造成恶果；但是，只要掌握了证据，就可以放胆放手处置，而不必拘泥于规则的细节。

3. 保证战争合法性

战争法对合法的战争手段、作战方式、战争区域、攻击目标等都有了明确的规定。战争法还严格限制对中立国、对受国际法保护的人民生命和财产的攻击。第二次世界大战后通过纽伦堡和东京国际军事法庭审判确立了破坏和平罪、战争罪、违反人道罪是国际法上的战争犯罪，这些规定已经成为在战时制约战争犯罪、降低战争残酷性的重要国际法原则。根据这些原则不仅可以揭露敌人违反国际法的行为，在一定程度上制约敌人的非法行动，打击敌人违反国际法的行为；同时也为我方的军事行动提供了合法依据，并指示我们应当遵行的合理限制。在法律战中，敌方总是要千方百计地掩盖其违反国际法的行为，却又会制造假象和谎言欺骗国际舆论和世界人民，指责我方的军事行为为非法行为。因此，在战争中围绕战争罪行的揭露和反揭露、斗争和反斗争必将是激烈的。法律战指挥者必须要在保证我方武力战合法性的基础上，尽可能地掌握直至诱使敌方暴露其行为的违法性。

① 张景恩：《国际法与战争》，国防大学出版社 1999 年版，第 23 页。

（三）组织准备

对于即将开展的法律战，如果没有必要的和充分的准备，必然陷入被动地位。临时张皇、仓促应对的法律战，是没有胜利把握的。法律战组织准备中的主要问题，是法律战军队的组成和政治动员。

法律战军队的组成，主要是按照法律战的特点，根据前文所述法律战指挥人员、一线战斗人员的适当比例来构建法律战军队，使之对战争法的把握有较高水平，在法律战实践中“拉得出，斗得狠，打得赢”。

同时，要做好法律战动员，使从事法律战的人员在战争过程中发挥最大功效。从近年发生的几场局部战争来看，法律战开辟了战争动员的新视野，成为交战各方进行战争动员的重要手段，交战各方都从法律角度论证己方军事行为的合法性，从而表明己方的正义性，最大限度地赢得和巩固军心、民心。我军在未来战争中，也要善于运用武装冲突法进行战争动员，因为法律战具有其他手段不可替代的作用，开展得好，可以揭露敌方违法作战的事实，让民众了解和相信敌方行动的非法性，最大限度地孤立敌方；可以将战争中发生人道主义灾难的原因归咎于敌方，争取舆论的理解和同情；可以展示我军遵守人道主义规则、依法作战的文明之师的良好形象，获取最广泛民众的支持。动员广大人民群众拿起法律武器同分裂祖国的叛乱者或侵略者展开斗争，利用世界舆论监督并谴责违反战争法的罪恶行径，是法律战的一个重要策略。同时通过武装冲突法的宣传学习，能够树立和增强广大民众保家卫国的意识，确立我方军事斗争正义合法的信念，从而鼓舞爱国主义和革命英雄主义精神，坚定敢打必胜的信心，以法律支柱强化精神支柱，提升整体作战能力。因此，在组织准备过程中，要把法律战的各种发动、动员工作，纳入组织准备的计划中去。

（四）行动方针

法律战行动方针的要点，一要保证己方战争手段、作战方式、战争区域、攻击目标等的合法性；二要及时揭露敌方在上述各个方面的违法行径。为此，就必须充分收集敌方违法的证据。具体体现在以下几方面。

第一，战前，充分利用国际法规定，通过外交斗争争取国际力量的支持。

由于联合国国际法体系对战争行为的严厉限制，以及联合国组织强制力的增强，国家在诉诸战争行动时所受到的国际法限制增多了。对于一些国家企图绕过国际法发动的战争，应当以国际法、国际惯例为有力武器，通过发表声明、召见大使等一系列外交手段，指明敌方军事行动的非法本质，并对此予以强烈谴责，争取国际力量对己方的同情与支持。

第二，战中，大力搜集敌方违法的证据的同时，及时揭露敌方的违法行径。

武力战中敌方是不是遵守了作战法规，有没有使用战争法禁止使用的武器和方法，是不是按照日内瓦公约及其附加议定书的规定保护和待遇各种武装冲突的受难者，对这些情况都必须深入了解，相关证据也应大力搜集，以便有效地揭露敌方。同时，要依据国际法和国际惯例正确处理和非交战国的关系，即使不能得到他们的有效支持，也要尊重并帮助他们保持中立，防止他们倒向敌方。

第三，战后，充分利用国际法展开谈判或者利用国际司法确定战争成果，扩大对敌方的打击程度，并依法救助战争中罹难的平民。

战争的胜利有时并不意味着国家可以达成自己的法律目的，法律目的能否达成，还需要外交官以及法律战谈判人员在外交战场与法律战战场上的斗争，它要最终体现在敌我双方签订的条约中。

（五）具体实施

法律战战法的具体实施是指在对敌展开法律斗争的过程中，以指挥方针与行动方针为指导，具体采用的方式方法。由于战法具有无穷变化的多样性特征，战法上的科学、巧妙是实施法律战的基本功。其中，审时度势、根据不同类型的法律战采取不同的打法，是最重要的原则。

战争有进攻、防御之分，有先发制人、后发制人之别。在法律战中，也有不同的作战类型。针对不同类型的法律战，作战行动有所不同，兵力运用的侧重也不同。总的来说，应采取集中优势、主次配备、各尽其能的方略，以获取法律战的制胜权。

1. 先发制人的法律战

“先发制人”战法是指在法律斗争中抢先展开攻势，在敌方的违法行为尚未暴露时便以敌方以往有过的违法行为，甚至从敌方的本性推论其必有的违法行为，事先宣扬，以遏制敌方事实上可能做出的违法行动。尤其对不具备合法身份的交战者，其法律地位和法律性质决定他们不可能遵守法律，因此，更有必要采取先发制人的战法，遏制敌方的行动包括法律战行动。这种类型的法律战，首先要为己方的作战准备合法性依据，这需要法律战战略研究人员提供相关理论支持，常常要找出敌方存在对己方的不可避免的威胁的证据。其次，先发制人的法律战，要针对敌方的军事准备情况、军力集结行动或作战企图进行法理分析，找出其违法之处，以法律为武器展开进攻，造成敌方战略上的失利。在先发制人的法律战中，法律战战略研究人员、战术指挥人员以及一线法律战斗人员要形成紧密相连的整体，以保证法律战“先发制人”的严谨性与突袭性。

1982 年的英国与阿根廷争夺马岛的战争中，英国的法律战可说是“先发制人”战法的一个典型。在英阿马岛战争中，英方采用“先声夺人”战法，为自己获取战争胜利创造了先机。马岛在 1833 年被英国占据，阿根廷与英国关于该岛的主权之争断断续续持续了 149 年。1982 年 3 月 26 日，军人出身的阿根廷总统加尔铁里下令阿军武力收复了马岛。远隔重洋的英国决定由英国海军少将约翰·伍德沃德率领一支强大的特混舰队开赴马岛，为了保证舰队顺利到达马岛，英国在前往马岛途中宣布了“立体警戒圈”制度，就是以舰队为中心的方圆200海里的水面、空中、水下为警戒圈，舰队走到哪里，警戒圈移动到哪里，任何船只和飞机不得进入。英舰尚在途中，英方便将马岛周围200海里海域宣布为“军事禁区”以便舰队到达后实施封锁，英方以“海上禁区”而不是以“封锁区”的名义宣布，是因为其大部队兵力尚未到达，实施封锁达不到“封锁实效性”的要求。英舰队到达目的地后，英国声明，在海上禁区内发现的任何阿根廷军舰和海军辅助船舶都将被视为敌对行为并受到攻击，几天之后，英国采取了更为坚决的措施，将“海上禁区”更名为“完全禁区”，并强调“出现在该区域的所有船舶，不仅是阿方的军舰和海军辅助船舶，而且包括任何其他船舶，无论是军舰还是商船，只要其支援阿方武装力量，都将被视为敌对行动并受到攻击。在该区域上空飞行的飞机也将按照相同的原则处理”。英国还建立了一种推定制度，即任何未经英国国防部授权而在该区域出现的船舶和飞机都将被推定为支援阿根廷的武装力量。按照法律规定，“海上禁区”相比“封锁区”的规定对封锁方而言宽泛得多，对被封锁方而言严格得多，如“海上禁区”不应阻碍他国船舶或飞机的航行、飞越权利，而“封锁区”就禁止他国船舶和飞机的航行、飞越。但封锁方也要遵守封锁规则关于“实效性”“封锁距离不得超出被封锁国领海”等规定。英国制定的一系列战时法律制度，基本上是在不违背法律原则的基础上，将他人的权益从“海上禁区”严格到“封锁区”，而将自己的权益从“封锁区”放宽到“海上禁区”。英国在武力对抗前先行宣布“立体警戒圈”制度、“完全禁区”制度、“推定”制度，都是英国在法律运用上的创新，非常有效地配合了英军作战行动。①

2. 后发制人的法律战

主要是针对敌方对我已经进行或准备进行的法律战行动的反击，法律战战略研究人员和法律战指挥人员同样是后发制人法律战的主角。因为对我正义之师而言，面对的攻击很有可能是歪曲事实或夸大其词的攻击。这样的攻击只能起一时的欺骗作用，却不能持久。一旦欺骗被揭穿，敌方的法律战就会处于极端被动的局面。毛泽东说：“谁人不知，两个拳师放对，聪明的拳师往往退让一步，而蠢人则气势汹汹，劈头就使出全副本领，结果却往往被退让者打倒。”②“聪明的拳师”运用的就是“后发制人”的打法。这种打法不是招架性的防御，它同样是进攻性的。“后发制人”的打法，取得的效果有时比“先发制人”的还要好。

---

① 王霞：《军事斗争中实施法律战的实践探索》，《西安政治学院学报》2004年第4期。

② 《毛泽东选集》（第1卷），人民出版社1966年版，第197页。

第三章　法律战分类论

法律战是一个大的概念。根据法律战实施的方式、途径不同，实施的时间不同，涵盖的地域不同，法律战可以分为许多类。本章分别按照模式、时域和地域对法律战进行分类探讨，以加深对法律战的认识。

一、法律战模式论

法律战的实施途径、方法、手段等综合成了法律战的模式。在当代世界，随着经济、科技的发展，各国政府和人民之间交流日益频繁，各种国际组织纷纷建立，法律战的作战手段、途径得到了极大的丰富。从政府到民众，从军队到大众传媒，都可以通过各种途径、各种方法来实施法律战，从而形成了不同的法律战模式，包括法律政治战、法律经济战、法律舆论战、法律心理战、法律语言战、法律军事战和司法对抗战等等。西安政治学院军法系俞正山教授在其论文《关于法律战的几个问题》中，也对法律战的模式做了分类，很值得我们重视、学习与研究。[①]

（一）法律政治战

德国军事家克劳塞维茨在其军事学巨著《战争论》中有句名言："战争是政治的延续。"几乎每一场战争，在战前、战中和战后都包含着复杂的政治斗争。而法律政治战，正是将相关的法律规范运用于与武力战紧密结合的政治斗争之中，为我方使用武力的行为争取国内民众和国际政治力量的同情和支持，孤立和打击敌方，并争取在战后形成有利于我方的政治格局。

---

① 《西安政治学院学报》2004年第2期。该文对法律战模式做了如下分类：法律政治（外交）战、法律舆论战、法律心理战、法律军事战和司法对抗战。本书在此基础上对法律战模式做了进一步的分类论述。

1. 法律政治战所要达到的目标

第一，证明己方使用武力的合法性，同时揭露敌方动武的非法性。

为己方使用武力找到合法依据，是在政治上取得国内民众和国际政治力量的理解和支持，孤立打击敌方的关键。早在我国古代，兵家就强调行军打仗要“师出有名”，即有进行战争的正当理由，其中包括在“盟约”之类的法律文件中找到合法性依据，从而在政治上赢得主动。这种“师出有名”表现在当代，就是使用武力必须有相应的法律依据，在国内法和国际法上获得合法性。同时，在可能的情况下，也要阻止敌方找到动武的合法依据，使之陷于“师出无名，非法动武”的尴尬境地，在政治上处于被动的不利地位。

第二，为己方争取盟友，壮大己方力量，孤立瓦解敌方阵营。

在战争中，法律是争取盟友、孤立瓦解敌方的重要武器。在1956年的苏伊士战争中，英法不满埃及将苏伊士运河国有化的政策，就勾结以色列，出兵运河区，企图武装占领苏伊士运河。埃及一面抵抗，一面向全世界揭露英法以违反国际法，侵略主权国家埃及的罪行。结果埃及成功地运用国际法达到了争取盟友、孤立敌方的目的。苏联、中国等社会主义国家和一些第三世界国家纷纷对埃及表示声援，英法的盟国美国也表示反对使用武力占领运河区，英法以三国在国际社会彻底陷于孤立，只得撤军回国，草草收场。

作为国际法基本渊源之一的国际条约，至今仍是国家间争取盟友的主要方式。冷战结束后，北约进行了两次东扩，吸收了一大批东欧国家，这样以美国为首的北约组织既壮大了自身力量，又可以《北大西洋公约》为法律依据，通过处于东欧的新入盟国家积极干预东欧和中东地区事务，遏制宿敌俄罗斯，因此“北约东扩”实际上是为法律战做政治准备。

第三，在战后确立有利于己方的政治格局。

既然战争是政治的延续，那么在一些重大战争结束后，都必然带来政治上的重大变革。历史上，美国内战结束了南北“一国两制”的局面，巩固了美国的统一。欧洲反拿破仑战争胜利后，形成了均势、保守的维也纳体系。“二战”胜利后，在全世界形成了两极格局的雅尔塔体系。在这里，国内新政治格局的确立最终是通过国家的立法来实现的，而国际新政治格局的确立则是通过召开国际会议签署条约得以实现的，也就是说，战后新政治格局的确立最终都要通过法律的形式固定下来。因此，在战后确立有利于己方的政治安排，将战争的成果在政治上固定下来，也是法律政治战的使命之一。

2. 法律政治战实施的舞台

（1）国家立法机关

可能很少有人会想到国家立法机关也能成为实施法律政治战的舞台，但这种可能性是存在的。这首先是因为国家立法机关在国家使用武力过程中起着重要的决策作用。任何一个国家都是由立法机关依据宪法的规定，决定国家进入战争状态。在我国，这一职权由“议行合一”的全国人大及其常委会行使。我国宪法（2004年3月14日）规定，全国人民代表大会决定战争与和平的问题；在全国人大闭会期间，如遇国家遭受武装侵犯或必须履行国际间共同防止侵略的条约的情况，由全国人大常委会决定战争状态的宣布。此外，国家立法机关也可以通过单行法律或通过特别授权，授予国家行政、军事机关在面临某些特别事态时使用武力的权力。如我国 2005 年 3 月 14 日通过的《反分裂国家法》第 8 条即授权国务院和中央军事委员会在“台独”分裂势力以任何名义、任何方式造成台湾从中国分裂出去的事实，或者发生将会导致台湾从中国分裂出去的重大事变，或者和平统一的可能性完全丧失的情况下，采取非和平方式及其他必要措施，维护国家统一。如果没有国家立法机关的决定或授权，那使用武力在国内法上就显得名不正、言不顺。因此，国家立法机关就成了法律政治战的“舞台”。争取本国的立法机关做出使用武力的决定或授权，或者通过各种途径阻止敌国的立法机关做出对我方使用武力的决定，就是在这里进行的法律政治战的内容之一。在“二战”中，德国、日本等法西斯国家就通过美国国会内强大的孤立主义集团施加影响，使美国保持中立，迟迟没有参战，直到日本偷袭珍珠港后，美国才开始对法西斯国家作战。

此外，还有一种情况，就是在一个国家经历了一场大规模内战后，国内政治格局发生变化，需要通过立法把这种变化固定下来。这也是一种法律政治战。例如，美国内战后，为巩固统一，防止再有人分裂国家，引发内战，美国国会于 1868 年通过了宪法第 14 修正案，其第 3 款规定“国会有权宣告对叛国罪的惩罚”，“任何一州被指控犯有叛国罪的人，如逃脱法网但在其他州被捕获，应将其解送到对其犯罪行为有管辖权的州”。这些条文对巩固国家统一，震慑分裂分子起到了十分重要的作用。

（2）国际会议

与国内的立法机关相比，在国际社会中实施法律政治战的机会显然更多。在这里，国家与国家之间进行交往而召开的大大小小的国际会议，尤其是有关军事、安全问题的国际会议，也成了法律政治战发挥其作用的舞台。一般，在战争爆发前和战争中，实施法律政治战的目的是为了争取盟友，壮大我方实力，同时分化瓦解敌方阵营。实施途径主要是通过召开公开或秘密的国际会议，在国家间签订条约。在历史上，条约作为国际法的主要渊源，在法律政治战中得到了充分应用。欧洲列强之间常通过签订条约，从法律上来固定双方的军事同盟关系，规定作战时互相支援的义务，如“一战”前的“三国同盟”“三国协约”；或确保另一方不援助自己的敌国，使敌人陷于政治、军事上的孤立，如“二战”初期德国就通过《苏德互不侵犯条约》，使苏联保持中立，成功地孤立了英法。

在一场大规模的国际战争结束时，通常总会召开和会，战胜国与战败国签订和平条约，宣布战争结束，并将战争的成果通过条约固定下来。如“一战”后的凡尔赛和会、“二战”后的旧金山和会等。有时战胜国之间也会召开会议，讨论对战后国际秩序的安排和对战败国的处置问题，并签订条约性文件，如在“二战”结束前夕苏、美、英三国在黑海之滨的雅尔塔举行会议，签署了对战后世界有重大影响的雅尔塔协定。这时战胜国要利用战胜的优势，在战后世界的安排中为本国争取尽可能多的利益，而战败国也要利用国际法尽力维护本国的利益。这时在战胜国和战败国之间，甚至几个战胜国之间，都会围绕着战后世界的安排爆发一场法律政治战。

（3）联合国

联合国作为在“二战”后成立的一个世界性国际组织，可以说是现今法律政治战的主要舞台。这首先是因为联合国的安全理事会是维护世界和平的重要机构，有授权成员国使用武力维护国际和平的权力。《宪章》第 1 条规定，联合国应“采取有效的集体方法，以防止且消除对于和平之威胁，制止侵略行为或其他和平之破坏”。这里所说“集体方法”中就包括使用武力。《宪章》第 42 条进一步规定，安全理事会如认为非武力办法不足以制止侵略，恢复和平时，“得采取必要之空海陆军行动，以维持或恢复国际和平及安全。此项行动得包括联合国会员国之空海陆军示威、封锁及其他军事举动”。

正是由于联合国安理会拥有这样的权力，因此在其成立以来就一直成为国际间法律政治战的焦点。成员国一旦取得了联合国安理会的动武授权，那就不仅使自己使用武力有了国际法上的依据，还能以此授权来团结其他会员国，使之成为自己的盟友；同时使其他国家无法公开支持敌方，将敌方孤立起来。反之，如成员国未取得联合国安理会的授权而随意向另一国开战，那在国际法上便站不住脚。因此，在联合国实施的法律政治战便总是围绕着联合国安理会的动武授权而展开。

当然，联合国成为法律政治战的实施舞台，不仅是因为其安理会有授权成员国使用武力的权力，更重要的是联合国还有在国际社会进行立法的权力。联合国可以说是当今世界在国际法领域最有权威的立法性机构。当代国际社会中有三种使用武力的合法理由：行使自卫权，在联合国安理会授权下使用武力维护世界和平，反抗殖民统治、外国占领和种族主义压迫的民族解放战争。这三者全都来自联合国通过的相关文件，包括《联合国宪章》，联合国大会通过的《给予殖民地国家和人民独立宣言》和《国际法原则宣言》。今后通过联合国立法还可能出现第四种、第五种使用武力的合法理由。因此，积极参与联合国的立法活动，争取通过有利于我国使用武力维护国家利益的法律文件，而阻止可能成为他国对我国使用武力依据的法律文件获得通过，是在联合国内法律政治战的重要内容。

事实证明，取得法律政治战的胜利，对于战争的结果以及战后的格局有着至关重要的影响。海湾战争中，伊拉克正是由于在法律政治战上的失利，导致其外交陷于全面被动，在国际社会陷于孤立；在被以美国为首的多国部队击败后，又按联合国决议销毁全部大规模杀伤性武器，并遭受了联合国长达 13 年的经济制裁，国力受到重创，完全失去了称霸中东的能力。而美国则以联合国决议为依据，不仅严惩了伊拉克，还堂而皇之地驻军于海湾，企图控制世界的石油命脉。有鉴于此，近年来某些西方大国在国际法上不断提出一些“新理论”，如“人权高于主权”理论，主张当一国国内发生大规模侵害人权事件时他国有权进行“人道主义干预”，为侵犯别国主权提供“理论依据”；又如“先发制人”理论，主张在他国可能对本国构成威胁时可以采取先发制人的军事行动，消除威胁，并在努力争取联合国承认他们的这些理论。究其原因，就是为了在法律政治战上占得先机，证明其将来可能进行的干预别国内政的战争甚至侵略战争在国际法上的合法性，从而为军事行动打开政治绿灯。1999 年，以美国为首的北约就以“人道主义干预”为借口，对南联盟发动空袭，使南联盟失去了对本国领土科索沃的控制；2003 年，美国又以萨达姆“可能拥有大规模杀伤性武器并与恐怖分子有勾结”为借口，“先发制人”入侵并占领了伊拉克。理论、观念常常是政策、法律的先导，对于甚嚣尘上的上述“理论”宣传，值得我们警惕。

（二）法律经济战

法律经济战，是指通过制定国内法律，达成某项国际协议或由国际组织做出具有法律效力的决议，或利用既成的国内法、国际法，打击敌方的经济贸易活动，扣押、冻结、没收敌方在海外的财产。其目的是阻止敌方通过经济活动获得扩军备战和进行战争所需的资金和物资，严重削弱敌方进行战争的经济和军事能力。法律经济战的优点在于使用灵活，既可以与武力战相结合，在战前、战中实施，削弱敌方的财力、军力，确保己方取得胜利；在战后实施，使敌方战争潜力在长时间内难以得到恢复和发展。也可在双方并未发生武力战，仅处于军事对峙状态时，通过经济上的限制甚至封锁、制裁使敌方的经济、军事能力长期得不到发展。当然，军事对峙状态并非永久不变，一旦双方矛盾激化，就有发展为武力战的可能，因此这时实施的法律经济战，其着眼点在于防止敌方在今后的武力战中取得经济、军事上的优势，也应属于围绕武力战进行的狭义法律战。

1. 法律经济战旨在打击敌方的战争能力

一是使敌方得不到原有的国际贸易和海外投资收入，导致国民经济受到打击，国库的财政收入减少，可以严重削弱其扩充军备、进行战争的经济能力。对于那些经济实力较弱，对外国投资依赖性较强，大部分生产原材料和日常生活物资要从海外进口，产品严重依赖海外市场的国家，法律经济战甚至可以兵不血刃，就导致其国民经济彻底瘫痪，整个国家彻底丧失战争能力。

二是使敌方难以进口改进武器装备所需的高新技术产品和发展军事工业所需的能源及原材料，武器装备的更新换代受到限制，难以跟上当代新军事革命的飞速发展，从而严重削弱其进行战争的军事能力。

2. 法律经济战在现代战争中运用十分广泛，实施手段多种多样

第一，贸易禁运，包括全面贸易禁运和部分贸易禁运。

全面贸易禁运即与敌方断绝贸易往来，不向敌方出口也不从敌方进口任何产品，如伊拉克入侵科威特后，联合国安理会通过第 661 号决议，对伊拉克进行全面的贸易禁运，以迫使伊拉克军队履行联合国决议，撤出科威特。部分贸易禁运则适用于与我方处于军事对峙状态，但双方尚有一定贸易往来的国家或地区，通过限制与对方的贸易往来，不向对方出口或不从对方进口某些特定产品来限制其经济和军事能力的发展，如冷战时西方国家成立的“巴黎统筹委员会”，就通过了具有法律约束力的三份出口控制清单，即国际原子能清单、国际军品清单和工业清单。规定非经所有成员国一致同意，不得向社会主义国家出口清单上所列的高新技术产品和稀有物资，以防这些产品和物资被用于军事用途。当今世界上，由于各国经济发展状况、地理环境的差异以及国际分工的不断加深，大多数国家都需要通过贸易，出口本国的产品换取外汇，进口本国所需的原料、资源和设备。许多发展中国家工业基础薄弱，不仅武器装备要从国外购买，改进军事技术、升级武器装备所需的机械电子产品要依赖进口，甚至一些对于经济发展和国计民生至关重要的物资，如粮食、药品、交通工具等都要从国外进口。而许多发达国家也需要进口石油、天然气、煤炭等能源和木材、矿石等原材料，以满足生产生活的需要。实施贸易禁运后，可以阻止敌方通过贸易获得上述物资，严重削弱敌方战争潜力。

第二，阻止资金流入敌方。

包括禁止投资、限制投资项目和数额、限制汇款等措施。禁止投资即禁止对敌方所有或敌方领土内的全部经济项目进行投资。而限制投资项目和数额则针对与我方处于军事对峙状态，但双方尚有一定经济交往，互有一定投资的国家和地区，主要是对投资的项目种类、投资数额进行控制，以防对方的军事工业趁机得到发展，对己方不利。如美国在1996 年通过达马托法案，规定凡是在伊朗和利比亚两国能源领域年投资额超过 2000 万美元的美国和世界其他国家的公司，都将受到美国的经济制裁。

第三，扣押、冻结、没收敌方海外资产。

当今不少国家的政府、公司和商人出于国际交往、投资或贸易的需要，都在国外有一定的资产，这些资产包括房屋土地等固定资产、银行存款、债券、股票等。如 20 世纪 80 年代，日本的富商持有大量美国地产，日本政府也持有大量的美国政府债券。沙特、阿联酋、科威特等富裕的海湾产油国的政府、王室和富商则在美国和欧洲持有大量地产和有价证券，在瑞士的银行里有大量存款。在许多国家，海外资产已成为国家重要的资金库和收入来源，一旦被冻结，将会大大减少其可支配的资金和收入，削弱其扩充军备、进行战争的经济能力。此外，在两国已经开战的情况下，还可以没收敌方在己方的财产，如美国1962 年通过的战争权利法案就规定可以没收敌产用于赔偿国家的战争损失。但应做到“公私分明”，对于敌方政府所有的公共财产可以没收，但对于敌方公民或法人所有的个人财产，虽然也可以扣押、冻结，但一般不能加以没收。

第四，封锁，即用军事力量切断敌方对外交通运输，彻底断绝敌方与外界的物资往来。

在国际上，由于联合国通过的《关于侵略定义的决议》规定“一国武装部队封锁另一国家的港口或海岸”属于侵略，因此这种手段不可轻易使用，只能在自卫战争，反对外国殖民者、占领者的战争或有联合国相应授权的情况下才可使用；但在国内战争中内战双方对敌方实施的封锁属于主权国家的内部事务，可以不受此限制。且对于封锁的生效、封锁区的设置、对破坏封锁的处置等都有一系列严格的国际法规定。因此现在各国在实施封锁时，为避免法律上的纠葛，有时不用“封锁”一词，而以“禁区”“隔离区”等代替。

3. 实施法律经济战所依据的法律

第一，一国依据国内法实施的法律经济战。

这是指一国通过国内立法，禁止本国企业、个人与敌方发生贸易往来，禁止向敌方所有或在其领土内的经济项目投资，冻结敌方在本国国内的资产，并立法制裁仍与敌方发生经济联系的本国公司或个人。这种法律经济战是最常见的。如在太平洋战争爆发前，由于日本入侵印度支那，威胁到英美的利益，美国总统罗斯福即发布总统令，宣布冻结日本在美国的所有资产，完全停止对日石油输出。在“9·11”事件发生后，美国国会通过的《爱国者法案》规定，只要是同美国的反恐努力有关，任何资产都可以被没收。携带10000美元的现金，不论是进入美国还是从美国出去（只要不报告），这笔现金将会被立刻没收。但这些法律均属于国内法，只能对本国公民和法人、在本国领土内的外国人和外国公司，以及敌方在本国领土内的财产发生效力。在未与他国协商并得到他国许可之前，不能将这些法律的效力当然延伸至他国领土和不在本国境内的外国公民、外国法人之上，否则就构成了对他国主权的侵犯。美国通过的《赫尔姆斯－伯顿法案》在强化对古巴经济制裁的同时，还要制裁与古巴发生贸易往来的外国公司，这在国际法上是毫无依据的。

第二，多国达成国际协议，共同实施的法律经济战。

这是指由区域性国际组织做出具有法律约束力的决定，或在有关国家之间签订条约，采取国家间的一致行动。这属于依据国际法实施的法律经济战。例如，1973年10月，第四次中东战争爆发，大部分西方发达国家均支持以色列，反对阿拉伯国家收复失地的军事行动。于是，10月16日，以阿拉伯国家占绝大多数的石油输出国组织通过决议，决定提高石油价格；第二天，中东的阿拉伯产油国均决定减少石油生产，并对西方发达资本主义国家实行石油禁运。这导致严重依赖中东石油的西方发达国家出现了严重经济危机，西欧国家和日本被迫改变了偏袒以色列的立场，美国也不得不开始正视阿拉伯世界的力量。这次石油战虽并非直接针对作为敌人的以色列，但其针对的是支持以色列的西方发达国家，且成功地减少了这些国家对以色列的政治、经济和军事支持，应该说这是次成功的法律经济战。不过这种协议只能约束各国政府，对各国国内商人和企业的行为，还需由各国进行国内立法加以约束。

第三，由联合国等世界性国际组织通过决议，世界各国共同实施的法律经济战。

这是指由全球性国际组织（如联合国、世界银行等）做出具有法律约束力的决定，采取全球一致的行动。“二战”以后，全球性国际组织得到了极大发展，以联合国最为典型。在当今世界上，几乎所有国家均为联合国会员国，因此联合国在维护世界和平方面发挥的作用仍是不可替代的，有些法律经济战的措施只有经联合国（通过其安全理事会）做出，才在世界范围内具有国际公认的普遍效力。如1990年8月2日伊拉克入侵科威特以后，联合国安理会于8月6日就通过第661号决议，对伊拉克进行全面经济制裁；8月25日，安理会又通过第665号决议，授权会员国对波斯湾及周围海域的一切船舶实施海上拦截，以确保严格执行第661号决议，防止违禁货物流入伊拉克及其占领下的科威特。由于世界各国对联合国安理会决议的忠实执行，使全面的经济制裁和封锁对严重依赖进出口贸易的伊拉克国民经济造成了致命打击，严重削弱了其进行战争的能力。

（三）法律舆论战

法律舆论战，即通过积极宣传相关法律，制造舆论，争取有利于己方军事行动的国内外舆论环境，巩固己方军心、民心；同时充分利用舆论压力来制约敌方军事行动，打击敌方军民士气。其内涵包括：（1）以积极宣传、制造舆论为作战手段；（2）以相关法律为作战武器；（3）以争取有利于己方军事行动的舆论环境，巩固己方军心、民心和制约敌方军事行动，打击敌方军民士气为作战目的。

众所周知，公众舆论对于民心、军心有着重大影响。在一场战争，尤其是持续时间较长、比较艰苦的战争中，如果没有公众舆论的支持，民心、军心极易发生动摇，从而对政府形成巨大压力，甚至导致整个战争功亏一篑。在越南战争中，正是由于在越南的美国记者对于美军在越南身处困境和以非法、残暴的手段对待越南人民的如实报道，例如记者西摩·赫什在《圣路易报》发表《在美莱：我们发疯了》，揭露美军在越南广义省的美莱村严重违反《关于战时保护平民之日内瓦公约》杀害109名无辜村民的罪恶行径，让美国人民认清了这场战争非法、非正义的本质，公众舆论站到了反战者一边，导致美国反战集会游行频频爆发，社会动荡，最终迫使美国政府做出美军从越南撤军的决定。

在现代战争中，由于传媒技术的发达，对于世界人民而言，战场变得不再神秘。一个位于战场千里之外的人可以通过广播、电视、互联网随时随地了解战争的进程，在伊拉克战争中，我们甚至可以通过电视直播观看美军和伊军在乌姆卡斯尔的攻防战。而每一个人对于战争的看法也不仅限于家庭内部的谈话或朋友之间的交流，还能够通过上述媒体迅速向公众畅快表达。这样，只需要很短的时间，就很容易在全国乃至全世界范围内对一场战争形成公众舆论。由于公众舆论有着巨大影响，在现代战争中及时掌握舆论的主导权变得十分关键。而将法律与舆论宣传结合起来，充分展示己方军事行动的正义性、合法性，揭露敌方作战行动的非法性、非人道性，是有效掌握舆论主导权，保障己方军事行动顺利进行的重要手段。因此法律舆论战是法律战的重要组成部分。

1. 法律舆论战所要达到的目标

第一，为己方军事行动争取有利的国内外舆论环境。

一般来说，公众舆论大都是爱好和平的，对于进行战争的双方，总是要呼吁他们回到谈判桌上，用和谈而不是流血的方式来解决双方的分歧。因此，进行战争的双方，尤其是发动战争的一方，势必要承受巨大的舆论压力。要化解这种压力，争取国内外的公众舆论站到自己一边，理解、支持己方的军事行动，从而使己方军民认识到正在打的是一场正义的战争，增强他们的必胜信念。这是法律舆论战所要达到的首要目的。这就需要运用国内法和国际法中的有关规定，证明己方使用武力的正义性和合法性，以及所实施的具体作战行动也完全合乎战争法规则，反驳敌方对于己方军事行动的诋毁和歪曲。

第二，利用舆论压力制约敌方的军事行动，束缚敌军的手脚。

可通过公开谴责敌方军事行动违反战争法的事实，公布敌军已经或可能使用的非法作战手段，对敌军施以强大的舆论压力，使敌军不敢使用某些作战手段，从而便于己方军事行动顺利进行。例如在海湾战争爆发前，伊拉克违反《关于战时保护平民之日内瓦公约》第 34 条“禁止作为人质”和第 35 条有关外国人离境自由的规定，扣留了在伊拉克和科威特的全部西方人作为人质，企图以他们为盾牌抵挡多国部队的进攻，美国等西方国家立即对这一违反国际法的行为大加谴责，国际舆论也纷纷对伊拉克口诛笔伐，要求其立即释放所扣押的西方人质。在强大的舆论压力下，伊拉克被迫释放了其扣押的全部西方人质。海湾战争爆发后，伊拉克也扬言要把俘获的多国部队飞行员安置在重要的军事设施内，以抵挡多国部队的空袭，但由于这将严重违反《关于战俘待遇之日内瓦公约》第 23 条规定，在世界舆论的强大压力下，伊拉克也没有将这一行动付诸实施。这就为多国部队的军事行动消除了顾虑，减少了障碍。

第三，影响敌方公众舆论，打击敌方民心士气。

通过法律舆论战，应充分展示己方使用武力的正义性和合法性，同时通过各种途径向敌方军民宣传他们所进行战争的非法性、非正义性，影响他们的公众舆论，使敌方军民感到师出无名，获胜无望，进而丧失斗志，甚至发起反战运动。在越战中，通过美国媒体对于美军在越南狂轰滥炸、杀害平民、使用化学武器等违反战争法行径的报道，美国人民逐渐了解了战争的真相，从而形成巨大的舆论压力，迫使政府从越南撤军。这让我们看到了通过法律舆论战来影响敌方公众舆论，达成己方战略目的的可能性。

2. 在法律舆论战中使用的作战方法

第一，宣传己方使用武力在国内法和国际法上的依据。

运用己方控制的报纸、电台、电视台和网站，通过引用国内法、国际条约、国际惯例和联合国的相关决议等形式，向国内外民众反复宣传己方使用武力在国内法和国际法上的依据。这样可以主导国内舆论，使己方军民意识到正在进行的战争是正义的、合法的，能够得到世界人民理解和支持的，从而激励他们的斗志，鼓舞他们的士气；也可以影响国际舆论，使世界人民认识到己方使用武力是有相应法律依据的，从而理解、支持己方的行动。同时，通过明确指出敌方使用武力缺乏法律依据，揭露敌军违法作战的事实，可以激起己方战士对敌军的愤慨，提升他们杀敌立功的士气；也可使国际社会和世界人民认识到敌方是在非法使用武力，所进行的战争是非法的、非正义的，因而不会再去同情和支持他们，进一步使敌方陷于孤立；这样还可以给敌方带来巨大的舆论压力，使敌军在作战时有所忌惮，不敢再轻易使用某些违法手段进行作战。而使用各种途径对敌方进行大规模的宣传，影响敌方的公众舆论，则可让敌方军民认清其所进行战争的非法性、非正义性，以及继续与己方作战可能在法律上面临的不利后果，使他们不愿继续作战。

第二，揭露对方的违法事实。

通过新闻媒体的报道，揭露敌方的违法事实，宣传己方军事行动的正义性和合法性；同时通过立法进行新闻管制，防止某些新闻媒体被敌方利用，做出不利于己方的报道。在当今世界，新闻媒体在公众舆论中有着极其重要的作用。前文已经提到，现代战争中公众可以通过各种途径了解战争信息，但这些战争信息是由谁发布的呢？绝大部分是由新闻媒体发布的。公众在大多数情况下不可能深入战场实地了解战争，他们只能通过CNN（美国有线电视新闻网）、BBC（英国广播公司）、ABC（美国广播公司）等新闻媒体在报纸、广播、电视、网络上发布的新闻来获得关于战争的消息。因此公众所“看到”的战争，实际上只包含那些新闻媒体愿意让他们看到的情况。而公众舆论的形成，也需要依靠新闻媒体的传播。因此，新闻媒体是法律舆论战中的必争之地，掌握了某些具有重大影响力的新闻媒体，可以让法律舆论战收到事半功倍的效果。美国在越战中吃了记者的亏后，十分重视在军事行动中发挥新闻媒体的作用。在科索沃战争爆发前，美国、英国等西方国家的新闻媒体连篇累牍地报道南联盟军队在科索沃打击阿尔巴尼亚族分裂武装的军事行动中对“平民”滥用武力，严重违反人道主义原则，在当地造成了“人道主义灾难”。西方媒体还未经查证，就在电视上播放了所谓的“南联盟军人屠杀平民”和“万人坑”的图片。这些报道使南联盟的国际形象遭到了严重歪曲，西方国家的民众纷纷倾向于支持对南联盟进行军事打击。而以美国为首的北约则趁机打出“人道主义干预”的旗号，以“制止人道主义灾难，维护地区和平与安全”为理由，发动了对南联盟的军事打击。这说明，在法律舆论战中，一定要重视新闻媒体的作用，既要利用新闻媒体，让他们宣传己方军事行动的正义性、合法性，揭露敌军作战中违反战争法规则，违背人道主义原则的各种行径，发布有利于己、不利于敌的各种信息，形成对己方军事行动有利的舆论氛围；同时，也要完善战时新闻检查制度的相关立法，在战时进行严格的新闻检查和新闻管制，不让新闻媒体被敌方所利用，发布诬蔑、歪曲己方军事行动的谎言。

第三，从法律角度公开反驳敌方对于己方军事行动的诋毁和歪曲。

战争中，不只己方会发动舆论攻势，敌方也会发动舆论攻势，对己方的军事行动进行诋毁和歪曲，如夸大己方的作战行动造成的损失，诬蔑己方违反战争法，攻击平民、医院和文物古迹，使用违禁武器等。对此如不加以驳斥，势必引起国内外民众对己方的误解，造成对己方不利的舆论压力，使己方下一步军事行动难以开展。因此，积极应对敌方舆论攻势，找出相应的证据和法律依据，在报纸、电视、网络等各种传媒上公开反驳敌方对己方军事行动的诋毁和歪曲，也是实施法律舆论战的途径之一。这样不仅能保证己方军事行动的顺利进行，还能降低世界舆论对敌方发布消息的信任度，不会再去随便相信他们说的话。例如在海湾战争中，伊拉克电视台播出了一名家庭主妇在不同场合两次向外国记者哭诉美军飞机滥炸无辜的画面。但这名看似普通的妇女却一次使用了英语，另一次则使用了法语。这引起了美军怀疑，经调查，发现这名妇女是经过化装的伊拉克官员假扮的，美军立即在电视上揭露此事，结果伊拉克非但未能达到利用舆论压力制约美军行动的目的，反而使自己的可信度大打折扣。[①]

在现代战争中，法律舆论战正得到越来越广泛的应用。在海湾战争、科索沃战争中，我们都看到了法律舆论战的影子。而在伊拉克战争中，美伊双方的法律舆论战更是贯穿了战争的始终。伊拉克不断召开新闻发布会，指责美军违反战争法，对伊拉克平民目标发动攻击，意在争取国际舆论的同情，用舆论压力制约美军的军事行动。美军则在新闻发布会中指责伊军士兵经常用假投降、冒充平民、利用平民目标作掩护等背信弃义的作战方式，为自己的军事行动进行辩护。可以想见，在现在和将来的战争和武装冲突中，法律舆论战的地位将变得越来越重要，我们应当进一步加强对法律舆论战的研究。

（四）法律心理战

法律心理战是指围绕武力战，以法律为武器，通过向敌方实施心理攻击，并对己方军民实施心理防护，以达到瓦解敌方的作战意志和巩固己方军民士气的目标而实施的法律战。其主要含义为：以相关法律为作战武器；以对敌方实施心理攻击和对己方军民实施心理防护为作战手段；以瓦解敌方作战意志和坚定己方军民的必胜信念为作战目的。兵法有云“攻心为上，攻城为下”，通过对敌方心理的打击，使敌人“不战自溃”，从而用较少的人员和物资损失换取较大的胜利。早在我国古代的楚汉战争中，刘邦就利用“四面楚歌”这一心理作战手段，使陷入重围的项羽所率楚军产生“楚地俱为刘邦所占”的误解，战斗意志彻底崩溃。在现代战争中，尤其是冷战后进行的海湾战争、科索沃战争和伊拉克战争中，心理战发挥着越来越大的作用，美、英、法、俄等国相继成立了专门的心理战部队，而心理战与法律相结合的趋势也越发明显。因此，法律心理战是法律战的重要组成部分，并可细分为进攻性法律心理战和防御性法律心理战。

1. 进攻性法律心理战

进攻性法律心理战是己方主动向敌方实施的心理攻势，目标是影响敌方领导人、军队和人民的心态，使敌方丧失进行战争的决心、毅力和意志。

要实施进攻性法律心理战，首先要对实施的对象进行分类，这是因为不同的人心理承受能力不同，对其实施心理战所使用的方法也就各不相同。一般来说，大致可将对象分为以下三类。

---

① 盛红生、杨泽伟、秦小轩:《武力的边界——21世纪前期武装冲突中的国际法研究》，时事出版社2003年版，第336页。

（1）敌方军政领导人和中高级军事指挥官

这些人都掌握着一定的军政权力，在战争中或大或小地起着决策作用。这些人相当于敌军的头脑，是法律心理战打击的重点。打击的方法主要是向他们指出其非法使用武力或采取某些非法作战手段将会被作为战犯追究刑事责任。“二战”以来，世界各国已基本达成共识，即对非法使用武力或采取某些非法作战手段负有责任的个人，应当作为战争罪犯承担刑事责任。而且，在“二战”后历次被国际或国内法庭审判的战争罪犯中，普通士兵极少，绝大多数都是有一定职务的军政领导人和中高级军事指挥官。因此，向敌方军政领导人和中高级军事指挥官明确指出其非法使用武力或采取某些非法作战手段将会被追究刑事责任，失去今天所有的名誉和地位，势必会给他们带来巨大的心理压力，在此基础上，再向他们指出如果停止非法使用武力，向己方投诚或在战场上不使用非法手段作战，己方就不会追究他们的刑事责任，还会在战后保全他们的名誉和地位，就可以顺利瓦解他们的心理防线。我军早在解放战争中，就已成功实施了这样的法律心理战。我军先将大批国民党军政领导人宣布为战犯，给他们造成心理压力，同时又积极与他们进行秘密接触，表示只要他们脱离蒋介石集团，回到人民这边，就可以既往不咎。在我方的争取下，傅作义、程潜等国民党高级军政官员相继宣布起义，北平、绥远、新疆等地和平解放，大大加速了解放战争的进程。

由于敌方军政领导人和中高级军事指挥官手中握有一定权力，抗拒己方心理攻势的能力也相应较强。对他们实施法律心理战，应尽可能选用较为个人化的途径，如递送密信，将电子邮件发入其个人信箱，最好是派特使直接接触，与之达成协议。伊拉克战争前，美国就派遣特工与大量的伊拉克将领进行了秘密接触，对他们晓以利害，并许诺只要与美军合作，就可保证其人身财产安全，不追究其在萨达姆执政时所作所为的法律责任。开战后，很多伊军中高级将领都只对美军进行了消极抵抗，同时对萨达姆虚报战绩，结果萨达姆直到美军攻入巴格达后才知道真相，仓皇出逃。显然，美军对伊拉克将领实施的法律心理战是卓有成效的。

（2）普通士兵

对于敌方的普通士兵来说，他们对战争并没有多大责任，他们的愿望就是战争能早日结束，自己能早日回家。因此，对他们实施法律心理战，首先要向他们明确指出他们所进行的这场战争的非法性、非正义性，失败是他们的必然命运与必然结局，使这些士兵产生沮丧失落情绪。然后再向他们积极宣传我军严格遵守国际公约，以人道主义原则优待战俘，欢迎他们早日投诚，这样来瓦解敌军士兵的心理防线，使他们丧失斗志，畏战厌战，最终促使他们向己方投降。对他们实施法律心理战的途径是多种多样的，包括战地宣传广播、战俘的“现身说法”、用飞机和炮弹撒布传单等等。在解放战争中，我解放军官兵就曾用阵地喊话、广播、战俘“现身说法”等形式对国民党军官兵进行了积极的法律心理战，指出蒋介石集团发动的反共反人民内战是非法的，是必然要失败的；继续跟随蒋介石打内战是没有出路的，只有向我军投诚才是唯一出路。有些俘虏还通过自己的亲身经历，向国民党军官兵宣传解放军优待俘虏，破除他们对解放军的恐惧心理。这样的法律心理战沉重打击了国民党军的士气，在辽沈、淮海、平津等决战性战役中多次促使大批国民党军官兵临阵起义，向我军投诚，为解放战争的胜利立下了汗马功劳。

（3）一般平民百姓

敌方一般平民百姓的愿望也是战争早日结束，自己能平安度过战争，亲人能从战场上早日归来。因此，对他们实施法律心理战，一方面要向他们宣传其政府所进行的这场战争的非法性、非正义性，指出继续打下去他们非但不会取得胜利，还会让自己的亲人白白送死；另一方面要体现出己方是正义之师、守法之师，会严格按照战争法规定保护平民，优待战俘，减轻他们对己方的恐惧和反感。最终使这些平民百姓产生厌战情绪，成为反战的力量，对其政府形成巨大压力，迫使政府结束战争。对敌方平民实施法律心理战的途径很多：用飞机播撒传单，团结敌国内对己友好的人士，派遣特工潜入敌境散布传言，专门设置针对敌方的电台、电视台和网站等。在抗日战争中，我国军民就通过派飞机去日本空投传单，让我方阵亡将士家属写信给侵华日军阵亡士兵家属①，团结日本共产党等反战进步势力等方法，在日本国内开展反战运动，帮助日本人民认清日本军阀发动侵略战争的非法、非正义本质，让他们不要再为侵略战争充当炮灰，有力地配合了我国军民抵抗日寇侵略的斗争。

2. 防御性法律心理战

在战争中除了要知道怎样进攻，还应当知道怎样防守。为应对敌人向己方实施的心理攻势，法律心理战还应当研究如何与法律相结合，做好对己方军民的心理防护，即打好防御性法律心理战，以巩固己方的军心士气。前文我们谈到法律战有“进攻性”的特点，这里为什么又出现了“防御性”呢？有两种“防御”，一种是“招架”，因为力量不够，不得已而处于招架性的守势。这种防御有两种可能性后果：或胜，或败。《三国演义》中诸葛亮之唱“空城计”，就是纯防御性的，如果司马懿识破了他的“空城计”，结局诸葛亮必败无疑。还有一种则是“以守为攻”，进攻是其本质，“守”是表面的。“敌军围困万千重，我自岿然不动”，就是这种“以守为攻”的防御战，结果以“黄洋界上炮声隆，报道敌军宵遁”的胜利告终。其实，前文所说法律战的“进攻性”是指法律战的本质，是指主动、自觉、积极地运用法律战于军事斗争中。防御性法律心理战的“防御性”则是针对法律心理战的目的、目标而言的，防御是其“表”，其“里”、其“本质”则仍是己方主动、自觉、积极地进行的，仍以进攻性为特点。防御性法律心理战的具体做法如下。

---

① 如抗日战争时期的武汉空战中，中国飞行员陈怀民驾机撞毁日军飞行员高桥宪一驾驶的战斗机，双方同归于尽，陈怀民烈士之妹陈难写信给高桥之妻美惠子，对其寄予同情，谴责罪恶的侵略战争，表达中国人民以死抗争的决心。参见《国际展望》2002 年第 23 期。

第一，加强对己方军民的宣传力度。

通过己方的广播、电视、网络以及新闻媒体，向己方军民反复宣传己方使用武力的正义性、合法性，揭露敌方使用武力的非法性、非正义性，使己方军民坚信我们所进行的战争是正义的、合法的，是得道多助的，因此战争的胜利必定属于我们。这种宣传必须是大规模的、反复的、不间断的，从战争爆发前就开始一直持续到战争结束。首先要强化己方军民心中的必胜信念，才能让他们在面对敌方的心理攻势时具备一定的免疫力。

第二，通过完善立法，切断敌人实施心理战的各种途径。

一般来说，在战时，敌方实施的法律心理战总是要通过各种途径，如广播、电视、谣言等，才能对己方军民发生影响。因此，通过完善立法，采取相应措施，切断这些途径，就能使敌方的心理战难以发挥效力。例如，通过刑法，对战时传播谣言、扰乱军心的人追究刑事责任，抓捕并处罚为敌方散布谣言的间谍。通过立法，在战时实行新闻管制和通讯、邮政、电信管制，禁播可能会对己方军民造成不良影响的新闻，扣押可疑邮件，对可疑信号进行干扰，防止敌方通过这些渠道散布谣言，实施心理战。

第三，用有力的证据及时揭穿敌方的谎言，让己方军民认清敌人的真面目。

在进行心理战时，为博得好感，交战方都会尽力美化自己，将自己打扮成法律和正义的化身，而将自己的弱点、问题、缺点精心掩盖起来。但这些方面一旦被揭露出来，将会对其声誉产生严重影响。因此，在将来可能爆发的战争中，敌方如对己方实施法律心理战，己方就要及时找到敌人犯下非法使用武力，屠杀、虐待平民和战俘，使用违禁武器等战争罪行的有力证据，用这些证据向己方军民揭露敌人进行非法、非正义战争的本质，这样，我方军民就能认清敌人的真面目，而不会再去相信他们的谎言。

（五）法律语言战

众所周知，语言是人类使用的一种符号系统，是人与人之间进行书面和口头交流使用的工具。在法律政治战、法律舆论战和法律心理战中，都需要以语言为载体，用来表达己方的主张，向他人传递己方所表达的信息。不过，在法律战中，语言所起到的不仅是一种载体的作用，语言本身也可以成为实施法律战的途径之一。

1. 语言本身的特点使其成为实施法律战的途径

（1）不同语种的存在

在人类社会中存在的语种可能有数万种，每一个语种都是一个独立的符号体系，尽管不同语种间存在交流和融合的现象，但要一个说惯、写惯了某种语言的人能够完全熟练地掌握另一种语言也是十分困难的事。那么，当己方的官员在与外国签署条约时，由于对外语的不了解，在包含有对本国不利条款的外语条约文本上签了字，也是很有可能的事。这将会对本国的国家利益造成巨大的损害。如果这份条约是有关边界、军备或防务方面的，那很有可能引发军事冲突，甚至导致战争。

（2）一词（字）多义现象的存在

在一种语言中，一个字或一个单词不一定只有一种含义，也可以同时具有多种含义，而这些含义所表达的意思有可能完全相反。例如，在汉语中，“借”同时具有借进和借出的意思。那“小李借小王 10 元”既可以解释成小李借给小王 10 元，也可以解释成小李从小王处借到了 10 元。在汉语中，以及在其他语言中，类似的现象还有很多，如果用了一个这样的字或词，那同样的一句话完全可能得出两个完全不同的意思。

（3）部分词语语义含糊不清

有的词语语义涵盖的范围比较广，具体含义很不清晰，但为使法律保持一定的弹性，立法者在国际、国内的法律文件中，大量使用这类词语。如《联合国宪章》第 51 条就规定，国家在遭受武力攻击时，可以行使自卫权。但怎样的行为构成“武力攻击”，在《联合国宪章》中并无规定。如一名士兵向他国领土开一枪，或者扔一块石头，这是否属于“武力攻击”？此外，行使自卫权应达到什么效果，是以击退敌方的武力攻击为限还是要彻底击败敌方？这些都没有规定。而这些在发生战争或武装冲突时，就关系到使用武力的合法性问题，围绕这些词汇可以打一场激烈的法律战。

（4）语言的滞后性

我们知道，语言是人们进行交流的工具，因此语言与现实生活有着十分紧密的联系，在现实生活中尚不存在或尚不为人所知的东西，当然在语言中也不会得到体现。因此，在某些国际公约中约定禁止使用某些武器或战法的条款，对于未来新出现的武器或战法就缺乏约束力。例如，早在 1925 年就订立了《禁止在战争中使用窒息性、毒性或其他气体和细菌作战方法的议定书》，那战争中使用病毒作战是否违反该议定书呢？这就有争议。尽管病毒武器和细菌武器本质上同属于生物武器，但由于当时人类尚未掌握用病毒制作生物武器的方法，因此在议定书中只规定禁止“细菌作战方法”，可现代人类已能够使用病毒制作生物武器了。可见语言的滞后性有时对于法律文件的执行会产生一定影响。

2. 利用语言特点，为己方的法律战服务

第一，在订立国际条约时，应尽可能使用本国文字或为本国人相对熟悉的文字。

现代国家间订立双边国际条约时，通常会按照两个缔约国的官方文字各准备一份条约正式文本，两份正式文本有同等法律效力。如两国对于对方的文字均不了解，为免发生争议，则可共同约定使用双方均较熟悉的第三国文字写成条约正式文本，如清朝时中俄两国签订《尼布楚条约》时，就选用两国均较熟悉的拉丁文作为条约正式文本中使用的文字。此外，在多边国际条约中，由于缔约国众多，不可能按每个国家的官方文字准备条约的正式文本，只能以部分国家的官方文字作为“作准文字”，依据这些“作准文字”写成条约的作准文本，所有作准文本具有同等法律效力。因此，争取本国文字成为多边条约的“作准文字”，不仅象征着本国在世界上所具有的地位，对于维护本国的国家利益也有莫大的好处。1969 年，《维也纳条约法公约》规定英文、中文、西班牙文、法文和俄文作为国际条约的“作准文字”。这引起了阿拉伯国家的不满，在阿拉伯国家的努力下，1982 年《联合国海洋法公约》又增加阿拉伯文为作准文字，这对于维护阿拉伯国家的利益，提升阿拉伯世界的国际地位均有重大意义，是一次成功的法律语言战。

第二，在进行立法或签署国际条约时，应当高度重视文字的运用，针对不同的情况，采取相应的文字处理技术。

其一，故意对相关文字进行模糊化处理，以增大回旋余地，掌握主动权。对文字进行模糊化处理，就可依据具体形势，对有关文字做出相应的解释，这样可以避免由于文字表述上太直白所引发的尴尬，增强己方应对各种事态的能力。如我国《反分裂国家法》第 8 条即授权国务院和中央军事委员会采取非和平方式及其他必要措施、维护国家统一的前提是：①“台独”分裂势力以任何名义、任何方式造成台湾从中国分裂出去的事实；②发生将会导致台湾从中国分裂出去的重大事变；③和平统一的可能性完全丧失。这三句话之间以“或者”相连，也就是说上述三种情况只要发生一种，我们即可使用“非和平方式”。但什么叫“将会导致台湾从中国分裂出去的重大事变”、什么叫“和平统一的可能性完全丧失”，都没有明说，这样也就使我们能根据日后情况灵活决定如何解释这些文字以作为使用“非和平方式”的依据。这样我军的军事打击就能成为随时悬在“台独”势力头上的达摩克利斯之剑，令他们不敢为所欲为。

其二，不是所有的立法和签订条约过程都必须对文字进行模糊处理，相反，在一些情况下，立法语言讲求越清晰越好，模糊只会带来定性、定量上的含糊不清并由此引发的认知上的分歧。因为条约的某个条款的“一字之差”，而导致“谬以千里”并引发两国各执己见、水火不容的例子，在历史上也曾发生过。因此，当某项具体权利、义务需要明确的时候，当两国领土边界需要划清的时候，必须尽可能以清楚、直白的文字对权利归属、义务设定、边界范围进行准确无误的规定，避免敌方以后在语言上过分纠缠，为己方带来不必要的麻烦。第二次世界大战期间，围绕《开罗宣言》的语言文字问题，中英两国的外交代表就展开了一场激烈的法律语言战。1943 年 11 月 26 日，中、英、美三国官员就《开罗宣言》草稿进行讨论，当时的中方代表是王宠惠，美方代表是霍普金斯和哈里曼，英方代表是艾登和贾德干。讨论中，中英就措辞问题进行了激烈交锋。宣言草稿对日本占领的其他地区都提“应予剥夺”，唯独对满洲[①]、台湾、澎湖列岛则写明“应归还中华民国”。针对这一点，英方的贾德干说，为求条款前后一致，将满洲、台、澎干脆也改写成“必须由日本放弃”。王宠惠反驳道：全世界都知道，第二次世界大战是由日本侵略中国东北而引起的，如果《开罗宣言》对满洲、台、澎只说应由日本放弃而不说应归还哪个国家，中国人民和世界人民都将疑惑不解。他坚决反对修改意见。贾德干辩解道：草稿中在“满洲、台、澎”之上，已冠有“日本夺自中国的土地”的字样，日本放弃之后，归还中国是不言

① 东北三省。——编者注

而喻的。王宠惠继续力争，他说，外国人士对于满洲、台、澎，常有各种离奇的言论和主张，英国代表想必时有所闻，如果《开罗宣言》不明确宣布这些土地归还中国，而使用含糊的措辞，那么，联合国家共同作战和反侵略的目标，就得不到明显的体现，《开罗宣言》也将丧失其价值。美国代表哈里曼支持王宠惠的意见，结果贾德干的阴谋未能得逞，草稿的这一段未予改动。[①] 所以，在进行法律语言战时，应当根据不同情况运用文字技术，该模糊时，绝不直白，该清晰时，绝不含糊。

第三，遇到含义有争议的词语时，应按照最有利于己方的含义进行解释。

前面已说过，有许多字、词存在一词（字）多义现象和含义模糊现象，因此在法律语言战中，要充分利用这一点，对于相关的法律、条约等书面文件中使用的字、词做出对己方最有利的解释，使己方的军事行动得到本国人民和国际社会的理解和支持。这在国际上有许多先例，如美国入侵巴拿马以前，一名军官在与巴拿马国防军士兵发生的冲突中丧生，美国立即宣布巴拿马国防军的行动已构成了《联合国宪章》第 51 条所称的"武力攻击"，美国可援引该条行使自卫权，为入侵巴拿马找到了合法的借口。

第四，通过重新修订或添加解释，解决有关法律文件中语言的滞后问题。

这也是在法律语言战中常用的方法。如为弥补 1925 年《禁止在战争中使用窒息性、毒性或其他气体和细菌作战方法的议定书》的不足，世界各国又于 1972 年订立了《禁止细菌（生物）及毒素武器的发展、生产及储存以及销毁这类武器的公约》，这次在"细菌"后面特地加了（生物）二字，以示公约中对于细菌武器的规定同样适用于所有的生物武器。

（六）法律军事战

法律军事战即将法律直接运用于具体的军事作战行动中，保障己方作战行动顺利进行，并用军事手段确保敌方遵守战争法的法律战模式。应该说，这是所有的法律战模式中与具体作战行动联系最为直接，与武力战结合最为紧密的一种。法律军事战所要达到的目如下 。

1. 证明己方某些具体作战行动的合法性，保障己方军事行动顺利进行

由于在战场上的具体情况复杂多变，武器装备的发展也日新月异，网络战、太空战等新战法层出不穷，而战争法本身又是从战争实践中逐步发展起来的，相对于武器装备和战法的发展，具有一定的滞后性。例如，正是由于"一战"中交战各国，尤其是德国大量使用毒气作战，世界各国才于 1925 年签署议定书，禁止在战争中使用窒息性、毒性或其他气体和细菌作战方法。在现代战争中，美军在伊拉克和科索沃为打击装甲目标而大量使用的贫铀弹，对自然环境和当地人的身体健康造成了严重损害，这是否属于应被禁用的改变环境的武器？现在各发达国家军队中大量装备用于打击装甲集群、机场、导弹火炮阵地等

① 石磊等主编：《国际关系史》（第 6 卷），世界知识出版社 1995 年版，第 250—251 页。

大面积目标的子母弹，从一颗母弹里释放出的子弹头能将两个足球场大小的区域炸成一片焦土，这是否属于具有过分伤害力的武器？这些问题在相关的国际条约中都尚无定论。因此在很多情况下己方在战斗中使用的一些武器装备、采取的一些作战行动由于缺乏相关规定，可能会被敌方指责为违反战争法的行为，对己方作战行动产生不利影响。为化解这些不利影响，确保己方军事行动顺利进行，就需要实施法律军事战。所使用的方法如下。

第一，在有关国际公约中无明确规定的情况下，充分运用战争惯例和先例的作用，并适度运用“法无禁令即可行”原则。

如前所述，战争法是从战争实践中发展起来的，具有一定的滞后性，在新的武器或战法已投入应用，但尚无相关的国际公约对其进行规制以前，只能先适用其他法律渊源，包括战争惯例、战场上的先例和法律原则等来进行规制。战争惯例是在人类社会长期的战争中逐步形成的，是战争法的重要渊源。例如，虽然根据日内瓦公约 1977 年《关于保护国际性武装冲突受难者的附加议定书》规定：“在武装冲突中使用中立国家或其他非冲突各方的国家的旗帜、军用标志、徽章或制服是禁止的”“在从事攻击时，或为了掩护、便利、保护或阻碍军事行动而使用敌方的旗帜或军用标志、徽章或制服是禁止的”。但在海战中，存在使用假船旗的战争惯例，即海军战舰在追赶敌船或引诱敌船靠近以便进行攻击时可以不挂本国旗帜而使用中立国甚至敌国的旗帜，直到攻击开始时才应悬挂本国旗帜。[①]上述议定书也对此惯例予以承认。战场上的先例则是指同类武器或战法已在战场上被使用过，未被认为是违法，那以后在无相反规定的情况下，使用同类武器或战法也不应被认为违法。例如：美军在海湾战争中使用 M270 火箭炮发射子母弹攻击伊拉克的飞毛腿导弹阵地，未被认为是使用了具有过分杀伤力的武器。那以后，在没有国际公约做出相关规定的情况下，其他国家军队也可以合法地使用子母弹。由于“法无禁令即可行”，只要这些新武器、新战法不是过分明显地违反人道主义原则及其他有关的战争法原则，我们都可放心大胆地使用。

第二，在具体作战中，还可以对已有的战争法规则、原则、惯例和先例进行发展，使之有利于己方的作战行动。

前文提到过，在海战中战舰可以为追赶敌船或引诱敌船靠近加以攻击而使用中立国和敌国的旗帜。那在现代战争中，对敌友的判断主要依靠雷达和敌我识别系统来进行，旗帜已不再起主要作用。那战舰能否通过发送经过伪装的识别信号，改变舰只外形迷惑雷达等手段，来使敌舰将其误认为是中立国或本方的船只，不加防备，从而达到突然袭击的目的？根据前述惯例的精神，这应当是可以的。

2. 限制敌方军事行动，防止敌人使用为法律所禁止的武器和战法作战

为在战争中约束敌对双方的行动，避免对双方士兵和平民百姓造成不必要的伤害，保

---

① 从文胜：《战争法原理与实用》，军事科学出版社 2003 年版，第 330 页。

护自然环境和历史文化遗产，现代的战争法对于战争中使用的武器、攻击的目标、战俘平民的待遇等问题都有严格的规定，世界各国为此签署了大量的国际公约，如 1907 年签署的《关于战时海军轰击公约》、1949 年签署的《关于战俘待遇之日内瓦公约》、1954 年签署的《关于发生武装冲突时保护文化财产的公约》等等。尽管这些国际公约及其所包含的战争法规则是得到世界各国公认的，但在实际的军事作战中，交战双方都是首先从作战需要而不是从国际法的角度来选择武器和战法的。交战一方为在战场上夺取主动权，或在对方实力非常强大，己方面临穷途末路之际，都会选择使用一些国际法所禁止的武器和战法来作战。例如，在 1935 年意大利法西斯侵略埃塞俄比亚的战争中，意军遭遇了埃军的顽强抵抗，为摆脱不利局面，夺回战场主动权，墨索里尼悍然违背了本国在 1925 年签署的《禁止在战争中使用窒息性、毒性或其他气体和细菌作战方法的议定书》和应在战争中保护平民的法律原则，大量使用毒气弹攻击缺乏防化装备的埃军士兵和手无寸铁的平民，造成重大的人员伤亡。因此，要在战争中防止敌方使用为法律所禁止的武器和战法作战，不能仅依靠国际公约的约束，还必须在军事上做好相应准备。应采用的主要方法如下。

第一，在敌方可能使用为法律所禁止的武器或战法的情况下，做好必要的防护准备，并拥有在军事上进行报复的能力。一般来说，由于战争法的严格限制，使用化学武器、生物武器等为法律所禁止的武器或使用狂轰滥炸、任意攻击平民目标等为法律所禁止的战法，会给使用的一方带来巨大的政治、外交压力，其军事、政治领导人甚至可能因此被作为战犯追究刑事责任。因此，交战一方除非面临绝境，否则只有在能给己方带来巨大的、明显的好处时，才会使用为法律所禁止的武器或战法来作战。而己方如在进行军事行动时，针对其可能使用的违法武器或战法，做好相应的防护准备，且在军事上有能力对严重违反战争法的敌方进行严厉报复，那么，敌方就很可能会出于“得不偿失”的考虑，而不使用这些为法律所禁止的武器或战法。例如，在海湾战争爆发前，伊拉克总统萨达姆曾扬言，要像在两伊战争中那样，动用化学武器对付以美军为首的多国部队。美军闻讯后，一方面调运大批防毒面具和防化战斗服运往前线，并对前线部队进行了严格的防化训练；另一方面警告伊拉克，如伊军敢违反国际法，使用化学武器，将招致多国部队的严厉报复。萨达姆意识到，由于多国部队已做好了各种防化准备，使用化学武器在军事上非但不能起到多大作用，还会因使用了为国际法所禁止的武器而授人以柄，招致拥有核武器的美国军队的严厉报复，得不偿失，因此直至战争结束，伊拉克军队都没敢在战场上使用化学武器。

第二，注意在作战行动中采取一定的措施，及时破解敌方背信弃义的作战方法。出于人道主义的考虑，在战争法中，交战双方对于失去战斗能力的伤病员、放下武器的战俘、平民等非战斗人员和医院、救护车等设施应当加以保护，禁止攻击上述目标。对于不属于任一交战方的联合国人员和中立国人员也不得攻击。但有时，交战一方可能会利用战争法中的相应规定，实施一些背信弃义的作战行为。如让士兵假装投降，假装因受伤或生病失去战斗能力，将军人装扮成平民、中立国人员或联合国人员，在敌人不加戒备时突然发动攻击。这些背信弃义的作战方法是被 1977 年《日内瓦公约第一附加议定书》明确禁止的。在法律许可的范围内制定相应措施，及时破解敌方背信弃义的作战方法，也是法律军事战的任务之一。在实战中采用的具体措施包括设置检查站，对过往平民进行盘问；对可疑人员及时进行拘禁和审查；对发现的敌方投降者和伤病员应在己军掩护下进行严格搜身，确保其已经解除武装；要求自称为中立国人员或联合国人员的人出示护照或有效证件等。

第三，还应以必要的军事手段报复敌方的严重违法作战行为。交战双方遵守战争法的义务是对等的，在一方严重违反战争法，使用了化学武器、生物武器等为法律所禁止的武器或采取狂轰滥炸、不分皂白地攻击平民目标等为法律所禁止的战法时，另一方可以使用某些为法律所禁止的武器和战法来对敌方的违法行为进行报复。不过，这种报复措施主要还是为了惩罚违法作战行为，使敌方今后不敢再使用为法律所禁止的武器或战法来作战。因此在报复时，应注意遵循告知原则和比例原则，坚持人道主义原则。在敌方实施违法作战后，应先发出警告，如敌方仍无悔改之意，再实施报复；报复所造成的损失不应过分大于敌方违法作战对我方造成的损失；不得将平民、战俘、医疗设施、自然环境和文物古迹等列为报复目标。“二战”期间，为报复希特勒使用轰炸机和 V-1、V-2 飞弹对英国城市发动空袭，杀伤大量无辜平民的行径，英美空军对德国的汉堡、德累斯顿、科隆等城市也进行了大规模报复性空袭，但在空袭中英美空军未注意保护无辜平民和文物古迹，导致大量德国平民被炸死炸伤，许多民宅被毁，大量文物古迹也遭到了破坏，仅 1945 年 2 月 13 日至 15 日对德累斯顿城的轰炸，就导致 13.5 万人丧生，“全城七成以上历史建筑被摧毁”[①]。显然，英美空军在对德国的报复中未遵循比例原则和人道主义原则，给德国平民和文物古迹造成了很多不应有的损害。

（七）司法对抗战

司法对抗战即交战双方借用各自的司法权乃至国际司法权来证明敌方违法使用武力，揭露、制裁敌军的战争罪行，同时保护依法作战的己方官兵不受非法追究而实施的法律战。在古代和中世纪，司法与战争之间就存在着一定的联系。例如，各国统治者在其法典中，对于企图用武力实现政权更替的被统治者，均使用最严厉的刑罚来加以处罚。我国的封建帝王在击败反叛势力或镇压了农民起义之后，喜欢将俘获的反叛者、起义领袖“献俘阙下”，宣布他们的罪状，然后由皇帝作为最高法官对他们做出判决，或处决、或赦免。在中世纪欧洲国家间的国际战争中，也出现了用司法手段达到某些军事目的的例子，如在英法百年战争中，英军就将俘获的法国女英雄贞德交给宗教法庭审判，最后贞德被以“女巫”的罪名判处火刑。

① 李鹏编著：《寻访历史名城》，北京工业大学出版社 2004 年版，第 174 页。

近代以来，司法与战争的联系越来越密切，在各国国内刑法中对发动武装叛乱、分裂国家、勾结外国势力挑起内战者均有着严厉的处罚。在国际社会中，司法与战争的联系也得到了巨大发展。为规范各国海军在海战中的拿捕行为，各海军强国在其国内均设立了捕获法院。“一战”后成立的国际联盟设立了国际常设法院，对国际争端（包括战争）进行裁决。“二战”后，在联合国领导下新的国际法院代替了国际常设法院，并为追究轴心国战犯的个人刑事责任，在德国纽伦堡成立了欧洲国际军事法庭，在日本东京成立了远东国际军事法庭，对主要的轴心国战犯进行审判，各战争受害国也依据普遍管辖原则，对一部分犯下战争罪行的轴心国战犯进行了审判。近年来，由于冷战结束后，大量原被冷战掩盖的地区、民族、宗教矛盾开始显现，加上超级大国推行的霸权主义和强权政治，使地区性局部战争和武装冲突大量增加，其中违反战争法规则和人道主义原则，随意屠杀、虐待平民和战俘的事例也大量出现，因此联合国在分别成立了处理前南斯拉夫境内战争犯罪的前南斯拉夫国际刑事法庭和卢旺达内战中战争犯罪的卢旺达国际刑事法庭后，又于2002年成立国际刑事法院，专针对犯有灭绝种族罪、战争罪、侵略罪和反人类罪的个人进行审判。在司法对抗战中，交战双方要达到的目标主要分为以下三类。

1. 分清交战双方谁是谁非

在国际性战争或武装冲突中分清双方谁是谁非，证明敌方使用武力的非法性，使己方赢得国际社会政治上、道义上的支持而使敌方面临国际社会的巨大压力。这个目标可以通过向国际法院起诉的途径来实现。早在“一战”结束后，国际联盟就设立了国际常设法院，对国与国之间争端，包括战争和武装冲突进行裁决，以期和平解决国际争端。但是，国际常设法院对于国际争端做出的裁决缺乏强制执行力，其效力几乎等同于一纸空文，仅能在道义上起到一定作用。在日本侵略中国、意大利侵略埃塞俄比亚、德国并吞奥地利等问题上国际常设法院乃至整个国际联盟均未能采取有效措施制止侵略，维护和平，最终也未能阻止第二次世界大战爆发。“二战”后，国际常设法院被联合国下属的国际法院所取代。国际法院根据争端双方订立的特别协议、条约规定的争端解决条款或承认国际法院强制管辖权的声明，对包括战争和武装冲突在内的国际争端进行裁决。较之国际常设法院，国际法院在裁决执行方面得到了联合国的有力支持。《联合国宪章》第94条规定：“任何案件当事国不履行依法院判决应承担的义务时，其他当事国可以向安全理事会提出申诉。安全理事会在认为有必要时，可以做出建议或决定应采取的办法，以执行判决。”因此至今尚无案件当事国拒绝执行判决的情况发生。实践中，尼加拉瓜政府就曾于1984年向国际法院起诉，要求美国停止针对本国的军事干预和武力攻击，国际法院经过审理，认为美国向尼加拉瓜反政府武装提供军事支持，攻击尼港口和石油设施，并布雷封锁航道，已违反了国家主权原则，构成对尼加拉瓜主权的侵犯，因此支持了尼加拉瓜的诉讼请求。

2. 惩办敌方战争罪犯，打击敌方战争犯罪和违法作战行为

根据“二战”后世界各国达成的共识，个人应当为在战争中犯下的侵略他国、破坏和平、屠杀平民、虐杀战俘等罪行承担刑事责任。及时审判、惩办战争罪犯，在战争中能对敌人形成有效的威慑，使其不敢实施某些违法作战行为，更不敢进行战争犯罪；在战后则能使敌人为其在战争中犯下的罪行付出代价，并为己方对敌索赔提供法律依据。要惩办战争罪犯，主要依靠以下三种途径。

第一，利用本国司法机构来惩办敌方战犯。

这依据的是刑法上的属人管辖、属地管辖和保护管辖原则。在国内武装冲突中，犯下颠覆政府、发动武装叛乱、分裂国家、背叛国家等罪行和违反战争法规则，使用违禁武器，任意攻击平民目标、医院、危险设施和文化遗产等罪行的战犯，不论其为本国国民还是外国雇佣军，依据属人管辖和属地管辖原则，本国司法机构均有权对其加以审判和惩处。在国际性武装冲突中，在本国领土上犯下侵略，屠杀、虐待平民和战俘，实施种族灭绝等战争罪行的战犯和虽在本国境外但对本国和本国国民犯下侵略、屠杀等战争罪行的战犯，依据属地管辖和保护管辖原则，同样可由本国司法机构来惩处。这在联合国的相关文件中也有相应规定，如《关于侦查、逮捕、引渡和惩治战争罪犯和危害人类罪犯的国际合作原则》第 5 条即规定："一般原则是，有证据证明犯战争罪和危害人类罪的人应在犯罪地国家受审，如经判定有罪，由犯罪地国家加以惩治。为此，各国应在引渡此类罪犯的问题上合作。"这条规定确认了由犯罪地国家审判和惩治战犯的优先权，为在本国领土上利用本国司法机构惩办敌方战犯提供了国际法上的依据。用本国司法机构惩办敌方战犯可充分发挥主动性与灵活性，将司法对抗战与军事行动相结合，为达成战争目的服务。因此，这是实施司法对抗战的最佳途径。

第二，利用外国司法机构来惩办敌方战犯。

根据联合国通过的《关于侦查、逮捕、引渡和惩治战争罪犯和危害人类罪犯的国际合作原则》，世界各国对于战争罪和危害人类罪，无论发生于何时何地，都应该加以调查；对有证据证明犯此等罪行的人，应该加以追寻、逮捕、审判，如经判定有罪，应加以惩治。这一文件表明对于犯下战争罪和危害人类罪的罪犯，适用普遍管辖原则，无论其国籍为何，也无论其所犯罪行是否与本国有联系，任何国家都可对其加以逮捕和审判。许多国家也在其国内法中对此做出了相关规定。如 1956 年《英国军法手册》即规定"英国军事法院对于任何国家的国民在英国领土以外所犯的战争罪行都有权管辖，而且不需要以该犯罪行为的受害者是英国公民为条件"。在实践中，一些巴勒斯坦人就向比利时法院提起诉讼，要求以反人类罪对以色列总理沙龙进行审判；有一些美国的和平团体也向德国检察机关提出控诉，要求以战争罪审判美国国防部长拉姆斯菲尔德。在本国暂时无力捕获和审判某些战犯的情况下，利用外国司法机关来惩办战犯也是一种选择。但这样一来主动权就不在己方了，外国司法机构极有可能出于种种考虑而放弃对敌方战犯刑事责任的追究。而由外国司法机构对于一国国内武装冲突中的战争犯罪进行管辖，又可能造成对"不干涉内政"原则的违反。

第三，利用国际司法机构来惩办敌方战犯。

前文中已经提到，为追究在战争和武装冲突中犯下战争罪行的个人的刑事责任，在联合国的主导下，成立了许多国际性司法机构。其中，既有专为处理某一场战争中或某一阶段的战争罪行而成立的欧洲国际军事法庭、远东国际军事法庭、前南斯拉夫国际刑事法庭和卢旺达国际刑事法庭等临时性的司法机构，更在2002年设立了国际刑事法院，作为对灭绝种族罪、战争罪、侵略罪和反人类罪有永久性管辖权的常设性司法机构，标志着国际社会在追究个人在战争中的刑事责任能力上的一次飞跃。

但是，由于历史的原因，国际司法机构也存在着一些明显的缺陷，最大的缺陷就是在运作上严重依赖西方大国，而影响到本身的公正性。国际司法机构一般都没有自己独立的法警力量，在收集证据、逮捕嫌疑犯、执行判决等方面都要依赖西方大国的支持，这导致国际司法机构逐渐为西方大国掌控。现在的国际刑事法院成立后，对国际武装冲突和国内武装冲突中的战争犯罪均可以行使管辖权，这无疑与国家主权原则存在矛盾，在霸权主义和强权政治依然横行的当今世界，有可能被某些大国利用，成为干预他国内政的工具。

3. 保护依法作战的己方官兵不被非法追究刑事责任

战争法和国际法不仅可为己方所用，来打击敌方的战争犯罪，追究敌方战犯的刑事责任，也有可能被敌方利用，成为报复、迫害己方官兵，阻碍本军作战行动的工具。因此，加强对己方官兵的司法保护，防止他们受到不公正的司法追究，也是司法对抗战的任务之一。

要在战争中有效保护己方官兵，首先要防止敌方以“审判战犯”为由迫害己方战俘。敌方为扭转战场上的不利局面，可能会将一些己方被俘官兵诬蔑为“战犯”，通过对他们的审判和处罚，来将己方的一些军事行动诬蔑为“战争犯罪”，使己方今后难以实施类似的行动，同时对己方官兵的心理产生不利影响。对此，要区分不同情况加以对应。如敌方为国内的叛乱势力或分裂势力，那就可以完全不承认对方的司法机构及其所做出判决的合法性和有效性，并向对方指出迫害己方战俘将要承担的严重法律后果。如敌方为主权国家，则应当要求敌方严格按照1949年《关于战俘待遇的日内瓦公约》的规定对待己方战俘，如指控己方战俘犯罪，应通过公正程序进行审判，不得借“审判”为名加以迫害，并严肃指出迫害战俘要承担的法律后果。此外，还要在战争中及战后防止敌方利用外国司法机构和国际司法机构，不公正地追究己方官兵的刑事责任。前面谈到过，对于战争犯罪，任何一国的司法机构以及国际司法机构都享有普遍管辖权。但这种普遍管辖权可能被敌方用来不公正地对待己方官兵，因此要采取措施避免此类情况发生。就我国、我军来说，具体做法如下 。

首先，要坚持我国司法机构在处理国内武装冲突中战争犯罪行为的司法主权。虽然国际法对于战争犯罪适用普遍管辖权，但我国一向认为，允许外国司法机构和国际司法机构对一国国内武装冲突中的战争犯罪进行管辖，必须以该国自愿为前提，否则就构成了对该国内政的干涉，违反了《日内瓦公约第二附加议定书》第3条所体现的“不干涉”精神。由于《国际刑事法院罗马规约》规定国际刑事法院对国内武装冲突中的战争犯罪也享有强制管辖权，因此我国没有加入该规约。今后我国仍应坚持该立场，对于在我国国内武装冲突中发生的战争犯罪，我国司法机构有完全的司法管辖权，可以完全自主地进行审理。此外，联合国大会通过的《关于侦查、逮捕、引渡和惩治战争罪犯和危害人类罪犯的国际合作原则》第5条也确定了“有证据证明犯战争罪和危害人类罪的人应在犯罪地国家受审，如经判定有罪，由犯罪地国家加以惩治”的一般原则，这也为我国司法机构自主审理国内武装冲突中的战争犯罪行为提供了有力的国际法依据。

其次，当我方官兵在外国司法机构或国际司法机构被起诉，这些司法机构向我国提出引渡我方官兵的要求时，由于我国没有签署过普遍性的引渡公约，因此我国完全可依据国际公认的“本国公民不引渡”原则，拒绝引渡我方官兵。可有时，在得到某些国家支持的情况下，外国司法机构或国际司法机构可能会使用非法手段逮捕我方官兵，如将我方官兵从国内绑架到国外受审，或当他们正在执行外交使命，离开我国时进行逮捕，我国应立即对此类无视国际公认的国家主权原则和外交豁免权原则，严重侵犯我国主权的行为提出强烈抗议，要求有关司法机构立即释放被非法逮捕的我方官兵。

最后，我方还可与其他国家签署协议来保护我方官兵。例如，美国在以《国际刑事法院规约》可能对美国军人、外交官和政治家不利为由退出了该规约之后，为防止自己的官兵在其他国家执行任务时被逮捕，就与很多国家签署协议，相互约定不将对方国民送交国际刑事法院审判。①

二、法律战时域论

法律战是围绕着武力战而进行的，从时域上来说，法律战一般在战争爆发前就已经开始，贯穿整个战争的始终，并延续到战争结束后。但在有些情况下，敌对双方并没有实际发生战争或武装冲突，仅处于军事对峙状态，也有可能会发生法律战。因此，按时域分类，法律战可分为以下几种。

（一）战前法律战

“战前”，一般有两层含义：一是指双方在法律上进入战争状态之前；二是指双方实际使用武力进行对抗之前。“二战”以前的国际战争一般都要经过“宣战”程序，表明两国正式从法律上进入战争状态。但在联合国成立后，国家享有的战争权被废弃，只能在行使自卫权，得到联合国授权或进行民族解放战争时使用武力。此外现代战争又比较强调突然

① 俞正山：《关于法律战的几个问题》，《西安政治学院学报》2004年第4期。

性。因此现代战争中“宣战”已很少被采用，“战前”的含义一般就是指双方实际使用武力进行对抗之前。从敌对双方进入紧张状态，进行战争准备开始到双方实际打响第一枪为止，都属于“战前”的范畴。战前进行的法律战，是法律战中极其重要的一环，甚至对战争的胜负有着重大影响。下面就按战前法律战所要达到的目标及为达到该目标所应采取的措施和应注意的事项，对战前法律战战略做一分析。战前法律战所要达到的目标如下。

1. 证明己方在相关争端中具有使用武力的合法理由，并阻止敌方得到合法的开战理由

尽管在“战前”这个阶段，双方并未进行实际的武力对抗，但发生战争的可能性已经存在且越来越大，这时必须使国家、军队和人民做好进入战争状态的各项准备。同时，尽可能争取国际社会的理解和支持，将敌方孤立起来。但要做好这些工作，首先要证明己方在法律上有使用武力的充分理由，才能够以此来动员国内民众，争取国际社会的支持。同时，在可能的情况下，要采取措施阻止敌方获得合法的开战理由，使敌方陷于师出无名的境地，背负上非法使用武力的沉重压力。

一般来说，由于国内问题而爆发的内战属于内政范畴，只要没有出现大规模侵犯人权、违反人道主义原则的情况，现代国际法并未对一个国家使用武力处理其国内问题有所限制。但从“师出有名”的角度考虑，还是应当证明在国内出现了严重违反本国宪法和法律，危及国家安全，应当动用武力的情形，如武装叛乱、武装暴乱、分裂国家等。然后依据宪法、相关法律（如戒严法、反分裂国家法等）和国家立法机关的相关授权，动用武力来镇压叛乱和暴乱，维护国家统一。

但在国际上就不同了。根据现代国际法原则，国家任意发动战争是非法的，仅在行使自卫权，进行反对殖民统治、外国占领和种族主义压迫的民族解放战争以及在联合国的相应授权下，才有使用武力的权利。从表面上看，国际法的规定是十分明确的，但实际上，其中的每一条在具体情况下，都存在一定的争议。这也是在战前法律战中需要关注的重点。这些可能出现的争议包括：

（1）自卫

自卫权即国家在遭到武力攻击时以武力进行防卫和反击的权利。自卫分为两种：一种是单独自卫，即在本国受到武力攻击时由本国武装部队使用武力防卫和反击；另一种是集体自卫，即与本国关系密切的国家受到了武力攻击，本国即使没有受到武力攻击，也有权令本国武装部队与被攻击国共同使用武力实施防卫和反击。因此，行使自卫权的前提是我国或者与我国关系密切的国家受到了武力攻击。但是，对于这里“武力攻击”的定义就有争议。是否任何对我方使用武力的行为都能构成武力攻击？联合国大会通过的《关于侵略定义的决议》可以为我们提供一些参考，其定义为：侵略的行为包括一国使用武装部队侵入或攻击他国领土，对他国领土进行轰炸，封锁他国的港口或海岸，攻击他国的陆海空军、商船或民航机，违反与他国达成的协定使用依据协定驻于该国境内的武装部队，以国家名义派遣非正规军或雇佣军对他国发动武装袭击，等等。但是，这些行为要达到怎样的程度才能构成作为行使自卫权前提的“武力攻击”？这里就有弹性。在美军入侵巴拿马时，就以一名美军军官被巴拿马军队打死为由（实际这名美军军官很可能是因挑衅被打死的），将入侵巴拿马的行动解释为自卫。而在伊拉克战争中，美国导弹、炸弹多次落到伊朗领土上，可以说轰炸了伊朗领土，那伊朗能否对其进行武装自卫？此外，行使自卫权是否应有限度，可否因与他国的一点小冲突而向他国展开大规模反击？由于这里存在很大弹性，因此在国际上一般主张一国对另一国故意使用武力，且该行为已对该国造成严重后果，如重大人员伤亡或财产损失的情况下构成“武力攻击”，如仅因为一名士兵、一艘军舰、一架飞机受攻击或一颗炸弹落在领土上，而下令武装部队行使自卫权，进行大规模武力反击，在国际法上一般被认为是不适当的。[①]

此外，还存在一种情况，就是武力攻击尚未发生，但有迹象表明即将发生。由于在现代战争中各种武器的杀伤力十分巨大，且可以通过飞机、导弹等远程兵器对敌方纵深目标进行打击；而随着装甲车辆、远程运输机、直升机的大量应用，部队的推进速度也得到了空前提高。这样对于一些国土面积较小，缺乏战略纵深的国家来说，如果坐等敌方先发起攻击，就可能会给己方军队带来毁灭性的打击，导致战争失利，国家灭亡。因此，现在许多国家在表述其国防政策时，都表示要对可能发生的针对本国的武力攻击进行“先发制人”的打击，这就是所谓的“预先自卫”。那么这样做究竟是否属于自卫呢？是否符合国际法规范呢？现代国际法对此并无规定。但现在出现了“预先自卫”被滥用的趋势，以色列就曾以伊拉克制造核武器可能有损于以色列的安全为由，于 1981 年对伊拉克的核反应堆进行了空袭；美国更是以“伊拉克拥有大规模杀伤性武器并与恐怖主义相勾结（均无确凿证据），威胁美国安全”为由，实施“预先自卫”，发动了伊拉克战争。因此必须对“预先自卫”加以规制。根据《奥本海国际法》的观点，预先自卫在满足“威胁的严重性”和“先发制人的行动有真正必要而且是避免严重威胁的唯一办法”这两个条件时，可以被视作合法。[②] 除此之外，其他“先发制人”的打击均应被视为违反国际法的行为。

还有就是行使集体自卫权的问题，按国际法规定，只有一个国家宣布本国遭受武力攻击之后，其他国家才可依据相互间的共同防御条约或应该国请求行使集体自卫权，派兵协助其进行自卫。否则，其他国家即使与其关系再密切，也不得随便派兵进入该国国土。因此，有关国家是否宣布过本国遭受武力攻击，有时也会成为法律战的争议点。

(2) 反对殖民统治、外国占领和种族主义压迫的民族解放战争

联合国在 1960 年的《给予殖民地国家和人民独立宣言》、1970 年的《国际法原则宣言》和 1977 年《日内瓦公约第一附加议定书》中，都承认各国人民均享有民族自决权，有

① 余民才：《自卫权适用的法律问题》，《国际法学》2003 年第 5 期。

② [英] 詹宁斯、瓦茨修订：《奥本海国际法》（第 1 卷），第 1 分册，王铁崖等译，中国大百科全书出版社 1995 年版，第 310 页。

使用武力反抗殖民统治、外国占领和种族主义压迫的权利。但同时也明确规定，民族自决权不得被用来损害多民族国家的领土完整或政治统一。在实践中，民族自决原则主要适用于殖民地、托管领土和非自治领土，对于一个独立主权国家内的少数民族不应适用民族自决原则，以免损害该国的主权。当今世界上绝大多数国家都是多民族国家，而民族自决权也时常被民族分裂分子用来作为分裂国家的借口，如加拿大的魁北克分裂分子、法国的科西嘉岛分裂分子、俄国的车臣分裂分子等，但他们的主张均未被国际社会接受。

（3）取得联合国的相应授权

联合国中的安全理事会负有维护世界和平的职责。在遭遇威胁世界和平的事态时，根据《联合国宪章》的规定，联合国安理会可通过决议，要求有关国家停止危害和平的行动，并可授权成员国采取必要的陆海空军行动，包括武装示威、封锁和直接使用武力加以攻击，以维持或恢复国际和平与安全。如在1990年伊拉克入侵并占领科威特后，联合国就授权组建了以美国为首的多国部队，发动海湾战争将伊军赶出了科威特。1992年联合国又通过816号决议，授权美英法等北约国家在波黑上空设立禁飞区，可以击落一切违反禁令的军用飞机。但在科索沃战争爆发前，北约并未获得联合国安理会的动武授权，却仍以南联盟未执行联合国安理会要求其停止镇压行动的第1199号决议为由，对南联盟进行了军事打击。在这里且不说安理会决议是否干涉了南联盟的内政，我们认为就算南联盟没有执行决议，也不意味着北约有权“惩罚”南联盟。因为安理会如要授权成员国使用武力，必须有明确的授权决议，包含“授权采取一切措施”之类的措辞（如在海湾战争前通过的678号决议）。没有明确授权，任何国家或国家集团均不得以他国未履行安理会决议为由，对其进行军事打击。

2. 尽可能争取盟友，孤立敌人，使我方在战前处于有利态势

在涉及国家间的军事、防务关系时，条约、协定仍是最主要的法律依据。因此，与有关国家签订条约，争取其成为己方盟友，为己方军事行动提供支持，或者防止某些潜在的敌国倒向敌方，是战前法律战应当完成的工作之一。

在可能面临战争时，如要获得一个长期、稳固的盟友，常用的方法是签署共同防御条约，这是比较典型的、在国家间订立的军事同盟条约。其作用是在其中一个缔约国受到武力攻击时，其他缔约国与该国一同行使集体自卫权，使用武力抵抗侵略。例如“一战”前法俄两国于1892年针对德意奥军事同盟订立的《军事互助协定》就属于共同防御条约，在“一战”爆发后有效地迫使同盟国军队陷入两线作战的困境中。“二战”前英国和波兰订立的《英波互助条约》，法国和波兰订立的同盟条约和军事协定，也属于共同防御条约的范畴。但由于英法两国的绥靖政策，这些条约在波兰遭到德国侵略时未能发挥其应有的作用。

此外，如有关国家不想被长期的条约束缚，那还可订立一些临时性的军事协定，规定其中一国在另一国采取军事行动时提供一定的协助，如提供军事基地，向军用飞机和导弹开放领空，向军舰开放港口以供其休整和补给等。这种协定可由有关国家根据本国的利益和需要来缔结，也不会给本国带来太多同盟义务的拖累，因此在最近爆发的一些战争中得到了广泛应用。如在科索沃战争前，克罗地亚、波黑、阿尔巴尼亚和马其顿等国虽不是北约国家，但都与北约签署协定，向北约军用飞机和巡航导弹开放了领空，阿尔巴尼亚还向北约开放了港口和机场，为北约提供了地面军事基地。美国在阿富汗战争前也与吉尔吉斯斯坦政府签署协议，租用其境内的玛纳斯空军基地驻扎军队，存放物资。

还有一种条约则是与潜在的敌国签订的，通常称为互不侵犯条约，即约定其中任何一个缔约国在另一缔约国卷入战争时，应当保持中立，不得支持与另一缔约国交战的敌人。这种条约的目的主要是通过让潜在的敌国保持中立来达到孤立敌方，分化瓦解敌方阵营，从而使己方避免在军事上陷于不利地位。这在战前法律战中，尤其是在力量对比不利于己方的情况下，是一种很常见的做法。在 1939 年 8 月“二战”爆发前夕，德国就利用了英法与苏联之间的矛盾，与苏联签订了《苏德互不侵犯条约》，保证了德国进攻西欧国家时的后方安全。而在 1941 年 4 月，苏联在德国侵苏企图日益明显，而日本南进企图也开始显露之时，果断地与日本签订了《日苏中立条约》，使苏联得以避免与德日两大法西斯国家同时作战，能够集中全力先击败德国法西斯，再回头参加对日本法西斯的最后一战。

此外，在世界上出现一国侵略他国或其他严重破坏世界和平的事件时，联合国安理会能够通过决议，实施集体安全措施，授权其成员国采取军事行动制止侵略，恢复和平。对于安理会的决议，每一个联合国的成员国都必须遵循，不得违抗。因此，在几乎每个国家都是联合国会员国的当今世界，如在采取军事行动时能获得联合国的授权，那对于争取盟友，孤立敌方，无疑具有巨大的帮助。

3. 动员国内军民，做好战争准备

一个国家只要不是遭到突然袭击，在有迹象表明战争将要到来的时候，总会采取措施，动员起国内所有可用于战争的人力、物力，为即将到来的战争做好准备。在一个法治国家，动员也需要依法进行，有条不紊地层层展开。因此确保依法完成动员也是战前法律战的任务之一。

动员可分为精神动员和物质动员两个层面。战前法律战在精神动员层面发挥的作用主要是向国内军民宣传己方在将来可能使用武力时的合法理由，体现己方使用武力完全是正义的、合法的，是为了维护国家的安全和世界的和平；同时揭露敌方没有使用武力的合法理由，如果动武就是非正义的、非法的，是必将失败的。这样就能够使己方军民怀着必胜的信念，同仇敌忾，做好战争准备。在物质动员层面发挥的作用则是通过制定和实施相关的法律法规，保证在动员令下达后，各种人力、物力的动员工作能够依法有条不紊地迅速进行，如适龄青年被迅速编入各作战部队，军需物资被有组织地调运，交通工具被有组织地征用，等等。在世界各主要军事强国都有一套比较完备的战争动员法律制度。我国这几年也制定了《国防法》等法律，并在进一步完善相关立法。

4. 通过实施战前法律战，打击敌方的战争潜力和民心士气，为战争爆发后的军事行动创造便利条件

具体做法就是通过各种途径，在战前就开始实施法律经济战、法律舆论战和法律心理战等，使敌方在实际开战前就在经济实力和军事潜力上受到削弱，在民心士气上遭受打击。

我们在前面谈到了法律经济战、法律舆论战和法律心理战等法律战模式，其中的很多作战手段、方法都不必等到战争爆发，而在战前很长一段时间就可以实施。如美国在1941年7月底，即太平洋战争爆发前4个多月就通过法案，冻结日本的海外资产并对日本进行石油禁运；而法律舆论战、法律心理战开始的时间可以提前至战争爆发前的几个月，甚至几年。

在战前实施法律经济战的目的是通过对敌方经济上的限制来削弱敌人的经济实力和军事潜力，使己方在可能爆发的战争中占得先机。一般可以在战前实施的法律经济战措施包括制定法律或与有关国家达成协议，对敌实施贸易禁运、限制投资和冻结海外资产等，如得到了联合国的授权，还可对敌实施封锁，彻底切断其与外界的经济联系。实施法律经济战后，一般来说敌方的经济收入会减少，一些扩充军备所需的原材料、零配件和高技术产品的来源被切断，导致经济实力和军事潜力整体下降，战争潜力受到影响，有些国民经济严重依赖海外市场的国家甚至会面临经济崩溃的局面（如受到经济制裁的伊拉克）。但有时，敌方在经济上遭受重创后，会狗急跳墙地向己方发动进攻。如1941年美国为遏制日本侵略而对日本实施石油禁运后，日本即将美国视为仇敌，偷袭了美国海军基地珍珠港，挑起了太平洋战争。因此，在实施法律经济战的同时应随时防范敌方可能发动的袭击。

在战前实施法律舆论战的目的是为己方使用武力的行动争取有利的国内外舆论环境，同时将敌方置于沉重的舆论压力之下，使其军事行动背上负担，民心士气受到打击。通过各种宣传工具和新闻媒体，反复宣传己方使用武力在法律上和道义上的依据，同时揭露敌方缺乏使用武力的法律依据，报道敌方的各种违法行径，对其进行猛烈的舆论攻击。例如，早在1990年伊拉克军队占领科威特后不久，西方新闻媒体就开始大量报道伊拉克军队在科威特抢掠财物，虐待、迫害科威特平民，扣押西方人质等违反国际法的行径，对伊拉克构成了巨大的舆论压力。在这种压力之下，伊拉克被迫在开战前释放了西方人质，为多国部队的军事行动扫清了障碍。而美国为首的多国部队则通过战前的法律舆论战，被贴上了“正义之师”的标签，为其将要对伊拉克实施的军事打击涂上了一层“解放科威特人民，伸张正义”的神圣光环，从而得到了国际社会的广泛支持；同时成功地孤立了伊拉克，打击了伊拉克军民的士气。

在战前实施法律心理战的目的是在战前即给敌方军民造成沉重的心理压力，打击他们的士气，使之在开战后不愿、不敢与己方作战，达到不战而屈人之兵。通过各种途径，向敌方军民不断灌输己方将来使用武力的合法性、正义性和敌方如非法使用武力可能给普通的敌方士兵和平民带来的灾难性后果，劝诱敌方军民在开战后向己方投诚或起来反对他们政府所进行的战争。在海湾战争开战前，美军心理战的主题就是着重宣传联合国规定的1991 年 1 月 15 日最后期限，告诉伊拉克军民，在 1 月 15 日之后如伊方仍不执行联合国决议，那么以美军为首的多国部队就可在联合国授权之下合法地对伊拉克进行军事打击。[①]通过反复宣传这一最后期限使伊拉克人感到“末日来临”一般的恐惧，严重动摇了他们的士气。

通过对比海湾战争和伊拉克战争的战前法律战，我们就可以对其重要性有更进一步的认识。在海湾战争爆发前，伊拉克和美国曾展开过激烈的战前法律战。伊方为占领科威特提出了诸多理由，如伊拉克和科威特历史上曾属于一个国家，科威特“偷窃”伊拉克的石油，不执行 OPEC 限产协议，等等，并将自己打扮成阿拉伯民族利益的代表。但其无视科威特现在是一个为国际公认的独立主权国家的事实，悍然入侵并占领科威特，违反了国际法中至关重要的“尊重国家主权和民族自决权”原则，构成了侵略；又拒不执行联合国安理会要求其从科威特撤军的决议，使其占领科威特，武力对抗多国部队的军事行动完全丧失了合法性，不仅在国际社会普遍遭到反对，在阿拉伯世界内部也面临空前的孤立。而美国趁机将自己打扮成“海湾阿拉伯国家的保卫者”，成功地促使联合国安理会通过了授权其使用武力将伊军赶出科威特的 678 号决议，组建了多国部队，取得了几乎所有西方国家和大部分阿拉伯国家的支持，既在政治上赢得了主动，又从法理上确保了以后军事行动的顺利进行。还通过战前的法律舆论战和法律心理战成功地瓦解了伊军的斗志。但在伊拉克战争爆发前，伊拉克改变策略，采取了与联合国合作的态度，积极执行安理会决议，配合联合国的武器核查工作，结果美国迟迟没有得到联合国安理会的动武授权，反而在联合国中陷于孤立，俄罗斯和美国的盟国法国、德国均明确反对动武，大部分阿拉伯国家也表示反对。世界各地，包括美国国内还不断爆发反战示威游行。最后，美国在英国等部分盟国的支持下强行开战，但由于未得到动武授权，师出无名，在战前也没能实施有效的法律舆论战和法律心理战，结果美军在伊拉克的部分地区遭到伊军民的猛烈抵抗。在战争结束后，伊拉克人民的抵抗非但没有减弱，反而日益强烈，一些国际恐怖分子也趁机浑水摸鱼，使美军陷入了伊拉克泥潭。

上述表明，美国在海湾战争的战前法律战中获得胜利，师出有名，对其战争胜利起到了巨大的辅助、推动作用；而在伊拉克战争的战前法律战中失利，使美军师出无名，面对伊拉克人民的反抗，国内民众和国际社会的反对，美国面临着巨大压力。战前法律战的重要性由此可见。

---

① 俞正山主编:《武装冲突法》，军事科学出版社 2001 年版，第 149 页。

（二）战中法律战

“战中”，就是指从战争爆发到战争结束的这一段时间。前面已说过，现代战争爆发就是指敌对双方已实际使用武力进行军事对抗。但有时，敌对双方在全面战争爆发之前就会发生一些零星的、时断时续的武装冲突。这些武装冲突爆发时，双方尚没有进行全面的战争，从整体上来说仍维持着和平，属于“战前”阶段；但在发生武装冲突的地区，发生冲突的双方部队实际上已进行了武力对抗，故这些地区和部队应已进入了“战中”阶段。

战争结束也有着多种形式，包括：双方实际终止作战行动、签署停战协定、一方宣布投降和一方或双方宣布战争结束等。现在一般认为只要双方已实际终止作战行动，战争即已结束。因此，从敌对双方已实际进入武装冲突阶段开始，到双方停止武力交战，终止作战行动为止实施的法律战，就被称为战中法律战。

对战中法律战进一步分类，又可按实施地点的不同将其分为战场上的法律战和战场外的法律战。战场上的法律战主要包括与军事行动紧密结合的法律军事战和在战场上实施的法律心理战等，而战场外的法律战则包括在两军交战的战场以外进行的法律政治战、法律经济战、法律舆论战、法律心理战等各种法律战模式。

战场外的法律战基本上是战前法律战的延续，但在力度上要进一步加强，内容也比战前法律战更为丰富。对己方军民，要大力宣传我方使用武力的合法性、正义性，特别是要说明战争并不是己方主动追求的，而是敌方强加到自己头上的，己方是在迫不得已的情况下依法拿起武器，保卫国家的主权和利益，维护世界和平。对敌方军民，要严正指出他们正在进行的战争的非法性、非正义性，以及继续追随他们的政府进行战争将会面临的严重后果，并宣传己方严格按照战争法规则作战，保护平民，优待俘虏，鼓励敌方军民投诚。在条件许可的情况下，对敌方实施海空封锁，拿捕或击沉敌国的商船，彻底切断其与外界的经济联系。同时，在全世界范围内宣传己方使用武力的正义性和合法性，争取世界人民的支持，与其他国家缔结盟约，令其加入己方阵营，或签署互不侵犯条约，使其保证不援助正在与己方进行战争的敌方。在联合国或国际法院揭露敌方非法使用武力，挑起战争的罪行，等等。

此外，尽管与战场上的法律战相比，战场外的法律战与军事行动的联系并不那么紧密。但由于战争爆发后，敌对双方的军事行动已经开始，因此不仅在战场上实施的法律战要为军事行动服务，战场外实施的法律战也要紧密围绕着军事行动进行，与军事行动相配合。虽然实施地点在两军实际交战的战场以外，但战场外的法律战也能够为己方的军事行动扫清障碍，提供便利，也可以限制敌方的军事行动，防止敌方使用违法的武器和战法作战。例如，己方在进攻敌国与第三国相邻的某个地区时，可以通过法律政治战，与该国结盟共同发动进攻或使该国保持中立，不干预己军的作战行动。在得悉敌方准备使用生化武器或其他为国际法所禁用的武器攻击己方时，己方可通过各种宣传工具和新闻媒体，将敌方企图公之于众，使之受到巨大的舆论压力而难以使用违禁武器，同时警告敌方己军已做好各种防护准备，告知敌方违法作战将会遭到己方的严厉报复。在占领敌方领土后，及时向居民发放各种生活物资；在俘获敌军战俘后，尽可能予以优待。这样既是履行战争法规定的义务，又可体现己军善待平民，优待战俘，以消除敌方军民对己军的反感和恐惧，促使他们向己方归降。

同时，军事行动取得的胜利，也能为战场外实施的法律战提供有力支持。依托军事行动给敌人造成的惊慌和震撼，法律舆论战、法律心理战可以发挥出更强大的威力。如将己军在前线彻底摧毁负隅顽抗的敌军的录像和依法优待敌军战俘的录像结合起来，通过专用于心理战的电视台或网络播放给后方的敌方军民观看，两者对比之下，可以更有效地摧毁敌方军民的斗志，使他们在上前线时不敢、不愿与己军对垒，甚至主动向己方投降。此外，军事行动的胜利还可以给法律政治战提供支持，使原本处于观望状态的中立国与己方订立盟约，投入己方阵营。如在美国独立战争时，美方在开战后即向英国在欧洲的宿敌法国求援，但法国一直未给予明确答复，直到 1777 年美军取得萨拉托加大捷后，法国看到了美国人民的力量，才于 1778 年正式承认美利坚合众国，并与之订立军事同盟条约，共同对英作战，为原本孤军作战的美军提供了有力支持。

战场上的法律战原本就是伴随着军事行动的进行而实施的，与军事行动之间更是存在着不可分割的联系。但是，在两军交锋的战场上，情况的复杂性和多变性是常人难以想象的。在战争开始，双方武装部队开始接触后，战场上的情况是瞬息万变的，忽而敌攻我守，忽而敌守我攻，战机也是稍纵即逝的。在“二战”的敦刻尔克之战中，德军装甲部队仅停下休整了两天，就有数十万英法盟军部队趁机通过海路撤退到英国。为争取主动权，敌方可能还会使用很多为战争法所禁止的武器和战法作战，如利用平民和战俘掩护军事目标，使用背信弃义的战法，施放生化武器等。这时，要己方部队在战场上严格依法作战也是十分困难的。有的指挥员可能因此会说：“在战场上看到敌人，打就是了，管他什么法律不法律的，累不累啊！”

但是，战争法规则却是客观存在的，各种国际公约和战争惯例，构成了一套比较完善的战争法规则体系。在战场上，如果无视战争法规则，乱打一气，在消灭敌人的同时给一般平民造成了太多不必要的伤害，或在敌人已停止反抗的情况下继续攻击，反而会给敌人可乘之机，大肆宣传己方违背战争法，使己方从“有理”变成“没理”，给今后的军事行动背上不必要的负担，严重的甚至会导致己方进行的战争失去国内人民的支持和国际社会的理解、同情，成为敌方孤立我方的良机。因此，在战场上，一定要坚持依法作战，严格遵守一般的战争惯例和我国加入的各项国际公约。

应该说，我军是有着依法作战的优良传统的。但在复杂多变的战场上，我们不能只是消极地遵守规则，不能让这些规则成为在交战中束缚我们手脚的绳索，而是要积极利用这些规则，为我方的军事行动扫清障碍，提供便利，尽可能限制敌方的军事行动，防止敌方使用违法的武器和战法作战。这才是在战场上实施法律战的目的所在。要打好战场上的法律战，要做到如下几点。

1. 在战争爆发前就要提高部队的法律战素养

在平时，组织官兵学习一般的战争惯例和我国加入的各项与战争有关的国际公约，令我军官兵能够熟悉最基本的战争法规则。在培养指挥人才的军校内，还要在其培养课程内专门加入有关法律战的课程。还可以考虑在军中配备律师，战时专门负责实施法律战，这些在前文已有专门介绍，在此就不再赘述。

2. 在战争爆发后，部队开上战场时，就要求全体官兵，特别是指挥员，一定要头脑冷静，具备随机应变的素质

在战场上任何情况都有可能发生，敌人可能将军事目标分散在平民区内，以平民为掩护向我方发动攻击；可能会使用背信弃义的作战方式，装扮成平民、中立国人员或假装投降，然后突然向我军发动攻击；可能将战俘或平民作为人质关押在重要军事设施内，阻挡我军摧毁该设施；可能会使用违禁武器；等等。面对这些情况，官兵们，尤其是部队指挥官应当保持镇定，切忌不分青红皂白乱打一气，而是要冷静地判断形势，并依据不同形势实施相应的对策，具体如下。

第一，如果正面的敌人处于守势，我军只是先派部队将敌人包围起来，向其施加军事压力，那么此时的法律战行动一般是：通过各种途径搜集敌军违反战争法规则作战的各种证据，对敌军发动心理攻势，一方面向敌军严正指出其违法作战的非法性以及将要承担的严重后果，即违法作战的部队将遭到我军的严厉报复，对违法作战负有责任的个人将被作为战犯追究刑事责任；另一方面则向他们宣传我军严格依法作战，按照《日内瓦公约》的规定优待战俘，只要他们立即停止违法作战，向我方投降，我方一定既往不咎。还可以与战场外的法律战结合起来，将我军搜集到的敌军违法作战的证据通过新闻媒体，向全世界公布，给敌方造成巨大的舆论压力。这样法律心理战和法律舆论战相结合，战场内的法律战和战场外的法律战相结合，瓦解敌军士兵的斗志，打消他们的士气，兵不血刃地使他们向我方投降，这样也可以减少我方官兵和无辜平民的伤亡。

第二，如果当面的敌人对我军主动发起攻击，或者其据守的地点是我方必须占据的要地，如不夺取我方军事行动会产生较大妨碍，那我方就必须使用武力发动攻击，将敌人消灭。不过，即便如此，我们还是要遵守战争法规则进行作战，想办法尽量保护我方士兵和无辜平民的安全。

保护我方士兵的措施包括：在对敌军士兵受降时，应当保持高度警惕，在己军的掩护下解除敌兵的武装，并进行严格搜身以确保其没有暗藏武器；在战区内遇到中立国或相关国际组织的人员时，应要求其出示证件，对形迹可疑者，应带回部队做进一步调查；在战区周围设立检查站，对企图进出战区的人员进行盘查，对可疑者立即拘押，以防敌军士兵化装成平民进行增援或逃跑。

保护无辜平民的措施则包括：在进攻敌军据守的一座拥有大量居民的城市时，可以先发布公告，要求市内的和平居民在一定期限内尽快出城，接受我军保护（当然对出城的居民也要加以甄别，防止敌军士兵冒充平民混出城）；然后在对城市发动攻击时，先派出侦察小队或侦察机，发现敌军的据点后立即使用精确火力进行打击，这样可以避免狂轰滥炸给无辜平民带来过大的生命财产损失；当敌军以大量平民作为“盾牌”向我方进攻时，我方可以使用迫击炮等曲射武器，对躲在“盾牌”后面的敌军进行打击，并制造条件使平民得以及时逃离。当然，即便如此也无法完全避免战争中平民的伤亡，但我们要在战斗的同时搜集足够的证据，在敌方诬蔑我军攻击平民时，证明我军已尽全力采取了一切可能采取的措施对平民加以保护，同时严厉谴责敌军违反战争法，用平民掩护其军事目标的战争罪行。

第三，如敌军使用违禁武器或者背信弃义的战法，对我方军民造成重大损失时，我军可以在战场上进行报复。但报复应遵循告知原则、比例原则和人道主义原则，不得将平民、战俘、医疗设施、自然环境和文物古迹等列为报复目标。

在战场上，除了要有冷静的头脑和灵活的反应以外，有时还要有丰富的想象力，这样才能在法律战中占得上风。1989 年美军入侵巴拿马时，巴拿马领导人诺列加逃入梵蒂冈驻巴拿马大使馆请求庇护，由于大使馆是受到国际法保护的建筑，任何人不得擅入，加上梵蒂冈在天主教世界中享有至高无上的权威，因此追击诺列加的美军只得停在大使馆门外。但美军马上想到个办法，用大功率的喇叭日夜不停地在使馆外播放摇滚乐，吵得大使馆内的诺列加几天几夜都无法休息，精神几乎崩溃，最后只得走出使馆投降。美军从而在未动武力侵犯大使馆的情况下完成了捉拿诺列加的任务。

(三) 战后法律战

现代战争结束一般以双方实际终止作战行动为标准。战后法律战指敌对双方在停止武力战之后运用法律进行的对抗。其对于战后格局的安排和战争目的的实现具有十分重要的意义，如果不加以重视，随便应付了事的话，不仅会导致己方的权益遭受重大损害，甚至会使战争中军事上取得的胜利付诸东流。

战后法律战发生在战争结束之后，这时要么胜负已分，要么双方都无力再进行战争，因此双方进行战后法律战的目的已不可能是争取战争胜利，而是在战后争取对本方有利的局面，最大限度地实现各自的利益才是他们的首要目的。

一个国家在国内战争结束后，如政府的反对势力被彻底击败，或者反对势力反而击败了政府成为新的统治者，国家一般都会通过立法来将新的政治格局固定下来。如俄罗斯在第二次车臣战争之后，就在车臣当地举行全民公决，制定新的车臣宪法，强调车臣共和国应在俄罗斯联邦之内享有自主权，从法制上确认车臣共和国是俄罗斯不可分割的领土。在国内战争中，如果双方相持不下，谁都不能吃掉谁，那一般会签署停火协议，这种停火协议虽也具备法律效力，但通常是不稳固的，一旦双方力量对比发生变化，新的战争又会开始。

在国际战争结束时，敌对双方一般会召开和会，签订和平条约。在和约中通常会对战争中双方的争端事项做出约定，并明确规定双方今后的权利和义务，如前面提到的雅克萨之战后，中俄双方签订的《尼布楚条约》，就对存在争端的中俄边界进行了明确划分。和约签订之后，双方才正式结束敌对状态，同时和约的内容开始对双方发生法律约束力。因此和约的签订成了战后法律战的一个重要斗争过程，在这一过程中，双方都需要引用国际法、国际惯例和国内法等各种法律依据，为本方争取最大利益。一般来说，如果战争分出胜负，那在战后签订的和约对于战胜一方比较有利，战胜一方可凭借其在政治、军事上的优势迫使战败一方订立败军之盟，从战后安排中获得大量实际利益。例如第一次世界大战结束后，战胜的协约国就瓜分了战败的德国所有的海外殖民地，将德国部分领土并入法国和波兰，严格限制德军的军备，并勒索巨额赔款。这些措施严重削弱了德国的国力，保证了英法等协约国在欧洲和世界的霸权。但有时，战败一方如具有高超的外交手腕和深厚的国际法知识，也能够化被动为主动，为本国争得若干权益。如拿破仑战败后，代表法国出席维也纳和会的外交官塔列朗利用反法同盟内部列强间的矛盾，提出了“正统主义”的国际法原则，主张“王位或领土除非经合法的占有者放弃，不得随便处理”。[①] 这一主张得到了主张均势的英国和在拿破仑战争中失去土地和王位的欧洲国家国王的支持，结果法国不仅摆脱了战败国的狼狈地位，在最后签订的和约中保住了国家的大部分领土和主权，还成为维也纳和会指导委员会成员之一，为法国重返欧洲大国政治舞台奠定了基础。

在召开和会，签订和约时，不仅原先敌对的国家之间会爆发法律战，在战胜国内部也会为争夺或维护各自的国家利益而爆发法律战。例如在一战结束后，战败的德国通过不平等条约在我国山东半岛上非法攫取的殖民权益本应予以废除，但在巴黎和会上，与我国同为战胜国的日本却要求继承战败的德国在山东半岛的一切殖民权益，并对山东进行了非法的军事占领。英法等国忙于瓜分战利品，对日本的要求几乎全盘答应，并将其写入《凡尔赛和约》。由于我国民情激愤，我国外交代表团拒绝在和约上签字，以表示我国对和约中有关山东问题的条款不予认可，使该条款无法生效。有时战胜国之间的矛盾过于激烈，仅依靠一次和会无法协调，部分战胜国还会另外召开会议，专门就某些问题达成具有法律约束力的协议。如在《凡尔赛和约》签订后不久，美、英、日等国就为了解决在巴黎和会上未能达成一致的，有关海军军备控制和划分在远东势力范围问题，召开了华盛顿会议。与会各国在会上订立了《九国公约》，要求各缔约国在中国遵循美国提出的“门户开放和机会均等”原则，迫使日本撤出非法占领的中国山东半岛；还就控制海军主力舰只的吨位和各国间的吨位比例订立了《限制海军军备条约》。这些条约均打击了日本在远东的霸权，

① 王绳祖、光仁洪等主编：《国际关系史》（第2卷），世界知识出版社1995年版，第5页。

保障了英美等国的利益。因此，战后法律战中围绕国家利益进行的斗争同样十分激烈和复杂，对此决不能掉以轻心。

除订立和约之外，战胜国还会通过一种方式来维持战后的格局，保障本国的利益。这就是通过签订国际条约，成立某些国际安全组织，来保障战后形成的国际格局。如欧洲反拿破仑战争之后，俄国、普鲁士、奥地利三国签订《神圣同盟条约》，成立了以反对民族民主革命为宗旨的神圣同盟；“一战”后英法等国成立国际联盟；“二战”后反法西斯盟国签署《联合国宪章》，成立联合国，等等。这些组织若要有效运作，就要建立针对可能危害现存秩序的事件设立一定的强行机制，如“神圣同盟”就规定同盟可以对各成员国境内的革命活动进行镇压；联合国则授权其安全理事会必要时对于侵略和其他危害世界和平的事件采取集体安全措施。战胜国要利用这些组织及其强行机制来维护战后的格局和本国的利益，而战败国也可通过加入这些组织及其强行机制，来显示其已经接受了新的国际格局，不会再对其进行挑战，同时提升本国的国际地位，这有时也会引发法律战。例如最近，“二战”中的战败国德国和日本都在谋求成为联合国安理会的常任理事国，并要求联合国删除其认为已过时的“敌国条款”，以提升本国的国际地位，扩大对国际事务的发言权，结果与韩国等其他一些会员国发生了激烈冲突。这在某种意义上来说也属于战后法律战。

战后法律战的另一项重要任务就是追究战争责任。战争责任以前是战胜国对战败国的一种惩罚，以追究战争责任为名要战败国割地赔款。如普法战争中法国战败后，被迫将盛产煤铁的阿尔萨斯和洛林割让给德国，并赔款50亿法郎。但“二战”以来，随着新的国际关系得到建立，国与国之间弱肉强食的局面有了一定的改变。现在追究战争责任主要是对发动侵略战争以及在战争中违反战争法规则的国家和个人的一种制裁，也是对在战争中遭受损害的国家与个人的补偿。战争责任可以分为个人的战争责任和国家的战争责任。

追究个人的战争责任，是为了通过惩治发动侵略战争和违反战争法规则，犯下战争罪行的个人，来使他们为其犯下的罪行受到应有的制裁，为受害的国家和人民伸张正义。同时警示侵略国国民，特别是后代的政治家和军人，让他们有所忌惮，不敢再发动侵略战争或在战争中随意违反战争法规则。有时，出于威慑敌军，打击其违法作战的需要，也可以在战争中对于某些违反战争法规则的敌军官兵追究其个人的刑事责任。但这种情况并不多见，大多数情况下，追究个人战争责任的工作还是放在战后进行的。追究个人的战争责任包括追究个人在国内战争中的责任和个人在国际战争中的责任。

追究个人在国际战争中的责任，在原则上并无太大争议，但在实际的司法审判中却完全可能稍稍走样甚至大大走样。“二战”以后，世界各国普遍同意对在国际上发动侵略战争和违反战争法规则，犯下战争罪行的个人，加以制裁并追究其刑事责任。对于其责任的追究，一般由国际司法机构以国际法为依据进行，被告不得以“执行国内法”“履行职务”等理由进行抗辩。“二战”后的欧洲国际军事法庭和远东国际军事法庭就对主要的轴心国战犯进行了审判。但是，在远东国际军事法庭中有较大发言权和影响力的美国，却肆意包庇了某些日本战犯，或故意放过了战犯的某些罪行。现今成立的国际刑事法院，使国际社会有了一个追究个人战争责任的常设机构，大大提高了国际社会打击战争犯罪的能力。除国际司法机构外，犯下战争罪行的个人的国籍国，其犯罪行为的受害国及其他国家的司法机构，也可以对其犯下的战争罪行进行追究。

追究个人在国内战争中的责任，与追究个人在国际战争中的责任相比，是较为复杂的。根据国家主权原则，追究个人在国内战争中的责任应由其本国司法机构进行，所依据的法律也应为本国法。如1649年，英国国王查理一世就因反对议会，挑起内战而被法院判处死刑，送上断头台。美国内战结束后，美国联邦法院也对罗伯特·李等带头叛乱的南方奴隶主首领判处刑罚。但有时，由于国内法在战争犯罪等方面缺乏相应规定，加之本国的司法机构可能会出于种种原因包庇与本国政府有关联的被告，使之不能受到公正审判。因此，近年来联合国和一些西方国家的司法机构开始受理在国内战争和武装冲突中发生的战争犯罪案件。如联合国前南斯拉夫国际刑事法庭管辖的就是前南斯拉夫联邦共和国境内自1991年以来的屠杀平民、种族灭绝等战争犯罪行为，而这些罪行绝大多数都发生在从南斯拉夫联邦共和国内分裂出来的克罗地亚、波黑等国的内战中。卢旺达国际刑事法庭则专门对卢旺达内战中发生的屠杀、种族灭绝等战争犯罪行为进行调查和审理。新设立的国际刑事法院也明确规定在国内武装冲突中发生的种族灭绝罪、战争罪和反人类罪属于其管辖范围以内。而有些西方国家的司法机构也根据对战争犯罪的普遍管辖权，对别国国内武装冲突中犯下战争罪行的罪犯进行了审判。这样的审判是否会构成对国家主权的侵害？是否会给别的国家干涉一国内政制造借口？笔者认为这是有可能的。正像前文已经介绍过的那样，外国司法机构的裁决极有可能受到本国政策的影响，很难保证其公正性。而国际司法机构的运作严重依赖西方大国，受到西方大国的巨大影响，也使其公正性存在问题。美国在科索沃战争后，以南联盟领导人米洛舍维奇在科索沃打击阿尔巴尼亚族分裂分子的军事行动中实施“种族清洗”，制造“人道主义灾难”为由，将其送上前南斯拉夫国际刑事法庭的被告席，更让人觉得联合国的司法机构沦为美国等西方大国干涉他国内政、“收拾”他们看不顺眼的国家领导人的工具。

《日内瓦公约关于保护非国际性武装冲突受难者的附加议定书》第3条明确规定：“本议定书的任何规定均不应援引以损害国家的主权，或损害政府用一切合法手段维持或恢复国内法律和秩序或保卫国家统一和领土完整的责任。”因此，外国司法机构和国际司法机构对一国国内战争或武装冲突中战争犯罪的普遍管辖不应损害该国的主权。我国应当坚持国家主权原则，并援引联合国大会通过的《关于侦查、逮捕、引渡和惩治战争罪犯和危害人类罪犯的国际合作原则》第5条所确定的“有证据证明犯战争罪和危害人类罪的人应在犯罪地国家受审，如经判定有罪，由犯罪地国家加以惩治”的一般原则，对于今后在我国可能进行的国内战争或武装冲突中发生的战争犯罪，由我国司法机构进行独立自主地追究有关个人的刑事责任。非经我国同意，任何外国司法机构或国际司法机构均不得擅加干预。

在国际战争结束后，除了追究个人的战争责任，还要追究国家的战争责任。追究国家战争责任的依据是国际法，主要包括以下几种方式。

一是放弃非法占领的土地。在过去，战胜国对战败国施加的惩罚之一就是要求战败国割让土地，有时战败国甚至整个国家都被战胜国吞并。“二战”以后，割让土地这种做法由于违背国家主权原则和民族自决权原则，被国际社会摒弃。但是，在战前或战争中被战败国非法占领的土地，战败国必须放弃，并按照不同的情况，或归还其他国家，或允许其独立，或交由国际社会托管。如日本在“二战”中战败之后，其自甲午战争以来从中国夺取的土地，包括台湾、澎湖和我国东北地区，全部归还给中国；允许朝鲜独立；“一战”中从德国手中夺取的太平洋中的岛屿交由联合国托管；太平洋战争中夺取的东南亚地区（大多为殖民地）则交还原宗主国或允许其独立。

二是赔款。赔款是发动侵略战争或在战争中违反战争法规则作战的国家，给战争中受到损害的国家和个人的赔偿。战争赔偿以发动战争或违法作战的国家给受害国及其人民造成的实际损失为限，既包括受害国家和人民的物质损失，也包括给受害国人民带来的人身和精神损失。“二战”后的联邦德国和民主德国均向德国法西斯侵略的受害国支付了巨额赔偿，此外，联邦德国还主动向 16 个欧洲国家支付了 10 亿马克，提供给在这些国家受到纳粹迫害而没有提出个人赔偿要求的人。[①]

三是限制主权。按照国际法，一个国家拥有多少军队，在何处驻军，发展何种武器装备完全属于该国主权范畴内的事务，他国不得干涉。但对于曾经发动侵略战争的国家，为防止其日后继续发动战争，威胁其他国家的安全，可以通过相关的法律文件，对其国家主权进行限制。这种限制可以体现在和约中，如《凡尔赛和约》就规定德国陆军不得超过 10 万人，禁止拥有坦克、飞机和潜艇等武器装备，莱茵河东岸 50 千米内不得驻军，西岸由联军占领 15 年；也可以通过该国的国内立法得以体现，如“二战”后日本制定的“和平宪法”就规定日本放弃国家交战权，且不得拥有陆海空军及其他战争力量（但日本后来又成立了“专守防卫”的自卫队）；还可以由联合国安理会通过相关决议来实施，如海湾战争后，美英等国就促使联合国安理会通过决议，要求伊拉克放弃大规模杀伤性武器并接受联合国武器核查人员的核查，在核查证明其彻底放弃大规模杀伤性武器之前，继续执行对伊拉克的经济制裁。

以上三种方式，都会给被追究责任国家的国力造成一定影响。尤其是限制主权的方式，可以严重削弱一国的军事实力，对其战争潜力造成致命打击。因此海湾战争后，美英等国对伊拉克实施了战后法律战，促使联合国通过相关决议，既迫使伊拉克放弃了大规模

① 丛文胜：《战争法原理与实用》，军事科学出版社 2003 年版，第 215 页。

杀伤性武器，削弱了其军事实力，消除了其对周边国家和中东美军的威胁；又使伊拉克陷于无休止的武器核查之中，经济制裁迟迟得不到解除，国民经济陷于崩溃边缘，战争潜力被进一步削弱，并为日后发动伊拉克战争，彻底推翻萨达姆政权埋下了伏笔。

（四）军事对峙状态下的法律战

我们定义法律战为围绕武力战而运用法律于军事斗争，因此法律战的时域一般是指武力战的战前、战中和战后。但除了紧密围绕着武力战进行的战前、战中和战后法律战之外，还有一种法律战是在敌对双方虽关系紧张，但并未爆发战争或武装冲突，仅处于军事对峙，即“冷战”而非“热战”状态下实施的。我们姑且将其称为军事对峙状态下的法律战。这是一种隐性的狭义法律战。军事对峙可以是敌对双方间矛盾的酝酿和积累阶段，作为一场大战的前奏，如一战前德意奥同盟国集团与英法俄协约国集团的军事对峙；也可以是一场大战之后敌对双方或胜利者之间未解决矛盾的延续和发展阶段，如“二战”后的美苏冷战，朝鲜战争后朝鲜和韩国之间延续至今的军事对峙，中国台湾海峡两岸的军事对峙等。因此，军事对峙状态下的法律战与战前法律战和战后法律战有着密切联系，既可以由战后法律战中未解决的矛盾发展转化而来，其本身也可由于矛盾激化，对峙双方走向战争而发展成为战前法律战。

尽管军事对峙状态下的法律战与战前法律战和战后法律战有着密切联系，但与两者相比还是有其明显特点的。实施战前法律战时，战争爆发基本上已成定局，因此进行法律战的主要目的是要找到并大力宣传己方使用武力的合法理由，同时不让敌方得到动武的合法理由，还要寻找开战后能助己方一臂之力的可靠盟友，孤立敌方；但在军事对峙状态下，战争是否会爆发还是未知数，因此实施法律战是要尽力避免战争发生，着眼于在一段较长的时间内通过各种非武力方式，力争不战而屈人之兵。实施战后法律战时，战争刚刚结束，实施法律战的主要着眼点在于战后的政治格局和战争责任的追究，而在进入军事对峙阶段时，战后格局已基本形成，战争责任也已追究完毕，这时进行法律战的主要着眼点就在于未来，在于如何通过非武力的方式维持或突破现有格局，以争取和维护己方的利益。由于军事对峙状态下的法律战有着上述特点，因此在实施时，主要包括如下措施。

1. 与有关国家订立长期条约，结为长期军事同盟，孤立敌方

在战前法律战中，我们也曾说到要缔结同盟，孤立敌方，但这时由于临近开战，因此既可以签订共同防御条约结为长期军事同盟，也可以仅签订一些临时协议，结为临时伙伴。但如果是面临着长期军事对峙的局面，那就最好是缔结共同防御条约，将长期军事同盟关系通过条约在国际法上固定下来。如在美苏冷战时，美国与英国、法国、加拿大等西方国家于 1949 年签订《北大西洋公约》，成立了政治军事同盟——北大西洋公约组织。而苏联也于 1955 年与波兰、捷克斯洛伐克、罗马尼亚等东欧国家签订了《华沙条约》，也成立了政治军事同盟——华沙条约组织。整个冷战期间，美苏之间的军事对峙就具体反映在北约和华约两大军事集团相互间剑拔弩张的对立上面。

如由于某些原因，有的国家一时难以与有关国家缔结军事同盟，那也可以先与其订立一些长期协议，使己方能够在其境内建立长期军事基地，驻扎军队和得到长期的后勤保障方面的便利，等等。而且这些协议一旦签订，就具有国际法上的约束力，即使后来该国政局发生变动，不友好的政治势力上台，也不能轻易更改或撤销这些协议。如美国于 1903 年与当时的古巴政权签署了租借关塔那摩海军基地的长期协议，1934 年美古两国又进一步签署了永久性租用协议，规定只有关塔那摩基地被废弃或经两国协商同意，古巴才可收回该基地。后来尽管古巴发生革命，卡斯特罗执政，但该协议依然发挥着法律效力，至今关塔那摩作为美国海军基地的地位未曾改变。

当然，如果有些国家出于种种原因，既不能与本国结为军事同盟，也不愿与本国订立诸如防务合作、基地租赁、后勤保障方面的长期协议，那也可先与其订立条约，要求其保持中立，不得与跟本国正处于军事对峙状态的国家结盟或向其提供军事基地。如苏联就在 1948 年与芬兰订立《友好合作互助条约》，该条约在冷战时期对于确保芬兰中立，防止其倒向西方阵营，保障自己西北方向的安全发挥了重要作用。

2. 订立相关条约，控制军备竞赛

军备竞赛就是敌对双方竞相发展先进武器，以图在军力上压过对方。在军事对峙状态下，军备竞赛是极为常见的现象。但现代化的高技术兵器，如隐形飞机、导弹、潜艇、航空母舰等等，在研发阶段就需要用到大量的尖端科学技术，投入巨额资金，花费大量人力、物力。研发出来，装备部队后，还要花费资金、人力和物力对其进行维护保养，武器系统越精密，维护保养工作就越繁重。因此，军备竞赛会给双方带来沉重的负担，因此有时敌对双方会通过签订条约或协议来限制某些武器的研发和部署，这样既可以限制敌方发展此类武器给本方带来威胁，也可避免军备竞赛给己方带来过重负担。这些条约或协议可以在国与国之间签订，如美国和苏联就于 1972 年 5 月在莫斯科签订了《限制反弹道导弹系统条约》；也可以在国家集团之间签订，如 1990 年 11 月，北约 16 国和华约 6 国在巴黎签署了《欧洲常规武装力量条约》；甚至可以通过国际公约的形式，让世界各国前来签署，以约束进行军备竞赛的双方，如联合国大会就曾于 1966 年 12 月通过《外空条约》，规定各国不得在绕地球轨道上放置任何携带核武器或其他大规模杀伤性武器的物体；月球和其他天体须用于和平目的，禁止建立军事基地、设施和工事。[①] 至今已有美国、苏联（俄罗斯）、英国、中国、法国等 90 多国签署了该条约。

当然，在签署条约以及履行条约过程中，也会不断出现矛盾和冲突。这时一方面要坚持立场，在关键问题上不能做出原则性让步，另一方面则要充分利用已有的国际条约、协议、原则或惯例，进行大胆灵活的斗争。如在 1980 年代美苏两国就中程导弹问题谈判时，

---

① 王铁崖主编：《国际法》，法律出版社 1995 年版，第 335 页。

美英法德等西方国家就提出美苏双方不仅要削减中程核导弹，还要在短程导弹和常规武器方面也进行削减，以防削减中程核导弹后苏方利用其在短程导弹和常规武器方面的优势，破坏欧洲军事平衡。结果最终在华盛顿签订的《美苏消除两国中程和中短程导弹条约》中，要求双方对中短程导弹也进行削减，然后北约和华约成员国又签订了《欧洲常规武装力量条约》，对常规武器也进行了削减。如果对方执意破坏已达成的条约，另一方也可不受条约的约束，采取相应的反制措施，如美国执意违反 1972 年签订的《关于限制反弹道导弹系统条约》，研发、部署国家导弹防御系统（NMD）和战区导弹防御系统（TMD），于是俄罗斯也宣布该条约已失去意义，开始研发和部署本国的反导系统。

3. 通过实施法律经济战，限制敌对方的经济发展和军备建设

笔者在前文中已提到，通过实施法律经济战，打击敌方的经济活动，减少其经济收入，可以严重削弱敌方的经济能力和军事潜力，破坏敌方的军备建设，从而维持己方的军事优势或者双方的军事平衡。不过，在双方仅处于军事对峙而未爆发实际军事冲突时，实施法律经济战有个前提条件，就是己方对于作为法律经济战对象的国家或地区并无太大的经济依赖，而该国或该地区对于己方则存在很大的经济依赖，或者己方能够掌控其迫切要得到的重要资源。否则实施法律经济战不仅难以对敌方形成有效打击，反而可能伤及自身，影响自己的经济发展和军备建设。

鉴于双方仅处于军事对峙状态，因此有些在双方进入战争状态后才能实施或可能引发双方直接军事对抗的手段，如没收海外资产、封锁、拿捕商船等手段就不能使用，除非己方这些行动得到了联合国的相应授权。一般可以使用的手段包括：实施贸易禁运、阻止资金流入和冻结其海外资产等。其中贸易禁运是最常用的手段。在军事对峙状态下，双方可能还存在一定的贸易联系，因此实施较多的是部分贸易禁运，不向对方出口或不从对方进口某些特定产品来限制其经济和军事能力的发展。如冷战时期，美国、英国、法国、西德和日本等 17 个国家就曾于 1949 年 11 月成立“巴黎统筹委员会”，简称“巴统”。“巴统”的宗旨是限制成员国向与之处于军事对峙状态的社会主义国家出口战略物资和高新技术产品，为此专门制订了具有法律约束力的出口控制清单。列入清单的不仅包括军事装备，还包括尖端技术产品和稀有物资，总共上万种产品和物资。直到经历了东欧剧变，冷战结束后的 1994 年 4 月，“巴统”组织才宣告解散。而禁止、限制投资或汇款，阻止资金流入和冻结海外资产也是常用的手段。如美国就先后通过《赫尔姆斯－伯顿法案》《达马托法》等法律文件，禁止美国公司和外国公司向与其处于军事对峙状态的古巴、伊朗、利比亚等国进行投资；在伊拉克入侵科威特后，美国即冻结了伊拉克在美国的所有资产，海湾战争结束后，美国与伊拉克进入军事对峙状态，美国也以伊拉克未完全履行联合国决议，联合国对其的经济制裁依然有效为由仍冻结着这些资产，直至萨达姆政权被推翻后才解除冻结。

实施法律经济战的依据包括一国国内立法，国际条约、协议和联合国决议等，这些在前面已讲过，这里不再赘述。

4. 通过法律战，制止敌方滥用武力，破坏和平的行径

针对敌方滥用武力，侵略他国，破坏世界和平的行径，可以依据与盟国的共同防御条约或联合国的授权，使用武力主动迎击。但是，与己方处于军事对峙状态的敌方，一定具有相应的，能与己方抗衡的军事、经济实力，如贸然使用武力，发生战争，固然可能制止侵略，维护和平，但己方也可能损兵折将，蒙受巨大的人力、物力和财力的损失。两次世界大战已经证明，战争，特别是大国间的战争造成的破坏是惊人的，如在装备大量核武器的大国（如美国和苏联）之间爆发战争，那可能造成整个人类文明的毁灭。因此，在“二战”后，美苏等大国在对方的所作所为尚未侵害到自己的核心利益时，都尽量避免与对方发生直接冲突，引发战争。更多的是通过依据国际法，引用相关的条约、原则和惯例，争取在联合国通过相关决议，制止对方违法使用武力的行为；在国际社会发动法律舆论战，谴责对方滥用武力，破坏和平；并可与有关国家订立公开或秘密的条约、协议，向他们提供经济、军事援助；等等。通过这些手段“不战而屈人之兵”。如在越南战争时，苏联就在联合国谴责美国轰炸越南北方，大举干涉越南内战，导致战争升级的行径。通过新闻媒体，向世界揭露美军给越南人民带来的苦难和越南人民的英勇反抗；苏、中等社会主义国家还不顾美国的轰炸和封锁，依据与越南达成的协议，向越南提供了大量的经济和军事援助，帮助越南人民打败美国侵略者，统一了全国。而在苏联入侵阿富汗之后，美国也如法炮制，通过联合国对苏联的侵略行径进行谴责，通过西方国家的新闻媒体大量报道苏军在阿富汗攻击平民，滥杀无辜的行径，还依据与巴基斯坦达成的防御互助同盟条约，向巴基斯坦提供了大量经济和军事援助，以防止苏联侵犯巴基斯坦，其中部分物资还被转交给了阿富汗的抗苏游击队，对苏军形成了有力牵制，严重消耗了苏联的财力和军力。

5. 通过法律战，防止外国干涉本国内政

在两国处于军事对峙状态下时，一国通过扶植反对派或分裂势力，干涉敌对国家的内政，造成国家分裂，削弱敌对国家的实力，或者支持该国反对派上台，改朝换代，这也是经常被使用的“不战而屈人之兵”的手段。美国等西方国家就曾通过“和平演变”，支持、扶植苏联和东欧各国的反对派或分裂势力，干预这些国家的内政，最终造成东欧剧变，苏联解体，这些国家的共产党纷纷丢掉了政权，以美国为首的西方阵营赢得了冷战的胜利。现在冷战虽已结束，但仍有一些人抱着冷战思维不放，对他国内政指手画脚，例如美国有些人就不断对中国的内政，如台湾问题、西藏问题、人权问题等说三道四，就连我国政府依法打击“法轮功”这样的邪教组织，他们也要横加干涉，还为邪教首领提供庇护。究其原因，就是因为他们害怕崛起中的中国会对其霸权构成挑战，因此企图通过干涉中国内政来遏制中国的崛起。对此，我们必须坚持原则，针锋相对，台湾、西藏、人权等问题都属于我国的内政，只有我国政府有权依据宪法和法律的规定进行处理，其他任何国家都必须遵循“不干涉内政”的国际法准则，不得对我国内政妄加干涉。

总之，军事对峙状态下的法律战虽不与武力战发生直接联系，但其所具有的“不战而屈人之兵”的特性，能够在不进行直接武力对抗，避免爆发战争带来巨大损失的情况下达到孤立、削弱敌方阵营，加强己方阵营实力的目的，事半而功倍，因此是值得我们仔细研究的对象。

三、法律战地域论

法律战是伴随着武力战展开的，根据武装冲突波及的地域不同，法律战进行时所影响的地域范围也有所不同，我们可以将其分为国内冲突中的法律战、两国纠纷中的法律战、多国争端中的法律战和全球大战中的法律战。

（一）国内武装冲突中的法律战

这是指在一国国内发生，由于内政问题而发生的武装冲突中，冲突各方所进行的法律战。国内冲突各方进行法律战，主要围绕着下列主题进行，即证明和宣传使用武力的合法性，武力战主体的法律地位问题，用法律战配合军事行动和反对外国干涉。下面依次介绍这些主题和围绕其进行的法律斗争。

1. 证明和宣传使用武力的合法性

纵观古今中外，国内武装冲突发生的原因主要有两点：①几股政治力量争夺国家的统治权；②国家内部的一个地区要从母国分离出去。为了使己方“师出有名”，有正当的战争理由，争取国内人民的支持和拥护，营造有利的国际环境，国内冲突各方都要首先提出相应的法律依据，证明己方使用武力解决国内问题的合法性，并要向国内人民和国际社会广为宣传。

在以夺取国家统治权为目的而爆发的国内武装冲突中，对于想要夺取国家政权的反对派而言，为争取国内人民和国际社会对于他们使用武力夺取政权的理解和支持，首先要证明现政权的统治是非法的。证明其统治非法性的依据主要是国内的宪法性法律，如宪法、选举法等。指责现政权上台未经选举，违反宪法实施独裁统治；无视宪法中有关保护人权的规定，残酷迫害反对派和普通百姓；宪法的制定过程未能充分体现民意；选举不公、舞弊等。这些理由都可以成为反对派发难，引起内战的理由。同时，反对派也要证明他们使用武力推翻现政权，不是为了一己私利，而是为了全国人民的自由和幸福。因此通常反对派在夺取全国政权后，也会采取一些具有法律意义的措施，如制定新宪法，在全国进行自由选举，选出新的立法、行政机关等，以证明和巩固自己夺取政权的合法性。对于政府方面而言，则首先要证明自己是该国的合法政府，上台执政依据的是该国宪法和其他相关法律的规定，并指出反对派使用武力反对现政府，属于武装叛乱行为，是为法律所禁止的，可以对参与武装叛乱的反对派的领导人发出通缉令，追究其刑事责任。

而在由于国家内部的一个地区要从母国分离出去而引发的国内武装冲突中，分裂势力要使用武力分裂一个主权国家，这不仅严重违背了国内法，也违反了国际法上的国家主权原则。因此，分裂势力要争取当地人民和国际社会的同情和支持，势必要提出相应的法律依据。一般来说，在国内法中能够作为分裂国家依据的法律文件几乎是没有的，但也有例外。如苏联宪法就规定各加盟共和国享有主权国家地位，可以自由决定退出联盟，这就是所谓的“双重主权”模式。结果在1990年，波罗的海沿岸的立陶宛共和国就依据苏联宪法中的此项规定，决定退出，成立独立国家，还成立了武装部队，与前来镇压的苏军发生了武装冲突，揭开了苏联解体的序幕。接下来，拉脱维亚、爱沙尼亚、乌克兰、俄罗斯等加盟共和国均宣布独立，最终苏联于1991年12月正式解体。苏联宪法中规定的“双重主权”模式，恰恰成了分裂主义分子分裂国家的法律依据。

但在国际法中，却有经常被分裂势力引为法律依据的一条原则，就是民族自决原则。民族自决作为一项基本的国际法原则，在《联合国宪章》中即有相关表述，通过1952年《关于人民与民族自决权的决议》和在1960年的《给予殖民地国家和人民独立宣言》，明确了要在非自治领土和托管领土实现民族自决，结束一切形式的殖民统治。在1970年联大通过的《国际法原则宣言》中，民族自决权作为一项国际法原则正式得到了确认，且被压迫民族使用武力来实现民族自决权也在该宣言中得到认可。在1977年日内瓦公约第一附加议定书中，同样承认被压迫民族有权使用武力反抗殖民统治、外国占领和种族主义压迫。因此，许多国家的分裂势力，如俄罗斯的车臣分裂势力、土耳其的库尔德分裂分子和南斯拉夫（现称塞黑）的科索沃阿族分裂分子都曾以民族自决原则作为他们武装分裂活动的法律依据。因此，有关国家的中央政府如要有力地镇压分裂活动，就有必要进行一场法律战，对民族自决原则加以澄清。

根据国际社会普遍认同的观点，“民族自决原则”的基本含义为：处于外国殖民主义和种族主义统治下的被压迫民族有权决定自己的命运，有摆脱殖民统治和种族统治，建立民族独立国家的权利。[①] 根据联合国成立以来通过的国际文件，民族自决原则主要适用于下列情况：处于外国殖民统治或占领下的国家和民族的领土、被托管领土、非自治领土以及处于种族主义压迫下的民族及其领土。同时，1960年《给予殖民地国家和人民独立宣言》和1970年的《国际法原则宣言》也均明确规定，行使民族自决权，不得被用来损害多民族主权国家的领土完整或政治统一。如果历史上某些民族在形成国家的过程中征服过别的民族，但现在征服者与被征服者已统一在一个国家内，均成为该国不可分割的组成部分了，那这种情况不应被视为“外国统治”，不适用民族自决原则。此外，如果一个国家的某块领土由于战争或不平等条约等原因被外国非法占领，那外国的非法统治解除后，这块领土应被归还本国，而不应被视为殖民地，不适用民族自决原则。例如，在“二战”中，中美英三国发表的《开罗宣言》中，就宣布战争结束后，日本从中国非法夺取的台湾、澎

① 俞正山主编：《武装冲突法》，军事科学出版社2001年版，第34页。

湖列岛等领土应当归还中国。因此，以“民族自决”为借口，使用武力进行分裂一个主权国家的活动，是国际法所不允许的。如果出现这种情况，那有关国家的中央政府完全可以使用武力维护国家统一。

除对民族自决原则进行澄清之外，中央政府还可通过立法机关制定法律，作为维护国家统一的法律依据。如美国国会在内战爆发前，就通过了《反脱离联邦法》(Anti-Secession Law)，宣告美利坚合众国是一个完整的主权国家，绝不容许分裂，保卫美国的完整与统一是美国的每个公民与生俱来的天职。这部法案为美国联邦政府武力镇压南方奴隶主的叛乱，维护国家统一提供了坚强的法律依据。

2. 武力战主体的法律地位问题

由于一般总有一方处于掌握政权的地位，被称为“正统”，因此这一问题一般是指反叛武装的地位问题。这里的“地位”主要指的是国际法上的地位。在国内武装冲突中，国内的反叛武装按理说在国际法上不应有任何地位，但在一个国家内爆发大规模武装冲突，已达到内战的程度时，为规范交战双方的行为，保护其他国家在该国的利益，经由该国合法的中央政府或其他国家承认，国内的反叛武装可以在国际法上暂时获得“交战团体”的地位。此外，在国内已爆发武装冲突，但规模较小，未达到内战的程度时，其他国家出于维护本国利益的需要，还可以承认反叛武装为“叛乱团体”。但被承认为“叛乱团体”对反叛武装的权利义务并无影响，也不意味着给予其相应的国际地位。因此，我们这里主要介绍的是“交战团体”。

承认反叛武装为“交战团体”，应当具备三个条件：反叛在一定的政治和军事组织的领导下进行；反叛武装遵守有关的战争法规；反叛武装已实际占领该国的一部分地区，并已实施有效的控制和管理。[①] 当然，承认反叛武装为“交战团体”并不意味着对其主张的认可，与国际法上承认新政府或承认新国家有着本质的不同，主要是出于让反叛武装在其控制区内承担一定的国际责任，对其行为加以规范的目的。

随着世界经济的发展，国际交流越来越频繁。即使在国内发生的武装冲突，也可能会对外国的利益产生损害，如双方在交战中可能会伤及无辜的外国人或给外国商人、侨民的财产造成损害，双方为切断对方从海外得到的援助，可能会对外国商船进行临检、拿捕等。这些损害如是由政府军造成的，那外国政府完全可以与该国合法政府进行交涉，要求其妥善处理；如果损害是反叛武装造成的，可反叛武装不是“交战团体”，在国际法上没有相应的地位，那外国政府就难以与其进行直接交涉，也难以要求其承担相应责任。这些责任就只能由中央政府来承担。可一旦反叛武装被承认为“交战团体”，那反叛武装就取得了交战一方的法律地位，可以享有战争法规定的权利，如其武装人员可享有合法战斗人员的身份，可以合法地临检、拿捕外国商船等，但也必须承担相应的义务，对其控制区内

---

① 王铁崖主编：《国际法》，法律出版社1995年版，第85页。

普通平民和外国人的生命财产安全负责，保护其他国家的合法利益不受非法侵害，对其控制区内发生的国际事件承担国际责任。如造成损害，外国政府也可与之进行直接交涉，有权要求其承担相应责任，进行赔偿。而中央政府则相应被免除这些责任。① 这样就可以有效约束反叛武装的行为，避免造成不必要的生命财产损失，既维护了其他国家的利益，也可避免中央政府由于反叛武装的所作所为而在国际上“背黑锅”。

虽然承认反叛武装为“交战团体”有着上述好处，但对于中央政府来说，也有着不小的隐患，具体如下。

一是承认反叛武装为交战团体，就给了反叛武装一定的国际地位。这对于本来在国际上没有任何地位的反叛武装而言，显然是一种鼓励，可能会激励他们向国际社会寻求进一步的承认，如承认其建立的政府为该国合法政府，或其控制的地区已从母国独立，成了新的国家等。一旦这些主张得到其他国家承认，那必定会给政府的武力镇压带来巨大的阻碍。而且反叛武装被承认为“交战团体”后，在其中作战的武装人员也摆脱了原来的反叛分子身份，成了合法的战斗人员，可以依据国际法享有合法战斗人员的待遇，这给国内司法机构日后追究他们参与武装反叛的刑事责任增添了不便。

二是承认反叛武装为“交战团体”后，外国政府就可以与反叛武装进行直接接触，这给外国干涉国内武装冲突提供了机会。尽管根据国际法规定，在承认“交战团体”后，外国政府应当对内战双方保持中立，不支持任何一方。外国政府与反叛武装间的接触也仅限于保护该国在当地的利益，而不得对其有进一步的支持，否则就构成干涉他国内政。但是，法律规定永远代替不了现实利益。外国政府在其认为有利可图的时候，定会借机进行干涉。如美国内战爆发后，英法马上就承认发动反叛的南部同盟为“交战团体”，并趁机与南部同盟的代表进行了密切接触，阴谋对北方开战。英国还充当军火商，向南部同盟非法出售了大量军火。美国联邦政府对英法违反国际法干涉本国内政的行径提出了强烈抗议，还采取措施从英国船“特伦特号”上逮捕了南方反叛分子派往英法的“特使”。但直到联邦军在战场上取得决定性胜利，南部同盟战败已成定局的情况下，英法才放弃了干涉的念头。

因此，争取被承认为“交战团体”，获得一定的国际地位，可以为反叛武装扩大国际影响力，争取国际社会的同情和支持，因而也是其实施法律战的目标之一。中央政府在一般情况下，则尽可能不要承认反叛武装的“交战团体”地位，也尽可能不要实施可以被理解为默认反叛武装为“交战团体”的行动，如宣布对反叛地区进行封锁等；同时更要依靠法律战阻止外国政府借承认“交战团体”之机干涉本国内政。因此围绕反叛武装地位问题的法律战必然也是十分激烈的。

3. 用法律战配合军事行动

在国内武装冲突中，为能迅速镇压反叛，减少军人和普通民众的伤亡，用法律战来配

① 盛红生、杨泽伟、秦小轩:《武力的边界》，时事出版社 2003 年版，第 10 页。

合军事行动是十分必要的。能够在这样的法律战中被适用的，既包括国内法，也包括国际法。国内法主要是指宪法、刑法和其他有关国家统一、社会安定的法律。在镇压反政府叛乱时，通过引用宪法，向反叛分子和普通民众宣传企图通过武装反叛夺取政权的非法性和政府出兵平叛的合法性；在镇压分裂势力时，引用宪法和有关国家统一的法律（如美国的《反脱离联邦法》、我国的《反分裂国家法》），向分裂分子和当地民众宣传政府使用武力维护国家统一的合法性和正义性，这些都能够增强国内军民对政府的拥护，而对反叛分子、分裂分子造成极大的心理压力。通过刑法，坚决追究策动武装反叛和分裂国家活动的首恶分子的刑事责任，同时对曾参与反叛、分裂活动，但现已放下武器的武装分子实施大赦，这样更是可以有效地分化敌方阵营，促使广大被裹胁、被蒙蔽参与武装反叛和分裂活动的普通民众及时和首恶分子划清界限，向我方投诚，起到事半功倍的效果。

在军事行动中除适用国内法外，还可适用国际法。与武装冲突有关的国际法大体可分为三类：包括使用武力规则，战时人道主义保护规则以及作战手段和方法规则。其中使用武力规则，即《联合国宪章》中规定的可在国际上使用武力的情况，肯定不适用于国内武装冲突。根据 1949 年日内瓦四公约及其在 1977 年订立的《关于保护非国际性武装冲突受难者的附加议定书》规定，战时对平民、战俘和其他战争受难者以及医疗机构的保护同样适用于非国际性武装冲突中。也就是说，战时人道主义保护规则在国内武装冲突中也应得到遵守。而有关作战手段和方法的规则，如禁止使用生物、化学武器，限制使用核武器，禁止随意攻击平民目标，不对平民聚居区进行大规模轰炸等，都是出于人道主义考虑，避免在战争中过于残忍，过多伤及无辜平民，因此绝大部分也适用于国内武装冲突。

由于在国内武装冲突中，敌方仍有可能不遵守这些国际公认的战争法规，在战场上使用为国际公约所禁止的武器或战法，如部分“台独分子”就号称要攻击三峡大坝，造成我方平民生命财产的巨大损失，这将严重违反日内瓦公约《关于保护非国际性武装冲突受难者的附加议定书》第 15 条规定。因此，在实施军事行动的同时，应当向敌方明确指出不得使用为国际公约所禁止的武器或战法，如有人胆敢使用，构成战争犯罪，将受到我方司法机构的严厉追究，绝不轻饶。以此警告敌方，防止他们在穷途末路之际做出狗急跳墙之举，给我方普通民众造成重大损害。

4. 反对外国干涉

尽管在国际法中早已确立了“不干涉内政”原则，但在国际政治中，利益永远是第一位的。在有利可图的时候，某些国家仍会想方设法去干涉他国内政。干涉内政的方法通常有以下几种：①军事干涉。直接出动武装部队或雇佣军支持国内武装冲突中的一方，干涉他国内政。②外交干涉。通过外交途径，非法承认叛乱武装建立的政府为合法政府，或承认其控制的地区为独立国家，并向其提供金钱、物资、武器装备等方面的援助。③司法干涉。对我国司法机构依法追究叛乱者刑事责任的活动进行阻挠，或以我军官兵在平叛过程中有违反战争法规的行为为由，追究我军官兵的刑事责任。

当然，外国干涉也并非都是不合法的，在以下两种情况下外国干涉也可以取得国际法上的合法性。

一是应该国合法政府邀请或经其许可的干涉。在发生国内武装冲突国家的合法政府在无力控制国内局势的情况下，可以邀请或允许他国政府提供援助，镇压内乱。如1894年，朝鲜爆发东学党起义，朝鲜政府在无力镇压的情况下，向中国清政府求援，清政府立即派遣清军进入朝鲜，布防于汉城（首尔，编者按）以南的牙山。因此，清政府这次出兵干涉是符合国际法的。

二是经联合国安理会批准实施的干涉。联合国安理会负有维护世界和平的责任。虽然国内武装冲突属于一个国家内部的军事冲突，但其战火可能波及邻国和公海上，危及世界和平。此外，如在一国内战中出现大规模屠杀平民、种族灭绝等战争罪行，出于人道主义考虑，联合国也不应坐视不管。因此联合国安理会可以采取维和行动，派遣维和部队进入该国，将双方隔离，督促其达成停火协议，平息内战。例如联合国在发生内战的波黑、柬埔寨、索马里、刚果（金）等国都实施过维和行动。但应注意维和行动的宗旨是维持和平，联合国部队只有在自身遭遇威胁时才可使用武力，不可主动使用武力卷入该国内战中。在波黑，北约维和部队为迫使塞族签署和平协议，多次出动部队向塞族阵地发动进攻，自身也卷入了波黑内战之中，造成了很不好的影响。

除以上两者之外，其他针对一国的国内武装冲突进行干涉，均构成干涉他国内政。现在国际社会中，某些国家或国家集团以“维护本国利益”“保护侨民”或“人道主义干涉”为理由，对他国内政进行非法干涉的事例很多，以美国为首的北约就以南联盟军在镇压科索沃阿族分裂分子时进行“种族清洗”，制造“人道主义灾难”为理由，对南联盟发动了长达78天的空袭，炸死炸伤南联盟军民2000余人。因此，在将来我国可能发生的国内武装冲突（如使用武力实现祖国统一，打击新疆、西藏的民族分裂分子等）中，如何通过法律战，避免外国的非法干涉，是我们值得研究的问题。

一般来说，一个国家为维护国家统一，巩固政权统治而以武力手段打击国内的分裂势力和叛乱势力，完全属于一个国家的内政，是一个国家主权的体现，任何外国势力未经该国合法政府许可或联合国安理会批准，都无权加以干涉。因此，要想阻止外国干涉，首先必须打赢在联合国中的法律政治战，阻止联合国通过对国内武装冲突进行干涉的决议。这对作为联合国安理会常任理事国，且拥有巨大国际影响力的中国来说，应该并不困难。其次，要在法律舆论战上掌握主动权，除积极宣传“不干涉他国内政”是国际法的基本原则之外，还应用充分的事实依据证明我方实施军事行动过程中，严格依法作战，既未侵害其他国家的利益，也未造成“人道主义灾难”，各国侨民也都得到了妥善保护，从而断绝某些国家进行武装干涉的借口。还有，某些国家与我国签订的条约、发表的共同声明等具有国际法律效力的文件，以及有关国家的国内法，均可以成为我们反对外国干涉的法律武器。

对于某些国家进行外交干涉，非法承认叛乱武装成立的政府为合法政府，或其控制的地区为独立国家，本国可以依据国际法，对其非法承认提出强烈抗议。按照国际法，在一国发生政权更迭后，承认新政府为合法政府，必须满足有效统治原则，即新政府在本国领土内建立了实际的控制和有效的权力。而一个主权国家内的一块地区要从母国分离出来，那除母国已解体，不复存在的情况以外，都必须经母国承认之后，其他国家才能承认其为新国家。违反这些国际法原则，承认一个尚未对本国领土建立实际控制的政府为合法政府，或在未得到母国承认的情况下，抢先承认该国的一个地区成立了新国家，都构成非法干涉内政。如果某些国家通过各种途径向叛乱武装提供金钱、物资、武器装备等方面的支持，已方可以在掌握充分证据后，对该国提出强烈抗议，并可向联合国安理会或国际法院提出请求，要求制止其对本国内政的非法干涉，同时采取加强边境巡逻等措施，切断叛乱武装获得物资的途径。

对于司法干涉，本国政府应坚持国家主权原则和联合国大会通过的《关于侦查、逮捕、引渡和惩治战争罪犯和危害人类罪犯的国际合作原则》第 5 条所确定的“犯战争罪和危害人类罪的人应在犯罪地国家受审并由犯罪地国家加以惩治”的一般原则，对于今后在本国可能进行的国内武装冲突中发生的战争犯罪，由本国司法机构进行独立自主的追究有关个人的刑事责任。反对外国司法机构或国际司法机构在未经本国同意的情况下，对本国国内武装冲突中发生的案件进行管辖。同时，还应依据上述《国际合作原则》的第 5 条和第 8 条，要求在其境内发现在本国内武装冲突中犯有战争罪、反人类罪的犯罪嫌疑人的国家，向本国及时引渡该犯罪嫌疑人，以便追究其刑事责任。

为了加深对国内武装冲突中的法律战的认识，不妨简要介绍一下俄罗斯与车臣分裂势力进行斗争中的情况。

车臣共和国是属于俄罗斯联邦共和国内的一个自治共和国，原为车臣 – 印古什苏维埃社会主义自治共和国的一部分。苏联解体后，俄罗斯国内局势不稳，俄联邦内部的一些共和国也起了独立之心。为遏制分裂势力，俄罗斯在 1993 年通过新宪法，规定国家主权仅属于俄罗斯联邦，剥夺联邦主体的“自由退出权”，禁止以暴力方式破坏国家统一和领土完整。同时，俄中央政府与联邦内部除车臣 – 印古什苏维埃社会主义自治共和国以外的其他共和国签署《联邦条约》，明确这些共和国均为俄联邦的一部分。这些措施消除了国内法中可能被分裂分子利用的一些法律条文，从法律上加强了国家统一，又成功地孤立了车臣分裂势力。在中央政府的压力下，车臣 – 印古什苏维埃社会主义自治共和国发生分裂，分裂分子的首领杜达耶夫在车臣发动武装叛乱，俄罗斯军队在 1994 年和 2001 年先后发动两次车臣战争，沉重打击了车臣分裂武装。在第二次车臣战争后，俄军控制了车臣全境，举行车臣共和国的全民公决，通过了拥护统一的车臣新宪法，从法制上进一步加强了国家统一。此外，俄罗斯总统普京还先后两次对放下武器的非法武装分子实施大赦，但同时表示对车臣非法武装的头目和双手沾满血腥的恐怖分子决不赦免，一定要依法追究刑事责任，这也有效地动摇了非法武装的凝聚力，使大批非法武装分子向俄政府归降。

除了在国内的努力之外，俄罗斯在国际社会上也积极地进行着法律战。俄罗斯不断向国际社会声明，车臣是俄罗斯的一部分，车臣人属于俄罗斯境内的少数民族，不适用“民族自决原则”。俄军在车臣与分裂武装作战，属于俄罗斯的内政，其他国家无权干涉。对外国媒体关于车臣发生“人道主义灾难”的报道，俄军通过提供大量事实依据，证明俄军在车臣依法作战，保护当地平民，及时救助难民，同时还证明有些所谓“俄军的暴行”，实际是车臣非法武装分子假扮俄军进行栽赃陷害。这样就有效地避免了外国势力以“人道主义”为借口干涉俄内政。对于车臣分裂分子在国际上进行的活动，俄政府也坚决进行打压。两次车臣战争中，俄中央政府始终未承认车臣分裂武装为“交战团体”，始终称其为“非法武装”，使之在国际法上没有任何地位。对于西方国家与分裂分子的交往，俄政府也保持了必要的警惕。如 2001 年 3 月，美国助理国务卿约翰·贝尔勒与车臣“外长”阿赫马多夫进行会谈后，俄罗斯立即指责美国干涉俄内政，迫使美国声明承认车臣是俄罗斯的一部分，美方并不把阿赫马多夫作为“外长”看待。[①] 尤其是美国“9·11”事件之后，在全球大肆“反恐”之时，俄罗斯积极与美国合作，并抓住时机，向美国展示了车臣非法武装与美国头号敌人本·拉登的联系，使美国逐渐承认车臣非法武装为恐怖分子，认可俄罗斯对其的打击属于全球反恐斗争的一部分，这更是俄方法律战的一大胜利。

（二）两国纠纷中的法律战

通常两个国家之间发生严重纠纷的原因很多，如领土争端，资源问题，民族、宗教矛盾，意识形态对立，历史恩怨，干涉内政，等等。引起两国交战的纠纷，主要是领土争端。这是因为一个国家的领土（包括领海）对国家的生存和发展起着重要作用。领土可以供国民居住，发展各种经济产业，提供各种资源，还可以为国家在战时提供天然屏障和回旋余地。以前发生的领土争端主要是陆地领土争端，近几十年来随着人类开发利用海洋的技术不断成熟，海洋领土争端也越来越激烈，其主要表现形式就是对岛屿的争夺，通过对岛屿的控制来实现对其周围专属经济区和大陆架的控制。其次是资源问题。随着人类社会的发展，对资源的需求越来越大，尤其是煤炭、石油等能源，更是成为社会经济发展不可或缺的“血液”。因此，对资源的争夺也成为引发国际战争的重要因素。普鲁士发动普法战争，除为德国统一扫除障碍之外，还有个重要目的就是夺取法国煤铁的重要产区阿尔萨斯和洛林。美日太平洋战争就是在美国为遏制日本侵略，切断对日石油供应之后爆发的。而近年在中东爆发的几场战争背后都有石油的影子。此外，民族、宗教矛盾，意识形态对立，历史恩怨，一国干涉另一国内政等因素引发的纠纷在特定条件下都可能成为战争的导火索。有时这些纠纷还会交织在一起共同成为一场战争的起因。如 1980 年爆发的两伊战

① 宋新平：《俄罗斯车臣冲突中的法律战研究》，《当代世界社会主义问题》2004 年第 3 期。

争，其起因既包括领土争端（夏特阿拉伯河和伊朗胡泽斯坦地区的归属），又包括资源问题（对伊朗西南部丰富石油资源的争夺）；既有民族矛盾（阿拉伯民族和波斯民族）、宗教矛盾（伊斯兰教逊尼派和什叶派），又有意识形态对立（伊拉克阿拉伯复兴社会党的世俗国家观和伊朗统治者的神权国家观）；既有历史恩怨（历史上两河流域国家和波斯高原国家间的征战），又有领导人之间的私人恩怨（萨达姆和霍梅尼的矛盾），等等。

根据《联合国宪章》的要求，国与国之间的纠纷和争端应当和平解决，反对诉诸武力。当代国际社会中已有一套和平解决争端的完善机制，两国间的纠纷可以先由两国政府进行谈判磋商，如经谈判不能达成一致意见，可以由第三国或联合国出面进行斡旋，如仍不能达成一致，则可由国际法院进行裁决。可是并非所有的国际纠纷都能得到和平解决，这些纠纷一旦由于某种原因被激化，就可能导致两国间的武装冲突，甚至战争。由于两国间的战争是国际战争的最基本形式，因此我们要研究国际战争中的法律战，首先有必要对两国纠纷中的法律战进行研究。在两国纠纷中的法律战，主要围绕着以下主题进行。

1. 证明和宣传使用武力的合法性

证明并大力宣传己方使用武力的合法性，是己方军事行动获得国内人民支持和国际社会理解的关键，同时己方“师出有名”也能够给敌方造成一定压力。根据《联合国宪章》的规定，在国际社会中可以使用武力的情形有三种：行使自卫权，进行民族解放战争和根据联合国安理会授权使用武力维护世界和平。当代世界上，由于“二战”后非殖民化运动的蓬勃发展，殖民地、托管领土和其他非自治领土基本上都已获得独立。因此除巴勒斯坦等少数地区外，民族解放战争今后已不太可能出现。而联合国安理会授权成员国使用武力制止侵略，维护和平，属于安理会实施的集体安全措施，一般也不会仅有一个成员国去实施。因此在两国纠纷引发的武装冲突中，双方的主要法律依据就是行使自卫权。

前已述及，自卫的情形也是十分复杂的。根据《联合国宪章》规定，成员国在受到武力攻击的情况下可行使自卫权。但何种程度的行为可以构成武力攻击，《联合国宪章》中并未明确规定，国际法上也存在争议。因此，联合国大会通过的《关于侵略定义的决议》，其定义为侵略的行为包括一国使用武装部队侵入或攻击他国领土，对他国领土进行轰炸，封锁他国的港口或海岸，攻击他国的陆海空军、商船或民航机，违反与他国达成的协定使用依据协定驻于该国境内的武装部队，以国家名义派遣非正规军或雇佣军对他国发动武装袭击，等等。这些被定义为侵略的行为可以被视为是对《联合国宪章》中“武力攻击”定义的解释。但实际情况还是要复杂得多。当两国军队在有争议的领土上交战时，双方都会声称对方侵入本国领土，本方是在进行自卫，这时就要进行法律战，由双方提供相关的地理、历史证据和国际法资料，来证明这块有争议领土的归属；当两国部队在边境爆发冲突时，双方也均要提供证据证明本国部队并未越境，而是对方部队先发动攻击。

历史上有的国家为挑起战火，侵占别国，会故意让自己的部队进行挑衅，在遭到抵抗后以“自卫”为借口发动战争，有时甚至还会派遣部队假扮成外国军队袭击本国目标，如纳粹德国在进攻波兰前，就派党卫军士兵扮成波兰军人，袭击德国边境城市格莱维茨，在当地电台用波兰语辱骂德国，还留下了几具被套上波军制服的死囚尸体，伪造成波兰军队"入侵"德国的"铁证"。因此，在两国纠纷激化成武装冲突时，进行法律战证明己方使用武力，采取军事行动的合法性，一定要掌握充分的证据，证明本国领土或军队遭到了来自敌国的武力攻击或即将遭到迫在眉睫的武力攻击，己军依据《联合国宪章》赋予的自卫权实施了武装抵抗。同时还要用事实根据驳斥敌国为发动战争制造的谎言。如日本在侵华战争中，为在上海挑起战火，故意派遣两名士兵闯入中国的军事禁区——上海虹桥机场，在枪杀一名中国士兵后，被机场守备人员击毙。日军随即指责中国军队枪杀其士兵，以"行使自卫权，保护驻军和侨民"为借口，挑起"八一三事变"，向上海发动进攻。中国方面指出，两名日军士兵被击毙的场所是在中国的军事禁区内，且有多名证人证明日本兵先开枪打死一名中国士兵，这足以证明是日军士兵闯入禁区，开枪杀人在先，中国军队将其击毙，正是行使了正当的自卫权，日军以此为依据进攻上海完全是非法的侵略行径，从而揭露了日本侵略战争的本质，进一步确立了我军抗击日本侵略的正义性与合法性。

2. 防止其他国家支援敌国

在两国发生纠纷并激化为武装冲突时，如有其他国家加入一方阵营或对一方进行援助，那势必会造成对另一方十分不利的局面。因此在国际战争法中，就有关于"中立"的规定。两国交战时，确保其他国家严守中立，防止其援助敌国或加入敌方阵营，也是在两国纠纷中法律战的重要任务。虽然随着国际格局的变迁，中立制度也发生了一些变化，例如，现在世界上绝大多数国家都是联合国会员国，在联合国安理会采取集体安全措施时，会员国能否保持中立尚有疑问，不过除此之外，在仍旧由主权国家构成的当代世界，中立仍有其现实意义。一般在由于两国间的纠纷发生的武装冲突中，其他国家只要没有加入对本国的敌对行动，都应视为中立国。

要使其他国家保持中立，首先可以与相关国家签订中立条约，用具有国际法约束力的条约来阻止他国加入敌国阵营或对敌国进行援助。也可以要求他国发表正式声明，表示严守中立，不干预本国与另一纠纷当事国间的战事。还可以与和本国有一致利益的国家订立有条件的军事同盟条约，以此来牵制敌国的盟国，使其不敢加入战局。1902 年英国与日本签订的《英日同盟条约》就是一个明显的例子。当时日英两国为与俄国在远东争夺霸权，相互约定："缔约国一方为保护其在中国、朝鲜的利益而与某一国发生战争时，他方应严守中立，并应尽力防止其他国家参战反对其盟国；在上述情况下，如其他一国或数国参加反对该盟国的战争，则缔约国他方应给予该盟国以援助，共同作战，共同媾和。"其实质意义就在于当日本与俄国爆发战争时，由英国牵制俄国的盟友法国。如法国依据《法俄协约》参战援助俄国，那英国也依据《英日同盟条约》参战援助日本。在后来的日俄战争中，这有效地保证了法国的中立，使日本能够集中兵力打败俄国。

除通过具有法律效力的条约、声明等手段来促使其他国家保持中立外，还必须注意中立国有没有切实履行中立义务。一般说来中立国不太会直接加入敌方阵营与本国作战，那等于自动放弃中立地位，但极有可能在“中立”的掩护下向敌国提供各种援助，如向敌国提供武器装备、弹药，以其商船为敌国载运作战物资或部队，为敌国收集、传递情报，允许敌国使用其领土对己发动攻击，等等。这些行为均违反了《海牙公约》。己方在掌握了充足证据的情况下，可以通过外交途径向违背中立义务的国家提出严厉抗议，并可依据国际法采取相应措施：如对于载运敌国军队的中立国商船，己军可以没收船只和船主的所有货物；对于以其领土供敌国对我发动攻击的国家，则已构成了对本国的侵略，因此本国可以对该国实施武力反击。

3. 争取国际支持

虽然两国纠纷主要是两个国家之间的事，但是在当今世界，联合国等国际组织在国际安全等领域发挥着越来越大的作用。《联合国宪章》反对使用武力解决国际争端，对于两国间的纠纷引起武装冲突，联合国安理会一般会通过决议，要求双方立即停火，部队脱离接触，撤出争议地区。对于不服从安理会决议者，将会招致武器禁运和经济制裁。安理会还可能向发生冲突的区域派遣维和部队和军事观察员监督停火的实施。而有些地区性国际组织，如欧洲安全组织、阿拉伯国家联盟等也有权对本地区内发生的国际武装冲突进行调查和调停，并有权派遣维和部队和军事观察员。因此，在战场上进行作战的同时，还应当通过法律战，积极争取国际社会的支持。具体可采取的措施包括：在国际社会揭露敌军违法使用武力的行径，使敌方遭受国际压力，迫使其停止军事行动；向联合国安理会提出请求，要求安理会通过决议制止侵略、维护和平；向国际法院起诉，请求判明是非曲直；要求某些地区性国际组织出面进行调停；等等。

一般小国、弱国在遭到大国、强国的武力攻击时，无力抵抗或抵抗失败，就可以使用这些方法争取国际社会的同情和支持，使敌国在国际压力之下停止军事行动。如尼加拉瓜政府就曾向国际法院起诉美国，要求美国停止支持尼国内的反政府武装，停止对尼港口和石油设施的武力攻击，解除对尼海岸的封锁，等等。国际法院经过调查，认定尼加拉瓜指控属实，美国的干涉尼内政，攻击、封锁尼领土的行为，严重侵犯了尼加拉瓜的主权，要求美国立即停止上述行为。而某些大国在针对别国的武力攻击做出回应之前，也可以通过上述途径，使本国的主张得到国际社会认可，为本国军事行动争取国际支持，并使敌方陷于孤立。如英阿马岛战争中，阿根廷使用武力攻占马尔维纳斯群岛（简称马岛）后，英法等西方国家策动联合国安理会通过决议，要求阿根廷人立即无条件从马岛撤出。这一决议虽没有直接认可英国对马岛的主权要求，但肯定了马岛长期控制在英国人手中的事实，反对阿根廷通过武力单方面改变这一事实。这一决议在一定程度上认可了英国的主张，为英军使用武力夺回马岛的行动扫清了国际法上的障碍。而且，由于阿根廷拒绝履行安理会决议，美国、法国等西方国家对阿根廷实施了武器禁运，这对于在军事领域严重依赖国外的阿根廷来说是个沉重打击。没有美法等国为其提供武器装备和相应的零配件，阿根廷的飞机打一架少一架，导弹放一颗少一颗，大量飞机由于缺乏零配件无法得到及时的维修保养而报废，这也是最后导致阿根廷战败的重要原因。

4. 通过法律战配合军事行动

这主要是指己方要积极实施法律舆论战和法律心理战，警告敌方使用为国际法所禁止的武器和战法将会面临的严重后果，限制敌方军事行动；向敌国军民宣传己方使用武力的正义性、合法性，所实施军事行动的合法性，明确指出敌国使用武力的非法性、非正义性，使敌国军民丧失斗志，与其政府离心离德，甚至爆发反战运动。这些在前文中已有详细介绍，这里就不再赘述。

5. 战后对纠纷的妥善处理

两国在战场上的交战结束之后，一般还是要回到谈判桌上，签署和约或协议，将战场上取得的成果通过国际法律文件固定下来。以前，国家战败的结果常常是割地赔款，如法国在普法战争中战败后就向普鲁士割让阿尔萨斯和洛林，赔款 50 亿法郎；中国在甲午战争中战败后，向日本割让辽东半岛、台湾岛及所有附属岛屿、澎湖列岛，赔款 2 亿两白银。但在现代国际法中这些通过武力和武力威胁迫使对方签署的条约都是非法的、无效的，而且这样以一个国家的主权和尊严被践踏为代价签署的和约也难以确保两国间的长久和平，反而会让两国成为水火不容的世仇。在现代国际法中，和平解决争端是被国际社会所提倡的原则，只有在对方的所作所为已严重威胁本国的主权与安全，如公然出动部队侵入己方领土，对己军发动攻击，封锁本国海岸等情况下己方才可使用武力实施自卫行动。在对方的入侵被击败或双方在国际社会干预下停战之后，还是要回到谈判桌上解决问题。通过在谈判桌上引用国际法，据理力争，加上在战场上获胜后取得的优势地位，签署对己方有利而又不失公正的条约或协议，解决两国间的争议问题。

我国早在清代就已有过这样的实践，在雅克萨之战中康熙帝率清军大破俄国侵略军之后，我方并未趁机逼迫俄方签署屈辱的和约，而是通过与俄方进行平等协商和谈判，依据历史习惯和天然的地理分界，1689 年 9 月 7 日中俄两国签署了《尼布楚条约》，明确勘定、划分了两国的边界，此后在长达 100 多年的时间两国相安无事。

不过，如果对方是蓄意挑起事端，侵略本国，或者其官兵在本国领土上犯下了战争罪行，残害无辜平民和战俘，那么本国司法机构有权依据属地管辖和保护管辖原则，追究犯下了战争罪和反人类罪罪犯的刑事责任。对方国家也应依据相关国际条约，向己方引渡犯下上述罪行的罪犯。如一国已加入了《国际刑事法院规约》，或者挑起事端的对方也是规约的缔约国，该国还可以向国际刑事法院起诉，要求追究战争罪犯的刑事责任。此外，还可要求对方赔偿给己国造成的损失。

当然，在各种各样的国际争端中，两国纠纷是最基本的形式，但一旦两国纠纷引起武装冲突和战争，那双方都会竭力寻找盟友，一旦双方的盟友加入冲突，那两国纠纷就会发展成多国争端。各种国际武装冲突和战争，在多国之间进行的更为常见。因此，我们下面要研究的就是多国争端中的法律战。

（三）多国争端中的法律战

多国争端，即在三个以上主权国家之间发生的国际争端，根据其起因可分为两种：一种是由国内冲突或两国纠纷发展而来的多国争端。在国内冲突中，多股外国势力干涉该国内政，支持内战中的一方或分别支持双方，就可能引起多国争端。如1917年俄国十月革命后，英国、法国、日本和波兰等国就出兵干涉俄国的内战，支持反革命势力，与新生的社会主义国家——苏俄发生了激战。而在两国间由于纠纷发生武装冲突后，其中一国或两国均向其他国家求援，由此也可以发展成多国争端，例如由美英法等多国参加的海湾战争，其起因就是伊拉克和科威特两国间的矛盾激化，伊拉克军队侵占了科威特。另一种则是多国在同一个国际问题上发生矛盾，几方势力分化组合之后，为维护各自国家利益而进行争夺，如第一次世界大战前，塞尔维亚、罗马尼亚、保加利亚、希腊等巴尔干国家和土耳其之间，就为将土耳其逐出巴尔干半岛和争夺巴尔干土地进行了两场巴尔干战争。

多国争端中的法律战与两国纠纷中的法律战多数内容差别不大。但由于前者涉及多国，就出现了一个结盟问题。在多国争端之中，分为三个以上阵营互相混战的情况比较少见，一般是利益比较接近的几国组成一方阵营，其他几国组成另一阵营，进行对抗。有时会出现只有一个国家单独成为一方阵营，其他各国均联合起来与之对抗的局面。这种局面使一个国家成为众矢之的，对该国自然十分不利。因此在多国争端中的法律战中，最重要的任务就是争取、团结盟友，扩大己方阵营的力量，避免出现己方被孤立的局面，同时尽可能拆散敌方阵营，分化瓦解敌方联盟，使之无法与己方抗衡。

在当代世界，争取盟友，壮大己方阵营的法律途径主要有两条：一是与其他国家订立共同防御条约，结为同盟，在发生战事时要求盟友行使集体自卫权，出兵援助本国；二是向联合国求援，联合国安理会负有维护世界和平的职责，在一个国家侵略他国，破坏世界和平时，联合国安理会在采取经济制裁等措施无效的情况下，有权采取集体安全措施，授权成员国协助被侵略国制止侵略，维护和平。

订立共同防御条约，结为军事同盟，是一种最为古老的争取盟友的方式。联合国成立以来，对国家战争权进行了严格限制，规定国家只能在自卫时使用武力。但仍承认集体自卫权在国际法上的有效性，允许在一国遭受外国武力攻击时，与其关系密切的其他国家可以出兵援助该国，与其共同抵抗侵略。为确保在本国需要时，他国能及时行使集体自卫权进行援助，有关国家间可以签署共同防御条约，结为军事同盟，约定在其中一国遭到外国侵略时，其他缔约国均有义务行使集体自卫权，使用武力对侵略国进行反击。在冷战期间，美国除与英国、法国、比利时、加拿大等国签订《北大西洋公约》，在西欧和北美成立了北约组织以外，还在亚洲、非洲和拉丁美洲与许多国家签订了共同防御条约，对以苏联为首的社会主义阵营形成了一个包围圈。苏联也针锋相对，与东欧各国共同成立了华约组织，与北约对抗。这些军事同盟虽然是两大阵营对峙的工具，且有过干涉他国内政的事例（如苏联利用华约组织干涉匈牙利和捷克斯洛伐克的改革），但总的来说还是以共同防御外国侵略为宗旨，仍是在《联合国宪章》规定的集体自卫权许可的范围内运行。但冷战结束后，美国出于巩固其超级大国地位和维护全球霸权的需要，不断扩大美国与其他国家间军事同盟的适用范围。在 1997 年，美国和日本确立了《日美防卫合作新指针》，将《日美安全保障条约》的适用范围从日本本土扩展到日本的"周边地区"，将该条约的作用从保卫日本安全变为美国在日本支持下巩固亚太霸权的基石。日本在该"新指针"的指导下也修改了《自卫队法》等法律，将"专守防卫"的自卫队派到了马六甲海峡、阿拉伯海、伊拉克。更有甚者，美国和日本又发表联合声明，宣称"台湾海峡的安全"为两国共同关注的问题，更是企图借美日同盟干涉我国内政。而在欧洲，美国在北约组织不断扩大的同时，于 1999 年确立北约《联盟战略新概念》，规定北约应"对周边地区冲突做出反应，确保欧洲 – 大西洋联盟地区的安全"。在这一"新概念"指导下，北约组织跨出成员国国境之外，不仅参加了干涉南联盟内政的科索沃战争，还为美国在阿富汗的反恐战争提供支持。应该说，这些所谓的"新指针""新概念"歪曲了共同防御条约的本意，违反了联合国有关行使集体自卫权的规定，是不符合国际法的。

向联合国求援，请求联合国安理会授权成员国采取集体安全措施，使用武力制止侵略，这是在多国争端中争取他国支持的一条有效途径。不过，要联合国安理会做出这样的授权有两大前提：一是确实存在有国家非法使用武力侵略其他国家的情况；二是侵略国在联合国安理会已对其做出警告，且实施了武器禁运、经济制裁等措施仍未停止侵略行径。这时联合国安理会才可以明确授权成员国采取军事行动，制止侵略。这种授权必须是专门做出的，包含有明确的授权动武的意思表示，且在美英法俄中这五大常任理事国中没有国家投否决票。典型的例子就是伊拉克在 1990 年 8 月出兵侵占科威特之后，在联合国安理会做出要求伊拉克撤军的决议，并对伊拉克实施了武器禁运和经济制裁后，伊拉克仍拒不履行联合国决议，还宣称科威特已成为伊拉克的"第十九个省"。在这样的情况下，联合国安理会最终通过了 678 号决议，给伊拉克下了最后通牒，如伊拉克到了 1991 年 1 月 15 日仍不从科威特撤军，就授权美英法等已在中东部署军事力量的成员国"用一切手段"将伊拉克赶出科威特。伊拉克到了规定日期仍未撤军，于是以美国为首的多国部队于 1 月 17 日开始向伊拉克和驻科伊军发起大规模空袭，2 月 24 日多国部队和科威特军队发起地面进攻，顺利光复了科威特全境。

在多国争端中，完成了争取盟友的工作之后，还要有效地团结盟友共同对敌作战。为防止敌方与己方盟友单独媾和，孤立本国，本国可在与盟国订立的共同防御条约上写明"如遇敌国进犯，两国共同御敌，任何一方不得与敌单独媾和"。这样就能通过有法律约束力的条约保证盟国与本国共同对敌作战到底，如背约单独媾和则构成国际法上的失信。如与盟国发生矛盾，也要通过心平气和的协商谈判，签署条约或协议加以解决，防止矛盾扩大化，被敌方利用，挑拨离间己方与盟友的关系。除此之外，为提高军事指挥效率，避免几国军队各自为战，难以协同，也需要各国签署协议，组建联合军事指挥机构，统一指挥己方阵营内的各国军队联合作战。如在海湾战争中，多国部队就成立了统一的指挥部，由美国将军施瓦茨科普夫任总指挥，对麾下的美军、西方盟国部队和阿拉伯联军进行统一指挥，大大提高了作战效率。

除了争取、团结盟友，巩固和壮大己方阵营外，也要采取措施，利用法律战向敌方阵营发动攻击，争取瓦解敌方的联盟，使之无法与己方抗衡。

瓦解敌方阵营的法律战也有多种方式，最为有效的方式是有关国家在遭到多个敌国的联合进攻时，能够及时向安理会提出请求，争取在联合国安理会通过相关决议，宣布敌国为侵略国，如不停止侵略行径，不仅会遭受武器禁运、经济制裁，还会遭到安理会授权下其他成员国的军事进攻。由于联合国在当今国际社会的巨大影响力，其决议对成员国的强制约束力以及安理会可以授权成员国使用武力维护和平的巨大威慑力，足以令敌方阵营发生动摇和瓦解，有些感觉所得不多，没必要继续冒险的国家可能会就此退出敌方阵营。但这种方法在敌国是有国际影响力的大国，甚至是安理会常任理事国的情况下就没多大作用了。例如北约发动科索沃战争时，遭到进攻的南联盟与俄罗斯、白俄罗斯联合要求安理会对北约进攻南联盟的军事行动进行制止，并通过俄、白和印度三国向安理会递交决议草案，可在北约国家中，美、英、法三国均为联合国安理会常任理事国，且具有巨大的国际影响力，结果仅有中国、俄罗斯和纳米比亚三国支持该草案，其他 12 国均投了反对票，北约的军事行动在安理会的默认之下继续进行。

与敌方阵营中的一国进行单独磋商，签署相关条约或协议，结束双方的敌对行动，也是为瓦解敌方阵营而常采用的法律战形式。由于国与国之间的利益不会完全一致，而敌方阵营内如有多个国家，这些国家之间的利益也不会一致，也会有矛盾和冲突。对于这些矛盾善加利用，很可能使某一敌国与己方签署条约或协议，退出敌方阵营，从而达到分化瓦解敌方的目的。以色列就曾成功地运用该方法摆脱了被阿拉伯敌对国家包围的局面。由于以色列建国后侵占了巴勒斯坦阿拉伯人的土地，因此与其周边的阿拉伯国家关系十分紧张，先后爆发了四次中东战争。以色列为摆脱在中东被包围、被孤立的局面，利用阿拉伯国家间的矛盾主动出击，在美国斡旋下与南方紧邻以色列，具有强大军事实力且在阿拉伯世界有巨大影响力的埃及签署了《戴维营协议》，埃及承认以色列国，与以色列结束敌对状态，并承诺要和平解决巴勒斯坦问题。埃及的举动起初遭到阿拉伯世界集体抵制，但没有了埃及，阿拉伯国家再也无力对以色列发动大规模进攻，主张和平解决巴勒斯坦问题的务实派渐渐占据主流，以色列的国家安全状况得到了巨大改善。

在与敌国政府暂时难以达成协议的情况下，实施法律舆论战，向敌国人民宣传其政府所进行战争的非法性、非正义性，使其中几国政府迫于人民的压力退出敌方阵营，这也是一种有效地瓦解敌方阵营的法律战形式。前面我们已经说过公众舆论在现代战争中的巨大作用，有时这种作用甚至要大于联合国决议和有关国家间签订的协议。因此公众舆论也是法律战不可忽视的要素。

关于多国争端中的法律战，我们先介绍到这里，可以肯定，在有三个以上国家参与的国际战争和武装冲突中，充分运用各种手段，争取、团结盟友，分化、孤立敌人，是法律战永远值得研究的课题。

（四）全球大战中的法律战

世界大战，又可称为全球大战，是由多国争端发展而来的。在多国争端的各方当事国之间由于冲突不断升级，最终爆发了全面战争，且战火燃遍了全世界，这时就可称为全球大战。在人类历史上，一共爆发过两次全球大战，一次是 1914 年至 1918 年的第一次世界大战，另一次则是 1939 年至 1945 年的第二次世界大战（作为“二战”重要组成部分的中国人民抗日战争早在 1931 年就拉开序幕，1937 年全面爆发）。这几场战争的战火均波及亚洲、非洲、欧洲和大洋洲，参战国更是遍布全世界。当然，随着联合国的建立和世界各国经济上的相互依赖日益紧密，今后发生全球大战的可能性是越来越小了，但也不能说完全没有，因此有必要对全球大战中的法律战进行研究。

在全球大战中进行的法律战，与同样在国际间进行的两国纠纷和多国争端中的法律战均有些相似之处，但远比前两者宏大、复杂，主要围绕着下列主题进行。

1. 证明和宣传使用武力的合法性

一个国家要使用武力，参加战争，没有适当的理由是不行的，既不能说服国民，又难以说服国际社会。而要让整个国家投入一场大规模的全球大战，更是必须有过硬的理由，有国际法上的坚强依据。让我们回顾两次世界大战，参战国参战的主要理由就是行使自卫权。其中，既有国家在遭到外国武装侵略时使用武力奋起反抗，行使自卫权保家卫国，如“一战”中的塞尔维亚抵抗奥匈帝国侵略，比利时抵抗德国侵略，“二战”中波兰、挪威、苏联等欧洲国家抵抗纳粹德国侵略，中国抵抗日本侵略。这些国家使用武力进行自卫，抵抗侵略，当然是符合国际法的；也有国家在本身还没有受到攻击的情况下，出于各种目的考虑，行使了集体自卫权，帮助受到侵略的国家抵抗外国侵略，如“一战”中沙皇俄国帮助塞尔维亚抵抗奥匈侵略，英国也以中立国比利时遭到侵犯为由，向德国宣战。“二战”中，英法也在德国进攻波兰后，依据与波兰达成的军事同盟条约，向德国宣战（但实际上没有向波兰提供有效援助）。这些国家参战的主要目的可能并非是帮助受侵略国家自卫，但是他们在受侵略国遭到外国武力进攻，急需援助的情况下参战帮助其进行自卫，符合行使集体自卫权的要件，因而也是符合国际法的。

但是，有些侵略国却也以“行使自卫权”为借口，在“武装自卫”的旗号下发动了侵略别国的战争。例如早在 1931 年的“九一八事变”中，日本关东军守备队自己炸毁了南满铁路，却诬陷是中国军队所为，以此为借口“进行武装自卫”，侵占了整个中国东北地区。1937年，日军故伎重演，以“遭到不明枪击”和“寻找失踪士兵”为借口，强行要求进入宛平城搜查，遭拒绝后向宛平城发动进攻，挑起“卢沟桥事变”，发动了全面侵华战争；在上海则以“两名士兵在虹桥机场被击毙”（前文已有介绍，实为日本兵挑衅在先）为借口，发动了“八一三事变”，将战火扩大到长江流域。在日本国内，这些侵略行径均被宣传为日军在遭到“中国军队攻击”之下实施的“自卫行动”。后来德国在进攻波兰前也效法日本，命令德国党卫军士兵穿上波兰军服袭击德国的边境城市格莱维茨，然后宣称遭到了波兰的“武装入侵”，以“自卫”为借口向波兰发动大规模进攻。这时所谓的“自卫权”已成为侵略战争的遮羞布，由于处于战争时期，调查取证十分困难，加之战时实施的新闻管制，虽然其中一部分谎言能被及时揭露，但大部分谎言在战争结束，侵略国的秘密档案得到公开以前都很难真相大白。因此，侵略国的无数国民就在这些谎言的欺骗下为“保卫祖国”“自存自卫”而上了战场，成为侵略战争的炮灰。

2. 尽力争取、团结盟友，壮大己方阵营，分化、瓦解敌方阵营，防止中立国倒向敌方

在战争中，盟友的地位是十分重要的，一个可靠的盟友不仅能够在危急时刻向我方提供武器装备、军需物资、资金等方面的支持，还能在必要时直接派兵协助己方作战，如“一战”时的英法盟军，“二战”中的英美盟军，等等。此外，有些国家在其境内拥有丰富的自然资源，或者占据着重要的地理位置，如能成为己方盟友，则能使己方在军事上处于有利态势。但如倒向敌方，成为敌方盟国，则会给己方军事行动造成巨大的被动局面。如在“一战”中，控制着博斯普鲁斯海峡和达达尼尔海峡的奥斯曼土耳其帝国投入德奥阵营，便封锁住了俄国从黑海通往地中海的海上通道，断绝了俄国通过地中海与英法等其他协约国的联系，使俄国成为协约国中“最薄弱的一环”。因此，为己方争取盟友，同时分化敌方阵营，防止中立国倒向敌方，是在全球大战的法律战中一项十分重要的工作。

在传统上，国与国之间主要通过签订具有法律约束力的条约或协定，将军事同盟关系固定下来。在全球大战中同样如此。在第一次世界大战前，欧洲就形成了由德国、奥匈帝国和意大利组成的“三国同盟”，和由英国、法国、俄罗斯组成的“三国协约”。两大军事同盟互相对峙，最终于1914年爆发了第一次世界大战。在第二次世界大战全面爆发前的1936年，德国和意大利就签订《德意议定书》，形成了“柏林－罗马轴心”。此后德国和日本签订《反共产国际协定》，一年后意大利也加入这一协定，三国军事同盟初步形成。1940年9月，德意日签订《三国条约》，法西斯轴心国军事同盟正式形成。但反法西斯国家间，由于英法等国害怕战争，英法与苏联的矛盾以及美国的孤立主义政策等种种因素，在战争爆发前未能形成强有力的抗衡法西斯轴心国的军事同盟。直到德军横扫欧洲，击败法国，日本也在亚太步步紧逼之际，反法西斯各国才开始捐弃前嫌，互相支援，共同抗敌。1941年3月，美国通过《租借法案》，在美国不参战的情况下，以国内法为依据，向英国、中国（后又包括苏联）等反法西斯国家提供武器装备等军用物资援助。1941年6月苏德战争爆发后，英国和苏联在莫斯科签订了《关于对德作战中联合行动的协定》，决定在对德作战中结为同盟，共同抗击纳粹德国。1941年秋英国和美国联合发表了《大西洋宪章》，表达了两国共同反对法西斯侵略的决心，同时加强了对苏联的援助。1942年，中、美、英、苏等26国在华盛顿签署了《联合国家宣言》，世界反法西斯同盟正式形成。

除争取、团结盟友之外，还要设法通过法律战，瓦解敌方阵营，设法使敌方盟国退出敌方阵营，甚至转而加入己方阵营。这主要通过利用敌方阵营内部的矛盾冲突，与有关国家签署秘密条约或协议来实现。在“一战”前，意大利原是德意奥“三国同盟”的一员，但在“一战”爆发后，意大利由于与奥匈帝国间的领土纠纷，没有参加同盟国阵营而是选择了中立。协约国看准时机，与意大利签署了秘密协定，几乎全盘答应意大利的领土要求，于是意大利在1915年反而加入协约国阵营，向德奥宣战。此外，有时一方在军事上的节节胜利，加上强大的法律心理战和法律舆论战，也能使敌方阵营中某些国家发生动摇，退出敌方阵营。如“二战”后期，反法西斯盟国取得节节胜利，加之通过各种途径向法西斯轴心国的民众宣传轴心国违反国际法，发动侵略战争以及在战争中犯下的累累罪行，使轴心国内部的反法西斯势力得到成长。1943年，盟军在西西里登陆后，意大利国内发生政变，墨索里尼被囚，意大利宣布投降，然后转而向德国宣战，这标志着法西斯轴心国同盟开始瓦解。

对于中立国，最好能使这些国家加入己方阵营或向己方提供援助，如果做不到，至少也不能让中立国倒向敌方，加入敌方阵营与己方作战，尤其对于一些国力强大、经济军事实力强大的中立国更是如此。这些目的也是可以通过法律战达到的。在第二次世界大战前，为了防止美国和苏联过早参战，破坏法西斯国家的征服计划，德意日等法西斯国家就对美苏实施了法律战。对美国，主要是利用其国内的孤立主义势力。1934年美国国会通过《中立法案》，禁止美国向交战国提供武器弹药等军用物资援助，使美国无法向遭受法西斯侵略的国家提供援助。后来《中立法案》经过修改，允许英国等反法西斯国家购买武器，且在经过激烈争论之后，美国国会又通过《租借法案》，允许英国、中国等反法西斯国家租借军用物资。但在孤立主义的影响下，直至日本偷袭珍珠港以前，美国都未能直接参加反法西斯战争。对于苏联，德国则利用苏联和英法之间的矛盾，于1939年8月与苏联签署了《苏德互不侵犯条约》，利用具有国际法效力的条约保证苏联中立，为德国进攻西方盟国解除了后顾之忧。日本也在1941年4月与苏联签订《日苏中立条约》，为“南进”侵略东南亚消除后方的隐患。

3. 运用法律经济战、法律舆论战、法律心理战等手段，削弱敌方经济潜力，打击敌方的民心士气，同时确立己方军民为正义而战的必胜信念

这些行动虽不能直接消灭敌人，但能够对敌方的战争潜力和民心士气造成严重影响，同时能巩固己方军民的士气，提升己方的斗志，使长期战争的胜负天平逐渐向己方倾斜，这些在全球大战中也是法律战的重要任务。

在全球大战中，由于战争规模巨大，物资消耗极多，因而对于有些缺乏资源的国家

（如德国、日本、英国）来说，对于海外物资的依赖也就十分巨大。通过实施法律经济战，使敌方无法获得所需的物资，就可能对敌方的战争潜力构成沉重打击。因此，在全球大战的法律经济战中，除对敌实施贸易禁运，限制资金流入敌国，没收、冻结敌国政府和公民的海外资产等措施以外，最为重要的阻止大量物资进入敌国的手段可能就是对敌国实施封锁。在“一战”爆发后，英国海军就在北海设置封锁线，对德国实施海上封锁。德国也派遣潜艇部队对英国实施封锁，在常规封锁无法奏效的情况下，德国违反国际法，宣布实施无限制潜艇战，授权潜艇可任意袭击进出协约国港口的任何协约国或中立国的船只。协约国一方面谴责德国违法作战的行径，一方面加强对商船队的保护，使无限制潜艇战没能奏效。

法律舆论战在全球大战中，对于向国内外人民宣示己方进行战争的目的和意义，确立国内军民的必胜信念，争取世界人民的同情和支持，乃至争取盟国和分化敌方阵营都有着十分重要的作用。在“一战”中，交战国就通过政治家的演说、各自的报纸和广播，向公众宣传敌方犯下的不可饶恕的战争罪行以及本方进行战争的合法性和正义性。在“二战”中，新闻纪录片也成为实施法律舆论战的重要工具。纳粹德国就曾制作了宣扬希特勒为德国“救世主”的《意志的胜利》，宣传德国发动侵略战争“合法”“有理”的《进攻波兰》《战火的洗礼》等纪录片。美国在珍珠港事件后，也制作了长篇纪录片《我们为何而战》。片中深刻揭露了德意日法西斯发动侵略战争，残酷屠杀、奴役被侵略国人民的滔天罪行，向美国军民揭示了轴心国发动战争的非法、非正义本质，同时反映了各国人民对侵略者进行的英勇抵抗，对于美国军民明确投入反法西斯战争是为“维护世界和平而战”的伟大意义，确立“正义必胜”的信念发挥了极大作用。

全球大战一般延续时间较长，国家投入的资源十分巨大，对国民正常生活会造成严重影响，而现代战争的巨大破坏力，又会使平民和军人遭受巨大的牺牲。因此要通过法律心理战，使军民相信己方所进行的战争是正义的，所付出的牺牲是值得的，最终能够取得胜利。同时也要对敌方实施法律心理战，打击其军民的士气，瓦解他们的斗志。例如在 1938 年 5 月，日军正处于全面进攻阶段，气焰嚣张，中国的大片土地沦陷，处境十分艰难。这时中国空军毅然出动飞机远征日本，在九州的长崎、福冈、佐贺等地空投反战传单，一方面显示中华民族宽仁为本，中国空军有能力空袭日本而不投掷炸弹；另一方面则向日本人民揭露日本违反国际法，悍然侵略中国，并在中国大地上犯下累累罪行的事实，指出他们为这样的战争流血是毫无意义的。这一空军远征日本的壮举，打破了日本认为“中国空军无能力空袭其本土”的主观判断，给日本本土的军民造成了一定的心理压力，又使普通日本人民对于侵略战争的本质有了一定认识，对于发展日本国内的反战运动有着积极意义，更为处于艰苦抗战中的中国军民增添了一分获胜的希望，提升了他们的士气和斗志。

4. 追究战争责任

在全球大战结束后，对于发动侵略战争，引发全球大战的国家，应当追究其战争责任。追究国家战争责任的方式包括责令其退出非法占领的土地，赔款和限制主权等。同时，对于在这些国家中策划、发动侵略战争以及在战争中违反战争法规，犯下屠杀平民、虐杀战俘等战争罪行的个人，也应当被追究战争责任。这既是对发动侵略战争的惩罚，又是对战争受害者的补偿，因此也是法律战的重要内容。

在“一战”结束后，作为战胜国的协约国集团就对德国等战败国的战争责任进行了追究。但是，这样的追究与其说是追究战争责任，毋宁说是进行了一场“分赃”。以协约国对德追究战争责任的所依据的法律文件——《凡尔赛和约》为例，德国的海外殖民地全被战胜国瓜分，大片国土被划归法国、波兰、捷克和丹麦等国。德国的主权被严格限制，陆军不得超过 10 万人，禁止拥有坦克、飞机和潜艇等武器装备，莱茵河东岸 50 千米内不得驻军，西岸由联军占领 15 年。还要求德国赔偿战胜国的一切经济损失（总额约 1320 亿金马克），并在 1921 年 5 月 1 日以前先交付 50 亿美元赔款。这一不平等的和约激起了德国民众的强烈不满。对发动战争负责的德国战犯，虽有人提出要进行惩治，但战胜国忙于分赃，根本无暇顾及此事。结果在 895 人的战犯名单中，仅有 45 人被移交德国最高法院，12 人遭到审判。[①] 这导致大批德国战犯逃脱了制裁，军国主义分子在德国的军界和政界仍有很大势力，在希特勒上台后，这些人成为希特勒重整军备、发动侵略战争的得力助手。

在“二战”结束后，战胜国吸取了教训，制定了一整套追究侵略国战争责任的措施。

第一，确保战败国的领土完整，但要求其退出全部非法占领的土地。

“二战”结束后，除德国东部的一些地区被划入波兰，以作为苏联合并波兰东部的补偿外，战胜国基本上保证了战败国的领土完整，未像“一战”结束后那样对战败国（如德国、奥匈和土耳其）领土进行大肆瓜分，这体现了尊重国家领土完整的国际法原则。但对于其非法占领的土地，如德国自 1938 年以来通过侵略占领的欧洲国家土地，日本自 1894 年以来在亚洲和太平洋地区通过战争非法强占的土地，应当全部退出。

第二，对侵略国进行军事占领，实施非武装化和民主改革。

“二战”结束后，反法西斯盟国对战败的法西斯轴心国国土实行了军事占领，其中意大利由美英占领，德国由美、英、法、苏共同占领，日本则基本由美国单独占领。各盟国在占领区内都颁布法令，实施了一系列非武装化和民主改革措施，包括解除武装，解散军事机构，关闭军工企业，取缔纳粹党、冲锋队、党卫队等法西斯组织和军国主义团体，废除带有法西斯和军国主义色彩的旧法令，清除政府中的法西斯分子，实施民主选举，等等。这些措施对于彻底解除侵略国的武装，清除法西斯主义和军国主义势力赖以生存的土壤，推动这些国家成立民主政府有着极为重要的意义。

---

① 从文胜：《战争法原理与实用》，军事科学出版社 2003 年版，第 575 页。

第三，审判战争罪犯。

对战争罪犯进行审判，使其得到应有的惩治，既是为受害的国家和人民伸张正义，也是让侵略国国民，特别是后代的政治家和军人有所忌惮，不敢再发动侵略战争或在战争中随意违反战争法规，因此在法律战中具有极为重要的意义。1945 年 8 月，根据《关于控诉和惩处欧洲轴心国主要战犯的协定》，在德国纽伦堡成立了欧洲国际军事法庭；次年 1 月，根据《远东盟军最高统帅总部特别通告》，宣布成立远东国际军事法庭，在日本东京成立了远东国际军事法庭。这两个国际军事法庭以国际法为依据，对德国和日本的数十名甲级战犯进行了公正的审判，判处戈林、凯特尔、约德尔、里宾特洛甫等 13 名德国战犯和东条英机、广田弘毅、板垣征四郎、松井石根等 7 名日本战犯绞刑。其他战犯也分别被定罪量刑。同时，各受害国也在各自国土上对法西斯轴心国的乙级、丙级战犯进行了审判。在“二战”结束后对法西斯轴心国战犯的审判和惩处，伸张了正义，树立了国际法的权威，在人类历史上留下了光辉的一页。

第四，赔款。

赔款是发动侵略战争或在战争中违反战争法规则作战的国家，给战争中受到损害的国家和个人的赔偿。战争赔偿以发动战争或违法作战的国家给受害国及其人民造成的实际损失为限，既包括受害国家和人民的物质损失，也包括给受害国人民带来的人身和精神损失。“二战”后的联邦德国和民主德国均向德国法西斯侵略的受害国支付了巨额赔偿，日本也向韩国、菲律宾、缅甸等受害国支付了战争赔偿。

5. 建立战后世界的新秩序

通过签署国际条约，成立国际组织，在战后世界建立一套新秩序，维护世界和平，以保障本国的所得利益，防止全球大战悲剧再次重演，这也是在全球大战中的法律战必须考虑的问题。早在“一战”结束后，美、英、法等战胜国就计划成立一个国际组织，使世界各国的争端均能在其中得到协商和解决，于是在 1919 年的巴黎和会上通过了《国际联盟盟约》，国际联盟在 1920 年 1 月宣告成立。但是国际联盟长期为英法所把持，又缺乏一套有效机制去制止侵略，维护和平，因此在德意日法西斯进行疯狂的侵略扩张时只能袖手旁观，无所作为，最终在第二次世界大战中瓦解。

“二战”中，苏美英中等盟国首脑就计划要在战后建立一个新的强有力的国际组织，以代替软弱的国联，维护世界和平。1945 年 4 月，反法西斯各国在旧金山开会制定《联合国宪章》，6 月宪章获得通过，联合国于当年 10 月在纽约宣告成立。根据《联合国宪章》规定，各国战争权受到严格限制，只能在行使单独或集体自卫权时使用武力。在联合国内专门设置安全理事会（简称安理会）作为维护世界和平的机构。当出现侵略，和平受到威胁时，安理会有权采取从经济制裁、武器禁运到授权成员国使用武力在内的一切手段，击退侵略，维护和平。安理会由 15 个国家组成，其中美国、英国、中国、苏联和法国为常任理事国，享有否决权。当安理会对重要议案进行表决时，只要五个常任理事国中有一个行使否决权，该议案就不能通过。这就是“五大国一致原则”。这套机制使安理会在对侵略和破坏和平的行为做出及时反应的同时，能够有效地避免大国之间的冲突，维护大国的利益。

此外，有关国家还意识到，各资本主义国家在经济上对原料和市场的争夺也是导致世界大战爆发的重要原因。因此，1944 年 7 月，美、英、苏、中等 44 国签署了《布雷顿森林协定》，同意建立政府间的国际经济组织，干预世界经济，协调解决各国的经济问题。然后，世界银行、国际货币基金组织、关税及贸易总协定等政府间的国际经济组织纷纷成立。这些组织将世界各国联为一体，各国间的经济争端可以在这些国际经济组织范围内通过和平手段加以解决，不用再诉诸战争去解决经济问题。这也是保证“二战”以后数十年没有发生新的全球大战的重要原因。

现在，两次世界大战结束已有数十年了，美苏冷战对峙也早已结束，但是由于霸权主义和强权政治依然存在，因此将来全球大战的发生也并非没有可能，上述法律战措施到时仍有可能被各交战国加以实施。这是我们不愿看到的。

法律战分类大略如上。这种分类带有粗疏、概略的特点，涉及的也只是各类法律战的共性。而在战争实践中，一则推进急速，瞬息万变；再则由于“参战”的因素众多，手段各异，因此，每一场武力战都有其个性，即与另一场武力战不尽相同，甚至完全不同的特点。影响所及，在具体的法律战中，既要把握其共性，更要把握其个性。有鉴于此，下文将进而探讨法律战原则、法律战过程、法律战系统、法律战规律等重要问题。

第四章 法律战原则论

“离娄之明，公输子之巧，不以规矩，不成方圆；师旷之聪，不以六律，不能正五音。”事物的发展变化，总有其规矩方圆、规则规律。从这些“规矩方圆，规则规律”中，又可以抽象出这样那样的原则来。

关于原则，庄世同先生写道：“在日常生活中，人们经常使用原则这个词汇来表达自己的处世态度、政治主张或者道德立场。比如说：‘诚信是我做人的基本原则’，‘我认为主权在民是民主政治的基本原则’，‘尊重生命是我深信不疑的最高道德原则’，等等。严格来说，这些第一人称的表述，只是单纯表达说话者个人对于待人处事、政治制度以及道德原则应该如何落实的一种规范评价，似乎很难把他们视为一种‘原则’表述。为什么？理由是，原则必须是普遍而有规约性的（universal and prescriptive）。如果原则不是对所有的人在相同或类似情形下皆可普遍适用，只适用于特定个人或团体，那么充其量不过是一种个人信念或行动理由而已。如果原则不是大家‘应该’坚守奉行的行为指引，那么不啻是个人的行为守则，而无约束他人行动的效果。所以，原则至少必须具备两项特征：普遍性或可普遍化（universality or universalizability），以及规约性（prescriptivity）。这是英国伦理学家 Richard Hare 对原则所做的解释与分析，他认为一项规范命题如果不同时具备这两种特征，就不可能被称之为原则。”笔者认同其对“原则”一般特征的认定，即原则必须具有普遍性和规约性。

法律战作为一种实践性的法律对抗活动，也有其自身必须遵循的原则，下文对此进行探讨，以便为寻求指导法律战实践的规矩方圆与规则规律奠定基础。

一、法律战原则概述

（一）法律战原则的含义与特征

法律战原则指的是法律战中，带有普遍性指导意义和规约性意义的准则。法律战的原则是法律战本质和规律的反映。

法律战原则具有如下特征。

1. 法律战原则的普遍性

法律战原则的普遍性即其普遍适用性，包括以下两层含义：一为贯彻始终性。法律战原则的效力贯穿于法律战的始终。二为全局性。法律战原则贯穿于一切法律战，涵盖法律战的方方面面，不仅涵盖战前、战中、战后法律战，而且涵盖国内法律战和国际法律战，涵盖法律政治战和法律经济战、法律舆论战、法律心理战、法律语言战，涵盖法律战中的立法、司法、执法、守法。总之，举凡古今中外的一切法律战，都为法律战原则所制约。

2. 法律战原则的规约性

原则规约性是指，促使人们去力行，促使人们去遵循，但实际上却有可能被违反的当为意义。规约性具有应然层面上的意义。法律战原则的规约性是指法律战原则作为指导法律战实践而存在的应然性规定，这种规约性是既可能被遵守，但也可能被违反或规避的。

3. 法律战原则的根本性

前文已经论及法律战的一系列规则——从基本规则到具体规则，从陆战规则到海战、空战规则。所有这些规则都受更高的带根本性的准则所规定、所制约，这就是法律战的原则。因此，根本性也是法律战原则的重要特征。法律战是现代战争不断发展的产物，战争说到底是要为国家政治服务的。法律战原则不仅要充分体现战争的一般原则，更重要的是体现国家政治的一般要求，并为这种国家政治提供起码的法律保障框架。

（二）法律战原则与法律战中所运用法律的基本原则的区别

1. 主题不同因而内涵不同

法律战原则的主题是法律战，是法律战的“原则”；法律战所运用法律的基本原则是“法律原则”，主题是法律。二者互有联系，却又是两码事。法律原则的“法律”是法律的总称，法律战中所运用的法律不一定只是战争法，而应该包括所有的法律。只要法律战需要，而且又能够为法律战所用，任何已立的或未立而将立的法律，都在作为法律战武器的“法律”范围之内。婚姻法似乎与法律战无关，但欧洲近代的国际关系史上，皇族的婚姻关系极大地影响甚至决定着国际关系的演变，许多次国际战争的导火线都是婚姻问题，这样，法律战就与各有关国家的婚姻法搭上了关系，因而婚姻法也成了某些法律战的武器了。所有这些法律都有其自身的原则、规则，如有关战争的法律必须遵守限制原则、区分原则等原则。战争中别的法律的适用，如有关经济交往的法律的适用，也有其自身应遵守的原则。这些原则是法律战中所运用法律的具体原则，而法律战中如何运用法律围绕武力战去辅助军事斗争，却另有一般原则。如：法律战利害原则、法律战统战原则、法律战全方位原则等等。

2. 强制力不同

法律战原则与法律原则都属于原则的范畴，都具有规约性，即都是“应为”的行为规则，但二者的强制力却不同。法律战原则被用于指导法律战实践，在军事对抗斗争中，各个主权国家根据其不同的利益，自由选择其进行法律战的策略，体现在这样那样的原则中。法律战原则未遵行、遵行得不好，是不受法律制裁的，如未遵行“利害原则”，只会给法律战整体战略的实施造成不利影响，却不会因为“未遵守”而招致法律惩罚。而法律原则虽然不具有形式的规范性，但却具有某种程度的强制执行性，必须无条件地一体遵循，不遵行则要受到法律的制裁。如在战争中各国必须遵守“人道主义原则”，一旦违反，必然招致国际社会的谴责。如果严重，在战后的司法审判中还会受到追究，直至对责任人处以极刑。

3. 作用不同

法律战原则的作用是指导法律战实践，以达到战争目的，取得有利于己的局面；法律原则的作用则是规定法律的实施。前者指导的是法律战，后者指导的是法律适用。

（三）法律战原则的地位

1. 法律战原则是指导法律战实践活动的基本准则

法律战原则指导法律战的实践活动。在军事对抗冲突中，无论是战争决策的做出、战争方式的选择，还是对战争手段和方法的运用等等方面，都需要在法律战原则的指导下进行，才能更好地达到战争目标。有法律战原则在，例如有“利害原则”在，即使一时不清楚具体法律规定，法律战指挥员也可以根据最基本的“趋利避害”原理，随机做出灵活的反应来，决定这样做或那样做，决定对某些涉战法律规范的取舍。有法律战原则在，用作法律战武器的有关法律的立法、司法、执法、守法，才有了最基本的准则。

2. 法律战原则的运用从属于武力战

前文业已论及法律战是围绕武力战而以法律为武器的军事对抗斗争，其特点之一是它的辅助性。有鉴于法律战在武力战中的从属地位，法律战实践过程中必须随时关注武力战的进展情况。由于武力战是瞬息万变、胜负不定的，围绕它的法律战是采取积极进取的态势，还是采取“以守为攻”的策略，都要随机应变，而不能固守一格。对于武力战战况的法律战反应，一要快，二要紧密结合，三要机动灵活，四要“有理、有利、有节”，保证武力战的最后胜利，保证武力战胜利成果的最大化。武力战指挥员难免失策，武力战进程难免曲折，武力战结果难免战败，法律战指挥员对此必须未雨绸缪，做好两种可能情况下的法律战对策选择。因此，虽然法律战原则的运用处在从属于武力战的地位上，具有辅助性，但绝不是消极的、被动的，而仍然可以是积极的、主动的，因而是大有作为的。

下文从法律战利害原则、法律战实效原则、法律战全方位原则、法律战一体化原则、法律战平战结合原则五个方面对法律战原则展开具体探讨。

二、法律战利害原则

孙子曰："是故智者之虑，必杂于利害，杂于利而务可信也，杂于害而患可解也。是故屈诸侯者以害，役诸侯者以业，趋诸侯者以利。故用兵之法，无恃其不来，恃吾有以待之；无恃其不攻，恃吾有所不可攻也。"[①] 中国古代的兵家智慧，其谋略文化浓缩成一点即是利害之争。有学者在谈及谋略文化时认为："谋略运思的界域在人与人之间，而对人与人之间关系的取舍，其基本规定是：在利害关系与友爱、依托等关系中，它只取利害关系；在利害关系之协作、互助与争夺的两个方面中，它又只取对立纷争的一面。"[②] 因此，"争"是谋略智慧的基本依据，其发而为谋划主体的基本精神态度是"夺"。故在智慧根基上，谋略的依据在于对立，在于争斗，在于谋者为自我利益的谋算与争取，一句话，在于如何夺"利"。这当然是就一般谋略文化而言。而兵家智慧则是最典型的谋略文化样式，它运思的焦点就在于利害攸关之处如何争利夺利。而且这种"利"并不是日常生活中的小"利"，它是战争过程中敌对双方的"生死之利"，"国家兴亡之利"，这就使得夺取胜利成为兵家智慧的最初出发点与最终依据。

而战争的直接目的就是决定胜负，计算利害："兵者，国之大事，死生之地，存亡之道，不可不察也"[③]；"合于利而动，不合于利而止"[④]；"计利以听，乃为之势，以佐其外"[⑤]。因此，兵家的所有一切计谋，无论是谋天、谋地、谋人、谋道，都是为了谋利，都是力求有利于保存自己，消灭敌人。对于这一点，大概古今中外的看法都相同。毛泽东曾说过，战争的目的不是别的，就是"保存自己，消灭敌人"，保存自己、消灭敌人这个战争目的，就是战争的本质，就是一切战争行动的依据，从战略行动起，到技术行动止，都是贯彻这个本质的。战争的目的，是战争的基本原则，一切技术的、战术的、战役的、战略的原理原则，一点离不开它，它普及于战争的全局，贯彻于战争的始终。这当然是用现代的理论性语言表述的兵家智慧的运思焦点。

利益，是人类社会和国家关系的一个永恒主题。对此，英国的帕麦斯顿曾一针见血地指出，大英帝国"没有永恒的朋友，也没有永恒的敌人，只有永恒的利益"[⑥]。争夺利益的本性，使得一块土地、一座城池、一条河流，都可能成为引发战争的导火索。法律战作为现代战争的一种方式，究其终极目的，也是在利益驱使下所进行，国家利益、民族利益是

---

① 《孙子兵法·九变》。

② 《人·诡·谋》，《读书》1992 年第 7 期。

③ 《孙子兵法·计》。

④ 《孙子兵法·九地》。

⑤ 《孙子兵法·计》。

⑥ 王义桅：《战魂——从历史透析未来战争》，华东理工大学出版社 2003 年版，第 132 页。

其最终价值目标，因而法律战过程中趋利避害的原则即“利害”原则，是法律战原则中最根本的原则。

（一）法律战利害原则的含义

“利害”二字，顾名思义指的是“趋利避害”。什么是“利”？什么是“害”？怎样实现趋利避害？兵家智慧虽然以争利为目的，但不同于直接计较利害得失的自然反应，“合于利而动，不合于利而止”，并非见利就上，因此又有所谓：“途有所不由，军有所不击，城有所不攻，地有所不争。”① 这里的“不由”“不击”“不攻”“不争”，都是一种理智的利害选择。对于利害的选择还有一层含义，即“两利相权取其大，两害相权取其轻”，在两种利益之间进行选择，取小利而舍大利，非为利，而为害也；在两种损害之间进行选择，取小害而避大害，非为害，实为利也。

法律战利害原则是指在战争中，利用法律这一武器，趋利避害，寻求并运用利于己而不利于敌的法律依据和法理手段，避开一切不利于己而有利于敌的法律依据和法理手段，在法律上压倒对方、战胜对方。从宏观上来讲，从战前法律战的准备，战时法律战战略、战术等的选择，以及战后法律战的贯彻实施，法律战利害原则都应用其中。下文试图从法律战利害原则的微观层面阐述之，以期“管中窥豹”，以小见大，为打赢法律战寻求最佳方式。

（二）法律战利害原则的应用

法律战之“法律”，包括有关战争的国际法和国内法。国际法方面有关战争的法律，主要指的是战争法。在法律战实施过程中，对于“法律”的选择应该以“利害原则”为指导，具体包含以下三个方面。

1. 对关于战争的国际条约的利害取舍

关于战争的国际条约就是国家之间在战争问题上达成的书面明示协议，对当事国都有必须遵守的法律拘束力。关于战争的国际条约是战争法规的主体部分。各国有关战争的国际条约的签订、加入等都体现了一种利害的选择，这种选择包括是否加入、签订条约；何时、何地签订条约；同何国、何种组织签订条约以及签订何种条约，等等。对于国际条约以上各个方面的选择，隐藏其后的就是利益机制的驱使。

为了顺应世界历史的发展和得到国际社会的承认，中国从20世纪初就已经开始缔结和加入近代战争法规约。从北洋政府到国民党政府，都相继缔结、加入和运用了一些战争法规约。中华人民共和国成立后，根据《中国人民政治协商会议共同纲领》的精神，新中国对旧中国承担的国际义务，由中央政府根据条约的性质和内容区别对待。对符合国际法

① 《孙子兵法·九变》。

基本原则、符合国家和人民根本利益的平等条约予以承认；反之，则坚决予以废除。如新中国承认的第一个战争法公约就是 1925 年《关于禁用毒气或类似毒品及细菌方法作战议定书》，因其有利于国际和平与安全的巩固，并且符合人道主义原则；而对于台湾当局盗用中国名义于 1954 年签订的《关于发生武装冲突时保护文化财产的公约》和《议定书》，中华人民共和国中央人民政府认为其是非法和无效的。

至今，我国明确批准和加入的武装冲突法方面的公约有 37 个。还有的是以国际组织的名义形成的，中国作为这些国际组织的成员，实际上等于认可了这些条约。我国批准和加入的战争法公约，基本上是关于限制违反人道主义原则的作战方法和手段、保护战争受难者、惩治战争犯罪的国际人道主义法公约。如 1982 年我国批准《禁止或限制使用某些可被认为具有过分伤害力或滥杀滥伤作用的常规武器公约》，1983 年我国加入 1948 年的《防止及惩治灭绝种族罪规约》等等。加入这些国际公约，使得我国在国际社会的地位日益上升，在国际舞台上发挥着越来越重要的作用。我国没有批准或者加入的国际公约主要有 1963 年《禁止在大气层、外层空间和水下进行核武器试验条约》，1968 年《战争罪及危害人类罪不适用法定时效公约》，1976 年《禁止为军事或者任何其他敌对目的使用改变环境的技术的公约》，1998 年《国际刑事法院规约》。我国为何没有加入以上公约？是因为这些公约与我国利益有较大抵触。例如 1968 年《战争罪及危害人类罪不适用法定时效公约》，该公约规定缔约国应当依国际法引渡公约所称犯罪之人。而根据我国的规定，我国只与各国专门签订引渡条约，尚未加入普遍的引渡公约。虽然对于此公约我国并没有异议，但若直接适用，则与我国有关引渡的规定相抵触，从而造成法律适用的混乱。这样一来，就使得我国加入该公约遇到障碍。又如，对于 1963 年《禁止在大气层、外层空间和水下进行核武器试验条约》和 1976 年《禁止为军事或者任何其他敌对目的使用改变环境的技术的公约》，因为我国的现有武器发展水平并不先进，批准或加入此类公约需要视武器技术先进国家是否率先约束自己的武器发展水平而定，否则我国的国防利益将遭受损害，此类公约不符合中国现有武器发展水平和发展战略。只有实力相当，才可能有公平的对话基础，否则就有可能会造成实力较强一方恃强凌弱的局面。已经掌握了先进武器、先进技术的国家，故意渲染这种武器的危害性，竭力要加大限制、禁止，也只是因为他们已经掌握拥有了这种武器。而一旦发生事端，没有掌握此种武器的国家只能处于被动挨打的地位，公平对等也无从言起。再如，对 1998 年的《国际刑事法院规约》，我国积极参与了这个规约的起草和谈判的全过程，但最终却投了反对票，究其原因，是因为规约与我国的重要利益多有抵触。比如该公约将非国际性武装冲突中的战争罪纳入国际刑事法院管辖范围，这就为某些别有用心的西方国家借法院干涉我国保卫国家统一和领土完整等内政问题提供了可乘之机。

回顾我国批准、加入或者废除、未加入的诸多有关战争的国际公约的过程，无论是对公约的批准、加入，抑或是对公约废除等，都是紧紧围绕维护国家利益、民族利益这个目的而进行的。当然，我国始终坚持国际法原则，在国际法所允许的范围内行事，是与国际法原则和精神相一致的。

2. 对关于战争的国际原则、国际法的解释的利害选择

法律有其滞后性，不可能包罗万象，涵盖方方面面，有关战争的国际法也是如此。随着现代化战争的不断发展，国际法还会出现尚未明确规定的空白地带，这就使得发动武力战中需要运用有关战争的国际法时，必须对其进行解释。要取得战争的主动地位，抓住战机，达到战争的政治目的，就需要对有关战争的国际法做有利于己、不利于敌的解释。这样的解释既包括发动战争是否符合国际法的解释，也包括战争中使用战争方式、手段是否符合国际法的解释。当然，还有指出敌方违反国际法的解释等等。

"9·11" 恐怖袭击发生后，美国随即展开反恐战争，先是对阿富汗的战争，随后，又把矛头指向了伊拉克，并把伊拉克、伊朗和朝鲜列为"邪恶轴心"。就美国对阿富汗所采取的军事行动而言，根据《联合国宪章》的规定，只有联合国的授权、自卫两种形式的战争才是合法的、正义的战争，并未将"反恐战争"列入其内。美国为发动阿富汗战争寻找合法的外衣，把其发动战争解释为国家的"自卫"。其后，美国把矛头指向伊拉克。2002 年 9 月 12 日，布什在联合国大会发表演讲，在这次讲话中，布什大谈共同的安全威胁，要与联合国安理会做出共同努力，通过必要的决议，迫使伊拉克执行联合国的决议。接着，美英两国就向联合国安理会提出了有关伊拉克问题的新决议草案，寻求"自动授权动武"，最终促使安理会通过 1441 号决议。该决议通过后，美国总统布什立即发表讲话，表示"美国希望伊拉克主动坦白所拥有的大规模杀伤性武器，否则美国将亲自解除伊拉克的武装"，从而把 1441 号决议解释为美国可以发动战争的合法依据。然而，美国这一行径却引起许多国家民众的"反战"示威，在世界范围内爆发了近千万人参加的"反美""反战"示威游行。这一事实也说明了对国际法的解释必须符合国际法原则，任何强权政治、霸权主义都是行不通的。

3. 对有关战争的国内法制定、修改的利害选择

法律战之"法律"还包括有关战争的国内法。对有关战争的国内法的制定和修改，也有其利益选择。需要指出的是，有关战争国内法的制定和修改必须符合国际法原则。

我国《反分裂国家法》的制定，进一步完善了我国的法律体系，特别是在维护国家主权和领土完整的斗争中有了法律依据和保障，使全国人民可以在反分裂法的基础上统一决心，凝聚民意。反分裂法的制定，使我们反对"台独"有了强有力的法律武器。有了反分裂法的支撑和保障，一旦"台独"分子蠢蠢欲动试图把台湾从祖国的版图中分裂出去，我中国人民解放军就可果断出手，而且出师有名，名正言顺，依法严惩分裂祖国的犯罪分子，将其绳之以法。我国反分裂法的制定是与国际法原则相一致的，因而得到了世界上大多数国家的认同。

观之美国，"二战"中美国《中立法》的修改、《租借法》的出台，从根本上说也都是利益选择的结果。1935—1937 年美国国会通过的三个《中立法》，是 20 世纪 30 年代国际上美英矛盾突出的反映。但是，随着德国法西斯威胁的日益增长，美国的对外政策逐渐向英法倾斜。1939 年 9 月 21 日，罗斯福总统在国会上说："在我看来，这些条款对于美国的中立、美国的安全，尤其是美国的和平具有致命的极大危险。"① 罗斯福总统直指问题的核心，挽救英国就等于挽救自己。1939 年 10 月 27 日和 11 月 2 日，美国参众两院先后通过《新中立法》，解除对交战国军火禁运，但需"现金购买，运输自理"。然而，《新中立法》依然未能突破中立的框架，美国虽然通过《新中立法》的实施给英法以资助，但这帮助是有限制的。之后，战争形式进一步恶化，德军席卷欧洲，面对这种形式，美国进一步修改法律，打破《中立法》的限制，扩大对英法的援助。1940 年 12 月 17 日，罗斯福总统发表重要讲话说服国会和人民，他说："就是从美国防御的自私观点出发，我们也应该尽力帮助大英帝国保卫它自己。"② 1941 年 3 月，美国通过《租借法》。《租借法》的主要内容是，总统有权向"对于美国防务至关重要"并且能"给美国带来好处"的国家"出售、交换、租给、借予或转让任何军需产品"。"现款购买"的原则被废除，"运输自理"的原则也逐渐失效。随着战争的不断扩大，《租借法》的范围也逐步扩大到 40 余国，至战争结束，美国援助共 500 多亿美元，对反法西斯战争的胜利起了重要作用。美国总统杜鲁门说："毫无疑问，《租借法》所花费的钱拯救了许多美国人的生命。通过《租借法》而装备起来的每一个俄国、英国、加拿大和澳大利亚的士兵，当他们投入战斗的时候，就会大大减少我国青年在争取战争胜利中所面临的危险。我们无法收回这笔款，但我们拯救的许多人今天还在这儿，在美国活着。"从《中立法》的修改到《租借法》的出台，美国权衡利弊得失，从本国利益出发，结合世界局势发展的大趋势，取得了积极的效果，加强了美国战后称霸的实力。

三、法律战实效原则

（一）法律战实效原则的含义

法律战一般被认为是一种具有"软杀伤力"的作战方式，它所引起的杀伤效果很难被人们直观地发现，必须配合武力战的开展才能逐渐发挥其作用。随着现代军事实践以及军事思想的飞跃发展，现代战争中，法律战作为武力战的辅助手段，作用日益明显，法律战的成败直接或间接影响着战局的最后结果，成为战争中重要的一环。在现代军事科学思想的指导下，法律战呈现出具体性（战法的可操作性）、动态性、针对性以及杀伤效果的现实可见性等特质。这些特质实际上是法律战实效性原则的根本要求和具体体现。因此我们

① ［美］富兰克林·德·罗斯福：《罗斯福选集》，关在汉编译，商务印书馆 1982 年版，第 230 页。

② ［美］富兰克林·德·罗斯福：《罗斯福选集》，关在汉编译，商务印书馆 1982 年版，第 255 页。

可以这样定义：法律战实效原则是指针对不同的战略战役目标，采用相应的法律战战法，使己方获得“法理正义”，从而配合武力战取得最佳的战争实际效果的原则。

“实效”的相对概念是虚效和无效。法律战当然不能流于无效，否则就不必讲什么法律战了；也不能只求虚效，玩弄法律游戏，徒然耗费国库开支。近代以来，清政府与入侵的英、美、法、俄、日、意、德、奥、西、荷等国之间，常有这种仅得无效、虚效之结局的外交谈判。当时人称之为“羁縻”之策。清政府一味妥协、退让、“羁縻”的结果，是列强侵略的步步进逼，是祖国领土的“瓜分豆剖”，是国家主权的肢解、丧失。这一教训是值得永远记取的。

（二）法律战实效原则的体现

1. 法律战的具体性

法律战一要运用“法律”，二要“战”，三要讲求运用“法律”于“战”前、“战”中、“战”后各种不同场合及不同情势时的针对性、动态性以及现实杀伤力，所以法律战的实效性是会十分具体地体现出来的，既有要求，又可操作，还可根据其实际成效进行检查、修正、调整。因此，具体性是法律战实效原则的主要特点。同时，法律战在配合武力战过程中也会形成自己独特的战法，针对不同目标、不同阶段，攻守双方都会而且也必须根据自身的需要拿出相应的对策，针锋相对，以期在对抗中取得优势，保证武力战的有效展开。法律战战法已经被各国所重视，它已经成为现代战争中举足轻重的一部分，是现代战争指挥者不可缺少的技能，是必须掌握的战争艺术。

取得“法理正义”基础是进行法律战必须达到的一个目标。法理上主动权的获得，当然要以开展武力战本身的合法性为基础，没有这个基础，主动权就无从谈起。但是，武力战本身很难自证其合理、合法，还要以法律战予以配合，通过法律战阐明武力战的合理合法，揭露敌方的无理与非法。值得重视的是，即使是正义的武力战，也不一定被平民百姓所理解与认同。武力战中也难免有“出格”之处，而这更易引起不满并被敌方利用，渲染、扩大、攻击为如何如何的不义、凶残等等。梁山好汉们“替天行道”攻打官军，却杂有李逵等“怒从心中起，恶向胆边生”而抡起板斧不分青红皂白地“排头砍将过去”杀戮大量无辜。正义战争战火炮弹也不免炸开在平民群中。另一方面，敌方也会或颠倒黑白，或夸大其词，或无中生有，或借机攻击，也利用法律战攻我之短，所以，及时、有效地开展法律战，是十分具体的辅助武力战的制胜之道。“得道多助，失道寡助”的法理正义就是这个“道”。针对不同的情况采取不同的策略，从而用好法理，就能使自己“得道”，使敌人“失道”，保障自己在政治上、道义上处于“多助”的有利态势，陷敌人于“寡助”的不利境地。通过有效运用法律战可以向国际社会充分表明己方军事斗争和作战行动的合法性，即“师出有名”，以争取国际社会和广大民众的普遍同情和支持。在战斗中，通过有意识地运用“法”，争取法理上的主动权，使自己处于“得道多助”的有利态势，增强自己政治、军事优势，最大限度地减损敌方的战斗力。

根据武力战的具体情况和投入相应的法律战的具体主体及其具体任务，法律战又可以分为进攻型、防御型等类型，针对不同的形势采用不同的战法，也是法律战具体性特点的体现。

一是进攻型法律战。进攻型法律战往往要针对敌方的军事行动或作战企图进行法理分析，找出其违法之处，以法律为武器展开进攻，造成敌方战略上的失利。进攻型法律战专业性强，法律专业人员是主战兵力。但法律进攻不是空穴来风，需要处于对敌斗争前线人员的信息反馈，比如敌方袭击了平民，或对失去作战能力的伤病员施加了伤害等违法行为需要身临其境的知情人反映。所以，虽然法律专业人员是进攻型法律战的主要力量，但广大站在我正义立场一方的人员都有责任和义务加入进攻阵容，形成法律专业人员的坚强后盾。

二是防御型法律战。防御型法律战以守为攻、虽守实攻，以“后发制人”的战法进行，主要针对敌方或敌对势力对我已经进行或准备进行的军事行动所做出的法律上的攻击，予以法律上的反击。敌方进攻在前，我方反击在后。“在后”的“反击”完全可以依法、据实揭露敌方的讹诈、欺骗，采取的仍然是进攻态势。有时明知敌方在做欺骗宣传，我方却暂不反击而“静观其变”，直至敌方陷入荒谬的易于被击垮的境地，起而一举“歼灭”之，不仅可以取得一时的胜利，而且可以造成舆论对敌方长期的甚至永远的不信任，从而取得最大的法律战“长效”。法律研究人员和中高级作战指挥人员是防御型法律战的主角，因为对我正义之师而言，面对的攻击很有可能是歪曲事实或夸大其词的攻击。因此，防御型法律战难度大，需要法律研究人员运用自己掌握的系统的法律知识展开还击，据理力争。中高级指挥人员是军事行动的指挥者和知情人，更要以事实为依据、以法律为准绳，对敌方的诬陷给予义正词严的回击，在世界人民面前揭露敌人的丑恶行径。

2. 与武力战联系的紧密性

法律战是一种软杀伤的战法，能够在战争准备、战争实施、战后清算全过程中发挥重要的作用，但是法律战是服务于武力战的，是武力战的辅助性斗争，所以法律战天生就与武力战紧密联系。

第一，在武力战战前预备阶段，做到师出有名、师出合法。

为了使即将进行的战争能够顺利展开，必须能够充分地、有力地、可信地阐明我军行将进行的武力战的法理基础，做到师出合法。解读现代战争中的“正义”与“非正义”，除了民心向背之外，很大程度上取决于法理意义上的“合法”与“非法”。敌对双方在战前就要争取法理上的主动，占据法律上的优势。法律战正是争取军事行动主动权的重要手段。强权争霸时代赤裸裸的战争形态已经过时，在当代，一个国家在考虑是否发动战争，以及以何种方式进行这场战争即所谓的战争决策时，首先要考虑的就是寻求战争的法理依据将战争合法化。这个问题如果顺利解决就可以为随后发起的武力战创造良好的环境，从而帮助战争的顺利进行。因此战前的法律攻防战就显得尤其重要。在“媒体统治世界，舆论创造正义”的信息时代，传统的“身正不怕影子斜”的理念显出了一定的局限性，而军心民意的力量却越来越大。战争不仅是军事实力的较量，更是军心民意的对抗。在这样的大背景下，交战各方无不千方百计地拿起法律武器，表明自己守法，指责对方违法，目的是从心理上消解对方军民的战斗意志，激发己方军民的战斗热情，争取国际上的同情与支持。在这场先于武力战之前就已经硝烟弥漫的法律攻防战中，无论谁取得胜利都将为己方创造较为有利的舆论环境，使己方在未来的战争中占有主动权。

第二，在武力战进行过程中法律战同样紧紧相随。

虽然现代战争强调零伤亡，不论对于本方军队还是平民，攻守双方都会尽量避免伤亡，但是战争从来都必定带来生灵的灾难。有战争就会有伤亡，尤其是平民的伤亡以及人类文明遗迹的损毁，从而引起国际社会的强烈反映。因此己方必须始终维持有力的法律战强度，做到随时能够就突发伤亡事件做出处理，说明己方行动的正当性、合理性以及必要性，给国际社会一个交代。

第三，为巩固和扩大战果，合理开展战争责任的处理、战争灾难的消弭，同样需要以有力的法律战作为保障。

战争是政治的继续，军事上的胜利只是为实现政治目的开辟了道路，还不是政治目标的最终实现，政治目标的实现必须通过战后国际会商来解决。而在国际会商中，所依据、所运用的都可以而且必定会归结为法律战。只有在战后的法律战中取得了胜利，武力战的成果才能得到法律上的肯定。所以，战后法律战与武力战的关系，同样是极为紧密的。如果说战前、战中是武力战决定着法律战的话，那么，战后的法律战在某种程度上就决定着武力战的胜负与否和胜负程度了。

与武力战发展联系的紧密性以及为武力战服务的特性，决定了法律战在实战中必然要随武力战的发展而呈现很强的动态性。没有一成不变的法律战战法，也没有一成不变的法律战内容。无论是战法还是内容，都应有创新；不断地创新，才真正体现出法律战的动态性以及动态法律战的实际意义。因此，从事法律战的人员，从战略决策、战术指挥到一线战斗人员，都要充分掌握法律武器的基础，为法律战的创新和实效扩展做出努力。

3. 法律战的针对性

现代战争中，法律战的应用领域越来越广，层次越来越高。伴随着的武力战的不同形态及不同阶段，法律战要完成的任务和要达到的目标也不尽相同。因此法律战自产生以来就带有浓重的现实针对色彩。例如在战前准备阶段，从前是“兵马未动，粮草先行”，现在则还应做到“兵粮未动，法律先行”，法律战的主要目标就是为己方争取有利的国际环境，为本方的军事行动寻找有力的法理基础。法律战的针对性表现为根据武力战各个阶段所要达到的具体目标，有针对性地选择法律战策略、步骤；或在每一阶段的武力战过后，以具体的法律战形式巩固武力战成果，从而配合武力战获得成功。

我们知道，日本帝国主义是在19世纪70年代正式登上国际舞台的，其在国际上刚刚“露脸”，就开始着手发动武力战，对亚洲很多国家进行侵略，暴露了丑恶、狰狞的面孔。即便是这样的“恶人”，也从不忘用“条约”的法律形式往自己脸上“贴金”。在对朝鲜的殖民战争中，日本就用不同时间签订的4个条约逐步完成了武力战所要达成的阶段目标，最终将朝鲜变成了其扩大在亚洲大陆侵略活动的桥头堡。1876年日朝《江华条约》迫使朝鲜开商埠、设租界，使日本拥有了治外法权。其后随着中日甲午战争中日本对华胜利，1905年，其又通过《乙巳条约》剥夺了朝鲜外交主权，并有权在朝鲜设立统监府。接着，以1907年的《丁未七款条约》逼迫朝鲜国王高宗退位，攫取了控制朝鲜内政的大权。在掠夺了朝鲜内政外交大权之后，武力战就只有一个目的要完成了，那就是彻底吞并朝鲜。于是在一场血腥屠戮之后，1910年日本炮制了《日韩合并条约》，完成了吞并朝鲜的最后一步，条约规定将朝鲜的一切统治权力彻底、永久地“让予”日本国天皇陛下。至此，各阶段武力战的具体目标最终经由法律的形式完全实现了。先是赤裸裸地进行武装侵略，然后急匆匆地套上法律外衣，这是帝国主义列强的惯用伎俩。

四、法律战平战结合原则

法律战“战”在战时，但“用在一时”之兵需“千日之养”。于是有了“战”外的“平时”。一场旷日持久的战争，并不时时有仗可打，大多时日还是处于不战状态或对峙状态，于是有了“战”内的“平时”。有鉴于此，法律战必须遵循平战结合原则。

（一）法律战平战结合的含义

“平”即平时，“战”即战时。从武力战角度看，武力战期间即战时，此外为平时。法律战时域比武力战广，既包括武力战战中，亦包括武力战之战前与战后的一段时间。因此，法律战的“战”时，指武力战中及其前、后的一段时间，此外即为法律战的“平”时。法律战平战结合原则是指，要将战时法律战与平时的法律战训练结合起来。不能临阵磨枪，要未雨绸缪；为“用在一时”，要“养兵千日”。

如同“刑期无刑”，法律战是“战期无战”。对共产党人来说，准备打法律战是为了避免、消灭法律战。为什么“平”时也要准备？第一就是为了再也不打法律战；第二则是为了一旦外敌将战争强加于我时，我已有所准备，争取打赢法律战。“平时多流汗，战时少流血”的道理，用在法律战上也是“日月经天，江河行地”般合乎逻辑、合乎真理的。

如前所说，法律战平战结合原则的最主要含义是将战时的法律战与平时的法律战训练结合起来，这是平战结合原则之本义。这一原则还有其引申义。

法律战平战结合原则包括三个方面的含义：一是必将爆发的战争之前的法律战准备；二是武力战间隙的法律战准备；三是潜在战争危险时期（和平时期）的法律战准备。“潜在战争危险时期”又包括两个方面：一是两军对峙情况下；二是理论上的“潜在”时。以上三者，都要考虑与开战时候的法律战相结合。

从法律划分的角度看，法律战中的“法律”包括国际法和国内法。法律战平战结合原则的引申义与此相关、由此而来，可引申出另两层含义：其一，因法律战主体主要是各个主权国家，故法律战之“法律”多指国际法。“根据国际法调整的国际关系领域，又可以将国际法分为平时国际法和战时国际法。后者也称为战争法，或武装冲突法。在和平时期平时国际法起作用，在战争时期战时国际法或战争法发挥作用。”[①] 然而，在现代战争中，进入战争状态的交战国之间，除战争法起作用之外，平时国际法在经济交往等方面依然发挥作用。因此，从更广阔的意义上讲，法律战平战结合也包括法律战期间的平时国际法与战时国际法的结合应用。其二，法律战中的“法律”也包括国内法，平时的国内法建设也是法律战平战结合的一个重要方面。这里的国内法建设着重与国际上通行法律的接轨，比如，美国常常以所标榜的人权问题为幌子对我国进行莫须有的攻击，对此，必须不断完善国内法相关规定。应加强平时国内法的建设，加重其影响国际法体系的分量和力度，以增强我方在国际体系中发言的底气。从此种意义上说，平时国内法的建设与完善也是法律战平战结合之重要内容。

论及法律战平战结合原则的本义时，有必要把武力战战前法律战与法律战战前训练区分开来。游雅南先生的《走出法律战的理论误区》这样写过：“从世界近期发生的几场局部战争看，法律战主要在战争进行过程中实施，同时也延伸至敌对双方交火行动之前以及军事行动结束之后。战前的法律战为夺取战争胜利而做准备，主要包括两方面内容：一是在部队训练及战争动员等活动中厉行法治，依靠法律提高部队战斗力；二是寻求和宣示己方武力使用的合法性，揭露对方武力使用的非法性，以争取国际社会的广泛同情和支持。战争落幕，法律战仍未结束，一方面，战争罪行的审判及战俘的处理等工作仍属于法律战的内容；另一方面，战争的胜利还需要通过法律战来巩固和扩大，以保证国家的政治利益得到充分实现。”游先生对法律战时域划分的阐述是符合法律战实际的，但将“为夺取战争胜利而做准备”的“战前的法律战”延及“在部队训练及战争动员等活动中厉行法治，依靠法律提高部队战斗力”，是值得商榷的。法律战的时域是明确的，即从武力战战前法律战开始，经战中法律战，到战后法律战。战后法律战结束于围绕武力战所需处理的善后事宜基本处理完毕；而战前法律战开始于基本围绕行将发生的武力战而具体启动的法律斗争，如再延展到“在部队训练及战争动员等活动中”，那就无所谓法律战的平时与战时之分了。

此外，还应注意的是，武力战是打打停停、停停打打的，炮火连天、猛冲猛杀之前、之后，往往万喙息响、万籁俱寂。武力战中的这种间隙，往往也被视为“战”外的“平”

① 张景恩：《国际法与战争》，国防大学出版社 1999 年版。

时，为求“平战结合”，此时仍要加紧修工事、擦枪炮，以“多流汗”换取下一个战斗回合的“少流血”。与此类似，法律战也不可能乒乒乓乓日夜不停地“战”下去。例如，以外交谈判形式展开的法律战，谈判之时唇枪舌剑、雄辩激烈，谈判之后则是鼓息旗偃、声气不闻。为求法律战的“平战结合”，此时则要加紧分析各种信息及与之有关的法律问题，也以“多流汗”换取下一个法律战战斗回合的“少流血”。

（二）法律战平战结合原则的实践

平战结合原则不应仅仅停留在军队法律战活动上，无论是外交等国家活动，抑或民间活动，也都应贯彻法律战的平战结合原则。下文从军队、国家、民间三个角度来阐释法律战平战结合原则的实践问题。

1. 军队活动中的法律战平战结合

中共中央、中央军委于 2003 年 12 月 5 日批准颁布的《中国人民解放军政治工作条例》中，首次明确提出了“法律战”的概念，把进行法律战作为一项战时政治工作列入了“政治工作的主要内容”，把组织开展法律战作为“领导战时政治工作”的内容之一列入了“总政治部的主要职责”，作为“领导部队战时政治工作”的内容之一列入了军区级单位政治部主要职责。这里的“法律战”重点是就军事而言，特别是军事政治工作方面。但法律战不应局限于军队活动，法律战不仅是军队的事情，而且是全体国民的事情。从国家领导层到普通民众，从部队军官到普通士兵，从上至下，都应当对法律战足够重视，都应“平战结合”，只有如此，才能打好法律战。单就军队而言，《条例》虽然把进行法律战规定为“战时政治工作”，但这并不是说，进行法律战与“平时”工作没有关系。以《条例》“军区级单位政治部的主要职责”的规定为例，第 18 项领导部队“战时政治工作”中包括了组织开展法律战的内容；第 16 项领导部队“军事训练和执行任务中政治工作”中包含了“研究制定战时政治工作预案，组织指导战时政治工作演练”等等。可见，“组织开展法律战”作为军队平时的法律战准备，已经提上了日程，这无疑具有深刻的现实意义。军队实施法律战平战结合原则主要包括以下五个方面。

（1）奠定官兵法律战思想基础

精神力量是战斗力的锋利刀刃，在平时的法律战准备中，首先要奠定部队官兵开展法律战的思想基础。法律战的思想基础主要体现在对于战争合法性、正义性问题的认识上，这就要求在平时的法律教育中，要注重引导官兵运用国际法、战争法等相关法律知识，认识未来战争的正义性、合理性、合法性，坚定我国为维护祖国统一、反对分裂，维护国家主权，反对外国干涉我国内政等的斗争的正义性信念。同时，对于世界上一些国家进行的战争的性质问题，能够形成基本正确的法律上的评价与判断。

（2）做好官兵法律战知识准备工作

法律，特别是国际法的运用已经成为未来战场上的一柄利器，军队在进行法律战准备中必须尽早认识它，驾驭它。江泽民就曾经指出："国际法是一个斗争武器，不了解国际法，说话没准头，人家一听就知道你不懂。"根据目前我军的情况来看，我军官兵对国内法有所了解，但对国际法了解甚少，这与未来军事斗争的要求是不相适应的。国际社会普遍是依据国际法中的战争法来评价战争的性质、合法性并做出是否干预的决定的。因此，为应对未来战争，官兵必须熟悉战争法的有关规定，善于依据、运用战争法的有关条约、公约、协定等，来揭露敌方的侵略罪行，利用国际社会的力量来制止和赢得战争。而法律知识的储备，法律素质的训练，绝非一朝一夕之功，这就要求在平时，部队官兵必须加紧学习《武装冲突法》《人道主义救援法》《国际法》《联合国宪章》等系统的法律知识；熟悉、掌握法律战相关案例的法律知识。

新中国成立后，中央政府批准加入的战争法规主要有：① 1949 年 8 月 12 日缔结的日内瓦四公约，即《改善战地武装部队伤者病者境遇的日内瓦公约》《改善海上武装部队伤者病者及遇船难者境遇的日内瓦公约》《关于战俘待遇的日内瓦公约》《关于战时保护平民的日内瓦公约》(以上日内瓦四公约由中华民国政府签署，新中国政府于 1952 年予以承认，并由全国人大常委会于 1956 年 11 月 5 日批准加入，应当注意的是，我国政府对该公约提出了 4 项保留)。② 1952 年 7 月 13 日承认的《关于禁用毒气或类似毒品及细菌方法作战议定书》。③ 1974 年 6 月 12 日加入的《拉丁美洲和加勒比海禁止核武器条约》第二附加议定书。④ 1981 年 9 月 14 日签署、1982 年 3 月 8 日批准的《禁止或限制使用某些可被认为具有过分伤害力或滥杀滥伤作用的常规武器公约》及其第一、第二、第三议定书。⑤ 1983 年 4 月 18 日加入的《防止及惩治灭绝种族罪公约》，并对其中第 9 条保留。⑥ 1983 年 9 月 2 日加入的 1977 年《日内瓦公约》第一、第二附加议定书。⑦ 1984 年 11 月 15 日加入的《禁止细菌(生物)及毒素武器的发展、生产及储存以及销毁这类武器的公约》。⑧ 1988 年 10 月 21 日加入的《南太平洋无核区条约》第二号、第三号议定书。⑨ 1991 年 2 月 18 日加入的《禁止在海床洋底及其底土安置核武器和其他大规模毁灭性武器条约》。⑩ 1992 年 3 月 9 日加入的《不扩散核武器条约》。⑪ 1993 年 11 月 2 日承认的《1899 年海牙第一公约》。⑫ 1993 年 11 月 22 日承认的《1907 年海牙第一公约》。⑬ 1996 年 12 月 30 日批准《关于禁止发展、生产、储存和使用化学武器及销毁此种武器的公约》。⑭ 1997 年 10 月 10 日加入的《非洲无核区公约》第一、第二议定书。⑮ 1998 年 8 月 29 日批准的《禁止或限制使用某些可被认为具有过分伤害力或滥杀滥伤作用的常规武器公约》第四议定书及修正的第二号议定书(《禁止或限制使用地雷、诱杀装置和其他装置的修正议定书》)。⑯ 1999 年 10 月 31 日加入的《关于发生武装冲突时保护文化财产公约》。⑰ 2003 年 6 月 28 日批准的《〈禁止或限制使用某些可被认为具有过分伤害力或滥杀滥伤作用的常规武器公约〉第一条修正案》。[①] 对这些法律、法规，全军指战员应该有所了解，

① 张瑞忠等主编：《舆论战 心理战 法律战 300 问》，军事科学出版社 2004 年版，第 229—230 页。

法律战研究机构、战略决策者、战术指挥者则应熟悉掌握，了然于心。

(3) 提高官兵法律战作战能力

利用多种形式的教育和训练，提高官兵的法律战作战能力。一是提高法律战作战思维能力。法律战在作战时空上的非限制性，决定了它在未来战争中将呈现出全方位、长时段、多领域、高强度的显著特征，这就需要开拓法律战的作战思维能力，从战略高度思考和研究问题。二是提高法律战作战素质。可以对部队官兵进行集中培训，也可单独组织专业学习训练，还可组织专题讲座，邀请上级机关和院校专家教授进行辅导，通过多种方式，增强部队官兵的法律战综合素质。三是提高处理法律战难题的能力。在进行法律战准备和学习的过程中，会出现这样那样的问题、难题，如法律战的组织教育和军事训练的融合问题，法律战与信息战、心理战的协调问题，等等。这些都是制约法律战教育训练深入开展而急需回答和解决的问题，可以定期组织研讨交流，深入探讨，还可以与院校、科研院所联合研究，多渠道提高军队的处理法律战难题的能力。

这里需要注意的是，法律战不只是与高级首长、领导机关有关，与基层官兵也息息相关。基层官兵不懂法律、不会依法处理战场上的各种复杂情况，打法律战也就只会是一句空话。因此，法律战作战能力的提高需要全体官兵的共同努力，而不是仅仅依靠上级首长的个人能力。

(4) 建立专门从事法律战研究的组织机构

在未来军事斗争的准备中，必须把法律战作为独立的作战样式加以研究，设立必要的研究机构、训练机构，开通运作载体与运作渠道，不断探索富有我军特色的法律战体系。一是全军各级应建立相应的法律宣传中心和专门的法律咨询机构，加强法律战宣传，并对关系国防的突发事件中涉及法律方面的问题及时提出处理意见和建议，指导军事行动的合法性。二是可以把军事院校作为法律战研究的重要基地。现代战争实践表明，军事院校在军队现代化建设中具有基础性、全局性、先导性作用，因此，各个军事院校应发挥自身的优势和先导作用，加强法律战的实验研究和开发，力争成为研究法律战理论的摇篮。各个军事院校应该积极培养法律战作战人才、研究法律战作战方法。必须紧紧抓住军事教育这一资源，努力构建新的学科专业平台，不断丰富和拓展法律战作战的理论研究，为提高部队法律战战斗力水平贡献力量。

(5) 培养法律战专门人才

运用法律实施法律战的主体是人。“运用之妙，存乎一心”，准备法律战，必须把培养法律战人才纳入人才战略规划，把法律战人才队伍建设作为实施全军人才战略工程的战略重点之一，尽快建立一支法律战的专业人才队伍。通过院校培训、岗位锻炼和实战训练等途径，加强人才、队伍的培养。

2. 国家活动中的法律战平战结合

在法律战的平日准备和战时实施的全过程中，国家行为举足轻重，在外交、立法、政策以及宣传教育等各个方面，国家都可以发挥其积极的作用。

第一，在外交层面上，国家主要利用国际法来维护国家利益。

坚持国际法的基本原则，在平时的国际外交中，依法处理好与自身国际义务相关的各项事务，不给外部势力侵犯主权、危害利益以口实。运用国际法保障国家的主权和利益，最重要的就是要坚持《联合国宪章》的宗旨及国际法的基本原则，尊重和维护安理会的权威。同时，要努力完善联合国集体安全机制和国际法，防止其被歪曲和利用，成为霸权主义势力侵略和干涉别国内政的工具。与此同时，也要注意处理好与国际法相关的国内事务，处理好与周边国家的关系，不给外部势力发动侵略战争、进行军事或政治干涉以口实。

要充分利用经济全球化提供的机遇，加速发展以经济科技为核心的综合国力，为运用国际法维护国家主权、保障国家利益提供强大的物质基础。从本质上说，国际法作为各国国家利益的集中体现，是各国国家意志斗争和妥协的产物。而这斗争与妥协的结果，则取决于各国的力量对比。国家越强大、越发达，就越能通过积极参加国际立法，运用国际法所赋予的合法权利进行有效的自卫。

第二，在立法层面，应加强国内立法建设。

法律战之“法律”主要是指有关军事冲突的国际立法，对于国家来说，在利用国际立法的同时，也要做好国内法的建设，使得国内法与国际法接轨，避免国内法与国际法脱轨，从而为进行法律战提供合法依据以及法理基础。因此，应当加强国内立法的建设，以平日法律之立，备战时法律之需。

早在 17 世纪末至 18 世纪初，俄国的彼得大帝就已经相当注重国内军事法律的建设与完善，并利用大规模的军事立法活动增强了俄国军事力量，占领了军事法制化的制高点。彼得大帝顺应历史的发展，为改变俄国的落后面貌，尤其是为适应对外战争的需要，在国内进行了大规模的改革。彼得的改革是以军事为核心，伴随战争而进行的。为加强陆军的正规化、统一化，1716 年彼得颁布了“军事法规”。法规包含队列和战术训练的基本原理，确定了军队的编制和组织原则；还规定了士兵和各级军官的职责，指出服兵役的重要意义是保卫“国家的利益”。为进一步加强海军，彼得借鉴丹麦、法国、荷兰、瑞典和英国的海军法规，于 1720 年颁布了“海军章程”。章程特别强调了海军的重要意义。章程还规定了海军舰队的编制、战船的等级、海军官员相互之间的关系以及他们的权利和义务等。通过严明的军事立法及艰辛的努力，在战争年代，彼得为俄国缔造了一支强大的海军，被称为“俄国海军之父”。[①] 可见，符合军事发展潮流的、先进的国内法的制定对顺利开展法律战，配合打赢武力战是极为重要的。

目前我国国内法领域中有关战争的法律是在对以往战争进行总结的基础上加以部分

---

① 鲁毅等主编:《国际关系史》(第 1 卷)，世界知识出版社 1995 年版，第 177—180 页。

程度的提升，虽说也设定了一些关于战争的规范，但毕竟未能涵盖全面。新时期，诸如恐怖主义、信息化战争等新的矛盾和问题对原先的战争相关法律规则提出了挑战；内战中的法律规范还很欠缺；诸如武装暴动、恐怖主义等的有关问题也没能纳入详尽的法律规制之中。为此，需根据战争需要，积极完善法制建设。如我军当前必须从战争实际需要出发，完善诸如“战争中对于信息权的法律保护”等与战争相关的国内法律，明确中央法律与地方法规的关系；明确与战争相关的国内法与国际法的关系等。

3. 民间活动中的法律战平战结合

虽然武器的作用是巨大的，但是，人民战争仍具有显著的战略优势。在现代军事战争中，民心的向背、民意的畅堵、民情的安乱，将在很大程度上主导战局的发展。强化全民法律战作战意识，增强全民心理防护能力，是打赢现代军事战争必须考虑的问题。应该在全民中普及法律战知识，打造一条适应未来战争需要的成熟稳定的民众防线，做好稳定后方的工作。只有认识到民间法律战储备的重要性，从上至下地进行法律战的宣传，才能调动民间力量的积极性，真正发挥民间法律战的威力。有关法律战的民间活动主要是在宣传教育方面。主要体现在以下两方面。

（1）加强法律战教育

平时应强化民众法律战意识，做好法律战知识普及工作，强化民众法律战观念。法律战的宣传工作，可以通过各种方式来进行，如通过电视等新闻媒体，开设法律战专题等节目来进行宣传。还可以开设法律战专题讲座，创立法律战专刊等书刊。加大宣传力度，使得民众对法律战有充分的了解，激发民众法律战的积极性。

（2）拓深法律战理论研究

建立民间法律战研究中心，加强法律战的学术研究，高等法律院校建立法律战研究所，从不同角度、不同方面加强法律战的理论研究。用以指导法律战实践。对于法律战的理论研究，应注意与具体案例的结合。他山之石，可以攻玉。我们常说要从战争中学习战争，也包括研究吸收外军的作战经验。战例研究，就是以战例为原型，通过去粗取精、去伪存真、由此及彼、由表及里的透彻分析，拨开战争迷雾，找出作战指导的内在规律，为赢得未来战争做准备。当前新军事变革正处于加速发展阶段，“三战”研究又是一个全新的领域，我们应重视和加强战争战例研究，力求借他山之石推进军事创新，创建有中国特色的法律战战略。法学团体和法学专家的声音，在引导人们认识战争的正义与非正义、合法与非法等方面有着巨大的影响作用。我国在未来军事对抗冲突中，要充分发挥中国法学会、国际法学研究会、军事法学研究会等法学团体和国内著名法学专家的作用，对我军事行动中遇到的重要法律问题进行法理论证和阐述，全面声援国家和军队的法律斗争。

五、法律战一体化原则

“一根筷子轻轻被折断，十根筷子牢牢抱成团。”不过，十根筷子合成为一个整体，虽能发挥整体的强大力量，但这还只是机械的集合。人类社会的万千事物，其内部存在着盘根错节、繁复无比的有机联系，如能形成良好互动的格局，当对事物的发展发生巨大的积极影响。法律战也是如此。

（一）法律战一体化原则的含义

一体化之“一体”，从字面上理解，就是一个整体的意思。但若深入剖析，则“一体”似应具有以下几个方面的含义：第一，作为一个整体出现。因此，不能把任一事物肢解开来孤立地、片面地、割裂地看待。形而上学与辩证法的区别，即在于前者把事物割裂开来，“只见树木，不见森林”，只见头不见全身，如同盲人摸象，结果流为笑柄。辩证法则如实地将事物作为整体看待。较早而且相当完整地论述了事物普遍联系的整体特性的是荷兰的斯宾诺莎。洪汉鼎在《斯宾诺莎》一文中指出：“斯宾诺莎的根本出发点，是一种我们现在可以称之为系统论的认识论观点。这种认识论观点的特征在于，它把整个宇宙不是看成一堆疏松的孤立不发生联系的个别事物的堆积，而是把它看成是由所有存在的事物所组成的一个庞大的有机系统，虽然这个系统内的各个事物都有极其多样的性质和转化，但是它们都是这个系统的一部分，都服从统一的自然规律和法则。”① 斯宾诺莎说：“每一个事物，就它们以一定方式存在而言，必定被认为是整个宇宙的一部分，与宇宙的整体相一致，并且与其他部分相联系。”② 斯宾诺莎认为，自然界一切事物都处于紧密的相互连接与普遍联系中，它们都服从普遍而固定不变的秩序和规律，整个宇宙就是由这些相互连接并遵循规律的个别事物构成的和谐有序的系统。后来马克思主义经典作家对事物的整体性做了大量的论述。斯大林还在《辩证唯物主义与历史唯物主义》一书中，把事物的普遍联系的观点，与对立统一、量变质变、否定之否定同列为辩证法的四大基本规律之一。由此出发观察法律战，当然应把它作为一个整体来把握。第二，每一个组成部分都是整体的一部分，而不是独立存在的。在事物的系统中，每一个组成部分都不能脱离整体而单独存在，如果单独存在，即丧失其作为整体一部分的意义。以人为例，“人”作为一个整体，是由“首部”“身躯”“四肢”“内部器官”等各个组成部分组成，这些组成部分在“人”这一整体范畴内发挥着各自的功能，作为整体的一个部分体现其存在的价值；而一旦离开“人”这个整体，那么“首部”“身躯”“四肢”“内部器官”等也就不再是原来意义上的“人”这个

① 钟宇人、余丽嫦编：《西方著名哲学家评传》（第4卷），山东人民出版社1984年版，第340页。

② 《斯宾诺莎书信集》（英文版），1928年，第211页。

整体的组成部分，“首”将不再思维，“四肢”将不再运动，“身躯”将不再鲜活，“内部器官”将不再运作，它们只能是一堆血肉骨头，不再发挥作为整体而存在的价值。第三，从各个组成部分的有机联系来看，在整体这一范畴内，各个组成部分之间相互影响，相互促进，相辅相成。“一体”并不是各个组成部分的简单相加，而是整体功能的体现。美国系统论学者 E. 拉兹洛在纪念奥地利生物学家、系统论创始人 L.V. 贝塔朗菲诞生 70 周年时，指出：“复杂现象‘大于’因果链的孤立属性的简单总和，或者说‘大于’单独加以研究的因果链组成部分的属性的简单总和。”用一个公式来简单地表示，也即 1+1>2。仍旧以“人”为例，比如一个人想要吃苹果，身体的机能的反映传递给“首部”，“首部”是思维的器官，把接收到的信息通过思维后再传递给“四肢”，这时“人”就会在“首部”的指挥下去拿苹果来吃。“想吃苹果”这一心理活动，通过“人”这一整体内的各个组成部分的交互作用，从而得以实现。同样，在“人”这一整体中，“四肢”的活动也能促进“首部”的发展。人类的进化过程就是一个例子，人类直立行走，“四肢”功能的分化从而促进“首部”的进化。由此可见，各个组成部分之间是交互为用的，它们共同构成一个整体。

法律战一体化原则所要求的正是这种系统整体所发挥的整体效果。法律战一体化原则的含义为：其一，法律战是一整体，无论从不同时域的法律战看，还是从不同地域的法律战看，或是从法律战所涉法律（国际法、国际惯例、国内法等）、所涉法律的运行（立法、司法、执法、守法）来看，都是一个整体，不能割裂看待其各个组成部分；其二，法律战的每一要素、每一局部都是法律战整体的一个组成部分，不可能独立存在，要从局部与整体的关系上把握；其三，法律战各要素、各局部相互之间存在着有机联系，正是这种有机联系与交会互用，才能使法律战的整体功能发挥到它的极致。

（二）法律战一体化原则的体现

法律战一体化原则所涉问题甚多，这里仅选择法律战立法、司法、执法、守法一体化，武力战与法律战一体化略事陈述。执法可视为司法的延伸，为叙述的简明，以“司法”一词包括执法。

1. 法律战立法、司法、守法一体化原则

法律战立法、司法、守法指的是围绕武力战的有关法律（包括国际法、国内法）的立法、司法、守法活动。法律战立法、司法、守法一体化是指法律战立法、司法、守法化为一体而共存互动。只有法律战立法、司法、守法实现一体化，才能最佳地发挥法律战的作用。

（1）*法律战的系统性和法律战立法、司法、守法一体化*

关于法律战系统的各个方面下文将有专章论述，这里仅涉及“一体化”论域相关的法律战的内部系统的部分问题。法律战是由相互区别的若干要素构成的整体，各个法律战的要素之间存在着一定的联系和相互作用，形成特定的整体结构和适应社会环境的整体功能；它有自己的子系统，并从属于上层建筑大系统。法律战的要素构成法律战的系统时，法律战的系统性表现在法的各个要素的有序结构上。法律战的要素的无序堆积，绝非法律战的系统，形成不了法律战的系统，也反映不了法律战的系统性。法律战的要素由于组成了有序的结构，因而产生了得以发挥法律战整体作用的功能。

法律战立法、司法、守法共存于法律战系统之中，结成了关系特别紧密的群体，互相制约、互相作用而共同发展；因此，必须从三者的一体化着眼开展法律战的建设。毛泽东说，"'化'者，彻头彻尾彻里彻外之谓也"[①]，法律战立法、司法、守法一体化，就要求"彻头彻尾彻里彻外"地从"一体"的角度审视、把握法律战整体。

法律战是一种实践性的法律对抗活动。其所运用到的法律包括国际法如《武装冲突法》，以及国内关于军事冲突的法律等。作为法律战基础性要素的"法律"应当力求完备，成为完整的系统，才有利于法律战的顺利开展。倘若哪一个领域出现了立法上的空白，与该领域开展的武力战必然会因缺少法律依据而困扰纷纭、争端迭起，因此必须重视"立法"工作，尽可能弥补、修正相关法律之不足。然而，"徒法不足以自行"，法律本身即使再完备，也只能是一纸空文，起不到任何作用。比如，禁止使用武力或以武力相威胁是1945年《联合国宪章》中提出的一项基本原则，联合国国际法体系下合法地使用武力的情况只有自卫、集体安全行动或者联合国授权的行动等，除此之外的任何使用武力或者以武力相威胁的情形都是非法的。而一些国家以打击国际恐怖主义和消除大规模杀伤性武器的威胁等为名实施所谓的"自卫"，在没有确切证据，更没有联合国授权的情况下，公然提出"先发制人"，对主权国家进行军事打击甚至军事占领，充分暴露了"法"在强权政治、霸权主义面前的软弱无力。因此，必须重视法律战立法、司法、守法一体化，三者以立为始，以守为终；前创依据，后施保障，处于同等重要的地位。

（2）法律战立法、司法、守法一体化的整体属性

列宁曾指出："要真正地认识事物，就必须把握、研究它的一切方面、一切联系和'中介'。我们决不会完全地做到这点，但是全面性的要求可以使我们防止错误和防止僵化。"[②]"把握、研究"事物的"一切联系"，要求我们认识事物的整体属性。系统方法的整体性原则，充分体现了列宁的这一辩证思想，并使之具体化了。在事物的系统中，其整体性并不是各个部分的简单相加。拿书桌上的台灯为例，小小台灯由"灯泡""灯架""电源"组成，离开了"台灯"这一整体，它们也只是一个个分散零件，只有在整体系统中，它们才是"台灯"，才能发挥台灯的作用。

把握法律战立法、司法、守法一体化的整体属性，至少包括这样两个基本点：一是离开"一体化"，无论法律战立法，还是司法，或者守法，都将失去意义或丧失可能。没

① 《反对党八股》，《毛泽东选集》（第3卷），人民出版社1966年版，第842页。

② 《列宁选集》（第4卷），人民出版社1972年版，第453页。

有法律战立法及其产生的结果即制定的法律，法律战司法和守法就无从谈起。仅有法律战立法，法律战司法跟不上或者法律战守法未实现，整个法的系统的功能就发挥不了。或者仅有立法与司法，守法一环跟不上，也只能是“事倍功半”甚至前功尽弃。二是法律战立法、司法、守法应是“一体化”中的立法、司法、守法。法律战立法本身就应从“一体化”的要求出发，不仅研制出法律文本来，而且研制法律之时就顾及司法与守法的可能。因此，只有实体法而无相应的程序法的立法，就不能看作是符合“一体化”要求的立法。法律战立法的齐全配套，不应看作仅仅是法律战立法的问题，而且应看作也是法律战司法与守法的问题，即看作是法律战立法、司法、守法一体化的要求。法律战司法也要从“一体化”要求出发，按照法律战立法的要求司法，并把司法作为对法律战立法效果的验证、为法律战守法开辟道路的“一体化”的有机一环。法律战守法同样要从“一体化”的要求出发，一方面为立法效果的取得、为司法工作的开展和司法任务的完成做出努力；另一方面，也要为法律战立法与司法工作的改进提供新的经验，开辟新的渠道。

实现“一体化”，无论是法律战立法，还是法律战司法，或者法律战守法，都将“超越自我”而相得益彰。因此，法律战立法、司法、守法一体化，将远远超过法律战立法、司法、守法三个环节各自力量相加的总和。

(3) 法律战立法、司法、守法的辩证互动

法律战立法、司法、守法一体化的整体属性，只有在三者的辩证互动中才能显现。任何系统都必须保持动态平衡，才能够维持并发展。法律战的系统亦同。法律战作为一种实践性的法律对抗活动，是不断变化发展的，法律战的系统也随之变化发展，这就需要法律战系统各要素的平衡发展，必须注意法律战立法、司法、守法三者的辩证互动，使得法律战的系统保持动态的平衡。这里，法律战立法、司法、守法之间的联系，是互相制约、互相影响的互动的联系，是辩证的互动而非机械的互动或单项的互动。

法律战立法与司法之间的辩证互动，主要表现在以下两点。一是法律战立法指导法律战司法。司法的“法”，是由立法活动提供的；司法的方向，是由立法活动指示和决定的；司法的程序也是立法文件所规定的。二是法律战司法弥补法律战立法、发展法律战立法。法律战立法的成果即所制定的法，包括国内法与国际法，永远不可能“天衣无缝”地覆盖所有需要调整的关系。同时，法律战是不断变化发展的，而立法的繁复程序所需的时间造成的法的滞后性，也使得法律战立法有种种局限。这些局限，需要依靠法律战司法予以弥补。

法律战司法与守法的辩证互动包括：一是妥善的司法将导致普遍的守法，而不妥的司法则导致或明或暗的故意违法。当然，这是以有一个良好的立法为前提，如无良好的立法前提，司法和守法都将陷入紊乱状态。二是法律战守法行为直接制约法律战司法活动。

法律战立法与守法的辩证互动主要表现在：一是法律战立法为法律战守法提供法律依据、行为准则，法律战立法是起着决定性的、支配作用的，立法指导着、规定着守法

行为。二是法律战守法为法律战立法的发展奠定基础。这里说的“守法”包含“遵守”与“不遵守”的双重含义。普遍的不守法，将会贻误立法的发展，或者导致立法的发展走入歧途。

以上论述止于从法律战立法、司法、守法一体化的法的系统中，抽取出两两成对的方面来分析。如果同时观察法律战立法、司法、守法三者间的辩证互动，如果把三者放在不断变化发展的动态环境中加以考察，那么，事情就变得更为复杂，三者的辩证互动就将变得更加丰富多彩了。

(4) 法律战立法、司法守法一体化的目标选择

要取得法律战立法、司法、守法一体化的最佳效果，必须把最优目标的选择放在头等重要的地位上。追求世界和平与稳定，维护国家主权利益，保持国家间和谐有序的发展，是法律战立法、司法、守法一体化的终极目标。当发生武力战并为此而进行法律战时，立法、司法、守法一体化的目标选择，应当在追求终极目标的前提下，把握好以下两点：一是根据实际需要，分阶段地确定最优目标。比如，第二次大战后，为避免战争对人类社会造成的破坏和影响，法律战立法、司法、守法一体化的最优目标，即是迫切建立一个能有效防止战争、保障国际和平与安全的国际体系。联合国组织由此应运而生，通过了《联合国宪章》，成立了安理会、国际法院等组织，逐步建立起了一系列有利于维护和平与发展的规定、制度。二是根据法律战立法、司法、守法三者的辩证互动关系和社会的实际需要，分别确定法律战立法、司法、守法的具体的最优目标。

(5) 法律战立法、司法、守法一体化与外部环境的辩证关系

为了确定法律战立法、司法、守法一体化的最优目标，必须注意“一体化”与外部环境的辩证关系。这里的“外部环境”有直接对“一体化”起制约作用的环境条件，也有并不直接起作用的环境条件，还有偶尔发生直接或间接作用的附带条件。外部“环境”有社会环境和自然环境之分。一般来说，外部环境对法律战立法、司法、守法一体化的影响，并不是决定性的，而是次要的、非决定性的。法律战立法、司法、守法一体化与外部环境的辩证关系，主要体现在以下两个方面。

一是外部环境同时制约着法律战立法、司法、守法实践，并通过它对“一体化”整体发生影响。如由于现代科技进步的速度加快，21 世纪前期将是新武器产生的高峰时期，小型核武器、新生化武器等新型武器不断涌现，这对国际法规则中关于禁止和限制作战手段与方法的规则以及攻击目标选择的规则产生影响，使得这些规则产生变化和发展。以生化武器为例，1899 年的《陆战法规和惯例公约》规定“特别禁止使用毒物或有毒武器”[①]，1925 年《关于禁用毒气或类似毒品及细菌方法作战议定书》进一步发展了这方面的规定，把禁止使用的范围从有毒武器扩大到细菌武器。1997 年生效的《关于禁止发展、生产、储

① 该公约附件《陆战法规和惯例的章程》第 23 条第 1 项。

存和使用化学武器以及销毁此种武器的公约》规定，在全世界范围内禁止研制、生产、获得、拥有、转让和使用化学武器。1998 年《国际刑事法院规约》规定：使用毒物或有毒武器，使用窒息性、有毒其他气体，以及所有类似的液体、物质和器件的行为，构成战争罪。

有所谓“牵一发而动全身”，外部环境为立法所带来的深刻变化必然也将反映在司法、守法两个环节上，牵立法之“一发”而动“一体化”之“全身”，从而使得“一体化”整体发展、变化。

二是法律战立法、司法、守法一体化的变化发展，也会对外部环境发生直接的重大影响。以普法战争为例，1870—1871 年的普法战争以法国惨败告终，这次战争在欧洲国际关系的发展中是个重大转折。战争后签订了《法兰克福和约》，该和约对法国而言极为不利，但由于是战败一方，法国只得接受并履行。《法兰克福和约》的订立和遵行迅速改变了当时欧洲的政治、军事环境，使欧洲从一个战争频繁的年代过渡到了长期“武装和平”的时期。此前的近 20 年间，欧洲大陆上每一个大国几乎都至少进行过一次战争。正是普法战争以及因此订立的和约重新改画了 19 世纪上半叶的欧洲政治地图，重新划分了欧洲列强的军事力量对比，重新给定了欧洲列强各自的国际地位。显然，法律战立法、司法、守法一体化的变动，深刻影响到政治、经济、军事等外部环境的变迁。

2. 武力战与法律战一体化

法律战要求依据国际法、国际惯例和国内法，通过各种方式为武力战争取优势。法律战以法律的对抗替代武力战，辅助武力战，以赢得战争优势。法律战须和军事手段交互为用，换言之，武力战与法律战结合，“兵行法随”，武力战与法律战相辅相成。武力战求助于法律战，法律战也贯穿于武力战的全过程。此所谓武力战与法律战一体化。体现“一体化”的武力战与法律战的辩证互动，主要如下。

（1）法律战对武力战的影响和制约

首先，法律战对武力战合法性的影响和制约。武力战需要“师出有名”，而法律战可以成为争取武力战主动权的重要手段。现代战争影响层面广，战争“透明化”，全球任何角落的战争透过媒体，都将一览无遗地传送到全世界，任何不义的侵略战争都会引起国际公愤。因此，任何国家在进行战争决策时，都必须谨慎考虑武力战合法性问题，因为战争的正义性会影响其他非交战国甚至全世界的态度。人类在经历长年的战争历史后，已经对战争有了适度的规范，如果违反有关战争的国际法，必然引起国际舆论的挞伐，甚至挑起本国国民强烈的“反战运动”。以美国侵略越南战争为例。越南战争是第二次世界大战之后的一次非常激烈的侵略与反侵略的战争。美国使用了除原子弹外的各种现代化武器，耗资 2000 亿美元，伤亡 36 万余人，损失各种飞机和直升机 8612 架。美国之所以耗费巨资发动越南战争，不外乎以下几个原因：一是压制共产主义，防止南越落入共产党之手。二是保卫美国利益。1964 年，美国国家评估委员会给中央情报局的备忘录指出：“南越和老挝落入共产党人之手中，将会极为削弱美国在远东的地位。”三是针对1964年7月31日北越在东京湾公海上对美国舰只的敌对行动进行报复。四是履行对南越政府的义务以及应南越政府的邀请，派军保护美国在南越的军事基地。但是，经历了血腥的“二战”后，国际社会对战争相当敏感和排斥，如果没有合法的理由支持，武力战的开展必定困难重重。美国当局基于以上考虑，为其侵略战争精心编制了“法律外衣”，寻找、制造了如下法律依据：一是指责越南（北越）海军违反国际法。1964年8月东京湾事件后，美国国会通过决议指出，北越海军故意多次攻击合法停留在公海上的美国海军舰艇的行为，违反了国际法，是针对其邻邦的蓄意的和系统的侵略活动。二是利用《东南亚集体的防御条约》。指出美国准备（在总统做出决定的情况下）采取一切必要措施（包括动用军队），援助那些请求支援以保卫其自由的《东南亚集体的防御条约》的任何缔约国。三是利用美国国会的决议。美国发动越南战争的法律依据主要是其国内法。1964年8月的《东京湾决议》，使得美国发动侵略战争具有了国内法律的合法性。美国国防部长麦克纳马拉指出：“更重要的是，就长期而言，约翰逊政府从1965年开始总是援引这项决议来证明其在越南采取的军事行动符合宪法规定。”① 显然，如果没有这些法律依据作为后盾，美国政府首先就通不过国内民众这一关，因为美国人民向来不好战；另外，也是最为重要的就是通不过国际社会这一关，因为“二战”后，战争合法性问题被提升到了前所未有的高度。应该说，美国成功地运用了法律战赋予了战争合法性，并有效配合了随即开展的武力战，获得了开战借口，减少了战争阻力。当然，不可否认的是，越南战争中美国寻找和制造的这些所谓的法律理由和依据其实在根本上都是违反了国际法基本准则的，是“侵略”的粉饰而已。

其次，法律战对武力战方式的影响和制约。对武力战方式的选择必须考虑到国际法的相关规定，在国际法允许的范围内展开武力战。在具体的战争中，可以进行海战、陆战、空战，或者海陆空结合，还可以设置禁飞区、禁航区等方式，在这些样式的作战中，都要遵循相关的国际法规则。如陆战法规则中的不得损害占领地平民居民的合法权利、不得非法拘禁平民、不得将文化财产用于军事目的；海战法规则中的禁止袭击和杀害遇船难者、禁止非法攻击商船、不得非法使用武力解决海上纠纷、不得滥用海上登临权；空战法规则中的禁止不分皂白的野蛮轰炸、禁止轰炸还有危险力量的工程设施、不得攻击跳伞降落的飞行员等等。此外，随着科技的进步，大规模杀伤性武器的危害逐步引起国际社会的关注。1868年《圣彼得堡宣言》首次规定禁止在战争中使用“轻于400克的爆炸性弹丸或是装有爆炸性或易燃物质的弹丸”，其所开创的“禁止使用将引起不必要痛苦的作战手段和方法”的战争法原则至今依然有效。武装冲突法一般原则中包含限制原则，限制原则指的是“在武装冲突中应对一些作战手段和方法加以限制。在原则上，各交战国或者冲突各方

① 从文胜：《战争法原理与实用》，军事科学出版社2003年版，第186—188页。

对作战手段和方法的选择都应受到法律的限制”[①]。例如：禁止使用生物细菌武器、反对使用集束炸弹、反对使用贫铀炸弹、禁止使用化学武器、禁止施放毒气等作战手段的限制，以及不得以背信弃义的方式杀害敌军投降人员，不得以假投降的方式发动袭击，不得对有战争违规行为的战俘实施报复，反对使用“人体炸弹”，不得滥用报复措施等作战方法的限制。战争是可怕的，以非人道的方式进行战争尤其可怕。1945 年 8 月 6 日和 9 日，美国在历史上首次对日本广岛和长崎投下了两颗原子弹，两个城市几乎被摧毁，城市居民死伤十万。虽然美国的这次行动加速了日本法西斯的投降，但毋庸置疑，原子武器和氢武器的使用给无辜的日本国民带来了深重灾难。时至今日，尽管世界人民强烈要求全面、彻底销毁核武器，但国际社会一直未能缔结专门禁止使用核武器的公约，甚至使用核武器是否非法的问题还没能解决。因此，国际社会应当尽快对这一类特定武器进行研究，以便制定明确的国际法禁止此种作战手段的使用，以法律的力量尽可能限制武力战对人类的伤害。

最后，法律战对武力战打击目标选择的影响和制约。“区分原则”作为战争法之重要原则，指的是把平民与武装部队、战斗员与非战斗员、有战斗能力的战斗员与丧失战斗能力的战争受难者、军用物体与民用物体、民用目标与军事目标区分开来，并在武装冲突中分别给以不同的对待。因此，在武力战中，必须遵守国际法规则，只能对明显构成交战一方军事利益的目标实施攻击和轰炸。战争法区分原则的限制，使得对攻击目标的选择复杂而困难，因此精确制导武器随之出现。1943 年 7 月，盟军对德国汉堡进行的 3 天空袭中，平民的死亡数字高达 4.46 万人，而在 1999 年，北约对科索沃进行的 70 天空袭中，南斯拉夫平民的死亡人数不足 500 人。这在一个方面也反映了战争法对武力战的限制与约束得到了明显的加强。

（2）武力战对法律战的制约、推动与促进

武力战不仅仅受到法律战的影响和制约，反过来，它也对法律战起促进性和制约性的作用。规范武装冲突的国际法不可能事无巨细地规定方方面面，随着国际形势的发展，国际法必有其滞后和不全面的地方。法律没有明确规定的军事行动分为两个方面：合理的且得到承认的军事行动与不合理的不被认可的军事行动。其对法律战的影响表现如下。

首先，武力战的存在决定着法律战的存在，武力战的进展决定着法律战的进展，法律战是受武力战制约的。

其次，武力战可以促进国际法的立法活动，以弥补国际立法的不足。如 1618—1648 年的“三十年战争”直接促进了近代战争法的发展，而近代战争法的发展又构成了近代国际法的重要内容。“三十年战争”以 1648 年《威斯特伐利亚和约》的签署而宣告结束。该《和约》不仅表述了一系列新的国际法原则和制度，而且大大改变了许多已有的其他原则和制度。它确认了国家主权和主权平等原则为调整新的国际关系的基本原则，奠定了近代

① 盛红生、杨泽伟、秦小轩：《武力的边界》，时事出版社 2003 年版。

国际法的原则和基础；树立了以国际会议的方式解决国际争端、消弭国际战争的先例。因此，标志着“三十年战争”结束的《威斯特伐利亚和约》被认为是近代国际法开始形成的主要标志。又如1789年爆发的法国资产阶级大革命也对国际法和战争法的发展发生了巨大影响。在这次革命战争中，提出了国家主权原则，包括主权平等，国家的权利和义务，国家对领土的主权不可侵犯及国家对公民的管辖权。1791年法国《宪法》第六章和1795年格雷古瓦教士向国民公会提交的《国际法宣言》草案更是共同构成了一部独特的国际法典。《宣言》第4条还引用了孟德斯鸠的话：“在战争的时候应尽量减少破坏。”这些原则和思想逐渐被国际社会所接受。此外，1793年法国《宪法》还宣布“民族自决权”和“不干涉内政”原则，并记述了这样的名言：“战俘如人民主权般不受侵犯，并如遭受灾难般神圣。”法国的革命战争，实行人道主义原则，例如区分战斗员与非战斗员、保护平民、优待战俘等。这些人道的、民主的、全新的国际法原则、规则、制度，具有相当大的进步意义。可以说，法国资产阶级大革命及其确立的一系列思想、原则推动了近代国际法的进一步发展，改变了中世纪封建主义国际法的保守性质。[①]

最后，武力战还可能反过来推动国际社会通过立法禁止这样那样的武力战方式，从而使得国际法规范符合不断变化的国际形势。如1961年，美国发动了扶植南越政权对付越南南方民族解放阵线的侵略战争。在战争中，美国秘密地在老挝、越南和柬埔寨毗邻地区实施人工降雨，先后出动了近3000架次飞机，投放催化弹近5万枚，使得“胡志明小道”泥泞难行，大大降低了越南这条运输线的运输效率。美国在战争中使用了改变环境的作战手段，在当时没有相关的国际法规范。之后，环境战的危害越来越引起国际社会的重视，联合国于1972年《人类环境宣言》中规定：“人类环境必须免受核武器和其他一切大规模毁灭性手段的影响。各国必须努力在有关的国际机构内就消除和彻底销毁这种武器迅速达成协议。”[②] 这也可以作为武力战对法律战推动和促进的一个例证。

六、法律战全方位原则

（一）法律战全方位原则的含义

法律战全方位原则是指在军事斗争中，从各个方面、各个层次、各个细节，全面开展法律战，用以配合武力战，取得战争的胜利。要理解任何事物都须进行全方位的考察，不能以偏概全，犯片面化的错误。从开展法律战来说，则应该着眼全局，统筹兼顾，由点到面，点面结合，全方位展开，而不能只顾一点，不及其余。因此，必须在法律战中坚持“全方位原则”。只有全方位开展法律战，才能有力配合武力战取得战争的胜利。下文试

① 丛文胜：《战争法原理与实用》，军事科学出版社2003年版。

② 赵永琛编：《国际刑法约章选编》，中国人民公安大学出版社1999年版。

编纵横两线法律战之网，以求粗浅阐述法律战全方位原则。

（二）法律战全方位原则的内容

1. 纵向之线

法律战纵向之线，是指战前、战时、战后的整个法律战过程。在这一过程中，从战前为战争提供法律依据，到战时为按照国际法和国际惯例规范军事行动提供法务指导，再到战后惩治战争犯罪，甚至包括为维护其长期利益对法律的修改等等，交战双方都会以军事打击为基础，积极进行法律战。

（1）战前法律战

战前法律战，要么是为发动战争提供法律依据，要么是为预防敌方强加的战争而依据法律进行抗争。两者情况的不同，法律战的内容也不同。

其一，剑拔弩张、行将开战的双方必然首先围绕战争的合法性问题进行较量。发动战争的一方力求寻找其发动战争的合法依据和法理基础，而另一方则力图证明对方所发动的战争的非正义性。《联合国宪章》规定，凡是由联合国安理会决定或授权采取的军事举动、成员国受到武力攻击时所采取的单独或集体自卫行动以及殖民地人民的民族解放战争为合法外，其他战争均为非法战争，将会受到国际社会的强烈反对、谴责甚至制裁。这就使任何国家在准备开战时都必须考虑将要进行的战争是否“合法”，能否得到国际支持或至少尽可能减少对立面，能否最终达到战争目的。对于显然不可能达成初始目标的战争，任何国家都不会轻易发动。因此，为己方发动的战争寻求法律依据也就成为法律战的一大使命。即使是军事实力较强的国家在发动战争前也要千方百计地获得和寻求战争合法性的根据或者理由，哪怕只是一种借口。如美国入侵巴拿马的事件中，美军正是以《联合国宪章》第 51 条关于行使“自卫权”的规定为主要法律依据，为自己的“侵略”正名的。这个理由虽极度牵强，但却是以“法律”的名目出现。凭借法律战颠倒黑白、混淆视听向来是美国的拿手好戏。

其二，在法律战的战前准备中，核心的一点是使己军并使敌方军民和非交战国人民了解敌军行为的侵略性质。到底什么是“侵略”，其表现形式又有哪些——1974 年 12 月 14 日第二十九届联大通过的《关于侵略定义的决议》对此做出了比较明确和权威的解释。该决议为侵略做了如下界定：“侵略是指一个国家使用武力侵犯另一个国家的主权、领土完整或政治独立，或以本‘定义’所宣示的与《联合国宪章》不符的任何其他方式使用武力。”除此之外，该决议还确定了“侵略”的七种表现形式：①一国使用武装部队侵入或攻击另一国的领土，或因这种侵入或攻击而造成的任何军事占领或领土吞并；②以武装部队对另一国的领土进行轰炸或使用任何武器；③用武装部队封锁另一国的港口或海岸；④使用武装部队攻击另一国的陆、海、空军或商船和民用航机；⑤一国违反其与另一国订立的协定所规定的条件，使用其在接受国领土上的武装部队、或超越驻扎期限；⑥一国允许另一国使用其领土对第三国进行侵略行为；⑦一国以其名义派遣武装分队、武装团体、非正规军或雇用兵对另一国进行其严重性相当于上述各项行为的武力行为。应当说，《关于侵略定义的决议》对“侵略”的界定和“侵略行为”的归纳是比较科学且符合实际的，也得到了国际社会的普遍认可，其对于国际社会判定、约束侵略行为，威慑侵略者，起到了积极的作用。如果能深入领会并熟练运用其关于“侵略”的定义，对有关各方行为是否为“侵略行为”进行合法判断并加以宣传，那么，法律战的战前准备可以说是成功大半了。

（2）战中法律战

战争爆发后，交战各方的法律战主要利用国际法、武装冲突法即战争法来为己方争取战争优势。并尽力避免因触犯战争法规则而受指责或战后遭清算。孙子曰：“兵者，国之大事，死生之地，存亡之道，不可不察也。”[①] 在战争中，无论是对战争决策、战争手段和方法的运用，还是对战争方式以及打击目标的选择等各个方面，国际法和战争法都具有重要作用。国际法及战争法运用得当，就会保证战争中始终处于主动地位，保证战争的顺利发展，推动战争胜利的步伐。否则，会适得其反，由主动变为被动，处处受制于人。

战中法律战十分重要的一项工作就是在己军严守国际法的基础上，彻底揭露敌军的违法犯罪行为。这就要事先对涉战法规有所了解。如《禁止或限制使用某些可被认为具有过分伤害力或滥杀滥伤作用的常规武器公约》中对燃烧武器做出了一系列禁止或限制性规定。在武力战中，如果敌方以空投燃烧武器攻击位于平民聚集区内的任何军事目标，或不分情况以森林或其他种类的植被作为燃烧武器的攻击目标的话，己方就可以利用该公约对其行为予以揭露和抨击。又如《禁止生物武器公约》中对生物武器进行了界定，对生物武器的种类进行了列举，也做出了很多禁止或限制性规定。那么，在武力战中，一旦发现敌方做出诸如在武装斗争中使用公约禁止或限制使用的制剂、毒素而设计的武器、设备或运载工具；将生物制剂、毒素武器或运载工具直接或间接转让给其他受益者等行动时，己方应迅速以该公约为武器进行有效反击。总之，在战中，“切实守法”可以助我们少走弯路，不致授人以柄；“巧妙斗法”可以助我们争取主动，以“法”揭露敌人非法行径，攻其软肋，挫其锐气，获取更多的支持，赢得更大的胜算，甚至还能就此以法止战。“法”之功德，实“无量”矣。

（3）战后法律战

法律战并不随着武力战的结束而结束，正所谓“兵止法进”，战争结束后，法律战的继续进行仍然有其重要的意义。对于军事行动胜利的一方，可以利用国际法、战争法，通过签订条约等方式来巩固胜利成果甚至扩大战果；而对于战败的一方，也可以通过选择有利于己的国际法、战争法等争取使己方的损失减至最低。以18世纪末俄罗斯、普鲁士第二次用武力瓜分波兰为例。1792年5月，沙俄出兵10万人入侵波兰，普鲁士国王不顾

① 《孙子兵法·计》。

1790 年同波兰签订的共同防御条例，背信弃义，也趁机出兵波兰。在俄普的强大攻势面前，波兰根本无任何还手之力，俄普军队迅速占领波兰全境。1793 年 1 月 23 日，俄普两国缔结了第二次瓜分波兰的《彼得堡协定》。根据这一协定，25 万多平方千米的波兰领土并入俄国，5.8 万多平方千米的波兰领土被普鲁士吞并。有意思的是，俄普两国在用武力瓜分波兰，订立和约之后，还要求波兰国会批准割让的领土，为自己的侵略盖上“法律”的遮羞布。1793 年 6 月 17 日，俄国大使西维尔斯动用军队包围了在格罗德诺强行召开的波兰贵族共和国最后一次议会，要求波兰国会批准俄普对波兰的第二次瓜分。议员们静坐无言，有 20 名议员因表示抗议遭到了沙俄军队的逮捕。8 月 17 日，国会最终以沉默即表示同意的方式完成了这一“法律”程序。① 俄普两国在武力战后，通过狂风暴雨式的法律战攻势，彻底将波兰变成了它们的附庸。

战后法律战的另一项重要工作是依法处理敌我双方的战俘。战俘问题没有处理好，即使武力战胜了，也有可能在法律战中陷于被动。美伊战争中美军“虐俘事件”引发的声讨狂潮就是前车之鉴。目前，对战俘问题做出了最为详尽、细致的规定，且构成了当代国际人权法和国际人道主义法的最重要法律文件就是《日内瓦公约》。该公约中涉及很多具体规则，如战俘身份的确认规则、战俘待遇规则、战俘保护规则等。除了《日内瓦公约》外，《公民权利和政治权利国际公约》及《禁止酷刑公约》也对尊重和保护战俘的人格尊严和身心健康做出了规定。在武力战战后，己方必须严格遵守这些国际法规定，妥善处理战俘问题，不给敌方留下话柄，更不能因处理不善给敌方发动反击的机会。同时，也应敦促敌方切实遵守公约规定，善待己方战俘。

战后法律战的贯彻还体现在对战争犯罪的惩治上。惩治战争犯罪分为国内和国际两种方式。国际立法上，从“二战”后欧洲纽伦堡军事法庭和远东国际军事法庭对德、意、日法西斯的战争罪犯的审判原则和实践，到 1967 年联合国大会通过的关于各国不得对可能犯有危害和平罪、战争罪的人以庇护的《领土庇护宣言》和 1970 年生效的《战争罪及反人道罪不适用法定时效公约》，以及 1998 年《国际刑事法院规约》等，对战争犯罪行为的追究和惩处都形成了明确规定。而各国国内的刑法也都在一定程度上对战争犯罪的惩治做出规定。“二战”后，我国进行了一系列惩治战争犯罪的活动。战争结束后，对于日本对中国人民犯下的滔天罪行，1956 年 4 月 25 日，新中国第一届全国人民代表大会常务委员会第 34 次会议通过了《关于处理在押日本侵略中国战争中战争犯罪分子的决定》。中国最高人民法院特别军事法庭于 1956 年，根据上述决定的规定，对由中国关押的日本战犯，在沈阳和太原进行审判，对 45 名战犯分别以侵华战争罪、反对中国人民革命罪、侵略中国罪等罪名进行了严厉的惩处，使战争罪犯得到了应有惩罚。

① 鲁毅等主编:《国际关系史》(第 1 卷)，世界知识出版社 1995 年版，第 314—315 页。

2. 横向之线

法律战横向之线包括运用法律战进行外交斡旋，争取舆论支持，开展心理征战，进行军事斗争，加强司法对抗等各个方面。也即法律战与国家外交、舆论战、心理战、军事斗争、司法对抗的结合。

（1）法律战与国家外交的结合

法律战与国家外交的结合主要体现以下三个方面。

一是通过国家外交手段，表明己方战争的正义性或敌方战争的非正义性，以争取战争的主动权。在现代战争中，对外发布有关军事行动的法律决议和宣言，是国家以政治动员的方式向国际社会阐明自己政治立场和法律主张的主要手段。

二是通过外交斡旋，以纵横捭阖的手段，或争取战争同盟，扩大己方优势；或促成和约，争取休养生息时间；或求取拓展武力战之胜利战果。外交斡旋的这种作用，在“三十年战争”后期的和约谈判中，有很生动的事例。《国际关系史》一书记述道：“为使和会消除意见纷争，维护共同利益，威尼斯的代表康塔利尼发挥了外交家的重要调解作用。为此，在后来签订的《威斯特伐利亚和约》的前言中，特别明示‘五年来他工作勤奋、公正，愿意在此事中充当调解人’。另外，皇帝的代表特劳特曼斯道夫是一名老练的外交家，他力求满足瑞典的胃口，借以加深法国与瑞典之间的矛盾，而创造对帝国较为有利的条件。他的外交努力，保住了哈布斯堡王室的奥地利领地免遭进一步肢解，从而保全了未来奥地利的国家完整。”[①] 现代战争中，交战各方也都重视通过国家外交手段倡导国际正义，主导和争取世界舆论。通过国家元首、政府首脑或外交代表出访友好国家、与友好国家领导人通话等形式，广泛争取国际社会对己方军事行动的公开支持，努力创造有利于己方军事行动的国际环境。

三是通过国家领导人公开讲话、发表声明宣示己方的正义性。交战双方领导人对己方军事行动法律性质的阐述，在引导国际正义、震慑他国干涉和侵略图谋等方面发挥着重要的作用，是国家通过外交方式开展法律斗争的又一重要手段。

朝鲜战争爆发前，杜鲁门为了把新中国拉入朝鲜的争端，竟然宣布要以武力阻挠中国解放台湾，并把台湾问题与朝鲜战争联在一起，同时公开声明要把台湾分离出去。面对美国政府的战争挑衅，1950 年 6 月 23 日，毛泽东主席在中华人民共和国中央人民政府委员会第八次会议上发表讲话，指出：“杜鲁门在今年 1 月 5 日还声明说美国不干涉台湾，现在他自己证明了那是假的，并且同时撕毁了美国关于不干涉中国内政的一切国际协议。美国这样地暴露了自己的帝国主义面目，这对于中国和亚洲人民有利。”他还严正指出：“美国对朝鲜、菲律宾、越南等国内政的干涉，是完全没有道理的，全中国人民的同情和全世

① 鲁毅等主编：《国际关系史》（第 1 卷），世界知识出版社 1995 年版，第 58—59 页。

界广大人民的同情都将站在被侵略者方面，而决不会站在美帝国主义方面。”[①] 同日，周恩来外长发表声明指出，杜鲁门的声明和美国海军的行动，是对于中国领土的武装侵略，对于联合国宪章的彻底破坏。他代表中国政府庄严宣告：“不管美国帝国主义者采取任何阻挠行动，台湾属于中国的事实，永远不能改变；这不仅是历史的事实，且已为《开罗宣言》《波茨坦公告》及日本投降后的现状所肯定。我国全体人民，必将万众一心，为从美国侵略者手中解放台湾而奋斗到底。”[②] 中国领导人通过一系列外交声明、讲话表达了自己的严正立场，抨击了美国的侵略实质及其战争的非正义性，为即将到来的战争争取到了主动，赢得了国际社会的广泛同情和支持。在未来的军事对抗冲突中或者对军事对抗冲突的准备中，通过国家领导人发表连续的声明和讲话，对己方引导国际正义、保持法律斗争优势仍将起到重要的作用。

（2）法律战与舆论战的结合

法律战与舆论战的结合，是指利用法律战争取舆论支持，利用舆论战大力宣传国际法与国际惯例及己方的国内法，将二者结合起来，相互为用，相互促进，相辅相成，相得益彰。现代战争利用舆论传媒开展法律战已成为各国普遍运用的方式。随着现代战争的不断发展，在高技术局部战争中，现代通信技术、电子技术、信息传播技术等舆论传媒广泛登上了战争舞台。以舆论传媒为载体，广泛宣扬战争的正义性和合法性，营造正义斗争氛围，已成为现代战争法律战的基本样式。争取舆论支持可分为以下两个方面。

一是利用法律战争取国际舆论的支持。现代民主社会，民情民意极大地影响和制约着政府决策。“得道多助，失道寡助”，当代已不是一国独霸、为所欲为而他国毫无作为的国际社会，任何一国违反国际法规则的行为，必将遭到国际社会的强烈反对。因此在现代战争中，国际舆论起着重要的作用，在军事对抗冲突中，各国都力求得到国际社会的舆论支持。战争各方都必然会利用法律战制造舆论优势，竭力宣传己方的正义合法性、敌方的非法性，以影响以致主导世界民意，赢得国际社会的支持与理解。

二是利用法律战争取国内舆论的支持。“道者，令民与上同意也，可与之死，可与之生，而不畏危也。”[③] 国内社会的舆论支持在现代战争中也发挥着极其重要的作用，一个国家的军事行动若得不到国内的支持，将会在战争中受到很大的阻力，甚至影响战争目的的实现；而如果得到国内的普遍支持，将极大地鼓舞士气，为取得战争的胜利创造良好的后方支援。获得国内舆论的普遍支持已经成为正义一方抗击侵略、战胜强敌的有效法律斗争武器。

① 《中华人民共和国对外关系文件集》（第 1 集），世界知识出版社 1957 年版，第 130 页。

② 《中华人民共和国对外关系文件集》（第 1 集），世界知识出版社 1957 年版，第 131 页。

③ 《孙子兵法·计》。

（3）法律战与心理战的结合

古人云："攻心为上，攻城为下。"战争不仅是军事实力的较量，而且是军心民意的对抗，交战各方无不千方百计地拿起法律武器，表明自己守法，指责对方违法，目的是从心理上消解对方军民的战斗意志，激发己方军民的战斗热情，争取国际上的同情与支持。法律战与心理战的结合主要表现在以下两个方面。

一是利用法律战激发己方士气。通过在国内宣传己方正义、敌方违法，并辅之以各种国内立法的制定，从而激发己方斗争的士气。

二是利用法律战瓦解敌方心理。在法律战与心理战的结合问题上，美军的一些经验值得借鉴。美国历来十分重视心理战的特殊作用，并在组织建设上予以全面推进。美军从上至下，均建有系统的心理战指挥机构和专业心理战部队。目前，美军拥有一支约 7 万人组成的心理战机构和部队，其中心理战机构人员约 2 万人。单单编配在陆军的就有 4 个心理战群、12 个心理战营和 22 个心理战连。[①] 当然，除了组织机构建设外，美军最重要的举措就是颁布了《美军心理作战条令》。条令对心理战的作用、局限，心理战部队的任务、结构，心理战情报、战斗勤务支援，心理战指挥官的职责，心理战运用的军事原则、具体方法以及涉及的法律问题等方面，均做了详细的规定。这就以法律的形式确定了心理战的地位，使得美军心理战的机构建设，心理战的组织、指挥、控制都有法可依，实现了法律战与心理战的紧密结合。

（4）法律战与武力战的结合

法律战与武力战的结合指的是在武力战中，有效利用法律这一辅助工具，争取武力战的有利地位。战争是政治的继续，军事上的胜利并不是战争的最终目的，它只是为了政治目的的实现开辟道路，还不是政治目标的最终实现。政治目标的实现必须通过国际法来确认和保证，只有通过合法方式取得的胜利才可能被国际社会所认可，才有可能最终得到国际法上的确认和支持。从 20 世纪末的几场局部战争看，现代战争中的政治目的更加突出，法律战日益重要。越是现代战争，越要破除单纯军事观点，越要重视武力战的合法性。必须把法律战与武力战有机结合起来，才能取得武力战的胜利，最终实现国家的政治目的。

① 张瑞忠等主编：《舆论战 心理战 法律战 300 问》，军事科学出版社 2004 年版，第 198 页。

第五章 法律战过程论

过程是反映事物的产生、发展和转化为其他事物的完整阶段的哲学范畴。任何事物都是作为过程而存在的。恩格斯指出："自然界中的一切运动都可以归结为一种形式向另一种形式不断转化的过程。"① 毛泽东在《加强互相学习，克服固步自封、骄傲自满》一文中也指出："事物总是作为过程而向前发展的。而任何一个过程，都是由矛盾着的两个侧面互相联系又互相斗争而得到发展的。这应当是马克思主义者的常识。"法律战作为有组织有计划的活动，一方面是主体不断地对法律、人才、战场和战法等等法律战作战要素进行选择、整合并加以运用的能动过程，另一方面在这个过程中会有许多问题需要我们去认真研究和把握，否则就不能达到既定目的。

毛泽东在《矛盾论》中指出："事物发展的长过程中的各个发展的阶段，情形又往往互相区别。……如果人们不去注意事物发展过程中的阶段性，人们就不能适当地处理事物的矛盾。"② 同样，法律战的实施在实践中也必然表现为几个阶段，而且各个阶段的具体情况是不同的。我们必须对法律战实施过程的每个阶段的特点都加以研究，才能较为全面地认识法律战的实施，才能使法律战充分发挥出应有作用，进而配合武力战取得成功。

法律战具体过程包括法律战判断、法律战手段选择、法律战准备、法律战具体实施、法律战检验与演练等大致前后相随的阶段，共同构成了一个完整的法律战过程。需要说明的是，一方面上述法律战过程的几个阶段，是从整体上来说的，并非每一次法律战都必须一一经历；另一方面法律战过程的这些阶段并非都是截然分开的，它们相互之间必定紧密联系、相互影响、相互渗透，有时候这几个阶段甚至结合在一起。由于武力战瞬息万变，尤其是在当代，往往历时很短，法律战的若干阶段如果截然分开，不但不利于武力战，而且实际上也难以做到。我们这里分开叙述，一是抽象思维的必然要求，二是为了研究与阐述的清晰简便，有利于了解、掌握以及在实践中灵活应对。

① 《马克思恩格斯选集》(第 4 卷)，人民出版社 1972 年版，第 241 页。

② 《毛泽东选集》(第 1 卷)，人民出版社 1966 年版，第 302 页。

一、法律战判断

（一）法律战判断概述

1. 法律战判断的概念

判断是认识主体对其所要认识的对象所做出的带有主观性的肯定或否定的结论。任何主体要进行有意识的活动，就必须首先做出判断，以便了解目标对象、主体自身和客观环境，并在此基础上决定是否采取行动、采取何种行动以及如何行动。法律战是一项高度复杂的有意识的活动，自然需要更为认真细致的判断。

所谓法律战判断，是法律战主体（军队或其他的有关主体）对与敌我双方武力战有关的关键性因素尤其是与之相关的法律问题进行分析，从而对如何开展法律战形成的肯定或否定、如此或如彼的结论。

法律战判断是判断的一种，因此法律战判断必然有其特殊性。为了对法律战判断的概念有比较完整的理解，我们应该把握如下几个方面。

第一，法律战判断是法律战主体一项经常性的活动。

如前所述，本书所称法律战是指与武力战配合的法律斗争。只要世界上还存在战争的危险，国家还存在国防问题，与武力战相关的法律战就将始终存在。法律战判断不仅是为配合已经进行的武力战而进行，而且还为可能发生的武力战而服务。当军事当局有具体的战争计划时，法律战自然围绕着其计划而进行；而当尚未形成具体的军事计划时，法律战则围绕着可能的战争计划而进行，而且后者的重要性丝毫也不小于前者。由于平时法律战成功而阻止战争爆发的可能性是存在的，如 1949 年北大西洋公约组织成立，1955 年华沙条约组织成立。这两个组织相互对立，从法律上，正式形成了两大集团对峙的局面。有关这两个集团的组织、架构、成员国的权利义务及法律责任等的条约，成了双方为配合预期的武力战的法律战的重要判断因素。两大集团在冷战时期发生过多次严重的摩擦，也一直在权衡着和与战的问题，两大集团的条约及其他因素就左右着各自的法律战判断。1962 年震惊世界的古巴导弹危机中，当美国获悉苏联向古巴输入进攻型核导弹，美苏两国和他们所领导的两大阵营走到了濒临核战争的边缘。当时美国政府曾经制定了有关对策，包括入侵或轰炸古巴，但出于利益权衡，尤其是担心两大阵营卷入后引起全球核大战的不堪设想的后果，最后采取了封锁政策，同时苏联也因为同样的原因采取了冷静、克制的态度，避免了一场可怕的灾难。

第二，法律战判断贯穿于法律战过程的始终。

法律战判断，不仅要在进行具体法律战之前，事先对有关情况进行判断进而做出是否需要进行法律战部署和如何部署等的决策，而且在进行法律战的过程当中，也在一直进行着法律战判断活动，此时是和其他环节结合在一起的。如法律战手段选择中需要进行判断，法律战准备中需要进行判断，法律战演练中也需要进行判断等，与战前事先进行的判断所不同的只是在于判断的具体内容、判断方式与判断结论。

第三，法律战判断的基本思路是进行法理方面的分析。

进行法律战判断，基本思路当然是从法理的角度来进行分析。围绕着武力战合法性问题的主题，主要运用与所进行的军事活动有关的法律基本原则和具体规则等工具进行法律斗争，如法律概念斗争、法律解释斗争、法律适用斗争等。这里的法律通常是指国际法，但也经常涉及国内法包括本国法、敌国法和他国法。法律概念斗争，如当前所进行的反恐斗争中，关于“恐怖主义”的定义的斗争；法律解释斗争，如当前的反“台独”斗争中，关于“主权”的法律解释斗争。而法律适用实际上是和法律解释结合在一起的，对有关法律概念的解释不同，往往会引起法律适用的区别。如钓鱼岛争端中，中国与日本之间由冲绳海沟相隔，是异架国；而日本却坚持冲绳海沟并不把大陆架隔开，中日之间是同架国。同架国与异架国的定性将导致适用不同的法律条款。

第四，法律战判断在整个法律战过程中有相对独立性。

完整的法律战过程包括法律战判断、法律战手段选择、法律战准备等环节，法律战判断与其他环节紧密联系在一起，每一个阶段都必须进行法律战判断。但法律战判断又有其相对独立性，表现在两个方面：一是做出了法律战判断，是否要跟进其他环节，这要根据法律战判断的结论而定；二是法律战判断的形成会对法律战过程的其他环节产生十分重大的影响。可以说，法律战判断是进行法律战的基础，是整个过程的一个不可或缺的重要组成部分。不重视法律战判断活动，法律战仅凭感觉和经验进行，就可能使法律战的其他阶段变成主体的“本能性”或所谓“下意识”的活动，这是非常危险的。

2. 法律战判断的意义

法律战判断是否准确，对法律战及与法律战有关的武力战的成败利钝影响至深至巨，意义殊为重大。主要表现为两个方面：一方面，使法律战更加有针对性而取得实效。整个法律战过程中，法律战判断是基础性的和关涉指导性的步骤，这一步骤的进行，直接关系到法律战的手段选择、法律战方案的准备、法律战的实施。除了作为整个法律战过程的首要步骤之外，法律战判断也有可能成为其他法律战过程的一部分。成为其他法律战过程一部分的这种法律战判断和作为首要步骤的法律战判断的原理是相通的，它们有相类似的要求和形成判断的基本方法。从这里可以进一步看出法律战判断是否准确，对整个法律战过程来说确实是十分重要的。另一方面，法律战判断也使武力战因更加有针对性而产生更大的威力。孙子曰：“是故百战百胜，非善之善也；不战而屈人之兵，善之善也。”[①] 进行法律战，是有可能达到“不战而屈人之兵”的效果的。这其中，法律战判断起着十分关键的作用。这种作用是通过对法律战有关情况的准确判断，而使法律战产生对政治、经济的强

① 《孙子兵法·谋攻》。

大影响，这样，法律战可以借助其他有关的社会因素发挥出更大的威力。

3. 法律战判断的要求

我们对事物做出判断时，必须满足一些基本的要求，如准确、及时、全面等。法律战也不例外。要达到法律战判断的准确、及时、全面的要求，必须遵循法律战的基本规律，围绕着法律战的特点来进行。实际上我们整个法律战判断部分的讨论，从某种意义上来说，就是为了使法律战判断达到准确、及时和全面的要求。

还可以从另一个角度来对法律战判断提出要求，这个要求是从法律战判断与其他过程的关系的角度提出的。这样的要求简单说来就是两句话：围绕我们的目的，明确我们的任务。

法律战判断本身是一项有目的、有组织的活动。这种活动必须始终围绕着目的而进行。法律战判断目的与武力战的目的从根本上是一致的，即维护己方军事利益，而军事利益又是为国家利益服务的，因而法律战的最终目的是为了维护己方的国家利益。在形成法律战判断时，对法律要素的选择判断，对法律的解释与运用判断等，都必须围绕着维护己方利益而进行。

法律战判断除了必须维护己方的利益，还必须明确任务。只有通过判断明确任务，才能够使法律战过程得以顺利进行。这里的任务是指为实施法律战而采取的主动性的行动。具体来说，任务表现为为法律战过程中的其他环节提供智力支持和精神准备，如为法律战手段选择提供指导，为法律战准备提供具体行动方案，为法律战实施提供具体的行动指南等即为智力支持，在此基础上形成的昂扬的法律战斗志，即为精神准备。可以说，没有法律战判断，就没有法律战的其他各个环节，从根本上说就没有法律战。

（二）法律战战略判断

英国军事理论家利德尔·哈特在其代表作《战略论》中认为，战略是一种分配和运用军事手段达到政治目的的艺术[①]。法国著名军事理论家安德烈·博福尔则脱离了纯军事角度而从更宏大的角度来对战略下定义，认为战略是“两个对立意志使用力量解决其争执时所用的辩证法艺术”[②]。

从根本上说，战略是和主体的存在紧密联系在一起的，因此所谓战略就是主体为了维护其存在，促使其发展而进行活动的艺术。战略利益就是与维护主体存在和发展的活动相关的利益。而武力战中的战略即军事战略，是指军事力量为保持自己和国家的存在和发展而进行军事活动的艺术。军事战略利益就是为维护军事力量和国家的存在与发展相关的利益。

---

① 靳希民主编：《外国军事名著导读》，北京大学出版社 2003 年版，第 357 页。

② 靳希民主编：《外国军事名著导读》，北京大学出版社 2003 年版，第 361 页。

战略利益并不是抽象的，它表现为许多具体的方面。著名心理学家马斯洛[①]认为，人的需要是多层次的，生理需要是基本的需要，其后依次为安全的需要，爱和归属的需要，尊重的需要，最高层次的需要是发展和自我实现的需要。[②]和人一样，国家要生存与发展，也有多层次的需要，这些需要表现出来，就是利益。我们认为，具体来说，一个国家的战略利益大致有以下几方面：安全利益、经济利益、政治利益、文化利益、社会利益和国际利益。其中列于前面的利益相对来说要比列于后面的利益显得优先。

安全利益，即与维护国家安全有关的利益。一般来说，法律战主要是围绕着国家的安全利益而进行，因为一个国家的军事力量的维持即是出于维护国家安全的需要。目前我国的国家安全战略是和平发展，即为我国创造一个和平稳定的国内建设环境。[③]从这个国家安全战略出发，凡是有利于为我国创造一个和平稳定的国内建设环境的因素，都体现为我们的利益，都是我们必须维护的。对安全利益的判断，是进行法律战判断的首要问题。例如，如何根据包括国际法、国内法等在内的各种法律因素维护我国主权和领土完整，是法律战安全利益判断的非常重要的内容。2005 年 3 月 14 日全国人民代表大会通过的《反分裂国家法》对加强法律战判断，维护国家安全利益有重要意义。

经济利益、政治利益、文化利益、社会利益和国际利益都和安全利益相关，但也有相对的独立性。事实上，安全利益是经常和这些利益结合在一起的，因为国家安全在不同的程度和意义上十分具体地表现为经济安全、政治安全、文化安全、社会安全和国际安全。当这些利益的维护已经上升到对总体国家安全利益的维护的地位时，自然也就成了进行法律战判断时必须考虑的因素。

（三）法律战目的判断

如果说战争的根本目的体现于国家战略利益的维护，那么战争的直接目的则表现为实现一个个具体的战役的胜利。如果说法律战的根本目的体现于战争中对己方利益进行合法的维护，则法律战的直接目的即为实现一个个具体的法律战战役的胜利。此处所说的法律战目的判断就是指为实现法律战战役胜利而进行的判断。

---

① 马斯洛（Abraham Maslow，1908—1970），美国社会心理学家、人格理论家和比较心理学家。

② 蒋广学、赵宪章主编：《二十世纪文史哲名著精义》，江苏文艺出版社 1992 版，第 798 页。

③ 2004 年 12 月 27 日中国政府发表《2004 年中国的国防》白皮书。白皮书指出，中国维护国家安全的基本目标和任务是：制止分裂，促进统一，防备和抵抗侵略，捍卫国家主权、领土完整和海洋权益；维护国家发展利益，促进经济社会全面、协调、可持续发展，不断增强综合国力；坚持国防建设与经济建设协调发展的方针，建立符合中国国情和适应世界军事发展趋势的现代化国防，提高信息化条件下的防卫作战能力；保障人民群众的政治、经济、文化权益，严厉打击各种犯罪活动，保持正常社会秩序和社会稳定；奉行独立自主的和平外交政策，坚持互信、互利、平等、协作的新安全观，争取较长时期的良好国际环境和周边环境。笔者认为，以上所述“维护国家安全的基本目标和任务”即是国家安全战略的内涵，这个基本内涵可以概括为四个字，即“和平发展”。

法律战和武力战虽然是具有不同内涵的两个概念，但二者基本上是结合在一起的。法律战围绕着武力战而展开，法律战战役和武力战战役是既有联系又相区别的两个概念。武力战中的战役，是军队为达成战争的局部目的或全局性目的，按照统一计划和指挥所进行的相互关联的一系列作战行动。战役可有多种分类，如进攻战役和防御战役，联合战役、合同战役和军种战役，陆上战役、海上战役和空中战役等。而法律战战役，是指进行法律战的主体为达成法律战局部目的或全局目的，按照统一计划和指挥所进行的相互关联的一系列法律战作战行动。如俄罗斯车臣冲突中的法律战，就是围绕着“统一与独立的斗争”“人权与人道保护”“反恐斗争”等几个关键性的法律战战役来进行。[①] 武力战战役根据武力战的需要来部署和进行，而法律战战役则根据武力战与法理的关系，围绕着对武力战中关键性的法律问题而展开，因此，法律战目的判断，就是对法律战战役进行的可能性以及如何取得胜利而进行的判断。例如，反“台独”分裂势力的法律战中，笔者认为，关键性的战役将围绕着以下几个问题而进行：台湾的地位、台湾问题的性质、解决台湾问题的合法手段和正确认识台湾海峡两岸的现状。

（四）法律战类型判断

对事物进行分类是认识事物的一个较为有效的方法。为了更好地开展法律战，对法律战分类是必要的，同时也是可能的。在本书前面的法律战分类论中，已经结合法律战不同的具体内容，从不同角度对法律战进行了分类，如从模式角度分为六类，从时域角度分为四类，从地域角度分为四类。

战争主要是敌对的双方相互角力的过程。进攻与防御是战争中的基本矛盾，进攻与防御的不同特点必将导致法律战作战类型的不同。从攻防性质的角度，将法律战大体划分为两大类，即进攻型法律战与防御型法律战。

1. 进攻型法律战

所谓进攻型法律战，就是对敌方的军事行动或军事行动企图进行法理分析，指出其违法之处进行揭露与批判，使其陷于法理上的被动境地。

要成功地做出进攻型法律战判断，一方面要有具备法律专业知识的人员，才能及时正确地进行有利于己的法理分析；另一方面还要使这些法律专业人员能得到及时而准确的信息，即有关敌方的军事行动或军事行动企图的信息。进攻型法律战的关键在于抓住敌方行动在法理上的要害。

2. 防御型法律战

所谓防御型法律战，就是预先对己方的军事行动或军事行动计划进行法理分析，确定相关防御重点及防御措施，以从法理上保障己方的军事行动或军事行动计划。可以说，进

---

① 宋新平：《俄罗斯车臣冲突中的法律战研究》，《当代世界社会主义问题》2004 年第 3 期。

行防御型法律战的目的，是为了防止授人以柄，避免造成与军事行动相关的法理上的被动而给敌方进行法律战造成方便。

防御型法律战是从法律战的预期目的出发而确定的。这并不否定法律战的进攻性。由于防御型法律战是主动、自觉、积极开展的，所以，它的进攻性特点仍是了了分明、不可否认的。

防御型法律战又有两种不同的情况。一是力求已方军事行动与军事计划依法进行的法律战，不妨称之为保障型法律战。此种情况下要求制定法律的部门和人员以及决策人员要充分利用国际法、国内法甚至他国法，如没有国内法的相关规定，则要及时制定，然后再开展军事行动。保障型法律战要求作战人员及其他辅助人员在确保国家利益，与国家安全战略保持一致的情况下，主动地遵守各种有关的法律规范的规定。如在1996年我国在东海进行导弹试射，事先发布公告划出落弹点，这正是依法开展军事行动的表现。二是针对敌方的法律战攻击进行防御和反击的法律战，不妨称之为反击型法律战。反击型法律战要求针对敌方对已方的军事行动和作战计划进行的法律攻击，组织起有效的反击。反击型法律战要做到反应及时、准确而有效。在反击型法律战中，法律战战略研究人员、法律战一线战斗人员包括军队法律顾问、法律情报人员以及战后审判、辩护与控诉法律人员等需要充分发挥其机动灵活的应变能力。

（五）法律战时机判断

孟子曰：“天时不如地利，地利不如人和。”① 他说的就是一个时机问题。所谓“时机”，就是主体具备进行某项活动的主客观条件的时间与机会，抓住或创造“天时”“地利”“人和”的条件。主、客观条件都具备，就可认为是时机成熟。具体来说，作战时机的确定，取决于作战所应具备的条件是否成熟，有关条件如下。

1. 战略因素

有无具体的战略利益受到威胁，这必须在形成法律战战略利益判断后才能认定。其中包括具体的军事利益或国家利益，这些利益的具体内容，前面已经阐述过。这是法律战时机判断的基础和前提。

2. 法理因素

已方已经对与战略利益及围绕此利益敌我双方将要或已经展开的活动进行了法理上的仔细分析和研究。这是法律战时机判断的核心。

3. 攻击因素

敌方的军事行动或法律战作战行动有无攻击点，这是法律战时机判断的关键。所谓法律战攻击点，就是敌方的行动有明显违反包括国际法、国内法（又包括本国法、敌国法、

---

①《孟子·公孙丑下》。

他国法）之处，或根据现行法的规范能对敌方的行动做出不利于敌方的法律适用和解释之处。最后，有一种情况是显然的，那就是当敌方已经对己方开始了法律战攻击的时候，自然就是进行法律战的时机。如果说前三个条件是具体进行法律战必须加以分析的条件，那么最后一个条件可以说是出现了对前三个条件加以准备而确定开展法律战的战机。

根据上述法律战作战时机的三因素，结合法律战的模式论中几种不同的法律战模式，我们可以来讨论一下不同模式法律战的时机问题。这里的讨论是着眼于各种模式的法律战，包括法律心理战、法律舆论战、法律政治战、法律经济战、法律军事战，还有司法对抗战。我们认为，至少有以下几个方面应该注意：一是从战争的整体出发，根据敌我双方的具体情况来对不同模式的法律战进行部署，即加强法律战与武力战的密切联系。各种不同模式的法律战都要紧紧配合国家战略、军事战略，配合具体的军事行动。二是充分发挥出法律战的特点。现代世界各国都不同程度地接受了依法治国的理念，“法律作为人类良心和正义的结晶，最具感召力；作为惩处战争罪行和对侵害权利恢复与补救的准绳，最具威慑力”①。要仔细研究敌国的法治特点，包括从基本的法治传统精神、主要法律制度、民众法律意识等方面的具体特点有针对性地进行法律战，并以此来把握住进行具体法律战战役的时机。三是加强各种不同模式法律战之间的相互配合，以期取得整体的系统的效果。各种模式的法律战实际上经常是交织在一起而很难截然分开的，如进行法律心理战时，经常和法律舆论战交织在一起，同时往往还辅之以法律政治战；即使进行较为纯粹的司法对抗战时，也和法律舆论战、法律心理战、法律政治战，甚至和法律经济战等结合在一起进行。

从法律战时机判断的实际进程来说，有两种类型的判断是我们尤其应该注意的：一是什么样的时机最值得我们注意，那就是发起或结束法律战的时机。可以说，这两个时机对法律战的进行意义殊为重大。一般原则是，当战略因素、法理因素与攻击因素结合得最好时，就是法律战发起的最佳时机。欠缺这三者中的任何一个，都不是最佳时机。二是确定时机时应该着重注意什么方面，那就是这一时机的有利性与不利性。法律战判断一个主要的问题，就是搞清楚是否开展法律战。而这一过程主要是对时机的有利与不利方面进行分析、比较和衡量。有利与不利，都应该围绕着战略、法理与攻击三个因素来进行，这时应该着重分析对法律战进行中的对战略的有利与不利影响、法理斗争的有利因素、攻击的有利程度这几个方面。

（六）法律战阶段判断

法律战阶段判断的必要性在于，在不同的阶段所采取的方针、战略战术应是不同的。毛泽东在《论持久战》中在讨论中日战争时所指出：“客观现实的行程将是异常丰富和曲折

① 俞正山：《关于法律战的几个问题》，《西安政治学院学报》（第17卷）第2期。

变化的，谁也不能造出一本中日战争的‘流年’来；然而，给战争趋势描画一个轮廓，却为战略指导所必需。”①

法律战中的阶段应该如何划分呢？要回答这个问题，就不能不重新考察一下法律战的相关特点。法律战既然是作战形式的一种，首先就有作战的特点，而作战的最大特点就在于作战双方互相角力，因此，战争进程毫无疑问是受敌对双方的行动共同制约的。不过法律战终究不是一般的作战样式，而是运用法律武器来进行战斗。通常所说的运用法律武器是指在依法治国的情况下，普通公民通过诉讼等法律途径，摆出证据，依据相应法律规定，请求权威的司法部门据此做出相应裁决，并以此来维护自己的权益。当最终裁决做出时，法律武器的运用也就告一段落。在法律战中对法律武器的运用也是类似的，即通过搜集证据，引用相关法律规范的规定，使对方的被指控的行为处于应负法律责任的地位。在此，相关的法律规范可能是国际法，也可能是本国法、敌国法或他国法；而做出其应负法律责任的判断的主体，有可能是有关的国际或国内的司法机构，或联合国、地区性组织等国际组织，但也有很多情况下只是世界舆论。更为重要的是，法律战中对法律武器的运用是紧紧结合着武力战的，从内容到形式、从目的到工具、从谋划到实施，无不受制于武力战的实际进程。

根据上面的分析，笔者认为，可以从法律战与武力战结合的角度来对法律战进行阶段分析，即武力战前的阶段，可简称为战前阶段；与武力战同时进行的阶段，可简称为战中阶段；武力战完成后的阶段，可简称为战后阶段。处于这三个阶段的法律战战略，显然有各自不同的特点。

1. 战前阶段判断

战前阶段即武力战开始前。此阶段法律战的主要任务在于为国家战略和军事战略的实现寻求合法性依据，同时对敌方指责予以驳斥。为军事战略和国家战略的实现谋求合法性依据时，主要运用的是一些国际法的基本原则中关于战争权的规定。具体来说，通过战前法律战应该明确的情况有：敌方对己方重要利益构成侵权（如入侵己方国土，非法占领己方领土），敌方违反与己方签订的条约等。

2. 战中阶段判断

战中法律战即武力战开始后。此阶段法律战的主要任务在于为武力战的具体作战行动进行合法性辩护，同时继续为完成战前阶段的任务努力。为军事行动寻求合法性依据时所运用的法律规范主要是战争法与武装冲突法等法律中的一些比较具体的规范，如是否构成对人道主义规则的违反，是否构成对作战规则的违反，是否构成对作战方法的违反等。但随着现代战争形式和规模的不断发展，战中阶段的法律战内容和形式也在不断丰富，运用的法律规范所涉及的范围有不断扩大到其他法律规范领域如民法、刑法、行政法、商法等

① 《毛泽东选集》（第2卷），人民出版社1966年版，第452页。

的趋势。

3. 战后阶段判断

战后阶段即武力战结束后。此阶段法律战的主要任务在于为战后的实际现状提供符合己方的合法性解释，这种现状主要指敌我双方战前现状的改变。需要的话，继续为实现第一阶段和第二阶段的任务努力。此时所依据的法律规范主要是有关战争罪犯的惩处规范、停战的规范、战争难民的人道主义救助以及战俘问题的具体规定。

（七）法律战后果判断

对战争后果进行判断历来受到战略家们的重视。如美国前副总统切尼[①]的《海湾战争》对海湾战争的结局及其产生的影响做了总结分析。[②]所谓战争后果，即由于战争而在各方面引起的积极的或消极的现象。这里的各方面，包括己方、敌方，也包括与己相关的他方。战争后果与战争结果含义不同，战争结果是不包含主观评价的比较客观的战争结局，而战争后果则是对战争结果与己方的战略利益的相互关系进行考量与评价后所得出的结论。

法律战的战争后果判断，有两种情况：一种是在法律战结束之后的后果判断，可称之为既成性后果判断，即在某一阶段法律战基本结束后（有时候是和军事行动一起基本结束，有时候是于军事行动结束后一段时期结束，有时候依据自身发展特点而结束），对法律战的结局所做的评价。这种评价包括对法律战作战后果的评价，也包括对武力战作战后果的法律评价。还有一种就是法律战开始之前的后果判断，可称之为预测性后果判断，即在法律战开始之前，对法律战可能的结局所做的评价。有时候在未开始法律战之前，需要对可能的法律战后果预先进行判断。这时的法律战后果判断的意义在于评估实际的战略计划和法律战计划。这种判断和法律战时机判断有所不同。后果的预先判断主要是假定法律战的结局，然后分析此种结局带来的影响，而法律战时机判断是判断是否制定法律战作战计划和制定何种法律战作战计划。后果判断带有一定的预测性。

对法律战后果进行判断，可以达到以下几个方面的目的：其一，总结经验教训，以便指导下一步的法律战。当然这主要是针对既成性后果判断来说的。其二，通过后果判断分析下一步的法律战环境，为制定有针对性的法律战战略提供依据。其三，还可以在此基础上为国家战略和军事战略服务，通过此法律战后果的评价，为制定出一个更加准确的国家战略和军事战略而从法律的角度提供令人信服的法理材料依据。因此，法律战后果判断是具有十分重要的意义的。

---

① 理查德·布鲁斯·切尼（Richard Bruce Cheney），1989—1992 年任国防部长，2001 年至 2009 年担任美国副总统。——编者注

② 靳希民主编：《外国军事名著导读》，北京大学出版社 2003 年版，第 114 页。

二、法律战手段

在《现代汉语词典》(2002年增补本)中，对“手段”有三种解释：一为达到某种目的而采取的具体方法；二指待人处事所用的不正当的方法；三是本领、能耐。作战不是待人处事，也不是某人的本领或能耐，因此这里的手段主要是指为达到某种作战目的而采取的具体方法。丛文胜博士把作战手段的含义说得更具体明白，他认为，“作战手段是指能使敌人丧失战斗能力的手段，主要是指作战使用的武器”①。这个定义基本反映了军事作战手段的本质特征。从这个定义出发，我们认为，法律战手段就是指在进行法律战时为达到法律战目的所采取的具体方法，主要是指法律战所使用的武器。

既然是法律战，当然是运用法律武器来进行战斗。不过法律武器有别于其他的武器，如何恰当运用法律武器而与武力战相配合，必须从法律本身的特点入手，对法律的具体运用做一些探讨。

在考虑如何运用法律手段进行法律战的时候，主要的出发点当然是为使国家战略和军事战略得到维护和保障。要达到这个目的，有两个问题不得不加以考虑：一是必须谨慎地选择使用那些对己方进行法律战来说“有效”的法律，此处的“有效”是指能使其在法律战中发挥出最大的威力；二是为使用这些法律找到恰当的途径。

首先，如何对法律进行选择使其能够在法律战中发挥出最大的效用呢？

在进行法律战的法律选择时，不妨来看看多种法律的分类方法。从不同的角度，可以依据不同的标准对法律进行分类，如依法律调整对象的不同分为民法、刑法、行政法等；依形成法律规范的方式不同可分为制定法、判例法和习惯法；依法律的效力范围不同可分为国内法、国际法等。

在众多的分类方法当中，哪一种分类对法律战进行具有关键性意义呢？我们认为，从效力上的分类是符合这一条件的。因为在进行法律战时，围绕着武力战的进行，人们并不在意进行法律战的双方所运用的是民法还是刑法，更不在意是判例法还是习惯法，而更关心的是运用的法律是否能有效地约束对方和保障自己，以便能最大限度地维护自己的战略利益。从这个角度出发，国际法无疑是法律战中的首选，因为国际法在世界各国得到相对广泛的承认，拥有较为公认的效力。当然国内法包括本国法、敌国法和他国法有时也能在法律战中起到重要作用，是因为有些行动包括敌我双方的行动，用国内法进行判断其合法性时也能得到国际社会的广泛承认，从而能在一定程度上约束对方和保障自己。

其次，法律战中使用这些法律的恰当途径是什么呢？

通常，在国内法的范围内运用法律的途径，主要是诉诸司法机构的裁决。这是根据国

① 丛文胜:《战争法原理与实用》，军事科学出版社2003年版，第216页。

内法的特点所决定的。因为在一国范围内有一个权威的保障国内法得到实施的机构，使法律的实施能有强制力的保证。而在运用法律进行法律战时，情况就不同了，这时主要运用的是国际法，而国际法强制力的保证来源于国际政治，一为受害国的报复，二为大国的强制执行意志。在通常情况下，国际法的强制力主要表现为国际舆论的表达，因此国际法的强制力具有局限性。有学者进一步分析了产生这种局限性的原因在于三个方面：一是国际法规范的妥协性。国家在达成国际协议时具有各自的选择性，在执行中也具有相对的任意性。二是由于国际社会没有一个超国家的立法机关制定法律让所有的国家来执行，所以现代国际法是由各国在相互交往中基于协议而产生，而只有当国家表示了同意，国际法才对它发生法律拘束力。三是现在国际社会尚没有一个真正具有普遍管辖权的司法机关可以强制解决包括战争和武装冲突在内的各种国际争端。①

由于国际法执行机制的这些特点，直接导致开展法律战时对法律武器的运用方式与实施途径与在一国之内运用国内法等法律武器维护利益时有很大的不同。一方面，由于国际法的执行即效力体现很多时候取决于受害国的报复能力和大国的执行意志，因此，国家进行法律战时灵活运用外交是十分重要的，也就是说外交途径是我们进行法律战运用法律武器的一种重要实施途径。另一方面，国际法的执行效力更多时候是国际社会舆论在起作用，而这种作用也往往会影响到一些相关国家的国内舆论，因此，开展法律战时除了外交途径的实施，民间手段也是不可忽视的。可以说，外交途径和民间途径是进行法律战的两个重要途径。

我们对法律战作战手段的以上两个重要问题进行了探讨，这两个问题决定了为什么采取这几种类型的法律手段和为什么选择这两种实施途径。下面就手段运用选择和实施途径选择来具体加以说明。

（一）法律战手段选择

当选择具体的法律手段进行法律战时，碰到的主要问题是如何与武力战紧密结合起来，这也是法律战的出发点和归宿。必须研究在现实的武力战中，法律战应该如何围绕着现实的武力战为它服务；尚未发生现实的武力战时，法律战应该如何围绕着可能发生的武力战服务，以便保障和维护己方的战略利益。

在法律战要素论中，已经对法律战中的“法律”这一要素进行了论述，明确了运用于法律战的一些具体法律规范、法律原则及其表现形式。这里，拟从两个方面来说明法律要素作为手段运用时如何与武力战配合。一方面，从武力战的具体环节的法律需要，来说明如何加以选择运用；另一方面，从法律适用的具体环节所涉及的军事问题，来说明具体如何维护与保障。

① 从文胜:《战争法原理与实用》，军事科学出版社 2003 年版，第 626 页。

1. 武力战中的法律问题

我国《宪法》第 5 条规定："中华人民共和国实行依法治国，建设社会主义法治国家。"而当今世界各国，都已经不同程度地走上了法治的道路。从某种程度上法治已经成了现代性的象征之一。"法治一词明确了法律在社会生活中的最高权威性。"① 既然法律为最高权威，法治精神的要义就在于，任何公权的行使均需要有法律依据，军事行动自然也不例外。在使用军事力量维护战略利益时遵守法律规定来进行，不仅能赢得广泛的尊重，而且能实实在在地为谋取战略利益服务。下面具体探讨武力战各环节中的法律问题。

第一，战争权中的法律问题。

战争权是指一个国家发动战争的权利。关于战争权的法律问题，主要是指国际法对于战争权的规定。因为国内法即使规定有发动战争的权利，也是得不到别国和国际社会的当然承认的。

国际法对战争权的影响有一个发展的过程。张景恩博士对此问题做了比较精辟的论述。他指出，在古代地区性的国际法体系中，战争在国际法中的地位几乎是完全自由的，主权国家可以以任何借口进行战争，弱肉强食被认为是正当的国际法原则，在国际法上几乎对战争行为没有任何法律限制。战争的爆发往往意味着一切国际法律关系的终结，对方国家的侨民也丧失了合法地位，在交战国之间只剩下若干战争规则和人道主义规则在起作用。近代国际法体系和古代国际法体系相比，有了巨大的进步，开始对战争权进行限制，但这些限制的程度是很小的。在现代国际法时期，对国家战争权进行限制是其突出的特点之一。"二战"后，现代国际法体系进入了联合国时期。在联合国国际法体系下，战争为各国庄严地予以摒弃，除国家集体和单独地实行自卫或安全行动，以及殖民地人民的民族解放战争以外，一切战争均在禁止之列。②

在现行联合国国际法体系中，已经有明确的关于战争权的规定：其一，明确了国家不得随便使用武力。《联合国宪章》第 2 条对使用武力进行了限制，规定："本组织及其会员国应遵循下列原则：……（三）各会员国应以和平方法解决其国际争端，避免危及国际和平、安全及正义；（四）各会员国在其国际关系上不得使用威胁或武力，或以与联合国宗旨不符之任何其他方法，侵害任何会员国之领土完整或政治独立……"其二，明确了侵略行为为国际社会所不允许。1974 年 12 月 14 日在第 29 届联合国大会上通过了《关于侵略定义的决议》，认为"侵略是指一个国家使用武力侵犯另一个国家的主权、领土完整或政治独立，或以本《定义》所宣示的与联合国宪章不符的任何其他方式使用武力"，并指出，侵略战争是对国际和平的犯罪，侵略应承担国际责任。

同时，允许国家为行使自卫权而使用武力。《联合国宪章》第 51 条对有关自卫权进行

① 葛洪义主编：《法理学》，中国政法大学出版社 1999 年版，第 259 页。

② 张景恩：《国际法与战争》，国防大学出版社 1999 年版，第 158 页。

了规定："联合国任何会员国受武力攻击时，在安全理事会采取必要办法，以维护国际和平与安全以前，本宪章不得认为禁止行使单独或集体自卫的自然权利。会员国因行使此项自卫权而采取之办法，应立即向安全理事会报告，此项办法于任何方面不得影响该会按照本宪章随时采取其所认为必要行动之权责，以维持或恢复国际和平及安全。"

在主权国家使用武力问题上，有一种情况经常会引起混淆或误解，那就是一国为维护主权和领土完整而采取对其国内的武装叛乱集团或分裂势力进行镇压而使用武力时，则不受《联合国宪章》中有关的规定的约束，因为这是国家主权的表现，纯属一国的内政。

第二，战争决策中的法律问题。

战争决策是指一个国家做出进行战争的决定。战争决策中的法律问题，主要是指运用国际法、国内法包括本国法、敌国法和他国法的规定，合法地做出战争决策，并以此衡量敌国的战争决策。

虽然战争权在现代国际法中已经被高度限制了，但是不可否认的是，当代世界并没有因此而变成一个和平乐园，现在全世界武装冲突仍然是此起彼伏。据统计，2003 年全球共发生局部战争和武装冲突 36 起，其中新发生 11 起。[①] 1999 年，日本率先提出"先发制人"战略。[②] 特别是，2002 年 9 月 20 日美国总统布什发布《美国国家安全战略》称："在无赖国家及受其庇护的恐怖分子"有能力威胁美国及其盟国和朋友或使用大规模杀伤性武器之前，美国必须准备将其阻止；"美国将在威胁完全形成之前就采取行动"，以保护国家和人民不受恐怖分子的伤害；"美国在不断寻求国际社会支持的同时，在必要的情况下也会毫不犹豫地单独采取行动，通过对恐怖分子先发制人的打击行使自卫的权利"。[③] 根据这个战略，美国在没有得到联合国授权的情况下，并在没有证据证明伊拉克拥有和正在制造大规模杀伤性武器的情况下，悍然"先发制人"使用武力，推翻了一个国家的政权，在国际关系上开了一个危险的先例，使联合国的安全体系受到了严重的挑战。

另外，现代战争样式具有高技术、信息化的特点，战争动因更趋复杂，战争目的更加有限，战争内涵更加扩大，战争持续时间短，战争毁伤小，作战空间大，兵力密度小，战场十分透明，争夺"制信息权"异常激烈，作战一体化程度提高，作战指挥要求高，难度大，集中兵力的内容新，全纵深同时攻击的主要作战方式，歼灭有生力量已经不成为主要目标。[④] 在具有以上特点的信息战时代下，要打赢高技术条件下的局部战争，以有效捍卫国家主权和领土完整，维护世界和平，这个新课题将深深影响到战争的决策。

综上所述，在现代的联合国国际法体系与"先发制人"战略并存的世界中，在现代的

---

① 隗建伟：《全球局部战争和武装冲突综述》，聂送来、李效东主编：《世界军事发展年度报告（2003 版）》，军事科学出版社 2004 年版，第 22 页。

② 邱永峥：《美日国防外交高官首度公开讨论中国海洋霸权》，《青年参考》2004 年 11 月 23 日。

③ 胡晓明、谭新木：《布什公布〈国家安全战略〉提出先发制人》，新华社华盛顿 2002 年 9 月 20 日电。

④ 王保存、刘玉建主编：《外军信息战研究概览》，军事科学出版社 1999 年版，第 41—48 页。

高技术的战争条件下，战争决策无疑是一项极为重要的工作，对战争决策中的法律问题进行研究也就极有意义。在此种情况下，战争决策中法律问题的核心在于遵守国际法基本原则及相关规范，同时坚决维护国家战略利益。具体来说，应该注意以下几个方面。

其一，重视国际组织。在进行现代战争决策时充分考虑到联合国等国际组织的作用。联合国是最重要的全球性国际组织。《联合国宪章》中规定只有进行自卫战争才是合法的，并认为进行单独自卫和集体自卫都是允许的。但“9·11”事件以后，事态的发展使得联合国有让“先发制人”战略合法化的趋势。因此，进行战争决策时应该充分考虑到这一因素。同时，除联合国外，其他地区性的国际组织也是十分重要的，《联合国宪章》赋予其维护和平与安全的辅助任务。充分考虑到地区性国际组织对战争的制约，并认真加以考量，在武力战和法律战中都不可忽视。

其二，重视国际条约。充分重视双边和多边国际条约的作用，加强其对相关国家的约束。条约，是指国际法主体之间主要是国家之间依据国际法所缔结的据以确定其相互间权利与义务关系的国际协议。[①] 条约是国际法的主要渊源。条约在法律战中的地位无疑十分重要，原因在于“条约必须遵守”是一项古老的国际法原则。在条约签订后，各方必须按照约定履行其义务和行使其相应的权利。当然，也可根据条约的修改、终止、停止执行与无效等来维护自己的权益。在进行战争决策时，对有关条约进行仔细考量也是相当重要的。

其三，应对“先发制人”。对实施“先发制人”的国家，在法理上揭露其违反国际法的不义行径；同时密切注意其动向，实行积极的防御政策，必要时以武力制止其侵略行为。目前，世界上一些主要大国几乎都已经宣称要实行“先发制人”战略，并纷纷要求修改现行国际法以使此战略合法化。在这样的情况下，2004 年 11 月 30 日，联合国改革问题高级别小组在 11 月 30 日向联合国秘书长安南提交了一份报告，将“先发制人”和“预防性军事行动”合法化，并且明确地提出它们的合法性所必须具备的前提条件，从而限制对“先发制人”和“预防性军事行动”的滥用，对滥用予以非法化和禁止，则体现了这份报告的重大价值。依据这份报告，“先发制人”必须同时满足以下三项条件：一是必须符合《联合国宪章》和公认的国际法准则；二是威胁必须迫在眉睫；三是遭受威胁的国家没有其他有效的应对方式。如果这份报告最终得以通过，将对武力战和法律战带来重大影响。

其四，处理好“小事国家”问题。所谓“小事国家”，是对一些经常对邻国进行“大事不犯，小事不断”的袭扰的国家的称呼。处理这类袭扰，一方面要充分利用外交手段加强制约；另一方面充分收集证据，时机成熟时进行武力自卫。此时进行自卫，已经不属于先发制人的行动，而是正常的自卫。为了证明武力自卫行为的合法性，在法律战中必须注意搜集敌方的各方面情报，说明其蓄意侵略行为，以便在发动军事行动时做到有真凭实据。

① 邵津主编:《国际法》，北京大学出版社、高等教育出版社 2000 年版，第 327 页。

这种情况的处理，可根据国际法、两国签订的条约和国内法、敌国的国内法并参照他国法。

第三，战争方式选择中的法律问题。

做出了战争决策后，接下来就要考虑战争方式的选择。这里也有相关的法律问题需要注意。在选择战争方式时，战争的规模、样式，范围的大小，时间的长短等都要考虑到国际法的因素，争取其中最有利的条件。战争方式的选择中的法律问题，主要涉及国际法、国内法、敌国法和他国法的运用。

在现行的国际法下，真正的合法战争的条件是，为了行使自卫的权利，就连新鲜出炉的遭到广泛非议的“先发制人”战略也是打着行使自卫权的旗号。因此，我们不妨来考察一下现行国际法条件下对合法自卫战争的相关规定。

关于战区。在合法的自卫战争中，国家有权选择除中立国有效控制区及特殊国际航道以外的一切水域、空域和陆地作为战区，除非中立国没有切实履行其中立义务，则对此义务不履行造成不利的一方可以把该区域作为战区。

关于样式。可以对入侵之敌采取陆地反击、综合火力打击及岛屿封锁与进攻；进行海上封锁、海上拿捕；进行空中打击，设立禁飞区、禁航区，进行海战、空战等。同时，进行这些具体军事行动时必须充分遵守相关的国际法中战争法的具体规则。

在此基础上，交战国还必须遵守有关的条约和国内法的规定。我们应该认识到，上述有关战争方式的法律规范是在不断发展的，应该充分重视其在发展中的特点，有针对性地在法律战中加以运用。

第四，战争手段和方法选择中的法律问题。

根据国际法及战争法的规定，进行合法战争时也必须遵守有关战争手段和方法的限制性法律规定。其中涉及国际法、国内法包括本国法、敌国法和他国法的利用。

关于战争手段和方法的选择的国际法的基本原则是1868年的《圣彼得堡宣言》所规定的“禁止使用将引起不必要痛苦的作战手段和方法”。但这只是一般的规定，在实践中其常常与战争手段和方法的另一原则“军事必要原则”相冲突。战争法的关于作战手段和方法的法律规定，就是争取这两者之间的平衡。尽管对何为“军事必要”，何为“将引起不必要的痛苦”还有争论，但国际社会还是取得了一些共识。如国际社会通过了一系列关于限制和禁止发展核武器，生物、化学武器等大规模杀伤性武器和地雷的公约，对进一步限制战争给人类带来的巨大痛苦有积极的作用。

那么行使自卫权时能不能使用核武器呢？1994年12月15日，联合国大会通过决议，请求国际法院就“国际法是否允许在任何情况下威胁和使用核武器”的问题发表咨询意见。法院经过分析而得出以下结论。一为，无论习惯国际法还是条约国际法都没有特别允许威胁或使用核武器；二为，无论习惯国际法还是条约国际法都没有全面的和普遍的禁止威胁或使用核武器；三为，利用核武器进行威胁或使用武力是违反《联合国宪章》第2条第4款的，是不符合第51条的要求的，因而是非法的；四为，威胁或使用核武器必须符合武装冲突中所适用的国际法的要求（包括国际人道主义法的要求）并须符合国际条约或公约关于核武器规定的明示义务；五为，威胁或使用核武器，一般是违反适用于武装冲突的国际法规则，特别是人道主义法的原则和规则，鉴于当前的国际法的状况和法院面对的事实，不能得出肯定的结论说在自己的极端情况下和在受害国处于危急存亡之际威胁或使用核武器是否合法；六为，各国有义务一秉善意，缔结协议，促使核裁军，使核武器在各个方面处于国际控制之下。

从上面国际法院的分析可以看出，目前核大国中只有中国承诺“不首先使用核武器”，而一旦敌人对我使用时，我们必须考虑还击。在这个问题上，只有我国是完全遵守国际法的。

第五，战争打击目标中的法律问题。

战争中的打击目标即作战时为军事需要而攻击的敌方的对象，包括人和物。其中的法律问题，主要涉及战争法、国际法对战争打击目标的有关规定。

战争法对军事打击目标确定了“区分原则”，即严格区分军事设施与民用物体、平民居民与武装部队中战斗员、有战斗能力者与无战斗能力者。只要有关平民、城镇等未用于军事目的，即不能进行攻击。1949 年的日内瓦四公约，把战争受难者的保护范围，从陆地的伤者、病者，海战的伤者、病者和遇船难者、战俘，一直扩展到平民。任何在战争中违反战争法规和惯例的行为，如果使用有毒或其他被禁止的武器、攻击平民或不设防城镇等行为都是违反国际法的。

2. 法律适用中的战略利益

法律战贯穿于武力战的始终，与武力战一样尖锐。所不同的是，武力战所使用的手段是军事武器，而法律战所使用的手段是法律武器。以法律作为武器，即以法律的基本要素为斗争的着力点。一般认为，法的基本要素有法律规则、法律原则和法律概念。为了说明法律规则、法律原则和法律概念的内涵符合我方立场，需要提供证据以说明事实情况，进行法律适用以说明事实与法律的关系，必要时还要进行法律解释。而这些，正提供了法律战斗争的主要手段。这一方面，主要涉及以下问题。

（1）法律战中的证据斗争

使用法律武器，证据的作用至关重要。但法律战中所涉及的证据是在武力战中发生的，是军事行动所留下的一些印迹。由于战争存在着极大的不确定性，即所谓的“战争迷雾”的存在，使得人们对来自战场的信息真假难辨，一方面是因为战争打乱了正常的秩序，难于正常地、从容不迫地进行信息收集，另一方面战争双方对信息的封锁和有选择性的报道甚至故意散布虚假信息，往往使得人们一头雾水。因此，在法律战中，一个重要的任务就是恰当地围绕证据开展斗争。

在这一斗争中，要注意以下两个方面。

其一，搜集、宣传对敌方不利的证据。对敌方不利的证据，指能证明己方行为合法或证明敌方行为违法的证据。不但要搜集、宣传敌方发动战争破坏和平的行为的证据，还要搜集有关敌方在军事行动中违反战争法的证据，并及时向国际社会公布有关的文字材料、人证、物证、音像资料等。

其二，揭穿敌方的虚假证据并予批判。敌方为了掩饰其违法行为而证明其合法性，或为了混淆国际视听，往往采取倒打一耙的手法反诬己方违反国际法，会提出一些假证据或无关的事物作证据。这时必须针锋相对地予以揭穿。

（2）法律战中的法律适用斗争

法律战中的法律适用斗争，主要是指在进行法律战时，作战双方围绕着武力战中的某种情况及有关证据，就是否应该适用法律（比如认为该种情况主要就不是法律问题）、应该适用何种法律以及如何适用法律而进行的斗争。

法律适用问题，是利用法律作为武器进行斗争的一个关键方面。法律战中的法律适用与单纯国内法中的法律适用不尽相同。一般认为，国内法中的法律适用是指国家专责机关、国家授权的特定单位依照法定的职权与程序，将法律适用于具体的人或组织的活动。而法律战中的法律适用与其主要区别在于并不一定由专责机关来进行。通常，一种情况是否违反国际法，除了国际司法机构进行判断外，国家自身的判断也很重要，因为有大量的问题并没有进入国际司法程序，或因种种原因国际司法机构并不能解决问题。正因如此，更增加了准备和进行法律战的重要性。法律战中的法律适用问题，主要围绕着以下几个方面来进行。

一是否适用战时国际法的问题。两国之间的关系，要么处于战争状态，要么处于非战争状态。通常情况下，处于战争状态时则适用战时国际法，反之则适用非战时国际法。但由于这两种法律状态下的权利与义务关系有很大的区别，因此，经常出现两国虽然处于战争状态，却并不承认两国适用战时国际法；或两国虽然没有进行实际战争，却宣布两国进入战争状态而适用战时国际法的情况。

是否承认两国进入战争状态，从本质上来说属于国家政策问题，因为即使进入战争状态，也并不一定要发生实际的武力战；而实际发生了武力战，由于双方对此的态度等原因（例如不希望扩大为全面或正式的战争），并不想进入法律上的战争状态。因此，两国之间有武力战和两国有战争法律关系是两个不同的问题。

但是我们也看到，关于战时国际法和围绕武力战的战争法的适用有其自身的特点，并不总是和战时法律战状态步调一致的。这主要表现为：有些国际法规则是围绕着战争的法律状态而产生的，比如进入战争的法律状态意味着和平条约的失效，两国外交关系可以终止，对国家财产、侨民等政策均因此而进行重大调整；而有些主要是制约实际的军事行动，如对作战方法和作战手段的限制、对打击目标的限制、对人道主义保护的规定等，并不因为国家本身没有宣布进入战争的法律状态而不适用战时国际法，并对战争法不加以遵守。如第二次世界大战中，中国对日本宣战是日军偷袭珍珠港后的 1941 年 12 月 9 日，而中日之间爆发全面战争是 1937 年 7 月 7 日，在此期间，两国都没有对外承认有战争的法律状态存在，但这并不意味着双方（主要是日本）可以不遵守所有的有关战时的国际法，那些针对实际的军事行动而产生的国际法规则应该得到遵守，如对作战手段、打击目标、人道主义保护等。但日本在中国践踏国际法的罪行却比比皆是。如 1941 年 11 月 4 日，侵华日军 731 部队在湖南常德空投鼠疫细菌，致使鼠疫流行，举城奔丧，尸横遍野，整个城市陷入一片恐怖之中。据最近几年的调查统计，常德在那场日军制造的灾难中就有 1.5 万人死亡。①

二是否适用某些国际法原则的问题。这实际上既是一个是否应该适用国际法原则的问题，也是一个是否应该适用国际法或战争法基本规范的问题。因为只有符合国际法原则，不属于一国内政，才能进一步适用国际法或战争法；反之则纯属于一国国内的法律适用问题。

国际法原则主要有国家主权原则、不使用武力或以武力相威胁原则和不干涉内政原则等。其中最重要的是国家主权原则。因为如果军事行动所涉及的是属于国家主权范围内的事，也就不存在干涉内政的问题，更没有所谓使用武力或以武力相威胁的问题。这个问题本来应该很容易判断。但国际上却常常出现将一个国际问题国内化而逃避国际法适用，或将一个国内问题国际化而强行适用国际法的情况，因而围绕着这个问题的斗争也常常成为法律战的焦点。

将一个国家的国内问题国际化，并不是什么新鲜的事情，历史上就是一些帝国主义政客惯用的干涉别国（弱国、小国）内政的伎俩，现在依然很少改观。在进行法律战时，如果敌方坚持把国内问题国际化，就一定要坚决依照国际法的基本原则，有理、有利地斗争到底。

在国际争端中，也有把国际问题国内化的现象。对一些国际争端的和平解决，本应该通过友好协商、外交谈判、通过国际组织等方式来解决，但有时候一些国家为了取得既得利益而力求以国内法加以规范，企图抢得处理问题的先机。这种根据一国国内法规定来处理有关国际争端的方法，是违反有关国际法的，属于无效行为。

（3）法律战中的法律解释斗争

法律解释是指对法律的内容和含义所做的说明。从本质上说，任何法律在实际运用中都面临着解释的问题。在国际法的适用问题上，有关各方围绕着法律的基本要素即法律原则、法律规范和法律概念，从不同的国家利益出发，会有不同的解释。在法律战中，要从自身战略利益出发，在不违背法律基本精神的基础上来进行法律解释；同时注意批判、揭发敌方对法律的歪曲、不合理的解释。

在法律战中，围绕着法律解释问题上的斗争，一般是在对有关证据和有关国际法基本

① 丁文杰：《湖南常德曾遭到侵华日军空投鼠疫》，新华社长沙 2005 年 4 月 5 日电。

原则的适用已经达成共识的基础上进行。有时候也与上述问题结合在一起而进行，从而使法律战变得复杂、激烈。而且，法律解释和法律适用还经常是结合在一起的，如对是否适用国际法基本原则的斗争，实际上也是对该基本原则进行解释的过程，只不过在这个结合中，有时候主要是适用中的解释，而有时候是解释中的适用，但彼此已经很难截然分开。在法律战中，经常围绕着以下基本的概念而进行斗争。

自卫战争的概念。《联合国宪章》明确规定国家有进行自卫的天然权利，但究竟什么是自卫战争，在具体的武力战中经常成为法律战的斗争焦点。如在一个国家感到其即将遭受威胁而开展先发制人的打击是不是自卫，如果是，威胁应该达到何种程度才可以进行这种自卫？再如，一国遭到全面的武装进攻或局部进攻理所当然必须进行自卫，而如果只是个别侨民利益受损，是否构成进行自卫的理由？

战争手段的概念。同一种战争手段是否合法，不同的国家往往会有不同的解释。比如潜艇在“一战”中被认为是非法的攻击手段，“二战”中原子弹的使用也使人们对此种武器的使用产生了不同的意见。随着科学技术的发展，会有越来越多的新式高科技武器投入战场成为作战的手段，如次声武器、激光武器、失能武器、基因武器等，现在对这些武器尚没有专门的国际法进行规范，未来围绕着这些战争手段进行的法律战斗争会十分复杂。我们必须加强对这些问题的研究，以免在将来的法律战中处于被动地位。

合法战斗员的概念。什么才是合法的战斗员呢？正规军无疑是合法战斗员，这是毫无疑问的。但是由于战争的情况十分复杂，作战双方的情况并不完全一样（比如双方并不一定拥有相同的实力，因而双方对参与作战的战斗员的要求不一样），导致对合法战斗员产生了一些不同的看法。比如一些国家在进行战争时进行游击战、袭扰战，而这些战斗员有时候并不穿正规军的衣服，和正规军不完全一样。对这个问题的解释直接关系到有关方面的利益。

攻击目标的概念。从战争的本义上说，只有军事目标或直接用于军事目的的其他目标（实际上这时已经成为军事目标）才能成为攻击的对象。但对这个问题也经常有不同的看法。“二战”时盟国与轴心国双方都曾对对方城市进行“战略轰炸”，而这种轰炸的目标有许多是民用目标。如德军对伦敦的轰炸，日军对重庆的轰炸，美军对东京的轰炸等。在武力战中，这种攻击目标常常和证据宣传结合在一起，如制造证据使民用目标成为军事目标加以攻击等，使法律战变得更加复杂。

领土主权的概念。国家之间由于领土而发生战争的不在少数。涉及领土问题的国际法原则与规范有许多，如《联合国宪章》第2条就有关于领土完整的规定。[①] 国际法上已经有

① 《联合国宪章》第2条：“为求实现第一条所述各宗旨起见，本组织及其会员国应遵行下列原则：……四、各会员国在其国际关系上不得使用威胁或武力，或以与联合国宗旨不符之任何其他方法，侵害任何会员国或国家之领土完整或政治独立。”

有关领土取得与变更的基本原则，同时一系列关于领水如内水、领海和领空、底土的规定的国际条约，构成了国际法关于领土问题的基本规则。关于领土主权的法律战体现于领土争端所涉及的法律依据，同时也体现于具体法律依据的法律概念中。如前所述，在钓鱼岛争端中，该岛自古以来就属于中国领土，中国与日本之间由冲绳海沟相隔，是异架国；但日本却坚持冲绳海沟并不把大陆架隔开，中日之间是同架国。中日两国之间一旦爆发法律战，那么围绕着两国是否为同架国的问题，必然成为斗争焦点。

恐怖主义的概念。布什政府在美国遭受“9·11”袭击以后的2002年2月14日，正式提出了“抗击恐怖主义国家战略”，举起了“反恐”大旗。根据这个战略，美国发动了阿富汗战争以清除基地组织和抓捕“9·11”嫌疑人拉登，继而又以伊拉克拥有大规模杀伤性武器和与基地组织有联系为名发动了伊拉克战争，而伊拉克战争并没有得到联合国的授权。对于美国咄咄逼人的态势，其他国家震惊之余，纷纷要求对恐怖主义给予准确的定义，以免滥用所谓的“自卫权”，避免使“二战”以来的国际关系基本原则面临毁损的危险。而对什么是恐怖主义，各方的观点并不一致。虽然上文提及联合国安理会通过了1566号决议，认定“蓄意袭击平民的行为”为恐怖主义，但这个定义只是各方妥协的结果。可以预见的是，奉行“先发制人”战略的美国等西方大国并不会遵守这个规则，而会根据自身的战略利益需要来对恐怖主义做出解释。因此围绕着“恐怖主义”这一概念的斗争必将长期存在下去。

以上列举的是在法律战中经常或极易引起分歧的法律概念。在法律战中，选取一个对己方有利的法律概念，往往影响到法律战的全局。要高度重视法律概念解释在法律战中的作用。

（二）法律战手段运用

“运用法律手段维护权益”“运用法律手段打击犯罪活动”“运用法律手段保障发展”等是我们经常碰到的语汇。其中运用法律手段的意思主要是指从执法、守法、法律监督等法律实施过程方面着手，解决某种现象或问题。另外，加强立法同样是运用法律手段的一个重要环节，从这个意义上说，加强立法、强化执法、加强法律监督、重视守法等都是法律手段的运用。

关于法律战中具体的法律手段，上文已经做了较为详细的阐述，那么，法律战中的法律手段运用包括哪些环节呢？

我们知道，在法律战中，主要运用的是以战争法为核心的国际法，而国内法包括本国法、他国法、敌国法等的运用在其中并不占主要地位，国内法主要是在国际法对武力战问题的解决框架中发挥作用的。因此，在国际社会与武力战有关的法律活动中运用法律手段，主要有两个方面：一是诉之于正式的国际司法机构，进行诉讼和仲裁；二是利用法律作为武器，进行外交斗争和民间斗争。下面我们对以上所提到的几个途径做一简单分析，以便弄清楚在法律战中法律手段运用选择的确切含义。

1. 司法斗争

诉诸正式的国际司法机构，进行诉讼和仲裁，其适用范围有多大呢？对此，以最重要最权威的国际司法机构国际法院为例来加以说明。国际法院是联合国的重要司法机构，总部设在荷兰海牙。国际法院规约是联合国宪章的组成部分。联合国会员国是规约的当然当事国，均可成为法院受理案件的当事国。非会员国如声明接受安理会提出的条件（如承认法院规约、接受法院判决、承担一定额度的法院费用等）亦可成为规约当事国。国际法院的管辖范围包括各国提交国际法院的一切事项。各当事国向国际法院提出诉讼案件原则上是自愿的，但对曾声明接受国际法院强制管辖权的国家，当它们之间发生争端时，只要一方将争端提交国际法院，另一方就必须承认法院有权受理该案。受理案件由法院做出判决后，当事国均应遵守。如当事国一方不履行国际法院的判决所规定的义务，当事国的另一方可提请安理会确定应当采取的措施，以执行国际法院的判决。国际法院做出的司法判决或发表的咨询意见，均由出席法官的过半数决定。当两种意见投票数相等时，由院长或代理院长职务的法官投决定票。因此，从本质上看，提交国际法院诉讼的案件原则上是自愿的。而法律战中所涉及的争端双方并不一定都愿意将争端提交法院。连国际法院都受此限制，何况其他国际司法机构。至于仲裁，其适用范围就更小。

大国的态度与行动、有关国家的态度与行动、国际舆论监督等，事实上是影响国际法实施的最重要的方面，因为国际法的强制力本质上来源于国际政治实力，这种来源主要是指大国的强制执行态度及有关国家的报复行动和国际舆论监督（这种监督有时候能实实在在影响相关国家的利益）。因此，在法律战中，要十分重视运用法律手段进行外交斗争和民间斗争。实际上，即使诉之于国际司法机构，法律战中的许多环节如对证据的收集、对法律适用与解释的理解仍然是十分重要的。

2. 外交斗争

可以从以下两个方面来分析外交斗争。

（1）国际组织中的斗争

联合国在法律战中的作用之所以重要，是因为联合国与作为法律战主要武器的国际法有密切的关系。著名国际法学家王铁崖先生[①]对此有专文进行了系统而深刻的论述。

王铁崖先生指出，联合国的地位对于国际法的发展发生了深刻的影响。《联合国宪章》及联合国组织本身对国际法发生了重大影响。首先，宪章是一个独特的法律文件。宪章本身所具有的普遍性，使得其本身就构成国际法的一部分；宪章对联合国非会员国设定了义务，且规定宪章在国际法上优于其他国际条约的地位；更重要的是，宪章的内容在很大程

① 王铁崖（1913—2003），福建福州人。中国国际法学会前会长、北京大学国际法研究所创始所长、国际法研究院院士、世界艺术和科学院院士、联合国前南国际法庭大法官。

度上已经成了当代国际法的一部分。其次，联合国具有其他国际法组织所不具有的普遍性与广泛的职权性。联合国体系的存在本身就是当代国际法的一个发展。同时，“二战”后国际法的发展与联合国的活动有着十分密切的关系。首先，联合国尊重国际法、遵守国际法。其次，联合国还承担了发展国际法的任务。《联合国宪章》第 13 条规定，联合国大会应发动研究，并做成建议，以“提倡国际法之逐渐发展与编纂”。在联合国主持下，缔结了大量有影响的国际公约；同时，联合国大会的决议一般来说虽然没有如同国内法的法律效力，但是“它的内容和范围的深刻性，没有遭到反对，反映着一种普遍的‘法律确信’，使它有资格被认为国际的一项权威的和确定的原则”；联合国这样的普遍性国际政治组织对国际习惯的形成也有着重大的影响，即不管其是否直接产生国际习惯，但它们能够影响国际习惯的形成，能够宣示或确认国际习惯法规则的存在，对国际习惯起着证明的作用，成为国际习惯的证据，这些作用是不可否认的。[①] 联合国对国际法及其发展具有重大影响，必须重视联合国在法律战中的重要作用。主要原因如下。

其一，联合国是确立国际法原则和规范的重要场所。联合国同其他国际组织一样，虽然不是国际立法机构，其通过的有关决议，一般情况下需要经过其会员国的批准方具有法律拘束力，但联合国因其在当代世界中的重要地位，无疑为国家间达成广泛的协议提供了方便。许多国际法原则和基本规范都是由联合国发挥作用而确定下来的。如上文提到的联合国通过的关于侵略的定义。再如当前国际反恐可谓如火如荼，在激烈的争论中通过的一个恐怖主义的定义，称恐怖主义是“蓄意袭击平民的行为”[②]。法律战中一个很重要的环节是在国际法的形成和发展中注意维护己方的战略利益，鉴于联合国对国际法的重大影响，必须充分重视联合国在其中的作用。

联合国安理会对国际和平与安全的重大责任，也使得在进行法律战时必须尤其重视安理会的国际协调权能，同时重视安理会决议对法律战效果的重大影响。中国作为一个负责任的大国和安理会常任理事国，一方面必须重视在这个过程中尊重和遵守国际法基本原则、基本规范和基本制度，另一方面必须坚决维护己方根本国家利益和履行维持国际和平与安全的崇高责任。

其二，联合国是揭露、谴责违反国际法行为的重要舞台。联合国大会提供了对各类国际问题进行充分辩论的场所，能使各国发表自己的声音，听到不同的意见。能使事实越说越清，道理越辩越明。可以说，联合国是进行国际法“舆论监督”的最重要的场所，能够在法律战中起到十分重要的作用。它是一个可以在这里摆证据、辩法理，进而影响国际舆论的重要场所。

---

① 王铁崖：《联合国与国际法》，邓正来编：《王铁崖文选》，中国政法大学出版社 2003 年版，第 49—66 页。

② 《安理会一致通过反恐新决议》，2004 年 10 月 8 日联合国网站新闻中心。

除联合国以外，还存在着大量的区域性国际组织。所谓区域性国际组织是指在相同的地域内的国家或者虽不在相同的地域内但以维护区域性利益为目的的国家组成的国际组织与集团。[①] 如美洲国家组织、非洲统一组织、东南亚国家联盟、欧洲联盟等。《联合国宪章》第 52 条第 2 款规定："本宪章不得认为排除区域办法或区域机关、用以应付关于维持国际和平及安全而宜于区域行动之事件者；但以此项办法或其工作与联合国之宗旨不符合者为限。"从这里可以看出，宪章肯定，在不违反联合国宪章宗旨和原则的前提下，区域性国际组织有维持和平与安全的职能。因此，在法律战中，加强在区域性国际组织中的外交行动，充分利用区域性国际组织形成的决议的法律效力，也是一个值得考虑的重要因素。

另外，还存在着数量众多的非政府的国际组织，这些组织由国民或民间团体为了一定的目的如环保、人权等依协议而建立。如绿色和平组织、大赦国际等。这些组织由于与各国政府的联系相对松散，在行使国际法监督权时常常能起到独特的作用。因此，在进行法律战时，也必须充分重视、利用这些有影响的组织的作用来保护自己、打击敌人。

(2) 大国外交斗争

在各种国际斗争中，大国包括中、法、俄、英、美"五常大国"和一些地区性大国如欧洲的德国、西班牙、意大利，亚洲的印度、日本，非洲的埃及、南非，大洋洲的澳大利亚，拉美的巴西、阿根廷等。由于本身国力的相对强大，它们的态度往往起着至关重要的作用。由于法律战与武力战关系非常密切，而国际安全、地区安全等又是各国外交中的首要课题，因此，法律战中如果能将法律手段恰当运用于外交斗争，往往能起到良好的效果。

国际外交包括大国外交主要是政治性的，谈判、斡旋、调停、调查和调解等是现代国际关系中解决国际争端的常用方式。而其中谈判又是一种最基本的方式，其他方式的最终目的都是促使争端各方能以谈判的方式解决问题。

在这种情况下，通过法律手段影响政治谈判，是法律战中大国外交斗争的主要内容。谈判过程实际上就是一个辩明事实、辩明事理，从而"讨价还价"的过程，也是一个从意见分歧开始逐渐走向看法趋同的过程，在其中起作用的是双方的角力。法律手段的运用，关键在于增强我方与削弱敌方讨价还价的筹码，弥合双方的看法歧义而寻求双方的利益汇合点。因此，至少应该注意以下几个方面的问题。

一是围绕着双方的主要战略利益来进行法律分析。谈判就是寻找双方的利益汇合点。那么，在谈判前对双方的利益诉求进行法律分析是十分必要的。经过分析，可以发现对方哪些利益实际上是没有法律依据的，而哪些利益依据不足，哪些确实目前难于驳倒的；同时也可以发现己方哪些利益有坚实的法律基础支撑，哪些利益还未得到有关法律支持。在此基础上，可以确立己方的攻击点和坚守点，以免谈判时陷入被动境地。

---

① 渠梁、韩德主编：《国际组织与集团研究》，中国社会科学出版社 1989 年版，第 390 页。

二是围绕着对方提出的证据事实与法律依据进行法律分析。有些利益虽然没有确实的法律支持，但相关国家的政治战略却认为必须拥有或争取那些利益，因此也提出一些证据事实与法律依据来进行辩护，但本质上是站不住脚的。为此，针对对方提出的证据事实与法律依据进行法律分析也是必要的。经过分析，发现对方提出的证据事实上是假的，或虽然是真的，但不能说明利益诉求的正当性；发现法律依据是错的，或虽然是存在的，但也不能支持其利益诉求，这样就间接地否定了其利益诉求。当然，从法律角度否认其诉求，也许并不能最终使问题得到解决，但无疑使已方在下一步解决此问题时占据了有利的地位。

另外，在法律战中，除了在国际组织和大国之间进行外交活动，还经常与有关的当事国（这些国家也许本身是大国，也许是小国）进行外交斗争。

3. 民间斗争

民间是一个相对于政府来说的概念。外交，当然主要是针对政府来进行的。同政府以外的个人或团体进行联系，都可以说是民间途径。民间也是一个集合的概念，包括不同的层次、不同的团体。这里主要从军队（主要是交战国军队）和普通社会舆论两个层次来讨论民间斗争问题。之所以用这两个不同的层次来代表民间，是因为一般的新闻舆论渠道对这两个层次的影响力是不一样的，且经过斗争后这两个层次的行动能力也有很大的不同。

根据具体情况的不同，可以把民间斗争分成两个部分，一是交战国民间斗争，二是整个国际社会意义上的民间斗争。

对交战国的民间法律战斗争，主要针对的是交战国军队和交战国普通民众。对敌国进行民间法律战斗争的目的，是为了促使敌国的战争政策及其他相关政策朝着对己方有利的方向发展。毫无疑问，军队的士气和普通民众的支持与一个国家进行战争的能力密切相关。加强对敌方军队的法律战攻势，重视在敌国进行法理正义的宣传，无疑会瓦解敌军士气，降低敌方民众对其战争政策的支持度。在发动这些攻势时，一定要妥善准备，根据敌国军队与普通民众的法律素质的具体情况具体对待。可通过新闻媒体包括网络等发动这种攻势，促使那些对其政府的政策持保留态度但又颇有影响力的公民个人或团体向己方立场靠拢，使己方的法律战攻势能取得更大的效果。在越南战争中，美军在越南的暴行被广泛地揭露，因而美国国内掀起大规模的反战运动，对其战争决策产生了重大的影响。

整个国际社会意义上的“民间”，则主要是指世界各国的普通民众。对非交战国发起法律战斗攻势，一方面可以促使非交战国采取对己有利的政策，另一方面也对敌国政府政策有间接的影响。进行这方面的法律战斗争时，可参照对交战国的斗争策略而进行。

三、法律战准备

战争准备，是武力战中非常重要的工作，毛泽东著名的十大军事原则之一就是“不打无准备之仗”。为了进行法律战，先进行法律战准备工作是必需的，而且是相当关键的步骤。

法律战准备与武力战准备是密切结合在一起的。没有武力战，法律战计划无从谈起；法律战进程和武力战进程相互配合，为武力战服务；武力战结束，法律战也转入新的阶段，为解决战争遗留下来的问题而服务。因此，进行法律战准备时，与武力战的密切配合是应该首先注意的基本问题。

战争准备，包括广义的战争准备和狭义的战争准备。广义的战争准备即我们所说的国防建设，指国防力量的整合及准备，其范围包括了政治、经济、心理和军事等国家总体战力的培育和发展。狭义的战争准备单指广义的战争准备中有关“军事”部分，以运用武力为核心。现在军队较为普遍的提法为“军事斗争准备”，其主要内容包括武器装备准备、战略战术准备、军事人才准备、战斗精神准备和后勤保障准备等。不论是广义的战争准备还是狭义的战争准备，都必须有周密的计划，不可有一厢情愿的想法，否则百密一疏仍将失败。真正的战争打在开火之前，最后胜利取决于准备之日。战争准备得愈充分，持续的战斗力便愈坚强。《孙子兵法·始计篇》中讲：“夫未战而庙算胜者，得算多也；未战而庙算不胜者，得算少也。多算胜，少算不胜，而况于无算乎。”这是对战争准备所做的最好注解。

法律战准备，亦有广义和狭义之分。我们这里讨论的法律战准备，主要限定在“狭义的战争准备”范畴。根据法律战的特点，下文重点围绕“法律战战略准备”和“法律战后勤准备”两个方面展开论述。

法律战战略即是如何运用法律战兵力的艺术；而法律战后勤即为这种运用提供必需的手段。法律战兵力，即进行法律战的战斗人员，包括战略决策人员、战术指挥人员、一线战斗人员等。他们是具体进行法律战证据斗争、与敌方进行法律战法律适用斗争、法律战解释斗争、法律战宣传斗争的战斗人员。法律战中的兵力运用，即是指进行法律战的战斗人员围绕着什么样的军事法律问题而斗争和怎么样进行这种斗争。法律战兵力运用的内容，具体地说包括围绕着什么样的法律战证据而斗争，围绕着什么样的法律规范的适用而斗争，围绕着什么样的法律规范的解释而斗争，以什么样的方式进行法律战的宣传等。法律战后勤，则为法律战战斗人员进行以上斗争提供后方支持。这种支持包括为法律战证据收集提供包括高科技等手段；为法律战战斗人员进行法律战适用和解释提供己方及敌方的相关足够的资料及条件；为法律战战斗人员进行宣传提供足够的条件等。法律战战略准备最后完成，表现为提供了法律战具体作战方案；而法律战后勤准备的最后完成，则表现为准备好了给法律斗争必要支持的资料和证据收集等相关条件。

以上是从相对静止的状态来看法律战准备的。由于法律战与武力战配合而进行，同时法律战准备总体来说是事先预想的方案，一旦正式实施，从取得实效出发必须考虑进行法律战进退准备。法律战进退准备与其他法律战准备构成了一个完整的法律战准备过程。

（一）方案准备

法律战准备首要的是战略准备。制订法律战方案即是这种准备的具体体现。

所谓“方案”，是对某个具体问题的解决办法，包括步骤和方式。法律战作战方案，是有关法律战作战问题的解决办法，即对具体如何进行法律战作战所做的一份包括法律战步骤和方式的计划。从这个计划表的最终体现来看，包括对法律战作战力量的空间分布与时间分配两方面。空间分布方面，即法律战作战力量围绕着哪几个作战目标而布置，如何布置；时间分配方面，作战力量先攻击哪个目标，后攻击哪个目标。时间因素和空间因素相结合起来考虑，共同解决法律战中的主要问题如各作战力量之间如何配合，法律战作战如何与武力战配合，如何应对敌方攻击，如何应付其他情况等，这些都应该具体体现在法律战方案中。要形成一个良好的法律战作战方案，应该从以下几个方面入手。

1. 有新的作战理论为指导

作战理论对作战方案有巨大的指导作用。美国前国防部长拉姆斯菲尔德①认为，“我们（美军）不但必须改变我们手中可以使用的能力，而且必须改变我们如何实施战争的思维方式”②。在现代军事转型中，光拥有先进作战武器是远远不够的，还必须开发支持这些作战武器的新的作战概念，即有与先进武器相适应的新的作战理论加以指导。近年来世界新军事作战理论发展很快，如全谱行动理论、自主作战能力理论、力量网络理论、空天一体作战理论、决定性快速作战理论、作战水泡理论等。③而法律战作为一种新的独特的作战形态，更急切地需要开发先进的法律战作战理论进行指导。关于法律战作战理论，下文从三个方面做粗浅探讨。

（1）法律战作战理论的基本内容

作为作战样式的一种，法律战具有武力战的许多相似性，许多武力战中的作战理论同样可以用来指导法律战。但另一方面，法律战毕竟不同于使用生命杀伤性武器进行攻击的武力战，它使用法律武器，是改变人的价值判断的武器。因为法律武器最终所要解决的是一个“合法性问题”，“合法性问题”所体现的本质即为对法律价值的信仰，而信仰则是对某一种价值判断的内心坚持。从这个角度出发，我们可以从军事作战理论与合法性理论及其相结合的角度来探讨法律战作战理论。同时，在世界新军事变革条件下，信息战等高科技武力战向纵深发展，这必然要求法律战围绕着这种变化而展开，法律战作战理论必须

---

① 唐纳德·亨利·拉姆斯菲尔德（Donald Henry Rumsfeld，1932—2021），生于芝加哥，普林斯顿大学文学士，1963—1969 年任联邦参议员，1975—1977 年任国防部长，2001 年再度出任国防部长。

② 孟凡俊：《美国全面军事转型》，聂送来、李效东主编：《世界军事发展年度报告（2004 年）》，军事科学出版社 2004 年版，第 159 页。

③ 王保存：《世界新军事变革的新发展》，聂送来、李效东主编：《世界军事发展年度报告（2004 年）》，军事科学出版社 2004 年版，第 144—146 页。

体现出武力战的这种变革，其基本内容如下。

关于法律战作战理论的意义与性质。法律战作战理论就是为取得法律战作战胜利而运用的基本原理和具体原则。法律战作战理论，本质上来说来源于法律斗争的实践，由法律斗争的特点所决定。

关于法律战战斗力。一般认为，作战三要素是战斗力、时间和空间。优化战斗力如何与时间的结合、与空间的结合、与时空两者的结合是取得战斗胜利的核心，是作战方案的核心。

法律战战斗力由若干内部要素构成。进行战斗力要素分析的意义在于据此可以进行提高战斗力的有针对性的训练。从战斗攻击方式来看，法律战战斗力可分为攻击力与防御力两个基本方面；从战斗力的构成内容来看，法律战战斗力主要有法律适用力、法律解释力、证据运用力、信息收集力等基本方面。另外，根据现代军事发展与法律战本身的特点，法律战战斗人员的综合素质如文化素质、心理素质、道德素质等也对法律战战斗力有很大的影响。

法律战战斗力见诸单兵作战与集合作战。在法律战中，有时候较权威的学者或较权威的司法机构的意见往往影响极大；有时一个关键性的证据、一个关键性的法律条文的引用往往能扭转战机，力挽狂澜。当然，以上情况不可能单独发生作用，还是必须经过恰当的组织与协调，从而发生战斗威力。集合作战就更为普遍，通过一系列的法律事实引证、法律交锋等逐渐收到战斗效果；或通过从各种不同的角度的信息，由担任不同作战任务的战斗员的共同努力达成的整体作战效果，后者是更为常见的。

为了更有效地组织进攻，各兵力配置应该有层次、有分工。有主力部队，也有小股部队；有正面战斗力，也有袭扰之部队；有一线部队，也有后续部队；有政府级战斗力，也有民间战斗力；等等。这些研究对科学、缜密地配置战斗力有着很重要的意义。

战斗力的要义在于寻找恰当的攻击点，即寻找战机。法律战的战机存在于武力战与法律斗争的各个层面的各个环节，包括军事行动的理由、军事行动的方法、武力战实施途径、武力战实施的方式、武力战处理的后果、法律解释斗争的方法、法律适用斗争的方法、获取证据的方法等。在寻找战机时，充分发挥己方优势与狠狠打击敌方劣势，是主要方法。

法律战战斗有 4 种职能，即获取信息、牵制作用、打击作用、配合武力战。获取信息包括武力战和法律战的各种信息，甚至还包括其他方面的信息；牵制作用，是指对敌方主要打击力量的牵制，将其引到对其不利对己方有利的方面来；打击作用，是使敌方的法律战斗争不能获得胜利或不能完全获取胜利，不能达成敌方预期的目标；配合武力战，是指通过打赢法律战，帮助己方的武力战取得更有效的成果。

(2) 关于法律战基本作战理论的其他方面

法律战基本作战理论还有一些其他的问题，如具体运用战斗力的方法，对敌方战斗力的利用，在不同情况下战斗力的使用方法等。这里特别值得研究的是，在现代信息化条件下和高科技战争条件下的法律战战斗理论，应该具有与以往不同的特点。这种不同点主要体现在以下几个方面。

其一，法律战攻击点具有不特定性，给法律战战斗带来巨大的挑战。这种不特定性主要是指由于经济全球化与社会信息化的影响，世界安全形势呈现新的特点，安全隐患来自“躲在暗处的敌人”，解决安全问题需要综合处理各方面的矛盾如民族、宗教、阶层、文化甚至理念上的矛盾冲突。在这种情况下，有些国家为了保卫国家安全，采取了与现行国际法有冲突或不尽符合的行为而与政治、宗教、文化等理念交织在一起。这些情况所带来的法律问题，增加了法律战的复杂性。

其二，法律战攻击内容随着高科技的发展而发展。法律战是为配合武力战而进行。而高技术条件下的战争带来的法律问题毫无遗漏地体现于法律战的全过程。如高技术武器带来的合法与否问题，信息战所带来的法律战问题等，制订法律战作战方案时应该有所准备。这既是我们开展法律攻击的挑战，也是寻求战机的一个来源。

其三，法律战的作战范围随着世界法治文明的进步而不断扩大。法治这一人类现代文明的象征已经在全世界逐步确立。现代法的发展，使法的调整范围有不断扩大的趋势，同时法律概念也在不断地发展，法的价值已经具体体现于诸多方面。如在古代战斗中，袭击平民只是遭受道义谴责，而如今已经有多个国际公约和联合国文件对此进行约束，成为一项基本的战争法规则，使法律战的作战范围不断扩大。

(3) 法律战作战理论在形成作战方案中的作用

由法律战作战理论可形成法律战作战计划方案，由法律战作战方案可产生一系列具体的作战指令。作战理论是抽象的作战方案，而作战方案是具体化的作战理论。法律战作战方案是整个法律战中作战指令的系统的、整体的有机结合，而作战指令涉及法律战作战计划的每一个局部。

从正确的作战方案的基本要求来说，一方面，越详细则对作战越有把握，考虑得越周到就越能使战斗朝着有利于自己意愿的方向发展；另一方面，由于战斗情况瞬息万变，因此制订了作战方案并不是进行战斗准备的完结过程，而只是一个初步。我们要及时根据战斗情况，围绕着战略利益，围绕着武力战的进展不断加以修正、调整。作为一个出色的军事战略家，不仅要能制定一份证据充分、内容详尽的作战计划，而且要能随机应变地发挥其天才般的临场指挥才能。

2. 与武力战方案的紧密配合

在整个法律战过程中，都必须注意法律战是紧密配合武力战而准备和进行的，因此，在法律战方案的准备过程中，同样必须注意这个特点。具体来说，这种配合主要体现于如下几个方面。

（1）围绕着武力战目标来确立法律战战斗目标

武力战目标是十分具体的，这个体现于军事作战方案之中。进行法律战方案准备时，就要围绕着武力战的计划来进行。如要对以下问题进行认真思考：武力战所要攻取的目标本身是否会带来法律问题？为夺取这个目标所采取的措施是否会带来法律问题？在夺取过程中是否会带来法律问题？夺取以后的善后过程中是否会带来法律问题？以上的各个问题如果存在，应该如何应对？

（2）围绕着武力战作战过程划分法律战作战阶段

法律战配合武力战是一个全过程。武力战可能是速战速决的，也有可能需要拖延一些时日，因此，法律战作战方案必须充分预见到这种情况，根据自身特点来安排这种配合，以使武力战能更有效地进行并取得实效。如必须考虑：武力战中一直存在的法律斗争是什么？可能在武力战战前出现的法律斗争是什么？可能在武力战战中出现的法律斗争是什么？可能在武力战后出现的法律斗争是什么？等等，以及上述问题的具体应对措施。

（3）在具体作战上与武力战相互配合

法律战配合武力战，二者并非是相互平行的、互不干扰的，而是相互结合、相互渗透、相互影响的。要相互利用对方（是指武力战与法律战斗争双方）的作战准备、作战过程、作战结果来为自身所用。如，法律战中证据可能需要武力战中的战斗人员来获取（当然法律战战斗人员本身是获取证据的重要力量）；法律战中的法律斗争需要战场上的胜利成果来加以印证和配合；武力战本身也和法律战战斗的胜败密切相关，深刻影响武力战进程。因此，如何来更好地进行这种配合，是制订法律战作战方案时应该考虑的问题。

3. 对法律战各要素的优势整合

进行法律战，需要合理配置和积极组织协调法律战的基本要素，前文的要素论里已经对法律战要素做过论述。法律战，在采取最佳要素（包括人才的选择配合、战场选择、战法选取）的同时，必须在作战方案中主要考虑如何综合发挥出其整体效能。这种考虑不妨从以下几个方面入手：如该法律斗争关键在于人才，则以人才为中心来考虑战场、战法；如该法律斗争关键在于战场选择，则以战场为中心来考虑人才和战法；如该法律斗争关键在于战法，则以战法为中心来考虑人才和战场。总之，需要进行优势整合，而不应该孤立地来进行要素的单一考虑或只是进行简单的要素相加。

4. 法律战过程各环节综合体现

法律战过程本身是一个动态的系统。从判断到手段选择，从方案准备到具体实施，加上演练和检验，是一个系统的有机的过程。可以这样认为，制订方案过程是对法律战全过程进行周密考虑、细致把握、全面布置的过程。因为法律战判断的结果体现于法律战方案的制订和修正中；手段选择也体现于法律战方案中，法律战实施更是与法律战方案密切相关；而法律战演练和检验，最终都体现为方案的调整与修正，所以法律战过程各阶段都通过法律战方案而紧密地联系在一起并相互发生作用与影响。

（二）法律准备

在法律战中，法律是一个重要因素，因而法律战前的法律准备是一个关键环节。此处所说的法律准备，是指为进行法律战而进行的必要的法律资料、法律文件、法律斗争途径等的准备。在法律战中，法律是作为武器而存在的，法律准备的目的就是使法律要素真正开始发挥出武器的效用。

法律战资料准备是指与法律战作战方案有关的国际法、国内法等资料的准备。如有关的国际条约文本，有关的具体规定文本，有关的国际习惯资料，有关的法律原则资料等。

法律战法律文件准备是指与法律战作战方案有关的必要文件的准备。如寻求法律途径时的诉讼文书，国际权威法律专家的法律意见，己方军队为进行依法斗争而发表的声明等。

法律战法律途径准备，是指根据法律作战方案而进行的具体法律斗争途径设计。如诉诸国际司法机构，新闻舆论曝光，国际组织散发有关文件等。

法律战准备需要注意的问题有两个。一是要在法律战作战方案的指导下进行法律准备，法律准备其实是方案准备的一部分。除了平时贯彻“平战结合原则”而加强对法律战的研究，多积累资料，多研究其中法律准备的要义之外，还要结合具体的武力战作战方案和法律战作战方案来准备。二是法律准备中，还要预先设想敌方的法律准备情况并有针对性地体现于己方的法律准备工作中。这是法律战中的“知彼知己，百战不殆”的体现。因为敌方法律准备的情况，很大程度上已经接近法律战斗争的实际。掌握了敌方法律准备的情况，就是基本把握了敌方法律战的斗争方案，就可有的放矢地预设、调整己方的方案。

（三）证据准备

普通意义上的法律斗争最集中、最正式的体现即为法律诉讼。从本质上说这是诉讼主体为申明有关各方的权利义务界限所做的努力。诉讼依据是法律事实与法律规定。法律事实就是法律规范所规定的、能够引起法律关系产生、变更和消灭的客观情况或现象，包括法律事件、法律行为。但法律事实作为一种客观情况或现象，是已经发生过的、不可再现的。人们为了确定法律事实的存在，需要通过证据。一般意义上的证据，是指证明的凭证，用以证明已经发生的已知或未知的客观事实。而诉讼证据，是审判人员、检察人员、侦查人员、当事人等依法定程序收集并审查核实，能够证明案件真实情况的根据。从这里可以看出，一般诉讼证据具有主体特定、程序特定、确认步骤和方式特定的特点。

法律战中的证据虽然与此相似但是又具有自身的特点。法律战中的法律斗争，同样是一方为了申明有关各方（主要是敌方）在武力战中的法律义务而努力。做出这种申明的根据同样是法律事实。为了确定法律事实曾经存在过，必须提出相关的证据。在法律战中，这些证据一般是进行法律战的主体根据相关法律包括国际法和国内法原则及规定而进行收集。当法律战战场是国际权威司法机构时，关于证据的收集和运用自然有较为明确的规定。而当主要是运用外交、民间战场进行法律战时，证据的收集和运用则只能依照一般的国际法和国内法规定而进行。在主体、程序和确认主体上，都与正式的诉讼途径有所不同。此时的证据确认主要是通过法律战双方自身的证据斗争过程逐渐达成的。换句话来说，国际社会成了确认证据的“法官”。

在法律战中，如果是通过国际司法机构进行的法律战，则以对证据的形式及收集、采信办法等相关的国际法来加以规范。如果是在其他战场进行的法律战，证据形式与证据收集则只受一般的国际法规范约束，其中的具体问题应该加以仔细研究。因此，下面讨论后一种情况下的法律战证据问题。

证据斗争包括证据收集和证据运用两个阶段。证据收集是指利用相关手段去实地收集证据；收集之后便是对证据加以恰当、合理运用，即证据运用。

1. 证据收集

证据收集是法律斗争的必要环节。这是因为要以法律作为武器，除了准备法律条件，最重要的就是收集证据，以证明事实的存在。在国内法的民事诉讼和刑事诉讼中，证据收集是一个很重要的阶段。在民事诉讼中，除特殊情况外，主要靠当事人自身进行证据的收集，即所谓“谁主张谁举证”的原则。而在刑事诉讼中，刑事案件立案以后，侦查机关为了查明案情、查获犯罪嫌疑人，必须依法开展侦查活动，收集确定、充分的证据证明犯罪嫌疑人有罪或者无罪、罪轻或罪重的各种证据材料，从而为最终的刑事审判做好充分的准备和奠定坚实的基础。

法律战中的证据收集，是指进行法律战的主体为了进行有关的法律斗争而进行的调查活动，以收集有关证据支持自己的法律主张。由于法律战所具有的与武力战相互配合的特点，而国际间法律斗争（除通过国际司法机构进行的）并没有一个至高无上的裁判法官，因而法律战中的证据收集也就有了一些不同于正常法律诉讼中证据收集的特点。

在通常的诉讼程序中，证据具有法定的形式划分。如我国《刑事诉讼法》(1996 年 3 月 17 日）第 42 条第 2 款规定：“证据有下列 7 种：（一）物证、书证；（二）证人证言；（三）被害人陈述；（四）犯罪嫌疑人、被告人供述和辩解；（五）鉴定结论；（六）勘验、检查笔录；（七）视听资料。”在我国的刑事诉讼中，具有客观性和关联性的材料只有属于法律规定的 7 种形式之一，才能被纳入诉讼轨道。在其他国家的刑事诉讼法和民事诉讼法中也都有关于证据的类似规定。诉讼中要求证据必须具有合法的形式，是现代文明诉讼理论下的诉讼证明活动的价值选择。这种理论认为合法形式优于真实形式，法律真实优于客观真实。正义历来是法治所追求的目标，但经过漫长的人类实践发现，要追求绝对的正义几乎是不可能的；相反，在追求这种绝对正义的过程中，人类付出了人权遭受践踏的惨痛代价。因此，现代法治理念所转而追求更为理性的程序正义，要求诉讼证据具有合法形式正是这种转变的表现。

但在法律战中，情况有所不同。国内法的诉讼程序中之所以规定证据必须具有合法形式，是为防止相关人员以违法的方法和手段去获取证据。法律战中的证据并没有一定的形式，只要能够证明对方的军事行动或其他有关的行动违反了法律的相关资料，都可以作为法律战中的证据。当然，法律战中的证据收集并非不受法律约束。法律战中的证据收集活动即有针对性有目的的调查活动同样受到国内法、国际法相关规定的制约，只不过没有专门的"诉讼证据规则"对此来加以限制。法律战中的证据收集，有点类似于国内法中的民事证据举证，但又不一定拘于一定的形式。

法律战中的证据收集，应该由法律战战术指挥人员统一安排，在法律战方案中进行认真的部署。有些证据收集涉及非军事人员，在这种情况下，应当由法律战指挥人员指定专人或组成对口机构来负责这些证据的收集。具体来说，法律战收集证据一般通过如下的途径。

（1）通过军事作战人员收集

根据通常军事作战理论，战斗具有四种职能，即情报职能、牵制作用、打击作用、取得战果。① 因此，通过己方军事作战人员的战斗，自然能获得各方面的情报包括敌军的军事行动违反相关法律的情报。军事作战人员是战场上的一线人员，对战场的具体情况最为了解，由他们来收集敌方的违法证据材料具有天然的优势。当然，作战人员的主要任务仍然是完成作战任务，只是在执行任务过程中，注意留心有关的法律战证据的收集应该是可能的，有时候也是必要的。

（2）通过专门的法律战证据收集人员收集

由于军事战斗人员的主要任务是作战，有时候并不一定有精力去关注有关的法律战证据，而且其活动范围是根据武力战的需要而定，有些法律战证据所在地军事战斗人员并不一定前往。比如证据可能在某个中立地区，可能在敌后方等，这时候军事作战人员进行证据收集就受到很大的限制。因此，为了获取相关的证据材料，派出专门的法律战证据收集人员进行收集是必要的。

（3）通过外交人员收集

以上两种途径所收集的证据材料一般是证明敌方军事人员违反有关战争具体规则的材料。而法律战围绕着武力战的各个方面而进行，如敌方有关为战争的合法性辩护的谈话、文件等，往往只能通过外交途径而获得。一般法律战战斗人员和军事作战人员由于本身任务性质，对这方面的证据收集缺乏必要的经验与手段，因此由外交人员进行收集是具有优势的。

---

① 靳希民主编：《外国军事名著导读》，北京大学出版社 2003 年版，第 442 页。

（4）通过新闻记者等新闻界人员收集

前线记者历来是战争中引人关注的对象。人们赞扬他们为了揭示战场上的真相，而不顾生命安危的崇高的敬业精神。前述所提及的军事战斗人员、法律战证据收集人员和外交人员，在一定程度上是从比较专业的（军事的或外交的）角度获取法律战证据。而新闻记者能提供一个不同的视角，即对人的关注和对事实的关注。历史上很多战争中发生的违法行为都是由新闻记者揭露出来的。凡是训练有素的战地记者，都可以成为进行法律战的坚强力量。

（5）通过涉及战争的其他人员收集

战争一旦爆发，会给涉及战争的方方面面的人员以深刻影响，战争中的违法行为，会从不同的人员、不同的场合中表露出来，如一些受该违法行为影响的非军事战斗人员和非外交人员。通过这些人员的感受，同样可以了解到战争的一些守法和违法的情况。这时候的收集主体，可能是国内的民众，也可能是接近有关战场的己方服务人员，甚至敌方服务人员。总之，接近战场的人员所揭露的情况同样值得高度重视。但这种情况下所收集的证据材料，要密切关注其真实性和典型性，需要通过前几种方式所收集材料的相互印证后再进行运用为好，否则可能会给法律战带来不利的影响。

2. 证据运用

在一般的诉讼程序中，证据运用的过程即为质证和认证的过程。质证，就是当事人在特定的程序下对证据的真实性、相关性、合法性进行辩论的过程。认证，就是法官对双方出示的证据及其质证情况进行分析、判断和认定的过程。因此，这一个过程是把与证据有关的三方结合在了一起：对某一特定证据，从提出证据的一方来说是证据的运用，从对方来说是进行质证，而对法官来说是进行认证。

法律战中的证据运用与此类似。法律战中的证据运用就是指一方在获得有关的法律战证据以后，对有关证据在法律战战场上加以运用，以求证明有关事实的存在，并在此基础上进一步说明敌方违法或己方守法的情况。从本质上来说，法律战证据运用的目的，就在于使国际社会包括己方民众、敌方民众和他方民众相信己方所称的法律事实存在，最终造成对敌方不利的法律影响。法律战证据运用的过程，就是法律战证据的价值体现的过程，也就是法律战效果最终得以达成的过程。

在一般诉讼程序的证据运用过程中，本质上是对所提供证据的真实性、相关性、合法性进行验证与确认的过程。这三个特性同样也是法律战证据运用的基本原则。从提供证据的一方来说，证据首先应该是真实的，应在运用效果上确保人们确信其真实性；退一步来说，即使与客观事实有出入，也必须从情理上得到人们的理解。如战地记者所拍摄的一组照片，有时候对照片上所说明的问题并不一定能马上弄得很准确，因而在证据运用时可能会产生一些让人不真实的感觉。但这些不真实的感觉必须建立在照片确实是在战场现场拍摄的基础上，否则会造成在法律战中处于不利地位。其次必须要有相关性。

所提供的证据材料必须与想说明的问题紧密相关。当然，不同的证据材料相关性有所不同，有些“无关性”大些，但也必须控制在一定的程度以内。最后必须注意证据材料的合法性。这种合法性包括获取证据材料过程中的合法性与运用证据材料过程中的合法性。合法性中的“法”包括国际法基本原则和相关规范，与获取证据和运用证据相关的有关国内法规定等。

法律战中的证据运用，是为了影响人们对有关事实是否确实的判断，并在此基础上做出对该事实是否合法的进一步判断。人在做判断时，是在诸多因素的影响下进行的。当人独立地进行判断时，导致其做出正确判断的因素有：在有足够材料予以证明的基础上对事物现状以及流变的清楚认识；有科学的观点和观念作为判断的理论支持；能够简明、扼要地表述判断和清晰、翔实地解说判断。不妨称之为影响人的判断的三要素即事实因素、观念因素和交流因素。而事实上人们很少真正完全独立地对某事物进行判断，特别是当人们对该事物并不是十分了解和熟悉的情况下，在法律战中人们根据双方提供的证据材料进行的事实判断正是如此。通常影响人们独立做出判断的因素有心理因素和舆论因素。这是很容易理解的，一个人的心理状态肯定会影响人的判断能力，而当一个人没有把握判断时，往往求诸别人的意见即舆论。在法律战中，政治因素与司法因素极大地影响着人们的判断，这是因为，政治因素在整个社会影响力中居于主导地位。而司法因素则由于法律战中的判断基本上可以归结为司法问题，而对这一类问题司法机构又有着极大的权威性，自然不能不影响到人们的判断。

（四）进退准备

法律战准备过程还应该包括进退准备。所谓进退准备，即根据武力战的进程和法律战进程，对法律战方案进行的必要调整及准备其他手段以配合这种调整。由于法律战是双方进行的角力过程，因此法律战的实际进程并不一定完全按照预先的计划进行，灵活机动、随机应变原本就是战争的制胜之道。由于法律战计划只是制定计划的人员对法律战实际进程的主观设想，而这个设想是否符合实际，往往只有在付诸实施的过程中才能够真正得到检验；由于法律战是与武力战密切结合而进行的，因而武力战的进程毫无疑问极大地影响着法律战的进程。总而言之，法律战的进退准备充分体现了武力战和法律战的复杂性与激烈性，体现了法律战过程的实践性，体现了法律战与武力战的相结合。进退准备必须处理好法律战过程中的相关关系，需要注意的方面主要如下。

一是处理好法律战行动方案与战略利益的关系。进退准备，只是指法律战作战方案的调整，并不意味着战略利益的改变。战略利益可能有时候也需要改变，但应该说这不属于进退准备的范畴。因此，无论是进还是退，都必须坚决维护己方的核心战略利益，需要改变的只是具体的行动方案。

二是处理好前后两个方案的关系。进行法律战准备时，根据情势的变迁，需要采取新方案时，一定要将其完全贯彻，而不能只是简单地将新旧方案进行结合，否则可能会付出更大的代价。进，则按照进的方案坚决获得更大的利益；退，则按照退的方案去维护核心战略利益。

三是处理好慎重判断与果断决策的关系。进退准备，关系着法律战方案的调整，这种调整的背后是对有关战略利益的准确判断。另一方面，战场形势瞬息万变，又容不得过多时间去考虑和权衡，很多时候需要果断的决策。在法律战方案准备之始，预先做好进退准备，无疑会在战时增大判断的精确程度，提高决策的科学性。

四、法律战实施

所谓实施是指按照目标和计划的要求进行的组织活动及其过程。实施阶段是紧跟着计划阶段的实际操作阶段。目标、计划和任务能不能得到落实，主要见效于实施阶段。

法律战实施即按照法律战作战方案所确定的目标和计划所进行的具体组织活动及其整个过程。法律战实施是法律战准备后的实际操作阶段，是将法律战准备的内容加以落实的主要环节。

法律战实施中通常需要解决两方面的问题：一方面是如何根据法律战方案中的作战计划来恰当组织和配备实施人员，以及加强对这些实施人员的培养和管理，使实施人员的思想与行动统一到促使法律战方案得到落实这一目标上；另一方面是如何根据法律战方案来解决法律战实施中出现的突出问题，以便使法律战的目标和任务得以完成。

（一）实施主体

这里所说的实施主体，就是指具体实施法律战的人员，包括法律战战略决策人员，法律战战术指挥人员和法律战一线战斗人员。人才，是法律战中的关键性要素、能动性要素，在要素论里，已经对此要素的概念、价值和教育培养与实践评估等方面的问题进行了论述。这里主要从如何具体发挥其能动性、如何体现出其关键性作用的角度，来对人才的这种主体性地位做进一步的探讨。

1. 法律战实施人员配备

一个法律战作战方案制订后，下一步就是落实。而落实的关键，又在于人员的配备。用人不当，是有不少惨痛的历史教训的，较著名的有诸葛亮挥泪斩马谡等。人员配备时，主要考虑有关的人能否及如何发挥其作用，能否使法律战方案得到最好的落实。一般来说，人员配备需要注意以下几个方面：

第一，配备的人员必须具有进行法律战的强烈愿望。

雷锋“对待工作要像夏天一样火热”的誓言深深地鼓舞了一代又一代的人。进行与武力战有关的法律战，同样要有像夏天一般火热的热情，要有进行法律战的强烈愿望。而要产生这种强烈的愿望，深刻理解法律战的重要作用是关键。

第二，配备的人员必须具有进行法律战的作战能力。

法律战实施主体除了有参与法律战的强烈愿望，还必须具有进行法律战的作战能力。作战能力和战斗力是两个不同的概念。作战能力是自身能发挥出来的进行战斗的能力，而战斗力则是从战斗结果表现出来的实际的作战效能。

法律战的作战能力，具体包括法律战的战略研究能力、战术指挥能力、战斗能力。战斗能力又包括证据发现能力、证据收集能力、法律分析能力、法律谈判能力和法律诉讼能力等等。需要注意的是，有时候未经正规训练的其他人员，如果具有参与法律战的强烈愿望，在已经具备法律战作战能力人员的指导带动下，同样可以投入法律战。因此我们应该本着“不拘一格降人才”的精神来配备法律战人员。但是，认真培训仍应放在第一位，仍要积极贯彻“平战结合”的原则，仍要像先贤教导的那样为“用兵一时”而“养兵千日”。

第三，配备的人员必须具有开展法律战的合作精神。

现代社会，面临的问题越来越复杂，同时分工越来越细密。不管是什么行业，不管是什么工作，都需要人具有“合作精神”。本质上说，合作是所有组合式努力的开始。一群人为了达成某一特定目标，而把他们自己联合在一起。拿破仑·希尔[①]把这种合作称之为“团结努力”，同时认为“团结努力”的过程中最重要的三项因素是：专心、合作、协调。

法律战是一个系统工程。这种系统性自然要求进行法律战的人员必须具有团队合作精神。所有参与法律战的人员，为了一个共同的目标，把他们自己联合在了一起。在这种联合的过程中，我们也可以认为，最重要的三项因素同样是专心、合作和协调。

专心，即参与法律战的人员，要时刻记住自己的身份和任务，将全部精力放在把自己的工作做好和与别人的合作上。专心是对工作的基本要求，也是非常高的要求。无论法律战战斗进行顺利或遇上挫折，或自身处于什么状况，都要保持法律战战斗的斗志。

合作，即参与法律战的人员，要处理好自己的工作与法律战全部工作的关系。一方面，要尽心尽职，做好自己的工作，这从某种意义上也是对别人最大的负责任。另一方面，也要认清自己的工作只是整个工作的一环，在完成自己工作的时候，要负责任地注意和与自己相关的别人的工作衔接，并且在一定条件下为别人的工作提供帮助。

协调，即参与法律战的人员，在进行工作的时候，要有全局观念，在制订自己的小计划的时候，也要在以全局利益为首要的条件下注意与别人工作的协调，适时调整自己的工作目标、工作进程、工作方式等方面。只要有两个以上的人一起工作，就会产生协调的问

① 拿破仑·希尔（Nepoleon Hill，1883—1969），生于美国弗吉尼亚。他访问了 500 多位成功人士，并进行深入研究，完成了划时代的 8 卷本《成功规律》，由此创建了全新的成功学，在人际学、创造学和成功学等领域取得了非常高的成就。

题。因此，多人多集团的工作，人与人之间的相互协调是关乎全局成败的重要环节。除了进行法律战的每个单位和个人要有进行协调的意识外，也有必要成立专门的机构来进行法律战作战的总协调。

2. 对法律战实施人员的管理

法律战的具体实施过程，不可能是一帆风顺的，完全根据己方意志按照预定的方案进行的情况是绝少见的。相反，肯定会碰上各种各样的问题。即使在实施过程中碰上的问题不那么重要的时候，也会由于相关条件的变化，需要变通有关的做法，需要法律战实施人员发挥出创造能力来解决新的问题以取得更大的实效。因此，加强法律战实施人员的管理，使其一往无前地往目标方向努力奋斗，信心百倍地克服前进的困难，斗志昂扬地进行求实创新，是需要认真进行研究的问题。以下我们从三个方面来加以论述。

（1）目标凝聚

法律战的战斗目标就是法律战的实施主体所要达到的共同目标。在法律战的战斗目标判定并据此制订了实施方案以后，还应该把这个目标变成法律战实施人员的每一个人的行动目标。可以说，这表面上是目标分解，实际上是一个目标凝聚的过程，即以众多分解目标的逐一落实，凝聚成总目标的实现。

法律战中，目标凝聚的作用是非常重要的。它可以使法律战实施人员积极行动起来，鼓足勇气去克服困难来实现这个目标；它可以使法律战实施人员集中精力，把自己的智慧和力量全都用于实现目标；它可以引导实施人员思维的方向，告诉其该做什么，做得对不对；它还可以成为对法律战实施人员进行有效管理的标准，考核出工作进行的程度、效益和人的主观努力程度与才智发挥程度。

实现目标凝聚需要从两方面着手。首先，应大力地向法律战实施人员宣传法律战目的即其共同目标的合理性、科学性。为此，在可能的情况下应该把确立此目标的过程即法律战目的判断的过程加以说明以确立对此目标的信任感。其次要多进行交流沟通。在交流沟通的过程中，消除对目标的一些疑虑，同时也可能对原先的判断进行一些调整。

（2）信心凝聚

这里的信心，包括法律战实施人员对自己作战能力的自信心、对整个法律战团队作战能力的信心和对整个法律战进行过程会依照预先计划发展并最终实现目标的信心。有时候人对自己的能力信心很足，但对自己能否在一定条件下完成某事却没有把握，可见对人的信心和对某事的信心还是有区别的。此处所说的法律战实施过程中的信心，既包括人对自己及团队的自信，也包括能实现目标的信心。有一句话说得好：“有信心不一定会赢，但没有信心就一定会输。”

对某事物的信心是一种心理状态，这种心理状态由三个相互递进的因素所组成，即认识、相信、信赖。从本质上说，对某事物的信心来源于对该事物的认识，这是建立信心的起点。在认识的基础上进而开始相信该事物具有实现某种目标的功能。再进一步，即是对此事物产生信赖，从精神上认为该事物一直能如此。

实现信心凝聚应该首先要使法律战实施人员对目标有正确而清醒的认识，这是建立信心的基础。其次，在充分认识了目标的基础上，相信这个目标我们能达到。这一定程度上还是基于理性的判断。再次，要在这种相信的基础上，进一步达到信赖的程度，即可能情况还会有所变化，但要相信即便如此还是能达到目的。这已经主要是一种精神的力量在起作用了。为培养此种“信赖”，一方面在强调目标科学性的同时，还要强调自身的作战能力及对敌人有关情况的了解，最后还要强调对此目标的“信赖”是和整个法律战过程联系在一起，和进行法律战实施的每一个人员自身利益联系在一起，甚至和整个武力战的进程联系在一起的。这种“信赖”的培养，在武力战及法律战中都十分重要。

(3) *动力凝聚*

明确了法律战目标，培养起了对实现该目标的信心，接着便是要激发其进行法律战斗志的问题，让法律战实施人员有巨大的动力去投入法律战。

法律战的参战动力有外部力量和内部力量。外部力量，有实现目标后的利益增加的刺激（如升职、授勋、加薪）和未实现目标后的利益受损的威胁（如降职甚至解除职务、追究刑事责任、减薪、生命威胁）；内部力量，主要是指自身创造力的实现欲望。

为了能够凝聚起法律战实施人员的巨大的精神动力去进行法律战，需要恰当地配置外部力量和激发引导内部力量。根据不同的职位和工作任务压力实行相应的利益增加和利益减损制度。当然，过分地增加和减损利益都不能正常地激发起法律战实施人员的动力。同时，对实施法律战人员的自身创造力实现欲望要注意保护，但也要加强引导，使其全神贯注于实现法律战目的即整个法律战实施人员全体的目标上来，而不能为表现而表现，这样往往是有害的。以上所述培养动力的方法，在长期的武力战中已经积累起了许多宝贵的经验（如军队纪律、军法规定等），在法律战中只需要稍加区别、加以利用就是了，在法律战中这也是一个不可忽视的新问题。

（二）实施过程

确定了法律战方案，选配好人员，且组成了一个良好的法律战实施队伍后，就为法律战的实施提供了重要基础。但法律战的实施过程并非从此就一帆风顺了，仍然会有各种各样的问题影响着法律战目标的实现。

进行战争，首要问题是争取战争的主动权。而主动权的把握与主要武器的选择息息相关。例如：军事斗争，是以常规武器为主，还是以核武器为主；常规武器是以空战为主，还是以海战为主；是大规模轰炸为主，还是长期封锁为主；等等。武器的选择至关重要。法律战实施的关键同样在于争取主动权。由于法律战中所运用的武器是法律，因此把握法律战主动权的关键在于选取一个对己方有利的法律概念作为基本作战武器。法律战概念的选取决定着法律战的全局。

一般认为，法律（这个法律是指一般法理学中所称的“法”）的要素可以分为以下三种：法律规则、法律原则和法律概念。法律战，从一定程度上说就是围绕着这三个要素的含义和运用这些要素对有关的事实加以说明过程中的斗争。而法律规则和法律原则，都是运用法律概念对法律的有关内涵所做的判断，所运用的法律概念不同，法律规则和法律原则的表现形式也不同。例如，对什么是国家责任这一问题，众多国际法学家运用不同的法律概念对其做出解释，有的认为，国家责任是指国家违反国际法规范给他国造成损害所承担的责任；有的认为，国家责任通常特指国家对其国际不当行为所应负担的国际法律责任；还有的认为，国家责任也称国际责任，主要是指国家对其国际不法行为所承担的责任。[①] 可以说，对于同一个事物的判断，由于分别运用“损害”“不法行为”“不当行为”等不同的法律概念，导致“国家责任”出现了各式各样的判断。可以看出，运用的法律概念不同，所引用的法律规则和法律原则往往也因此不同，从而使整个法律武器发生根本上的变化。我们可以看到，法律概念的选取，关系到了整个法律战的全局。而从另一方面来说，如果动摇了敌方对其所运用的法律战的基本法律概念的合法合理性，也就动摇了其在整个法律战中的地位，从而阻挠敌方整个法律战战局。例如在对台法律战中，我方所运用的基本法律概念是“主权”，即大陆和台湾同属一个中国，享有同一个“主权”，因此台湾问题属于一国内政，进而以此判断有关的其他问题；而台湾当局运用的基本法律概念则是“主权国家”，称所谓“中华民国”本来就是主权国家，“中华人民共和国”也是主权国家，因而两岸属“国与国”之间的关系。但是，所谓“中华民国”是“主权国家”，其“主权”从何而来？从“中华民国”成立取代清帝国时候起，其主权实质上是中国的主权。而1949年国民政府被推翻以后，从本质上说，“中华民国”已经不再享有对中国的主权。中华人民共和国恢复联合国的合法席位以后，进一步明确昭告世人，中华人民共和国代表中国行使主权的地位，台湾不过是中国的一个省。这是不能不承认的法律事实。因此，在对台法律战中，对“台独”分子及其支持者所称“主权国家”基本法律概念进行剖析，可使我们立于主动地位。

在实施过程所产生的具体问题中，有些是法律战本身的特点所带来的，这需要在实施过程中恰当地进行处理；有些是与法律战相关的其他因素在法律战的进行过程中造成的，这需要处理好法律战与这些因素的相互关系。

1. 法律战本身所带来的实施问题

在法律战方案形成以后付诸实施的过程中，主要所考虑的是尽可能迅速地实现法律战目标。法律战本身作为受诸多因素制约的一种作战样式，其本身的有效性有一定的局限性。法律战本身的局限性主要来自这一作战样式的基础性要素——法律。法律战所使用的法律武器中，国际法是最常用的武器，当然国内法有时也能起到关键性作用。

① 龚瑜主编：《国际法学论点要览》，法律出版社2002年版，第112—113页。

第一，国际法有关战争规范的局限性产生的法律战实施问题。

从一定程度上来说，国际法是战争的产物，由于国与国之间的战争关系而使国际法产生和逐渐发展起来。国际法一旦产生，就开始了对战争的制约，而且这种制约作用随着国际法的不断发展而越来越大。因此，正像张景恩博士所指出的，通过国际法限制战争，并最终完全消灭战争，是国际法学界的一个理想，尽管国际法本身并不能消灭战争，因为战争来源于国际政治[①]。由于法律战实施中的问题主要是有关对战略的影响问题，根据张景恩博士的研究，国际法以下几个方面的发展会不可避免给战略问题带来影响。

其一，有关战争问题的国际法规定越来越严厉的同时，现代高新技术在迅速发展，因此战争法规具有滞后性。

国际法中有关战争问题的规定经历了一个从简到繁、从原则到详细的过程。经过从古代国际法到近代国际法的发展，联合国成立后，关于战争问题的国际法得到了全面的发展，主要体现于：一是战争法的内容得到了不断的充实。在对战争权的限制方面，联合国宪章中彻底禁止国家发动战争作为推行国家政治的工具；在人道主义保护方面，1949 年日内瓦四公约和 1977 年两个附加议定书中做出了全面的规定；在战争手段的限制上，联合国制定了《生物武器公约》《化学武器公约》《常规武器公约》等一系列公约，对战争手段进行了严格的限制；在惩治战争犯罪方面，纽伦堡审判和东京审判确立了惩办破坏和平罪、战争罪、人道主义犯罪等的原则，开创了追究破坏和平、发动战争的国家领导人的刑事责任的先例，对今后可能的破坏和平与其他战争责任者是巨大的威慑。二是战争规范的范围扩大。1949 年的日内瓦公约将国际法许多原则的适用由单纯的国际冲突延伸到国内冲突之中。三是国际立法技术越来越细致。过去国际法中存在的用词不准确，甚至一些自相矛盾的问题，随着立法技术的提高，基本得到了解决。正因为国际法对战争的规定严厉细致，使国际法成了一个无论是对侵略者还是反侵略者的战争行为都有巨大约束的因素。[②]

但正如其他法律的制定不可避免会出现滞后性一样，国际法对战争的规定也具有滞后性。一是新的战争法规落后于现实的需要。如随着科学技术的飞速发展，新式武器层出不穷，对激光致盲武器、次声武器、具有高强度广泛破坏力的石墨炸弹以及核武器等还缺乏应有的具体规定，用现行的国际法准则已经无法准确判断其是否违反国际法及战争法，而且这样的情况还将继续出现。二是高技术和信息战条件下，战争的形态、方式和规模将发生质的变化，对其进行准确把握和科学规范已经成为一个全新的研究领域。现代化高技术条件下信息化的战争已经渐渐模糊了前方与后方、军用与民用、平时与战时等，为国际法对战争的规范提出了新的课题。三是在现代化战争的武器和模式下，除了改变具体的规

① 张景恩:《国际法与战争》，国防大学出版社 1999 年版，第 205 页。

② 张景恩:《国际法与战争》，国防大学出版社 1999 年版，第 205—208 页。

范，一些具体的原则也受到了挑战。如战争法确立的“禁止使用将引起不必要痛苦的作战手段和方法”原则，在超常毁伤力的高技术兵器面前显得束手无策。

针对法律规范的滞后性，我们在法律战实施中应该注意以下一些问题：首先，多运用国际法及国内法的基本原则作为法律武器进行法律斗争。由于法律规范的滞后性而导致的一些新式高科技武器使用的合法性问题，我们可援用相关的法律原则进行斗争。公认的法律原则的斗争威力在法律战中往往不比具体的法律规范弱。其次，加强平时法律战准备和非战时法律战工作。针对现代战争形态、方式和规模出现的质的变化，渐渐模糊前方与后方、军用与民用、平时与战时的特点，围绕武力战而进行的法律战，其规模越来越大，所涉及面越来越广，甚至整个社会都被动员起来不同程度地参与法律战。国家安全的防线在扩大，战线在延伸，对武力战和法律战的要求越来越高，二者的地位也越来越重要。这要求具体研究法律战战术的同时，还要加强法律战战略研究，加强法律战的发展研究。最后，针对一些具体原则，由于受新式武器和高技术战争的挑战，要重点研究在经济全球化和科学技术飞速发展、整个社会形态逐渐发生质变的条件下法的发展演化特征，及其发展演化而产生的法的本质、价值、基本原则等观念对安全观、对战争带来的影响，进而适时确立适应新形势的国际法、战争法原则，以指导法律战。

其二，国际政治为国际法提供了越来越大的强制力，但由于国际法本身的特点，其强制力还是具有很大的局限性。

古代国际法的强制力主要来自受国际不法行为侵害的国家自身。近代以来，国际政治的基本特征仍然是强权政治，除帝国主义以外的其他国家被作为“不文明国家”而被排斥于国际法体系之外。联合国成立后，建立了集体安全体制。联合国安理会是维护国际和平与安全的立法机关，它通过经常性的活动，从政治和法律上制止对国际和平与安全的威胁。联合国还可以采取经济制裁、禁运、限制国家主权等措施维持国际和平与安全。在实践中联合国维持和平行动和联合国观察行动等非强制性措施起到了较好的效果。联合国的许多公约都规定了核查条款。联合国还拥有巨大的财力、物力和其他资源，它对国际冲突的影响已经到了举足轻重的作用。所以，联合国主持下的国际政治为国际法的实行提供了前所未有的强制力，这种强制力在任何一场国际冲突中都或多或少地起作用，成为战略决策时不得不考虑的重要因素。

在这种越来越大的强制力的背后，也要看到国际法的强制力还具有很大的局限性。一是国际法规范的妥协性，决定了其自身的软弱性。国家在达成国际协议时具有各自出于不同目的的选择性，在执行中也具有相对的任意性。二是国际社会没有一个超国家的立法机关制定法律让所有国家来执行。联合国并不具有立法权，联合国大会通过的法律议案还要经过国际外交会议议定才能发挥其有限的强制作用。三是国际社会没有一个普遍的司法机关可以强制解决战争和武装冲突在内的各种国际争端。四是国际社会没有一个集中的强有力的行政机构，例如政府、警察、军队等，可以采取强制措施执行国际法，国际法的实施基本上只能依靠当事国本身采取单独或集体行动实施。[①]

针对国际法的这种有限的强制性特点，法律战中应该注意以下一些问题：首先，凡属一国主权范围内的事项，由该国的立法、司法、行政等机构负责该国法律的强制执行。对一些国际法强制力能解决的问题，要把法律战斗争引导到运用强制力解决的方向上去，比如一些不涉及大国重要利益的地区冲突问题，借助联合国和其他地区性国际组织解决问题的能力，在法律战中充分发挥这些组织的作用。这可以说是国际法的"制度力量"，应该在法律战中充分发挥国际法的这种"制度力量"。其次，对一些国际法强制力自身无法解决的问题，应该把重点放在国际法宣传上，法律战的宣传攻势同样是一个非常重要的武器。如冷战时期，许多国际问题本质上都是美苏两国争霸的结果，因此联合国安理会对此不能通过任何有效的决议，但国际法规范仍然在道义上起着一定的作用。事实上，无论是正义还是非正义，美苏两国或两大阵营都还是宣称自己在国际法上是合法的，谁也不愿意背负违反国际法的恶名。当法律斗争的宣传战影响到大国利益时，大国将不得不对自身政策做出调整。这可以说是国际法的"价值力量"在起作用，也应该在法律战中充分利用国际法的这种"价值力量"。

第二，国内法有关战争规范的局限性及产生的法律战实施问题。

国内法，即只在某一国国内有效的法律规范。由于战争更多的是国与国之间的关系问题，因此，国内法对战争问题的规范并不占主导地位，而主要由国际法规范起作用。但这并不意味着国内法对战争是毫无影响、无足轻重的，在法律战中，运用国内法武器是一个非常重要的方面。但由于有关战争规范中国际法的因素较为重要，因此对国内法讨论并未涉及太多（其实这已经显露出了国内法的局限性）。国内法有关战争规定的表现为以下一些方面的特点。

从规定的具体内容上看。国内法中有关战争的规定与国际法的有关规定共同构成了完整的"战争法规"，但国内法的规定只占很小的一部分，有时还可能会有抵牾。与国际法规定了有关战争的战争权、发动战争的程序、对作战行为的具体法律约束、中立、人道主义保护问题、战争罪犯的惩处问题等不同，国内法主要是从能实现其国内法效力的角度对国家从事战争行动的有关事项加以规定：一是规定何种条件下会促使国家考虑战争与和平问题。如规定其他国家或势力不得侵犯其具体战略利益（如侵犯其主权和领土完整，危害政权稳定行为），否则不惜以战争维护。这些一般在宪法或宪法性法律中加以规定。同时法律中特别是宪法也规定了国家做出进行战争的决定程序。二是规定在不违反国际法的条件下进行战争准备的行动。如在有关地区划定战区的行动，采取相应措施（这些措施可能影响到别国的利益，但并不违反国际法）。这一般由军法和其他民事、刑事、行政性法律

① 此处"国际法强制力的局限性"及上文"战争规范的局限性"，参见丛文胜：《战争法原理与实用》，军事科学出版社2003年版，第626—627页。

等加以规定。三是一些行政管理法规和民事法规的有关规定。当这些具体规定和别国的有关行政管理法规和民事法规规定相冲突时，也有可能成为引发军事冲突的导火索，从而这些法律规定本身就成为法律战时所运用的武器。以上内容的规定，既可以说是国内法规定的有关特点，也可以说是国内法有关战争规范具体规定上的局限性。

从效力范围上看。国内法与国际法的关系，历来为法学家尤其是国际法学家们所重视。从一国的角度来说，国内法是一国主权的意志表现，而国际法是国与国主权意志的协商表现，它们并非矛盾的，而是各自从不同的角度对国家的权利和义务加以规定。战争由于主要是国际关系，发生于两国以上，任何一国的国内法只是表达该国意志，规定的是该国的权利和义务，而与别国的权利义务无关，因而任何一国的国内法规定对别国自然无效。不过，无效并不意味着别国一概否认该国的法律规范的效力，别国可以根据国家利益有条件地予以承认，只是别国并无承认此种效力的义务。这既是国内法的效力特点，也可以说是国内法的效力在有关战争规范上的局限性。

针对国内法这种有关战争规范的特点及局限性，应该在法律战实施中注意以下问题：一是重视国内法。要把符合国际法原则和规范的，通过条约与其他国家或国际组织就有关战略问题达成共识中的有关重要国家利益，及时通过国内法形式加以确定。通过国内法规定后更加透明、更加清楚，有利于本国及其他国家参照并采取相应行动，避免在国际关系中产生一些不必要的“误会”。二是应该以国际法为主。法律战中，国内法还是起辅助作用，国际法、战争法起主导作用，因而在使用国内法时还是要在遵守和利用国际法基本原则和与国际法、战争法的其他相关规范相互配合的基础上来进行。如一国国内法对其国家权利的规定不可违背国际法的有关原则及规定，而一国国内法同样也不可毫无理由地宣布免除其国际义务。从这个意义上分清国内法的具体作用，较有利于法律战具体方针的采取和实施。

2. 外界因素影响形成的实施问题

法律战的外在因素如政治、经济、文化、道德、宗教等对于法律战也会产生一定的影响。这种影响及于法律战的各过程、各要素、各规律、各原则，及于法律战的方方面面。从总体上来看，外在因素对法律战的影响，基本上有下面的几个方面，在法律战实施中必须引起高度重视。

第一，影响法律战进程的因素主要是政治和军事因素，其他物质性因素通过这两个因素而作用于法律战实施进程。

法律战，是指与武力战相配合的法律斗争，因此对法律战进程影响最大的，当然是武力战。可以说，法律战的整个过程都是围绕着武力战而进行的，从判断到准备，从演练到实施到检验等。武力战的情况决定着法律战是否准备，是否开始，如何进行，何时结束等。

从另一个角度来说，“战争是政治的继续”，武力战本质上是政治斗争，是政治斗争的最尖锐最激烈表现。武力战所争取的军事战略利益，从本质上说就是政治上的国家战略利益。由于政治与军事的本质一体性，因此，政治对法律战同样有着极大的影响，有时候甚至超过武力战的影响。从某种意义上来说，政治才是影响法律战的最重要的外部因素。

在法律战中，为了政治目的需要而歪曲事实、曲解法律原则和法律规则的现象屡见不鲜。歪曲事实方面的例子如伊拉克战争中的法律战中，战前美国政府称伊方拥有“大规模杀伤性武器”，而伊方不配合联合国的核查，因此为了确保美国国家安全，以武力解除其武装。这种说法纯粹是为了美国实际政治的需要。后来的事实证明，那时伊根本不拥有这种武器。

经济等其他利益因素对法律战的影响，主要是通过政治和军事的影响而表现出来。现代国家普遍把维护国家经济利益作为基本国策，因此重大的经济利益已经和政治利益紧密地结合在了一起而对法律战产生影响。

第二，文化、道德和宗教等社会心理意识因素的斗争往往和法律战交织在一起，这些因素影响着法律战的规模和进行方式。

文化、道德和宗教因素，在现代社会往往形成重要的社会力量。文化在具有不同的历史传统的国家冲突时具有很强的号召力。就算在西方国家内部的交往中，文化也是一个重要因素。如法国为了维护法兰西文化的传统，在其国家政策包括与英美国家交往时往往表现出一定的独立性以维护其利益。道德也是一个不可忽视的因素。道德作用的发挥是和道德与法律的紧密关系分不开的。由于法律和道德本质上都是一种价值观，而道德往往能引起人们更大的认同，所以在一定条件下会成为左右法律战进程的重大因素。宗教因素可能单独，有时候和政治、经济、文化和道德结合在一起共同对法律战实施产生影响。

一般来说，在法律战实施的准备阶段，主要考虑的是军事和政治因素。在进行军事和政治因素的分析考察时，会就其他因素对这两个因素的影响进行评估。而在法律战实施过程中，可能会引起其他因素如文化、道德、宗教因素影响的扩大，此时必须正确评估这种影响并积极采取措施使其成为对已有利的因素。这些措施基本上可以从两方面入手：一是以法律手段或在法律战中尽可能维护相关的文化、道德和宗教利益，使这些利益的拥护者成为已方的力量；另一方面积极运用这些文化、道德和宗教语言进行另一种形式的法律战斗争，使我们的利益体现于他们可接受的、可理解的“合法性”观念。因为文化、道德和宗教语言同样主要是由大量的价值判断所构成，所以符合其文化上、道德上和宗教上的“合法性”同样是法律战的一种形式。

第三，法律战是一种总体战。法律战是以军队为主导，全民动员而进行的一种作战样式。

法律战作为“价值战”，企求改变人们的价值判断。法律战的这种特性，成了其“总体战”的主要根据。首先，实施法律战时，充分运用法律战的民众资源。战争的伟力之最深厚的根源，存在于民众之中，在法律战中更是如此。首先要让民众理解和支持武力战及法律战，这既是法律战的前提，本身也是法律战的内容；同时，要发动民众为法律战出谋划策，充分调动起人民群众的积极性和发挥出人民群众的创造性；还要适时地让人民群众以不同方式、不同程度地参与到法律战中来，共同维护共同利益，形成法律战中的“全民皆兵”。其次，法律战“总体战”同样要求实施法律战时，要充分对敌方乃至他方进行以全民为对象的“法律战”。法律战的战场可能在国内，也可能在敌国，甚至在他国，还有整个国际社会。要根据武力战需要和法律战作战实际情况针对不同地区的人进行不同的法律战。对他国政府展开攻势，同时也要尽量争取他国人民；重视敌方军队，同时不可忽视适时对敌方民众开展工作；利用联合国等有关国际组织作为法律战舞台，同时也要在整个国际社会树立起正义、合法、文明的国际形象，获取更大范围的认同和理解。

五、法律战检验

检验，《现代汉语词典》中的解释是“检查并验证”。法律战检验就是法律战实施主体以一定的标准并以一定的方法对法律战实施方案的贯彻情况、进程与结果进行检查，进而加以评价的活动。在法律战检验中，法律战演练是相当重要的一种模拟检验方式。

（一）检验的意义

随着世界各国普遍走向法治，国际法、战争法的发展，法治成为现代社会的“文明象征”，法律已经渗透到全世界的每一个角落和人们社会生活的方方面面，法律战的地位也越来越高。在现代，各交战国如不重视法律战，将会给武力战乃至整个国家的战略利益带来非常严重的后果。因此，一方面对法律战进行研究和总结，从理论上加以提高和强化，用于指导实践，是十分必要的；另一方面，又要在不断地进行总结经验、提高理论研究的同时，及时把这些认识付诸实践的检验。对法律战作战经验和作战理论进行实践检验成为法律战检验的主要内容，而提高法律战作战水平则是法律战检验的主要意义所在。因此，法律战过程每个阶段的活动包括法律战判断、法律战手段、法律战准备和法律战实施，都应成为检验的对象。随着法律战检验本身的系统化和理论化，对法律战检验自身进行“检验”也已经成了法律战检验的一部分了。

（二）检验的标准

何谓检验标准？由于检验结果涉及相关工作的改进和法律战的实施等，这项活动必须在科学的基础上进行。同时检验本身也是一种活动，这项活动必须合理化、程序化、科学化。据此，检验的标准可以说就是为使法律战检验科学化、经常化、程序化而确定下来的进行检验活动的具体准则。这些具体准则大体包括检验目的、检验程序、检验方法、检验结果评价等具体规范。这些具体规范结合在一起，就是检验的标准。在特定情况下，检验标准又特指检验结果评价规范，可据以衡量其他法律战活动的优劣。

有了检验标准，就能较好地进行检验活动，由此知道是否达到预定的目的，同时也可以确定下一步努力的方向。如果检验结果不尽如人意，没有实现预定的目标，自然可以通过对照标准找出差距并加以改进；即使达到了标准，也可以通过检验，发现一些其他的问题作为今后提高的基础。

确立一个检验标准，可以有两个角度，一是以物质性的实践的角度，二是以另一已经确认为正确的理论的角度，简单地说就是以“实践检验理论”和以“理论检验理论”。因此，标准可以分为两大类，一类是实践性标准，一类是理论性标准。而后者，从根本上说，还是“实践检验理论”。理论性标准便于把握方向，而实践性标准便于实际操作，二者不可偏废。

法律战检验的标准和法律战判断的标准具有相似性。从理论方面来设立标准，实际上就是提出一个基本要求。前文论述法律战判断的时候已经指出，有关要求分两方面，即围绕目的和明确任务。根据法律战的性质，在进行法律战检验时，有两条大的标准比较重要，一是能否维护战略利益，二是能否和多大程度上配合武力战。这两条标准贯穿法律战检验始终，贯穿于对法律战过程每一阶段的检验。

下文从检验的方法包括程序、手段、方式，以及最重要的方法演练、检验结果的评价来讨论法律战检验的具体规范。这些具体规范，都是从实践性标准的角度来说的。

（三）检验的方法

检验的方法，简单地说就是如何检验，即检验的具体步骤、程序和常用的手段，它是由检验的目的和意义、检验的标准和被检验对象的基本特点所决定的。

由于法律战判断、法律战手段、法律战准备和法律战实施等都反映和体现在法律战方案之中，因此只要对法律战作战方案进行检验，就可以达到对整个法律战过程的各个阶段进行检验的目的。

前文提及，一个好的法律战方案，应该达到两个要求：一是有正确的作战理论做指导；二是紧密配合武力战。从这两个要求出发，可以从以下一些角度来对法律战方案进行检验。

①是否明确武力战方案的战略利益？

②是否明确武力战方案的具体部署？

③是否明确武力战方案所涉及的法律问题？

④是否对敌方的作战方案的主要目标、方法和步骤有详细的研究？

⑤是否明确法律战的作战目标？

⑥是否明确作战目标的实现途径？

⑦是否明确法律战主要战场与次要战场？

⑧是否明确法律战的战法？

⑨是否完成对法律战主体的编制调整？

⑩是否明确每个法律战作战单位的任务？

⑪是否明确需要运用哪些其他的力量协同开展法律战？如何运用？

⑫是否有明确的演练方法？

⑬是否有法律战应急预案？

以上所列出的一些问题，可以说是进行法律战演练的初步检验的具体规范。通过对这些问题的回答，大致能够检验出法律战方案的水平。

（四）法律战演练

法律战演练，就是按照法律战战役、战斗的进程，在法律战方案的指导下进行的实际作战模拟活动。演练时，是按照既定的作战方案，在模拟的作战条件下和模拟的对手进行的作战活动。演练的意义在于，通过演练能以最小的代价最大限度地检验出法律战作战方案是否有效。当然，最大的最真实的检验在于实战。但在实战条件下的检验，成功则已，不成功，则要付出战略利益受损的代价，因而丧失了检验的本来意义。因此，法律战演练是最重要的检验方式。

1. 演练的目的

具体来说，演练能达到这样的目的：检验作战方案，训练作战队伍作战能力。随着科技的发展及国际政治形势的变化，军事作战条件也在不断变化，从而导致法律战作战的各种条件都在变化。这些条件的变化要求不断地寻求正确的作战理论，创新符合实际且有效的战法，更新和提高法律战作战队伍的综合作战能力，摸索在不同条件下进行法律战的思路。而这些理论、战法、能力和思路的正确与否，需要经过检验才能够得到证明。法律战演练正是这样一种比较有效的检验方法。

演练必须要有目的，无目的的演练是无法想象的。对任何一个作战条件变化的新设想、新方案，都可能成为演练的目的。但无论如何，应该明确这个目的，如可设想国际安全形势发生重大变化，使用军事行动已经经常性地能够得到国际社会的谅解。这时的法律战应该着重训练具体军事行动对法律规范的遵守情况的作战训练。

2. 演练的类型

由于演练是根据不同的作战条件、不同作战方案进行的假想的作战训练，所以在不同的作战条件、不同的要求下的演练，就产生了各种不同的演练类型。武力战的复杂性导致了其军事演练类型纷繁多样，而法律战同样有与武力战类似的特点。研究法律战演练的类型，可以更细致且有针对性地制定演练计划，提高法律战准备水平和作战能力。根据不同的分类标准，可以对法律战演练做出不同的划分。

第一，以法律战规模划分，可以分为战术演练和战役演练。

法律战的战术演练是针对如何进攻、如何防御等进行的具体方法演练。而战役演练则是针对围绕着武力战而形成的几个法律战战役进行的演练，如针对战争中的人道主义保护进行的演练，针对战争的合法性进行的演练，针对战略利益的合法性（维护本国领土主权、制止针对本国的敌对行为、追究针对本国的不法行为的法律责任）进行的演练。

第二，以训练对象划分，可以分为法律战战略演练、法律战指挥演练和法律战作战演练。

法律战作战方案中，对法律战进行的每一个作战单位的要求和任务是不一样的，与此相联系的是不同的作战条件对每个作战单位的要求也不一样。因此，法律战演练有时候只针对有特殊要求的那部分作战单位进行，因而产生了所谓法律战战略演练、法律战作战指挥演练和法律战战斗演练。作战指挥演练强调在明确了既定的法律战作战目标的情况下，法律战中的指挥协调作用，加强作战单位之间、法律战作战与武力战作战之间、军事力量与其他社会力量之间的协调与配合，这样的训练在法律战中显得尤为重要；而法律战战略演练是指针对政治、军事行动的变化而产生的法律战战略的变化，在法律战中及时调整法律战战略，这一点也是十分重要的，这是法律战指挥所不能解决的问题。这意味着在对政治、军事形势的变化及时加以分析的基础上，要及时调整法律战作战目标；法律战作战演练则是在作战目标明确，作战指挥得当的条件下，具体的作战单位为完成具体作战任务而进行的演练，如收集法律战证据、进行法律斗争宣传等。

第三，以演练方式划分，可以分为多课题演练与单课题演练、单方演练和对抗演练、与武力战演练同时进行的配合演练和不与武力战演练同时进行的单独演练。

多课题演练与单课题演练是以演练围绕的课题为划分依据。所谓演练课题，就是针对法律战作战提出的新设想。如果是为了验证一个新设想，即为单课题演练；如果是为了验证多个新设想，则为多课题演练。这些新设想包括有关法律战作战的各个方面，从战略研究、战役战术指挥到法律战战斗等。单方演练即非对抗性演练，只依照既定的法律战方案进行的演练；而对抗演练则是在存在模拟的“敌对方”的条件下而进行。从一般意义上来看，对抗演练比单方演练更为有效，但在有些课题的演练下，进行对抗演练意义不大，且对抗演练需要相对较大的演练成本，因此，单方演练是有重要意义的。与武力战同时进行的配合演练，关键是体会这种“临场”的感觉，尤其是如何与武力战的瞬息万变相配合的感觉与随之应采取的行动。对于有些课题的法律战演练特别是与军事行动有关的法律战演练，与武力战演练同时进行，往往能起到较好的效果。而其他情况下，由于法律战本身的特殊性，不与武力战同时进行的单独演练本身就能起到预期的效果。

第四，以演练的特定目的划分，可以分为检验性演练、示范性演练和研究性演练。

由于演练是对法律战方案所设定的条件进行的模拟作战训练，是对有关法律战作战新设想的实践，因此，根据这种方案、新设想的成熟程度，可以划分出检验性演练、示范性演练和研究性演练。如果经过各种努力（包括演练）验证出法律战方案或某种设想已经比较成熟，可以付诸实施了，此时进行的演练即为示范性演练，旨在让参演作战单位和其他法律战人员了解新的作战思路和作战设想，重在起到示范基础上的推广作用；如果认为法律战方案或某种设想在理论上已经比较成熟，只是在实践上还未受到检验，则此时进行的演练即为检验性演练，旨在通过具体条件的配合来验证有关的作战思路和作战设想；如果只是对某一方面的作战条件下的法律战有了新设想，且这种设想是否有效还未有完全的证据验证，此时进行的演练即为研究性演练，这种演练旨在获得一些有关法律战作战研究的基本数据，帮助形成新的法律战方案或法律战作战思想。

第五，以演练的条件不同，可以分为外交作战演练和民间作战演练。

有时候法律战多在外交场合进行，而有时候民间法律战效果更为显著，这完全取决于武力战特点和法律战实际状况。因此，有必要为此进行不同条件下的法律战演练。此种演练能增加有关非军事人员的法律战意识，提高其法律战能力，同时也能增强军方的法律战力量与民间法律战力量的联系与配合。具体来说，包括与民间媒体的配合，与民间法律机构的配合，与国内、驻外外交人员在法律战中的配合，与国内、国外民间团体在法律战中的配合等等。

3. 演练的要求

通常由上级首长和机关组织领导，上导下演；坚持从难、从严、从实战需要出发的原则，在比较困难、艰苦和复杂多变的情况下昼夜连续实施。多进行检验性演练，提高演练的效能。尽可能按法律战的要求，使各有关的法律战战略研究人员、法律战指挥人员和法律战作战人员参加，进行协同演练。突出演练重点，把首长机关演练放在首位。注重运用先进手段，以较小的消耗获取最佳效果，在法律战作战演练中也要防止发生各种事故。

4. 军事演练的组织实施

法律战演练其实与武力战演练有诸多相似之处，在很多方面都可依照武力战演练而进行，但一定要注意法律战作战的特殊性。演练前，根据演练课题、目的、规模、方式，建立相应的指导机构，选定演习场地，编写演习方案和其他演习文书，培训调度、裁判和勤务人员，准备物资器材，做好组织和保障工作。演习时，导演、调度人员按作战进程，采取直接或间接、按计划或随机导演的方法，通过各种渠道将设想的情况提供给演练人员，引导其演练。凡演练人员能通过观察、侦察获取的情况，一般直接提供；演练人员不能直接获取的情况，可以上级号令、友邻通报、下级报告等形式提供。指导机构对演练人员的行动一般不干预，充分发挥其主观能动性。如果发现演练指挥员的决定有重大错误或不能达到预期目的时，可以随机指出问题，引导其纠正。必要时，可分段演练或重复演练。演练结束后，分析研究演习情况，进行总结讲评，做好清理场地、器材尤其是信息资料的收集、存档等善后工作。随着科学技术发展，训练手段更新和世界格局迅速变化，实兵实装演习次数减少、规模缩小，而使用先进技术器材的模拟演习逐渐增多，演习的形式、方法将趋于多样化。这在武力战与法律战方面大致相同。

演练本身也有一个科学化、程序化的问题。以上的讨论，就是对演练科学化与程序化相结合的初步探索。

（五）结果的评价

检验的根本目的在于提高作战能力。在进行书面的检验和实战演练后，如何看待演练，即如何对检验和演练进行评价，是否提高及提高了多少作战能力，这是进行法律战检验与演练必须要解决的问题。对法律战演练的评价，可以在法律战战略研究人员主持下，由全体法律战演练人员共同参与进行，至于演练的评价报告的撰写，则应该由专门的法律战演练评价人员来承担。

要进行评价，首先必须确定用以评价的指标。这些指标必须能够准确地衡量出作战能力。对用于演习的整个作战方案来说，有 3 个主要的指标，这些指标可称为框架指标：一是研究策划能力。研究策划能力是针对法律战战略研究人员和高层决策人员所提出的要求。此项能力评价的关键是，法律战战略的研究与策划是否达到预期战略目的。二是组织指挥能力。组织指挥能力是针对法律战指挥人员的组织实施、临场法律战指挥人员所提出的要求。此项能力评价的关键是，法律战的组织实施与临场指挥是否完全贯彻了法律战战略意图。三是综合作战能力。综合作战能力是针对具体开展法律战作战的各类人员的自身作战能力、与其他作战力量相互配合的能力等提出的要求。此项能力评价的关键是，法律战中是否完成了组织指挥人员交予的任务，是否实现了与相关力量的配合。

在上述框架指标下，根据不同的法律战演练课题要求，还必须对该课题的实效做出评价。如针对战法课题，所提出的新战法是否有效，是基本上行不通，还是只因为实施上的小问题而导致未取得预期效果，还是达到了预期目的，或者超过了原来的设想；针对作战配合课题首先是指与武力战的总体配合情况，还包括主体方面如各种人员、集团、各力量、军与民、指挥机关与作战人员、外交机关与军事机关等等之间的配合情况，作战样式方面如与心理战、舆论战、司法战、外交战的配合情况，作战行动与其他行动如军事行动、正常民间行动的配合情况；对作战单位提高作战能力的研究性课题，如法律适用方法、法律解释策略、法律战证据收集策略、法律战攻防问题等的实效检验评价。

在评价中，要坚持定性分析与定量分析相结合。定性与定量分析是相互配合着起作用的，没有定性，定量就毫无根据；而没有定量，则定性也缺乏说服力。法律战中的作战能力评价，定性分析是比较容易理解的，而定量分析应该谨慎，不可盲目，如果操作不当，可能妨碍作战能力的正确评价，这会为法律战作战水平的提高带来不利影响，应该选取真正能客观、科学地表现出法律战作战能力的量化指标来进行法律战演练的评价。如一味强调法律战演练中所收集的证据的多少，并不一定能真正反映出作战水平；而通过法律战研究，高度准确地预测出敌方引用的法律规范和法律原则，往往代表了较高的法律战作战水平。

在评价中，还应该在合理地对客观作战水平进行分析的基础上，提出加以改进的建议。这些建议必须符合武力战发展和法律战发展的趋势，并具有可行性。这些建议主要依据框架指标和课题指标而提出，同时也可提到一些演练本身或课题指标未注意到的问题。一个好的法律战演练评价报告，应该可以成为法律战实战最佳的咨询“顾问”。法律战演练评价是法律战作战体系中唯一处于“旁观者”角度的步骤，因而比较能够提出中肯的意见。

结果评价，要探索法律战方案的科学性，并在找出其一般性特点的基础上，形成程序化的规范，逐步建立法律战演练的科学的评价体系。这种评价体系建立以后，还需要不断地完善，以进一步适应法律战实践与法律战检验的要求。

另外，法律战演练评价体系不但可用于对法律战演练的实地评价，也可以而且应当用于法律战的实战后的评价中。从另一个角度来说，法律战实战同样是“演练”，只是这种“演练”关系着实际的战略利益的得失。而对法律战实战的及时总结、评价，显然比法律战演练评价更有价值。

第六章　法律战系统论

任何事物都是作为系统而存在的。系统某一个要素的缺失，要素间联系的削弱，互动性的减损，都会对整个系统的运行及功能的发挥造成不利的影响，甚至引发灾难性的后果；反之，某一要素功能的凸显并不意味着系统整体功能的发挥和整体目标的实现。法律战也是作为系统而存在的。法律战系统有其自身特殊的内部结构，同时，形形色色的外部因素也对法律战系统产生着各种各样的作用和影响。因此，不仅要从系统本体角度对内部要素及其相互关系进行分析，而且要从外部因素对系统的影响做出分析，以求全面、深入地认识法律战。

一、法律战系统论概说

（一）法律战系统的内涵

在科学把握"法律战系统"的内涵之前，必须首先认识"系统论"和"系统"。系统性是事物的根本属性之一。在人们对事物系统性的认识与研究的基础上，系统论应运而生。系统论是20世纪20年代由美籍奥地利生物学家、哲学家贝朗塔菲开创的，是研究自然、社会和人类思维领域以及其他各种系统、系统原理、系统联系和系统发展的一般规律的科学。系统论的诞生突破了传统的局限性，它所提供的多角度、多维性思考方式为处理、解决复杂系统拓展出了全新思路。20世纪40年代以来，系统论、控制论、信息论、耗散结构论、协同学、突变论、超循环理论和混沌理论等一批现代系统科学的迅速崛起，提出了一系列的系统范畴、系统观点和系统原理，极大地丰富和发展了前人的系统观和系统方法论。

所谓"系统"，是指由相互联系、相互作用的诸要素按一定方式组成的、具有特定性能的有机整体。一切系统，都是由相互联系的诸要素构成的统一体，这是系统普遍的、共同的本质。可见，系统是一个标志事物整体性的哲学范畴。在对"系统"概念的把握中，我们应当注意，事物作为系统，不仅其自身内部诸要素处在相互依存、相互作用之中，而且它与外部环境的其他事物也存在着相互联系、相互影响的关系。不同的是，系统内部诸要素的相互作用的紧密程度要远远高于它与外部环境相互影响的紧密程度。正因如此，系统才得以作为一个有机的统一整体而显现出特有的性质和功能，使它在普遍联系之中呈现出自身的独立性以区别于周围的其他事物。因此，系统又是标志事物独立性的哲学范畴。

根据对“系统”概念的认识，笔者对法律战系统做如下定义：法律战系统是指与法律战过程相关的诸多要素、环节、部门按一定方式构成的具有特定性能的有机整体。法律战系统不仅包括法律、人才、战场、战法等与法律战直接相关的内部要素，法律战系统本身又同舆论战、心理战密切相关并共同构成更高层级的“三战系统”。此外，在法律战系统的运行过程中，经济、政治、科技、军事、文化、宗教、民族、道德、习俗等大大小小、形形色色的外部因素也与法律战系统发生或松或紧、或刚或柔的联系。系统内部要素和外部环境要素作用不一、功能各异，在法律战系统范围内外围绕着武力战发挥着层级不同、强弱有别的影响。

在从系统论角度把握法律战时，应当注意以下两个问题。第一，必须结合控制论实际操作法律战系统。研究和认识法律战系统的目的，就在于要在实时对抗的武力战过程中有效地控制、管理和利用该系统。控制论则提供了一般方法论的指导，有助于我们进行有目的的系统调控、统筹安排、综合平衡，以便最充分地发挥系统内各个要素、环节、部门的潜力，以实现法律战系统的预期目标。第二，必须掌握信息论以配合法律战系统整体作战优势的发挥。为了正确地认识并有效地控制法律战系统，必须了解和掌握系统的各种信息的流动与交换，信息论为此提供了一般方法论的指导。特别是当下，我们身处一个信息社会、信息时代，信息的概念早已渗透进了人类生活的各个领域。世界诸多军事强国据此提出了“信息化战争”的理念，我军亦确立了“建设信息化军队、打赢信息化战争”的战略目标，因此，对法律战系统论的研究也脱离不了信息论的方法论。

（二）法律战系统的特征

1. 法律战系统的特征首先表现在法律战系统的整体性

整体性即非加和性。离开整体性，没有整体观念，就无从认识系统。因此，整体性是法律战系统的最主要特征。法律战系统整体性主要揭示了系统整体与其构成要素之间的关系，具体表现如下。

第一，法律战系统内各个独立要素性能的总和不能反映和代表法律战系统的整体效能，法律战系统的整体性只能存在于各个要素的相互联系、相互作用之中。

亚里士多德的名言“整体大于部分之和”说明了这样一个道理，即法律战系统作为有机整体，它的性质和功能绝不是各个独立要素性质和功能的简单相加。之所以如此，是因为各个独立要素之间的相互联系、相互制约可能限制、削弱、消除，也可能拓展、增强、改变了各要素单独存在时的性能，并在此基础上形成系统整体的新的综合性能。这是各个要素单独存在时所没有的，也是它们之间简单相加所形成不了的。例如作为法律战系统基础性要素的“法律”，单独看来，它只是个静态要素，但当它与法律战系统的能动性要素“人才”相结合时却能在左右法律战进程、决定法律战胜负过程中发挥关键作用。

第二，组成法律战系统整体的诸要素的性能不能脱离系统整体而存在，它必然受整体属性的规定和限制。

正如黑格尔所言，一个活的有机体的官能和肢体并不能仅视作那个有机体的各部分。因为这些肢体器官只有存在它们的统一体里，它们才是肢体和器官，它们对于那些有机的统一体是有联系的，绝非毫不相干的。只有在解剖学者手里，这些官能和肢体才是单纯的机械的部分。割下来的手就失去了它的独立的存在，就不像原来长在身体上那样，它的灵活性、运动、形状颜色等等都改变了，而且它就腐烂起来了，丧失了它的整个存在了。

在法律战系统整体和要素的关系中，从性能、地位和作用来看，整体始终起着主导、统率的作用，它不但决定着整个系统的性能，还规定和支配着各个要素的性能，法律战系统各要素则处于次要的、服从的地位。譬如围绕武力战对“法律”要素的运用中，运用何法，如何用法，何时用法——这都是由整个大系统根据武力战的具体情况统领、决策、运筹与运作的。但是，另一方面，法律战系统整体又是由各要素所组成的，要素是法律战系统整体存在的前提和基础。各要素性能如何，反过来也影响系统整体的性能，特别是其中主要的、关键的要素，在一定条件下，甚至可以对系统整体起决定性的作用。法律战系统各要素的任何变化或缺失，都会对系统整体作战功能产生或重或轻的影响。以作为系统能动性要素的“人才”为例，要想赢得法律战，必须塑造和使用一流人才，只有在法律战战略研究人才、法律战战术指挥人才、法律战一线战斗人员等人才要素完备的情况下，法律战系统的战略功能才能得到充分发挥。从这个意义上说，毛泽东同志所言“人是战争胜负的决定因素”正好说明了要素对系统整体的反作用。

2. 法律战系统的第二个特征即结构性

结构性又称相关性，它揭示出了法律战系统内部诸要素的关系。任何系统都必然有一定的结构，无结构就无系统。所谓“结构”，是指系统内部诸要素之间稳定的相互联系、相互作用的方式，其中包括诸要素相互间一定的比例、一定的次序、一定的构造形式等。结构性是法律战系统的又一个主要特征。如果说整体性表明了法律战系统的不可分性和统一性，那么结构性则着重说明了这种不可分性和统一性是采取什么方式，通过什么途径来实现的。

第一，系统的结构是法律战系统整体性能的决定因素。

系统的性能之所以不同于各个要素的性能，不等于诸要素的简单相加，原因就在于法律战系统各要素按一定的结构组成了系统整体，系统的结构改变了，系统的性能也随之发生了相应的变化。当然，在强调系统结构对系统整体性能的决定性作用的同时，我们也不能忽视系统要素对系统整体性能所起的作用。任何系统都是结构和要素的统一体。

第二，法律战系统的结构一旦形成，就具有相对的稳定性。

但是这种稳定性并非永恒不变，系统内部诸要素的相互作用或外部环境变化的影响会引起系统结构发生变化，从而导致系统整体性能的变化。例如，法律战系统要素之一的“战法”，在法律战过程中会随着具体情势的变更而变化，而“战法”的变化必然引起法律战系统其他要素随之做出调整，进而引发法律战整体效能的相应变化。在理解法律战系统结构性的时候，还必须注意的一点就是，任何系统的结构即其内部诸要素之间相互联系、相互作用的方式，实际上都是一定的物质能量和信息的交换或转换方式。法律战系统作为一个有机整体，系统内各个要素、环节、部门之间，这些要素与系统整体之间，都在不断地进行物质、能量、信息的交换与转换，构成了极其复杂的法律战整体结构，也保证了法律战系统有机体的“新陈代谢”和作战势能得以持续。

3. 层次性是法律战系统的又一特征

层次性所揭示的是系统内部的等级关系。所谓层次性，是指系统各要素之间在依次隶属关系中所形成的等级。法律战系统要素是作为系统整体的构成部分而存在的，它们都依存、从属于系统整体。然而，这些要素又具有相对的独立性，它们自身也都是整体和部分的统一体，结构和要素的统一体，可以自成系统（子系统）。例如法律战系统要素的“法律”本身又是法律概念、法律规范、法律渊源、法律基本原则、基本规则、具体规则的统一体，可以独立成为“法律子系统”。实际上，法律战系统就是由若干不同层次的子系统所组成的复合体。这种依次隶属的整体与部分的关系，就构成了系统的层次性。层次性也是法律战系统的一个主要特征。在理解层次性时，应当注意以下两方面。

第一，法律战系统之所以有不同的层次，是由于系统和要素具有相对性。

在一定时空范围内是系统，在更大的时空范围内是要素；反之，在一定时空范围内是要素，在更小的时空范围内是系统。例如，“战场”在一定时空范围内自成系统，因为它是由联合国战场、交战国战场及非交战国战场所组成的，但是在法律战系统这个更大的时空范围内，它则成为要素，因为它只不过是法律战系统的环境性要素之一。

第二，法律战系统层次之间存在着十分复杂的交互关系。

在系统高级层次和低级层次之间存在着直接或间接的相互作用，形成双向的纵向关系，即垂直关系。系统的低级层次从属于高级层次，而后者又依赖于前者。在二者的相互作用中，高级层次居于主导、统率的地位，法律战系统整体的性能也主要是由其最高层次的结构来决定的。除了高低层级之间的垂直关系外，法律战系统同一层级的各个子系统之间也相互关联，形成了一种双向的横向关系。例如，在法律战系统中处于同一层级的“法律”和“人才”两个要素中，前者是后者发挥能量的前提和基础，而后者的充实壮大也为前者在武力战中得到有效、合理的运用提供了后盾和保障。总之，在复杂的法律战系统既存在不同层次之间的双向垂直关系，又有同一层次的各子系统之间的双向横向关系，从而构成了一个多层次、多因素、多变量的网络式的法律战系统整体结构和整体性能。

4. 动态性是法律战系统的第四个特征

动态性揭示了法律战系统的存在形式和发展状态。动态性是指因系统要素的变化，使得系统整体处于不断变化、发展的动态过程。古希腊的赫拉克利特说“一切皆流，无物常驻”[①]，法律战系统也在不停地变化、发展。之所以如此，是因为系统内部各要素总是处在变动过程之中。系统要素的变化除了是“自身变异”的结果之外，也有可能是因系统外部因素的作用而引起的。在理解法律战系统的动态性特征时，应当从以下两个方面予以考察：

（1）系统的量变

量变是法律战系统整体功能在量上的积累和改变。如法律战平时准备阶段对“人才”的培养，这“千日”的“养兵”过程就是能动性要素的积累过程，也是系统整体效能获得量的提升的过程。量变在系统的动态发展中往往是不易被察觉的，但这并不意味着它就是微不足道的。相反，应当重视量变的过程。对于不利的变化，应当防微杜渐，“防患于未然”；对于有利的变化，应当加以扶持，以期厚积薄发，早日促成系统整体功能质的飞跃。

（2）系统的质变

质变是法律战系统整体性质和功能的根本变化，是法律战系统整体从一种质态向另一种质态的根本转变。当系统本身积聚了足够的能量能够打破旧的结构时，系统就会产生根本性的质变，这时旧的系统结构被打破，新的系统结构得以建立，系统整体结构发生根本的变化，系统得到飞跃式的发展。以法律战系统基础性要素“法律”为例，“法律”最主要的是指有关战争的国际法、国际惯例，当然还包括部分国内法。对于国际法和国际惯例，单凭一个国家是无权决定或改变的，但是，国家是可以通过国内立法来完善法律战所需“法律”的。在一些情况下，一部国内法的制定是可以促进法律战系统整体性能发生质变的。譬如，我国在通过《反分裂国家法》之前，我军打击包括“台独”在内的一切分裂国家的行为是没有具有说服力的国内法依据的，《反分裂国家法》的出台填补了这一空白，不仅提供了令国际社会信服的国内法依据，更通过法律手段加强了针对民族、国家分裂势力的威慑，令他们不敢轻举妄动、为所欲为。而通过这部国家大法，我们可以空前团结一切支持祖国统一的爱国者加入法律战的阵营，这无形中又拓宽了法律战系统环境性要素“战场”的范围。在完备了立法和拓宽了战场的基础上，法律战系统的整体性能有了一次质的飞跃，能够更好、更有效地配合将来可能开展的武力战。

5. 法律战系统的第五个特征是开放性

开放性揭示了法律战系统与外部环境的相互关系。所谓系统的开放性是指系统与外部环境的相互联系、相互作用，即系统与外部环境进行的物质、能量、信息的交换或转换。法律战系统正是凭借这种物质能量和信息的交换与转换，才得以维持和更新。所谓的“封

---

① 北京大学哲学系外国哲学史教研室编译：《古希腊罗马哲学》，生活·读书·新知三联书店 1957 年版，第 17 页。

闭系统”“孤立系统”只不过是为便于科学研究而假设的“理想系统”，在现实中是不可能存在的。事实上，任何系统作为一个有机整体，总是处在一定环境之中，并与诸多外部因素发生错综复杂、或松或紧的联系。对于法律战系统的开放性应从以下两个方面理解。

第一，把握系统运动本质的内因和外因。

法律战系统的运动和发展，从根本上还是取决于法律、人才、战场、战法等内部诸要素的相互联系、相互作用，即系统内部的矛盾运动。但是，法律战系统作为整体同外部环境的相互联系、相互作用也起着不可忽视的作用。环境通过物质、能量或信息的交换或转换，制约着系统的存在和发展，可以加速也可以延缓该系统发展的进程。在一定条件下，政治、经济、文化、宗教、民族等外部环境甚至可以对法律战系统的存在与发展起着主要的、决定的作用。例如，在俄罗斯和车臣之间发生的第三次军事冲突中，恰逢国际“反恐怖主义”势力的增强，各国在“打击恐怖主义”立场上基本一致，这样的国际政治、军事环境给俄罗斯提供了大好时机，将车臣叛乱分子直接定位成“恐怖势力”予以坚决打击，在法理上占据优势，也得到了国际社会的支持，大大加速了对车臣叛乱分子的军事胜利的进程。

第二，系统的适应性。

正因为系统具有开放性，与周围环境之间通常都有物质、能量和信息的交换，所以外界环境的变化会引起系统特性的改变，相应地引起系统内各要素相互关系和功能的变化。为了保持和恢复系统原有特性，系统必须具有对环境的适应能力，所以系统的开放性也就意味着系统的适应性。法律战系统是围绕着武力战展开的，在战场上，战争形势可以说是瞬息万变的，这就决定了法律战系统必须对这些变化“洞若观火”“明察秋毫”，并随时做出相应调整，适应不断变化、发展的环境，以保持整体作战性能。

6. 目标性是法律战系统的第六个特征

目标性也称功能性。根据贝塔朗菲的一般系统论原理，大多数系统的活动或行为可以完成一定的功能，但不一定所有系统都有目的，例如太阳系或某些生物系统就没有特定目标。与之相反，法律战系统则是一个典型的目标性系统。法律战直接运用于国家、地区间的军事冲突，具有实时对抗性，它是争取武力战主动权的基本手段，是获取最佳军事效益的重要方式，是征服军心民意的锐利武器，也是巩固军事胜利成果的有效保障。由此可见，法律战是一种讲求实效的作战方式。法律战的实效性决定了法律战系统各要素在从事整体作战时都必须紧紧围绕“保存自己、消灭敌人”这个目标，服务于“克敌制胜”整体作战方针的实现。对法律战系统的目标性可以从以下两个方面来理解。

第一，法律战系统既然是一个目标系统，那么这个目标必须贯穿作战全程。

在整个法律战过程中，系统内各个要素都必须紧紧围绕战略全局和军事需要，根据战争进程和不同作战阶段、作战时机，有重点、有针对性和选择性地对敌展开法律攻势。

第二，应当根据法律战系统的目的来有针对性地设定、选择要素功能。

法律战系统的总体目标是“以法律为武器，开展有利于己、不利于敌的军事斗争”，为此必须依据这个目标对要素功能进行吸收、整合。例如“法律”，这本来是个很大的范畴，包含大量内容，然而并不是所有法律都可以适用且必须适用于法律战的。在具体战争中，我们必须有目的性地选择所需要的那一部分内容为我所用，即选择有助于为军事行动提供法律依据；有助于帮助己方军事行为赢得国际社会的普遍理解支持，争取民心，减少阻力；有助于分化瓦解敌军，摧毁敌方精神和意志防线；有助于挤压敌方军事活动空间，揭露敌方违法作战，阻滞第三方军事力量的介入企图以及有助于战后区分责任，巩固成果，提供司法支持的国内法、国际法内容参与法律战过程。如此根据系统目标来选择、设定要素功能，不仅可以大大降低作战成本，节省作战时间，提高作战效率，而且往往能够取得“一针见血”“一鸣惊人”之作战功效。

以上分析表明，法律战系统是一个内涵丰富、要素众多的范畴。它是与围绕着武力战，以法律的制定与运用为内容而求克敌制胜的军事斗争这一过程相关的相互联系、相互作用的诸要素按一定方式组成，并与周围环境相互联系、相互作用的有机整体，具有整体性、结构性、层次性、动态性、开放性、目标性等主要特征。这是法律战系统的共同的属性。

（三）法律战系统的应用

作为系统而存在的法律战由法律、人才、战场、战法四个内部要素组成并相互作用。在内部要素的相互作用中，法律战系统作为一个整体又与外部环境进行物质、信息、能量的交换并相互影响。显然，法律战系统是一个相对比较复杂的系统。因此，必须如实地把它作为一个系统的整体并且以系统论原理对其进行观察和利用。法律战系统自身具备的整体性、结构性、层次性、动态性、开放性、目标性等主要特征，决定了我们在开展法律战时必须遵循以下系统原理。

1. 树立整体观念，变单一作战为整体作战

众所周知，单一作战是一种本位主义的作战机制，其基点和重点仅在于系统局部的功能和利益，是一种典型的重局部、轻整体的狭隘的作战方式。因此，在开展法律战时，应避免采用单一作战方式。纯粹的单一作战不可避免会破坏法律战系统的合理结构，导致整体作战能力和作战效应的降低，严重损害系统的综合功能，也必然削弱法律战系统作为一个整体在军事斗争中的重要地位。因此，要最大程度发挥法律战系统的作战效能，实现系统运用的科学化、合理化，就应该牢固树立整体意识和“一盘棋”的思想，实行整体作战机制。

第一，应当建立一个法律战最高指挥中心来“运筹帷幄，决胜千里”。

根据军事斗争特点及敌我双方形势，从战争整体出发运用法律，调度人才，决胜战场，妙用战法。指挥中心所谋划的一切战略、决策必须基于法律战整体考虑，而不能顾此失彼。在运用法律上，运用何种法律，何时运用法律，开展何种方式的法律斗争，必须审时度势，见机而行；在调度人才上，如何配备人才，配备何种人才，如何利用人才，必须通观全局，合理安排；在决胜战场上，开拓何种战场，何时转移战场，如何夯实战场，必须谨慎权衡，适度调节；在妙用战法上，是进攻还是防御，是先声夺人还是后发制人，是声东击西还是双管齐下，都必须因战制宜，机动灵活。总之，在法律战全过程中无论是时机的判断、地点的选择，还是方式的运用、技巧的考量，都应当在“保存自己、消灭敌人”这个大方针的指导下，从法律战系统整体出发做出决策。指挥中心正是系统整体的代表，由它来统率局部，会有效避免纯粹的单一作战，大大提升系统整体的作战功效。

第二，完善、丰富系统内部各个要素，通过“百花齐放”，促成“春色满园”。

诚然，法律战系统各要素简单相加的确不能代表、决定系统的整体力量，但是由于系统整体是由各要素所组成的，要素是法律战系统整体存在的前提和基础，各要素性能如何会影响系统整体的性能。特别是其中主要的、关键的要素，在一定条件下，甚至可以起决定性的作用。只有在完备、丰富系统内部各个要素的基础上，系统的整体功能才会提升，因此，必须重视法律战系统四个内部要素功能的开发：在基础性要素“法律”上，一方面要着眼法律战需要，尽快填补国内法在相关领域的空白，使法律战有法可依；另一方面必须做好国内法的对外宣传，使国内法的有关规定得到国际社会的认可。在智能性要素“人才”建设上，必须通过院校培训、岗位锻炼和实战训练等途径，加强现有法律战人才的培养和提高，建设一支精通国际法特别是武装冲突法方面的专门人才队伍。[①] 在环境性要素“战场”上，应当注重将军事战场的正面冲突和外交战场的侧面斗争相结合；将国内战场和国际战场相结合；将交战国战场和非交战国战场相结合以及将国家战场和民间战场相结合。在技术性要素“战法”上，应当根据战法无穷变化的多样性特征，尽可能丰富对敌展开法律斗争的方式方法，并辅以巧妙、科学的运用。总之，在法律战中，必须坚持整体观念，避免单一作战导致的“群龙无首，各行其是”或“三个和尚没水吃”的混乱局面。实行整体作战机制是提高法律战系统作战能力的不二之选。

2. 树立发展观念，变静态作战为动态作战

所谓“兵无常势，水无常形”，法律战系统也处在不断变化、发展的动态过程中。其特性、结构、功能和规律也都是通过“运动”表现出来的。法律战系统的动态发展，决定了在开展法律战时应当树立发展观念，注意系统内部要素、外部条件的变化、发展，并随时做出策略调整。与动态作战相对立的是静态作战方式。静态作战基于对系统相关因素的不变性假定，在法律战过程中缺乏对相关因素变化的预测和反映。具体表现为战略决策上的因循守旧，适用法律上的生搬硬套，战法、战术上的故步自封等情形。忽视相关因素的变化对法律战系统的影响，往往导致形势的被动和效能的降低，因此在开展法律战的过程

① 刘家新：《法律战：现代战争的第二战场》，《光明日报》2004 年 11 月 2 日。

中必须实行动态作战方式，如此，方能掌握军事斗争、法律交锋中的主动权。具体而言，应当注意以下两个方面。

第一，在动态中把握法律战战略局势，灵活运用、调整法律战四大内部要素。在法律战系统中，“法律”是死的，但“人才”是活的；“战场”是静的，但“战法”却是动的，人必须根据法律战战局的变动适时、适度、适当地运用法律武器。不同情形下，所用法律又各有侧重，如当法律战交战重点在于揭露敌方违法行径时，重点运用的是国际法、国际惯例；一旦交战重点转移到争取盟友上时，则必须重点利用己方签署的各种双边或多边条约；若敌方是国内反叛分子，那么这时候就必须重点加紧国内法的宣传力度，加强国内法的威慑力量了。

第二，密切注意法律战系统外部因素的变化发展，认真分析其中有利的、不利的变化因素。有利的，可见机行事、借力打力；不利的，则以“变”求“通”，继而求“久”。

3. 树立开放观念，变封闭作战为开放作战

法律战系统不是一个封闭的系统，而是一个与外界环境密切相关的开放系统。从更广阔的范围来看，法律战系统处在一个更大的系统之中，与其周边系统也存在“相生相克”“相辅相成”之关系。法律战系统整体目标的实现，不仅取决于系统的内部要素，还取决于系统的外部条件，如政治、经济、科技、军事、文化、宗教、民族等种种因素。因此，封闭式作战方式只能是“画地为牢”，并最终导致“作茧自缚”。反之，开放式作战则关注周围环境的发展变化，注重二者间的能量、信息交换。这种“活”的作战方式有利于法律战系统本身的“新陈代谢”，有利于系统综合一切外部条件促成系统功能的实现。在法律战中，要实现开放式作战，必须有赖于以下两种机制的形成。

第一，信息反馈机制。法律战系统内部与外部环境间的信息交换并不是信息之间自发进行的，而必须借助“人力”，即通过人力完成信息反馈。参与信息反馈的人员既包括己方直接进行法律战的人员及己方民众，也包括敌方参与法律战的人员及敌国民众。兵民统一，敌我相关。应当通过信息反馈，尽可能及时获取更全面、更深入的信息、情报。

第二，信息处理机制。由于所获取的信息有真有伪，有实有虚，有精有粗，因此必须对这些信息加以鉴别、处理，从而去伪存真，去虚获实，去粗取精。法律战讲求“法术诈力”，敌方很有可能向己方传递、散播很多“信息烟幕弹”，以迷惑、混淆己方视听，甚至制造假象，企图诱使己方陷入圈套。为此，法律战情报分析人员应当全力做好信息处理工作。如果说信息反馈机制提供了法律战信息的全面性和多样性，那么信息处理机制则确保了信息的真实性和有用性，二者同等重要，缺一不可。

4. 树立目标观念，变盲目作战为功能作战

毛泽东向来主张在各项工作中都必须懂得“有的放矢”。鹄“的”不明，众矢乱发，事倍功半甚至劳而无功。工作也是一样，必须有的放矢，否则便会是一盘散沙，一团乱麻，空耗精神，徒费时日，甚至还会自乱阵脚。法律战系统同样讲求这个“的”，讲求系统目标、系统价值的最大化实现。脱离了功能目标的系统会陷入盲目作战的误区。盲目作战方式没有特定攻击目标，没有针对性的作战策略，这必然导致法律战战略方针上的游移不定，法律战准备上的仓促上马，也无法“集中优势兵力”，实现重点突破。相反，功能作战方式从来都是围绕着一个总体目标而展开，有了目标，就有了方向，有了方向，才会有成竹在胸的作战计划，有高屋建瓴的作战部署，也才能分阶段、分层次、分步骤地逐步达成预定目标，实现系统功能。总之，功能作战有利于法律战参与者抓住重点，有的放矢，形成合力，快速击破，是一种科学、合理、有效的作战方式。实现法律战中的功能作战有以下途径。

第一，在法律战战前明确目标。在法律战战前，应使所有法律战参战人员明晰法律战的总体目标，即围绕武力战，以法律为武器，“保存自己，消灭敌人”。

第二，在法律战战时贯彻目标。法律战全体参战人员在战斗过程中必须紧紧围绕“武力战”进行法律斗争，而不可越俎代庖，反客为主；必须了解、熟悉“法律”这个强有力的战斗武器，并且有力、有理、有度地运用之，而不可对法律一知半解或者运用起来取舍无理、张弛无度。

第三，在法律战战后落实目标。武力战的胜利果实必须依靠武力战战后的法律手段得到落实和保障，国家希望通过战争获取的政治、经济利益也必须依靠法律战战后阶段的法律行为得以最终实现，从而在一定程度上“消灭敌人”；当然，如果武力战输了，也应争取通过战后法律战将己方的政治、经济利益的损失减少至最低，即便没能“消灭敌人”，起码也要“保存自己”。

二、法律战系统本体论

根据系统论原理，可以从法律战系统内部构成要素和系统外部影响因素两个角度，全面、深刻地认识和把握法律战系统。从内部构成要素上看，法律战系统是由法律、人才、战场、战法四个要素构成的有机整体。本书的第二章已经对四个要素分别进行了深入、详细的分析，也对四大要素在系统内的作用和地位给予了准确的定位：“法律”作为基础子系统是法律战系统的核心要素；“人才”作为能动子系统是法律战系统的关键要素；而环境子系统“战场”及技术子系统“战法”则是法律战系统的支撑要素。各个子系统在法律战系统中发挥着不同的功效，子系统之间的互相作用、互相联系，子系统与母系统之间的互相制约、互相影响构成了法律战系统内部的矛盾运动，而正是这种矛盾运动推动着法律战系统的变化、发展，促进了法律战系统整体目标的实现。下文拟从静态与动态两个视角切入，对法律战系统本体加以阐述。

（一）法律战静态系统

系统的静态是相对于动态而言的，法律战系统的构成在一定时期处于稳定状况，由此可以对其作静态意义上的分析。一般来讲，战争由战场、武器、人等要素构成，法律战亦不例外。但作为配合着武力战进行的以法律为工具的军事斗争，法律战较其他军事斗争方式又有其特殊之处，具体表现为战场子系统与战能子系统。

1. 战场子系统

战争离不开战场，传统战场可分为前线与后方。前线以杀敌、攻城为主，而后方则以提供粮食等后勤保障为主。正是基于各自具体目标的不同，两大战场的构成存在较大区别。前者以武力作战部队为主体，而后者以后勤部队为主体。此外，二者与外界的联系也不尽相同。但二者又是紧密联系、相互依存的，前线离不开后方的支援、补给，后方需要前线的保卫。

法律战同样离不开战场，但其战场系统由于法律战系统目标的特定性而较之传统战场有所不同。它可以分为敌方、己方、非交战方三大战场。敌方战场针对的是敌方军心、民意，目标是揭露敌方违法作战，挤压敌方军事活动空间，分化瓦解敌军，造成敌方内耗，摧毁敌方精神和意志防线，削弱敌方军事作战能力。而己方战场则以防御为主。一方面要抵御敌方的进攻，减少作战阻力；另一方面要通过积极的手段与措施，树立己方士兵的作战信念和必胜信心，争取民众支持。此外，还有第三大战场——非交战方战场，这是针对敌我双方之外的第三方。与传统武力战战场相比，非交战方战场是法律战所特有的。这一战场的开辟，在全球化趋势日益增强的今天，具有十分重要的意义。美国国防大学战略研究所所长汉斯·宾内迪雅克博士曾指出："在采取重大的国家安全行动之前，我认为在大多数情况下我们必须尽量运用国际机制组成联盟，以获得最大限度的合法性。一个历史的教训是，力量相对强大的国家，如果自恃强大而欺压别国，其他国家就会加入反对他们的联盟。我们不想处于这种被人反对的位置上。"[①] 他所谓的"组成联盟"即是敌我双方在友方战场上的争夺。

为了实现法律战系统的目标，对于这三大战场均不可偏颇，忽视其中任何一个都有可能使己方陷入不利境地。三大战场尽管有各自具体的目标，但仍是为整个法律战系统服务的，这是由战场子系统的整体性所决定的。而如何使三大战场彼此呼应，达到整体效能的最大化则是战场子系统结构组合之关键所在。此外，系统的层次性决定了对于这三大战场各自而言，其本身又是各个相对独立的系统，其功能发挥的程度也直接影响到战场系统效能的大小。此外，系统所具有的开放性使得三大战场能彼此影响，同时也受到法律战系统中其他子系统以及其所处环境，尤其是战场所在国家的政治、经济、文化等因素的巨大

① 陈伯江：《美国高级将领与著名学者访谈录——大洋彼岸的军事革命》，世界知识出版社 1998 年版，第 277 页。

影响。综上所述，战场子系统作为法律战系统的环境性系统，为法律战大系统提供环境支持。灵活、机动、巧妙地驾驭、组织战场子系统，对法律战系统具有重要意义。当然，战场子系统也离不开其他子系统的大力配合。

2. 战能子系统

作战能力是一支军队战斗成败的直接因素，战能子系统包括许多要素，诸如武器装备、军事人才、战术战法等等方面。武器是军队作战能力的重要标志，历来备受关注。人才作为战争中的能动性要素，居于主导地位。战略战术的制定实施、武器装备的研发操作等都离不开人，而战术战法则是将人与武器完美组合，发挥军队作战潜力的“动力机”。

法律战作战目标、作战样式的特殊性决定了法律战战能系统有别于传统作战样式。根据各要素表现形式的不同，我们将其划分为软件系统和硬件系统两大部分，分别加以阐述。

（1）软件系统——法律、人才、战法

软件指的是与系统（尤指计算机系统）有关的程序、步骤和有关文件编制的完整集合，是控制计算机硬件功能及其运行的指令、例行程序和符号语言。法律战中的法律、人才、战法等要素正如同一串串指令和程序，控制着整个战争的进行，缺少任何一个部分都可能导致系统的失灵甚至崩溃。

法律。法律战以法律为工具，因此它的武器便是法律，其中最主要的还是国际法、国际惯例。这一武器的特殊性在于它主要是为全世界所共有的。它的形成与发展除了一小部分可以由本国自己进行外，更多的则需要世界上多数国家共同协商而成。这一特点决定了法律战武器的更新换代具有一定的非可控性。但是，法律实施的特性又决定了虽然在法律创制上一国可作为的空间较小，但这并不代表其在适用上也必然受到诸多限制。恰恰相反，对于法律，特别是国际法的适用，各国基于各自的利益需要，拥有较大的适用空间，可以有所为、有所不为。这也正是法律战的斗争重心所在。

人才。法律战打的是法律的适用。而如何适用关键在人，作为战争中的能动性要素，“人才”起着主导作用。这里的“人才”具有传统战争的指挥功能和实际战斗功能。但就指挥、战斗的具体内容而言，又不同于以往。如前文所述，包括法律战战略研究人才、法律战战术指挥人才、法律战一线作战人员等等，各类人才都有各自特点，在战能系统中发挥不同的作用。但需要注意的是，其能动性不是无限的，既要受到人自身能力、素质等方面的限制，同时又要受所处环境等外部因素的制约。

战法。战法在战争中的作用是不言而喻的。战术运用的得当与否直接关系到战争的成败，尤其在以弱胜强、以少胜多的战斗中，战法乃是取胜的法宝。在法律战中亦是如此。对此，本书已有专篇加以论述。

（2）硬件系统——网络、电视、广播等大众传媒、信息库

法律战是一场没有硝烟的战争，它的开展需要特殊的平台，这就是硬件系统所要解决

的问题。在今天主要表现为以网络为主的大众传媒以及信息库等。

以网络为先导，以广播电视等大众传媒为传统的传播媒介是法律战得以畅行并大范围开展的保障。我们已经迈入信息社会，即网络化社会。网络，主要是指通信网络，是“交流信息、共享信息的通道和手段”[①]，包括电视、电话、广播以及新兴的并逐渐成为主流的计算机网络等。网络使社会资源和信息的传递变得快速、畅通，社会的交流更加多元化。这也使得现代法律战的实施突破了以往单纯的战前喊话、圆桌谈判等单一对象、单一方式的模式，它面向的可能是一支军队的全体官兵，可能是一个国家的领导决策层，也可能是一个国家的全体国民。面对不同层次的受众，集声、光、电等于一体的多媒体传播手段，不但可以扩大传播面，而且可以加大亲和力，更易于被接受，从而达到意想不到的效果。

信息社会中信息成为社会的主要资源之一，有效地占有并利用信息成为社会生产的重要手段。法律战的实施同样离不开信息库这一资源。这里所指的信息库主要是指储存与法律战有关的各种法律信息的数据库。迄今为止，世界各国达成的以及各国制定的关于战争的国际公约与国内法律数不胜数，而且仍处于进一步发展中。每一个公约、每一部法律都有其应用的特殊性，这在本书关于法律战基础性要素——法律的论述中可见一斑。如此庞杂的信息，在开展某一场法律战时，有些有价值，有些毫无价值，有价值的也可能价值大小各异。要从这些信息中过滤并整理所需要的信息，靠人工操作显得十分繁杂且难免会遗漏部分信息。而要将这些信息做进一步处理得出一个甚至几个有效的方案供实施，更是难上加难。在这样的情况下，信息库的建立显得格外重要。随着计算机技术的飞速发展，一秒钟上亿万次的运算速度，以及数据的高度压缩，满足了信息库高速运算、大量贮存的需求。它可以帮助解决数据的过滤与整理，快速并准确地得出有效信息。这对于分秒必争的战争而言，意义重大。由此可以看出，法律战的硬件系统本身就是一个集信息储存、传输、控制等于一体的系统。

在战能系统中，软件与硬件两大系统彼此依托。硬件系统的建设是为满足软件系统的操作运行，且其建造与运作离不开精通高科技、具备高素质的高精尖人才。在硬件系统得以建成并不断完善的基础上，软件系统将在它强有力的支持下发挥出潜在的巨大能量，从而使整个战能系统发挥出最大的作战能力。与此同时，在运作过程中，两大系统又彼此促进，在动态的发展中达到一次又一次新的高度的平衡。在整个社会知识更新换代的大背景下，不断更新的技术应用于硬件系统的研发，实现其升级。高智能的设备为法律战提供从模拟到实战一系列技术支持，促进战法、战术的不断创新，从而带动整个战能系统的升级。相应的，有限的低技术含量的硬件设施将极大地限制软件系统的发挥。在今天这个网络时代，不能占领网络这个制高点，将会成为战争中的瞎子、聋子、瘸子，无力与敌方抗争。这就是所谓的武器装备级差，法律战中同样存在这一问题。没有网络、没有第一手法

① 米立根等:《信息技术——现代社会的变形术》，军事科学出版社 2003 年版，第 165 页。

律信息，在战斗中势必处于被动挨打的地位，从而非但会在武力上受制于人，更会在舆论上、道义上处于劣势，落得一个“哑巴吃黄连——有苦说不出”的境地。

（二）法律战动态系统

在世纪交替之际，美军在几次军事行动中表现出来的军事实力，不得不让我们面对这样一个现实：美国作为一个军事强国，处在世界军事变革引领者的地位。在这场军事变革中，美军一直强调信息获取对于战争的重要性。作为美军战略指挥机制中的重要组成部分 C^4IKSR 是其重要成果。这一系统涵盖了指挥（command）、控制（control）、通信（communication）、计算机（computer）、情报（intelligence）、监视（surveillance）、侦察（reconnaissance）和杀伤（kill）[①] 等要素，在现代武力战中显示出巨大的威力。开展法律战就其形式而言，与信息战具有相通之处。而作为一个战争系统，在实战过程中亦包含了上述要素中的部分或者全部。下文联系这一点试对法律战系统做动态分析。

1. 指挥控制系统

战争过程中，指挥者居于整个军队的核心地位。法律战指挥控制系统便是充当这一角色的。它要根据敌我双方的具体情况，结合国际局势的走向，制定出有效的作战方案。作为配合武力战的斗争方式，何时何地如何开展，不仅关系法律战自身的胜负，更关系到整个军事行动的成败。作为战争的主帅，其决策对战争的进程与结局的走向有着重大的影响。

指挥控制系统要发挥最大效能，必须掌握足够的信息，诸如武力战战况，有关的国际、国内法律的具体规定，敌方、己方和国际社会对采取军事行动所持的态度，等等，同时必须能及时传递其下达的行动命令。这就要求该系统应形成适应这一系列需求的结构。

第一，变分层式的“树状”指挥系统为扁平式的“网状”指挥系统。

应该说，这两种系统模式各有特点。“树状”指挥系统有利于指挥权的集中，达成军事行动的上下统一，有利于命令的逐级贯彻落实。但其亦暴露出许多弊端。如信息传输慢、流动性差，指挥效率低，且系统抗击能力差，其中某一个环节被摧毁将可能导致整个系统的瘫痪。著名军事学家克劳塞维茨曾指出：“增加任何传达命令的新层次，都会从两方面削弱命令的效力，一方面是多经过一个层次，命令的准确性会受到损失，另一方面是传达命令的时间拖长，会使命令的效力削弱。这一切都要求尽量增多平行的单位，尽量减少上下的层次。”[②] 扁平式“网状”的指挥系统则能适应这一要求。其一，这一结构增加了信息传输通道，便于信息快捷流动。其二，指挥效率提高，一条指令可以多渠道同时下达或者同一时间可下达多条指令。其三，系统稳定性增强，某些环节被破坏不会给整个系统

---

① 刘诚、陈婷：《聚焦美军——从越战到伊战的军事变革》，解放军出版社 2005 年版，第 204 页。

② [德]卡尔·冯·克劳塞维茨：《战争论》，中国人民解放军军事科学院译，解放军出版社 1964 年版，第 287 页。

运作带来太大麻烦。

第二，变单一命令式指挥为双向互动式指挥。

法律战的一大特点是启动快、应变快。双向互动式的指挥结构，不仅是下级指挥层与上级的互动，还包括平行的同级指挥层之间的互动。这既有利于最高决策层集众家之长，也有利于各级指挥层灵活应变，提出合理化建议，发挥“两个积极性”，从而增强指挥控制系统指挥决策的准确性与实效性。

法律战直接针对的是人的心理、思维，依靠的是对法律的适用。而面对错综复杂的军心、民意及国际舆论，要达到预期的目标，必须实现指挥控制系统能动性的最大限度发挥。其中既包括指挥者本身的素质，更要通过系统结构的优化组合为能动性的最佳发挥创造条件。

2. 侦察监视系统

指挥控制系统做出各种命令的依据，是依靠侦察监视系统获得的。它犹如人的双耳、双目，为大脑捕获各种有关的信息。孙子曰：“知己知彼，百战不殆。”这一系统的主要作用便是实现这一目标。在现代这被称为获取“战场感知”，即了解部队、武器和士兵在哪里。① 美国参谋长联席会原副主席欧文斯上将指出：“如果交战的一方能够知道那是一辆T–80还是一辆M1坦克，并且只需30秒就知道它的位置（±10厘米以内），如果交战一方能够对战场了解到这样的程度，而他的对手则不能，那么拥有这一能力的一方就享有主导性的战场认知能力。我认为，他一定会赢。”② 在法律战中所要感知的便是对方与法律有关的各种信息。了解对手手中掌握并可能运用的法律武器、策略等。此外，法律战的侦察监视系统还具有另一项重要任务，即获取相关证据，这是法律战的特殊性所决定的。收集对方违反国际法、战争法行为的相关证据，在国际舆论、外交谈判，以及战后司法对抗等交战过程中作为有力的武器，给对手以致命一击。

3. 一线攻击系统

进攻性是法律战的一大特征，一线攻击系统是实施战斗、实现作战目标的直接力量。在指挥控制系统的指挥下，根据侦察监视系统获取的第一手信息，完成其高精确度的一击。该系统在功能上集进攻、防御于一体，在运作中兼具严谨性与灵活性。法律是人类理性的表现，具有严密的逻辑结构，该系统在运作中必须以此为基点，形成一个包括作战思路和整体方案等在内的严谨的结构体系。同时，也要善于灵活运用各种手段、技巧，采用多元化的进攻模式，让对手防不胜防。

狭路相逢勇者胜，而如今则是智勇双全者更胜一筹。作为一线攻击系统中的能动性要

---

① 陈伯江：《美国高级将领与著名学者访谈录——大洋彼岸的军事革命》，世界知识出版社1998年版，第302页。

② 陈伯江：《美国高级将领与著名学者访谈录——大洋彼岸的军事革命》，世界知识出版社1998年版，第18页。

素——人，必须具备法律、军事、政治、心理等多学科知识，掌握各种战斗技能，同时要为其配备相应的技术装备。在这场充满智慧的战争中，良好的心理素质、过硬的军事法律技能以及高科技的装备是必不可少的三要件。

上述三大系统是彼此交叉、相互关联的。就其各自系统本身而言，存在不同的信息输入、输出及处理，而在系统与系统之间同样存在着信息的传输与反馈，同时由其形成的整个法律战系统又与外界进行着信息的交流。这三大系统为法律战的整体目标的实现分工合作，正如美国前国防部长佩里所说："所有这一切都是效能系统链条上的一个个环节，如果去掉任何一个环节，系统的总效能就会大大下降。"① 综上所述，法律战系统效能的发挥，需要其内部各个子系统、各组成要素的不断发展，同时要实现其结构的优化组合，此外也离不开外部环境、历史条件等因素的促成。

三、法律战系统存体论

前文的系统论原理已经提到，开放性是法律战系统的重要特征之一。开放性促使法律战系统和外部环境之间不断交流，交互影响，实现着系统内外信息之间的吸纳、整合。外部因素深刻作用于法律战系统内部要素的"新陈代谢"。虽然外部因素并不是法律战系统功能的决定性因素，但它们却往往能起到旁敲侧击、推波助澜之奇效。古往今来不乏这样的例子，一些看似无法避免的冲突正是借助于政治、经济、文化、宗教等外部因素的作用，从而以"四两拨千斤"之力"化干戈为玉帛"而置敌于死地。因此，在法律战实施过程中，应当密切关注外部因素的变化及随之而来的影响，对己有利的，为己所用；对己不利的，驱之避之。对敌方通过作用于外部因素打击己方的手法，要沉着应对，见机行事，或借力打力，或将计就计。鉴于外部因素的重要性，以下就法律战与舆论战、心理战构成的"三战系统"，法律战与政治、经济、科技、军事、文化、宗教、民族、道德之间的联系略事分析。

(一)"三战"系统论

现代战争的形态随着信息时代的到来已经较传统战争发生了很大的变化。在传统意义上，战争以攻城略地作为单纯的军事目标，伴随着暴力和流血，弥漫着硝烟与战火。然而一系列新概念武器的出现，诸如微波炸弹、纳米武器、计算机病毒武器、高能电磁脉冲武器等，使得战争形态发生了历史性的变革。现代高技术战争把军事和政治有机结合起来，互为目的、互为手段，力求通过有限的军事手段和强有力的政治攻势来实现战争的目的，

① 陈伯江:《美国高级将领与著名学者访谈录——大洋彼岸的军事革命》，世界知识出版社 1998 年版，第 292 页。

出现了非暴力、非流血，有些甚至是非接触的战争。在这样的背景下，克敌制胜、掌握战争主动权、取得战争胜利的武器也自然需要与时俱进。一个按钮控制着一场战争的发动，一串数字决定着一场战争的胜负，这就是信息时代信息化战争的最大特点。在这样一个数字化的战场上，人更多地从以往的肉搏式的作战方式及硝烟弥漫的枪林弹雨中抽离出来，计算机、网络、信息系统代替人脑处理大量的数字信息。由此作为高科技战争武器的最根本的是建立信息网络系统，除此之外，可以用来约束、影响战争的进程的其他一些曾经被认为是次要甚至忽略的要素在今天则显现出其在整个战略系统中的重要性。最为突出，也是日益受到关注的便是“三战”——舆论战、心理战、法律战系统。综观20世纪90年代以来的几场高技术局部战争，足见“三战”系统在整个战争中的地位和作用。

尽管“三战”最近才作为军事理论提出，但纵观古往今来的大小战争，“三战”的实践却早已有之。《三国志·蜀书·马谡传》之“攻心为上，攻城为下”含义颇丰：一者，“攻心”即心理战；二者，“攻”众人之“心”便需要舆论；三者，用以“攻心”的，当数法律为最佳武器。“为上”之“攻心”，竟有“三战合一”的味道了。有人谓其“含有‘三战’思想”不是毫无道理的。

随着信息化时代的到来，“三战”在现代高技术战争中的地位和作用不断得以提升。传统战争，由于科技等因素的制约，信息传播技术的限制，“三战”影响范围甚小，对战争的进程及结果所起的作用极其有限，甚至是微不足道的。而今天，“三战”作为围绕武力战进行的另一种军事对抗斗争，与武力战相比，其所进行的是“软杀伤”，在整个战争过程中发挥以下几方面的作用：首先是为战争正名，通过寻找甚至制造发动战争的法律依据证明其合法性，抑或寻找对方发动战争的违法依据，为已方赢得舆论支持。其次是通过有目的的导向性舆论宣传，争取本国国民、中立国，甚至敌对国国民的同情和支持，巩固同盟，坚定本国军民的信念。最后是直接针对敌方士兵的心理，通过一系列方式以造成对方军队的心理震慑，消磨甚至摧毁其意志，最终赢取战争、实现目的。“三战”与武力战由互补变为系统合成，相得益彰。

在全球大规模武力战因多种因素被遏制的趋势下，“三战”的战略地位将进一步提高，最终定位为一项以全军为主、全民动员的国家战略行为。因此只依靠军队，以狭隘的内容、单一的形式，单纯追求为武力战造势、渲染的传统“三战”是无法适应新时期的作战要求的，必须由国家的全局性统筹，依靠地方民众、团体、军队、政府等多方力量，通过多种途径，形成一个完善的“三战”系统。

1.“三战”的概念、特征

新颁布的中国人民解放军《政治工作条例》中指出，总政治部战时任务的一项新内容是：“发挥政治工作的作战功能，组织开展舆论战、心理战、法律战，做好瓦解敌军工作，防范敌人策反破坏。”这标志着“三战”已正式成为中国军队新型的作战样式。与传统的军事武力战相比较，“三战”在强制的领域、强制的类型及强制的途径手段方面有其自身的特点：首先，在强制领域方面，其涉及的分别有舆论领域、心理领域、法律领域，突破了传统的纯军事领域；其次，在强制类型上是非武力的，也不同于以往的武力强制；再次，在强制途径手段方面，其主要通过适用传播媒介，如网络、电视、广播等，使用各种影响人正常心绪与思维的“攻心”手段，以及运用各种法律规范，给对手造成舆论、心理及法律的强制，从而为己造势或实现己方的利益需求。由此，我们可以界定现代意义上的“三战”是指为配合军事行动，以为己方造势或赢得利益为目的，通过在舆论领域使用各种新闻与信息媒体及载体以及宣传机器，通过在心理领域运用各种“影响正常心理与思维”的“攻心”手段，以及通过在法律领域运用各种国内国际成文与非成文法律规范、基本原则和准则，向对方所实施的非武力的舆论强制、心理强制与法律强制。

作为现代战争中交战双方在信息领域中的对抗，“三战”具有以下三大特点。

(1)“三战”的超时空性

“三战”先于战争而行，贯穿于战争的整个过程，又于战争结束后继续，表现出其“全过程性”；“三战”的作战战场突破了前方与后方、战区与非战区的界限，渗透至政治、经济、外交、文化、宗教等多个领域，演化为陆、海、空、天、电的五维一体化联合作战，呈现出立体化的“全方位性”；“三战”依靠高技术设备，如卫星、网络、电子系统等，形成高强度、大密度的“全天候”攻击状态。“三战”系统融合了心理、舆论、法律等信息空间于一体，这种大纵深、高立体、非线性的“三战”战场态势使得该系统效能得到极大地提高，并有利于相互配合显示出更大的合作化效应。

(2)“三战”的快节奏性

战争的“一触即发”在今天已经成为现实。现代化信息传播设备使“三战”启动速度极快，从信息收集、信息分析计算，到信息的传输，卫星、网络等大大提高了其启动速度；其次是应对快，由于不需要人力、武器的长途运输，在时间、空间的无限制条件下，只需依靠信息库、数据库对信息做自动化处理，通过信息传输与反馈，即可对敌方的攻击迅速做出反应；最后是收效快，敌我双方你来我往，往往根据“三战”所产生的政治、经济等方面形势的变化，迅速做出相应的军事上的调整。这体现了“三战”系统对信息的控制与反馈的快速性。

(3)“三战”的多样式性

传统的战争中有许多战法，如阵地战、运动战、地道战、游击战、麻雀战等。“三战”作为一种军事对抗方式也具有其自身所特有的战法，在战斗样式上表现出多样性的特点。心理战可分为外交心理战、谋略心理战、政治心理战等，法律战则可分为法律政治战、法律经济战、司法对抗战等，舆论战分为外交舆论战、民众舆论战等。而在具体的实施过程中，其样式更是层出不穷，战略指挥家们总是根据对手的不同特点，上演不同的“好戏”。富于变化的斗争方式与以往的阵前喊话、说客游说、实兵恐吓等手段相比较，明显具有更大的作用。其他还有运用多媒体技术制作出图、像、文等声情并茂的艺术手段，借助于网络平台在灵活多样的交互作用中体现出更大的感染力。

2. 作为子系统的“三战”系统

随着历史的发展，战争已从最初简单的肉搏战发展到今天一个集诸多要素，如科技、人才、战略、战法等以及各个战役子系统组成的大系统。这样一个庞大的系统，其内部构成了一个有机联系、互为因果的网络，同时又与外部的国际局势、政治状况、经济形势等有着密不可分的联系。因此，在今天要取得军事战争的全面胜利，仅凭借武力已远远不够。如何将其中各个要素、层次、结构有序组合，达到系统的最优化，最终实现战争目的是每一个指挥者所面临的重要问题。“三战”作为战争的一个组成部分，是采取一切非武力的军事行动攻击敌人，对敌实施“软杀伤”的一种重要的作战方式。在全球信息化、法治化的大背景下，其作用越来越凸现，将其上升到战略高度已成为各国军事指挥者的共识。

“三战”系统在整个军事大系统下，是作为一个子系统而存在的。“三战”系统的发展、变化将引起军事系统的变化。如果没有充分发挥“三战”系统的功效，甚至忽视其作用，将大大削弱军事系统的整体功能。相应的，过分迷信、依赖“三战”，而忽略其他子系统的作用，以及各个子系统之间的相互配合，也将大大降低军事系统功能的发挥。在伊拉克战争初期，伊军的舆论战曾一度占上风，从全民上下一致抵抗入侵的坚定信念，到其各方面均已做好充分准备等的宣传，使人以为美英将在此“一战”中付出惨重代价。但是伊军在军事实力上的落后，最终使其舆论战所取得的战果消失殆尽。而美军则正是依靠其强大的军事装备，结合武力战、心理战、舆论战、法律战等多管齐下，在短时间内以较小的伤亡代价攻占了伊拉克首都巴格达，推翻了萨达姆政权，实现了其战前所提出的目标。

系统因其要素或子系统的变化而处在动态发展的过程中。军事系统也显现出这一特点，正如上文所述，“三战”系统在军事大系统内的地位从古到今，整体上是呈上升趋势的，而非一成不变。其作用的大小亦因各要素、子系统的相互作用而不断变化。在铁蹄、盔甲占主导的历史时期，“三战”是受制于武力战的，谁的拳头硬就听谁的。而在民族独立解放时期，尽管被殖民地国家和民族在军事实力、武器装备上不如殖民国家，但其充分运用传统的“三战”，动员全国、全民族的力量，争取世界上其他反对压迫、反对霸权的国家的支持，在无形中增加了其夺取胜利的砝码。我军在历史的脚步刚刚迈入 21 世纪之时，审时度势地将“三战”列为新时期政治工作的重要任务，正是基于系统动态发展的理论，结合当今国际局势和新军事变革所做出的重大策略。

3. 作为母系统的“三战”系统

著名系统论学者 M. 邦格曾提出关于系统哲学的 8 条公理，公理 1 为：每一实物不是系统就是系统的成分；除开宇宙外，每一系统都是另一系统的子系统。[①]“三战”作为军事大系统下的一个子系统，同时自身又是一个包括舆论战、心理战、法律战三个子系统的有

① 陈依元:《走向系统·控制·信息时代》，人民出版社 1988 年版，第 65—66 页。

机联系的母系统。这三个子系统各有特点，在“三战”系统中发挥着不同的作用。

(1)“舆论战”子系统

在“三战”系统中，舆论战具有手段性的特点，心理战和法律战在一定程度上均需要借助舆论手段来开展。它是指战争双方依据传播学原理，利用电视、广播、网络、报刊等大众传媒，有计划、有目的地向受众传递经过选择的信息，宣扬己方对特定事件的立场、观点和看法，阻断、瓦解和反击敌方的舆论攻势，从而影响受众的情感和行为，引导社会舆论、影响民意归属，造成有利于己的舆论态势。相对于其他两个子系统，舆论战系统可适用的范围及可使用的素材更为广泛，它可以利用人们的道德、情感等因素，采用政治、文化、法律等方面真实的或者虚假的信息，展开舆论攻势。

第二次世界大战结束后，美国企图利用阿根廷国内的亲美势力除掉从不屈从于美国的利益和压力的副总统贝隆并全面控制阿根廷。在1945年9—10月，美国策划的两次政变阴谋接连失败后，美国政府迅速拉拢乌拉圭，妄想通过乌拉圭发起对阿根廷的集体制裁。11月22日，乌拉圭外长拉雷塔正式向美洲国家提出这一建议。拉雷塔建议在拉美国家引起强烈的震动。阿根廷贝隆政府多次发表声明，公开谴责“拉雷塔主义”及美国的干涉阴谋；阿根廷人民掀起了声势浩大的示威游行，新闻媒体通过各种渠道抨击、控诉美国的“贪得无厌”和“噬血本性”；除了中美洲四国，其余的拉美国家纷纷表示对建议的强烈不满，针对美国和乌拉圭的无耻行径进行了猛烈的舆论攻击和道义谴责，并表达了对贝隆政府的同情和理解。面对如此强大的舆论攻势，美国惧怕惹来更大范围的“众怒”，只得打消集体制裁计划。杜鲁门政府甚至不得已对自己的政策做出了部分修正，包括批准以粗暴干涉阿根廷内部事务闻名的拉美事务助理国务卿布雷登辞职，取消对阿根廷的贸易限制，同意阿根廷参与美洲国家间的有关活动。对于阿根廷而言，其之所以能以“微弱之躯”力拒强大美国于国门之外，舆论战的功劳不可小觑。

随着现代科技的迅猛发展，大众媒体的现代化程度大为提高，信息的承载能力空前增强，新闻舆论可以在瞬间对全世界产生影响。在战争中通过有限的军事手段和强有力的舆论攻势，达到了军事家一直以来追求的最高境界——“不战而屈人之兵”。与此同时，舆论战因其复杂性、多元性、难控性，使得在运用舆论战时又面临许多挑战。特别是舆论战中网络的兴起使得新闻的无序性、混乱性大增，各种意识形态的渗透无处不在，由此要对舆论战中的信息进行控制显得极为困难。那么，要赢得舆论战，首先要强化舆论战的意识，树立媒体、舆论是一种特殊武器的观念，重视舆论战场上的制新闻权和制信息权的掌握；其次必须适时结合法律战，依靠法律加强监控与管理，增强新闻管控的艺术性和有效性；同时应建立一支政治素质过硬、业务精通、纪律严明、作风正派的高素质军事舆论战人才队伍，保证能完成各项任务，发挥舆论战的应有效能。

(2)“心理战”子系统

心理战在整个“三战”系统中具有导向性，舆论战、法律战的展开以达到心理上的影响甚至控制为归宿。心理战是指战争双方依据心理学原理，以特制信息为武器，运用多种手段，改变敌方认知、情感、意志和行为，摧毁敌方抵抗意志，弱化敌方作战能力，巩固己方心理防线，力争以小的代价换取大的胜利而展开的对抗活动。它更多的是在战役战术层面发挥作用，直接指向敌方军心。人的心理受许多因素影响，诸如宗教信仰、道德伦理等，因此心理战往往是利用这些因素，通过舆论、文字、图片等形式达到战斗的目的。

对于心理战在战争中的地位与作用，早在春秋战国时期就有相关的论断，《孙子兵法·军争篇》中提到“三军可夺气，将军可夺心”，便是对实施心理战的重要性与可行性的肯定。而在 1994 年 9 月 18 日美国就利用心理战在对海地的战争中达到了不战而胜的目的。一开始，美国和海地进行谈判，双方互不妥协。美国代表便利用现代媒体手段将美国的战地实况转播与电脑笔记本连接，然后告诉海地的代表：“你今天同意不同意我们的条件不要紧，你看我们整个空袭计划，作战行动马上就要开始。”海地的代表开始表示怀疑，但是过了几分钟，屏幕上就显示出美军的轰炸机，以及美军空降 82 师大型运输机从美国机场起飞的镜头。海地代表不由感到威慑，海地一共只有几千人的部队，根本无法抵挡美军的强大攻势，无奈之下只得同意美国的条件。协议一签署，美军战机便返回了空军基地。在这场未付诸实际的战争中，美国强大的军事威慑通过媒体传到对手面前，将军事上的优势转化为了心理上的优势，产生了强烈的心理威慑效应，最终不费一兵一卒达到了目的。

当前军事领域正发生着深刻的变革，现代战争既是兵力、武器的对抗，又是心理谋略的角逐，是“力战”与“智战”的结合。因此，作为现代战争中又一种军事对抗手段，且可以配合武力战达到战略目的的作战样式——心理战的功效应当受到重视。开展心理战应充分利用政治、经济、文化、军事等方面的优势，并将其转化为心理上的优势；运用多种形式的手段，如心理威慑、心理诱导、心理规劝等，潜移默化地影响并改造对手，增强心理战的攻击力度和效果。在重视研究心理战进攻的同时，应当注意心理战的防御。在平时，加强法律知识特别是国际法、战争法的普及，开展爱国主义教育，弘扬民族气节，培养不畏牺牲的精神，增强民族凝聚力；严格管理控制网络等传媒，建立畅通的信息反馈通道，及时清除对手的不良渗透与影响。从而在全军、全国上下建立起一道强大的心理防线，防患于未然，抵御对方的心理攻势，为军事斗争的顺利开展扫清心理障碍。

(3)“法律战”子系统

法律战在“三战”系统中相对而言是最为严谨的作战样式，而产生的效果也是最被认可的。随着世界军事变革的深入发展，法律战越来越引起人们的广泛关注。美国海湾战争时期参谋长联席会议主席鲍威尔曾说：“战争法的作用是不可估量的！”[①] 法国在科索沃战

① 军事科学院外国军事研究部、中国国防科技信息中心译：《海湾战争》，军事科学出版社 1992 年版，第 434 页。

争后总结得出:“法律问题今后在我们解决危及的防务工具中占有重要位置”,“在武装部队中大力宣传法律知识,特别是努力宣传武装冲突法”①。在第17届国际军事法和战争法学年会上,英国代表指出:“法律是‘原子弹’,谁掌握了它,谁就有了主动权,谁就能最终赢得战争。”法律战又不同于单纯的法律运用,它具有实时对抗性,与海战、空战、陆战等其他作战形式一起构成战争中的军事对抗力量。它以维护己方合法交战权利,揭露敌方违法行为,争取国际社会政治和道义上的支持,达到获取军事斗争胜利为目的。法律战的作用是全局性的,可以加快结束战争进程、控制武装冲突。与舆论战、心理战相比,法律战不仅影响到战时,还影响到平时,对军事行动起到指引和规范作用,延伸到平时武装力量之间的对抗。

在朝鲜战争行将结束之际,中朝两国就以一场精彩的关于战俘安排的法律战作铺垫,打了一场漂亮的加速了停战进程的武力战。1951年7月,朝鲜战争进入了敌我双方“边打边谈”的新阶段。在同美方谈判的过程中,斗争最为激烈的就是战俘安排问题。本来,战争结束后交战双方交换战俘是历来的国际惯例,而且1949年《关于战俘待遇之日内瓦公约》对此更有明确规定。然而,美国仗势欺人,在战俘问题上大做文章,提出所谓“一对一”交换和“自愿遣返”的原则,拒不遣返全部战俘。更有甚者,美方竟然在战俘营中接连对中朝战俘进行惨无人道的大屠杀,并在1952年1—5月一手制造了令人发指的巨济岛战俘营事件。当巨济岛血腥镇压事件和无法抵赖的证据被传播媒介和红十字国际委员会调查报告公之于世后,引起了国际社会强烈的愤怒与谴责,使得一时之间美国政府和联合国军在武力战和法律战上都陷入狼狈境地。② 正是在这种情势下,为缓和国际社会针对美国的紧张气氛,1953年新上任的总统艾森豪威尔力图恢复与中朝因战俘问题中止了许久的和谈。双方于4月11日签订了《遣返病伤被俘人员协定》,并在6月8日最终就战俘问题达成协议。和平的曙光眼看就要来临,在这关键时刻,朝鲜李承晚集团为了阻止停战的实现,竟然公然破坏已达成的协议,从6月17日起,以“就地释放”为名,将朝鲜北方的被俘人员2.7万余人强行扣押,并且叫嚣要“单独干”和“北进”。李的无耻行径激起了国际社会的一片声讨,就连英国、加拿大、澳大利亚等参战国都谴责李承晚,并抗议他擅用“联合国军司令部权限”,艾森豪威尔也表示此行动给美方“造成困难”,使美方无法在与对方打交道中“履行诺言”。金日成、彭德怀则在事件发生后的第二天致函联合国军司令克拉克,严正谴责这一违法事件,坚决要求美方必须立即追回全部被李承晚强行扣押的战俘。在进行义正词严的法律斗争后,中朝为防“类似事件不致再度发生”,发动了新一轮武力战进攻,矛头直指李承晚。这次战役就是著名的“金城战役”,正是先前的法律战为此次战役做了合法的铺垫,而正是此战加速了朝鲜停战的实现。显然,法律战对武力战

① 军事科学院外国军事研究部:《科索沃战争》,军事科学出版社2000年版,第30页。
② 张志等主编:《国际关系史》(第8卷),世界知识出版社1995年版,第89—90页。

的配合效果可圈可点，二者整体的作战力量至伟至巨。

在“三战”系统内，法律战为心理战、舆论战的开展提供了有力的武器。首先是论证战争性质和使用武力的合法性。当今军事冲突中往往渗透了大量民族和宗教矛盾、意识形态和国家利益斗争等因素，其起因更为复杂，性质更难鉴别，而运用法律可以有效避免评判标准上的混乱。师出有名，有利于首先从心理上压倒对方，夺取主动权。其次是评判战争手段和行为。己方兵以法行，用兵有德，有助于赢得民意，树立我军文明之师、正义之师的良好形象，为舆论战提供强有力的支持。

在“三战”系统中，舆论战、心理战、法律战的目的是一致的，都是围绕争夺舆论和民心而展开的斗争，直接为国家的政治、军事、外交斗争服务。三者互为手段、互为目的，在斗争的内容上既有交叉，又各有侧重。法律为舆论战提供可靠的依据，给予其比其他方式更为强有力的支持；而心理上的控制是舆论战的最终目的。但舆论战又不仅仅限于以“法律”为武器，它可以从道德、信仰等多方面进行，展开攻势，同时心理控制也只是其所要达到的目的之一，此外还有争取第三方中立国、国际社会的支持等等。而法律战的进行需要，但不限于舆论的形式，更多地体现在外交谈判中及司法对抗中，它以政治目的为出发点和归宿。心理战主要是针对作战的敌对国的兵官和民众，因此其运用的手段更为大众化，情感色彩相对也可以浓厚一些。由此可见，“三战”系统内部交叉联系，形成了一个网络。只有充分发挥“三战”系统中各子系统的特点，彼此配合达到最佳效果，才能对整个军事系统的优化与系统目的的实现提供有力支援。系统论的鼻祖贝塔朗菲提出系统论的定律或被称为基本原则：整体大于部分和，即“当系统的要素结合是有序性有目的性而形成优化系统时，系统就获得了一种‘系统效应’和系统功能的‘附加量’，于是，在宏观上就呈现出整体功能优于部分之和的现象”。由此，在充分了解各要素或子系统“元功能”的基础上，优化组合，从而实现“构功能”的最大化。

（二）法律战与经济

战争与经济这两大系统间的关系可谓错综复杂，彼此的互动影响极其深远。

首先，经济对战争具有决定作用。迄今为止，在人类历史上，战争形态发生了四次演变，而这四次演变的最根本动因就是经济的发展。

从原始社会末期到 10 世纪，生产工具的革新经历了从石器到青铜器到铁器的演进，生产力的发展推动了社会发展，同时，经济的发展也推动了战争武器的发展，这一时期被称作冷兵器时代。如果说这一时期经济对战争的影响集中表现在兵器上，那么接下来几个时期经济对战争所起的推动作用则是全方位的。

从 10 世纪到 17 至 19 世纪是人类历史上第一次大转变——冷兵器时代向热兵器时代的转变。经济的发展使欧洲人不再满足于本国内，而进一步谋求海外扩张，发展海外贸易。中国的四大发明为他们的扩张提供了条件。而地理大发现则拉开了全球性掠夺的序幕，随之而来的便是一场场侵略与反侵略的战争。火器的发明并应用于军事直接导致向热兵器时代的演进。作战样式从线式发展到非线式，从接触战发展到非接触战；军队战斗力的重心由兵力转移到火力；作战空间从陆战延伸至海战。

18 世纪中期后的工业革命再次带来了战争形态的大转变，即从热兵器时代向机械化时代的转变。以蒸汽机为代表的产业革命的兴起，以及冶金、化学、机械制造和电气工业的发展使武器装备不断出现革命性变化从而引起了战争形式、战争理论的一系列变革。战场维度呈现海、陆、空三维立体化态势；作战机动性增强，指挥效能提高要求先进的机械化战争理论做指导，最大限度发挥军队战斗力；战争的毁灭性与破坏性程度达到一个前所未有的高度，特别是核生化武器的出现使得和平与战争的关系变得更为微妙。国际社会通过一系列手段、方式，特别是法律来制约大规模杀伤性武器的使用。到 20 世纪中期机械化战争形态成熟。

经济的进一步发展，社会主导产业不断更替、产业结构不断升级，特别是信息产业的兴起将人类带入了信息时代。以信息技术为主体的信息革命将战争形态推向又一个崭新的时代——信息化时代，战争形态变为主要是利用信息化、网络化、一体化优势进行全球性渗透、控制和掠夺。

纵观人类历史上战争形态的四次大演变，可以发现有两个大的转折点，即 18 世纪末的工业革命与 20 世纪后期的信息革命。由此可见，经济这一基础性因素对战争的决定性影响。而西方国家抓住工业革命的契机迅速崛起，与中国因错失这一机遇而历经百年屈辱的历史教训也充分证明了落后就要挨打。

其次，战争对经济亦有一定的反作用。在早期，这种反作用表现为对经济的巨大破坏。据统计，在“一战”中，伤亡达 3000 多万人，直接的战争费用约为 1863 亿万美元；而到“二战”，伤亡人数达到了 9000 多万，军费消耗 11170 亿美元，经济损失逾 40000 亿美元。而随着高科技的发展，战争对经济产生了巨大的促进作用。战争物资，包括军用和民用物资，直接促进民用经济和军工生产的急剧扩大，从而带动了社会经济的整体发展。此外，战争中产生的高技术应用于社会生产，亦能促进经济的发展。例如，在“二战”中发明的原子弹带来的原子能技术，促进了能源经济的革新发展。

战争与经济之间的互动性，也深深地影响了作为战争子系统的法律战系统。法律战与经济亦有着紧密的联系，这是法律战自身系统开放性所带来的必然结果。

1. 经济法律战系统概述

经济法律战系统是法律战要素与经济要素相互联系、相互作用形成的有机体。就法律战系统本体而言，经济系统是其存在的一个外部环境要素。

如上文所述战争与经济之间的互动关系，法律战与经济也处于相互联系、相互作用中，这是这一系统整体性的表现。经济的不断发展，影响着社会生活的方方面面，法律战的发展变化正是在经济的促动下进行的。而法律战的开展，就今天而言，对经济提出了更高的要求。这种作用与反作用的不断发展，使得经济法律战系统整体处于不断更新的状态中。

经济法律战系统是服务于法律战的，必须从整体作战目标出发，发展适用于法律战的军事经济，为法律战的开展创造良好的硬件设施。

2. 法律战是经济全球化对战争的新要求

当人类跨入又一个千年之际，和平与发展成为这一时代主旋律。但战争的幽灵却始终在我们身边徘徊，而且其形态发生了深刻变化，新的作战样式也层出不穷。我们尤其应当注意经济全球化时代战争的转型。经济全球化，在某种意义上而言，是市场经济的全球化。市场作为资源配置最有效的手段，已经被世界上大多数国家所认可并接受。众所周知，市场经济是法治经济，它呼唤法治。市场经济的全球化推动了法治的全球化，这既对战争提出了依法而行的要求，也为法律战的开展提供了平台。这是法律战经济系统不断发展变化，在经济全球化时期的表现。

世界经济形态经历了三次大的变革：以农业经济和资本经济为主导的“黄色圈地运动”，战争目的表现为攻城略地；以资本经济和海洋经济为主导的“蓝色圈地运动”，战争目的表现为对海洋的争夺和控制；以知识经济为主导的新经济形态推动着“数字化圈地运动”的发展，战争目的表现为对信息和知识的控制。二者彼此联系、相互作用，随着经济利益的发展推动着战争目的的不断变化，也促使着作战方式的不断革新。

随着各国尤其是第三世界国家经济的迅速增长，战争的发动不再以统治和占领他国领土为主要目的，转而演变为达到预期的、有限的政治、经济或军事目标。因此战争持续时间也大大缩短，体现出速战速决的特点。而全球经济一体化的不断加强，使各国、各地区在政治、经济、军事、文化等领域中的联系日益密切，相互影响日益扩大，彼此的利益和矛盾相互渗透，错综复杂。这一切使得战争的发动受到越来越多因素的制约。

其一，国际法的制约，这其中联合国发挥了巨大的作用。现代国际法在废弃国家的战争权，禁止在国家关系上使用武力或武力威胁的同时，也规定了国家在受到武力攻击或武力威胁时，有“行使单独或集体自卫之自然权利”，赋予正义战争以合法地位。只有在三种情况下，战争才是合法行为：国家行使自卫权；联合国安理会采取或授权采取的武力行动；为争取民族自决权而进行的反对殖民地或外国统治的民族独立或民族解放运动。[①] 对于发动非法战争的国家，将予以制裁。

其二，国际、国内舆论的制约。一些国家推行霸权主义、强权政治，绕开联合国发动侵略战争，在这种情况下国内、国际的舆论将起到强有力的牵制作用。

其三，国家间的联系，尤其是大国关系的制约。世界上任何一场战争的爆发，不论是局部的抑或是全球性的，都将不同程度地对其他国家和地区产生影响，或多或少与各

① 从文胜：《战争法原理与实用》，军事科学出版社 2003 年版，第 621 页。

种利益集团发生利害关系。因此战争必将受到国际社会，尤其是大国间相互利益的制约和牵制。

在当今世界没有哪个国家单纯依靠本国力量就能赢得一场战争的彻底胜利，国际社会错综复杂的经济利益、政治关系对战争的进程有着深远的影响，所有这一切都是在经济全球化条件下形成的新型战争的特点。法律战这一战略思想正是针对这一情况而提出的。

3. 法律战是打破经济强国即战争霸主的契机

如前文所述，法律战的提出是以经济的全球化发展为战略基础，以信息革命、技术革命为物质基础。但事物总是对立统一的，在机械化时代以及在此之前的战争都是以国家经济实力为后盾的，因此二者的统一性占主导地位。有学者提出战争的演变是一种能量的变换，冷兵器时代是体能，热兵器时代是化学能，机械化时代是机械能、电能和核能，信息化时代是智能。人的能动性在现代战争中的作用体现得更为明显。法律战的对抗就主要表现为人与人的“智力”与“谋略”的对抗。

在法律这位蒙着双眼、一手持天平一手持宝剑的正义女神前，人人平等。于是，一些经济大国往往将法律作为粉饰自己推行霸权主义和强权政治的工具，为自己发动战争寻找法律上的依据；为自己的战争行为进行法律解释，使之得到国际社会的理解、支持。

中东地区由于其特殊的地理位置及其丰富的石油资源，一直是世界大国争夺的战略要地。美国一直企图控制海湾石油资源，掌握西方经济命脉，巩固其在西方世界的“领导”地位；长期驻足海湾，在中东建立以美国为主导的“新秩序”；制服地区的强国伊拉克，保持海湾地区力量均衡，维护美国的全球利益。20世纪80年代中期，美苏关系缓和后，该地区潜在的矛盾日渐浮出水面。伊拉克对科威特觊觎已久，早在1961年拒不承认科威特独立，并企图以武力将其吞并，因遭到英国的干预和其他阿拉伯国家的反对，才于1963年被迫承认其独立。此后，因边界问题与科威特多次发生纠纷和冲突。两伊战争后，伊拉克陷于经济困境，要求科威特减免其债务，并指控科威特超产石油和偷采边境石油，导致其石油收入锐减，要求科威特赔款并道歉；同时还向科威特提出重划边界和租用布比延岛与沃尔拜岛99年的要求。遭到坚决拒绝后，伊拉克于1990年8月2日出兵占领科威特全境，8月8日宣布科为其第19个省。伊拉克的侵略行径遭到世界上绝大多数国家的反对，同时也冲击了美国的霸权主义政策，为美出兵海湾提供了借口。伊拉克入侵科威特当天，美国“独立”号航空母舰即奉命驶往海湾。8月6日，美国总统布什下令实施“沙漠盾牌”行动，向海湾部署军队。此时，联合国安理会通过要求伊拉克无条件撤出科威特并对伊实施贸易禁运等决议。美国以执行联合国决议的名义建立多国联盟，英、法等38个国家出于不同目的派遣20余万人的战斗部队或支援部队，日本等十多个国家向美国捐款540余亿美元。1990年11月29日，联合国安理会通过第678号决议，限定伊拉克在1991年1月15日前撤出科威特，并授权联合国成员国在1月15日后可使用武力将伊拉克赶出科威特。1991年1月17日当地时间凌晨两点，美军空袭行动开始，由此拉开了海湾战争的大幕。[1] 在这场战争中，作为发起者的美国以自己的政治、经济利益为出发点，以联合国决议作为自己发动战争的依据，以法律战为自己的军事行动开道，并建立起同盟，为启动战争目的的最终实现铺平了道路。

法律战的武器是法律，主要包括国际法和各国国内法。其中，国际法对大多数国家而言都是公平的，它既不因为国家富余而偏袒，也不因为贫穷而给予同情。在法律战的战场上，就“法律”这个武器来讲，不会出现小米加步枪面对飞机和大炮的场面，因此对于经济弱国而言，赢得法律战完全可能。问题的关键是如何借法律战的胜势，去赢得战争的全面胜利。

法律成为白纸黑字后是死的，但人作为战争的主体是活的，战争的形态千变万化，如何灵活运用法律，使死的法律成为有效的作战武器，提高军队的战斗力，对未来战争有着深刻的影响。这也成为发展中国家打破发达国家战争霸主、战争赢家地位的最有利的武器之一。在古代，以弱胜强、以少胜多的例子不胜枚举，取胜的关键在于指挥者的谋略。在今天，法律战也正是一场“斗智”的过程。这场没有硝烟、没有炮火的战斗，先于战争而发生，又贯穿于战争始终，在战争结束后依然继续，对于战争的成败尽管不是必然的决定性因素，但却很可能成为偶然的决定性因素。经济军事强国发动对弱小国家的战争，犹如一架没有调零的天平，从一开始就是倾斜的，胜利的天平自然倒向强大的经济大国。法律战在此时如同一颗砝码，谁能赢得它，谁就能为自己增加分量，或许有时候这一分量显得微不足道，但是有时候却可以使胜利的天平倒向自己。而对于一场势均力敌的战争而言，这一颗砝码就显得更为重要。

在战争中，人的因素是非常重要的。当年我们依靠小米加步枪战胜飞机与大炮，靠的就是人。对于身陷战争或者置身战外的人，战争的心理因素直接影响其对战争的态度，进而影响其作战表现。由此，在交战前夕以及交战过程中，应重视施加敌方心理压力，尽量给对手制造“战争迷雾”和“阻力”，并减少己方的“战争迷雾”和“阻力”。法律战便具有打击敌方士气，加大敌战阻力的功能。对于一个经济弱国而言，其武器装备一般来讲无法与经济强国抗衡，在这种情况下，取胜的关键便在于人。依靠法律战，证明敌方军事行动的非正义性，宣传己方的正义立场及合法性，这样既能鼓舞本方士兵的士气，增强全民取胜的信心，又能瓦解敌方军队作战信念，使其处于孤立无援的状态，消耗其战斗力，最终赢得战争。这在第三世界国家反殖民地反压迫的民族解放战争中屡见不鲜。当然这是一种比较理想的战争状态。退一步讲，即使未能达到上述效果，法律战的实施，在一定程度上仍然可以延缓敌方进攻势头。“得道多助、失道寡助”，此乃兵家常识。面对己方的法律战进攻，敌方必然会予以回击，这样无疑会拖延敌方武力战的时间，而时间就是生命，在战争中一旦获得一丝喘息的机会，就有可能力挽狂澜，扭转乾坤。

---

① 王岳川主编:《一生要读知的100场人类战争》，中国戏剧出版社2004年版，第744页。

当然不可否认，法律战是围绕武力战而进行的，对于战争的胜负，法律战并没有必然的决定作用，它只是一个偶然因素。这一偶然因素经过量的积累，方可实现质的飞跃。因此对于经济落后的国家而言，法律战提供的是一个取胜的契机，而非必胜法宝。

4. 法律战需要经济的强有力支撑

战争离不开经济上的支持，早在法兰西帝国时期，拿破仑就说过："战争靠什么？第一，钱；第二，钱；第三，还是钱。"战争发展的一个基本趋势是战争耗费越来越高，对国家综合国力的依赖性越来越大。特别是随着高技术战争的打响，将带来更高的耗费。例如，单从物资消耗指标来看，海湾战争分别比"二战"、朝鲜战争、越南战争、第四次中东战争和马岛战争提高了 20 倍、10 倍、7.5 倍、4.2 倍和 3.5 倍。美军的战争消耗，在 3 年朝鲜战争中是 540 亿美元，在 11 年越南战争中是 1300 亿美元，而在短短 42 天的海湾战争中多国部队的投入达 1133.3 亿美元，耗资 610 亿美元。[①] 而法律战的开展同样离不开经济的支持。法律战战场技术平台的建设，如网络、信息库、数据库等，法律战人才的培养，法律战战争过程中情报、证据的收集、运用等等都需要经济给予物资上的支援。通过电子、信息等方式封杀对手获得情报的渠道，将对手变成"瞎子"和"聋子"，使其不能"知彼"，从而封杀其取胜的道路。建立我方开展法律战的战场系统，将战争的触角尽可能伸向敌人内部，这主要有赖于网络等大众传媒技术的不断提高。总之，经济要素在这一系统中处于基础地位，为法律战系统内部各要素的完善及优化组合提供物质保障。在信息化战争时期，法律战的开展必须充分利用信息技术带来的便利与快捷，而这一切都离不开经济作为其强大的后盾。

（三）法律战与政治

自从原始社会末期国家诞生以来，战争与和平一直伴随着人类社会的前进而不断发展着。作为国家间交往的形式之一——战争，与政治的联系最为密切。战争是政治的继续，是国家利益冲突和对抗的表现形式，是实现国家政治目的、调整国家间关系的途径和手段之一。法律战乃是军事大系统中的一个子系统，其以军事系统总目标为最高目标，从历史上看，战争的发生，不论是什么性质，正义或非正义的，终极目标均是为了获取政治利益。同时，政治对法律战也具有深刻的影响。

1. 政治法律战系统概述

法律战与政治之间相互联系、相互作用形成的有机体，即政治法律战系统，以政治为目标，以法律战为手段，这充分体现出该系统的整体性与目标性。政治是法律战的外部环境要素之一，一国的政治目的及其所处的国际政治环境对法律战有着极大的影响。与此同时，法律战的过程与结果对政治有着深刻的反作用，每一次交锋都有可能带来政治局势的

① 彭训厚：《论"二战"后军事科学技术进步对战争的重大影响》，《军事历史研究》2000 年第 1 期。

变化，由此这一系统总是处于不断的发展变化中，表现出开放性与动态性。

在开展法律战之时，必须将法律战与政治有机结合，从国家根本政治利益出发，充分利用有利于作战的政治因素，实现这一系统的优化组合，为法律战的开展提供良好的政治环境。

2. 法律战是政治的继续

历史上很多次战争都充分表明，运用法律手段进行作战，能够以较小的代价实现预期的政治目的。作为整个战争系统的子系统之一的法律战更为清晰地展现出与政治的密切联系。政治法律战系统最为直接地表现出法律战通过以法制敌，解决战争行为的合法性、正义性问题，取得政治斗争、军事斗争的主动权，最终赢取胜利，实现政治目的。

在战争爆发前，作为战争发动的一方总是千方百计寻找依据，而法律依据是最具有普遍认可性的。如 1923 年 1 月 11 日，法国派兵 3 万侵占德国最大工业区鲁尔之前，便首先通过赔偿委员会认定德国故意不支付煤炭的协议，并提出根据凡尔赛对德和约第 8 篇附件第 2、17、18 节采取相应制裁，为占领鲁尔寻觅出“法律根据”。而在战争结束后，交战双方总是试图通过法律来巩固既得的政治利益，改变利益分布格局，或是减少政治利益因军事失利而蒙受的损失。从一定程度上而言，军事上的胜利并未达到“全赢”的结果，它仅仅是为实现政治目的开辟了道路，还不是政治目标的最终实现。要使政治目标得以实现必须通过法律——主要是国际法来确认并予以保证。这也是为何数次世界性或局部性的战争结束后各个参战国，包括战胜国与战败国总是继续圆桌上的交锋，你来我往，最后形成一个平衡各方利益的和约，用法律的形式固定军事结果，巩固并最终实现预期的政治目的的原因所在。

可以这样讲，法律既是法律战的武器也是其产物，特别是国际法、战争法正是在一次次的法律战后逐步完善发展起来的。国际法反映的是国际政治的现实，包括国际社会的共同利益，也包括国际社会中占主导地位的国家的片面利益，是各国利益折中和战略对抗与妥协的产物。各国在对待已有国际法的态度上，尤其是在法律战的交锋过程中，则不仅仅是根据国际法的要求，更多的是从自身国家利益和国际政治的考虑出发，选择性地适用，甚至歪曲地加以利用。

综上所述，法律战是政治的继续，政治利益和政治目的决定法律战的实施方向与手段，而作为辩证统一的矛盾体，法律战又反作用于政治，影响并促使新的政治格局的形成。

古罗马法学家西塞罗曾说：“法律在战争中缄默无语。”然而，事物总是处在不断发展变化中的。军事系统的动态发展，国际法特别是其中战争法的产生、发展、完善充分说明，面对战争，法律不再沉默。冷战结束后，尤其是 20 世纪末的几场军事战争中法律战的频繁运用，将兵与法紧密相连，成为现代信息化战争一条重要的指导规律，是现代战争指挥者必须掌握的战争艺术。西方国家一位著名的将军曾提出：“法律是另一颗原子弹，谁掌握了它，就能掌握主动权，赢得战争的胜利。”对于法律战的作用和地位的重视已得到国际社会许多国家的共识。海湾战争时期的美国参谋长联席会议主席鲍威尔就曾说过："法律方面的考虑对各级决策都有影响。"而在海湾战争结束后不久，江泽民也指出，"如果我们对国际法研究得比较透，在国际进行斗争就有依据了。否则，我们老是'挨打'，老是处于被动，本来有理的，有时也变得没有理了"。"军事战线在内的各条战线的干部，都要善于运用国际法这个武器，来维护我们的国家利益和民族尊严"。这样的共识，不是历史的巧合，而是历史的必然，是在国际、国内社会文明和法治水平日益提高的政治大背景下，对未来战争发展趋势的准确把握。我军未来作战主要可能有两类：一类是国家内部反对分裂，维护祖国统一；另一类是抵抗外来侵略，维护国家主权和领土完整。法律战作为现代战争中围绕武力战进行的，以法律为工具的军事对抗斗争，也以维护国家安全、国家主权和领土完整作为目的，它是为国家政治利益所服务的。在历史上我军早已有过利用法律战配合武力战抗击外来侵略势力、维护国家领土完整的先例。

1974 年 1 月 17 日至 20 日，中国人民解放军南海舰队在当地陆军、民兵、渔民的配合下，痛击了南越西贡政权对我国西沙群岛的侵略。西沙群岛自古以来就是中国领土的组成部分。早在 1951 年 8 月 15 日，当时的外交部部长周恩来发表《关于美英对日和约草案及旧金山会议的声明》，严正指出："西沙群岛和南威岛正如整个南沙群岛及中沙群岛、东沙群岛一样，一向为中国领土。"1974 年 1 月 20 日，武力战后不久，中国发表声明，对西贡当局的侵略行径表示极大愤慨和强烈抗议，重申西沙群岛、南沙群岛及中沙群岛、东沙群岛属中国领土，警告西贡当局必须立即停止对中国的一切武力挑衅，停止对中国领土的非法侵占活动，并宣布，中国政府对南越被俘人员将在适当时机遣返。1 月 31 日中国政府开始分批遣返全部被俘人员。然而，南越当局一意孤行，其常驻联合国观察员要求联合国安理会讨论西沙群岛问题，中国驻联合国大使强烈抗议，声明西沙群岛是"无可争议的中国领土"，是"中国的一个内政问题"，根本不应该提交安理会讨论。中国的这一正义主张，得到了当时大多数理事国的赞同，南越政权的无理要求遭到否决。基于当时的国际局势，美国未同意西贡当局请求美国第七舰队援助的要求。最终中国取得西沙群岛自卫反击战的胜利。①

综上所述，在军事斗争的准备上，我军的主要任务是打赢未来高技术条件下的局部战争，打赢信息化战争，获取在国内统一、边境反击、抵制外部势力强行干涉、打击民族分裂恐怖主义活动、解决资源和领土纷争中的主动权，确保国家统一、领土完整、民族团结、社会稳定。这一系列的政治目的的实现，需要运用法律为战争正名，在自觉遵守国际法的前提下，运用战争法，为军事行动确保政治上的主动和军事上的自主，使对方陷于被动，配合军事斗争取得最后的全面胜利。台湾问题是我国的内政问题，无论我国政府采取

---

① 蒋建农主编：《中南海三代领导集体与共和国军事实录》(中卷)，中国经济出版社 1998 年版，第 301—306 页。

何种方式来解决，都不允许任何外国势力的干涉甚至军事介入。这是国际法赋予主权国家的基本权利。对于部分国家以种种借口加以干涉，我们应通过法律途径予以坚决的回击。《反分裂国家法》的审议通过，正是积极应对国内外分裂势力的有力回击。而国际社会以《联合国宪章》原则为基础的国际法基本原则也是我们抗击国外势力的有力武器。

3. 政治方式是法律战作战途径之一

如果说政治是法律战的出发点和归宿，那么在法律战政治系统中，法律战的实施同样离不开政治活动的支持，从某种意义上可以说，法律战是法律化了的政治斗争。政治活动在法律战中的作用体现在以下几个方面。

（1）外交谈判

总体而言，最常见的法律战战场是在谈判桌上。外交谈判作为一项政治活动，在涉及国家军事行动时，也就演变为一场法律战。它可以是两国间的，也可以是多国间的。主要应用于建立同盟、战后利益分配，以及现代通过利用联合国组织内的决议等为战争正名。

在“二战”前夕，德国通过与英、法签订《慕尼黑协定》，以及随后与苏联签订互不侵犯条约，为其横扫欧洲大陆扫清了障碍。而在战争过程中，大大小小的外交会晤、谈判数以百计，对整个战争的进程起了巨大的推动作用。1941 年 8 月，英国首相丘吉尔和美国总统罗斯福在大西洋上的一艘军舰上举行会见。虽然美国当时还没有参战，但这一举动向世界表明了美、英将联手对抗世界法西斯势力的决心。在此次会晤中，美、英两国首脑共同签署了《大西洋宪章》这一历史性文件，促进了国际反法西斯统一战线的形成。1943 年 11 月 22 日至 26 日，美国总统罗斯福、英国首相丘吉尔和中国政府首脑蒋介石举行开罗会议。会议着重讨论对日作战问题，之后签订了《中美英三国开罗宣言》，宣言指出：三大盟国此次进行战争的目的在于制止及惩罚日本的侵略；三国之宗旨在于剥夺日本自“一战”后在太平洋所夺得的或占领的一切岛屿，在于使日本所窃取于中国的领土，例如满洲、台湾、澎湖群岛等归还中国。1945 年 2 月 4 日至 11 日，英、美、苏三国首脑丘吉尔、罗斯福、斯大林及其外长们在苏联克里米亚半岛雅尔塔会晤，签订了《雅尔塔协定》，确定了苏联参加对日作战的时间，协调了同盟国对日作战的军事行动，对加速击败日本起了积极作用。

由此可见，政治上的谈判是法律战的重要形式之一。尤其在涉及多国关系、多国共同利益时，外交是开展法律战最直接有效的途径之一。伴随着军事行动而逐步进行并获得的外交成果能引导武力战的发展方向。当前，联合国是典型的潜在的法律战战场，安全理事会作为维护世界和平与安全、并唯一有权采取执行行动的机关，在世界范围内具有举足轻重的影响力。我国应当充分利用在其中的特殊地位和作用，广泛参与国际社会事务的合作，巩固并发展与有关国家和组织的战略伙伴关系，为未来的军事斗争打好前站。

（2）国家立法

法律战以法律为武器，因此不仅要掌握并善于运用国际法，更要完善本国法律体系。

在国际争端的处理中，一国国内法往往为争端发生提供一定的政治、法律背景。作为国家行动的依据，在某些情况下，国内法的一些原则可被直接采纳，用来处理有关问题，由此，国家立法也成为法律战不可或缺的重要组成部分。从本国利益出发，在不违背我国承认的国际条约、国际惯例的前提下，制定配合军事行动的法律，成为我国现阶段一项重要的立法任务。首先要建立起战争法这样一个部门法体系。其次是制定诸如“统一法”“反分裂法”“民用运力国防动员条例”“战争中对于信息权的法律保护”以及“动员法”“战争状态法”“战时诉讼法”等与战争相关的法律。再次要在现有法律基础上补充关于“战争犯罪”“引渡”等具体规定。此外，还可以根据新时期战争的特点制定关于信息化战争的相关军事法律。此外，在注重本国创制法律的同时，还应当注意借鉴和吸收国外一些国家对于战争的立法，根据我国政治、经济、军事的特殊国情，移植一部分为我所用，完善军事立法体系，为我军法律战的实施打下扎实的法律基础。

（3）全民动员

战争是无情的，一旦爆发，整个国家的所有居民都将被卷入其中。法律战作为一种军事战略，不仅仅需要全军战士、国家政府的重视，更应当全民动员。要善于动员广大人民群众拿起法律武器同分裂祖国的叛乱者、侵略者展开斗争。统一战线、人民战争一直是我军的优良传统，曾使我们在极其困难的情况下取得了伟大的胜利，而备受中外军事理论学家、战略家的关注，在今天依然具有重要的战略意义。当前的普法工作重点是让老百姓学会运用法律知识维护自己权利，而人们头脑中关于战争时期的权利义务的概念几乎为零。在今后法律战的实施中，不仅需要专门性人才，更需要依靠普通群众在收集证据等方面给予帮助。作为必要的战略准备，应当培养广大人民群众这一方面的法律意识，为法律战的实施打下扎实的群众基础。

（四）法律战与科技

科学技术是第一生产力，在经济领域这是一条真理。同样在军事领域中，科学技术仍是推动军事变革的基础性动力。其推动作用主要体现在两个方面：首先是科学技术直接应用于军事领域，主要表现为武器装备的更新换代。从最早的石器发展到青铜器、铁器为材料的兵器，此后随着科技的进步，兵器的升级实现了质的飞跃。火药技术的发明和直接应用于武器制成枪炮等，杀伤力较以往呈倍级增长，射程、射速、机动性等物理能量也大大提高。而工业革命中产生的化工、电气技术，直接研制开发出坦克、飞机、潜艇、航空母舰等装备，以及自动化枪械、核武器、生化武器等。20 世纪 50 年代后出现的航天、计算机、电子技术，20 世纪 80 年代出现的微电子技术，20 世纪末以后迅速发展的信息技术等一系列高科技直接促使一大批新概念武器的诞生，并将最终形成 C^4 ISR 系统。其次是自然科学技术基础上形成的“三论”——系统论、控制论、信息论，对信息化战争战略、战术思想的指导。可以讲，整个信息化战争正是“三论”理论的实践化。如何将这一科学理论的精髓转化为现代军事理论指挥作战，对未来战争的胜败具有重大意义。从中可以看出，战争与科技发展水平的关系日益密切。

1. 科技法律战系统概述

科技法律战系统的形成体现了法律战各要素在科技发展的影响下不断更新换代。在前文已述及，法律战系统中硬件系统的升级换代依靠的是科学技术的不断发展，而科技对法律战的影响不止于此，科技的发展还带来了作战环境的变化。

这一系统以打赢法律战为整体目标，科技发展以法律战作战需要为立足点。二者在整体上具有共同的目标，在有机的联系中达到内部的优化组合。一方面表现为其系统本身的发展，另一方面更反映在法律战系统本身的完善。科技日新月异的升级换代促进了法律战的发展，这使得科技法律战系统表现出明显的开放性，为法律战的开展提供了更大的空间。

2. 科技发展推动法律战的发展

科技法律战系统要素的相互作用主要表现为科技要素对法律战的影响，具体体现在以下几个方面。

第一，法律战是科技发展制约武装斗争的结果。

科学技术在推进战争升级换代的同时，也使战争的发动受到越来越多因素的影响与制约。科学技术的高度发展，使武器的威力空前增大，战争能量增加，由于武器的威力已达到足以毁灭人类、毁灭地球的程度，对于战争的发动者而言，毁灭并非其战争的目的；而对于战争的受威胁者而言，毁灭性的打击是其所不愿经受的。由此实现战争目的的方式与手段受到限制，战争呈局部性、战争规模变小。而与此同时，世界各国人民在经历了一场又一场战争浩劫，为战争付出了几次巨大代价之后，争取和平的呼声日趋高涨。这股爱好和平、争取和平的强大力量成为制约世界性战争爆发的有利因素。

尽管科技的发展促使许多超量杀伤破坏性武器的发明，但当军事技术的发展和武器威力增大到一定程度，并且敌对双方力量达到均衡的情况下，便产生了制衡。于是出现了一个大家都认同的规则——法律来约束彼此的战争行为。人们在处理国家之间、地区之间的矛盾和冲突时，往往采取协商和妥协的方式。以对话代替对抗，由此逐渐形成了一个共同的解决冲突的规则，法律便是这一规则体系的重要组成部分。一开始，法律往往是滞后的，先有战争的破坏而后人们普遍认识到对此需要予以限制；在适用上也是相对消极被动的。随着战争法体系的逐步完善，各国在适用上逐渐趋于主动，进而具有高瞻远瞩的战略指挥者认识到法律战场已成为当今世界独立于武力战场的第二战场。可见，法律战是科学技术推动并制约战争的产物，它成为未来战争重要组成部分的趋势已经不可阻挡。

高科技的运用使得对战争的控制更为严密、精确，在什么时间什么地点使用什么方式与手段，打到什么程度都有较为明确的限定，甚至有些情况下使用高科技系统自动完成。尽管高科技装备为通过军事手段实现政治目的提供了高效能的手段，但同时所付出的代价使战争耗费呈几何级数增长，这对各国发动军事战争所要面临的承受力是一个极大的考验。海湾战争中显示出巨大威力的 F–117 隐形战斗机，一架造价超过 1 亿美元，M1A1“艾布拉姆斯”主战坦克，一辆就值 300 万美元。而未来信息化战争需要的信息系统的建立是一项庞大的系统性工程，将原本分散配置的坦克、飞机、舰艇、导弹、卫星等武器装备用信息系统加以融合，发挥整体优势和综合作战效能，这一军事作战系统所需的耗费将更大。

正是鉴于高科技武器的毁灭性杀伤力，战争高技术耗费的巨大压力，以及各国爱好和平力量的制约，各国都在积极寻求开辟军事武力战场以外的第二战场。法律战正是适应这一趋势而产生的，配合武力战进行的新型作战样式。

第二，法律战是科技发展拓展战争时空的表现。

科技的不断发展并应用于战争，使现代战争在有形中孕育着无形，由平面的转向立体的，这也使得法律战的适用空间范围较之以往大大扩展，突破了传统人与人面对面的单一模式。作为一场没有硝烟的战争，法律战显示出其在非线式、非暴力战场上的威力。科技让信息的传播不再受到自然屏障的制约，无论何时何地，只要需要，法律战便可以展开。法律战作为无形战争中的一个组成部分，亦受益于科技发展带来的时空拓展。

第三，法律战是关于科技发展造成的国际法空白的斗争。

由于新科学技术在军事领域的应用，使现代战争作战手段和方法有了革命性的变革，这就造成了传统国际法、战争法的空白点。

其一，对战争保护规则的冲击。战争法规定不允许攻击非军事目标，如 1977 年日内瓦附加议定书中规定，为保护战时平民，应限制战争行为，限制破坏水坝等对环境特别危险的设施，不得将饥饿作为战争方法等。然而，在信息化战争中，出现了一些军民通用的设施，如计算机卫星通信设施等，对这些目标的攻击是否违反战争法，目前并无规定。

其二，现代战争作战目标对传统战争法的冲击。信息化战争不再以消灭敌人有生力量为目标，而是以整体上破坏对方军事系统为目标。1988 年，担任美国空军副参谋长助理的约翰·沃登上校在其著作《空中战役》中提出了新的“五环目标理论”。它把打击目标分为五大类：国家指挥中心、能源设施、交通设施、民心、军事力量。在科索沃战争中，第一阶段以美国为首的北约重点打击的是南联盟防空系统和政治军事指挥中心；第二阶段打击的是交通线、南军营和重兵集结地；第三阶段是南联盟经济目标。这样的打击目标显然不是传统战争法所禁止的，但是其破坏力所及程度远胜于单纯对人的伤害。法律的价值所要体现的实质正义无法得到实现，而这也与战争法以平衡、协调“军事需要”与“避免不必要的痛苦”这一对矛盾为初衷相违背。高科技武器的杀伤破坏力也远远超出常规，由此带来的不必要痛苦成倍扩大，但高科技武器的运用势在必然，这使得“军事需要”与“避免不必要的痛苦”之间的平衡几近崩溃。

其三，信息化建设和信息化战争直接暴露了传统战争法的空白。如果说，前两者的空白还可以通过战争法的基本原则及价值取向予以解释，那么对信息化战争的规制则呈现出完全的空白状态。伊拉克战争期间，美国动用 90 多颗卫星作为军事设备，较之海湾战争时提高了 75%，国际信息系统网通信带宽提高了 10 倍，作战指挥中心数据交还能力提高了 100 倍，随之太空将成为未来信息化战争的第四维作战领域。而在这一领域实施的战争，国际法、战争法却未做规定。可以预知的是，对这一领域的法律创制，必将成为各国争夺的焦点。一场充满纷争与妥协的法律战将在不久的将来展开。其或者是某场信息战之后的产物，或者是战前预设的规制未来战争的规则。

科技的发展及其在军事领域的应用总是带来军事变革，同时也对旧的战争法体系带来新的冲击，正如当初海洋法形成初期一样，经历了巨大的变革而最终形成了今天对于海洋诸如专属经济区、公海、大陆架和国际海底等的法律制度。今天新的军事变革对传统战争法的冲击，对任何一个国家或地区都是一个机遇也是一个挑战，这也就为法律战的开展开辟了一个新的天地。如何在新的战争法体系中最大限度地争取本国国家利益，将对信息化战争时期战争的实施具有重大战略意义。因此，我们在着力发展我军信息化武器装备及培养适应信息化作战需要的人才的同时，应注意及时获取世界上其他国家的相关动向及信息，并在国际交往中通过合法途径确立起有利于我国的国际关系。此外，还应注意到，以往的法律战表现出一定的滞后性，总是在出现违反战争法的情况后才得以进行。而今天的法律战则因为战争法体系中的空白点存在，需要做到一定程度的前瞻性，抢占法律上的战略高地，在必要的时候先发制人，从而为武力战的开展及最终赢取战争的全面胜利打下坚实的基础。

3. 法律战对科学技术的依赖

正如前文所述科学技术在战争中的作用是举足轻重的一样，在法律战的实施中也需要依靠科学技术与理论的指导及配合。早期的法律战主要通过外交谈判，以国际法为准则，基于双方根本利益，达到彼此妥协的地步。在这种情况下主要依靠的是人，关键在于谈判人员的素质以及国家本身的综合实力，没有太高的科技含量。而发展到今天，法律战已经远远突破以往的范畴，其作战方式与作战空间发生了巨大的变化。特别是实施的途径，除了传统的外交谈判外，可以通过网络、大众传媒等设施加以实施。在传统战争条件下，受地理位置等自然屏障的影响，交通、通信技术的相对落后，加之对电视等传媒的有效控制，有关战争的恶意信息难以侵入与传播。但是，随着网络传媒的发展，数字化的信息系统将任何信息通过机器转化为“0”和“1”的数字语言，从一个中心向地球任何一个角落传输，达到了广泛的覆盖。如此这般进行信息的渗透，将会对渗透对象的心理产生一定的影响，从而达到控制民间战场的军事目标。因此，抢占互联网这个战略高地对开展法律战显得尤为重要。互联网是一个开放的信息海洋，其复杂性、多元性、丰富性、难控性为各方进行信息传播提供了一个平台。它可以承载大量的多种形式的信息，且传播速度极快，广大网民可以根据自己所需随意查阅浏览。快速、生动、全面、系统地传播信息是其优点，同时它也存在着自身的缺陷。互联网的无序性、自由随意性，使得大量的虚假的、偏激的、反动的、消极的信息无时无刻不充斥着整个网络。如何处理好利弊关系，利用互联网开展法律战，特别是对“民间战场”的争夺具有十分重要的意义。而传统的大众媒体如电视、广播等依然有其传统的优势。在一些未被网络覆盖的地区，其还是作为主要的传播方式。而它的有序性，利于信息控制与管理的特点也使其具有自身的优势。

对于网络的弊端，要充分利用科学技术，以技术对抗技术，对境内外敌对势力的反动宣传与意识渗透进行网上监控，在法律宣传上掌握主动权，对不符合己方战时利益的信息进行屏障，最大限度地控制网络对己方战争利益的损害。同时，要利用现代高科技工具建立法律战所需的数据库，将有关信息、资料、数据存入其中，并利用电子信息系统收集对方法律战的“资料”。计算机的运算速度在今天已达到相当高的程度，其效率远胜于人脑，在今天分秒必争的战场上，利用计算机网络最快、最全地获取对方可能打出的法律牌，并做好应对准备，对战争结果的影响非常之大。

综上所述，法律战中科技的重要作用体现在以下几个方面：一是实施电磁干扰，破坏敌方大众传媒系统，在敌方军民及第三方中立国民众中构筑己方宣传正义的法律、舆论平台，建立己方法律战的民间战场；二是实施网络进攻，破坏、瘫痪敌方信息渠道，取得对信息传输的实际控制权，并指导通过军事手段打击摧毁敌方进攻、防御体系。因此，科技成果的支持将成为法律战成功的又一个重要条件。

上述涉及的是科技为法律战的实施所提供的硬件设施。此外，科技发展带来的科学理论也对法律战的战法具有重要的指导意义。本书前文中所论及的关于法律战的各种战法思想，正是理论应用于实践的产物。可以讲，在未来的战争中，科技的含量对战争的进程具有越来越重要的作用。这也正是科技法律战系统整体发展的趋向。

（五）法律战与军事

军事是一个包含着许多要素和子系统的大系统。战争的胜利在一定程度上来说是军事系统最优化的体现。法律战从古到今伴随着军事斗争的发展而发展，最初仅作为配合军事斗争的可有可无的部分，包括进行前期的结盟及战后签署关于停战和相关利益分配的协议等。随着法治进程的加速，各国对法律的重视日益提高，国际法体系尤其是战争法体系的日臻完善，国际军事法庭等机构的建立，使得法律战在整个军事系统中的地位越来越高。随着新一轮军事变革的不断深化，信息化战争时代的到来，法律战将逐步上升到军事战略的高度。

1. 军事系统中法律战与武力战的关系

作为军事系统中的一个子系统，法律战对武力战起到辅助性的作用。它是围绕武力战进行的，以法律为工具的军事对抗斗争。在军事大系统中，这一组合有着极大的“杀伤力”，可谓“一文一武”“一柔一刚”“一软一硬”，相辅相成，相得益彰。

武力战作为军事斗争的主要方式，是古往今来的战争的主角。尽管其武器装备不断地更新换代，从最初的石器、铁器，发展为飞机、坦克，直到今天的生化、电磁武器；其战术、战法不断创新，从原始的肉搏战，到闪电战、游击战，直至现在的信息战；其攻击目标不断变化，从早先的有生力量的消灭，到现在的指挥系统的摧毁；等等，但依靠武力这一根本的属性并没有改变。法律战则以法律作为武器，突破了传统战争的战场界限，通过多种多样的方式，实现有利于己、不利于敌的军事斗争目标。

正如红花需要绿叶来衬、主角需要配角来托，武力战也需要其他作战方式与之配合。尤其在今天，战争从单纯的人与武器结合力的较量，发展为国家政治、经济、军事、文化等综合国力的较量，武力战要唱好一出独角戏，显得十分困难。随着国际法治化进程的不断加速，武力战的开展受到了限制，尤其是国际法对其的限制愈来愈明显。法律战从一开始就是依附于武力战而产生的。尽管在作战方式、作战领域等方面与武力战存在着很大差别，但法律战的作战目的乃是为武力战提供法律支持。一个系统的功能有多大，首先要看系统各要素的性能，其次则取决于该系统的结构。“1+1>2”的实现，关键就是如何发挥这个“+”的作用。有着密切联系的武力战与法律战，在追求各自功能的同时，更重要的是实现整体功能——系统效能的最大化。

2. 法律战在军事系统中的作用

法律战作为一个独立的子系统，在整个军事系统中起到以下几个方面的作用。

第一，确定战争的性质及战争的状态。

现代社会中，战争作为解决国家或地区间利益冲突、实现政治目的的方式之一，其性质——正义或非正义需要依靠法律来判定。对于那些用“人权”做幌子，进行所谓的“人道主义干涉”等言行，应当通过法律战予以坚决回击。与此同时，进一步分析敌方发动战争的动机，以法律手段揭露其非正义性，唤起国际舆论与第三方中立国对己方的支持，以此达到为遏制敌方的进一步军事行动制造障碍，为己方开展军事行动扫清障碍的目的。利用法律的作战功能，根据己方的战争目的，确定战争发起的起因，对战争的状态进行定位，以利于军事斗争的顺利进行。这就是所谓的“先发制人”。

第二，获取外界的支持。

在战争中不仅要针对敌方采取行动，更应注意到作为中立方的国家或地区及敌对方国家民众的力量的存在。争取这些力量持利于己方而不利于敌方的态度、观点，将对战争的进程有较大影响。军心、民意是战争中的“人”的要素的重要体现，军事系统的最佳发挥正是在于人与武器两大要素的优化组合，法律战可以通过精神引起物质的连锁反应，发挥出巨大的直接的战斗力。毛泽东曾多次表示，获取外界支持对战争的重要性，“国际援助对于现代一切国家和一切民族的革命斗争都是必要的……”[①]，反对孤立政策，在法律战中，也应承认争取一切可能的同盟者。法律战以法律作为武器，为军事行动提供法理依

---

① 《毛泽东选集》(第1卷)，人民出版社1966年版，第156页。

据，确定军事斗争的正义性。解决本国军队官兵的认识问题，树立不畏强敌、敢打敢拼、必胜的思想信念与意识。争取民心，组成最广泛的对敌斗争的统一战线。对非交战国，若不能将其拉入本国统一战线，则用法律制约其行为，使其至少保持中立。打击、动摇敌国的军心，争取其国民对本国军事行动的反对，从而瓦解其战争基础。

第三，战争中打击并牵制对手，运用策略调控战争进程。

在战争过程中，敌我双方总是千方百计牵制对方武力的使用，压缩其作战空间，以达到控制战争局面的目的。除了使用武器装备以暴制暴外，利用法律增强控制力是另一重要手段。在车臣战争中，俄罗斯联邦政府正是利用法律的强制力和牵制力，有效威慑并制止了西方干涉活动的进一步升级，保证了俄军军事行动的顺利进行，并最终取得战争的胜利。

第四，战后惩治战争罪犯，巩固战争成果。

战争的发动以及进行的过程中总是伴随着合法与违法的行为。对于侵略行为、违反战时国际法及其他国际法的战犯，应当依据有关法律条款追究其责任并依法进行惩治。对于国家行为同样应当依据国际法的有关规定令其做出赔偿、道歉等，甚至根据所犯罪行的轻重确定是否给予其经济制裁。战争总是以一定政治利益为目的的，军事上的胜利最终需要转化为政治上的胜利，这就需要依靠法律战来予以巩固甚至争取更大的利益。

由此可见，法律战在军事系统中贯穿于整个战争，法律这一武器与其他武器装备相比，具有其自身的特点，以及具有其他装备所不具备的优点。高技术战争打的是系统、整体，是在战略一级展开的系统整体的对抗。因此，必须辩证地看待法律战的作用，既不能无视其作用，也不能只看到它而忽视系统中其他要素的重要作用。只有将各子系统、各要素的特点充分发挥并合理组合才能实现军事系统整体功能的最大化。

3. 法律战是军事战略的总体要求

按照军事系统观念，军事战略环境是军事系统整体存在和发展的一个基本前提，因此，当今国际战略格局和国家发展大局是军事战略确定的依据。当今世界在和平与发展的主题下，呈现出经济全球化、政治多极化、新军事变革兴起等国际性潮流的走势，国内政治经济稳定发展，谋求国家的安全、统一。正是在这样的大背景下，需要解决以下一些问题：如何在国际军事发展的舞台上谋求战略上的主动地位；如何使新时期军事斗争准备以及以此为龙头的军队建设服从、服务并依托、凭借于国家经济和社会发展，并将其发展的方针、规划和计划纳入国家经济和社会发展统一的方针和总体规划。在这样一个战略思想指导下，军事系统应以整体及各个层面上的发展来促进这一战略目标的实现。军事系统的整体性目标和要求包括：建设一支强大的现代化、正规化革命军队的总目标和政治过硬、作风优良、纪律严明、保障有力的总要求；解决好打得赢、不变质两个历史性课题；把军事斗争准备的基点放在打赢信息化战争上；等等。而法律战系统的优化与完善则是其中的一个层面的发展要求。法律战作为军队作战样式上的进一步更新，配合依法治军的进一步深化，是实现军事系统的整体优化，最终实现战略目标的一项重要内容。依法治军，是国家实施依法治国方略在军事领域的必然要求，是社会主义市场经济条件下加强国防和军队建设的必然要求，是按照军队现代化建设和现代化战争规律确立科学的军事工作运行机制的必然要求。依法治军既为法律战的实施提供了良好的法治环境和人才基础，同时也要求军队将法律战作为新的作战样式，二者是相辅相成，共同促进的。

4. 法律战是军事胜利的重要因素

军事战争是以国家利益、政治目的为根本出发点的，而从军事胜利到政治目的的实现，这中间还有一个过程。完成这一过渡便是法律战的任务，即军事的全面胜利需要依靠法律战来完成，作为战争结果的固化，将其转化为各参战国及国际社会认可的法律文件。

1918 年 11 月，第一次世界大战宣告结束。1919 年 1 月，胜利的协约国集团为缔结和约，在巴黎召开会议，这就是巴黎和会。法国总理克里孟梭、英国首相劳合·乔治、美国总统威尔逊，被称作巴黎和会的“三巨头”。和会期间，他们为了各自国家的利益进行了激烈的法律战。克里孟梭为维护法国的利益，在防止侵略的旗号下，要求以最严厉的手段处分德国，尽可能地肢解这一强大的邻国，以确立法国在欧洲大陆的霸主地位。劳合·乔治是英国自由党首领，他极力反对法国削弱德国的主张，以维护欧洲大陆的均势，让德法两国互相牵制。威尔逊反对过多削弱德国，以利用德国来同英法抗衡。参加这次会议的还有另外 24 个国家。1 月 18 日，会议以全体大会的形式开幕，此后还召开过 5 次全体大会。由于帝国主义国家之间矛盾重重，为了各自的利益在和会上激烈争吵达 5 个月之久。广大中小国家处于无权地位。1919 年 6 月，在和会上签订了处置战败国德国的《凡尔赛和约》。主要内容是：①重新划分德国疆界。阿尔萨斯和洛林归还法国；萨尔煤矿区由国际联盟代管 15 年，然后由公民投票决定其归属；莱茵河西岸的德国领土由协约国军队占领 15 年，东岸 50 千米以内德国不得设防；德国承认奥地利独立，不得同它合并；承认波兰独立，把原属波兰的领土归还波兰。②德国的海外殖民地被战胜国瓜分。③限制德国军备。废除普遍义务兵役制度，陆军不得超过 10 万人，海军只能保留轻型水面舰艇，不得拥有主力舰和潜水艇，不准拥有空军。④德国支付大量战争赔款。⑤奥匈帝国解体。⑥土耳其丧失更多的领土和属地。德国、奥匈帝国、土耳其作为战败国对其战争罪行承担了各自相应的责任。而战胜国通过该和约将军事上的胜利最终转化为政治利益的实现。

在中国历史上曾有过不重视法律战，而出现不败而败的战争教训。其非但未能将军事上的战果保存下来，更在政治利益的争取上一败涂地。

1883 年 12 月至 1885 年 4 月（光绪九年十一月至十一年二月），发生了由于法国侵略越南并进而侵略中国引起的中法战争。战争的第一阶段战场在越南北部；第二阶段扩大到中国东南沿海。1884 年 3 月下旬，清军在临洮大败前来进犯的法军，使得战争西线战局得以扭转。与此同时，帮办广西关外军务冯子材指挥东线清军，在镇南关内关前隘，依托坚固防御阵地和有利地形，大败前来进攻的法军主力，取得震惊中外的重大胜利，使整个战局发生巨变，史称“镇南关大捷”。随后，冯子材率军乘胜追击攻克谅山。消息传至巴黎，迫使发动侵华战争的法国茹费理内阁垮台。而面对这一大好形势，清政府却与法国签订《巴黎停战协定》，下令前线各路清军限期撤回。随后，清政府指派李鸿章为谈判代表，和法国政府代表、驻华公使巴德诺在天津谈判并签订了《中法新约》即《中法会订越南条约十款》。主要内容为：(1)清政府承认法国与越南订立的条约；(2)在中越边界保胜以上和谅山以北指定两处为通商地点，允许法国商人在此居住并设领事；(3)降低中国云南、广西同越南边界的进出口税率；(4)日后中国修筑铁路应向法国商办；(5)法军退出台湾、澎湖。从此，法国侵略势力深入中国云南和广西地区。

中国不败而败，法国不胜而胜。败为何因？胜又何故？不容否认其中有多种原因，但法律战的失利是直接原因。法国欲通过战争将侵略势力伸入中国的目的，尽管没有通过军事战争实现，但却“意外地”通过外交谈判实现了。而清政府在拥有前线大好战势的情况下，却拱手将西南地区大片领地上的经济、政治利益相让于法国。以往我们总是将败因归结为清政府的腐朽、无能及当时国家实力的整体落后。其实，除了这个根本原因外，清政府在外交谈判上的委曲求全，对于法律战的盲目无知也是导致其无法利用法律形式巩固军事战果从而不败而败的重要因素。

5. 军事发展对法律战实施的影响

在新的历史时期，法律战将发挥更大的作用，我们有可能依靠它实现信息化战争中的不战而胜。作为军事胜利不可或缺的保障，法律战必须得到重视。但同时需要注意的是，法律战作为军事系统中的一个组成部分，必然受到来自军事系统及其他外界因素的影响。法律战的胜利需要军事实力作为其后盾。这绝不意味着必须推行“大棒政策”，不意味着依靠本方强大的军事后盾威胁对方，搞霸权、强权，而是指军事技术、军事理论等的创新为法律战提供技术保障和理论支持。

第一，先进的军事理论可以指导法律战的有效开展。

法律战涉及政治、军事、法律、社会等各方面的知识，法律战人才必须具备综合素质，才能在战争中游刃有余、应对自如。其中，如果没有先进的军事理论做指导，在战略战术上就输人一筹，将给整个战争进程带来巨大压力。

第二，军事技术的发展给法律战提出了新的课题，促使其不断发展。

国际法、战争法是依赖于战争、军事的发展而从无到有、从小到大地发展起来的。当前，新的军事技术已造成法律的诸多空白点，假如己方能先于敌方对此有所准备，则必然使己方在未来法律战中处于主动的地位。而军事技术上的差距必然带来法律战中的被动：首先在法律的创制上就没有发言权，更谈不上为本国利益去争取有利地位；其次在对方使用法律限制以外的方式、武器对己方进行攻击时，己方只能被动挨打。

由此，应当促进军事系统与法律战系统的协调发展，推动法律战的全方位进行，配合武力战争取军事上的全面胜利，并最终实现国家利益的总目标。

（六）法律战与文化

战争是人类社会发展到一定阶段的产物，文化同样是人类社会发展的成果，二者对于整个世界的演进起到了巨大的推动作用。拿破仑认为："世界上只有两种强大的力量，即刀枪和思想；从长远来看，刀枪总是被思想战胜的。"[①] 一定社会所拥有的文化实力，决定着一定社会的文明程度。文化通过其特有的价值理念和内涵——文化模式，影响着政治、经济、军事等社会各个领域和社会整体的发展变化。当今社会，文化与经济、政治相互交融、相互渗透，文化的力量已经深深熔铸于民族的生命力、凝聚力和创造力之中，成为综合国力和国际竞争力的重要组成部分。而历史证明，不同的文化对于军事变革起着不同的作用，符合人类社会发展方向、体现社会生产力发展要求的先进文化，是军事变革向前发展的强大推动力；反之，则将成为巨大的障碍与阻力。在军事领域中方兴未艾的法律战变革，正是在一定文化背景下进行的对军事系统内各要素的重组。

文化以人对人与自然的态度、人的生存方式及其生命意义的价值观为核心内涵。军事思想作为人类文化的一个重要组成部分，打上了传统文化的深刻烙印。这种传统文化是军事思想形成与发展的潜在意识和历史情结。将法律战作为现代战争战略提出，有其深刻的文化根基与底蕴，体现了一定文化的价值倾向，可以说，一个国家的法律文化的价值取向，特别是法治文明的发达与否对法律战的成败有着重大的影响。

1. 文化法律战系统概述

文化法律战系统是法律战与文化相互联系、相互作用形成的有机整体。基于文化的包容性，该系统具有鲜明的开放性特征。文化的历史传承性与横向交融性，各国文化尤其是法律文化的共性，为法律战的开展提供了一个国际大背景。而文化的差异性则形成了法律战交战过程中的焦点。

文化是世界上所有民族存在发展的基础，从一定程度上说，法律战正是在法律文化的基础上形成与发展的。这是系统结构性与层次性的体现。

文化法律战系统以法律战的胜利为目标，因此必须充分认识并尊重各国文化，利用文化的易渗透性，实现这一系统功能的最大化，从而为法律战整体作战目标的实现创造条件。

2. 法律战理念构成的文化基础

作为系统中的基础性要素，文化对法律战的形成发展有着重要影响。这在古今中外法律战理念的产生中体现得最为明显。

（1）西方的法治文化——法律战理念的传承

法律作为人类文明的重要成果，可谓源远流长，而西方的法治文化则是人类文明史上的一枝奇葩。从古希腊、古罗马时期开始，法律在西方社会中就拥有极高的地位，法律与

---

① 李效东主编：《比较军事思想：部分国家军事思想比较研究》，军事科学出版社 1999 年版，第 61 页。

整个社会的多个部分有着密不可分的联系，指导、规范着社会的运作。这样一种法治理念使得西方国家在处理国与国之间的关系时也将法律作为一个重要的手段。1648年《威斯特伐利亚和约》的签订是国际关系史上一个划时代的事件，它标志着近代国际法的形成，体现了法治文化与政治的交融。

回溯西方战争的历史，法律也一直扮演着重要的角色，从这一意义上讲，法律战由来已久。正是由于西方文化中蕴涵着法治文明，其在国际交往中将法律作为一项重要的手段。在战争爆发前，交战国总是尽可能与一些国家订立盟约以结成同盟，或签订互不侵犯条约等为自己发动战争扫清障碍。在战争结束后，又通过订立和约来巩固战争所取得的成果。为何选择了法律而不是其他的方式呢？如中国古代往往用人质来保证国家相互之间的结盟关系。这种差异的形成固然有许多因素的共同作用，对法律的信仰则是非常重要的一个原因。西方历史上有许多关于法律的经典论述，亚里士多德曾说过：法律是最优良的统治者。柏拉图评价法律是人类一切智慧聪明的结晶，包括一切社会思想和道德。斯宾诺莎认为法律是约束一切的力量，只有如此，一个国家才能生存。在这些言论中无不体现出对“法律”的崇敬。

在鸦片战争时期，西方列强用炮火轰开了中国那扇紧闭了几千年的大门，随之而来的，便是打着“国际公法”的旗帜与清政府签订了一个又一个不平等条约。大清朝在外交谈判上一次又一次的失利，从根本上讲是由于国家经济、政治等方面的落后，而直接原因则是清政府对法律，尤其是国际法的无视与无知。可以这样讲，西方列强的胜利，与其说是直接的炮火征服之胜，不如说是先进法制文化的不战而胜；而中国近代之悲哀，与其说是技术装备落后之悲哀，不如说是法治理念、法治传统缺失之悲哀！

法治文化在西方的源远流长，渗透到了西方社会生活的各个角落，法治信念在西方人的头脑中生根发芽，法律战理念的形成正是对法治文化的传承。

（2）中国的传统文化——法律战理念的异化

与西方发达的法律思想文化相比，中国的传统文化的法律性要显得“失色”不少。但这并不意味着法律战在中国没有其生根发芽的土壤，春秋战国时期诸子百家的思想与古代兵家文化中无不显现出潜在的法律战理念。

古代中国是以农业文明为主的国家，土地是最宝贵的财富。农民日出而作、日落而息，人被束缚在土地之上。人们向来反对战争，把战争当作是毁坏田园、涂炭生灵的恶魔。正是在农业文明本性保守、求稳定、尚和合的社会环境中产生了在古代一直崇尚的“仁”与“义”的思想。所谓“义”，体现在战争文化中则表现为战争的发动必须具备一定的理由，主张“义战”，需为战争正名。《孟子·公孙丑下》曰：“得道者多助，失道者寡助。”《荀子·议兵》曰：“坚甲利兵不足以为胜，高城深池不足以为固，严令繁刑不足以为威，由其道则行，不由其道则废。”在古代正义是以“道”为标准来进行评价的，到今天对于战争的性质依然有以道德作为评价标准的，但更多的是以国际法作为评判标准。纵观古今，中国历来十分重视战争的“义”与“不义”。古代的“仁战”思想，在当今世界的军事斗争中体现为现代战争必须取得联合国授权，必须尽量减少平民伤亡，必须善待俘虏，必须维护社会正常秩序，禁止使用大规模杀伤性武器等。可以说，中国古代军事思想正体现了法律战系统中的法律要素所包含的精神实质。

中国传统兵家文化思想中也蕴涵着法律战的理念。《孔子家语·相鲁》中提道：“有文事者，必有武备；有武事者，必有文备。”《尉缭子·兵令》中提道：“兵之用文武也，如响之应声，如影之随身也。”由此可见，古代用兵讲究文事武备，相辅相成。而这里的“文”在今天表现为除武力战以外的，包括法律战在内的其他斗争方式。此外，古代把“伐交”“伐谋”看作是克敌制胜的重要手段之一。战国时期的纵横学派提出的联盟战略，即通过外交手段改变敌我双方的力量对比。秦国灭六国，统一中国靠的就是连横斗诸侯、远交近攻的战略。法律战的一个重要目的即是谋求外界支持。在抗日战争时期，毛泽东曾多次提出，“中国不但应当和中国人民的始终一贯的良友苏联相联合，而且应当按照可能，和那些在现时愿意保持和平而反对新的侵略战争的帝国主义国家建立共同反对日本帝国主义的关系”，“反对孤立政策，承认争取一切可能的同盟者”。作为一种军事战术，结盟可以通过许多不同的途径来实现，而在全球法治建设日益加速的今天，法律战将成为建立联盟关系的重要方式。

（3）法治文化的建立——法律战理念的确立

自从我国提出建设社会主义法治国家的目标以来，法治建设已取得了可喜的成绩，法律正逐渐渗透到我们社会生活的各个方面，人们的法制观念也得到了加强。与之相适应的，现代化的军队建设正走上依法治军的道路。法律正越来越体现出其在整个国家中的重要地位与作用。法律战的实施离不开法治文化的全面确立，它需要有完备的与国际接轨的国内法律规范体系，需要有一批专门的法律战人才，需要全民具备法律意识，这一切是未来法律战作战的基本前提。

3. 文化在法律战实施中的作用

文化是联系人心的重要纽带，不同的国家可以因为共同的文化背景而相互融合。它渗入了社会生活的方方面面，具有强大的凝聚力和吸引力。在法律战中，处理好法律与文化之间的关系，顺应文化的倾向，实现法律战文化系统功能的最优化，将更有利于法律战的顺利开展。反之，若与文化产生强烈的冲突将大大削弱系统的功能，阻碍法律战的实施。发挥文化的亲和力与融合力，在潜移默化中动摇敌方心志，使其确立接近于己方的观点，最终瓦解其战争信念。

在实施法律战的过程中，可以借助文化艺术的形式，如电影、电视、音乐等，其作用在民间战场的争夺中表现得更为明显。曾有人预言，美式英语将取代英式英语成为世界的第一语言，而这其中美国电影的广泛传播将起到至关重要的作用。相同的，电影中传达出的文化将在不知不觉中被观众所接纳，这是由文化融合性决定的，从而达到意识形态领域中的渗透。人总是愿意接受一些喜闻乐见的事物，文化艺术在这一点上具有特殊的优势。因此，生硬的说教不如用艺术化的手段来得更有效果。在剑拔弩张的战斗中，以柔克刚将有出其不意的成效。

综上所述，法律战得以广泛而深入地开展是有其深刻的文化渊源的，即人类文明的不断进步、和平理念的普遍认同以及法治的全球化。法律战文化系统是法律战系统中一个相对“柔性”的子系统，是联系各个系统协调发展的纽带。法律战的实施离不开文化这个大背景。

（七）法律战与宗教

中国著名宗教学家吕大吉先生在评析各流派的宗教定义后，给宗教做了如下界定：“宗教是关于超人间、超自然力量的一种社会意识，以及因此而对之表示信仰和崇拜的行为，是综合这种意识和行为并使之规范化、体制化的社会文化体系。”① 事实上，在国际政治、经济、军事发展的过程中，作为上层建筑中的特殊层面，宗教这一社会文化体系所凸显出来的客观作用已经成为不可回避的现实。波黑冲突、北爱尔兰问题、印尼的马鲁克群岛与亚齐问题、中东巴以冲突及克什米尔印巴纷争等一系列政治、经济、军事冲突中，无不有日益复杂、日益增强的宗教因素之影响。由于几乎所有国家都存在这样那样的宗教问题，可以说，国际形势瞬息万变，万变却难离其“宗”。宗教问题是“9·11”事件后驱动国际格局发展变化的一股重要动力，并常常引起国际局势的痉挛性波动。正因如此，江泽民在2001年全国宗教工作会议上特别指出：“要了解当今世界必须了解宗教，对宗教问题在当今世界政治社会生活中的影响，绝不可低估。无论是做好国内各项工作，还是开展对外工作，都要求我们密切关注宗教问题。”

1. 宗教法律战系统概述

宗教法律战系统是法律战系统与宗教系统两个子系统之间相互联系、相互影响形成的有机整体。虽然法律战系统变化发展的决定性要素是其系统内部诸要素的矛盾运动结果，但宗教作为作用于法律战系统的外部诸因素之一，起着它特有的作用。

法律战系统是开放的系统，它和宗教系统在特定条件下进行着频繁的信息交流和物质转换，并因此相互影响。正因如此，二者又可单独构成一个更高层级的系统“宗教法律战系统”。随着后冷战时代的到来，由宗教引起的民族冲突，以宗教为背景的地区冲突，因宗教对立导致的国际干预等等都使得宗教与法律战直接相关。可以这么说，具体的宗教观念、宗教教义、宗教组织、宗教关系都可能对法律战产生一定的影响，为此，必须将宗教法律战系统作为一个整体认真对待。

当然，宗教法律战系统也是具有目标性这一特征的。该系统为法律战服务，即围绕武力战，以法律为武器，借助有利的宗教形势，利用有利的宗教因素，发挥系统整体功能，

---

① 吕大吉：《宗教学通论新编》，中国社会科学出版社1998年版，第79页。

打赢法律战。那么宗教究竟如何服务于法律战，怎么才能将宗教法律战系统的最大功能发挥出来呢？对此，下文将略事探析。

2. 宗教提供法律战法理依据

实施法律战，必先为战争正名，以博取国际社会的广泛同情进而争取到国际政治和道义支持。宗教在一些情况下恰恰可以为法律战提供直接的法理、道德依据。如在众多伊斯兰国家，《古兰经》本身就是国家法律的重要组成部分，也是和国际法、国际惯例具有同等效力的处理伊斯兰国家间关系的基本准则。历次中东战争中，阿拉伯世界空前团结，广泛结盟并寻求国际支持，他们皆是以真主安拉的名义，以《古兰经》的教导为斗争宗旨，发动对异教徒的一次又一次"圣战"。事实上，世界上的几大宗教在各自逾千年的发展过程中，形成了各自的一整套宗教教义、宗教规范及宗教制度，也各有自己信仰的"神"和代表神意的宗教经典。在政教合一的国家，宗教教义、规范、典章本身就是国家法律；而在政教分离的国家，宗教教义虽不是国家法律，但也已经演变为作用于国家生活、社会生活方方面面的道德律令。正因如此，在一些战争中，宗教教义及宗教经典成为很多国家发动战争的法律基础和道德依托。愈演愈烈的巴以冲突实质上深刻说明了这一问题。

巴以冲突在形式上属于领土争端，但实质上有着深刻的历史根源和宗教文化背景。在一定意义上，巴以冲突反映了阿拉伯人和犹太人、伊斯兰教和犹太教的两大民族、宗教之间的矛盾和冲突，反映了其各自在中东地区的"文明冲突"。围绕耶路撒冷的归属问题爆发过 5 次大规模战争。1948 年以色列刚成立，埃及、叙利亚、约旦、黎巴嫩和伊拉克等国军队就对以发动了进攻。随后又先后发生了 1956 年的苏伊士运河战争、1967 年"六·五"战争、1973 年"十月战争"和 1982 年的黎巴嫩战争。实际上，耶路撒冷之所以归属不明，巴以两国之所以互不相让，其源头可以追溯到犹太教教义和伊斯兰教教义之间的矛盾。正是这种矛盾使得巴以双方各执一词，并对外大力宣传、坚持各自的宗教教义以博取国际社会的理解和同情。

以色列以《圣经》和犹太教传说为由，坚持对巴勒斯坦的侵占和在耶路撒冷问题上"不妥协、不谈判"的强硬立场。《圣经》中将巴勒斯坦描述成"流着蜜和奶的地方"，是犹太人的故乡，流散在世界各地的犹太人将之视为"祖先的家园"，"在思想上从未遗忘圣殿耶路撒冷，一直同耶路撒冷保持心灵上的联系。他们世世代代向往锡安山，希望有朝一日能返回巴勒斯坦，实现自己的夙愿"[①]。在犹太教的传说里，耶和华开天辟地的第一道光就是从耶路撒冷锡安山上射向全世界的；上帝所造的第一个人亚当用的是耶路撒冷的土。犹太人身处他乡，仍每日面向耶路撒冷朝拜；犹太人临终时，都要叮嘱儿孙设法从圣地带回一小袋土置于墓前。基于此，以色列前总理本·古里安指出：没有耶路撒冷的以色列就没有存在的必要，而没有圣殿的耶路撒冷，对以色列也没有意义。从某种程度上说，《圣经》

---

① ［美］L. M. 霍普夫：《世界宗教》，张云钢等译，知识出版社 1991 年版，第 2 页。

和犹太教教义促使以色列打起了"锡安主义"的旗帜，不顾阿拉伯世界和国际社会的强烈谴责开展所谓正义的"复国之战"。

相比于以色列，巴勒斯坦和伊斯兰国家则以伊斯兰教教义和真主安拉的启示为依据屡次发动对犹太人的"圣战"。7世纪，阿拉伯在征服耶路撒冷的同时，也为这个城市带来了伊斯兰教。在伊斯兰教的古老教义里，传说真主穆罕默德从麦加夜行至耶路撒冷，就是站在耶城的一块巨石上接受了天启。穆罕默德还曾示意，来耶路撒冷的阿克萨清真寺朝觐并祈祷一次，相当于在其他清真寺祈祷500次（另外两个圣寺除外）。因此，耶路撒冷成为仅次于麦加和麦地那的伊斯兰第三大圣地，来耶路撒冷、朝拜圣石、聆听真主的声音，成了无数穆斯林一生的梦想。正因为耶路撒冷对于穆斯林有着非同寻常的意义，以色列的占领在很大程度上加深了阿拉伯人对以色列的仇恨和敌对情绪。[①] 也正因如此，2000年9月28日，沙龙对阿克萨清真寺的"拜访"才会在伊斯兰世界引起轩然大波，成为延续至今的大规模流血冲突的导火索。

巴以冲突充分说明了宗教问题的长期性和复杂性。各自的宗教教义加深了敌对双方对于战争合乎神意，顺乎公理的笃信，稍有退让和妥协便会被视为对神的亵渎和出卖，正因如此，埃及前总统萨达特惨遭暗杀，以色列前总理拉宾也成为牺牲品。在此，"神"和"神"的矛盾直接导致了"人"与"人"的战争，单纯的宗教教义由此直接化身为双方为各自战争正名的法律武器和道德依托。

3. 宗教扩展法律战内容形式

现代战争实践表明，法律战已经成为一种独立的作战样式，发挥着越来越大的"软杀伤"作用。从一定意义上讲，法律成了"夺兆民之意、挫三军之气、颓将帅之心"的手段，法律战在瓦解敌军斗志、摧毁敌军精神和意志防线上的心理感召和威慑作用是相当大的。因此，很多军事强国都特别注重利用各种形式、手段扩展法律战空间，丰富法律战内容，宗教问题随即成为法律战内容的一个重要方面。将宗教问题和法律战紧密结合的是"人权"问题。宗教信仰自由权利作为一项基本人权，作为人权不可分割的重要组成部分，一直受到国际社会的普遍关注。联合国通过的一系列具有法律效力的国际人权文书，如《联合国宪章》《世界人权宣言》《公民权利和政治权利国际公约》《消除基于宗教或信仰原因的一切形式的不容忍和歧视宣言》《联合国关于在民族或种族、宗教和语言上属于少数群体的人的权利宣言》《德黑兰宣言》和《维也纳宣言和行动纲领》等之中，都有明确的有关宗教信仰自由的规定。[②] 这些国际人权文书也同时确认了有关宗教信仰自由的五条原则——基本人权原则、不歧视原则、法律保障原则、加强对话原则和尊重别国主权原则。正因为宗教问题和人权问题息息相关，因此，人权问题成为法律战的一个重要内容，而宗教问题

① 肖宪主编：《世纪之交看中东》，时事出版社1998年版，第80页。

② 王作安、卓新平主编：《宗教：关切世界和平》，宗教文化出版社2000年版，第298页。

则成为国际有关人权问题斗争的一个重要方面。特别是在军事对峙阶段的法律战中，应当对宗教问题予以高度重视。东欧剧变时宗教扮演的角色就给我们敲响了警钟。

东欧剧变始于波兰共产党的倒台，西方世界竟然没有用一兵一卒就使波兰在转瞬间分崩离析。可以说，资本主义阵营正是围绕着“人权”这一政治、法律问题，以波兰天主教会为排头兵，通过宗教势力逐步消解了波兰的战斗意志，收服了民意人心，从而实现了对波兰共产党政权的颠覆。第二次世界大战后，在苏联的影响下，波兰及众多社会主义国家对宗教采取“压制政策”。有的国家甚至不顾国内宗教的社会现状，一度采取彻底取缔宗教的极端政策，西方世界趁机发难。1978 年，波兰主教沃伊蒂瓦当选为罗马教皇（即保罗二世），他在当选教皇前就一再宣称“一党制”意味着人们丧失了自主权。他成为教皇后，天主教在波兰的地位和影响空前高涨，西方世界策动教会趁机向波兰人民指责共产党对宗教自由权的剥夺，成功实现了对民众思想意识的控制。1979 年，在保罗二世重返波兰期间，“党的活动暂停，电视、广播及所有报章传播媒体均为宗教活动所占满。做弥撒的现场首次在电视画面中出现，当巨型十字架在华沙的胜利广场矗立起来时，聚集在广场的民众有10万多人，欢声震耳”①。保罗二世在波兰传经布道的日子里，至少有1000万人拜见了他，他利用每一次的演讲机会开始向整个东欧施加影响，进行反共宣传。他一再声称自己不只是“波兰人的教皇”，而是“斯拉夫人民的教皇”；在他周游东欧各国布道中，总是不忘陈述东欧各国人民的苦难，不忘控诉“一党制”对人权的剥夺。可以说，在瓦解东欧社会主义阵营的历史中，宗教扮演了不可忽视的重要角色。

由于宗教与人权紧密关联，使其成为法律战的又一个内容、又一种形式和又一套手段。东欧剧变中宗教的作用给了我们社会主义中国很大的启示：首先，一定要密切关注宗教问题。要充分保障全体公民的宗教信仰自由，这一点不仅要在法律中加以体现，还应当在物质等各个层面上予以支持。中国已经加入了 17 个国际人权公约，签署了《经济、社会、文化权利国际公约》《公民权利和政治权利国际公约》，我国政府务必根据国际公约的原则，在与世界各国共同推进世界人权约法实施的进程中，更好地保障宗教信仰自由。只有这样才能防止授人以柄，予人口实，有效避免某些国家借“人权”的幌子干涉我国的内政外交。其次，我们应早做法律战准备，利用国内法、国际法及相关国际人权公约的内容有力回击某些利用“宗教—人权”问题污蔑、指责我们的国家。例如，美国屡次在国际人权会议上提出的所谓中国人权问题，几乎都涉及宗教问题，即所谓的“迫害”基督教人士问题、西藏的宗教人权问题、新疆地区的伊斯兰教问题等。美国一而再，再而三地以宗教人权问题指责中国，其用心昭然若揭。在基督教方面，它要中国为西方利用宗教侵略、渗透、颠覆和破坏活动大开方便之门；在藏传佛教方面，它则支持达赖集团的分裂活动，谋求“西藏独立”，以破坏中国的统一；在伊斯兰教方面，它希望这股祸水在中国的新疆地

① 李迈先:《东欧诸国史》，台北三民书局 1991 年版，第 406 页。

区泛滥成灾，以便于它插手干预新疆事务。针对美国在“合法”的外衣下，利用宗教、人权问题行霸权主义和干涉主义之实，我们务必高度警觉。它以法律之名来攻击我们，我们也必以法律之义回击它。一方面以国内宗教、人权保护现状、国际人权文书中确立的关于宗教信仰自由五大原则之一的“尊重别国主权原则”及有关国际法准则有力反击美国针对我们的污蔑和歪曲；另一方面，我们也应当注意收集美国国内的宗教、人权问题，在必要的时候予以法律打击，“以彼之道，还施彼身”。总之，在宗教人权问题上，我们一定要灵活运用法律武器，争取依法止战，以法赢战！

4. 宗教调整法律战交战关系

法律战中的交战关系并非一成不变，它会随着政治、经济、军事、文化等众多因素的不断变化而变化，有时甚至发生戏剧性的颠倒。这种变化体现为“量变”和“质变”两个方面。“量变”即法律战交战双方力量、人数的多寡变化；“质变”即“敌”“友”关系的根本置换。在现代战争中，促成法律战交战关系变化的原因很多，宗教无疑也是其中不容忽视的原因之一。我们仍以巴以冲突为例来说明这一问题。

巴以冲突一开始是巴勒斯坦和以色列之间的矛盾冲突，发展到后来很快演变为整个伊斯兰世界和以色列的共同冲突，而以色列的背后实际上还有美国、英国的操纵、支持，这种关系的变化其实是有着深刻的宗教文化背景的。

伊斯兰教是政治性宗教，与国家政权关系异常密切，许多伊斯兰国家立其为国教。依照伊斯兰教法，如果伊斯兰土地被敌人占领，生活在世界任何一个角落的穆斯林均有义务为解放这块土地而奋斗。巴勒斯坦是穆斯林眼中的第三大圣地，任何异教徒企图控制它都将是不可容忍的。这种宗教特性使整个伊斯兰视自己为一个命运共同体，巴勒斯坦问题更是被全球穆斯林视为“当今伊斯兰世界面临的最重大问题”。一个最发人深省的现象是，1969 年之前，埃及和沙特这两个伊斯兰国家之间还为阿拉伯世界旗手地位争得难分难解，大有武装冲突之势，然而，1969 年 8 月，耶路撒冷的阿克萨清真寺被以色列军队毁灭直接推动了伊斯兰会议组织的成立，埃及和沙特间的宿怨也随之淡化，两国关系实现了由“敌”到“友”的迅速转变。而 2000 年以来随着巴以局势的恶化，海湾战争后长期陷于分裂的阿拉伯世界空前团结，为帮助财政濒于崩溃的巴勒斯坦人，伊斯兰国家频频解囊。2000 年 11 月阿拉伯国家特别首脑会议承诺向巴勒斯坦提供 10 亿美元的紧急援助；伊斯兰发展银行也先后两次为巴提供 10 340 万美元的捐款；就连处于困境中的伊拉克也在 2000 年 12 月为巴援助 10 亿欧元，同时还为每位“自杀炸弹烈士”提供了高额慰问金；伊朗宗教领袖哈梅内伊更是公开表示：“他们（巴勒斯坦人）需要什么，我们就为他们提供什么，直到他们取得最终胜利。”① 当然，这一连串联合行动中最引人注目的当数伊斯兰会

① 中国现代国际关系研究所民族与宗教研究中心编：《世界宗教问题大聚焦》，时事出版社 2003 年版，第 477—478 页。

议组织的建立和阿盟首脑会议的恢复。伊斯兰会议组织和阿盟首脑会议就巴以问题通过了一系列法律文件和阿拉伯世界的共同行动纲领，这些多边条约的签署在法律上巩固了阿拉伯世界在对以战争中的同盟关系，明确了伊斯兰国家支援巴勒斯坦人的神圣义务。宗教在调整法律战交战关系上的力量之大不能不让我们感叹！

反观以色列，我们也可以发现其背后站立着的一个盟友——美国。其实，美国长期的“亲以路线”的选择也不仅仅只是出于经济、政治方面的考虑，其国内的宗教环境应当说也是一个重要因素。目前美国是世界上犹太人最为集中的地方，大约有 550 万，而且，美国的犹太人社团也是世界上最强大、最富有的院外游说集团，他们在美国大力开展一系列游说活动争取美国政府在阿以冲突中支持以色列，这无疑也对美国的外交政策的选择产生了重要影响。

总之，宗教作为一种文化因素，其一旦卷入战争必然会使得原本可能简单的关系复杂化。它可能导致交战关系的量变，譬如巴以问题扩大为阿以冲突；它也可能引发关系的质变，譬如埃及和沙特的化敌为友。宗教在调整法律战交战关系中的作用要求我们务必认真对待宗教问题的复杂性，在战前、战时、战后都应审时度势，谨慎处理。必要时，利用一切可以利用的关系，团结一切可以团结的力量，将中国共产党人提出的统战原则在宗教问题上贯彻落实。

5. 宗教夯实法律战民间战场

信息化条件下的法律战是多要素的联合作战，是体系与体系、系统与系统的整合与对抗，开展法律战必须坚持“一体化”原则，发挥整体作战效能。这个“一体化”不仅包含军事战、法律战的一体化和舆论战、心理战、法律战的一体化，还包括战前、战时、战后行动一体化和军事战场、外交战场、民间战场的一体化。在法律战系统里，民间战场很可能因为其本身并不是推进法律战的直接动力而不被重视。事实上，争取交战国及非交战国的民间战场，依靠新闻媒体、反战团体、人道主义救助团体等民间力量的支持会在鼓舞军民士气、争取人心向背、瓦解敌方意志、减少作战阻力等方面发挥独特功效。争取民间力量、夯实民间战场的渠道有多种，发挥宗教影响也是其中的途径之一。据国外宗教机构统计，到 2000 年，全世界的宗教徒约 51.37 亿，占当年总人口 60.55 亿的 84.8%。其中，基督教信徒约 19.99 亿，穆斯林约 11.88 亿，印度教徒约 8.11 亿，佛教徒约 3.59 亿，这四大传统宗教的信徒总数就占当时世界信教总人数的 84% 以上。另外，目前世界新兴宗教的数量也在大幅增长，据不完全统计，美国已经注册的新兴宗教团体约 7000 多个，欧洲约 1300 多个，其中英国有 600 个，在日本 1994 年登记的有 2000 多。[①] 宗教在民众中的影响是相当深远的，因此其在开发法律战民间战场方面的价值不可估量。

第一次世界大战中，协约国在战争中使用的一大手笔是通过鼓励犹太复国主义争取

① 黄心川:《经济全球化过程中的宗教趋势》,《中国民族报》2001 年 8 月 21 日。

到非交战国甚至是敌国民间力量的支持。1917 年 11 月 2 日，当时的英国外交大臣贝尔福致信英国“犹太复国主义者”联盟副主席罗斯柴尔德，宣称“英国政府赞成在巴勒斯坦为犹太人建民族之家，并将为此尽最大努力”。此信就是为巴勒斯坦埋下了长期动乱祸根的《贝尔福宣言》。宣言引起了美国全体犹太人的浓厚兴趣和战斗热情，美国犹太人团体在美国国内持续向政府施压，强烈要求政府支持协约国集团。除此之外，宣言吸引了俄国的犹太人，使俄国继续作战。更有意思的是，这个承诺竟然为协约国争取到了对手德国国内的犹太人团体，使得同盟国内部开始分化瓦解。无怪乎鲁登道夫将军认为，《贝尔福宣言》是协约国在战时技巧方面做得最聪明的一次，他对德国没有首先想到这一招哀叹不已。

利用宗教影响扩大法律战民间战场的战例在当代也是多有发生。在当前错综复杂的国际局势面前，我们不排除这样一种可能，即某些国家和某些反动的宗教集团正抓紧时机利用宗教博取世界人民的同情以为未来法律战做战前准备。必须承认，在当前，宗教在引导、组织、动员民众等方面具有独特的有效性，是其他手段不可取代的。因此，我们务必要从战略高度来认识宗教法律战系统的特殊作用，借助宗教凝聚人心民意，夯实民间战场，争取社会合力，以备战时之需。

综上所述，马克思主义宗教观认为，宗教的发生、发展、消亡有一个过程，可能比阶级和国家的消亡还要久远。这注定在当代，宗教作为社会文化因素对于国家政治、经济、军事、文化等全方位的影响将一直延续且可能有所增强。从中国的角度看，“国内外敌对势力一直把利用宗教进行政治渗透作为他们对我国进行和平演变战略的一个重要手段”①，所以，不懂得宗教，就可能把握不住法律战中的战略局势，运用不了法律战中的丰富形式，认识不清法律战中的复杂关系，争取不到法律战中的潜在力量。全党、全军务必密切关注宗教问题、认识宗教问题，从整体的角度，以开放的观点，深刻把握并有效运用宗教法律战系统。

（八）法律战与民族

民族是人们在历史上形成的一个有共同语言、共同地域、共同经济生活以及表现于共同文化上的共同心理素质的稳定的共同体。作为一个历史范畴，民族是人类历史长期发展的产物，从历史发展过程看，先是阶级消亡，而后是国家消亡，最后才是民族消亡；而只要存在民族，就存在民族差别，也就必然产生民族问题，这一点决定了民族问题的长期性。另一方面，民族问题作为社会总问题的一个重要组成部分已经深入涉及一国的政治体制、经济结构、文化观念、宗教信仰以及社会生活的各个方面，在民族问题上的任何失误都可能给多民族国家的其他社会层面带来极具震撼力的全局性影响，这一点决定了民族问

① 江泽民:《保持党的宗教政策的稳定性和连续性》(1991 年 1 月 30 日)，《江泽民论有中国特色社会主义》，中央文献出版社 2002 年版，第 370 页。

题的复杂性。民族问题的长期性和复杂性决定了民族问题对整个国家生活的重要性。对一国军事而言，重视民族问题对国家安全的影响和冲击，加强国内民族团结，防止本国民族矛盾国际化，杜绝外部势力插手本国内部事务，会在很大程度上有效避免不必要的战争，有力维护国家安全。事实上，当代世界几次大规模的战争如美伊战争、科索沃战争都让我们领略到了民族问题之于战争包括法律战的巨大影响。

1. 民族法律战系统概述

民族问题在影响法律战系统的外部诸因素里占有不可替代之一席，民族与法律战之间有着紧密的联系。在法律战战前、战时、战后，民族问题都可能与法律战息息相关，其中既有递进式的决定意义，又有连锁性的制约关系。而且，民族问题某一方面的变化会引起法律战系统的变化，这是系统具有开放性的必然结果，也是系统呈动态发展的特性使然。当然，法律战也可以反过来对诸如民族关系的定位、改善，民族情感的激发、凝聚等产生重要影响。

就目前而言，我国同国内外某些集团、某些反动势力所进行的“反对民族分裂，维护国家统一”的斗争从来就没有停息过，也不排除将来因这些反动集团、反动势力的倒行逆施而导致发生武力战的危险。在这样的背景下，必须重视民族法律战系统的整合与运用。重视研究民族问题，妥善处理民族问题对于我军成功开展法律战，发挥法律战系统整体作战优势将起到至关重要的作用。

2. 民族矛盾：法律战之突破口

毛泽东认为，战争是“从私有财产和有阶级以来就开始了的，用以解决阶级和阶级、民族和民族、国家和国家、政治集团和政治集团之间，在一定发展阶段上的矛盾的一种最高的斗争形式”。由此看来，民族矛盾激化并达到一定程度时可能引发军事战争。我们知道，在法律战中，敌我双方真正的较量在战前阶段就已经开始。在此阶段，寻找能影响民心向背和国际舆论走向的突破口是双方都要面对的重大课题。在很多情况下，民族矛盾、民族问题因为其本身的敏感性、复杂性、重要性，成为战争一方进行战争正义性、合理性、合法性宣传的直接切入点，可以用来孤立敌人，团结中间，化敌为友，壮大自己。民族矛盾作为法律战的突破口在以下两种情况下得到应用：

第一，在民族独立战争中，以民族压迫、民族矛盾为交锋点，先声夺人，为己方营造有利的法律态势。

在民族独立及民族解放战争中，受侵一方可直接以“反对民族压迫，争取民族自决”为法律依据同敌国进行法律、舆论、心理等各方面的交锋，为民族独立、国家安全制造政治、军事所需要的综合精神效应，最大限度地扩展己方军事行动的政治影响和精神杀伤力。众所周知，美国是一个很懂得运用“法律战”的国家，其实早在18世纪美利坚民族反对英吉利殖民者的独立战争中，美国人就已经自觉不自觉地运用起“法律”这个利器了。虽然在当时的军事斗争中并没有出现“法律战”这个概念，但美国人在争取民族独立的武力战过程中早已将之运用得相当娴熟而巧妙。18 世纪中期，英属北美殖民地随着物质、文化的发展萌发了美利坚民族意识，这种民族意识在 18 世纪 50 年代的报纸和小册子中已经明显表达了出来。许多美利坚人开始觉悟到他们有权进行完全的自治，应同英国人民一样具有平等地位。[①] 于是，民族矛盾的冲突逐渐演变为武装斗争。而这场战争从一开始就是紧紧围绕着“反抗英吉利压迫，争取美利坚独立”展开的，在战争中，“斗法”和“斗兵”也实现了完美的结合，美利坚人在拓展直接军事战场的同时也伴随着法律战场的开辟。一边以“反抗民族压迫”为口号掀起“莱克星顿的枪声”“邦克山战役”“波士顿大捷”一轮又一轮武装运动的高潮；一边以“侵犯美利坚民族自由权利”为名对大不列颠帝国《印花税法》《汤森法案》展开声讨，起草《橄榄枝请愿书》《关于拿起武器的原因和必要的公告》同英国进行外交斡旋，直至 1776 年 7 月 4 日美利坚合众国十三州议会一致通过对美国历史上影响深远的《独立宣言》，以法律的形式公告：“在人类事务发展的过程中，当一个民族必须解除同另一个民族的联系，并按照自然法则和上帝的旨意，以独立平等的身份立于世界列国之林时，出于对人类舆论的尊重，必须把驱使他们独立的原因予以宣布。”“我们这些联合起来的殖民地现在是，而且按公理也应该是，独立自由的国家；我们取消对英国王室效忠的全部义务，我们与大不列颠王国之间的一切政治联系全部断绝，而且必须断绝。作为一个独立自由的国家，我们完全有权宣战、缔合、结盟、通商和采取独立国家有权采取的一切行动。我们坚定地信赖神明上帝的保佑，同时以我们的生命、财产和神圣的名誉彼此宣誓来支持这一宣言。”正是《独立宣言》的发表全面系统地论证了美利坚民族斗争的正义性，前所未有地增强了美利坚民族的凝聚力，加速了美国独立战争的胜利进程。实践证明，巧妙利用“民族矛盾”为突破口进行宣传造势，不失时机地开展、推进法律战，会在左右战争走向、影响战争进程、决定战争胜负中占得先机。

第二，民族矛盾作为法律战突破口应用的另一种情形，出现在当代一些国家发动的貌似“正义”，实属“侵略”的战争中。

在当代，民族问题同宗教问题一样是和“人权问题”密切相关的，民族平等权作为人权的不可分割的重要组成部分，一直受到国际社会的普遍关注，也自然进入了某些大国谋划自身政治、经济利益的战略视野。在和平时期，要发动对一国的战争是要冒很大风险的，《联合国宪章》对发动战争的必要条件进行了严格的规定，国际法对此也有相应规范，国际舆论在战争这个敏感问题上也施加了相当大的压力。正因如此，某些大国和集团千方百计地寻找一切突破口和切入点，利用一切形式和手段炮制战争的合法性、正义性依据，为自己堂而皇之的军事行动寻找法理借口，以对抗国际规则和国际舆论。民族、宗教问题作为影响世界局部地区和平的不安定因素，恰好为处心积虑寻找战争法理依据的集团、国家提供了可乘之机。正是在这样的情势下，“北约新战略”和美国军方的“内部冲突论”应

① [美] 特伦斯·M. 汉弗莱：《美洲史》，王笑东译，民主与建设出版社 2004 年版，第 91 页。

运而生。1999 年北约成立 50 周年庆典之际，“北约 21 世纪战略新概念”被精心炮制出来。这个战略称，北约应该为“在人权和价值观的基础上构建新的国际主义”而战，这也就意味着北约可以借民族、宗教矛盾把一些原属于主权国家主权范围内的事情划归在其职权范围之内，其发动的人权战争也自然可以不经联合国安理会的授权。继北约提出新战略后，美国军方也抛出了蓄谋已久的“内部冲突论”，其主要内容是：“内部冲突”是美国在新世纪来临之前面临的主要现实威胁之一，其严重性仅次于“越境侵略”，美国军方必须予以高度重视。内部冲突的形式主要有四种，即内战、内部侵略、武装起义和内乱；“内部侵略”是指“一个国家镇压本国的人民或一个民族反对另一个民族”。“内部冲突”一般都会威胁到美国的“重要利益”，因为它们“可能会超越最初卷入的各方，招致外部力量的干预，影响美国的经济利益，或将该地区美国公民的安全和生存置于危险境地”，美军应积极干预；即使有些“内部冲突”威胁不到美国的“重要利益”，但也会威胁到美国的“人道主义利益”，因为美军有责任“保护有关国家人民的安全、生存和自由”。① 无论是北约新概念，还是美国“内部冲突论”，无不以“民族（宗教）矛盾—人权危机—人道主义干预”为其漂亮的合法外衣。在当今世界，最容易被北约和美国抓住辫子借以实现其上述理论的就是许多民族国家在同国内民族分裂分子进行斗争时所引发的一些问题。实际上，科索沃危机的爆发就为以美国为首的北约提供了实践其理论的一个绝佳的试验场。科索沃危机一开始只是表现为南斯拉夫联盟内部塞尔维亚族和阿尔巴尼亚族之间的民族矛盾与冲突，但这恰好为北约对南联盟实施长达 78 天的空中打击提供了“充分的”借口。借民族矛盾造势而渲染战争的正义性，披着貌似合法的外衣对一个主权国家进行 78 天的狂轰滥炸，美国和北约在科索沃得到了他们想得到的一切。如果单纯从“法律战”技术角度来看，这是一次成功的案例，但是从人道主义的立场来看，这是对全人类的犯罪！

民族矛盾作为法律战之突破口的战略地位不能不引起我国的高度警觉。我国是个多民族国家，新中国成立以来我们与民族分裂分子的斗争就从未停息。近年来，少数民族分裂分子在某些国际势力的支持、怂恿下，与境外民族分裂分子互相勾结，在国内频频制造暴乱、骚乱，破坏民族团结，鼓吹民族独立。“藏独”势力气焰嚣张，新疆分裂分子活动猖獗，“蒙独”迹象初现端倪，“台独”叫嚷更是甚嚣尘上。在如此错综复杂的形势下，我们不排除某些不愿意看到中国强大的国家、国际集团，也会因中国的民族问题对中国主权进行类似对南联盟的粗暴干涉，甚至是发动战争的可能。因此，在民族问题上，我国政府、我军应当早做法律战的准备，以防将来受制于人，被动挨打。

围绕着“民族问题”的法律战准备工作主要从以下几个方面来进行：一是完备国内民族法制建设，制定正确、科学的民族法律、法规及民族政策，从宪法、法律、单行法规等各个层次的立法上充分体现国家所追求的民族平等、民族团结和各民族共同繁荣。一定要

---

① 郭媛：《科索沃战争对民族分裂问题的启示》，《西北大学学报》（哲学社会科学版）2000 年第 4 期。

注重吸取苏联和南联盟政府在处理民族问题上的法制教训，避免重蹈覆辙。二是全国、全军应当认真学习国家宪法、《反分裂国家法》及国际人权规则，必要时利用这些国内国际法律规则针对美国等国家、集团就我国民族问题所提出的无端指责进行法律反击，避免在民族问题上予人口实。三是加强国际宣传，不失时机地在各种场合宣传我国的民族政策和民族状况，获得国际社会的理解认同，在法理态势上占得主动。四是注意借鉴别的国家在处理民族问题上的法律战实战经验，吸取当中的教训。比如俄罗斯和车臣冲突中，俄罗斯不仅依法初步平定了暴乱，也避免了外国势力借机插手。我军务必认真总结此中有益的法律战经验，这具有极为重大的现实意义。

3. 民族情感：法律战之驱动力

“一个觉醒了的，敢于为祖国光荣、独立和安全而奋起战斗的民族是不可战胜的”[①]，彭大将军的这句话一语道出了民族情感、民族精神的巨大力量。德国军事家鲁登道夫从德国在第一次世界大战失败的教训中也已意识到：“一个民族的精神团结现在是、将来仍然是领导总体战的基础。”[②]斯大林归纳的有关“民族”的四大要素，即“共同语言”“共同地域”“共同经济生活”以及“共同文化上的共同心理素质”中，“共同文化上的共同心理素质”决定了民族的内聚力和向心力。有的学者也将这一要素称为“民族意识和民族情感”。民族情感是建立在对本民族历史和文化的强烈认同之上的归属及忠诚的思想意识，作为一种意识因素，它通过作用于本民族人的行为活动深刻地影响着国家、社会生活的方方面面。民族情感在法律战中也发挥着其独特的功效，作为法律战的“驱动力”，民族情感在以下两方面的作用尤其突出。

第一，民族情感驱动着国内法律战统一战线的形成。

毫无疑问，只要有战争，就必然存在敌方、己方，也存在战争中的“他方”，而且，法律战战场不限于直接军事战场，还包括外交战场、舆论战场及广阔的民间战场。动员本国力量、本国民众拿起法律武器同侵略者或分裂祖国的叛乱者展开斗争，争取他国甚至敌国的社会力量及民众共同谴责违反战争法的罪恶行径，就成为法律战的重要策略。要真正运用好这个策略当然不能脱离民族情感的激发、民族意识的凝聚和民族精神的鼓舞。依靠“民族情感”这面精神旗帜，不仅会促进从国家、政党、军队到社会团体、民众的广泛的法律战统一战线的形成，还会给战争注入强大的精神动力。在伟大的中华民族抗日战争中，民族情感作为法律战之驱动力的作用发挥得淋漓尽致。1937 年 7 月 7 日，日寇发动了卢沟桥事变，企图以武力吞并全中国。中国共产党在卢沟桥事变的第二日，就向全国发表了声讨日本帝国主义，号召全民族抗战的宣言。“全国同胞们！平津危急！华北危急！中华民族危急！只有全民族实行抗战，才是我们的出路……全中国人民、政府和

① 彭德怀传记编写组编：《彭德怀军事文选》，中央文献出版社 1988 年版，第 445 页。

② [德] 鲁登道夫：《总体战》，戴耀先译，解放军出版社 1988 年版，第 25 页。

军队团结起来，筑成民族统一战线的坚固的长城，抵抗日寇的侵略！国共两党亲密合作抵抗日寇的新进攻！驱逐日寇出中国！”[①] 中国共产党以通篇洋溢着民族危机意识的宣言的形式先发制人，动员广大群众和中坚力量为拯救民族坚决抗战，有效遏制了国民党蒋介石政府企图妥协退让的行为。在民族情感的感召下，在中国人民强大的舆论压力面前，在国民党内部进步势力的武装敦促下，蒋介石政府最终不得不放弃“攘外必先安内”的方针，联共抗日，一致对外。在八年艰苦卓绝的抗战中，中国在建立强大的民族统一战线的基础上，对外则策略性地和苏联订立军事政治同盟，“紧密地联合这个最可靠最有力量最能够帮助中国抗日的国家”；争取英、美、法的同情，支持抗日，在不丧失领土主权的条件下争取国际援助。正是强烈的民族情感驱动着抗日战士奋勇杀敌，并最终帮助中国人民取得了抗战的伟大胜利。

第二，在某些战争中，驱动法律战战线跨越国界，获得国际范围的援助。

在当今世界，同一民族的人散居在世界各国，不同的国家却具有相同的民族属性已经是司空见惯的事情了。从某种程度上说来，民族情感要比国家情感更具国际性。因此，利用民族情感拉长法律战战线，形成“一呼百应”之声势，影响国际舆论走向也成为法律战的重要策略。1999 年科索沃战争爆发，在北约轰炸南联盟不久，南联盟会议通过了南斯拉夫加入俄罗斯 – 白俄罗斯联盟的重要决议。众所周知，南斯拉夫与俄罗斯、白俄罗斯从来不属于一个国家，也没有共同边界，但却有一个共同特点，即同属斯拉夫民族。斯拉夫人分为三支：俄罗斯、白俄罗斯、乌克兰是东斯拉夫人，波兰、捷克、斯洛伐克是西斯拉夫人，塞尔维亚、克罗地亚、马其顿、黑山、保加利亚是南斯拉夫人。在欧洲历史上，当俄国与德奥争夺势力范围，巴尔干民族反抗奥斯曼帝国统治时，只要打出“斯拉夫牌”，就一定能激励民心，获得来自全民族的援助。所以，科索沃战争中南联盟的这个决议使得自身同俄罗斯结成战时盟国。叶利钦随后严厉警告北约，不要逼迫俄罗斯采取军事行动，引发欧洲大战甚至世界大战，并表明了俄罗斯支持南斯拉夫加入俄 – 白联盟的立场，[②] 这就使得北约集团不能不投鼠忌器，有所收敛。

鉴于民族情感在法律战中的重要驱动作用，我们务必从战略高度上对其加以重视。其一，在平时及战时阶段，加强对兵、民民族情感的熏陶，民族意识的培养，民族精神的强化，为法律战赋予强劲的精神动力。其二，在开展法律战过程中，注重以民族情感为旗帜团结各民族首领、各民主党派从事声援政府的法律斗争。以国家统一的法律斗争内容为依据，以全国政协的名义统一对外发表宣言和声明；或以各民主党派中央、各人民团体中央的名义分别发表宣言和声明，向海内外表明坚决支持中央政府采取军事行动的政治立场，

① 毛泽东：《反对日本进攻的方针、办法和前途》，《毛泽东选集》（第 2 卷），人民出版社 1966 年版，第 329 页。

② 李远祥：《民族、宗教与战争》，《贵州民族学院学报》（哲学社会科学版）2000 年第 3 期。

号召全民族团结，坚决维护国家主权和领土完整，反击分裂、干涉和侵略。其三，在开展法律战过程中，注重以民族情感为旗帜团结海外华人团体呼应国内正义斗争。在我军未来军事斗争中，应积极组织海外华人团体和爱国人士在居住国开展法律斗争，向所在国政府和人民阐明我国政府的政治立场和法律主张，争取、团结所在国政府和人民支持中国人民的正义事业，声讨敌方当局的分裂、干涉和侵略行径，维护中华民族的尊严和完整统一，从国际上孤立和分化敌对势力，有效牵制和遏止敌方的种种不法图谋。[①]

毛泽东认为，要克服困难，战胜敌人，建设国家，就必须巩固和扩大民族统一战线，发动全民族的一切生动力量，这是“唯一无二的方针”。这个原理在法律战过程中也是适用的。

4. 民族关系：法律战之落脚点

战争是政治的继续，不管什么性质、什么目的的战争，其终极目的都是通过政治格局变化而获取经济利益。战后交战方总是试图通过法律巩固变化了的政治格局，改写利益分配方案，或是减小经济利益的损失。但就具体战争而言，其目的是不一样的。国际战争与国内战争之区别尤其巨大，因此，要做具体分析。未来我军的军事斗争将主要围绕两个主题而进行：一是打击外部强权势力的非法侵入，二是打击恐怖主义和民族分裂势力。这两个主题当中后者的可能性又偏大。我军将以坚决的军事打击，辅以强大的法律攻势，反对任何形式的恐怖主义与民族分裂。正因如此，我们开展这类法律战时必须有一个目标定位，即战后一定要善于利用法律手段巩固我们所追求的“平等、团结”的民族关系，没有了这个落脚点，我们的战争目的很难说完全实现。

1919 年 5 月 15 日，希腊出兵侵占了伊兹密尔，揭开了希土之战。实质上，这次战争是英国假手希腊侵略土耳其的战争。英国之所以选择土耳其作为打手，出于以下原因：在历史上，希腊和土耳其存在很深的民族矛盾，在土境内约有 150 万希腊人过去常与土耳其人发生冲突纠纷。如果唆使希腊进攻土耳其，在外界就会造成民族纠纷的假象，英国则可以免受他国指责，而又能在战场上实际控制希腊，获取战争利益。英国的算盘打得实在很刁。但是，以凯末尔为首的土耳其国民议会政府积极阻止抵抗运动，反抗帝国主义的军事占领和宰割政策，并运用军事和外交两种手段拯救土耳其的民族危亡，经过浴血奋战，最终迫使英希放弃了曾使土耳其丧权辱国的《色佛尔条约》，并在平等基础上重新签订了《洛桑条约》等 17 个条约。凯末尔政府深知，如果其同希腊的民族矛盾得不到妥善解决，民族关系得不到合理安排，那么战争的危险就不会彻底消除，而帝国主义列强更会因此卷土重来。基于以上考虑，在《洛桑条约》中就民族问题做了规定。条约规定土耳其政府保证对一切居民，不分语言、种族或宗教，一律予以保护。希土两国专门达成交换居民专约和议定书，确定除居住在色雷斯和伊斯坦布尔的希腊人外，在土境内的希腊人一概迁往希

---

① 钟琦：《我军未来军事斗争准备中法律战的基本方法》，《西安政治学院学报》2004 年第 6 期。

腊，居住在希腊境内的50万土耳其人也一律迁回土耳其。土境内的亚美尼亚人和库尔德人，土政府不允许他们成立独立国，但保护他们的民族权利。可以说，《洛桑条约》肯定了土耳其在民族疆界内保持统一和领土完整，承认了土耳其的民族独立。通过战后法律战中对于民族问题的解决，民族关系的确定，土耳其巩固了武力战的胜利成果，获得了军事和政治上的“双赢”，也避免了别的国家再以民族纠纷为借口挑起事端，重燃战火。

同土耳其相比，俄罗斯在第二次俄车武装冲突之后的法律战就谈不上成功了。其实在第二次俄车武装冲突中，俄罗斯中央政府已经取得了军事上的全面胜利，基本遏制了车臣当局的独立倾向。遗憾的是，俄罗斯联邦政府并没有挟军事胜利之余威，在法律层面上协调联邦内民族关系，因此也就没能根本解决车臣问题，结果招致了新一轮车臣民族分裂分子的动乱迭起。实践证明，一旦战争牵涉到了民族矛盾、民族关系问题，那么，在法律战全过程中都应当突出这个主题，特别是在法律战战后阶段更应当依法明确民族关系，巩固战争成果，达成战争目的。

综上所述，马克思主义民族观认为，民族作为人类长期发展的产物将长期存在。民族问题的长期性和复杂性决定了我们必须对其给予高度重视，而不能等闲视之。苏联，列宁之后的历届党政领导人都在不同程度上忽视了民族问题的长期性和复杂性，结果导致了民族矛盾日积月累，逐渐恶化，并最终成为联盟解体的最大诱发因素之一。从中国的角度看，各种民族分裂势力和外国敌对势力犬牙交错，在一定程度上威胁着国家安全和领土完整。因此，如果我们忽视了民族问题，就很有可能陷于被动，受制于人。在法律战全过程中，我们都应将民族问题摆在一个重要的位置加以对待。认清民族矛盾，有利于我们找到法律战的突破口；激发民族情感，有利于我们寻求法律战的驱动力；确立良好的民族关系，有利于我们实现法律战之最终目的。

（九）法律战与道德

康德曾说：“这个世界上唯有两样东西能让我们的心灵感到深深地震撼，一是我们头顶上灿烂的星空，一是我们内心崇高的道德法则。”道德伴随着人类社会的产生而产生、发展而发展，至今经久不衰，显示了无限的生命力。何谓道德？历代思想家的解释可谓异彩纷呈。亚里士多德认为，道德就是行为的善；中世纪哲学家阿柏拉德认为，道德是使人们为善或为恶的心灵的德性；康德将道德视为出自“善良意志”的“绝对命令”；黑格尔则认为道德是主观意志的法。在吸取、批判前人观点的基础上，马克思、恩格斯对“道德”做了历史的、唯物辩证的科学解释。在《德意志意识形态》一书中，马克思、恩格斯指出：“观念、思维、人们的精神交往在这里还是人们物质关系的直接产物。表现在某一民族的政治、法律、道德、宗教、形而上学等的语言中的精神生产也是这样。”在《反杜林论》中，恩格斯又进一步指出：“人们自觉或不自觉地，归根到底总是从他们阶级地位所依据的实际关系中——从他们生产和交换的经济关系中，吸取自己的道德观念。”可见，马克思、恩格斯是将道德作为一个较为广泛的社会范畴来使用的。道德这种社会现象是人类精神现象的一个特殊领域，它不仅包括道德观念、道德思想和道德理论等道德意识现象，还包括道德原则、道德范畴等道德规范现象，而且也包括道德教育、道德修养、道德评价、道德行为、道德选择等道德活动现象。因此，道德不仅仅是抽象的善恶观念，也不仅仅是行为规范的总和，它是包括道德意识现象、道德规范现象和道德活动现象的一类社会现象。所谓道德，是人类社会生活中所特有的，由经济关系决定，以善恶为评价标准，依靠内心信念、社会舆论和传统习惯所维系的社会现象。[①] 随着人类社会的发展，道德载体的形式已经从最初的个体道德扩展到社会道德再到如今的国际道德。当然，在我们探讨当前国家（地区）间经济、政治、军事等国际事务与道德因素的关系时，这里的“道德”通常所指向的是“国际道德”。虽然很多思想家如马基雅维利、斯宾诺莎、霍布斯、黑格尔等人否认“国际道德”的存在，并坚持“国家之间无道德准则可言”的现实主义观点，但是，“国际道德”理论却早已被政治家们在具体的国际事务中付诸实践且不断运用。1858 年，布莱特在讲演中宣称：“制定道德法则不仅仅是为了指导人的个人行为……同时也是为了指导国家的行为。”伍德罗·威尔逊 1917 年就宣战事宜在国会发表的讲演中说：“我们正面对一个新时代的开始。在这个时代，我们必须坚持的原则是，对于文明国家的公民恪守的那些行为准则和他们对遭受屈辱的人们所承担的责任，国家和政府同样应予以恪守。”1918 年 6 月，豪斯参与了《国联盟约》的起草，在草案的第 2 条写道：“同样的荣誉和道德标准应适用于国际事务和国家事务，如在其他事务中一样。”1937 年 10 月 5 日，罗斯福总统在著名的芝加哥讲演中宣布：“国家道德像个人道德一样，都是至关重要的。”而克林顿政府和布什政府也利用了“国际道德”炮制并接连运用了“人道主义干预”理论。事实上，无论当前对“国际道德”概念的界定有多么含糊不清，它已经在国际经济交流、政治往来、军事冲突中扮演了重要角色。我们认为，在法律战产生、发展的过程中，道德因素的作用是全面而深刻的，道德因素与法律战的对立统一关系将长期存在，道德与法律的交融对未来战争的影响也值得我们期待。

1. 道德法律战系统概述

道德与法律战有对立的一面，但二者也是紧密联系的。道德法律战系统正是道德与法律战相互联系、相互作用形成的有机体。法律战系统基础要素是“法律”，法律战的斗争武器也是“法律”，而众所周知，“法律”正是由“习惯”与“道德”脱胎而来。道德水平的每一次提高，道德理念的每一次飞跃，道德规则的每一次更新都给“法律”带来直接影响并进而作用于法律战系统。反过来说，人类的法律战发展史从一个角度而言也正是道德发展史。越是重视法律战，越是强化法律战在军事斗争中的作用和地位，就越能使战争趋于人道，合乎道德。

① 田秀云：《社会道德与个体道德》，人民出版社 2004 年版，第 5 页。

必须承认法律战系统本身是有局限的。单就“法律”这个要素而言，目前的国际法、国际惯例及国内法显然不能规制战争行为的方方面面。一旦出现法律空白，法律战系统效能的发挥就不会尽如人意。而道德则正好提供了这样一个“辅助性”武器，很多情况下，当某次战争无法诉诸法律评判时，国际社会就以道德因素作为评价标准。所以，开展法律战，以“法律”为武器，以“道德”为“替补”，发挥道德法律战系统的整合效能，是十分重要的。

2. 对立：法律战与道德的当然主题

法律战与道德之间对立关系的第一个表现即道德标准的模糊性与法律战的确定性的对立。毋庸置疑，法律战的重要武器就是“法律”，这里的“法律”除了与武力战相关的部分国内法外，更多的是相关国际法、国际惯例及本国参与的多边、双边条约。国际法、国际惯例是历经国际风云变幻的考验而被历史所证明了的，符合国际社会利益及人类利益并获得国际社会一致认可的原则、规则的统一体；多边、双边条约基于条约参与方的合意而签署，对条约参与方而言也具有同等约束力。因此，无论是国际法、国际惯例，还是国家间的多边、双边条约、协定都是相对确定、明晰和可操作的，这也使得法律战具有了确定性。在法律战中，什么是对，什么是错，以文本化、条文化的法律作为评判标准，清清楚楚、明明白白，国际舆论对此也不会有太多异议。与法律战的确定性形成鲜明对比的则是道德标准的模糊性。如果说对军事行为的法律判断是有关“合法或不合法”的评价，那么道德判断对此则往往是借助于善恶评价来实现的。而善与恶恰恰是人类社会最为道不清、说不明的东西，作为历史范畴，善恶内涵随着社会的政治、经济和文化的变化而变化，不同的历史时期有不同的说法，不同的国家有不同的解释。正如恩格斯所说：“善恶观念从一个民族到另一个民族、从一个时代到另一个时代变更得这样厉害，以致它们常常是互相直接矛盾的。”[①] 因此，根本没有所谓全人类的善恶观，军事行为上的善恶尤其如此。除了善恶观没有统一标准外，就连一些具体的、普遍的道德原则如人道、和平、自由、民主，每个国家的理解也有所区别，没有哪一个国家能够证明自己的界定是唯一正确的。这是因为，不同的国家有着不同的经济利益、政治诉求、文化传统、意识形态和社会制度，对同一事务的看法肯定有所差异，甚至大相径庭。

法律战与道德之间对立关系的另一大表现是法律战之于道德的背离。法律战是围绕武力战而进行的以法律为工具的军事对抗斗争，因此，法律战本身无所谓善恶之分。很多人认为只要是进行法律战，战争行为就一定是道德的，我们不难发现这种观点之中的谬误。一桩交易不会因为是合法的也就自然而然地符合道德标准；同样，一次战争不会因为是以法律的名义开始或是以法律的形式结束而顺理成章地合乎道德。实际上，对法律战是否合乎道德的评判涉及法律战的动机、手段、方式、后果等各个方面，因此，在很多情况下，法律战是与道德背道而驰的。1895 年 4 月 17 日（光绪二十一年三月二十三日），李鸿章

① 《马克思恩格斯全集》（第 20 卷），人民出版社 1971 年版，第 101 页。

与伊藤博文签订了《中日媾和条约》，即《马关条约》。根据这个条约，第一，朝鲜在“独立自主”的幌子下，完全隔断与中国的传统联系，沦为日本的半殖民地；第二，割让辽东半岛、台湾和澎湖列岛，使中国丧失了大片领土；第三，勒索赔款2亿两白银，并攫取在通商口岸设厂，开放沙市、重庆、苏州、杭州为通商口岸等特权。同时，《媾和条约》第8款与《另约》第1款还规定：为担保认真履行约内所定条款，日军须占领威海卫，由中方每年贴支驻军费50万两库平银。1896年7月和10月，日本又根据《马关条约》有关条款，分别把《通商行船条约》和关于在华通商口岸设立日本租界的《公立文凭》强加于中国，从而在中国攫取了领事裁判权、最惠国待遇与设立租界等特权。[①] 日本以合法条约的形式暂时中止了对中国的战争，实现了对中国领土的占领。不可否认，日本的占领行为是合法的，因为《马关条约》上赫然印着清政府李鸿章的“大名”。但是，这个看似合法的行为道德吗？合法的外衣下包裹的恰恰是赤裸裸的利益、血淋淋的屠杀和彻彻底底的不道德！同样的情形也见诸希特勒发动的“反犹战”。希特勒刚上台，在他的指示下，德国政府迅速制定并通过了一系列针对犹太人的法律，这些法律意在剥夺犹太人的财产，取消犹太人的自由，践踏犹太人的尊严，挤兑犹太人的生存空间。有了这些法律，针对犹太人的任何行动都成了合法行为。这道德吗？这场法律战背后隐藏的是对自由权的凌辱，对生存权的蹂躏，对人权的肆虐，对犹太史、人类史最不道德的一次重创！从以上战例，我们可以看到，法律战与道德并非在任何情况下都是“同路之人”，二者在很多时候都是“君向潇湘我向秦”。法律战对道德的背离正是二者间对立关系的极致表现。

3. 统一：法律战与道德的永恒联系

如前面所述，法律战与道德处在种种对立之中，甚至会出现“君向潇湘我向秦”的反向而行。然而，“潇湘”和“秦地”相隔再远，也终究同处于一个中国的辽阔版图之下；“法律战”与“道德”之间无论有怎样的对立，当我们将它们置于军事战争这样一个大背景之下时，我们可以发现二者之间其实存在着千丝万缕的联系，在很多方面蕴涵着天然的统一。法律战与道德的统一主要体现在以下三个方面。

（1）道德理念与法律战理念相统一

战争的主体是“人”，人的必由之路是从野蛮中觉醒而走向文明，从兽性中挣脱而回归于人性，告别原始激情的冲动而向着现代理性进化。因此，人类的战争才会从最初“纯粹的毫无边界的暴力行为”演化为今天“在法律的框架下进行的战争”。之所以会有如此的转变，是因为战争中除了“利益”外，还应该有“道德”存在的空间。否则，我们就很难说服自己和他人：为什么我们一定还要顾及他人和他国？为什么我们还要优先考虑某些基本道义如“不杀戮无辜者”的限制，而不是毫无顾忌地追求自己的最大利益？[②] 道德、价值

① 朱赢泉等主编：《国际关系史》（第3卷），世界知识出版社1995年版，第221页。

② 何怀宏：《战争、政治与道德——国际关系伦理思考之二》，《世界经济与政治》2005年第1期。

观念、伦理、放之四海而皆准的原则、理念曾经几乎是牧师和学者们的专有研究领域。随着战争暴力的升级，特别是经历了两次世界大战的梦魇，军事冲突中的道德约束才重新回到人类视野，道德理念也受到了前所未有的关注。其中，对武力战影响最大的莫过于“善”和“正义”的理念。战争中的“善”与“正义”观念的提出最早可以追溯到古希腊—罗马时代。“战争的目的是为了和平，而秩序、公益、善意和人类正义永远是高于战争的一种必要性”是当时的思想家、道德家们所坚持的基本态度和立场。[①] 中国古代的孙子在《孙子兵法》中也表达了“实施正义战争，反对不义之兵”的道德诉求。孙子认为，作为“死生之地”的政治工具，战争这种国之大事，是“日费千金”，“存亡之道”，所以“不可不察”，必须慎重对待。即使运用武力来解决问题，也必须符合“道”即正义性，所谓“政者，正也；征者，亦正也”。在西方，最早明确提出“正义战争”概念的则是基督教哲学家安布罗斯和奥古斯丁，他们所探讨的战争问题的核心就是“为在一定条件下合法合理地进行战争而创造道德规则和义务”。奥古斯丁的正义战争思想更是提出了关于战争伦理的最根本的道德信条——至善至德，这一信条也导出了后来正义战争理论的脉流。正是从“公共的善”出发，阿奎那进一步发展了奥古斯丁的正义战争理论。他以理性主义的态度表达了对战争选择的道德思考，提出了相对于暴力及其强制使用的道德责任和义务，即有条件地承认战争存在的合理性，强调从事战争以及战争行为的结果必须受道德准则的制约，这一基本思想成为后来的正义战争理论的核心内容，构成了该思想传统持久不变的基本线索。当然，最终将“善”和“正义”等道德理念与战争法糅合起来的还是荷兰法学家、国际法“鼻祖”格劳秀斯。其在1625年发表的旷世巨著《战争与和平法》中，字里行间所流露的是对那种以道德和法制为基础的国际和平与秩序的向往。格劳秀斯从道德理念和自然法的源头着手，详细探讨了国家间战争与和平法规问题，涉及了战争权利与义务、战争种类、正义战争、战争原因、战时合法行为、和平种类以及战争条约等几乎全部战争法问题。他将正义战争的道义性还原为世俗性，同时又强调正义战争必须符合道德观念和自然法。格劳秀斯的正义战争思想对近代以来的国际法实践产生了巨大而深远的影响。第一次世界大战后，格劳秀斯所主张的正义战争观被融合进实证主义的条约法，并集中体现于《国际联盟盟约》《白里安－凯洛格公约》和《联合国宪章》。这些国际法文件确认了只有执行确定法定权利的战争才是合法、合乎善意的战争，试图破坏和平现状、将自身制度强加于他人，以及实施所谓预防性进攻的战争都是非正义和不合法的。由此，“善”与“正义”由最初的道德理念转变成成文的法律规范、标准并获得国际社会的普遍确认。各国开展法律战时，要想师出有名，就必须遵循有关的“正义”标准，确立“求善、求正义、求和平”的法律战理念，如此才能获得国际舆论的广泛支持与理解。可见，道德原则、道德理念深刻影响了法律战的产生和发展，也正是这种制约与促进推动了道德与法律战达成了部分理念上的统一，推动了

① 周桂银、沈宏：《西方正义战争理论及其当代论争》，《国际政治研究》2004年第3期。

人类战争史从无所顾忌的野蛮时代过渡到多重制约的文明时期。

（2）道德规则、原则与法律战规则、原则相统一

法律战系统中最基础的要素就是“法律”，而且主要是其中的国际法内容。众所周知，法律的主要来源有两个，即习惯和立法。国际法只有第一个来源，因此类似所有初级社会的法律。[①] 而道德的“母体”也是风俗习惯。“‘道德’这一术语，在拉丁文中是‘风尚’的意思。‘道德’的同义词‘伦理’，在希腊文中也是‘风尚’‘习俗’的意思。”[②] 同样都脱胎于习惯，这就使得道德上的部分规则、原则和调整战争关系的国家法、国际惯例的某些规则、原则出现了重合。另一方面，国际法在产生、发展、完善的过程中，逐步吸收了很多有益的道德规则、原则，并将之直接条文化、实用化，所以国际法，特别是国际战争法中的大量规则和道德规则也是天然统一的。譬如，人道主义本来是作为一个道德规则被提出来，在近现代战争中，国际社会将之引入战争法则，成为法律战“人道主义原则”，即恪守人道主义原则，最大限度地提供人道主义保护和救助，最大限度地限制对人道主义原则的违反和破坏；在战争中区分军事人员和平民，区分军事设施和民用设施，不应对民众生活基础以及生存环境造成不必要的破坏；军事占领后应当防止发生人道主义灾难。还有在东方表述为“己所不欲，勿施于人”，在西方表述为“要爱你的邻居应当如同爱你的兄弟”的“平等待人”“仁慈待人”的道德规则在法律战中直接体现为“保护原则”，即不得杀害、掠夺平民；不得虐待杀害战俘；不得侵犯中立国；应当保护战俘、平民和非敌对第三国利益，保护历史文物及文化宗教信仰。再譬如，“求和”“非攻”等道德规则反映在法律战中则成为“相称原则”，即不过度杀伤和重复伤害；根据战争目标和实际情况选择合理适当的战争方法和手段，使用相称的暴力；在最短时间内以最小代价结束战争。最后，“适度，不过，中庸”则与法律战中的“限制原则”一脉相承，即限制战争的方法和手段，不得采取极端的方式；禁止使用生物化学武器；禁止使用具有过分伤害力或滥杀作用的常规武器；禁止或限制使用地雷、燃烧性武器；禁止使用核武器；等等。总之，战争法潜移默化地承继了道德领域的诸多规则，使得法律战受到了道德法则的约束和规制。当然，每一条规则的出现，都显示了人类自我约束的努力，印证了人类文明意识的增长，表达了人类社会亘古不变的道德理想，也无疑是一种基于人类命运终极关怀最为现实的选择。

（3）道德水平与法律战水平相统一

我们知道，开展法律战的关键环节就在于对相关国内、国际法律的实施与运用。实施得当与否，运用合理与否直接关系到法律战的成败，从这个角度来说，一个国家、一个军队总体道德水平将会影响法律运用及实施的水平进而影响整个法律战的水平。国际法之所

① [英]爱德华·卡尔：《20年危机（1919—1939）国际关系研究导论》，秦亚青译，世界知识出版社2005年版，第159页。

② 赵震江：《法和道德》，《中国法制报》1981年3月3日。

以为大多数国家和世界民众所接受，并不是因为其具有某种强制力，相反，国际法是公认的最缺乏强制力保障的法律体系，更主要的是因为这些法律本身合乎道德原则，具有正确性、合理性以及正义性，即法律有内在的道德价值，因此，军队总体道德水平的提高有助于全军加强对国际法、国际惯例的深刻理解和认知，也只有在这种理解和认知的基础上，才能在同敌方的军事斗争中，自觉遵守国际法的规定，切实尽到人道义务、保护义务及限制义务等。可以说，作战队伍如果具备了较高的道德水平，将会在很大程度上降低作战压力，减小作战阻力，增强作战合力，更加不会因为自身的不道德行为招致国际社会的谴责，最终使己方在法律战中陷于被动。伊拉克战争中美军的“虐俘事件”最能体现道德水平与法律战水平的直接联系。参与了“虐俘事件”的几名美国士兵不可能不知道《日内瓦公约》及相关国际法对保护平民、善待战俘的法律规定，但他们竟敢冒天下之大不韪，行反人道之行径，这不能不说明其道德水平的低劣。而自美军“虐俘事件”曝光以来，国际社会纷纷谴责美军践踏国际法、严重侵犯人权的野蛮行为，使得以“人权卫士”自居的美国在法律战中一直处于被动尴尬的境地，即使抓了萨达姆，赢了战争，也落了个不光彩的口实。最终，美军的法律战威力也因为这个口实而大打折扣，这只能“归功”于美军不甚完满的道德素质和道德水平。

正是因为道德水平与法律战水平的这种正相关性，我们必须重视加强我军的思想政治教育和道德教育，从而为未来的法律战奠定坚实的素质基础。只有通过加强、保持部队政治上的坚定性和思想道德上的纯洁性，才能更好地推动官兵法律意识和法律素质的增强。事实证明，没有良好的道德水平作基础，就难以真正体现依法治军给部队战斗力带来的提升，就难以在未来军事斗争中把握法律战的主动权，就难以取得战争的最后胜利。可见，江泽民同志关于“法治”“德治”两手抓的方略也是可以应用于部队建设的。

综上所述，道德作为作用于法律战系统的外部因素之一，与法律战有着天然的紧密联系，二者之间“对立－统一”的矛盾运动呈现出一个充满张力的结构。不可否认，虽然道德作为没有强制力保障实施的社会规范，其在战争中发挥的力量不可与法律同日而语，但是仅仅依靠单纯的国际法律制度显然是不可能起到更好的协调与制约作用的。为此，必须重视道德的补充作用，“法规可能仅是一个法律外壳，因其明确的术语而要求由道德原则加以填充”，法律战的产生和发展已经充分证明了道德理念、道德规则和道德水平的巨大影响力。更重要的是，正如我们自始至终强调的，法律战的目的不是背离和平，而是寻求和平，为此，法律战更加不能脱离道德的支持。或许，我们可以做出这样的预测：在未来战争中，道德与法律的双向控制可以最大限度地降低战争给人类带来的危害，甚至有效地避免战争。毕竟，“和平”才是人类社会共同的道德理想和价值追求，倘若我们丢失了内心崇高的道德法则，我们也必将失去头顶上灿烂的星空。

第七章　法律战规律论

一切事物都有其发展变化的必然性规律，战争也不例外。法律战作为一种特殊的作战样式，也必然有其自身的发展规律。深入分析历史上发生的各种规模的战争，特别是从近几年来若干场局部战争可以看出，法律战在战争中的功能、地位和作用正日益凸显，促使传统战争在作战形态、作战样式、作战方法和手段上发生了一系列深刻变化，并引起法律战规律的相应变化。把握这些规律，对我国未雨绸缪、扎实做好法律战准备、赢得未来外敌可能强加于我的战争，无疑具有十分重要的意义。下文将通过对战争规律的分析来认识法律战规律，进而探讨法律战一般规律和法律战特殊规律，以求运用法律战规律指导法律战实践。

一、认识战争规律

战争作为一种特殊、复杂的社会现象，与其他社会现象相比，具有更大的偶然性和不确定性，于是有人不承认战争规律的客观存在。如 18 世纪法国元帅萨克斯说："战争是一种充满了阴影的科学"，"它的基础就是惯性和偏见"，"所有科学都有原理，唯战争独无"。德国资产阶级军事理论家 C.P.G. 克劳塞维茨（1780—1831）也曾说过："战争无论就其客观性质来看还是就其主观性质来看都近似赌博。"① 他们把战争视为不可知的事物，认为战争不存在客观规律，在马克思主义哲学看来，这种观点是完全错误的。唯物主义辩证法告诉我们，战争是有规律而且这些规律是可以认识与把握的。毛泽东在《中国革命战争的战略问题》一文中坚持以唯物辩证法为指导，深入而具体地观察分析战争内部的矛盾运动，揭示出战争发展的一般规律，特别是中国革命战争的种种规律，形成了别具一格的战争规律论思想。他在《论持久战》中指出："战争不是神物，乃是世间的一种必然运动。"由此可见，战争是有规律的，战争规律和其他事物的规律一样，是客观实际在人类头脑中

① ［德］克劳塞维茨：《战争论》，钮先钟译，广西师范大学出版社 2003 年版。

的反映。

人类对战争规律的探索与战争自身的发展如影随形。战争的发展演变不是一个纯粹的自然过程，它与人类的其他社会活动一样，也深深地打上了人类自觉能动性的印记。探索战争规律，就是在战争历史发展的进程中人们主动地认识战争的自觉能动活动，其目的是要拨开战争的迷雾，认识战争规律，指导新的战争实践，并用以指导考察法律战规律。本节将首先阐述战争规律思想的发展及其内涵，着眼从实践和本质上认识战争规律，企求通过了解战争规律对认识法律战规律有所裨益。

(一) 战争规律的含义及其历史发展

1. 战争规律的含义

在认识和把握战争规律之前，有必要对规律的本质和内涵做一个简略的分析，以此助益对战争规律的理解。

规律（law）在哲学上亦称“法则”，是事物发展变化过程中的本质的联系和必然的趋势。“规律”一词源于古希腊哲学中的“逻各斯”（logos）。在欧洲，古希腊赫拉克利特把宇宙发展的总规律称为“逻各斯”，它“永恒地存在着”，“万物都根据这个‘逻各斯’而产生”。在中国，春秋时子产提出“天道远，人道迩，非所及也”，其中天道指的就是天体运行规律。近代，德国的黑格尔认为规律是“没有存在物的存在”，是摆脱了客观实体的自然形态而掌握内在客观的必然联系。限于认识上的局限性，对规律的这些概括和总结都未能从本质上做出科学的分析。

马克思批判继承了哲学史上的思想成果，对规律做了科学的阐述，认为规律是事物和过程自身所固有的本质的必然的普遍联系，这种联系不断反复地出现，在一定的条件下经常发生作用，并决定着事物必然向着某种趋势发展。这一科学的方法论，为我们认识战争规律提供了有力的工具。根据马克思对规律的科学概括，我们可以给战争规律下一个定义：所谓战争规律，就是贯穿于整个战争过程中各种矛盾的本质联系和发展的必然趋势。战争规律是通过战争实践反映和表现出来的，具有不以人们意志为转移的客观性和辩证性，并随着战争情况和作战实践的发展而不断发展。

战争规律包括战争一般规律和战争特殊规律。

第一，战争一般规律，反映了战争规律的普遍性（或共性）。

它是战争运动过程中最稳定、最普遍的本质联系，它存在于一切形式的战争之中，对于任何战争都产生作用。比如战争的对立统一规律，在战争过程中表现为敌与我、胜与败、强与弱、优势与劣势、主动与被动、集中与分散、进攻与防御的矛盾等等。这里，敌与我的矛盾，是交战双方主体对抗的表现；胜与败的矛盾，是最终交战结果的表现；强与弱的矛盾，是战争双方力量形态的表现；优势与劣势的矛盾，是战争双方作战态势的表现；主动与被动的矛盾，是战争双方作战行动自由权的表现；集中与分散的矛盾，反映了战争双方兵力使用和作战指挥的相互关系；进攻与防御的矛盾，反映了战争双方战斗类型上的相互关系；等等。这些矛盾及其运动规律，共同支配着战争矛盾运动发展的过程及规律性。

第二，战争特殊规律，反映了战争规律的特殊性（或个性）。

它是指某一具体形态的战争矛盾之间的本质联系和发展趋势，它不具有广泛性和代表性，只为某一战争所固有，并在其中发生作用。比如反恐战争，不论从作战方式、作战指挥、作战编组还是火力运用上，都具有明显的特殊性，它所反映的战争规律就不能适用于其他一般的战争，而只能运用于反恐战争。当然，它同时也遵循战争的一般规律。

战争一般规律与特殊规律是共性与个性、普遍性与特殊性的关系。战争一般规律寓于特殊规律之中，是从特殊规律中抽象概括出来的，并通过特殊规律发生作用；战争特殊规律则受一般规律的制约和指导，并不断发展一般规律。

第三，厘清战争指导规律与战争规律的区别与联系。

其一，战争指导规律与战争规律之间的区别。前文已经提到，战争规律是贯穿于整个战争过程中各种矛盾的本质联系和发展的必然趋势。而战争指导规律则是指符合战争客观规律的指导战争的原理、原则，它是人们在战争实践中认识和用以指导行动的规律，是战争的各种客观规律与人的主观认识相结合的产物。指挥官为争取战争的胜利，必须认真研究战争规律，并正确地加以应用，也就是说在遵循战争的客观规律的基础上寻找出指导战争达于胜利的原则。这些原则，比战争规律的内容更具体更丰富。

其二，战争指导规律与战争规律之间的联系。战争规律决定和制约着战争指导规律，战争指导规律又反作用于战争规律。战争规律与战争指导规律均有其普遍性与特殊性。一般的战争指导规律，就是从研究战争一般规律出发，从历次战争中概括和总结出来的，用以指导一切战争的普遍适用的原理、原则。特殊的战争指导规律，则是指那些某一或某些战争的特殊规律决定的，适用于指导这些特殊战争的原理、原则，它由某一或某些战争的具体时间、地域和性质等特定条件决定。

2. 战争规律思想的产生及其发展

战争规律的思想，源自战争实践，最早产生于我国春秋战国时期，以春秋末期著名军事家孙武为代表的先秦唯物论兵家认为，战争有“道”，即有规则、规律。所谓“兵形象水”，即说明战争有它运动发展的规律，战事不取决于鬼神，战争胜负不取决于上天神意，而取决于交战双方的“道、天、地、将、法”等多方面的情况；提出“胜可知”“胜可为”和“胜在谋”的思想；特别是提出“知彼知己，百战不殆”的战争规律，为中国历代唯物论兵家所推崇。[①]

马克思和恩格斯从阶级分析的立场谈到了对战争规律的认识，提出战争是根源于社会生产力与交换方式之间的矛盾，战争的进程和结局取决于战争中的物质因素与精神因素之

① 尚金锁：《毛泽东的战争规律论》，《军事历史研究》1995 年第 1 期。

间的相互作用。列宁在论述对战争规律的认识时明确提出，在决定性时机和地点，拥有压倒敌方的优势，是取得军事胜利的规律。斯大林也曾提出，战争的命运不是由突然性这种偶然因素来决定，而要由那些经常起作用的因素来决定。

毛泽东对战争规律的认识达到了炉火纯青的程度，他第一次明确提出了“军事规律”的概念，认为“军事规律是客观实际的东西在人们头脑中的反映，战争是人世间的一种必然运动，战争胜负取决于交战双方的政治、经济、军事、主观指导和自然诸条件，战争规律根源于战争双方诸因素的必然联系和相互作用之中，是战争矛盾运动的集中表现，一切政治的、军事的战略战术都是由此产生的”①。从本质上讲，军事规律与战争规律是一致的，只是在表述上军事规律比战争规律更加具有广义的性质。在中国革命战争实践中，毛泽东坚持以唯物辩证法为指导，深入而具体地观察分析战争内部的矛盾运动，揭示出战争运动发展的一般规律，特别是中国革命战争的种种规律，形成了别具一格的战争规律论思想。同时，他还提出了“战争指导规律”的概念，把战争指导规律形象地比喻为“战争大海中的游泳术”。他在《论持久战》中，对战争的矛盾运动、力量的量变质变过程，以及中国革命战争规律和指导规律都做了系统的论述，为我们提供了科学分析战争矛盾运动规律的范例和科学地研究、分析现代战争及军事问题的锐利武器，特别是为我们科学地研究现代战争及现代战争的特点和规律，分析法律战的特点和规律，提供了正确的立场、观点和方法。

（二）着眼实践，从本质上认识和把握战争规律

1. 着眼实践，认识和把握战争规律

战争规律根源于社会根本矛盾运动发展之中，支配着军事运动发展的进程和方向，它通过战争实践反映和表现出来，具有不以人们意志为转移的客观性和辩证性，并随着战争情况和作战实践的发展而不断发展。可从以下三方面认识和把握战争规律：一是战争规律具有客观性。这一特点在前面已经论述。二是战争规律具有经验性。就认识过程的秩序来说，感觉经验是第一的东西，一切认识都开始于经验，这就是认识论的唯物论。一场战争，如果交给一个无经验的人去指导，那么，就不可避免地会吃一些败仗。等他有了经验之后，才能领会战争的正确的规律。毛泽东在《实践论》中对此做了深刻的论述：“战争的领导者，如果他们是一些没有战争经验的人，对于一个具体战争的深刻的指导规律，在开始阶段是不了解的。他们在开始阶段只是身历了许多作战的经验，而且败仗是打得很多的。然而由于这些经验，使他们能够理解贯穿整个战争的内部的东西，即那个具体战争的规律性，懂得了战略和战术，因而能有把握地去指导战争。”② 由此可见，从战争中学习战

① 《中国革命战争的战略问题》，《毛泽东选集》（第 1 卷），人民出版社 1977 年版，第 181—182 页。

② 《实践论》，《毛泽东选集》（第 1 卷），人民出版社 1977 年版，第 289 页。

争，从战争中总结战争经验，是认识战争规律的出发点和落脚点。三是战争规律具有能动性。能动性是人类的特点。马克思主义认识论认为，人和客观世界的关系不仅是认识和被认识的关系，更重要的是改造和被改造的关系。认识世界的目的在于改造世界，同样，认识和揭示战争规律的目的，在于运用战争规律，能动地指导战争实践。因此，毛泽东提出“战争指导规律”这一科学概念，指出战争指导规律就是合乎战争客观规律的指导战争的原理和原则，是人们基于对战争客观规律的正确认识所制订的战争指导路线和战略战术原则。这一点充分说明了战争规律不但是客观存在的，而且是可以被认识、把握与运用的。

2. 着眼从本质上认识和把握战争规律

现象和本质是客观事物的两个不同的方面。现象是事物的外部联系，是用感官可以感知的东西，而本质则是事物的内在联系，看不见，摸不着，靠理性分析才能把握。现象可能反映战争规律的真相，也可能掩盖战争规律的假象，因为作战双方都是有理智的活人，为了欺骗和迷惑对方，惯于施用奇谋诈术，使战争出现的情况虚实不定，真伪难辨。我们要认识战争规律的真面目，就必须透过这些错综复杂的现象抓住本质。抓住本质不是表面地认识战争规律，而是要很好地分析和把握战争的特殊本质。毛泽东在指导中国革命战争的实践中，总是根据战争所处的历史时代、战争性质和敌我力量对比等基本因素，具体分析每次战争的特殊规律，正确地制定战略战术原则。如土地革命战争时期，毛泽东指出了中国革命战争的四个主要特性，即经过了一次大革命的、政治经济发展不平衡的、半殖民地的大国；敌人的强大；红军的弱小；共产党的领导和土地革命。从这四个主要特征的内在联系中，他揭示了土地革命战争的特殊规律，即“中国红军的可能发展和可能战胜敌人”，“但不可能很快发展和很快战胜敌人”，战争是持久的，弄不好还要失败。根据这个特殊规律，他为我军制定了积极防御的战略思想和一系列作战原则。

（三）探讨战争规律的指导意义

研究战争的目的在于把握战争的规律，从而指导新的战争实践。毛泽东在《中国革命战争的战略问题》一文中指出，“战争的规律——这是任何指导战争的人不能不研究和不能不解决的问题”①。我们这里探讨战争规律的目的，在于通过对战争规律的深刻认识，进而概括法律战规律的含义，总结法律战规律的一般特征和特殊表现，从矛盾分析的层面把握法律战规律的本质，并对法律战一般规律和特殊规律做一个全面深入的理论概括，为法律战实践提供理论指导。因此，认识和把握战争规律具有重要的指导意义和实践价值。

1. 通过战争规律的含义认识法律战规律的基本含义

战争规律是贯穿于整个战争过程中各种矛盾的本质联系和发展的必然趋势。前面已经述及，战争内部存在着敌与我、胜与败、强与弱、优势与劣势、全局与局部、集中与分

---

① 《中国革命战争的战略问题》，《毛泽东选集》(第 1 卷)，人民出版社 1977 年版，第 170 页。

散、持久与速决、内线与外线、主动与被动、进攻与防御、前方与后方等各种各样的矛盾。这些矛盾贯穿于整个战争过程中，并制约着战争的发展过程和趋势。法律战是围绕武力战以法律为工具而进行的军事对抗斗争。在法律战内部同样存在着敌与我、强与弱、进攻与防御、持久与速决、优势与劣势、国际法与国内法等多种矛盾，这些矛盾也贯穿于整个法律战过程中，制约着法律战的发展过程和趋势。由此可以推导出，法律战规律就是贯穿于整个法律战过程中各种矛盾的本质联系和发展的必然趋势。

2. 通过战争一般规律认识法律战的一般规律

战争一般规律是战争运动过程中最稳定、最普遍的本质联系，它存在于一切战争之中，对于任何战争都发生作用。法律战作为战争的一种特殊作战样式，战争一般规律也存在于法律战之中，对法律战发生作用。诸如战争的对立统一规律指出，进行战争的一定阶级的阶级性及其政策决定战争的政治目的；战争的政治目的决定战争的性质；一切关于战争的规律都是进行战争的民族、国家、阶级、政治集团为了争取自己的胜利而使用的；等等。这些基本规律不仅适用于传统战争，同样也适用于现今的法律战。也就是说，法律战亦存在着敌与我、进攻与防御、持久战与速决战等对立统一；法律战也不是单纯为了取得法律上的胜利，也不是以取得具体斗争的法律后果为目的，而是为了保证和实现政治目的与军事斗争的胜利，其产生和发展的根本动因在于政治利益和国家利益的驱动；武力战中存在着敌我双方军事力量对比的量变质变规律，在法律战中同样存在着敌我双方的法律力量对比的量变质变规律。既然法律战一般规律来源于战争一般规律，那么法律战一般规律也存在于一切法律战之中，对于任何法律战都发生作用。无论是规模大小的法律战还是持续时间长短的法律战，抑或国际国内的法律战还是古代、近代以及现代的法律战，都存在着对立统一规律、波浪式发展规律、过程转化规律、量变质变规律这些一切事物所共有的一般规律。这些规律将在下文予以详细论述。

3. 通过战争特殊规律认识法律战特殊规律

战争特殊规律是指具体的战争矛盾之间的本质联系和必然发展趋势，它只为战争所固有，并在其中发生作用。如战争力量推移及转化规律就是只为某类战争所固有，并在这一类战争中发生作用。战争力量推移及转化规律是指两种敌对的战争力量在相互作用过程中，在主观指导的作用之下，战争力量的强弱既可以发生推移的变化，即强者更强，弱者更弱；也可以发生强与弱的转化，即强可以转化弱，弱也可以转化为强。这种强弱的推移及转化是必然的，而这种强弱的推移及转化的状况，取决于客观条件基础上主观努力的状况。法律战作为战争的一种特殊作战样式，当然也具有这种力量强弱的推移及转化规律，只不过是法律上力量强弱的较量。法律战不但有力量强弱推移规律，还有全时空无间断规律、潜渗透长效性规律、全时局争主动规律等特殊规律。这些规律也将在后文予以探讨。

4. 通过战争指导规律认识法律战指导规律

既然有战争规律，就必然有战争指导规律，深刻认识战争一般指导规律，对于认识和把握法律战指导规律具有十分重要的意义。“战争情况的不同，决定着不同的战争指导规律，有时间、地域和性质的差别。从时间的条件说，战争和战争指导规律都是发展的，各个历史阶段有各个历史阶段的特点，因而战争规律也各有其特点，不能呆板地移用于不同的阶段。”[①] 把战争规律和战争指导规律看作一个动态发展的过程，为我们提供了科学认识法律战指导规律的方法论。在研究法律战指导规律时，就要从不同的历史空间及地域和性质的差别上去理解和把握，熟悉各种法律、战场环境和敌我双方各方面的情况，并找出其运行的规律，解决主观和客观之间的矛盾，这样才能将这些规律应用于法律战实践。

二、认识法律战一般规律

法律战一般规律，是法律战运动过程中最稳定、最普遍的本质联系，反映了法律战规律的普遍性或共性。从整体上说，法律战一般规律适用于一切法律战过程，不管是古代地区性国际法体系下的法律战，还是近代、现代国际法体系下的法律战，抑或当代联合国国际法体系下的法律战；不管是强权政治为侵略扩张实施的法律战，还是主权国家为维护领土完整和国家统一实施的法律战；不管是和平时期的法律战，还是战争时期的法律战，从原则上说，都一概适用。

对立统一规律、质量互变规律、波浪式发展规律、过程转化规律这些一切事物所共有的规律构成了法律战一般规律。法律战对立统一规律，说明法律战各要素的统一和斗争是影响法律战的最深刻、最本质的关系或联系，揭示了法律战发展的源泉和动力；法律战质量互变规律，说明法律战质的规定性和量的规定性的辩证联系，由量变到质变再到量变的发展规律，揭示了法律战发展的状态和形式；法律战波浪式发展规律，说明法律战发展过程中平衡与不平衡的辩证关系，指出法律战总是由不平衡到平衡再到不平衡的波浪式发展或螺旋式上升的，是前进性和曲折性的统一，揭示了法律战发展的方向和道路；法律战过程转化规律，说明法律战是一个不断转化的过程，是阶段性与连续性的统一、层次性与系统性的统一、稳定性与变动性的统一，揭示了法律战发展过程的动态演变。本节将围绕这四大规律展开论述。

（一）法律战对立统一规律

唯物辩证法告诉我们，任何事物都是矛盾的统一体。毛泽东在其著名的《矛盾论》一文中指出：“事物的矛盾法则，即对立统一的法则，是唯物辩证法的最根本的法则。”[②] 法律战亦是一个矛盾的统一体，不仅其各个要素之间存在矛盾，各个要素与外部环境之间也存

① 《中国革命战争的战略问题》，《毛泽东选集》（第1卷），人民出版社1977年版，第173页。

② 《矛盾论》，《毛泽东选集》（第1卷），人民出版社1977年版，第299、328页。

在矛盾，而且矛盾贯穿于法律战发展、法律战斗争过程的始终，这些矛盾运动推动了法律战不断向前发展。认识法律战对立统一规律，掌握法律战矛盾运动的一般过程，是研究法律战一般规律的逻辑起点。

1. 法律战对立统一规律概述

法律战对立统一规律源于对哲学上对立统一规律的具体应用。在哲学上，对立统一规律（law of unity of opposites）亦称“矛盾规律”，是“对立面的统一与斗争规律”。它揭示出事物或现象内部都存在着既互相依赖又互相排斥的对立面，这两个方面既统一又斗争，由此推动事物的发展和转化。

由此可以得出，法律战对立统一规律就是法律战中各种矛盾的对立面既相互排斥又相互依赖，既斗争又统一，由此推动法律战的变化和发展。

法律战的对立统一，既包含着法律战中各要素的对立又包含着各要素间的统一。法律战中各矛盾的对立寓于统一之中，没有统一就没有对立；同时，统一也不能离开对立而孤立存在。它们相互依赖、渗透，又相互对立、排斥。毛泽东在《矛盾论》中指出：“矛盾着的各方面，不能孤立地存在。假如没有和它作对的矛盾的一方，它自己这一方就失去了存在的条件。”① 其中，法律战中矛盾的对立是绝对的、无条件的，它是矛盾双方相互分离、相互对立、相互排斥、相互否定的倾向，它有着最大的普遍性和概括性，有着十分丰富的内容和无限多样的形式。比如，敌我双方的对立、不同法律的对立、斗争过程的对立、作战手段的对立、正义与非正义的对立等。法律战中矛盾的统一，则是相对的、有条件的，指矛盾双方在一定条件下相互联结、相互依存、相互渗透、相互贯通的性质。诸如对国际法规则的共同遵守、敌对国家战争和约的签订、交战国停战协定的签订等。正是这些矛盾使得法律战对立统一规律得到了充分体现。

2. 法律战对立统一规律的具体表现

（1）敌与我的对立统一

战争中敌我双方之间的矛盾是战争的根本矛盾。战争双方以对方为自己存在的前提，它们共处于战争这个矛盾统一体之中，并且二者在一定条件下相互转化。同时，战争中敌我双方之间的矛盾，规定和制约着战争运动发展过程中的其他诸矛盾的存在和发展。从古至今，只要有战争，就必然有相互敌对的双方，如果缺少任何一方，就根本不可能构成战争。历史上大量的法律战实践也反复证明，战争从一开始，敌我双方之间的矛盾就存在了。这一对矛盾一直存续到战争结束，并且还存在于战争的各个阶段，渗透到战争的各个方面。譬如，法律战中敌我双方之间的矛盾，反映在法律战力量的相互关系上，集中表现为两种敌对作战力量的对立统一；反映在法律战斗争武器上，就表现为国际法与双方国内法的对立统一；反映在法律战作战类型上，就表现为法律战进攻与法律战防御的对立统

① 《矛盾论》，《毛泽东选集》（第 1 卷），人民出版社 1977 年版，第 299、328 页。

一；反映在战场态势上，就表现为优势与劣势、主动与被动的对立统一；反映在法律战力量的作战配置上，就表现为集中与分散的对立统一；反映在整个战争、战役和战斗的结果上，就表现为得与失、胜与败的对立统一；如此等等。由此可见，法律战运动发展过程中的一切矛盾，都直接或间接地与法律战中的敌与我这一对矛盾相联系，或是由它规定、制约着，或是由它派生的，或者是它的表现形态，也或者是经过某些中间环节与它相联系。总之，法律战中敌我双方之间的矛盾，不仅贯穿于法律战过程的始终和一切阶段，而且渗透到整个战争的各个方面，规定或影响着法律战运动发展过程中的其他诸矛盾，最终决定着整个战争运动发展过程的本质即战争运动发展的规律性。

因为法律战斗争中敌与我的矛盾是最根本的矛盾，因此，抓住它就是抓住了解决问题的纲要，就找到了进行法律战斗争的正确出发点。

（2）国际法与国内法的对立统一

因为法律战的斗争武器是法律，所以敌对双方当围绕法律问题展开激烈的斗争。根据以往的战例来看，双方必须共同遵守的以战争法（或称武装冲突法）为主要形式的国际法和各国国内法的对立统一是法律战矛盾对抗的主要体现。国际法是由组成国际社会的主权国家共同制定的，是国际社会利益调和的体现，在很大程度上反映的是各个主权国家的共同利益。国内法是一个主权国家内部独立制定的，反映的是本国人民的利益和意志。国际法与国内法是两类不同的法律，反映的也是不同的利益。从国际法的角度看：一为，国际法的原则性规定要求国内法做出具体规定。二为，国家不能用国内法来改变国际法的现有原则、规则、规章和制度。三为，国际法不能干涉国内法。从国内法的角度看：一为，国际法被认为是国内法的一部分，如美国宪法。二为，在国内法中就国际法的原则、规则、规章和制度做出规定。三为，国内法与一般国际法相冲突时，把国际法作为国内法的一部分或视为高于国内法；国内法与条约相冲突时，“自动执行条约”在国内具有执行效力，其他条约要通过国内立法的“采纳”“转化”或“接受”为国内法才有效力。

通常国内发生的战争，由国内法解决。因为作为主权国家的中央政府有根据国家宪法和法律使用一切手段包括政治、军事手段解决国内问题的权力；同时根据国际法的国家主权原则和不干涉内政等基本原则，中央政权为了维护国家主权和领土完整所采取的必要军事行动就具有完全的国际合法性，并不容许任何外来势力干涉，也不需要国外的法律裁判者。但是，当国内的问题具有了较为复杂的国际背景和国际化倾向或涉及相关的国际法问题时，就需要使武力战和法律战并举。尤其是遇到外国势力对主权国家采取的合法军事行动进行非法干涉时，就需要更多地运用国际法及战争法同外国干涉势力做坚决的斗争。

有时在共同利益的基础上，国际法与国内法也是互相统一、彼此联系、互相补充的。在法律战的实施过程中，根据国际法与国内法的一致程度，交战国会将两者综合考虑，最终选择符合其利益的法律和行动。例如，在“反恐”问题上，各国出于自身国内安全的需要都一致反对一切形式的恐怖主义。“9·11”事件后，争取一个和平、稳定与安全的社会环境和国际环境，已经成为国际社会的共同目标。联合国安理会、欧盟和各大国都为打击国际恐怖主义做出了自己的积极努力，中国政府也一贯反对一切形式的恐怖主义。联合国安理会一致通过决议，强烈谴责恐怖主义袭击事件，决议呼吁全体成员国采取紧急行动，协助美国对事件进行调查，尽快将恐怖主义分子及其幕后策划者绳之以法。同时，通过另一项决议，要求所有国家都冻结恐怖主义嫌疑分子的资金，并打击为他们提供帮助的组织。美国国会通过了《航空安全法案》等一系列打击恐怖主义的国内法律。俄罗斯为打击车臣恐怖主义，也先后通过了《俄罗斯联邦反恐怖主义法》《紧急状态法》等反恐法案。从中可以看出，符合各国的利益，是达成统一的前提条件。再如，1973 年第四次中东战争，以色列在战争爆发前的当天凌晨就知道下午 6 点埃及和叙利亚将发动进攻，收复被以色列占领的阿拉伯土地。当以色列参谋长埃拉扎尔向总理梅厄夫人提出发起先发制人的攻击时，梅厄总理否决了这一建议。她责问道："要是这样干，我们会失去多少朋友呢？"[①] 梅厄夫人的做法是值得肯定的。因为在当时的情况下，为了少受损失，为了本国人民的利益，她本该进行攻击的。她没有这样做，是考虑到了国际法，考虑到了国际社会的支持。在随后梅厄夫人召见美国驻以色列大使肯尼思·基廷告诉其战争危险时，美国大使答复道："如果以色列能克制自己不搞先发制人的进攻，让阿拉伯人造成无可辩驳的事实证明他们是侵略者，那么美国从道义上就会觉得有义务进行帮助。"[②]

但是，各个国家在表达各自的主张、争夺自身利益时，往往又表现出相互对立、相互排斥的特征。如西方霸权主义国家从其自身利益出发，在科索沃战争中，严重违背了《联合国宪章》和国际法准则。为了掩盖其丑恶本质，炮制了"人权高于主权""保护单个人的国际法优于保护国家的国际法""人道主义干涉"理论，声称"北约的行动是出于对国际法的尊重，出于对其地位高于保护主权的国际法的尊重，出于对人权的尊重"。非西方霸权主义国家均反对利用"人权""人道主义"干涉别国内政。尊重一国的领土与主权完整，不干涉他国内政是现代国际法的基石。宪章规定国家在遭到武装攻击时，可以有合法的自卫权，其要点无非是使国家主权不受到其他国家的粗暴干涉，维护其主权独立和领土完整。俄罗斯主张"严格按照《联合国宪章》准则加强调解活动的法律依据"[③]。2001 年 7 月 16 日，中国国家主席江泽民与俄罗斯总统普京签署了《中俄元首莫斯科联合声明》，两国元首共同指出，"中俄将共同努力，加强联合国及其安理会在国际事务中的主导作用，反对利用'人道主义干预'和'有限主权'等论调破坏国际法基本准则的企图"。在拉丁美洲，不干涉内政原则被奉为指导拉美国家间关系的核心原则，也被视为最受拉美国家尊崇的国际法基本准则。早在 1933 年，拉美国家就签署了关于国家权利与义务的蒙特维多公约

---

① 张景恩：《国际法与战争》，国防大学出版社 1999 年版，第 164 页。

② 张景恩：《国际法与战争》，国防大学出版社 1999 年版，第 165 页。

③ 魏宗雷、邱桂荣、孙茹：《西方"人道主义干预"理论与实践》，时事出版社 2003 年版，第 79 页。

（Montevideo Convention），正式将不干涉原则纳入国际公约。1938 年 12 月，美洲国家在秘鲁首都利马签署了《关于美洲原则的宣言》，八项原则中前四条都与不干涉内政原则有关。1948 年通过的《美洲国家组织宪章》对于不干涉内政原则的规定比《联合国宪章》详细得多。古巴为反对美国干涉其内政的法律借口《圣约瑟宣言》，于 1960 年 9 月 2 日在哈瓦那举行了百万人参加的大会，通过了《哈瓦那宣言》以回应美国的干涉。在非洲，1963 年通过的《非洲统一组织宪章》中，第 3 条申明了该组织的七项核心原则，其中四项原则是禁止干涉内政的。在亚洲，印度与中国签署了著名的和平共处五项原则，其中之一是互不干涉内政原则。北约轰炸南联盟后，印度政府毫不含糊地进行了谴责。印度认为北约的单边行动违反了《联合国宪章》和其他所有国际规范，是一种直接侵略。在人权与主权的关系上，东盟国家认为不能以人权为理由干涉内政。1993 年 9 月通过的《吉隆坡人权宣言》第五章规定："普遍促进和保护人权应在尊重国家主权、领土完整和不干涉内政的基础上通过国际合作来进行。"① 总之，从俄罗斯、拉美、非洲和亚洲对西方借以"人权高于主权"干涉别国内政的立场可以看出，它们都普遍反对西方国家公然违反国际法的行为，主张维护现行国际法基本准则和安理会的权威。

国际法与国内法的对立统一，说明"国际法是国家利益折中的产物"，国内法是国家争取利益的工具。国际法与国内法能否达到统一，关键在于二者是否符合国家利益的需要。战争中交战国往往要从自身利益出发，选择或遵守、或回避、或歪曲、或破坏的立场。由此，我们可以得知，出于国家利益的需要，在对待国际法的问题上，一个国家可能完全遵守国际法和战争法的准则，只要这些准则对自己是有利的；同样也可能违反这些法律，只要这些法律对自身利益是不利的。比如，在第二次世界大战中，一开始德国和苏联、波兰等许多国家都签订了互不侵犯条约，但最后又撕毁了条约。再如，近年来美国在推行其霸权过程中，当国际法对其行动有利时，就利用；当拘束其行动时，就歪解、回避，还屡次违反国际法原则。这进一步说明，法律始终是为国家和政治利益服务的，当符合其利益的时候就遵守，当违背其利益的时候就歪曲甚至破坏，当与其利益无关的时候就回避。正如一百多年前英国首相迪斯雷利留下的那句名言："我们没有永远的朋友，也没有永远的敌人，永恒的只有利益。"

（3）进攻与防御的对立统一

进攻与防御历来是矛盾的双方，没有进攻就没有防御，当然，没有防御也就无所谓进攻。在法律战中同样如此。一方在进攻另一方时，总是千方百计地从法律上寻找理由、借口，以求得战争的合法性，赢得不仅包括本国而且还包括敌对国甚至世界各个国家的人民的同情和理解。而作为遭攻击的一方，当然不会等待挨打，它要反攻、进行防御。在进行防御时，防御一方也是要从法律上寻找防御的合法性，也要赢得包括本国和敌对国国民在

① 罗艳华：《东方人看人权》，新华出版社 1998 年版，第 179 页。

内的世界各个国家人民的同情和理解。但如前所说，这里的“防御”仅是形态上的，而本质却是主动的、自觉的和积极的，因而是进攻性的；而在一定程度上，进攻一方的军事打击却恰恰为防御国的抵抗提供了合法的依据。

第二次世界大战后，苏联和土耳其发生了海峡、领土争端，美英为维护其在中东北部的利益，借机介入，与苏联形成军事上的对峙状态。苏联对土耳其采取进攻姿态，其借口是 1921 年的苏土边界线不合理，要求土耳其归还卡尔斯和阿尔达汉两个边境地区，在达达尼尔海峡地区给予苏联陆军、海军基地。土耳其针锋相对，展开了积极防御，声称将为保卫现有领土和主权而战斗。美英则以“抵御苏联势力渗透”为名，公开为土耳其打气，并借口运送死于美国的土耳其大使的遗体，派遣一支包括当时世界上威力最大的主力舰之一“密苏里”号在内的特遣舰队，开往地中海示威。[①] 表面上看，进攻与防御双方似乎都有“合法”的理由，而实际上双方都是非法的。苏联有“输出革命”和谋求经济利益之嫌，而美英借机渲染“土耳其危机”，说苏正准备以武力征服南方邻国，却包藏着更大的祸心。因此，苏土的海峡和领土之争也就演变成了苏美英利益之争，苏大举进攻，美英积极防御。而苏对土耳其的大国沙文主义和民族利己主义的错误，恰好为美英乘机大举渗透提供了借口，使美英逐渐占据上风，进而由防御方转变为进攻方。

再如，战法的对立统一：一是反用武装冲突法盾牌与应对反用武装冲突法盾牌；二是制造武装冲突法陷阱与预防武装冲突法陷阱；三是设置自卫权圈套和反自卫权圈套。

(4) 持久战与速决战的对立统一

法律战是一场持久战，它不仅贯穿于战争的全过程，而且总是先于战争的开始而展开，后于战争的结束而终止。同时，法律战又是一场速决战，当交战国达到其战争的法律目的时，会及时地宣布结束战争；另一方面，在战争后期，当战争的主要军事目标达成之后，战争指导者就要寻求在有利的政治和法律条件下采取签订停战条约的方式结束战争。在按照和约或其他方法结束战争之前，敌对行动可因停火、休战或停战而暂时终止或停止。一场战争中可能会有多次停止敌对行动的时候，停止敌对行动也可能在局部达成，如在波黑战争中双方或三方之间达成停火协议的次数就很多。无论是达到法律目的迅速结束战争，还是签订停战条约或战争中暂时达成的停火协议，都可称为法律战的速决战，与法律战的持久战既相互对立又是其不可分割的一部分。

抗日战争是一场典型的持久战与速决战相统一的战争，表现为战略上的持久战和战术上的速决战。亚非拉人民的反帝斗争，与我国的抗日斗争一样，经历了艰难曲折的斗争过程，在血与火的生死对决中，也闪现着亚非拉人民运用法律武器与敌人斗争的熠熠光辉。在这场漫长的斗争中，敌我双方均演绎了持久战与速决战的生动范例。如印尼人民的反帝斗争，印尼人民经过近三个半世纪的持久斗争，才推翻了荷兰的殖民统治，宣告独立。

① 刘同舜等主编：《国际关系史》(第 7 卷)，世界知识出版社 1995 年版，第 100 页。

1945年日本投降后，印尼人民发动了“八月革命”，并发表《印度尼西亚独立宣言》，从法律和事实上确定了其独立地位。这既是战术上的速决战，也是战略上的速决战，但是摆脱殖民统治的持久战并没有结束。荷兰为恢复在印尼的殖民统治，派军队重新踏上了印尼的土地，并迫使印尼达成《林牙椰蒂协议》，使印尼共和国再次降到了荷兰的附属国地位。对此，荷兰还不满足，随后又发动了全面的军事进攻，遭到印尼人民的反击和国际舆论的谴责。最后，在斡旋委员会的主持下，印尼做出重大让步，签署了《伦维尔协定》。即使这样，荷兰极端殖民主义势力仍未感到满足，并于次年发动了第二次侵略战争。印尼人民不得不再次展开了激烈的斗争，通过外交和法律斗争，使荷兰在国际上陷入空前孤立的境地，最终不得不重开谈判，在《圆桌会议协定》上签字，最终结束了在印尼的殖民统治。至此，印尼人民再次从法律上宣告了独立，也宣告了反帝持久战的结束。

（二）法律战波浪式发展规律

波浪式发展规律作为唯物辩证法的一条规律，现在已经成为哲学界的共识。这一规律是事物自身固有的、客观的规律，其实质性内容是矛盾的平衡性和不平衡性的辩证统一与逻辑发展，因此，波浪式发展规律也可称为平衡不平衡规律。法律战波浪式发展规律是哲学上的波浪式发展规律在法律战领域的运用。

1. 矛盾双方或矛盾诸方的力量对比与法律战波浪式发展规律

毛泽东指出：“任何事物的内部都有其新旧两个方面的矛盾，形成一系列的曲折的斗争。斗争的结果，新的方面由小变大，上升为支配的东西；旧的方面则由大变小，变成逐步归于灭亡的东西。而一当新的方面对于旧的方面取得支配地位的时候，旧事物的性质就变化为新事物的性质。”[①] 毛泽东的这段精辟的论述，既阐明了矛盾双方力量发展的总趋势，又阐明了力量对比变化的具体图景，揭示了波浪式发展的实质。从发展的趋势看，矛盾双方在相互斗争、相互依存中，新的方面是由小变大，逐渐上升的；旧的方面是由大变小，逐渐下降的。但是，这种上升和下降、变大和变小，不是直线发展的，而是一起一伏、波浪式曲折地发展的。新的方面在总的上升、变大的过程中，伴随着若干次暂时的下降和缩小；旧的方面在总的下降、变小的过程中，伴随着若干次暂时的上升和变大。这就形成一幅潮起潮落、此消彼长，波峰波谷此起彼伏的波浪式发展图景。

矛盾双方在相互作用中，有着上升和下降的同时性，不是相互促进着同时上升就是相互促进着同时下降。正因为矛盾双方在发展中存在着这种升和降的同时性，所以才能建立起相互作用、相互促进、相互渗透的关系。这就是道高一尺魔高一丈、优胜劣汰竞长争高的道理。只不过在同时的上升和下降之中，有着谁升得快、谁降得慢的区别。单独地就矛盾双方的某一方面来看，它在一个时期里可能是在上升（和自己的过去比），在另一个时

① 《矛盾论》,《毛泽东选集》(第1卷)，人民出版社1977年版，第323页。

期里又可能是在下降（和自己的过去比），但是从矛盾双方的力量对比看，可以说在一定时期里，总有一方是在上升，一方是在下降。在一个时期里，两个方面都在“同时”上升（每一方都和自己过去比），由于一方上升得快，一方上升得慢，所以把两个方面力量的变化进行比较，就可以看到，其中一个方面是在上升，一个方面是在下降。在另一个时期里，两个方面都在“同时”下降，由于一方下降得快，一方下降得慢，所以从力量对比上看，下降得慢的，相对来讲则是“升”，下降得快的，才是真正的降。

法律战也是这样。交战双方在进行武力战以前，一方面，各自进行着寻找法律依据的活动，包括调查研究进行武力战的合法性，寻找对方违法的证据，研究作战武器和方法在使用上的合法性，制定法律战的计划，等等；另一方面，各自择机以法律为武器向敌方“开战”，揭露敌方的非法活动，宣传己方行为的合法性。在武力战过程中，作战双方寻找法律依据的活动可以说是同时上升的，是在相互竞赛、相互促进中，同时地扩大着各自合法性的力量。单独就每一方来看，其力量都是处于增长之中。但是双方不可能齐头并进，不能按一样的速度和规模均衡增长，必有增长的快慢之别，因此从力量对比看，增长快的一方，相对来说是上升，增长慢的一方，相对来说是下降。但是增长得慢者，不会甘心处于这种越来越不利于自己发展的劣势地位，会千方百计地提高自己的发展速度，以便赶上和超过对方，包括进一步从国际法和国内法上寻找依据，加强调查研究，改进作战武器和作战方法等，甚至不惜损害某些利益来增加合法依据。采取了许多措施以后，可能会加快自己的发展速度，逐步超过对方。但是“道高一尺”就会引来“魔高一丈”，一方加强法律依据的活动，又会反过来更加促使另一方的努力，从而使对方想出办法和采取措施来进一步发展自己，以便保持和扩大自己在发展中的优势。从一个短时期看，交战双方的力量可能是互有增长、交替上升的，但是从长过程看，从发展的趋势看，则表现出一方越来越超过另一方的情况。

法律战中交战各方扩大法律依据的活动中，从相互间法律依据的力量对比变化的总过程看，都要表现为一方力量在逐步上升，一方力量在逐步下降。要看出这种一升一降的趋势，必须抓住两点：第一，在看双方的力量变化时，既要把每一方力量的现状同它的过去相比，又要对双方力量变化的幅度做对比考察；第二，要看总的发展过程，不能看一时一事，仅就一时一事看，双方在力量对比上是互有消长的，只有立足于总的发展过程，才能看出一方是上升，一方是下降。这种一方升、一方降的总的发展路线，由双方各自一时上升、一时下降的相互交替的波浪式起伏所构成。

2. 矛盾双方或矛盾诸方的关系与法律战波浪式发展规律

《矛盾论》在论述矛盾诸方面的同一性和斗争性时，联系矛盾的同一性讲平衡，联系矛盾的斗争性讲平衡和均势的破坏，实际上是从矛盾双方或矛盾诸方的对立统一关系，即矛盾双方或诸方的既对立又统一、既有斗争性又有同一性的关系，去规定平衡和不平衡这对范畴的科学含义，从而把平衡范畴同矛盾的统一，即矛盾的统一性联系起来，把平衡的破坏（不平衡）同矛盾的对立，即矛盾的斗争性联系起来。在法律战对立统一规律中已经将法律战诸矛盾的同一性和斗争性论述得很清楚了，这里就不再赘述。需要说明的是，法律战中敌与我、国际法与国内法、进攻与防御、持久战与速决战这些矛盾的同一性在这里表现为平衡性，而其斗争性则表现为不平衡性。

《关于正确处理人民内部矛盾的问题》一文对于平衡和不平衡做了具体的阐释："所谓平衡，就是矛盾的暂时的相对的统一。过了一年，就整个说来，这种平衡就被矛盾的斗争所打破了，这种统一就变化了，平衡成为不平衡，统一成为不统一，又需要做第二年的平衡和统一。"① 毛泽东在这里非常明确地从矛盾双方的关系，即对立统一的关系，来规定平衡和不平衡范畴的含义："平衡"就是矛盾的暂时的相对的统一；"不平衡"就是矛盾的对立即矛盾的斗争对这种统一的破坏。他在《在中国共产党第八届中央委员会第二次全体会议上的讲话》一文中，对此又做了进一步论述："我们马克思主义者认为，不平衡，矛盾，斗争，发展，是绝对的，而平衡，静止，是相对的。"② 这仍然是从矛盾双方的斗争关系和统一关系来讲平衡和不平衡。

法律战的平衡与不平衡关系实际上是法律战矛盾双方或矛盾诸方的既同一又斗争的关系，或曰对立统一关系，这是法律战波浪式发展规律的一个基本特征。如前文所述，法律战是一个矛盾的统一体，它既有对立，又有统一，这就从根本上界定了法律战的平衡与不平衡。当矛盾对立时，法律战处在不平衡的状态，而当矛盾统一时，则处于平衡的状态。一个矛盾解决了，原有的不平衡被打破，矛盾双方或矛盾诸方处于平衡的地位，但随后新的矛盾又产生，矛盾双方或矛盾诸方又处于新的不平衡，如此潮起潮落，波峰波谷，波浪式向前发展。

从上面的论述中我们对平衡和不平衡的含义已经有了深刻的认识，下面将以伯罗奔尼撒战争和"二战"后美苏的冲突为例来阐述平衡不平衡规律在法律战中的具体表现。

历史上的雅典和斯巴达，这两个希腊最强大的城邦都曾想打败对方，称霸希腊，但在短时期内又都奈何不了对方，于是，打打谈谈二十余年。在这场战争中，雅典和斯巴达双方进行了针锋相对的法律战斗争。战争伊始，矛盾双方尖锐对立，为了各自的利益，都打着"正义"的旗号讨伐对方，原有的平衡被打破，出现了新的不平衡。但矛盾双方发现暂时消灭不了对方后，只好缔结"停战协定"，达到暂时的统一，矛盾双方达到新的平衡。但两个城邦都想壮大自己，矛盾双方的武力讨伐虽然暂时停止，但斗争一刻也没有停止。雅典和斯巴达双方各怀鬼胎，所谓的"停战协定"只不过是法律上约束对方的一个幌子而

① 《关于正确处理人民内部矛盾的问题》,《毛泽东选集》(第 5 卷)，人民出版社 1977 年版，第 363—402 页。

② 《在中国共产党第八届中央委员会第二次全体会议上的讲话》,《毛泽东选集》(第 5 卷)，人民出版社 1977 年版，第 313—315 页。

已，当矛盾双方的力量对比出现新的不平衡时，整个矛盾双方的平衡就很快被打破，又恢复为不平衡状态，战争再次发起。公元前 425 年，斯巴达和雅典就斯巴达在休战协定规定：斯巴达人将参加过战斗的舰船交给雅典人，雅典人允许斯巴达人将搓成面条的粮食在雅典人的监视下运给岛上的斯巴达人。如果任何方面有丝毫违背本协定之处，休战即应终止。但当斯巴达和雅典之间的谈判破裂时，雅典却拒绝退还舰船。矛盾双方相互指责对方违反了“停战协定”。显然，雅典找出各种各样的借口不归还斯巴达舰船，因为如果将舰船交还，则增加了斯巴达的力量，危及雅典军队的生存，从而使得矛盾双方暂时达成的平衡遭到了破坏。在双方进行了长达 27 年的战争后，双方都已十分疲惫，希望获得一个喘息的时间，在这样的背景下，双方再次达成休战合约，使得交战的不平衡状态再次达成平衡。但这种平衡同样是暂时的、相对的，最终又被新的不平衡所打破。

“二战”后，美苏这两个昔日反法西斯的盟友，因各自利益的需要而发生了冲突，形成军事对峙状态。1946 年，美苏都振振有词地指责对方违背雅尔塔协定，在东欧和德国问题上激烈地争吵，矛盾逐渐加深。同年双方在中东北部的伊朗和土耳其的冲突，使美国抓到了“苏联扩张”的借口，美国公开宣称不惜动用武力。美苏矛盾的进一步激化，使原有的平衡被打破，新的不平衡产生，法律战斗争愈演愈烈。美国为了维护自己在波斯湾的石油利益和在整个中东的地位，敦促英苏遵守《大西洋宪章》原则，尊重伊朗领土和主权完整。1942 年初，英苏与伊朗曾达成协议，外国军队应于战争结束后半年内全部撤离。此时，矛盾诸方达到暂时的平衡。但在美英军队开始撤走时，苏却按兵不动，斯大林称根据 1921 年的苏伊条约规定，如果第三国利用波斯作据点在军事上威胁苏联安全，苏联政府就有权派军队进驻波斯。为此美国操纵伊朗向联合国提出控告，指责苏“干涉伊朗内政”，“阻止镇压叛乱”，苏联代表则否认伊朗的指控，同时进行反击，指责美英在希腊、印尼等地的暴行威胁和平与安全，诸方矛盾再次激化，刚刚达成的平衡再次被新的不平衡所取代。苏联迫于各种压力与伊朗谈判，同意从伊朗撤军但要求在伊朗境内建立石油合股公司。当美国获悉苏伊达成石油协议时，迫不及待地派驻伊朗大使馆二等秘书走访盖凡姆，要他安排同美国石油公司谈判石油租让问题。待苏军撤出伊朗后，盖凡姆政府在美国的支持下，以确保新议会选举为借口，派军队占领苏军撤出地阿塞拜疆，接着新议会以 102 票对 2 票通过决议，宣布伊苏石油协议无效，美国则乘机通过“贷款”“技术咨询”“经济和军事援助”等形式大举渗入伊朗。至此，可以说美国在法律战上已胜苏联一筹，矛盾双方再次达到了新的不平衡。

（三）法律战过程转化规律

1. 法律战过程转化规律概述

过程转化规律是马克思列宁主义经典作家对人类辩证认识观科学总结的产物。

早在公元前5世纪，古希腊的赫拉克利特就指出：“一切皆流，无物常驻。”[①]“我们走下而又不走下同一条河，我们存在而又不存在。”[②]这一辩证法思想得到了恩格斯的高度赞扬：“这个原始的、朴素的、但实质上是正确的世界观，是古希腊哲学所固有的。它第一次由赫拉克利特明白地表述出来——万物都在流动，万物都在经常变化，万物都处在不断产生和不断消灭的过程中。”[③]而后许多中外思想家也同样论述过事物的发展过程，并有所新见。直至近代，黑格尔对过程转化做了比较系统、更加深刻的论述。恩格斯评述黑格尔时指出：“黑格尔第一次——这是他的巨大功绩——把整个自然的、历史的和精神的世界描写为一个过程，即把它描写为处在不断的运动、变化、转变和发展中，并企图揭示这种运动和发展的内在联系。从这个观点看来，人类的历史已经不再是乱七八糟的一堆统统应当被这时已经成熟了的哲学理性的法庭所唾弃并最好尽快被人遗忘的毫无意义的暴力行为，而是人类本身的发展过程，而思维的任务现在就在于通过一切迂回曲折的道路去探索这一过程的依次发展的阶段，并且透过一切表面的偶然性揭示这一过程的内在规律性。”[④]但“黑格尔没有解决”他所提出的“这个任务”。[⑤]

在解决这一任务的征途中，马克思、恩格斯、列宁对过程转化规律做了更加深刻的论述。恩格斯指出：“自然界中的一切运动都可以归结为一种形式向另一种形式不断转化的过程。”[⑥]他还指出：“机械唯物主义就是把世界看成是‘一成不变的事物的集合体’，它的局限性就在于‘它不能把世界理解为一种过程’……”[⑦]马克思的《资本论》是以过程转化规律研究“资本”的光辉范例。他把货币的产生描写为“简单偶然的价值形态——扩大的价值形态……一般的价值形态——货币形态”这样一个发展转化过程；把简单商品流通描写为“商品—货币—商品”的转化过程；把资本主义的商品流通描写为“货币—商品—货币”的转化过程；把资本主义经济危机概括成“危机—萧条—复苏—高涨—危机”的循环过程……总之，马克思典范地把资本主义社会里的一切都作为过程加以剖析，把资本主义社会看成一系列过程的系统与集合，同时把过程描述成不断转化与发展的事物的客观运动。列宁也曾十分明确地指出：“以科学的态度研究历史的途径，即把历史当作一个十分复杂并充满矛盾但毕竟是有规律的统一过程来研究的途径。”[⑧]列宁不仅把“过程”作为研究社会的根本方法，而且把“过程”作为辩证法的重要范畴加以强调，他在《辩证

① 《古希腊罗马哲学》，生活·读书·新知三联书店1957年版，第17、23页。
② 《古希腊罗马哲学》，生活·读书·新知三联书店1957年版，第17、23页。
③ 《马克思恩格斯全集》（第3卷），人民出版社1972年版，第389页。
④ 《马克思恩格斯全集》（第3卷），人民出版社1972年版，第63页。
⑤ 《马克思恩格斯全集》（第3卷），人民出版社1972年版，第63页。
⑥ 《马克思恩格斯选集》（第4卷），人民出版社1972年版，第36页。
⑦ 《马克思恩格斯选集》（第4卷），人民出版社1972年版，第224页。
⑧ 《列宁选集》（第2卷），人民出版社1972年版，第586页。

法的要素》中所列举的十六条“辩证法要素”里，有三条涉及“过程”。[①] 毛泽东在《加强互相学习，克服故固步自封、骄傲自满》一文的批语中也指出：“事物总是作为过程而向前发展的。而任何一个过程，都是由矛盾着的两个侧面互相联系又互相斗争而得到发展的。这应当是马克思主义者的普通常识。”从上述马克思主义经典作家的论述中，我们可以得到启示：一切事物都是作为过程而存在的，任何过程都是相互联系、有层次、分阶段、有机结合的运动，一切事物的具体过程都因内部矛盾与外部环境影响而处于转化状态，事物的变化、发展都依靠过程的转化来实现，由于过程转化而使事物得以波浪式、螺旋式地上升、前进。

由此，法律战过程转化规律就是指，法律战是作为法律战过程而存在的，任何法律战过程都是相互联系、有层次、分阶段、有机结合的运动，一切法律战的具体过程都因法律战的内部矛盾与外部环境影响而处于转化状态，法律战的变化、发展都依靠法律战过程的转化来实现，由于法律战过程转化使法律战得以波浪式、螺旋式地上升、前进。法律战过程转化包含着战前、战中、战后各个阶段的转化，亦包含着和平与战争状态之间的转化。从和平到战争，是由和平的国际法律关系向战争的国际法律关系转化，它打破的是旧有的国际法律关系；从战争向和平的转化，从法律意义上说，是建立了新的国际法律关系。通过签订停战条约实现由战争状态向和平状态过程的转化，是基本的方式。历史上许多大规模战争后签订的和约对战后建立新的国际政治秩序起到了深远的影响，有些条约还标志着国际法体系的重新建立。例如，1618 年到 1648 年三十年战争结束后签订的《威斯特伐利亚和约》标志着近代国际法体系的建立；拿破仑战争后 1815 年签订的维也纳条约标志着近代国际法体系的重大发展；第一次世界大战后于 1919 年签订的《凡尔赛条约》标志着现代国际法体系的国联时期的开始；而第二次世界大战后签订的一系列条约和 1945 年《联合国宪章》标志着联合国国际法体系的建立。

2. 法律战过程转化规律的特点

在具体的法律战过程及其转化中，法律战呈现出如下特点。

（1）系统性与层次性的辩证统一

法律战过程的系统性，是指法律战作为有机的整体，是由一系列相互联系、相互作用的子系统组成的。法律战过程的层次性，是指法律战系统与它的子系统之间存在着整体与局部的差别。不同层次的系统之间有机结合着，彼此不能割裂、隔离而独立存在。

法律战过程是系统性与层次性的对立统一。首先，系统性与层次性相联系而存在。任何一场战争的法律战系统都有一定的层次，没有不分层次的法律战系统；任何层次的法律战又都处于法律战系统之中。其次，系统性与层次性相互制约而发展。法律战系统影响、制约着法律战层次的构成、分层、功能；各个层次的法律战有机结合，从而决定着整个法

① 《列宁选集》(第 2 卷)，人民出版社 1972 年版，第 607—608 页。

律战系统的功能。因此，某一层次的法律战产生紊乱，势必影响整个法律战系统。其三，在一定的范围内，法律战系统及其子系统具有相对性，并因此而转换其作为系统的地位。例如，在一场战争中，战前的法律战、战中的法律战和战后的法律战都是这场战争中的法律战的子系统；但法律战、舆论战和心理战的“三战”系统对于整场战争中的法律战来说，又是母系统。其四，法律战过程也是法律战的系统性与层次性的对立统一的运动。法律战系统及其各个层次都不是静止不变的，整个法律战系统，系统的各个层次，都在不断变化。这种变化，既有因母系统对子系统的影响，也有因子系统对母系统的影响，正是这种相互影响构成了具体地运动着的法律战过程。

（2）阶段性与连续性的辩证统一

法律战过程的阶段性是指法律战过程可以划分为若干个段落，每一段落之间既有联系，又有区别。法律战过程的连续性是指法律战过程之间或法律战过程中的段落之间，有前后相继、互相关联、互相贯通的不间断的关系。这就是说，在法律战过程中，一个阶段的完结意味着向另一阶段转化，而不是中断；对法律战过程本身来说，一个过程的完结也意味着向另一与之有必然联系的过程过渡，而不是中断。

法律战过程的阶段性与连续性之间有着辩证的关系。其具体含义是：法律战过程的阶段构成了连续的过程，连续性寓于阶段性之中；法律战过程的连续可以分解为不同的阶段，阶段性离不开连续性而独立存在。因此，法律战过程的居前阶段为居后阶段的必要准备，而居后阶段为居前阶段的必然结果。如前面已经讲过，法律战的过程大致可以分为法律战判断、法律战手段、法律战准备、法律战实施、法律战演练和法律战检验六大阶段，这几个阶段之间并不是相互孤立、独立存在的，而是彼此关联、相互贯通的。法律战的判断中可能包含着法律战手段和法律战准备，而法律战实施中就已经存在着法律战演练和法律战检验。当然，这里还需澄清一个问题就是，法律战判断、手段、准备、实施、演练和检验这六大阶段并不是在每一场战争的法律战中都按此顺序依次存在的，它们可能有的阶段明显些，有的阶段并没有得到体现，但其中一个或几个阶段的缺少并不会影响法律战过程的连续性。

（3）稳定性与变动性的辩证统一

法律战过程的稳定性是指，法律战过程系统内诸矛盾相对同一、相对平衡的外在表现。法律战过程的变动性则是指，法律战过程中诸矛盾力量悬殊、关系紧张、对立激化、失去平衡的外部状态。

法律战过程的稳定性与变动性是互相促进、互相制约、互相渗透、辩证统一的。在法律战的发展过程中始终存在着稳定性与变动性、平衡性与不平衡性的矛盾。没有稳定性就没有变动性，没有平衡性也就没有不平衡性；没有变动性、不平衡性，也就没有新的稳定性和平衡性。法律战过程的变动性是稳定性的前提，稳定性是变动性的发展结果；平衡性为不平衡性准备条件，不平衡性为新的平衡性提供动力。它们互相依存，在一定条件下互相转化。法律战的判断是每一场具体的法律战的开始，依据判断而选择作战手段，是具体法律战制胜的必需，据此而进行方案准备、法律准备、证据准备以及或胜或败时的进退准备，是进行法律战的关键。这些基础性的工作是法律战过程系统内诸矛盾相对同一、相对平衡的外在表现。而在“驰骋疆场”的决胜战斗中的法律战实施过程则是法律战过程中诸矛盾力量悬殊、关系紧张、对立激化、失去平衡的外部状态。法律战的演练和检验也可以看作是法律战过程的变动性的表现。但是，法律战判断、法律战手段、法律战准备、法律战实施、法律战演练、法律战检验这六大阶段并不是孤立存在的，而是彼此渗透、相互促进、相互联系的。正是这些相互依存的矛盾促使法律战过程不断转化，向前发展。

（四）法律战质量互变规律

质量互变规律是辩证法的基本规律，可用以指导对一切事物发展的认识。善于把握质量互变规律，可以帮助我们深刻认识法律战发展的一般规律。

在运用哲学的质量互变规律分析战争问题上，毛泽东给我们提供了经验。在第二次国内革命战争中，毛泽东围绕如何估量和看待革命力量和反革命力量的对比时指出：“我们看事情必须要看它的实质，而把它的现象只看作入门的向导，一进了门就要抓住它的实质，这才是可靠的科学的分析方法。”[①] 这从方法论上告诉我们，看问题要看其实质，然后再从量上来分析它的强弱程度。某一弱小的力量只要它代表了事物发展的方向，总有一天会逐渐强大起来，最终达到质的变化。同样，当时比较强大的一方也会在质量互变中走向衰亡。抗日战争时期，毛泽东通过对中日战争的科学分析，为丰富和发展量变质变规律做出了又一新的贡献。在历史发展的关键时刻，他分析指出：“日本的军力、经济力和政治组织力是强的，但其战争是退步的、野蛮的，人力、物力又不充足，国际形势又处于不利。中国反是，军力、经济力和政治组织力是比较地弱的，然而正处于进步的时代，其战争是进步的和正义的，又有大国这个条件足以支持持久战，世界的多数国家是会要援助中国的”。[②] 这在当时对驳斥“速胜论”与“亡国论”起了很大作用，同时也告诉国人要达到战胜强大的敌人这一质的变化，没有一定的量的积累是不行的。正是在这样对矛盾双方的性质分析中，毛泽东同志抓住了中日战争由量的积累到质的变化的基本特点，找到了规定双方一切政治上的、政策和军事上的、战略战术上的质量互变的客观规律，得出了抗战最后胜利属于中国的正确结论。这一认识问题的辩证法，对于帮助我们认识和把握法律战质量互变规律，指导法律战实践同样具有重要的实践价值。

1. 法律战质量互变规律概述

质量互变规律是自然、社会和人类思维发展的普遍规律，它揭示了事物发展的状态

---

① 《星星之火，可以燎原》，《毛泽东选集》（第 1 卷），人民出版社 1977 年版，第 99 页。

② 《论持久战》，《毛泽东选集》（第 2 卷），人民出版社 1977 年版，第 449—450 页。

和形式。任何事物都是质和量的统一，质是量的基础，量是质的存在条件。事物由于自身内在矛盾运动，在发展过程中呈现出量变和质变两种状态，表现为量变到质变，又由质变到量变的无限发展的辩证过程。事物发展的每一循环，都比较地进入更高阶段。事物的发展就是在量变与质变的相互交替过程中实现的，是渐进和飞跃的统一。质和量辩证统一于度，在度所规定的量的界限内，量变不会引起质变；反之，就会引起质变。对法律战也可以引用质量互变规律来加以分析。系统掌握唯物辩证法这一基本规律的理论内涵，对于认识法律战质量互变规律具有方法论意义。

法律战中的法律关系由于主体与客体、权利与义务的不同，具有不同的质，相应的有一定的量和度；反之，由于"质量度"的不同，区分出不同种类的法律关系。所谓法律战的质，指法律战服务于武力战并保持某一相对稳定形态的内在规定性，这一内在规定性，具体地表现为法律战的优势与劣势、平衡与不平衡、胜利与失败等。所谓法律战的量，指法律战服务于武力战而掌握和运用法律战诸要素的数量的规定性。比如掌握国际法的多寡以及参与法律战的多寡等。其包含两层含义：一是指法律战交战双方的作战力量对比；二是指法律战围绕武力战而进行的作战力量积累。通过认识法律上的量变，可以得知战场上可能的质变，若要达到质变的目的，必然要有量的积累。所谓法律战的度，指法律战保持某一稳定形态的量的限度，或曰由某一形态向另一形态转变的临界点。把握法律战的度，要求我们在法律战斗争中要掌握"适度"的原则，不能随意超出法律战所允许的范围。法律战的斗争过程及其自身发展均是一个质量互变的过程，而且是不以人的意志为转移的，它客观地起作用。要自觉地运用它，就必须科学地认识它。在法律战实践中，既要重视法律战量的积累，又要重视法律战质的变化，还要把握法律战的度。要重视量变也要重视质变，把握辩证转化的契机。把国际法与国内法结合起来，把国际道义与国家利益结合起来，把战略目标和当前实际结合起来，稳扎稳打，反对冒进，打破陈规，灵活运用。在法律战斗争进程中，把握法律战各要素之间的联系，认清战争态势的渐进和飞跃，做出正确的判断。

2. 法律战质量互变规律的具体形式

辩证唯物主义认为，任何事物都是运动、变化和发展的，在其发展过程中必然表现为量变和质变两种形式，法律战也不例外。

法律战的量变，指法律战数量的变化和战场的变更，表现为不显著的变化。法律战的质变，指由某一相对稳定的质态向另一种质态的飞跃，表现为根本性的显著的变化，它包括部分质变和整体质变。法律战的部分质变，指法律战某一阶段发生的质变，它不影响最终的质的内在规定性。法律战的整体质变，就是指武力战的最终胜或者负。法律战的量和质是统一的，法律战的质是量的基础，法律战的量是质的条件。法律战的质量可以互变，但必须在度的范围内才能发生互变。法律战的变化总是在一定质的基础上先从量变开始的，量变积累到一定程度必然引起质变。量变是质变的必要准备，质变是量变的必然结果，质变又会引起新的量变。一方面，质变体现并巩固着量变的结果；另一方面，质变又为新的量变开辟道路。量变可以转化为质变，质变又可以转化为量变。如此循环往复，以至无穷，体现着事物的永恒的变化和发展。要反对割裂量变和质变的两种形而上学观点，即：只承认质变而否认量变的激变论或只承认量变而否认质变的庸俗进化论。法律战的量变和质变的相互渗透，质变中渗透着量变，表现为质变过程中的量的扩张。质变过程中的量的扩张，是指法律战进入质变过程以后新质因素有量的扩张，旧质因素有量的消亡，直到完成质变。

我们以俄罗斯车臣战争为例来分析法律战围绕武力战而进行的力量积累的量变质变。俄罗斯联邦与其境内的车臣共和国因统一与独立而发生的冲突，已历时十余年，其间，俄罗斯为维护国家利益而与不同主体进行着不懈的法律斗争，双方围绕着统一与独立、人权与人道保护、反恐斗争等问题进行了十余年的法律战。在这场法律战的总过程中，不但有量的积累，而且在总的量变过程中也有部分质变。这里的部分质变又分为阶段性部分质变和局部性部分质变两种形式。阶段性部分质变是指法律战的根本性质未变而比较次要的性质发生了变化，从而使法律战的发展呈现出阶段性。局部性部分质变是指法律战全局的性质未变而其中某些部分发生了性质的变化。每一个棘手问题的法律上的胜利，每一次得到世界人民的理解与支持，从法律战的全过程来说，是量的积累，然而从局部来说，又是部分质变。一是在围绕统一与独立的法律较量中，俄联邦政府极力避免冲突的“国际化”。按照《俄罗斯联邦宪法》的规定，作为国家元首、武装部队统帅的总统有权采取措施保卫联邦的主权、独立和国家的完整；按照《联合国宪章》的精神，作为合法政府的俄联邦中央，有权使用包括武力在内的手段维护国家的统一和领土完整。俄联邦政府多次明确表示：车臣共和国是俄联邦的主体之一，车臣问题属俄罗斯内政，俄有权且有能力独立解决包括因车臣战争引发的所有问题。俄联邦的这一态度，不仅具有合法性基础，而且有效地预防了冲突性质的演化。因为俄车冲突的国际化与否，直接关系到俄罗斯对车臣使用武力的合法与否。如果俄车冲突属非国际性冲突，俄联邦政府对车臣使用武力则不受现代国际法关于武力使用规则的制约；相反，如果把俄车冲突界定或演化为国际冲突，按照现代国际法相关规则，俄对车臣使用武力将归于非法。二是在人权问题上的法律斗争。俄罗斯政府对于美国的人权压制一一予以反击，并且针对同年美国的人权报告中的指责，俄发表声明指出，在美国，警察滥用暴力却逍遥法外，种族主义盛行，宪法中规定的公民基本自由和权利屡遭践踏，这样的国家却对俄罗斯的人权状况说三道四，这是绝不能接受的。俄罗斯并不忌讳谈论自身的不足，俄愿在相互尊重的基础上同其他国家就人权问题进行实质性对话，但反对在人权问题上搞双重标准，而且要求联合国人权委员会代表团在车臣人权问题上也不要搞双重标准。三是澄清车臣不存在人道主义灾难。在人道主义灾难问题上，俄列举事实证明有些灾难是由恐怖分子而非联邦军队所为，如大肆向周边地区驱赶难民、装扮成俄军枪杀无辜平民等。事实上，第二次车臣武装冲突中，俄军曾长时期对车臣首府格罗兹尼围而不攻，明显是顾忌到平民伤亡的因素；俄军的军事进展不少都是在当地车臣人帮助下，用“半和平”方式取得的；在俄军占领区，大多数难民得到了联邦政府提供的人道主义救助，如可以领取到帐篷、床、毯子和食品等。俄还邀请欧安组织观察员和联合国难民署高级专员访问车臣难民营，这些组织的代表访问后承认，当地局势与所谓“人道主义灾难”相距甚远。[①] 四是以核武器作为抗击武力干涉的工具。早在 1993 年 11 月，俄在其“联邦军事学说基本原则”中，就放弃了不首先使用核武器的承诺，并利用国际法在核武器问题上的局限性，明确提出有权首先使用核武器，“当俄联邦及其盟国遭到使用常规武器的大规模入侵而处境危急时，如果所有其他解决危机的手段都已用尽或无效，可使用俄拥有的一切兵力兵器包括核武器”[②]。其实，在令人震慑的核武器背后，俄罗斯握着有利的法律武器。五是反恐斗争中的法律冲突。在国际上，俄与美国联手推动联合国安理会通过了一项反恐决议，“谴责一切形式的恐怖主义”，并签署了《全球努力打击恐怖主义宣言》《上海合作组织成员国元首宣言》《打击恐怖主义、分裂主义和极端主义上海公约》等反恐条约或公约。在国内，俄颁布了《关于反恐怖主义措施的决定》，并在 2001 年 5 月恢复了死刑，在 2002 年 11 月修订了《反恐怖法》，为打击恐怖主义积极寻求法律依据。所有这些法律上的较量，都为俄罗斯与车臣冲突中的法律战提供了量的积累，也正是这些量的积累，为俄罗斯在第二次武装冲突胜利后举行的大选中赢得了质的胜利。

通过对量变质变规律的运用，指出战争胜负的关键在于从本质上分析战争双方力量的强弱，从中揭示出一方战胜另一方的必然趋势。在俄罗斯进行的政府力量反对恐怖主义的较量，是两种不同性质的力量的较量。恐怖分子进行的战争，是反人类的和非法的；俄罗斯政府进行的战争则是进步的、正义的。恐怖主义的一时嚣张，是旧质态的量，是衰亡着的东西，是向着对立面转化的开始；而维护和平与统一的政府力量则是新质态的量，是代表着社会发展方向的新生事物。斗争的结果，新的方面由小变大，上升为支配的东西；旧的方面则由大变小，变成逐步归于灭亡的东西，因而从发展趋势来看，正义力量必然要成长壮大起来，最终战胜邪恶力量。

既要分析矛盾双方质和量的现状，又要注意分析其变化和发展。战争中，敌我双方的量变和质变各呈复杂的状况，二者都有两种不同的“旧的质和量”与“新的质和量”的向上和向下不同方向的变化。只有随时注意对这种复杂多样的敌我力量变化进行全面客观的分析，才能通观战争发展的趋势，正确实行军事战略的转变。在战争的总过程中，不但有法律战的量的积累，而且在总的量变过程中也有部分质变。法律战每一阶段的胜利，从战争的全过程来说，是量的积累，然而从局部来说，又是部分质变。例如打垮恐怖主义组织，这是个质变，但它又是通过许多量变完成的：围绕统一与独立的法律较量上的胜利，

① 南唐：《车臣战事与西方舆论》，《中国青年报》2000 年 1 月 3 日。

② 《俄联邦军事学说（草案）》，《红星报》1999 年 10 月 9 日。

人权问题、人道主义灾难问题的法律斗争的胜利，以及有关核武器的法律上的胜利，这些胜利在量上的积累达到了一定程度，恐怖主义组织就垮台了，俄罗斯政府就取得了质的胜利。但对于各个部分的胜利来说，某个胜利的取得，这又是部分质变。能够在复杂多变的形势中科学地预见战争的发展趋势，对于战争发展的不同阶段敌我双方力量在数量和质量上的对比变化，做出全面具体的分析，严格地掌握其间量变和质变的内在联系和基本界限，很重要的一条，就是正确地运用唯物辩证法的量变质变规律来分析和指导战争，这在法律战斗争实践中，具有普遍的方法论指导意义。

三、解读法律战特殊规律

法律战特殊规律，是法律战在某一特定的范围内矛盾运动的特殊表现形式，它遵循法律战一般规律，同时也区别于法律战一般规律。实际上，法律战特殊规律本身就是法律战本质的特殊运动，而法律战本质也可以被看成是凝结着的法律战规律。解读法律战特殊规律的过程，其实也是深入认识法律战本质的过程。本节将围绕全时空无间断规律、潜渗透长效性规律、全时局争主动规律、力量强弱推移规律展开论述法律战特殊规律。

（一）全时空无间断规律

法律战全时空无间断规律，是指法律战贯穿于战争行动的全过程，法律战斗争无间断，它体现了法律战的进攻性特点。它与舆论战和心理战相结合，始于战争开始前，贯穿于战争全过程，延续至战争结束后，不像传统战争那样打打停停，而是一个连续不断的过程。战前为战争正名，获取出兵理由和国内国际舆论支持；战中摧毁敌方抵抗意志，加速战争进程；战后抚平战争创伤，争取敌方民众支持，利于战后重建。法律战不受时间、地点、气候等因素的影响，可以一天 24 小时全天候、全时空不间断地进行，不仅可以影响敌国的军队和民众，还可以影响本国和其他国家的军队和民众，改变人们对战争的看法和行为，影响范围空前广泛。如欧洲 1618—1648 年的“三十年战争”，其间军事斗争虽有中断，但战前、战中、战后都贯穿着激烈的法律战斗争，而且从未中断过。因此，法律战一般在武力战开始前，就要展开对法律斗争的筹划，确定正确的法律斗争策略，保证武力战的合法有效进行；在作战过程中，必然有大量的涉法问题需要及时应对和处理；武力作战或战争结束后，还需要有效运用法律处理战后事宜，包括争取民心、稳定社会，依法确定和巩固战后成果，依法追究和惩处战争罪犯，以及处理战争赔偿等事项。

例如，在朝鲜战争中，从战争发起、进行，到举行和谈，都一直贯穿着法律上的斗争。双方一开始就围绕战争合法性的问题开展激烈交锋。美国为使其侵略行动披上合法的外衣，在没有中国的合法代表参加的情况下，操纵联合国通过干涉朝鲜内战的决议。为了支援朝鲜的反侵略战争，维护自身的安全与和平，中国政府毅然决定出兵支援朝鲜。但为了尽可能地避免与美国等国家直接进入法律上的战争状态，中国的军队对外称作中国人民志愿军，因为以志愿军名义出兵可以作为合法的战争主体，适用相关战争法规则，受战争法的保护。这是一种高明而有效的法律斗争手段和策略。到了战争后期，双方边打边谈，其间虽然双方在军事上打打停停，但法律战斗争一刻也没有间断，而且谈和打在很大程度上也是围绕战争法的较量进行的。朝鲜战争停战谈判以中朝为一方，“联合国”为一方，自 1951 年 7 月 10 日在开城正式开始，经过两年多的艰苦谈判，才达成停战协定，双方于 1953 年 7 月 27 日签订了《朝鲜停战协定》。① 至今 50 多年过去了，朝鲜半岛虽然没有燃起新的战火，但法律战斗争依然在进行，朝鲜半岛的南北双方只要没有缔结和平条约，只要没有实现统一，这种斗争就一刻也不会停止。

再如，巴以冲突。1947 年 11 月，联合国通过第 181 号巴勒斯坦分治决议，决议规定，在 2.7 万平方千米的巴勒斯坦领土上建立犹太国和阿拉伯国，耶路撒冷国际化。1948 年 5 月 14 日，以色列国宣告成立。由于这项决议遭到巴勒斯坦人以及阿拉伯方面的强烈反对，巴勒斯坦国却未能诞生。以色列宣布建国后，巴以之间爆发了 5 次大规模战争。但多年的战争使双方认识到，谁也无法消灭谁，战争解决不了问题。在国际社会的斡旋下，巴以双方开始了寻找政治解决的途径。其间，军事冲突虽然暂时缓和，但围绕领土归属问题而进行的法律战却越演越烈。1993 年 9 月，巴以双方签署了第一个和平协议——巴勒斯坦自治《原则宣言》，然而这些协议由于以历届政府的有意拖延而未能彻底执行。尽管根据有关协议，1994 年 5 月巴勒斯坦开始自治，但关于巴勒斯坦最后阶段谈判却因双方在耶路撒冷的归属、犹太人定居点、巴勒斯坦难民回归、巴以边界划定等棘手问题上分歧太大，巴以双方至今没有达成永久性和平协议。2000 年 9 月，以强硬派领导人沙龙强行进入伊斯兰圣地阿克萨清真寺，引发了一场旷日持久的巴以流血冲突，特别是 2001 年 3 月沙龙政府上台以后，由于沙龙采取了一系列强硬政策，巴勒斯坦一些激进组织针对以色列人制造了一系列“恐怖活动”，致使以色列采取了强烈打击报复，巴以双方陷入报复与反报复的恶性循环。双方围绕民族、宗教问题展开了法律上的较量，以色列还打起了“反恐”的旗号，以增加在对巴斗争中的筹码。

又如，我国的对台斗争，虽然自金门炮战以来武力战已经停止，但是对台法律战斗争却从未间断过。50 多年来，中国共产党、中国政府和中国人民为维护国家主权和领土完整，完成祖国统一大业，进行了不懈的努力和斗争。1979 年 1 月 1 日，全国人大发表《告台湾同胞书》；2000 年 2 月 21 日，国务院台办发表了《一个中国的原则与台湾问题》白皮书；2005 年 3 月 14 日，十届人大三次会议通过《反分裂国家法》。同时，通过外交和新闻渠道不失时机地宣示一个中国的原则立场，只要是国家领导人出访或有外国领导人来访，必然要谈到“承认台湾是中国领土的一部分”，“不支持‘台独’，坚持一个中国原

① 从文胜等编著：《法律战 100 例——经典案例评析》，解放军出版社 2004 年版，第 277—280 页。

则”。另外，近些年我们与世界各国签订的双边条约和宣言中，也必然要提到台湾问题。这充分说明，法律战斗争是一个全时空无间断的过程。

（二）潜渗透长效性规律

法律战不仅能在战时发挥巨大作用，而且能在战前和战后发挥潜移默化的作用，且具有长效性。相对而言它不像武力战那样来得残暴和激烈，虽然也体现出激烈对抗的特征，如在强权政治与维持正义的国家之间的法律交锋，但以整个法律战过程来看，它更多体现出了“软对抗”的特点。

众多的法律战案例表明，随着国际法体系的日渐完善和强制力的增强，武力解决问题的代价越来越大，各国都在谋求通过法律手段解决争端，法律战在各个领域的潜渗透功能会越来越突出。从西方国家运用法律战斗争的实例来看，法律战如果与其他手段相配合长期使用，并且使用得当，就会带来由量变达成质变的效果，甚至足以动摇一个国家的政权。苏联解体、东欧剧变，应该说也是西方国家运用法律宣传战、法律心理战等对其进行颠覆的结果。可以预见，法律战将逐渐成为政治、经济、外交和军事斗争中的首选武器。

法律战所固有的法律性，也决定了在战争中，不论战争正义与否，战争双方都可以开展“法律战”，找出或制造发动战争的法理依据，证明自己进行的战争合理合法，这就使得法律战更加具有普遍性，无时不在，无处不在。比如，“二战”以来美国打着“正义”的旗号对世界各国的干涉和渗透，一些国家如以色列与巴勒斯坦之间的斗争、印度与巴基斯坦之间的斗争等，无不打上正义与非正义、合法与非法、侵略与反侵略的法律战烙印。

法律战的潜渗透长效性体现在各种军事对峙和武装冲突中。长期以来，西方一些国家坚持推行的“人道主义干预”“人权”“民主”“新干涉主义”“先发制人”“干涉例外论”“正义战争论”等霸权主义行径，也一再表明这些国家一直谋划在进行着法律战，并且在各个领域加以运用，广泛渗透，为其以后干涉别国内政埋下了法理上的伏笔。目前，西方一些国家比较传统的渗透方式大致有：就别国事务发表干涉性言论，利用媒体进行煽动性宣传，就别国事务通过决议和法案，实施经济制裁，派遣军事顾问，支持反对派打内战，以及进行军事入侵等。必须看到，一个国家的现代化程度越低，它的政治、经济、军事实力越弱，其遭敌法律战软渗透的程度就越明显。

（三）全时局争主动规律

主动权是军队行动的命脉。法律战全时局争主动规律就是积极运用法律战为武力战争取主动权，包括战略主动权和战役主动权。当处于己方被敌对势力孤立的境地时，要充分运用法理据理力争，伸张正义，在被动中争取主动。

1. 力争主动，力避被动

“力争主动，力避被动”，这是运用法律武器指导作战的一条重要原则，是军队获得行动自由、争取战争胜利的根本条件。战争中的主动地位，主要指军队在战争中的主动权。主动体现了战争中军队行动的自由。军队只有处于主动地位，才有行动的自由。从这个意义上说，主动权也就是军队行动的自由权，它是用以区别于被迫处于不自由状态的。毛泽东指出，“主动权是军队的命脉，失去了这种自由，军队就接近于被打败或被消灭”[①]。正是因为战争中的主动权与战争的胜败关系极大，因此，主动权不仅是敌我双方争夺的焦点和关键，而且这种争夺贯穿于战争的全过程。从一定意义上讲，法律战就是在敌我互动中争取主动权。

2. 依靠正确的指导，在被动中争取主动

主动权是军队的命脉，但它又不是现成的东西，毛泽东认为主动权“是要有意识地去争取的东西”。主动和被动是和战争力量的优势或劣势分不开的，因而也是和主观指导的正确或错误分不开的，也就是说，在战争中，由于主观指导的正确或错误，可以化劣势为优势，化被动为主动；也可以化优势为劣势，化主动为被动。对于法律战全时局争主动规律的准确把握和灵活运用，将会在争取战争主动权上发挥重要作用。

3. 法律战在伸张正义中争取主动

历史上的一切战争，依其性质可以分为两类：一是正义的战争，一是非正义的战争。法律战要为武力战争取主动权，必须运用法律武器伸张正义。战争的正义性是各个政治利益集团都据理力争，维护其根本利益，掩盖其真实企图的一个斗争焦点。“得道多助，失道寡助。”从法理上界定了战争的正义性，就能赢得国际国内舆论上的支持，并转化为力量上的支持，这是符合战争特点与规律的正确指导原则。战争是综合力量的较量，法律的作战功能就是要在争取人心方面，寻找不断生成的战争力量，充分调动和运用社会其他力量来弥补军力上的不足。新世纪新阶段，人类武装斗争不平衡的规律依然存在，力量强大的一方往往打着“人权”的旗号推行强权政治，实行对外扩张的军事侵略战略。有关正义与非正义的法理对抗仍然是战争的有利武器。武器装备相对落后的一方要战胜强大的敌人，必须通过伸张正义，争取舆论支持，转换敌我力量对比。军力上的不足，也需要通过伸张正义，将国家的战争潜力充分调动起来。例如，历史上的“抗美援朝”战争，我们适时提出“抗美援朝，保家卫国”的号召，便是从法理上界定了我出兵朝鲜的合法性，并揭露所谓“联合国”军的侵略本质。当前，我们要完成祖国统一大业，必须在做好武力战准备的同时，从法理上界定我维护国家领土完整的合法性、正义性，绝不能丢掉法律这个有力武器，在“道义”上输给对手。《反分裂国家法》的颁布，为我争取主动权提供了有力的法律武器。

4. 法律战在建立反敌统一战线上把握主动权

缔结条约，纵横捭阖，利用各种矛盾的交错来建立反敌统一战线是法律战要把握的一

① 《论持久战》,《毛泽东选集》(第2卷)，人民出版社1991年版，第455页。

个斗争策略。在国际社会出现对己有利或对己不利的不同力量分野，是不以人的主观意志为转移的客观存在。反敌统一战线也是如此，是各种各样、千差万别的。统一战线的对象不同，矛盾的性质和情况不同，团结和斗争的策略也不同。这种团结和斗争的策略要有一定的法理基础和法律武器，并要根据需要灵活地运用这个武器。根据战争性质、目标和各个时期的特点，进行具体分析，争取尽可能多的同盟等，组成最广泛的统一战线，团结和调动一切积极因素，争取更多的海内外朋友，以求最大限度地削弱和孤立敌人。

利用矛盾，争取多数，把握主动，是毛泽东对建立反敌统一战线的重要策略，在过去创造了辉煌的战例，对取得革命战争胜利发挥了巨大的推动作用。例如，抗日战争时期。

毛泽东指出，抗日民族统一战线与国际反法西斯统一战线密切相连，因而，在国际上也要采取利用矛盾，争取多数，反对少数，各个击破的策略原则。虽然共产党是反对任何帝国主义的，但是现在须将侵略中国的日本帝国主义和现时没有举行侵略的其他帝国主义加以区别；又要将同日本缔结同盟承认“满洲国”的德意志帝国主义和同日本处于对立地位的英美帝国主义加以区别；将过去采取远东慕尼黑政策危害中国抗日的英美和目前放弃这个政策改为赞助中国抗日的英美加以区别。只有这样，才能争取多数，促进敌人内部的分化瓦解，以便各个击破。

毛泽东统一战线战略思想，是我们过去取得革命胜利的法宝，同样也是完成祖国统一大业，维护国家安全，拓展国家战略空间的法宝。在新世纪新阶段，进行对敌斗争，仍然要运用这一法宝，并通过法律这个有力武器加以强化，达到孤立、分化敌人的目的。

5. 法律战在反对强权维护国家利益上争取主动

1954年12月，美国和台湾签订了共同防御条约，声称美国将用武力帮助蒋介石政府，“以抵抗武装入侵和共产党人的颠覆活动”。接着美国又策划组织马尼拉条约，防御共产主义的“扩张”，共同保障东南亚地区的“安全”。艾森豪威尔要求国会授予他在台湾地区使用美国武装部队的权力，扬言要用武力保卫金门、马祖，把我国的领土看成是美国的一部分。另外，还在联合国安理会上阻挠新中国恢复合法席位，对新中国实行孤立政策。针对美国的无端指责和挑衅，我国在外交上将“和平共处五项原则”作为处理国际关系的准则来应对美国的孤立政策，并在1954年制定的《中华人民共和国宪法》中明确规定，中国奉行的是“平等、互利、互相尊重主权和领土完整的原则，同任何国家建立和发展外交关系的政策”，从而在法理上占据了主动，使美国制造的中国“侵略”的神话不戳自破。对此，毛泽东诙谐地说：“我们制定这样一部宪法，蒋介石是不会高兴的，艾森豪威尔总统也不高兴，也要说它不好。但是，我们不要管他们。”今天，我们制定《反分裂国家法》，“台独”分子是不会高兴的，以美国为首的国际反华势力也是不会高兴的，但是，我们不要管他们。

（四）力量强弱推移规律

法律战力量强弱推移规律，指法律战斗争是一个综合力量的对抗过程，法律战的效力往往取决于综合实力的强弱，力量强大的一方即使在法律上处于被动地位也总能找出合法的理由来将其法律上的劣势转变为优势，进而再推动其军事力量的发展；而力量弱小的一方即使具有法律上的优势也总是处于被动挨打的局面，这种被动地位又导致了优势的逐渐丧失，进而导致其在整个战场上的失败。

许多战例表明，战争的最后总是战胜的一方审判战败的一方。

如 1934 年意大利侵略埃塞俄比亚的战争中，埃塞方虽占据了法理上的优势，并向当时的国联提起控诉，但因实力的不足，最终反而处于被告的地位，意大利还提出要埃塞向其道歉、赔偿和割让领土的要求。这充分说明决定战争胜负的因素依然是政治实力、军事实力，法律战背后实质上是政治、军事力量的对抗。必须承认，法律战本身是有局限性的，特别是在霸权主义和强权政治面前，其有限性更加明显。

再如“二战”后对德、日、意及罗马尼亚、保加利亚、匈牙利、芬兰等战败国的处理。对德国，由美、苏、英、法四国分区占领；对日本的处理，由美国单独占领；其他五国则以缔结和约的形式进行处理，其中涉及领土和赔偿条款、政治条款、军事条款等，如对意和约的领土和赔偿条款规定：将意大利西北部意法边境的 4 处小地区做有利于法国的割让；意南边界做有利于南斯拉夫的变动，将伊斯特拉半岛和尤利亚克腊伊纳的一部分、阜姆城、扎腊及其附近的岛屿、帕里萨岛及其附近的各岛划归希腊。意大利向苏联赔偿 1 亿美元，向希腊赔偿 1.05 亿美元，向南斯拉夫赔偿 1.25 亿美元，向埃塞俄比亚赔偿 2500 万美元，向阿尔巴尼亚赔偿 500 万美元。意大利总共赔偿 3.5 亿美元。由此可以看出，“胜者为王，败者为寇”，一旦打了败仗，法律上的强势也将荡然无存。

法律战力量强弱推移规律告诉我们，法律战如果离开了综合实力特别是军事实力的支撑，对敌人的打击只能局限于道义上的谴责、法律上的抗议而已，而这基本上无补于改变国家、民族命运的大事。

四、把握法律战指导规律

法律战指导规律，是指符合法律战客观规律的指导法律战的原理、原则，是法律战指导者深刻认识和把握法律战规律并用以指导法律战实践的理论总结。

我们探讨法律战规律的初衷，即在于通过对法律战演进发展的历史考察以及对法律战构成要素的逻辑分析，总结出指导法律战实践的理论原则，对现时代的以及在可以预见到的未来的法律战实践给予一般性的解释和指导。通过前文对法律战规律的分析，我们知道，法律战规律的主要功能在于揭示法律战的矛盾运动。而我们认识规律的目的在于指导法律战实践，这就不能不涉及一个法律战指导规律的问题。毛泽东在《中国革命战争的战略问题》一文中指出，“战争情况的不同，决定着不同的战争指导规律”，并指出一切战争指导规律，依照历史的发展而发展，依照战争的发展而发展。[①] 因此，要全面理解法律战规律的含义及其基本属性，还需要了解法律战指导规律，了解它与法律战规律之间的联系与区别。概括地说，法律战规律决定和制约着法律战指导规律，法律战指导规律又反作用于法律战规律。

法律战指导规律具有解释和指导两种基本功能，运用好法律战指导规律，是一种斗争艺术，正所谓“运用之妙，存乎一心”。

（一）法律战指导规律的解释功能

法律战指导规律的解释功能是通过对历史上已经发生的法律战实例及现象进行探讨和对未来尚未发生的法律战斗争过程进行预测实现的。因为规律本身是对事物本质特征的反映，具有客观性、重复性、可预测性的特点，所以，法律战指导规律旨在对法律战现象的总结、解释和预测，帮助人们从更加深刻的层面上理解法律战的内部运动，建立起对法律战指导规律的科学认识和科学观念。只有通过对法律战规律的深刻认识和把握，才能“透过现象看本质”，抓问题的要害和实质，做出正确的判断，并进而依据国际法和国内法，制定出正确的斗争策略。

1. 说明历史上的法律战

即对历史上已发生的各种法律战现象做出说明，包括对法律战性质的说明、矛盾双方适用法律对抗的说明、法律战斗争过程的说明、决定法律战胜负关键因素的说明、对法律战发展的影响的说明等。

如对 20 世纪初发生的意土战争，可以用法律战指导规律加以分析，从而更加全面地窥见其本质。1911 年，第二次摩洛哥危机期间，意大利乘英、法、德三国互相倾轧、无暇他顾的时机，发动了旨在吞并的黎波里和昔兰尼加的意土战争。因意大利垂涎这个地区由来已久，为夺取这个地区，意大利进行了广泛的外交和法律战准备，它通过 1882 年的《奥、德、意三国同盟条约》、1900 年的《法意协定》以及 1909 年的《意俄协定》，使的黎波里的扩张计划获得德、奥、法、俄等国的认可。在武力进攻前，意大利向土耳其政府发出最后通牒：土耳其当局敌视意大利在的黎波里的企业，并使意大利侨民受到威胁。“意大利政府由于被迫关心保持自己的尊严和利益，决定对的黎波里和昔兰尼加实行军事占领”[②]。随后，意军在的黎波里登陆，并在军事行动结束前就宣布兼并的的黎波里和昔兰尼加，恢复了这个地区的旧称利比亚。后又迫使土耳其签署《洛桑和约》。在这场战争中，

① 《中国革命战争的战略问题》，《毛泽东选集》（第 1 卷），人民出版社 1977 年版，第 173 页。

② 朱瀛泉等主编：《国际关系史》（第 3 卷），世界知识出版社 1995 年版，第 383 页。

虽然意大利发动的是一场侵略战争，但其似乎“披上了合法的外衣”，原因就在于意大利掌握了法律战这个有利的武器，使得每一步都占据了主动。

又如，反法西斯战争胜利后，美国实行扶蒋反共政策，企图帮助蒋介石确立对全中国的独裁统治。在这种情况下，中共中央审时度势，与蒋介石集团展开了一场激烈的斗争。先期围绕着接受日军投降问题，蒋介石想独吞抗战胜利果实，不允许共产党的部队受降，并下达三个命令：一个是要解放区抗日军队就地“驻防待命”，不得“擅自行动”；一个是要他的嫡系部队“积极推进”“勿稍松懈”；一个是要伪军“维持治安”“趁机赎罪”。[①] 美国命令日本只能向蒋介石政府及其军队投降，不得向中国人民的武装力量缴械。面对美、蒋、日、伪互相勾结的严重形势，毛泽东提出“针锋相对，寸土必争”的方针，朱德、彭德怀致电蒋介石，拒绝其“命令”，指出：“你给我们的这个命令，不但不公道，而且违背中华民族的民族利益，仅仅有利于日本侵略者和背叛祖国的汉奸们。”[②] 朱德总司令向美、英、苏三国驻华大使递交备忘录，指出在延安总部指挥下的武装力量有权根据《波茨坦公告》条款及同盟国之规定，接受为我军包围之日伪军投降，收缴其武器财产；解放区、沦陷区人民及一切抗日武装力量有权派代表参加盟国受降及处理敌国投降后的工作，有权选代表参加将来处理日本的和平会议和联合国会议，并要求美国不要援助国民党发动内战。在这场斗争中，由于中国共产党执政深刻认识和把握了当时的形势，运用了法律战斗争策略并执行了正确的方针，因而取得了重大胜利，收复了许多城市和广大农村，使得美蒋的阴谋遭到挫折。

2. 解释当前法律战形势

战争开始后，如何及时有效地处理法律战的各种具体战况，是对法律战指导者提出的重要课题。深刻认识和把握法律战规律，是做出正确决策的前提条件。法律战指导规律为适时解释和应对当前法律战形势提供了方法论的指导。当前，我国虽然有一个相对稳定的周边环境，但安全问题依然不容乐观，各种威胁依然存在，有些问题已经演变成为潜在的军事威胁甚至与我形成对峙状态，如美日军事同盟、“台独”分裂势力、“东突”恐怖分子、东海油气田之争等等，虽然战争或冲突尚未爆发出来，但法律上的斗争已经开始，这就要求我们必须运用好法律战这个有力武器，实施正确的斗争策略。关于这方面的问题，将在下文做详细的论述，在此不一一列举。

3. 预测未来的法律战

规律本身具有可认识、可预测性的属性。虽然人们不能制造、改变规律，但可以认识、发现并利用客观规律。由于法律战的发展具有规律性，人们通过对法律战由过去到现在发展过程的历史性考察，可找到法律战发展的客观规律。根据此规律，即可推导出法律战由现在到未来的发展方向、走势。通过对法律战规律的认识，可预见法律战发展的未来

① 刘同舜等主编：《国际关系史》（第7卷），世界知识出版社1995年版，第284页。

② 刘同舜等主编：《国际关系史》（第7卷），世界知识出版社1995年版，第284页。

走向，并以此选择相应的法律战斗争策略。而且由于规律的动态性特点，决定了其发展的轨迹必将因时态的不同而不同。如在国际法产生以前，战争双方所依据的法律武器主要是国内法和一些地区性惯例，矛盾双方或诸方不存在国际法与国内法的对立，一方战胜另一方后，其国内法也就是对方必须遵守的行为准则。当国际法体系不断完善，特别是联合国国际法体系建立以后，则有了统一的遵循，也由此带来了各国国内法与国际法的对立。而二者的统一，又使法律战的地位迅速上升，约束力不断增强，从而使得任何一国发动战争不仅要在武力运用上面临诸多限制，而且还会受到武器运用、打击目标的选择等约束力，使发动一场战争的代价越来越大，最终遏制战争的发生；如果说在过去，法律战是为武力战而服务的，那么在将来，则有可能武力战是为法律战而服务的。但利益的指挥棒似乎永远不会失效，而且在综合实力不平衡的对决中，实力强大的一方永远是“合法”的，而弱小的一方永远是“非法”的。这就是说，离开了武力战，法律战还是发挥不了独立的作用。

（二）法律战指导规律的指导功能

认识规律的目的在于指导实践，法律战规律是对法律战矛盾运动的科学总结，是指导法律战实践的基本指导方针，并在运用过程中形成了科学的指导规律，把握这些规律对于取得法律战的胜利具有关键性的作用。如果说法律战规律是解决“为什么”的问题，那么法律战指导规律则重在解决“怎么办”的问题，在这一点上又和前面论述的法律战原则论有相似之处。

1. 洞悉法律战本质

法律战是特殊情况下达到政治目的的特殊手段，战争法是国际政治斗争的法律武器，因而在实践中，所有国家都是以本国的根本政治利益为准绳来确定运用战争法的谋略和实施方法、手段的。毛泽东告诉我们：“事物发展过程的根本矛盾及为此根本矛盾所规定的过程的本质，非到过程完结之日，是不会消灭的；但是事物发展的长过程中的各个发展阶段，情形又往往互相区别。”在俄罗斯车臣冲突中，双方的法律战颇具特色。其中主要围绕着统一与独立、人权和人道保护以及打击恐怖主义等问题而展开。[①] 车臣问题，本质上属于俄罗斯内政，因此与我国台湾问题有相似的地方，无论从围绕的主题还是面临的法律战争环境，我们都可以从中吸收有益的经验与教训。

2. 分析双方态势

法律战中，只有做到“知己知彼”才能“百战百胜”。那么，如何才能做到知己又知彼？孙子早在两千多年前就告诉我们，要“应势而动”，这个“势”瞬息万变，但万变却不离其宗，这个“宗”便是法律战基本规律。法律战指导规律的重要功能即在于运用这些规律分析双方态势，弄清楚我方作战的法律依据，敌人违反了哪些法律，国际社会的反映

---

① 宋新平：《俄罗斯车臣冲突中的法律战研究》，《当代世界社会主义问题》2004 年第 3 期。

如何，哪些对我有利，哪些对我不利等问题，为战争全局服务，为下一步正确决策服务。

3. 确定斗争目标

法律战指导规律总结概括了指导法律战斗争实践的一些基本原则，明确法律战斗争要达成什么目的，是为武力战提供借口还是通过武力战迫使对方签订和约等。在指导具体的法律战斗争实践中，要做到目的明确，不打无目的之战。在未来反分裂国家和维护国家利益的武力战行动中，法律战在确定斗争目标时，要与政治利益、国家利益和整个战争全局利益保持一致。如“二战”期间，美国围绕其《租借法案》而展开的法律战，其目标就很明确：既不让美国的孩子上战场，又要争取称霸世界。1940 年底，英国虽在敦刻尔克和空战中得以幸存，但已快要支持不住，英国唯一的生路就是依靠美国，可是《中立法案》规定交战国对美国的物资必须偿付美金，运输自理。英国却已经没有能力偿付谷物和石油的美金，更不用说偿付船只、飞机和枪炮弹药了，而这些东西，英国自身早已无法生产。这时，英国如没有美国的帮助，就只有同德国议和。罗斯福不打算让德国控制欧亚心脏地带，并与不列颠的海上霸主结成统治世界的联盟。既不让美国的孩子上战场，又要争取称霸世界，罗斯福便想到推出《租借法案》。罗斯福在记者招待会上用邻家房子起火，要先借水龙带给他灭火，不能先收费再借的比喻，主张用贷款或租借武器的办法援助正在与纳粹德国激战的英国。在这场法律战斗争中，美国让别人去为美国打仗，美国只给他们战争所需的物资。美国光靠消耗大量的军火就可以赢得一次征服世界的胜利，而这些军用物资，美国可以比全世界加在一起更快地、更大批地生产出来。让别人去流血，让美国来统治，美国的真实目的是流最少的血来获得统治世界的权力。随着美国利益的不断扩大，于 1941 年 5 月，将《租借法案》适用于中国，1941 年 11 月，《租借法案》扩大到埃及，1941 年 12 月，《租借法案》扩大到土耳其。因美国一开始斗争目标就十分明确，所以获得极大的利益。

4. 选择斗争策略

战争法体系庞大，内容繁多，互相交织，在实施的内容、时机、程度方面，都给执行者留下了广阔的回旋余地和空间，在进行法律战斗争时要充分注意斗争的策略。一是适用法律的选择。在法律战斗争中，参战主体所适用和运用的法律及其效力是不统一的，具有较大的选择性。法律战所适用和运用的法律是法律战能否打赢的重要保障和关键，充分合理地选择或适用有利于己方、不利于敌方的法律，就成为交战各方法律斗争的一个重要内容。法庭上的法律辩护，控辩双方所选择和适用的法律对双方都是具有相同法律效力的，也都具有相应的法律强制力。但法律战的一个重要特点就是斗争双方所运用的法律具有较大的选择性和不确定性。因为交战各方对适用的法律具有不同的理解或选择，其效力和拘束力也相应相对较弱，一方所承认或选择的法律对另一方并不一定具有法律拘束力。通常，公认的国际条约、国际习惯和一般法律原则等国际法对所有国家都是具有拘束力的，但由于交战各方对有关国际条约在本国的法律效力具有不同的国内法规定，以及一方的国内法对另一方不发生法律效力等原因，使得选择、找准和制定适用的相关国际、国内法，以充分发挥法律战的作用，就成为法律战的重要任务。二是作战方式的选择。要遵循法律战力量推移规律，与政治、外交、军事斗争紧密结合，特别是要与舆论战、心理战相互融合，实现“三战”一体。“三战”既相互联系，相互渗透，又各有侧重。心理战、法律战需要借助舆论战手段展开，舆论战、法律战需要心理战引导，舆论战、心理战需要法律战信息加以强化。虽然“三战”都可在战略、战役、战术三个层次发挥作用，但舆论战和法律战更多在战略层次上发挥作用，心理战更多在战役战术层次发挥作用。虽然“三战”的作用对象都具有多元性，但攻击重点有所不同：舆论战、法律战侧重于影响民意，心理战侧重于直接影响军心。

5. 把握战争进程

法律战斗争不同于武力战，必须始终围绕法律进行有理、有利、有节的斗争，始终牢牢把握战争的主动权，占据法律上的优势，特别是在反敌侵略的斗争中不给敌人以任何干涉的理由。例如，1958 年炮击金门的斗争中，为避免产生与美军直接交战的后果，造成不必要的被动，确定了不主动攻击美军的方针，在有美舰护航时也是只打蒋舰不打美舰。但如果美军侵入我领海、领空，我必须坚决打击。结果一打蒋舰，美舰掉头就跑，撤离金门海域。为了严正警告美国不得干涉中国内政，10 月 13 日，以国防部长彭德怀的名义发布的命令重申：“待在台湾海峡的美国人，必须滚回去。他们赖在这里是没有理由的，不走是不行的。”“台、澎、金、马整个地收回来，完成祖国统一，这是我们六亿五千万人民的神圣任务。这是中国内政，外人无权过问，联合国也无权过问。”并重申：“金门海域，美国人不得护航。如有护航，立即开炮。”当我对金门炮击停止后，美军又恢复在金门海域的护航时，我再次恢复对金门的炮击，向世界昭示中国政府决不容外国干涉内政的底线和坚定决心；尔后，根据形势的发展，又发表《再告台湾同胞书》，宣布对四种军事目标实行隔日炮击的做法，实际上只是进行具有象征性的交火，其目的在于打破美国搞“两个中国”的阴谋，一方面套住美国，使金门成为美国的绞索，另一方面使蒋介石有充分理由拒绝从金门、马祖等外岛撤军，使美国搞“两个中国”的企图无法得逞。

（三）反分裂武力战中的法律战运用

反分裂武力战中的法律战运用，面临着复杂的国际背景，政治、外交、军事斗争十分尖锐，必须遵循法律战的一般规律和特殊规律。要坚持唯物辩证法，一方面破除迷信战争法的思想，认识到战争法在阻止非法战争方面的有限性，不被战争法缚住手脚，积极做好迎击非法战争的准备；另一方面要破除对待战争法上的虚无主义，认识到战争法在夺取战争的主动权、赢得战争胜利方面的积极作用，组织开展好法律战。

1. 反分裂武力战中法律战对抗的主要矛盾

内政问题与“国际化”的对抗是反分裂武力战中法律战对抗的主要矛盾。

当前和今后一段时期内，反“台独”、反“藏独”和反“疆独”是我国反分裂斗争的主要对象，尤其以反“台独”最为严峻。“台独”分裂势力一再企图将台湾问题地区化、国际化，而国际反华势力也声称中国解决台湾问题必须“和平”，否则“危及周边国家利益”。“台独”分裂势力和国际反华势力抛出的所谓“台湾地位未定”论和“谋求台湾主体性”论，我们必须坚决反对，台湾问题完全是中国的内政问题，涉及中国的核心利益。这在全体中国人民和整个国际社会中已经取得共识，即台湾自古以来都是中国领土不可分割的一部分。19 世纪末，日本发动侵略中国的甲午战争，迫使清政府签订《马关条约》割让台湾。第二次世界大战后签署的《开罗宣言》成为证明台湾回归中国的国际法律文件，台湾在法律上和事实上已归还中国。

2. 反分裂武力战中法律战对抗的复杂性

在未来的反分裂武力战特别是反“台独”武力战中，西方敌对势力肯定会加以干涉，这也是台湾问题至今得不到解决的重要原因，尤其来自美国的干涉是阻碍我祖国统一的主要障碍。

1950 年 6 月 25 日，朝鲜战争爆发后，美国不仅入侵台湾海峡，而且为了使美国军队侵略台湾“合法化”，遏制新生的中华人民共和国，美国提出了“台湾地位未定”论。朝鲜停战后，美国与台湾当局又签订了所谓《共同防御条约》，公然将台湾置于美国的“保护”之下。

1979 年 4 月 10 日，当时的美国总统卡特签署了众、参两院通过的《与台湾关系法》，指出“以和平方式以外的方式包括抵制或禁运来决定台湾前途的任何努力，是对西太平洋地区的和平与安全的威胁，也是美国严重关切的事情”，美国必须“保持抵御将危及台湾人民的安全和社会经济制度的任何诉诸武力或其他强制形式的能力”，“任何对台湾人民的安全或社会经济制度的威胁以及由此而引起的对美国利益的任何威胁，总统与国会将遵循宪法程序决定应付任何这类危险的适当行动”。可以肯定，《与台湾关系法》将是美国政府干涉我反“台独”武力战的重要借口。

1997 年，日美两国重新发布了《日美防卫合作指针》，规定“在因日本周边地区事态而对日本的和平与安全产生重要影响时”，日本可在其领域外对美军进行“后方地域支援行动”。虽然美日两国政府公开声明，防卫合作指针不针对任何第三国，但日本一些政要在不同场合都声称，“周边事态”包括台湾。因此，《日美防卫合作指针》也可能成为美、日两国政府联手干涉我武力解决台湾问题的又一重要借口。美日在构建战区导弹防御系统时，又将台湾纳入其中，并不断增加对台军售，而且武器的数量和质量均在提高，其目的就是要维持与大陆的军事平衡，阻挠我统一进程。

2000 年 2 月 1 日，美国国会众议院通过的《加强台湾安全法》声称，“根据《与台湾关系法》，国会和总统有义务就台湾的合法自卫需求的性质和数量做出决定”，并规定美国政府不得根据“八一七公报”或其他行政命令和决定拒绝台湾的军购要求。这样，美国就可以以美国的国内法为借口，继续对台军售，并从军事上提升台军的作战能力。

2004 年 11 月底，日本正式出台新修订的防卫计划大纲，日本外务省发言人称，日本

“有事法案”划定的范围包括中国台湾和钓鱼岛，一旦钓鱼岛受到攻击，日美将根据《日美安全保障条约》采取行动。前不久，在冲绳，日本航空自卫队和美国空军举行了为期12天的大规模空战演习。值得注意的是，“过去，这类演习一直在北海道举行，如今则移到了中国台湾地区附近”①。

近年来，西方敌对势力假借“人权”“人道主义干预”之名，恣意干涉别国内政的事时有发生。因此，在我解决台湾问题的过程中，其打着“人权”与“人道主义”的旗号对我进行干涉的可能也是存在的。

反分裂武力战的现实威胁和法律战一般规律告诉我们，由于美国等外国敌对势力的阻挠，我统一祖国的进程将是一个长期的、曲折的、复杂的过程。反“台独”法律战是一个持久的战争，一直要进行到完全实现祖国统一才算基本完成。其间，以美国为首的西方敌对势力将极力进行阻挠，我们没有一定的法律战量的积累，就不可能取得胜利这一质的飞跃。而且敌人的力量也在不断增长，我们在反分裂武力战中必须稳扎稳打，不能急躁，不能冒进。即使将来进行对台武力战，在武力战结束后，反“台独”法律战并不马上结束，甚至在长时期内都结束不了。从本质上说，只要有反对台湾与大陆统一的势力存在，我们的法律战就要一直与其周旋，直到取得完全的胜利为止，而并不一定以台湾是否实际回到祖国为限度。因此，反“台独”法律战是一个持久的战争，这场战争将随着统一力量逐步形成压倒性优势，随着祖国的不断繁荣、强大而最终取得胜利。

3. 反“台独”武力战中法律战对抗的主要依据

“台独”分裂势力认为，如今台海两岸处于事实上的“一边一国”状态，并要求大陆及国际社会承认这种状态。这是不符合事实的。首先，与国际法是对立的。在国际法上，世界上绝大多数国家及国际组织在其有关的正式文件中都承认世界上只有一个中国，台湾是中国领土不可分割的一部分，而中华人民共和国政府是代表全中国的唯一合法政府。台湾在国际法上处于相当于“地区”的地位。其次，台湾现行的所谓“中华民国宪法”也规定，国土范围包括大陆，都是“中华民国”的“国土”范围。就是说它承认大陆和台湾同属一个国家，它的法律架构还是一中架构。大陆与台湾各自在法律框架上，都承认台湾和大陆同属于一个中国的法律事实，在“一个中国”原则上是统一的。

同时，也应当看到台湾问题由于种种历史的、国际的和政治的因素所产生的特殊性和复杂性，使得反“台独”斗争不可避免地会面临着复杂的国际和相关的国际法斗争的任务，要针锋相对地反击外国敌对势力对我的干涉，就必须用国际法这个武器。

江泽民曾指出：“国际法是一个斗争武器……如果我们对国际法研究得比较透，在国际上进行斗争就有依据了。”② 应当承认，由于国际政治的特殊性，国际法缺少强有力的执

① 张莉霞、李东风：《编造中国军事攻击日本散布战争假想是何居心》，《环球时报》2004年11月10日。
② 《人民日报》1997年12月10日。

行机关和强制力，其原则能否得到尊重和得以实现的程度取决于各国自身利益和国际政治的需要。但是，我们必须注意到，尊重国际法已经成为国际社会的共识，即使大国也要接受国际法的约束，采取国际行动也要从国际法角度寻找依据。虽然，对国际法进行有利于本国利益的歪曲性解释或回避的事件时有发生，但不顾国际社会的反应，对普遍接受的国际法准则公然违反、粗暴践踏和赤裸裸破坏的行径在国际法实践中还是少见的。国际法已经成为一支举足轻重、必不可少的力量，也是我们进行对台武力战中的法律战的有利武器。

从我国国内法来看，台湾问题纯属中国的内政问题，决不容许任何外国势力的插手和干涉。《中华人民共和国宪法》和十届人大三次会议高票通过的《反分裂国家法》是解决台湾问题的基本法律依据。在关于国家主权问题上，这两部法律与国际法不干涉别国内政的原则是统一的。我国《宪法》序言中明确规定："台湾是中华人民共和国的神圣领土的一部分。完成祖国的统一大业是包括台湾同胞在内的全体中国人民的神圣职责。"《反分裂国家法》指出，台湾的地位是中国领土不可分割的一部分（第 2 条），台湾问题性质是中国内战的遗留问题（第 3 条），实现祖国统一是全体中国人民的神圣职责（第 4 条），并提出了解决台湾问题的基本方针，发展两岸关系的原则措施和两岸协商办法（第 5、6、7 条），最后对使用非和平的方式进行统一的基本条件及在此条件下对台湾和平居民和和平利益保护原则进行了规定（第 8、9 条），从而使我解决台湾问题的法律依据更加具体。① 另外，还有按照我国《宪法》和《国防法》的规定发布的有关军事行动的各种法律决议和宣言，如《关于维护国家主权和领土完整全国政治总动员的决议》《中国政府反干涉反侵略的决议》《关于军事打击国内分裂势力危害国家安全犯罪的决定》《中国政府关于军事打击分裂侵略势力的政策法律宣言》《中国人民解放军军事打击目标公告》等。

4. 反分裂武力战中反对西方敌对势力干涉的法律依据

从近几场局部战争来看，以美国为首的西方霸权主义从保护本国利益出发，常常以"人权""人道主义"以及维护地区和平为借口，到处插手干涉别国内政。这些现象警示我们，在我解决台湾问题的过程中，敌对势力肯定会寻找各种借口进行干涉，特别是和平统一无望的情况下，对我武力解决台湾问题带来不利影响，必须引起高度重视。对此，除了充分发挥我在联合国担任安理会常任理事国的优势，力争通过外交途径，在国际上击败敌对势力的干涉企图外，还必须运用国际法和我国国内法，积极进行法律战斗争。

国际法是揭露外国敌对势力违法行为的重要法律依据。《联合国宪章》第 2 条规定："本宪章不得认为授权联合国干涉在本质上属于任何国家国内管辖之事件，并且不要求会员国将该项事件依本宪章提请解决。"同时，在联合国《关于各国依联合国宪章建立友好关系及合作之国际法原则之宣言》中明确规定：各国有"依照宪章不干涉任何国家国内管辖事

① 许世铨：《〈反分裂国家法〉：一部维护两岸和平的法律》，《人民日报》（海外版）2005 年 3 月 18 日。

件之义务”。联合国大会《关于侵略的定义》中也明确指出：“侵略是指一个国家使用武力侵犯另一个国家的主权、领土完整或政治独立，或以本‘定义’所宣示的与‘联合国宪法’不符的任何其他方式使用武力。”因此，外国势力对我解决台湾问题的任何形式的军事介入或干涉，都是对国际法公认原则的破坏和践踏。根据《联合国宪章》第51条规定，联合国任何会员国在受武力攻击时可以行使单独或集体自卫的自然权利。如果外国敌对势力以军事干涉的形式阻挠我对台湾问题的解决，就是严重践踏国际法准则的侵略行为，我完全可以根据联合国宪章的“自卫”原则给予坚决还击，同时还可获得国际道义的支持。

分析美国的《与台湾关系法》，可以看出其明显是与国际法相对立的，与我国国内法及《中美联合公报》也是对立的。首先美国企图通过其国内法把中国领土台湾置于其非法“保护”之下的行为，严重侵犯了我国的尊严，是对我国主权和内政的粗暴干涉。台湾是我国神圣不可侵犯的领土，有关台湾问题的事务，只有我国政府才能制定法律加以规定。《与台湾关系法》的制定本身就违反了国际法不干涉内政和尊重国家主权的国际法基本准则。其次，《与台湾关系法》规避了美国在国际条约中所应承担的义务。1979年1月1日，中美建交联合公报规定，美国“承认只有一个中国，台湾是中国的一部分”，“承认中华人民共和国政府是中国的唯一合法政府”。中美建交公报是在自愿基础上签订的国际条约，美国政府用国内立法来修改国际条约中所应承担的义务，是一种严重的背信弃义的国际不法行为。再次，《与台湾关系法》严重违反了国际法优先于国内法的准则。按照1949年第四届联合国大会通过的《国家权利义务宣言草案》规定：“各国有一秉诚意履行由条约与国际法其他渊源产生的义务，并不得借口其宪法或法律之规定而不履行此种义务。”1969年《维也纳条约法公约》规定：“一当事国不得援引其国内法规定为理由而不履行条约。”因此，在处理台湾问题上，美国政府应当恪守中美联合公报等国际条约，而不是在我国政府解决台湾问题上设置障碍。

再来分析《日美防卫合作指针》，也是与国际法和我国国内法相对立的。首先，《日美防卫合作指针》违反国际法不干涉内政的原则。武力解决台湾问题是我国政府的内部事务，美日两国如果借口“周边事态”进行干涉，是对我国内政的公然干涉，必然会受到国际社会的谴责。其次，《日美防卫合作指针》规避了应承担的国际义务。1972年9月29日发表的《中日联合声明》和1978年8月12日签订的《中日和平友好条约》，日本政府都做了相同的承诺，即中华人民共和国政府是代表中国的唯一合法政府；台湾是中国领土不可分割的一部分；不得阻碍或试图阻挠中华人民共和国的统一。如果美日借口“周边事态”干涉我国解决台湾问题，日本政府就和美国一样背弃了所应承担的国际义务，同样构成国际不法行为。最后，日本没有对外采取军事行动的权力。1945年第二次世界大战结束后，日本政府对国际社会承诺，永远放弃以国家权利发动的战争、武力威胁或使用武力作为解决国际争端的手段，不保持陆、海、空军及其他战争力量等。这些内容也都在日本宪法上规定下来。如果日本政府伙同美国借口《日美防卫合作指针》干涉我解决台湾问题，就违反了日本政府非军事化的国际承诺。

再从国际法上来分析霸权主义的“人道主义”“人权”借口，更是与国际法和我国国内法对立的。任何国家都不能借口人道主义或者人权问题干涉我解决台湾问题。首先，人权问题是国家主权范围内的事务，西方国家不能将自己的人权标准和人权价值观念强加于他国，更不能以此为借口干涉他国内政。《反分裂国家法》中明确规定，即使将来不得不使用武力解决台湾问题，也不是针对台湾同胞的，而是针对极少数破坏国家统一的分裂分子和组织。如果他国据此进行干涉，就构成国际法上的侵略罪行，必将受到中国政府和人民的坚决反击。其次，根据《联合国宪章》的规定，是否确有破坏、威胁和平的严重侵犯人权的事件发生，只有由事实来判定，如果一个或某几个国家绕过联合国而依据自己的价值标准做出判断，并据此对他国内政进行干涉，其行为均属于非法。再次，国家主权是人权的基础和前提。没有国家主权，人权也不复存在，半殖民地半封建的旧中国社会已充分证明了这一点。因此，主权国家使用武力打击国内分裂势力、维护国家主权和领土完整的行为，恰恰是为了打击极少数破坏人权的顽固分子，更好地保护国家绝大多数人的基本人权，这与国际人权保护的基本内容是一致的。

5. 反分裂武力战中的法律战策略选择

反分裂武力战完全属于我国的内政，必须始终把解决问题的基点限定在一个中国框架内，不给国外敌对势力以任何干涉的借口。同时，也要充分注意运用国际法和战争法的斗争策略，一方面是要反击西方敌对势力可能的干涉，另一方面，要通过法律战争取国内民众的支持和国际社会的同情与理解。虽然目前的国际法不能维持绝对意义上的正义，且缺乏必要的强制力，但在现代法治社会里，依然具有一定的约束力，任何国家都不能随意践踏。如果敌对势力企图打破国际法束缚其手脚的规则，也必须有歪解的理由。因此，在反分裂武力战中，要充分考虑到敌对势力可能使用的各种干涉借口，在法律准备上，不但要有我国宪法和法律上的充分依据，而且也必须符合国际法的基本准则，达到国内法与国际法的对立统一，争取得到国际社会的更多理解和支持。

在反对西方敌对势力干涉我反分裂斗争中，要运用各种法律武器与其进行有理、有据、有利、有节的斗争。在法律战斗争上，要从对立统一的规律出发确定斗争策略，依照质量互变的规律稳扎稳打，步步为营，环环相扣，层层推进，节节求胜，通过一系列量的积累达成部分质变，再由一系列部分质变，达成最后总的质变。

第一，在平时就要通过外交斗争和宣传打牢战时法律战的舆论基础。

要注意斗争的合法性，做到有理、有据、有利、有节，还要与舆论战、心理战结合起来。特别要注重利用《联合国宪章》等国际法和中美两国的双边条约，不断地向其灌输我尊重人权、维护主权的思想，表达我维护国家统一的坚定决心。其一，要在国际上大力宣传《联合国宪章》关于维护国家主权的精神和原则，让全世界特别是美国人民都知道，中国政府反对国家分裂、解决台湾问题是实现民族统一的正义事业，是海峡两岸中国人自己的事情，符合《联合国宪章》原则和精神，别国无权干涉。其二，要积极展开法律宣传战，让全世界接受“一个中国”的原则，承认中华人民共和国政府是代表中国的唯一合法政府，台湾是中国的一部分。在国际法领域，条约所规定的义务缔约国应该严格遵守，任何一个国家都不愿意轻易背上背信弃义、破坏条约的罪名。其三，通过法律宣传战，维护国际法的权威性和严肃性，一些西方敌对国家企图用国内法干涉别国内政的非法行径。由于国际法是国家利益冲突和战略对抗的产物，是各国统治阶级意志协调的矛盾统一体，大国对国际法的尊重与否常常根据国内政治的需要。但在无政府状态的国际社会中，国际法作为国家间的法律，代表的是一种国际秩序，对所有参与国际社会的主权国家具有同等约束力，参与国享有同样的权利和义务，没有一个国家可以游离于国际法体系之外或凌驾于国际法体系之上。

第二,一旦分裂势力抬头，就必须进行坚决的打击，特别是要从法律上挫败其分裂图谋。

第三，利用法律宣传战，防止霸权国家操纵联合国和国际舆论，将我国内政问题国际化。

在斗争方式的运用上，要牢固树立合力制胜的思想，与外交战、军事战、舆论战和心理战相配合，并将法律战作为外交战、心理战和舆论战的重要内容使用，争取“不战而屈人之兵”。一是利用外交法律斗争方式，发布军事行动法律决议和宣言表明国家的正义立场。二是利用舆论法律斗争方式，努力拓宽舆论宣传渠道，始终以我正义声音主导国内国际舆论，全面争取斗争主动权，利用海内外舆论传媒营造我进行武力战的正义氛围，攻击敌舆论设施，削弱其歪曲法律欺骗民众的能力。三是利用社会声援法律斗争方式，形成稳定、巩固的法律战统一战线。包括政协组织声援政府的正义斗争、法学团体和专家策应我对敌法律斗争、爱国华侨团体和爱国人士呼应国内斗争等。四是结合威慑心理战，公布战时刑事政策、战犯名单，瓦解敌同盟，挫伤敌士气。

6. 反分裂武力战中动用武力的法律依据

第一，我对台湾享有主权不可争辩的法理基础。

其一，台湾自古以来就是中国的领土，我国政府对台湾享有不可争辩的主权，这是国际社会公认的事实，也是我国政府在台湾的领土主权受到威胁时对台使用武力的直接依据。传统国际法关于领土取得的方式，主要包括先占、添附、时效、割让和征服。我国政府对台湾的领土主权，其最初的渊源是国际法有关先占原则的运用。所谓先占，是指一个国家有意识地取得当时不在任何其他国家主权之下的土地的主权的一种占领行为。先占必须具备两个条件：一是占领的对象必须是“无主地”，即该地方没有人居住或仅有土著人居住，尚未形成“文明”国家；二是在该“无主地”上行使了“有效占领”权，即设立居民点、建立行政机构、派驻军队等。从历史上来考证，是中华民族的祖先最早发现和开发台湾，台湾有史以来，社会、经济和文化的发展进步，都与祖国大陆息息相关。其二，我国政府对台湾享有排他性主权的依据。主权是“国家的最重要属性，是国家在国际法上所固有的独立处理对内对外事务的权力”[①]，其特征是最高性、永久性、不可分割性和不可让与性。我国政府对台湾的排他性主权，直接缘于国际法关于政府继承的原则。所谓“政府继承”是指前政府在国际法上的权利和义务转给新政府的法律关系的转移。按照传统国际法关于政府继承的原则，一国由于革命导致政权更迭，旧政府被推翻，新政府成立，后者当然继承前者行使的一切主权和权利。从政府继承的原则出发，国际法又引申出一个原则，即有效政府原则。根据国际法的规定，一个代表主权国家的政府，必须具备三个条件：一是在本国领土内建立起对大部分领土和居民的实际控制，并有效地行使政权，即对内的最高独立权；二是能够代表国家独立地进行交往，承受国际法上的权利和义务，即对外的独立权；三是得到他国或国际组织的承认，即国际社会的普遍承认。从上述三个条件来分析，台湾地方当局不可能代表中国对台湾行使主权。尽管台湾当局仍打着“中华民国”的旗号在一定地域范围内暂时存在，但从法理上已完全丧失了作为独立法律人格的国际法主体地位。为此，“台独”分子又幻想通过“公投入宪”“住民自决”来实现台湾“独立”，这同样在国际法上是行不通的。根据1960年联合国大会通过的《给予殖民地国家和人民以独立的宣言》中明确规定，只有前殖民地国家即联合国宪章中规定的托管地、非自治领土才享有自决权，可以通过公民投票取得独立。至于主权独立的国家内部的一个地区或一个民族，是根本不享有这种权利的。国际社会禁止以行使自决权为名搞分裂国家之实。该宣言第6条还明确规定：“任何旨在部分地或全面地分裂一个国家的团结和破坏其领土完整的企图，都是与联合国宪章的宗旨和原则相违背的。”

第二，我动用武力解决台湾问题具有合法性。

首先，武力解决台湾问题符合我国宪法和法律的规定。主权国家在国际法上的权利和义务，必须通过国内法的规定来加以转化和体现，国内法是国家主权权利和义务的具体化。中国政府以何种方式、何种手段实现祖国统一，是中国政府的内部事务，由中国政府自主决定，他国无权干涉。我国《宪法》第29条规定：“中华人民共和国的武装力量属于人民。它的任务是巩固国防，抵抗侵略，保卫祖国，保卫人民的和平劳动，参加国家建设事业，努力为人民服务。”这一规定表明，当出现我国领土台湾有可能被分裂出去或被他国侵略的情形时，为维护国家的主权和领土完整，我人民解放军有责任、有义务使用武力手段保卫国家领土的完整和统一。这是宪法赋予我军的崇高使命，也是人民军队必须履行的法律义务。《反分裂国家法》第8条对于动用武力也做了规定：“‘台独’分裂势力以任何名义、任何方式造成台湾从中国分裂出去的事实，或者发生将会导致台湾从中国分裂出去的重大事变，或者和平统一的可能性完全丧失，国家得采取非和平方式及其他必要措施，捍卫国家主权和领土完整。”其次，武力解决台湾问题符合国际法的规定。国际法认可各主权

① 慕亚平：《当代国际法论》，法律出版社1998年版，第78页。

国家军事力量存在的同时，也承认在国家主权和领土完整受到威胁时，国家有采取相应的武力措施维护主权和领土完整的权利。《联合国宪章》第 51 条规定，为维护国家主权和领土完整，“本宪章不得禁止行使单独或集体自卫之自然权利”。1977 年的《日内瓦公约第二附加议定书》也明确规定，国家有“用一切合法手段维护和恢复国内法律和秩序或保卫国家统一领土完整的责任”。可见，在维护领土主权、恢复法律秩序等国内关系问题上，国际法认可使用武力的行为是合法的。1861 年，美国南部以种植园主为主体的分裂势力企图把南部 11 个州从美国分裂出去，林肯坚决动用联邦军队实施武力打击，最终粉碎了南部种植园主的叛乱和英法等国的干涉，维护了美国的统一。最后，武力解决台湾问题是中国的内政。1965 年联合国通过的《关于各国内政不容干涉及其独立与保护之宣言》重申：“任何国家，不论为任何理由，均无权直接或间接干涉任何其他国家之内政、外交，帮武装干涉及其他任何方式之干预对于一国人格或其政治、经济及文化事宜之威胁企图，均在谴责之列。”如果他国以直接或间接的方式干涉我武力解决台湾问题，就构成对我国领土主权的侵犯，要在国际上承担“侵略”罪行的责任。根据联合国大会 1974 年 12 月 14 日通过的《关于侵略定义的决议》规定，“侵略是指一个国家使用武力侵犯另一个国家的主权、领土完整或政治独立，或以本定义所指的与《联合国宪章》不符合的任何其他方式使用武力”。

（四）军事对峙状态下的法律战

江泽民曾指出：“各国越来越重视利用国际法来保护自身的权益。这是国际社会一个值得注意的趋向。”①我国未来面临的国家利益斗争非常尖锐，其中有的是在军事对峙状态下进行的，如南海主权问题、钓鱼岛主权问题、打击边疆极端分裂势力问题、打击恐怖主义问题、我海洋权益保护问题等。在军事对峙状态下，隐伏着武力战的危险，因此，即使是狭义的法律战理论探讨，也不应轻忽这种状态下的隐性的法律战。

随着我综合国力的不断增强，海外利益的增多和国家在拓展利益过程中与敌对国家矛盾的加深，相互之间的冲突会越来越突出。在进行外交斗争、军事威慑、舆论攻势和心理瓦解的同时，运用法律战维护国家利益，将是一种十分重要的手段。根据现有国际法，保卫自己的领土、领空、领海主权和海洋权益，是主权国家固有的自然权利。运用法律武器，具有无与伦比的威力。但前提是要正确地运用它，而要正确地运用它，就必须遵循法律战斗争的一般规律，把握法律战斗争的特殊规律，灵活运用战法，才能发挥其应有的效能。因此，探讨如何运用法律战规律理论来指导维护国家利益中的法律战斗争就具有重要的现实意义。

1. 维护南海主权及海洋权益斗争中的法律战

中国对南沙群岛及其附近海域拥有无可争辩的主权。中国最早发现、命名南沙群岛，最早并持续对南沙群岛行使主权管辖，对此我们有充分的历史和法理依据，国际社会也长

① 《人民日报》1997 年 12 月 10 日。

期予以承认。第二次世界大战期间，日本发动侵华战争，占领了中国大部分地区，包括南沙群岛。《开罗宣言》和《波茨坦公告》及其他国际文件明确规定把被日本窃取的中国领土归还中国，这自然包括了南沙群岛。1946 年 12 月，当时的中国政府指派高级官员赴南沙群岛接收，在岛上举行接收仪式，并立碑纪念，派兵驻守。日本政府于 1952 年正式表示“放弃对台湾、澎湖列岛以及南沙群岛、西沙群岛之一切权利、权利名义与要求”，从而将南沙群岛正式交还给中国。

战后相当长时期内，并不存在所谓的南海问题，南海周边的地区也没有任何国家对中国在南沙群岛及其附近海域行使主权提出过异议。越南在 1975 年以前明确承认中国对南沙群岛的领土主权。菲律宾和马来西亚等国在 20 世纪 70 年代以前没有任何法律文件或领导人讲话提及本国领土范围包括南沙群岛。美国与西班牙 1898 年签订的《巴黎条约》和 1900 年签订的《华盛顿条约》曾明确规定了菲律宾的领土范围，但并未包括南沙群岛。1953 年《菲律宾宪法》、1951 年《菲美军事同盟条约》等也对此做了进一步确认。而马来西亚只是到了 1978 年 12 月，才在其公布的大陆架地图上将南沙群岛的部分岛礁和海域标在马来西亚境内。不少国家政府和国际会议的决议也承认南沙群岛是中国的领土，例如，1955 年在马尼拉召开的国际民航组织太平洋地区航空会议通过的第 24 号决议，要求中国台湾当局在南沙群岛加强气象观测，会上没有任何一个代表对此提出异议或保留。

许多国家出版的地图也都标注南沙群岛属于中国。例如，日本 1952 年由外务大臣冈崎胜男亲笔推荐的《标准世界地图集》，以及 1962 年由外务大臣大平正芳推荐出版的《世界新地图集》，1954 年德意志联邦共和国出版的《世界大地图集》，1956 年英国出版的《企鹅世界地图集》，1956 年法国出版的《拉鲁斯世界与政治经济地图集》等都明确标注南沙群岛属于中国。越南 1960 年、1972 年出版的世界地图及 1974 年出版的教科书都承认南沙群岛是中国领土。20 世纪以来，许多国家权威性百科全书，如 1963 年美国出版的《威尔德麦克各国百科全书》，1973 年的《苏联大百科全书》和 1979 年日本共同社出版的《世界年鉴》都承认南沙群岛是中国领土。

20 世纪 70 年代开始，越、菲、马等国以军事手段占领南沙群岛部分岛礁，在南沙群岛附近海域进行大规模的资源开发活动并提出主权要求。对此中国政府一再严正声明，这些行为是对中国领土主权的严重侵犯，是非法的、无效的。这些国家的所谓法律依据是根本站不住脚的。1946 年根据《开罗宣言》和《波茨坦公告》精神，中国内政部[①]会同海军部和广东省政府委派肖次尹和麦蕴瑜分别为西沙群岛和南沙群岛专员，前往接管西沙群岛和南沙群岛，并在岛上立主权碑。1947 年，中国内政部重新命名包括南沙群岛在内的南

① 根据 1949 年 9 月 27 日中国人民政治协商会议第一届全体会议通过的《中华人民共和国中央人民政府组织法》第 18 条的规定，于 1949 年 11 月 1 日设置的一个部门。1954 年 9 月撤销，相关工作并入国务院。——编者注

海诸岛全部岛礁沙滩名称共159个，并公布施行。1983年，中国地名委员会授权公布包括南沙群岛在内的南海诸岛标准地名。

在南海法律战斗争中，因为斗争的复杂性，加之我综合国力依然不够强大，必须运用法律战波浪式发展规律和力量推移规律来分析问题。这些年，中国已同一些邻国通过双边协商和谈判，公正、合理、友好地解决了领土边界问题。这一立场同样适用于南沙群岛。中国可同有关国家根据公认的国际法和现代海洋法，包括1982年《联合国海洋法公约》所确立的基本原则和法律制度，通过和平谈判妥善解决有关南海争议。

2. 维护钓鱼岛主权及东海海洋权益斗争中的法律战

钓鱼岛主权及东海海洋权益问题，自1996年国家海洋法会议将经济海域扩延200海里以后，特别是2005年以来，利益冲突日益严重。日本作为美国在东亚的“鹰犬”，公然对我进行挑衅，特别是在钓鱼岛主权问题上大做文章，企图引发地区冲突，分散我快速发展的注意力，打乱我“和平崛起”战略。在此问题上，必须有清醒的认识。

钓鱼诸岛自古以来就是中国的领土，它和台湾一样是中国领土不可分割的一部分，中国对钓鱼诸岛及其附近海域拥有无可争辩的主权。我国的这一立场有充分的历史和法律依据。早在明朝初期，钓鱼诸岛就已明确为中国领土，明、清两朝均将钓鱼诸岛划为我国海防管辖范围之内，并非“无主地”。1895年日本趁甲午战争清政府败局已定，在《马关条约》签订前3个月窃取这些岛屿，划归冲绳县管辖。1943年12月，中、美、英发表的《开罗宣言》规定，日本将所窃取于中国的包括东北、台湾、澎湖列岛等在内的土地归还中国。1945年的《波茨坦公告》规定：“开罗宣言之条件必将实施。”同年8月，日本接受《波茨坦公告》宣布无条件投降，这就意味着日本将台湾，包括其附属的钓鱼诸岛归还中国。但1951年9月8日，日本却同美国签订了片面的《旧金山和约》，将钓鱼诸岛连同琉球交由美国托管。对此，周恩来总理兼外长代表中国政府郑重声明，指出《旧金山和约》是没有中华人民共和国参加的对日单独和约，不仅不是全面的和约，而且完全不是真正的和约。中国政府认为是非法的、无效的，因而是绝对不能承认的。1971年6月17日，日美签订“归还冲绳协定”时，这些岛屿也被划入“归还区域”，交给日本。对此，我国外交部于1971年12月30日发表声明，强烈谴责美日两国政府公然把我钓鱼诸岛划入“归还领域”，严正指出“这是对中国领土主权明目张胆的侵犯。中国人民绝对不能容忍。”“美日两国在‘归还’冲绳协定中，把我国钓鱼岛等岛屿列入‘归还区域’，完全是非法的，这丝毫不能改变中华人民共和国对钓鱼岛等岛屿的领土主权。”其后，美国国务院发言人表示，“归还冲绳的施政权，对尖阁列岛（即我钓鱼岛）的主权问题不发生任何影响”。鉴于日方在钓鱼岛问题上有不同主张，我国政府从发展中日关系出发，在坚持我一贯立场的前提下，与日方达成了此问题留待以后解决，不采取单方面行动，避免这一问题干扰两国关系大局的谅解。近年来，日右翼分子在钓鱼岛问题上不断制造事端，我均通过外交途径向日方提出了严正交涉，日方表示日本政府的基本立场是既不参与，更不支持右翼团体的行为，右翼的行为有害日中关系发展，也背离了日政府立场。

通过矛盾分析，可以发现日本在钓鱼岛问题上与我对立，其实质是：首先，为了限制中国。冷战结束后，日本加快了其向政治大国迈进的步伐，试图在国际政治中发挥更大的作用和拥有更多的发言权，于是，越来越主动地干预国际政治事务。面对正在发展的东亚大国中国，日本强化了与美国的战略同盟关系，试图以此来限制中国，因此，日本在对华政策上日趋强硬。日本这样做，一方面有美国的支持，另一方面也是为了适应日本国内日趋膨胀的右翼民族主义情绪。其次，觊觎钓鱼岛的战略位置。日本出于成为军事大国的野心，非常觊觎钓鱼岛所处的战略位置。据一些专家认为，钓鱼岛距日本本土约 1000 海里，距中国大陆仅 90 海里，如果日本占领了钓鱼岛，日本军队就可在岛上设立海空监控侦察设备及岸基反舰和对空导弹，从而很容易封锁台湾北部重要港口及空中航道。如果在钓鱼岛设置雷达，可以监视方圆 400 千米至 600 千米的海域和空域，其范围可达到台湾北部、大陆沿岸的福州、温州和宁波等大片地区。倘若如此，中国军事上的一举一动都有可能被日方及时掌握。日本海权扩张的战略中以保障 1000 海里航线为其首要任务，占领钓鱼岛可以使其势力范围向西南方延伸，并可对台湾海峡附近海域的主要航道实行军事监控。这样，钓鱼岛海域就成了日本进入台湾海峡，南下东南亚、南太平洋必经的战略之路，也是日本赖以生存的中东石油能源补给线上最西南端的一个点。如果日本在钓鱼岛上建立军事基地或部署重型武器，则将对中国的国防安全构成严重的威胁。再次，是为了夺取钓鱼岛的资源。按照联合国 1992 年公布的《国际海洋法公约》关于“主权国家以 200 海里内的海域为其经济专属区”的条款，钓鱼岛的实际价值是以该岛屿为依托，半径为 200 海里的庞大海域以及周围海域内的海底石油、矿产、海洋渔业等海洋资源和领海、领空的交通、运输权以及未来潜在的资源等。这些资源均应属主权国。随着日本军事力量不断向世界扩张，日本越来越觊觎东海等大陆架的资源和能源，尤其是中国钓鱼岛的资源。如果日本侵占钓鱼岛的阴谋得逞，就意味着中国东海海域将有 74 万平方千米的海洋国土被日本窃据，同时，钓鱼岛海域所蕴藏的 800 亿桶海底石油和油气①也会被日本占为己有。日本将大陆架视为矿物资源的宝库，所以要争取获得控制大陆架的权利。由此，在法律战斗争中，既采取针锋相对的斗争，揭露其侵略本质，又要立足于武力准备，提升综合实力，稳扎稳打，打破其遏制我崛起的图谋。

3. 打击极端宗教势力及民族分化势力斗争中的法律战

极端宗教势力和民族分裂势力是危害国家安全、阻碍中华民族和平崛起的一股极恶势力，必须坚决铲除。但在解决这些邪恶势力的过程中，由于掺杂着复杂的“宗教”与“民族”问题，加之国外敌对势力的干涉，必须注意手段的合法性，防止“授人以柄”，不给敌对势力以任何干涉的借口，也避免因此而引发国内的宗教与民族冲突。因此，必然涉及

① 这是 1967 年联合国调查发现的。

法律战问题。如何运用法律战规律指导这一领域的法律战实践是值得关注和研究的另一个重大现实问题。

目前，极端宗教势力和民族分裂势力，如“藏独”分子、“东突”分子等，正企图与“台独”分子、“民运”分子、“法轮功”邪教组织等勾结起来，共同从事分裂国家的破坏活动。西方敌对势力，利用民族、宗教问题，加紧对我实施长期的颠覆战略。境内外民族分裂势力与各种反动势力紧密勾结，正沦为西方敌对势力遏制中国发展的工具。

由此可见，在打击极端宗教势力及民族分化势力武力斗争的背后，其实是一场针锋相对、尖锐复杂的法律战较量。这场斗争具有很强的政治性、全局性和复杂性，我们在具体指导法律战斗争实践时，必须着眼以下几个方面来进行谋划和思考。

第一，明确战略目标，把握斗争策略。

我国目前的主要战略目标应该是“把握战略机遇期”，大力发展经济。但敌对势力不愿看到中国的强大，唆使国内极端宗教和民族分裂势力进行干扰破坏活动。战争一旦来了，我们也要坚决应对。在斗争策略的选择上，要特别注意战略目标的实现和斗争进程的控制，即尽可能将问题限定在较小的范围内，根据国家政治、经济、外交斗争的需要，确定打击重点、时机和程度，做到头脑清醒、关照全局，确保打击极端宗教势力及民族分化势力武力战与国家战略目标相一致。

第二，关注形势变化，捕捉斗争先机。

江泽民曾经指出：“中国近代史上，民族分裂活动从来都是外国侵略势力策动的，民族分裂活动从来都是外国侵略势力割据我国边疆领土的内应力量。”可以说，极端宗教势力及民族分裂势力破坏活动的背后，总有国外敌对势力的支持。所以说，我们必须密切关注西方敌对势力以宗教、民族问题做掩护“西化”“分化”我国的策略和动向，科学预测国际“三股”恶势力的发展动态和走势，弄清国内外民族分裂势力之间的联系，切实把敌人的基本情况搞透，把周边的环境搞透，牢牢掌握斗争的主动权。

第三，争取广泛支持，营造有利态势。

从俄罗斯打击车臣叛乱分子的战争中，我们可以看出，尽管分裂势力内外勾结，曾一时赢得过局部胜利，但终究不得人心，受到本国及世界人民的一致谴责。在反对民族分裂、维护祖国统一的武力战中，要着眼于战争全局的需要，将法律战与心理战、舆论战紧密结合，综合运用多种形式，大力营造有利于我方的态势。特别要针对国外敌对势力的干涉，充分揭露其企图利用民族、宗教问题干涉我国内政，颠覆我国的社会制度，推翻共产党领导的政治图谋和罪恶行径，广泛争取国内外正义力量的支持，孤立和打击敌对势力。

后　记

法律战古已有之，但作为一门学问被加以研究，得归功于2003年12月5日颁布的第10版《中国人民解放军政治工作条例》。虽然我们的学习、研究还很肤浅，虽然对陆游教诲儿子写诗作文的警语“纸上得来终觉浅，绝知此事要躬行”有所了解而未深谙，但仍以洋洋50万言的粗浅之作奉献世人，而不惮贻笑大方，只是因为希望得到“以文会友”的机会，架起军队内外法学家交流的桥梁。当然，从写作本身也是可以得到提高的，我们将以此为发端，对法律战的有关问题继续进行探讨。因此，不仅希望军内法学家、指战员耳提面命，不吝赐教，而且希望得到军外法学界的殷切关心、热情指点。

本书的具体分工为：序言、第一章，倪正茂；第二章，郑云飞、林泉、倪正茂；第三章，屠文滔；第四章，闫冬、倪正茂；第五章，张烽；第六章，张玉瑜、章斐；第七章，张有军、许军英。

全书由倪正茂统筹、主撰、定稿，张玉瑜参加了统稿工作。

在撰写过程中，作者所在单位的领导给予了热情的关心与支持；院图书馆黄贵龙馆长给予了热情帮助；上海司法研究所杨彤丹老师、法律出版社上海出版中心张妍同志等在资料收集、文稿印制等方面给予了具体细致的帮助。对本书的出版，上海社会科学院出版社付出了辛勤的劳动。以上，谨此一并致以衷心的感谢！

上海政法学院教授、上海司法研究所所长　倪正茂

2005年9月18日

国际规则：入世后的中国法律对策（节选）

《国际规则：入世后的中国法律对策》*（节选）题记

《国际规则：入世后的中国法律对策》一书是上海社会科学院“双赢丛书”中的一本，该书从法律对策的角度探讨了我国加入 WTO 后将面临的新问题及应采取的对策。我参与了其中的导言、第一章到第四章、第十七章到十八章的写作。特此收入全集“法律战卷”。

* 张幼文、伍贻康主编，上海社会科学院出版社、高等教育出版社 2001 年版。

导　言

“沧海横流，方显出英雄本色。”中国加入WTO（世界贸易组织），融入一体化的全球经济，犹如跃入汪洋恣肆、波涛汹涌的苍茫大海，正可一显我中华儿女搏击商海、勇夺魁首的英雄本色。

然而横流沧海，非莽汉所能为。张顺入海，如鱼得水，人称“浪里白条”；李逵涉河，任凭怎样勇武，只能落个呛水了事。进入雪浪排空、暗礁处处、险恶万分的商海，要学学张顺与阮氏三雄，掌握水性，顺其自然，勇于涉险滩、闯暗礁，又精于避险情、防逆流，这样才可能乘长风破万里浪，“直挂云帆济沧海”。这“水性”，就是商海之中的经济运行规律，其中包括业已制度化的法律规则。

常言道：商品经济（市场经济）应是法制经济。当今的世界贸易组织，正是凭借各成员国签字画押信誓恪守的WTO法律规定来规范相互之间的经济贸易活动的。

中国加入WTO，第一意味着敞开国门，热烈欢迎万国客商前来进行经济交往；第二意味着迈开大步奔赴国际商海，觅取最大的经济利益。这样就同时提出了两个方面的要求：一是建立和健全我国的经贸法律，以适应WTO的统一法律规则；二是了解与掌握WTO的法律规则，得以进行有效、有利的国际经济活动。

为此，本书将有选择地介绍WTO的主要法律规定，研究我国法制建设方面存在的、尚不适应WTO规则以及经济全球化要求的缺陷，探讨改进之道并提出一些法律对策建议。

全书内容大致分为两部分。

第一章与第二章为总论，阐述了以下内容：经济全球化与法制化两者的辩证互动关系；WTO主要原则的确立历程及简明内涵；为我国加入WTO、融入全球化经济后的首要举措寻求最佳的法律对策。中国“入世”后政府的主要职责，一是加速建立国内统一市场，二是宏观调控进出口贸易，三是指导避免贸易摩擦以及发生贸易摩擦情况下拿出对策良方。

第三章起至篇末为分论，内容大致涵盖以下几个方面：一是WTO主要制度和原则的概述；二是略论中国“入世”与这些制度、原则的关系；三是探讨为适应这些制度、原则，中国应采取的法律对策，包括提出法律修改的建议，其中涉及 WTO 的运行机制与争端解决方式、最惠国待遇原则、国民待遇原则，以及关税减让、禁止数量限制、原产地、海关估价、政府采购、反倾销、反补贴、卫生和植物检疫等制度。这是 WTO 的一些十分重要的原则与制度。恪守这些原则与制度，是拓展我国与世界各国经济贸易交往所必需的，否则势必寸步难行，引起贸易摩擦以致因违反这些原则、制度而造成严重的后果。但 WTO 的建立及其一系列原则、制度的确立，也是发展中国家顽强努力的结果，因此，其中包含了一些对发展中国家和最不发达国家的例外和优惠。中国是发展中国家，无疑可以而且应当利用这些例外和优惠。所以，我们对此做了简要介绍，希望对发展对外经贸往来者有所裨益。

在这一部分，我们还以专章就 WTO 的《纺织品与服装协议》《国际服务贸易总协定》《与贸易有关的知识产权协定》等内容做了概述，并探讨了我国法律与这些协定的差距，从而提出健全与完善我国法律以适应 WTO 的这些新协定的法律建议。

在论及《国际服务贸易总协定》时，我们就我国律师在国际法律服务业方面的问题进行了探讨，因为律师业在经济全球化的事业中，地位特别重要，作用特别巨大。与此相连，在不少章节我们还涉笔立法之外的司法、执法问题，指出我国目前在司法、执法方面还有一些不尽如人意的地方。加入 WTO，对我国的司法、执法将提出更高的要求，同样也对守法观念直至法律意识提出了更高的要求。加入 WTO 后，国人在意气风发、斗志昂扬地“赶海”的同时，务必抱如临深渊、如履薄冰的心态，头脑应冷静，行为须规范，力争在苍苍茫茫的全球性浩渺商海中博得全胜！

第一章　齐头并进

——经济全球化与法制化

经济全球化犹如奔腾不已、一泻千里的不可阻挡的洪流，现已成为当代世界经济发展的主流。回顾经济全球化的历程，显然可见的是，它伴随着“游戏规则”的不断确立与不断完善，亦即伴随着世界经济的法律化进程。在两者齐头并进的漫长道路上，《关税与贸易总协定》的产生无疑是一座宏伟的里程碑，而世界贸易组织的最终建立，更标志着经济全球化与法制化达到了新的高度。中国加入WTO和经济全球化与法制化，是息息相关的。

一、经济全球化与“游戏规则”

（一）世界经济发展的主流：经济全球化

经济全球化是指商品、服务、生产要素与信息的跨国界流动的规模不断扩大，形式不断发展。在此基础上，通过国际分工，在世界范围内提高资源配置的效率，从而使各国经济共同繁荣且日益加深经济上相互依存的程度。

这种趋势的源头，可以上溯到19世纪末所出现的开拓贸易与投资高度自由化的世界市场的发展要求。但这一发展要求在20世纪30年代资本主义世界经济大萧条时期几乎成了“痴人说梦”。第一和第二次世界大战更把以往的自由化市场打成了一片废墟，代之而起的是种种甚嚣尘上的“以邻为壑”言论与建立森严的贸易壁垒的行动。只是在第二次世界大战以后，人们才逐渐认识到经济与政治的内在关系、世界市场与世界战争的有机关系。为了防止世界性的贸易萎缩、生产过剩危机及由此引致世界大战的悲剧重演，包括中国在内的23个国家倡议建立一个世界性的贸易组织，以协调各国的经济贸易政策，削减贸易壁垒，促进公平竞争，发展国际贸易，带动经济发展。

而经济全球化的概念，是在20世纪80年代才正式提出的。这与近20年来席卷全球的新技术革命浪潮蓬勃兴起、国际贸易迅速增长是分不开的。

国际商品贸易在1980—1995年年平均增长率达到5.6%，异军突起的服务贸易年均增长速度达到9.3%。国际投资迅速活跃起来，仅跨国公司累计输出的资本即达到35000亿美元，从而成为经济全球化的标志与主体。金融国际化加速发展，突飞猛进的国际金融交易使各主要的国际金融交易市场形成时间上相互持续、价格上相互联动的交易网络。国际互联网在近10年内更以令人惊诧的速度飞快扩张，国际信息交流的快捷便利使“地球村”更是名副其实。经济全球化遂成为现实的不可阻挡的世界经济发展的凶猛洪流。

在经济全球化过程中，发达国家自然充当了唱主角的角色。贸易与投资自由化是其追逐的目标。凭借其较强的经济、科技实力和国际竞争力，在国际双边与多边经济谈判中，发达国家在贸易与投资自由化方面获取了丰厚的利益。但第二次世界大战以来，世界经济格局也发生了一些令人瞩目的变化：一些获得了独立并致力于自主发展民族经济且选择了外向型发展战略的国家和地区，形成了新兴工业化经济，取得了相当大的成功；伴随着国际产业分工与技术扩散的发展，一些发展中国家不再仅仅输出初级产品，而且逐渐成为世界市场上劳动密集型产品的重要供应者，从而积累了自主发展民族经济的丰厚资本，从资本净输入国转变为输出国；前苏东国家在冷战结束后走上了经济转型的道路，尤其是苏联解体之后，迅捷摆脱了计划经济体制的羁绊，谋求在全球范围内的机遇与发展；中国经济在近20年中的巨变更是令全球惊叹。所有这些国家和地区都要求打破贸易壁垒，要求更开放的国际市场，也就是要求加速经济全球化过程以谋求更大的经济利益。至于由于各种历史的和现实的原因，至今仍然处在经济落后状态的最不发达国家，一方面他们自己强烈需求国际援助，并以其自身的某些优势（如资源、劳力优势）争取融入国际市场；另一方面，发达国家也需要摆脱极不发达国家的经济制约，利用不发达国家的某些优势，同样需要帮助他们加入经济全球化的洪流。总之，无论是客观经济情势，还是主观发展需求，都使得经济全球化成了世界经济发展的洪流与主流。

（二）经济全球化与法制化

经济全球化的发展过程，必然伴随着“游戏规则”的建立，亦即伴随着法制化。

首先，这是因为市场经济本身应是法制经济。著名的美国经济学家萨缪尔森在其巨著《经济学》中曾深刻地指出，市场经济“不是混乱而是经济秩序”，“竞争的市场和价格制度……不是一个混乱和无政府的制度，它有一定的秩序，是有条不紊的”。萨缪尔森研究的对象是资本主义制度下的市场经济。这里的“一定的秩序”是由资本主义国家政权机关制定的法律、法规加以维护的。如果没有严格的、严密的法律，资本主义国家的市场经济一天也不能存在。由于萨缪尔森研究的是经济发展的内在规律，他较少谈及经济与法律的关系，但从他的巨著《经济学》中不难概括出这样几个重要观点：其一，法律规定的经济制度、财产制度、分配制度等结合成了一个社会经济关系的有机整体；其二，法律对搅乱经济发展的违反经济关系、经济秩序的事件进行制约。

经济全球化是市场经济的全球化。由于经济活动的范围随着世界市场的发展而大大拓展，经济关系的复杂性随着利益各方的广泛参与和竞争也大大扩展了，从而使经济利益、经济秩序也变得更加繁复了。从市场经济应是法制经济的普通道理出发，经济全球化对法制化的需求，是显而易见的。

其次，市场经济又不等于是法制经济。长期以来，专家学者长文短论都以“市场经济是法制经济”为经典命题。这其实存在极大的偏颇。“市场经济是法制经济”的命题，蕴含着市场经济天然地等同于法制经济的逻辑结论，但实际上并非如此。如果“市场经济”就是“法制经济”，那就意味着进入市场经济领域的一切人都自觉地接受法律的规范。事实恰恰相反，有的商海中的人是渴望逃避法律的制约的。只有“市场经济应是法制经济”的命题，才准确地揭示了市场经济与法制的关系。

以“市场经济应是法制经济”衡量经济全球化进化过程中利益关系各方，尤其是发达国家一方的情况，我们不难看到，业已建立的世界经济秩序是不尽合理的，各种“游戏规则”也是不尽完善的。发达国家总是绞尽脑汁全力以赴地推动其竞争力较强的领域的自由化，拖延其竞争力较弱的领域的自由化，而且，在竞争力较弱的领域还不认真地履行他们承诺的义务。例如，欧美不少发达国家作为主要的农产品出口国，在世界贸易组织禁止出口补贴的原则下，却对农产品的补贴作为一个例外加以保持。相反，虽然发展中国家是主要的纺织品出口国，但在取消数量限制的原则下，发达国家却长期维持了对纺织品进口的配额限制，直到乌拉圭回合谈判结束，发达国家才承诺到2005年取消《多种纤维协定》对纺织品进口的数量限制。在WTO的西雅图部长会议上，发达国家还极力将劳工标准、环境标准等内容塞入WTO的新一轮谈判中，引起发展中国家与发达国家的巨大分歧与激烈纷争，导致部长会议不欢而散。

也就是说，经济全球化并不等于全球化经济的自动法制化。因此，经济全球化的健康发展，应是科学合理的“游戏规划”不断确立、不断完善的过程，亦即不断法制化的过程。

值得欣慰的是，从总体上看，经济全球化与法制化还是齐头并进的，而《关税与贸易总协定》的签订，无疑可以视为两者互动发展的一个重要里程碑。

二、《关税与贸易总协定》

《关税与贸易总协定》，英文为General Agreement on Tariffs and Trade，缩写字为GATT。

GATT在国际上有“经济联合国”之美称。它既是一整套关于关税和贸易措施的严密法规，又是进行多边贸易谈判和解决缔约方贸易争端的国际机构。

早在第二次世界大战结束以前，美国即向其盟国倡议过建立国际贸易组织，以便在多边的基础上相互削减关税，促进国际贸易的自由化。第二次世界大战刚结束，美国即向联合国经济与社会理事会正式提出召开世界贸易与就业会议及建立国际贸易组织的倡议。

1946 年 2 月，美国的这一倡议被联合国经社理事会接受，随之成立了国际贸易组织筹备委员会；1947 年 4 月，筹委会讨论通过了美国草拟的《国际贸易组织宪章草案》；1947 年 10 月，联合国贸易和就业会议在古巴首都哈瓦那召开，审议通过了《国际贸易组织宪章》，全称为《哈瓦那国际贸易组织大宪章》，简称《哈瓦那宪章》，共有 53 个国家签字。但它的生效须经各国立法机构批准，而其他大多数国家认为该宪章与国内立法抵牾而未予批准，《哈瓦那宪章》遂告夭亡。

此前，美国曾经邀集 22 个国家进行关税减让的多边谈判，达成过 123 项双边关税减让协议。在《哈瓦那宪章》胎死腹中后不久，美国等即将《哈瓦那宪章》中的贸易政策条款析出，与它们达成的 123 项关税减让协议加以合并与修改，形成了一个单一的协定——《关税与贸易总协定》。GATT 是在 1948 年 1 月 1 日起临时生效的。除发起国美国以外，签约 GATT 的还有中国、英国、法国、加拿大、印度、澳大利亚、比利时等 22 个国家。到 1979 年时，签约于 GATT 的国家达 70 个；1997 年在已取代 GATT 的 WTO 中签字的已增加到 123 个国家和地区。

（一）关贸总协定的法律性原则

GATT 及其多边贸易协议中，体现了保护贸易自由化的一系列重大法律性原则，主要如下。

1. 无歧视待遇原则

关贸总协定规定一缔约方在实施某种限制或禁止措施时，不得对其他缔约方实施歧视待遇。该原则要求各缔约方之间应在无歧视的基础上进行贸易，相互间的贸易关系中不应存在差别待遇；各缔约方都必须平等地对待其他缔约方的贸易，给予其他缔约方以平等待遇。这一原则具体体现在最惠国待遇原则与国民待遇原则上。

2. 最惠国待遇原则

关贸总协定规定缔约方一方在现在和将来在贸易、关税、航运和公民法律地位等方面，给予任何第三方的优惠和豁免，也应给予任何缔约方，借此保证所有缔约方具有同等的贸易机会和条件，平等地进行贸易竞争，从而促进自由贸易与经济发展。

3. 国民待遇原则

关贸总协定规定在贸易条约或协定中，缔约方之间要相互保证给予另一方的自然人、法人和商船在本国境内享有与本国自然人、法人和商船同等的待遇，借此防止贸易保护主义，避免有的缔约方利用国内税收和销售规章来抵消关税减让的效果。

4. 互惠原则

关贸总协定对利益与特权的相互让与做了规定。作为 GATT 的重要原则，互惠原则成了 GATT 关税减让谈判的基础。GATT 通过缔约方以对等减让及相互提供优惠的方式来保持贸易平衡，谋求贸易自由化的实现。

5. 透明度原则

关贸总协定规定缔约方有效实施的有关关税及其他税费、有关进出口贸易措施的所有法令和条例、普遍采用的司法判例以及行政决定、缔约方之间缔结的贸易协定等，都必须予以公布，借此防止缔约方之间进行不公平的、造成歧视性后果的贸易。

6. 关税减让原则

这一原则旨在降低进出口关税的总体水平，尤其是降低严重阻碍商品进口的关税，由此促进国际贸易的发展。

7. 取消数量限制原则

关贸总协定规定任何缔约方除征收税捐或其他费用以外，不得设立或维持配额、进出口许可证或其他措施，以限制或禁止其他缔约方领土产品的输入，或向其他缔约方领土输出或销售出口产品，借此打破以数量限制构筑贸易壁垒的企图。

（二）关贸总协定的目标

由于总体上确立了以上重要原则，GATT 在其发展的长途中逐渐达到了以下目标。

一为关税大幅度削减，世界贸易大幅度增长。发达国家工业产品的平均进口关税已由 20 世纪 40 年代的 40% 下降到 4.7%；发展中国家也降到约 13%。世界贸易总量从 1948 年至 1994 年增长了 10 倍，其中发展中国家的工业出口产品仅 20 世纪 70 年代就翻了一番。

二为加强了非关税壁垒的约束。现在，非关税壁垒的使用已越来越普遍，1986 年时即已达 2500 多种，而 1968 年仅为 800 多种。GATT 为此适时地会聚成员国达成了 9 个非关税壁垒的守则和协议，对约束非关税壁垒的使用发挥了重要的作用。

三为建立了比较有效的争端解决机制。GATT 形成了一整套争端解决规则和程序，在 40 多年中成功地协调和解决了 100 多起重大贸易争端。

四为缔约方不断增加，影响面不断扩大。至 1994 年，缔约方已增加到 99 个，其贸易量已占世界贸易总额的 90% 以上。GATT 与国际货币基金组织和世界银行共同构成了调节世界经济、贸易、金融的三大支柱，而且作用与影响独占鳌头。

五为保障了贸易在法律地位上的平等，而透明度原则的实行使贸易行为得到了比较有效的监督，为经济制度与发展水平不同的国家之间的正常贸易创造了较为合理的前提条件。

六为以例外规定使发展中国家获得一定的特殊优惠待遇。

这些目标，尤其是为取得这些目标所建立的法律原则性基础，对世界贸易的自由化和世界经济的发展，产生十分重要的作用和深远的影响。因此，GATT 的建立，无疑成了世界经济发展长途上的一个重要里程碑。这一里程碑，内蕴着经济的全球化与法制化齐头并进的发展。

三、WTO 应运而生

（一）从 GATT 到 WTO

GATT 的缺陷，其一，在于它只是一个“协定”，而不是正式的国际组织，具有临时性的特点，其地位不稳，权力有限。其二，GATT 的许多规则缺乏法律约束力和必要的检查监督手段。GATT 规定，缔约方在不违背其现行立法的限度内，临时适用 GATT 的第二部分，结果导致 GATT 原则的软化，法律的严肃性受损。其三，GATT 中还存在大量的所谓“灰色区域”即一系列例外原则，如“一般性例外”“安全例外”“边境贸易、关税同盟和自由贸易区的例外”“对非歧视地实施数量限制原则的例外”“对发展中国家的特殊优惠待遇例外”“特惠制度的例外”等等。其中“例外”助长了对 GATT 的背离，削弱了 GATT 原则与法律的严肃性。其四，GATT 仅覆盖货物贸易与关税减让，对服务贸易及知识产权转让未做规定，无法调节。其五，GATT 的体制也是不完善的，最突出的表现是对社会主义国家即所谓“中央计划经济国家”之加入 GATT 采取歧视态度，例如长期排斥拒绝中国恢复其创始缔约国的地位。这样，GATT 就必须更上一层楼。

GATT 成立以后曾不断地举行谈判以求改进与发展。1986 年 9 月 15 日，GATT 的第八轮多边贸易谈判在乌拉圭埃斯特角城举行，被称为“乌拉圭回合”的谈判。谈判范围包括两个部分 15 项议题。第一部分是与货物贸易有关的 14 项议题；第二部分是服务贸易议题。谈判预定于 1990 年底结束，但谈判的进程大大地超越了预定的设想，在时间上一直延续到了 1994 年 4 月 15 日，历经 7 年。“乌拉圭回合”落下谈判帷幕时，计有 109 个国家的代表在“最后文件”上签了字，发表了《马拉喀什宣言》，宣告世界贸易组织——WTO 的诞生。

（二）WTO 取代 GATT 是更上一层楼

WTO 之取代 GATT，在许多方面都更上一层楼，主要可以见诸以下几个方面。

其一，WTO 作为一个永久性的国际组织，拥有较为完整的组织机构，可以保障 WTO 的原则和法律得到更好的贯彻。这无疑比 GATT 仅类似于一项合同要强有力得多。GATT 的机构只有一个秘书处，而 WTO 的组织机构却如下图所示相当健全。

其二，WTO 的承诺具有永久性、完整性与坚实性，而 GATT 是建立在临时适用议定书基础上的承诺。前者具有强劲有力的法律地位与法律约束力；后者的法律地位不很明确，权限很难充分发挥。在 WTO 协定的第 8 条中，规定 WTO 具有法人资格，各 WTO 成员方应赋予 WTO 执行职能所必须具有的法律权力，赋予其官员和成员代表必需的特权和豁免权。WTO 有专门的争端解决机构。如图 1 所示，该机构不仅有下属的争端解决专家小组，而且还有上诉机构，俨然是庄严的法院，拥有司法裁决的大权，在现实生活中已

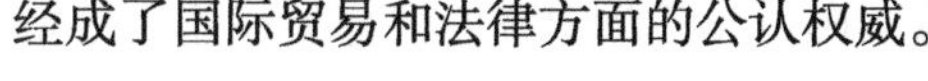
经成了国际贸易和法律方面的公认权威。

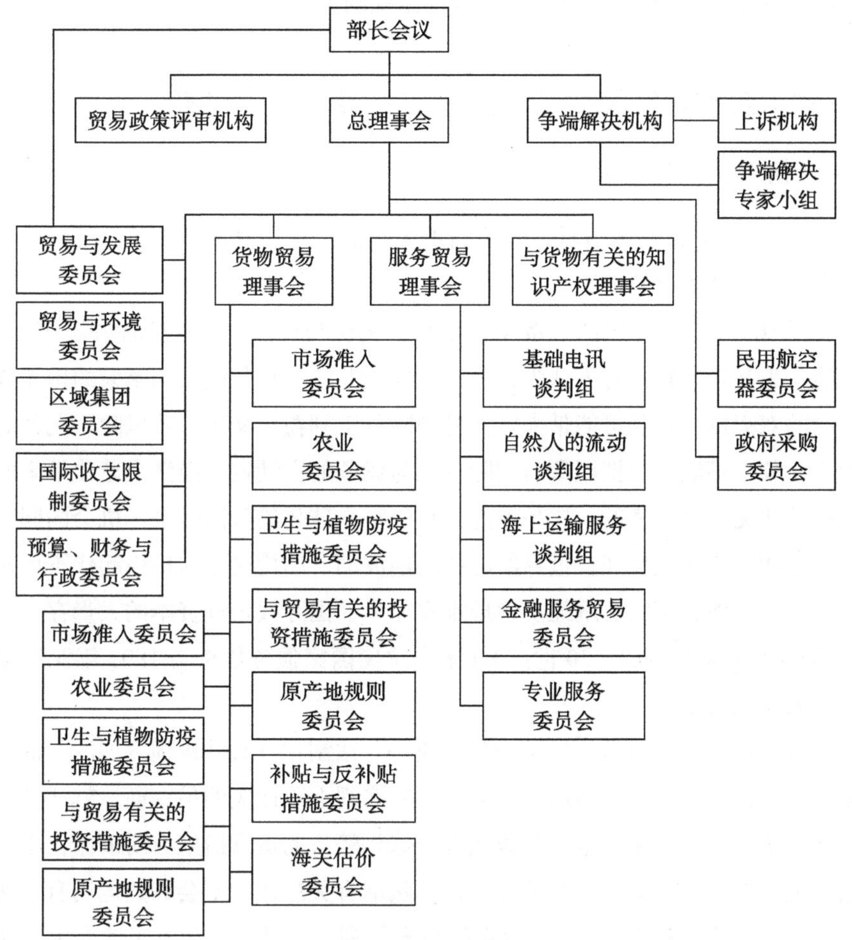

图 1　WTO 组织机构图

其三，WTO 不但涵盖了 GATT 仅有的货物贸易和关税减让，而且将服务贸易、知识产权保护以及投资措施等等内容纳入其管辖范围，对世界经济所发挥的作用远远超出了 GATT。

其四，WTO 的协议除 4 个诸边协议外，都是多边协议，这使 WTO 的法律约束力大为加强，同时也使其争端解决渠道更畅通、更主动、更便捷，争端裁决的实施也更容易得到保障；而 GATT 的协议虽然原为多边性的，但后来又增加了许多诸边协议，大大降低了 GATT 的法律约束力，也使其争端解决机制产生了难以修复的一些缺陷。

其五，GATT 的缔约国虽然不断增加，但 WTO 成立伊始，成员国的数量即一下子跃进到了 109 个，目前已达 135 个，今后还会有更多的国家与地区加入。这当然会对这些国家和地区以及整个世界的经济产生更大的影响，促进其经济更加繁荣。

不过，我们更加关注的是 WTO 较之 GATT 在法律地位、法律权威、法律约束力以及整个法律规定方面的改进与提高。这一方面的问题，在下面各章中我们将详加评述，这里先简略阐明中国加入 WTO 和经济全球化及法制化的关系。

四、融入全球化经济后的首要举措：寻求法律对策

（一）经济全球化与寻求法律对策

中国之加入 WTO，是中国对外开放的重大步骤，意味着在最广泛、最直接、最密切的意义上融入经济全球化的洪流。

经济全球化为 WTO 各国的经济发展带来了契机与可能；但可能性并不等于现实性，契机也可能丧失甚至逆转。有人认为，经济全球化并非一首各国共同繁荣的田园牧歌，而是一把锋利的双刃剑，它既可能带来巨大的国际分工利益，又蕴含着风险。尤其对于发展中国家而言，如果不能正确把握参与国际分工与竞争的主动权，经济全球化带来的风险会更大。这些看法无疑是正确的。这是因为：在经济全球化给各国带来了机会的同时，它又使各国经济的相互依赖性加强，世界经济的周期波动、结构调整与价格起伏不可避免地会传递到国内市场，使各国的宏观经济管理难度加大；国际投机性资本的大量存在，使得发生金融危机的风险大大增加，20 世纪 80 年代拉美国家债务危机与 1997 年亚洲金融危机至今仍然令人谈虎色变。

除此以外，值得警觉的是：经济全球化应是与法制化齐头并进地发展的。但现实情况是：法制化与经济全球化既有适应的一面，又有客观上不适应的另一面。就适应的一面来说，由于建立了一系列法律规范，各国融入全球化经济的运营措施有所依循，不至混乱无序、无法可依。但是，即使在这种情况下，不熟谙有关法律，不会娴熟运用有关法律，不了解自己的权利，不懂得祭起“法”宝保护自身的利益，甚至因为不了解有关法律而轻蹈法网，其结果都将给自己带来极大的损害。而就不适应的一面来说，由于 WTO 的法律与规则、规定并未能涵盖一切，仍然有其与实际经济生活不相适应的地方。因此，如果不测深浅，不事防范，就有极大的可能落入法律的陷阱，同样给自己带来极大的危害。

综上所述，融入全球化经济后，尤其是加入 WTO 后的首要举措，就是要认真地、全面地、深入地寻求法律对策。这对中国这样一个从计划经济体制转轨到市场经济体制上来时间不长的国家来说，对中国这样一个正从政策调节向法律调节过渡的国家来说，是尤为重要的。

（二）了解 WTO 的法律规定与寻求法律对策

在计划经济体制下，市场经济所应有的法制一无存在的必要，二无运行的可能。转轨到市场经济体制后，一切都应与市场经济的要求相符。笔者在《市场经济应是法制经

济》[①] 一文中曾指出，社会主义市场经济有其内在的法律基础，即须对社会主义市场经济体制的性质做法律定位，须明确确定社会主义市场经济体制下的法定财产制度，须对社会主义经济体制下的经济关系做法律肯定，须对社会主义市场经济体制下的经济秩序与经济活动进行法律规范。仅仅上述各点，就必须有法律上的重大而繁复的举措与之对应。但长期的计划经济体制禁锢了人们的头脑，固化了人们的思维方式，形成了与市场经济格格不入的思维定式，明明暗暗地还有不少“内部文件”和土政策、土规定，与国家现已颁行的适应市场经济的法律、法规相抵触。现在已不是什么从计划经济体制转轨到社会主义市场经济体制的问题，而是全面地向世界市场开放，一步迈入全球化的市场经济中去的问题。这就意味着，我国既有的法律法规、法制体系、司法及执法队伍，我们的法律意识、法制观念，都会有与经济全球化条件下的法律、法律实践直至法律意识、法制观念不相适应的地方。不更新我们的法律意识、法制观念，不完善我们的法律、法规——适应市场经济的法律、法规，不采取措施与 WTO 的法律原则、法律规定相接轨，那么，除了失败以外，绝不会有什么好的结果。因此，认真思考法律对策，此其时矣！

虽然新中国成立已经 50 多年，但与数千年的封建社会历史相比，毕竟还是短暂的。何况，新中国成立以后的相当长时间里，我们放松了反封建斗争。其可怕后果是，封建人治主义非但没有根除，而且在新的形势下、在新的土壤中，还有所发展、有所蔓延，几乎成了一种扫之不尽、荡之又来的顽疾。“一言堂”甚嚣尘上，“家长制”到处横行，这在“文革”时期达到了登峰造极的地步。近 20 年来，在党和政府的大力倡导下，民主政治建设有了长足的进步，人治主义正逐步退出中国的历史舞台，但在加入 WTO 的情况下，无疑必须彻底清除人治主义。在 WTO 的法律原则与法律规定面前，已经不存在可以与人治主义相妥协、相调和的任何余地。长官意志、“一言堂”、家长作风，总之，一切人治主义的东西，在 WTO 的原则与规则面前，都将不再有昔日的威风，不再有昔日的权力，不再有任何“用武之地”。“利益所在，锱铢必较”，我们面对的是“世界商人”，绝不可能自行其是、自取其利。因此，改弦更张，面对现实，认真思考公平合理，为大家共同接受的法律对策，此其时矣！

为此，我们必须对 WTO 的有关法律规定及法律实践问题有所了解。“知己知彼，百战不殆”，只有在充分了解 WTO 有关法律问题的基础上，才可能有我们的立法、司法、执法对策，才可能有我们的科学合理的法律意识、法制观念和守法行动。

① 倪正茂：《市场经济应是法制经济》，《文汇报》1993 年 3 月 13 日。

第二章　执掌牛耳

——中国“入世”与政府职责

中国的改革开放正大踏步地向纵深推进，“政企分开”已成共同呼声与必然趋势。但“政企分开”绝不是意味着政府退出市场；恰恰相反，政府将更深地进入市场。当然，形式、方法、机制应改弦更张。

中国“入世”后政府对对外经贸的干预，可以“执掌牛耳”作比。“执掌牛耳”，站在指导与控制对外经贸大局的地位上，做有利于生产力发展、有利于综合国力的增强、有利于人民利益的不断实现和人民生活水平的不断提高的决策，否则，事无巨细横加干涉，事必躬亲穷于应付，到头来只能是回到计划经济的老路上去。

一、建立国内统一市场迫在眉睫

（一）建立国内统一市场必须以法律手段为保证

政府本来就有组织社会生产、生活的功能与职责，只是在计划经济体制下，政府大包大揽，政企不分，政经不分，事无大小，全由政府一包到底，一包到死，导致本应为汩汩流畅的源头活水变成死水一潭。市场经济的发展，尤其是在中国加入 WTO 后拓展了市场范围的情况下，当然不能像以往那样，而应接受教训，摒弃一些僵死的、不符合市场经济发展规律的做法，改而采行一系列新的方针政策与具体措施。也就是有退有进。退，要退够，坚决把阻碍、不利于、无助于市场经济运行的措施去除；进，要大胆、坚决、有力，强化政府在市场经济发展中的功能，强化政府在进入 WTO 后经济运行中的指导、调控作用。

从当前来看，迫在眉睫的任务是以法律手段为保证，建立与完善国内统一市场。

国内统一市场的建立既是国内市场经济顺利发展的基础，也是进入 WTO 拓展国际贸易的前提。但是，我国虽然花了很大力气批评地方保护主义，收效却不够理想，地方保护主义在一些地方仍然相当猖獗，形成了所谓“诸侯经济”。在“诸侯”把持的地方遍设关卡、强行征税、滥用罚款、控制原材料输出、限制甚至变相禁止某些加工品和制成品输出，造成了市场封锁。同时，这些地方往往违背经济发展规律，搞“小而全”或“大而全”的封闭式经济，倒退到封建式的自给自足（实际上是自给不足）的境地去。此外，对人才流动也横加拦阻，严管死卡，造成人才、技术与无形资产的“存量”无法“盘活”。其结果是严重扭曲了当地经济的发展，影响了全国“大盘”的搞活。极大的内耗和严重的浪费，不仅不能给当地经济带来繁荣，而且贻误了本地乃至全国的经济发展良机，恶性循环而导致地区经济发展的更大失衡。

“诸侯经济”的造成，除某些领导干部缺乏全局观念的主观原因外，还由于地方政府财政经济权力扩大，价格体系还未理顺因而原料与加工品、制成品价格比例不合理、经济体制还有不合理之处等客观原因的存在。此外，国家在改革开放初期为鼓励出口和吸引外资而颁布的一些优惠政策带有明显的地区倾向性，也使得地方保护主义得到了当地公众的宽容甚至放纵。

（二）实行配套改革，打破“诸侯经济”

有的同志提出了为打破“诸侯经济”而进行配套改革的具体建议，具体如下。

第一，政府机关必须转变职能，真正做到政企分开，宏观管理、微观放开。

第二，企业通过转换经营机制，应成为自主经营、自负盈亏的独立经济实体，并增强企业活动的市场化。

第三，按照发展市场经济的要求，发展和完善市场体系，加快商品市场和物资市场体系的发展，深化流通体制的改革。

第四，基于市场经济上的价格机制是建立竞争和开放的市场体系前提，也是实现资源优化配置的基础，因此，应尽快深化价格改革，特别是理顺能源和原材料价格。

第五，要把吸引外资的优惠政策从地区性优惠转向产业性优惠，从提供单一的税收、价格优惠转向创造综合的良好投资环境。应当让经济特区的经验来证明，它的成功靠的是以市场为基础的改革，而不是靠想方设法利用经济上的优惠政策。这样才能极大地提高经济特区对整个中国经济发展的贡献。

这些关于实行配套改革以打破“诸侯经济”的建议，无疑是正确的。但政府机关职能的转变、企业经营机制的转换及企业市场活力的激活与增强、市场体系尤其是商品市场和物资市场体系的发展与完善、流通体制的改革、价格尤其是能源与原材料价格的改革以及价格优化体制的建立、吸引外资从地区性优惠转变为产业性优惠、投资环境的优化，等等，既要依靠行政指导与政策调节，还要依靠经济杠杆发挥作用，让“第三只手”充分显示威力，更要靠法律、法规的促进与保障。在行政手段、经济手段和法律手段三者中，只有法律手段是“多功能”的。它既有自身明确、严格、有力的规范来设定、组织、监管经济行为，又是行政与经济手段的后盾。而政府在运用法律手段方面是大有作为的，而且，在这一方面也只有政府才可能有所作为。在全国的统一市场的建立和完善方面，政府责无旁贷。因此，政府在市场经济条件下的这一方面功能，决不可淡化、弱化、虚化，应不失时机地实化、强化。

二、平衡与促进对外贸易大有可为

（一）保持对外贸易平衡的重要性

进口与出口总量的平衡，对一个国家来说至关重要。因此，任何国家都力求进出口的平衡。但这种平衡，第一只能是动态的，第二只能是时期上阶段性的而不是年度性的。也就是说，这种平衡并不要求绝对地做到年度的进口与出口额相等，而要求在一段时间内进口与出口额大致相当。但无论如何都必须力避连年失衡。同是失衡，连续的贸易逆差较好解决，可以用法律手段支持与促进出口的扩大。连续的顺差却可能带来国际贸易摩擦的问题，处于逆差状况的国家难免对我国施加压力，要求保持贸易平衡。如我国继续取得贸易顺差，就可能激起逆差国对我贸易体制和贸易政策更多的挑剔，导致更大更多贸易摩擦的出现。因此，是减少出口以求贸易平衡、消弭摩擦，还是扩大进口而求贸易平衡，就是非常值得研究的决策问题了。根据国际经验，在连续贸易顺差的情况下，求进之道应选取扩大进口一途。这当然也应求助于法律的支撑、促进与保障。

出口市场的多元化对减少贸易摩擦有重要意义。但开拓新的出口市场，对单个企业来说存在着成本高、风险大、起步难等问题。因此，政府在通过交涉而求得较好的起步环境，指导、组织企业联合行动以及财政经济上的支持等方面，是有很多工作可做的。在诸多工作中，包括在政策与法律上鼓励企业开辟新的国外市场，对企业开辟新的国外市场可能遇到的风险做出评估，并以具体的法律规定促使企业根据科学评估做合理的抉择。

大型成套技术设备的引进、消化、吸收与创新，是加入WTO后需要进一步重视的问题。以往在大型成套技术设备的引进方面，存在着重复引进的问题，甚至还存在低水平引进的问题。至于消化、吸收与创新方面，问题更多。有的地方耗费巨资引进以后，即长期闲置，任凭风吹雨打日晒水淋，最后变成了一堆废铁。加入WTO后，有更好的条件引进大型成套技术设备了，更要依靠法律严防盲目引进、重复引进。还应以法律手段鼓励与促进对引进设备的消化、吸收以及在此基础上的创新。我们要借鉴一些技术设备引进比较成功的国家的经验。这些国家的政府除以资金支持合理引进（不是低水平引进与重复引进）外，还制订与依据法规建立引进技术国产化转化基金，奖励实行国产化较好的企业、企业家和技术人员，保障企业的国产化成果，保护企业所获的知识产权，以法律促进保障这些成果的有偿转让，等等。此外，大型成套技术设备引进后，其消化、吸收与创新，往往不是引进单位可以独立解决的，由政府组织联合攻关，协调各攻关单位的工作，就都是不可或缺的了。其间，同样存在着调整各方权益的法律手段的运用问题，政府也是大有可为、大有作为的。

（二）入世后政府在对外贸易方面的作用

入世后，政府在调控与促进进出口方面还可发挥不可替代的作用。

其一，利用 WTO 多边协议保护国内产业。对 WTO 实施和管理的多边协议和协定中允许的保护措施，应指导和具体帮助企业合理地加以利用，以保护本国的产业。例如，由政府给本国产品以 WTO《补贴与反补贴措施协议》中禁止补贴以外的补贴；以 WTO《与贸易有关的知识产权协定》保护我国的知识产权；利用例外和保障措施来限制非正当的进口等。

其二，利用国内法保护国内产业和进出口。一些发展中国家以及一些国内有较多国际竞争力不强产品的较发达国家，在加入 WTO 前后或进行贸易体制改革时期，在降低关税、减少进口配额、放松外汇管制的同时，都特别关心国内的贸易立法，利用法律手段保护民族工业，使贸易体制的变化不至于对国内产业冲击过大。例如，墨西哥在 1986 加入关贸总协定后，贸易自由化过程进展较快，导致进出口失衡，贸易逆差扩大。为了使经常项目逆差保持在一个可承受的程度上，墨西哥政府加强利用反倾销控告和要求进行反倾销调查。我国可在反倾销、政府采购方面立法的健全和完善方面多做工作，通过反倾销法、政府采购法等的立法、司法与执法，加强对国内产业的保护。

其三，在制度环境的建设上多做工作，以有利于加强企业的国际竞争力。从目前来说，可以采取的具体措施首先是扩大企业的外贸自主权。我国是人均资源较为贫乏的国家，出口增长的潜力将主要来自制成品尤其是加工层次较深、附加价值较高的机电等产品，要力争尽快向水平型国际分工的出口模式转变，以促进我国对外贸易的持续增长。为此，扩大工业企业的外贸自主权是制度保障的必要选择。只有这一选择，才能消除外贸收购制在国内企业和国外市场之间形成的“隔层”，使工业企业能够直接与国际市场接触。如果生产企业不能直接与客户接触，不能全面了解国际市场的需求变化，产品在设计、制造、推销方式和售后服务等方面出现哪怕是细枝末节上的失误，都可能失去潜在的国际市场。

此外，与客户密切接触是技术改革的重要来源。据世界银行工作人员 1976 年对韩国 113 个成功的出口企业经验的研究表明，与国外买者的直接接触是最重要的技术来源。上述被调查的韩国企业中，有四分之三的企业说，国外购买者的要求和建议影响到出口产品的设计、式样、技术规格及包装；大部分企业确认，它们的一些出口产品是根据国外购买者提供的设计、类型或规格直接制造的；一半以上的企业认为，与客户的接触对新产品和新品种的生产是极为重要的。韩国三星集团为了在国外市场推销产品，其设计人员和工程师去国外出差，甚至常常直接到商店里访问顾客，询问他们的喜好和要求。哪一天我们的企业和企业员工有了这样的自主权，其在国际市场上的竞争力无疑会得到大大提高。

三、贸易摩擦与政府责任

贸易摩擦不可避免，我们的对策是既不害怕、回避，又要积极、认真对待。

（一）发挥政府在缓解贸易摩擦中的特殊作用

发挥政府在减少和缓解国际贸易摩擦方面的特殊作用，为企业排除阻力，争取外贸的宽松环境。

中国作为一个拥有巨大市场的发展中国家，一方面因其有巨大市场而可吸引国外客商的青睐；另一方面由于是发展中国家，享有WTO规则所允许的优惠。这样，工业化国家在制定对中国的贸易政策时，尤其是这些国家的大型企业想制造对华贸易摩擦，必然会有所顾忌。对我国政府来说，就有责任利用上述情况所造成的比较有利的谈判地位，采取明确的外贸指导方针并把它固化在国内法上，为企业排除阻力，争取较为有利的国际贸易环境。

在这一方面，较早进入GATT、WTO的发达国家的经验是值得我国借鉴的。例如，美国政府为了扩大出口，长期采取单边、双边和多边协调等多种方式并举的办法，与不同类型的国家进行贸易政策方面的交涉，为美国国际贸易竞争力的增强做不懈的努力。韩国、日本以及其他国家在美国派驻有阵营强大的工作团体，其中不乏消息灵通的院外游说专家。他们能够较为及时地了解到美国方面外贸政策以及外贸活动的动向，在迅速告之国内政府以采取对策的同时，也展开游说活动以直接影响美国方面的政策制定。一般来说，任何国家尤其是西方资本主义国家的议会与政府官员，在外贸政策的制定上，不可能是意见划一、态度划一的。例如，在美国纺织品进口总额的制定过程中，不同利益集团的态度就有分歧：代表纺织与服装行业利益的，要求实行严格的配额，造成对政府的强大压力；而代表消费者——出口商品生产者和零售商利益者，又竭力反对进一步加强限制纺织品进口的措施。有鉴于此，我国政府自可发挥企业所难以发挥的作用，一方面，及时采取相应的国内生产布局和出口的对策；另一方面同时展开活动，对有关国家的国内决策施加影响。

（二）政府依据WTO的规定维护本国的权益

在发生贸易摩擦的情况下，政府应依据WTO的法律规定竭尽全力维护我国的合法权益。

在这一方面，我们已经有了一些成功的经验。例如，澳大利亚方诉中国草甘膦倾销案最终以无税结案，就是一例。草甘膦是一种低毒广谱除草剂的基本原料，近年来我国生产能力发展很快，其中80%供出口。1996年3月27日，澳大利亚海关宣布正式立案对中国的草甘膦进行反倾销调查，起诉方为著名的化工业巨头孟山都公司澳大利亚分公司。4

月，我五矿化工商会牵头，联合化工贸促会在京召开了草甘膦应诉预备会，动员组织了15家生产企业和两家外贸公司应诉，其中包括新安江化工集团、湖北沙隆达、河北奇峰、镇江江南和中化国际化工品公司、中化河北等我国主要的草甘膦生产企业和外贸公司。1996年7月15日，澳海关公布了初裁报告，中国各企业的倾销幅度为75%—106%，这是把美国作为代替国计算得出的结果。对于此案的应诉策略，五矿化工商会同有关律师协商，重点放在把中国作为市场经济国家对待这一问题，即承认中国的国内价格为正常的市场价格而使用代替国价格。此案得到了外经贸部、外交部乃至国务院领导的关注和外经贸部条法司、美大司及化工部有关部门的大力支持，使工作得以顺利进行，致使澳大利亚反倾销署对华政策终于发生了微妙的变化。他们派人于10月18—25日到新安江化工集团核查。澳方核查了1993年7月1日至1996年6月30日3个财政年度的内销和外销、工厂的生产成本、原材料等账目。1996年10月29日，澳大利亚反倾销署公布了此案核查的报告，对基本事实做了全面说明，并得出没有发现倾销的结论。1997年3月12日，澳方对中国出口的草甘膦不采取任何反倾销措施，此案以无税结案。澳大利亚宣布，把中国视为正处于由计划经济向市场经济过渡过程中的国家，今后对包括中国在内的转型经济国家的反倾销调查采取个案处理的原则。澳方还宣布，如涉案企业被认定不受政府实质性控制，可用对待市场经济国家的办法计算正常价格，即，使用其国内价格来确定正常价格。

这是公认的成功例子。还有一些例子，笔者认为可以提出来加以讨论。如美国玛氏有限公司诉中国浙江宁波三联食品有限公司案。美国玛氏有限公司是一个生产和销售巧克力糖果等产品的公司，成立于1817年，其“M & M’s”商标于1942年在美国注册，到目前为止，已在包括中国在内的120多个国家和地区注册，已成为世界驰名商标。1989年4月，玛氏公司发现浙江宁波三联食品有限公司将标有“W & W’s”商标的糖果在广州春交会上作为样品展出。不久，玛氏公司又发现上海等地市场上有三联公司生产的标有“W & W’s”商标的糖果销售。后来，又发现中国《商标公告》上刊登了三联公司使用在巧克力糖果上的“W & W’s”商标。玛氏公司认为“W & W’s”与玛氏公司注册的“M & M’s”近似，包装相同，属于侵权。1989年12月4日，玛氏公司通过中国贸易促进会商标代理部向宁波工商局递交了制止三联公司商标侵权行为的请求书，要求三联公司立即停止正在生产和销售的带有“W & W’s”商标的糖果制品。中国商标局、宁波商标局接到申诉后，立即派员进行审查。审查后裁定：三联公司的“W & W’s”商标与玛氏公司的“M & M’s”商标所标定的商品皆属于糖果，从整体看，都是四个字母，字母的排列顺序完全相同。虽然W与M字母不同，读音不同，但使用在小食品包装上不易区别方向，在市场上容易导致消费者误认，因此“W & W’s”和“M & M’s”属于近似商标。根据中国商标法第38条第1款及商标法实施细则第43条的规定，责令三联公司停止使用“W & W’s”商标，销毁侵权商标标识。国家商标局还通知上海、宁波两地工商局对当地商业单位进行清查，查封了已经上市的准备销售的“W & W’s”糖果。

我国及其他许多国家的商标法都规定，商标的确定应遵循不“类似的”的原则。在TRIPs第16条中也明确了这种原则：“注册商标所有人应享有专有权防止任何第三方未经许可而在贸易活动中使用与注册商标相同或近似的标记去标示相同或类似的商品或服务，以造成混淆的可能，如果确将相同标记用于相同商品或服务，即应推定已有混淆之虞……”

与上述一案可以形成对比的是美国麦当劳公司诉加拿大一咖啡加工公司而败诉之案。这是发生在《建立世界贸易组织的马拉喀什协议》签署之后1个月的有关驰名商标认定的一起诉讼。一家经营咖啡加工、咖啡加工器具出售以及咖啡和茶叶的加拿大公司申请将“Mc Beans”注册为该公司的商品及服务商标。邻国美国的麦当劳立即提出异议，认为该标志会与其注册商标“Mc Donald”的开头两字母“Mc”相混淆。而且，为了防止混淆，麦当劳也早就将“Mc Chicken”和“Mc Muffin”等注册为联合商标。加拿大商标局在异议程序中部分驳回了麦当劳的异议，但只将“Mc Beans”注册为咖啡屋公司的商品商标，而拒绝作为其服务商标。两公司均不服裁决，同时起诉到加拿大联邦法院。麦当劳请求撤销咖啡屋公司的“Mc Beans”商标，咖啡屋公司则请求使“Mc Beans”在商品和服务上均获得注册。加拿大联邦法院认为：麦当劳在快餐领域内的驰名和“Mc Donald”在快餐领域成为驰名商标不能使之享有在非快餐领域的“排他权”。咖啡屋公司的“Mc”开头的商标，无论用在咖啡器具、咖啡和茶叶上，还是用在咖啡屋所提供的服务上，都不会对消费者产生误导。因此，驳回了麦当劳的诉讼请求，认可了咖啡屋的诉讼请求，即咖啡屋公司的“Mc Beans”在商品和服务上均获注册。

从上述两例中我们似可得出一个结论：有关的国际和国内的法律规定无疑必须严格遵守；但有的规定仅仅具有原则性，所以还有一个具体适用的问题。虽然我国商标法以及各国商标法均有不得使用与注册近似商标的规定，但是，何为“近似”，却并无划一的、具体的、明确的、可资精确衡量裁定的标准。遇到此类问题，本就有法律“擦边球”可打，何况，“W”与“M”根本无“近似”可言，只有读音之完全不同和写法、笔顺方向之完全相反，完全可以据理力争而维护我国企业的权益。笔者以为，政府在诸如此类的案件中，在维护本国企业利益即实际上维护本国利益方面，必须审慎思考、认真对待。

国家和政府对加入WTO后对外贸易的高度重视，还需要国人尤其是从事对外贸易事业者积极、有效的配合。只有举国上下一心，才可能真正取得加入WTO所带来的巨大利益。为此，我们必须熟悉WTO的各项原则与制度，灵活自如地加以运用。在以下各章中，将对这些原则与制度略做介绍，并试图阐述我国与这些制度的关系以及在实际运行中如何处理可能遇到的问题。

第三章　入乡问俗

——了解与把握 WTO 的法律性原则与运行机制

无论做什么，都必须首先做到“情况明”，然后才会有“决心大”与“方法对”。入世有如“入乡”，首先必须“问俗”。认真了解与把握 WTO 的“密如凝脂”的“法网”，从中找出立法、司法、执法直至一切举措的法律依据。本章将着重介绍 WTO 的法律性原则、运行机制，相应探讨我国入世后的立法需求与部分法律实践问题。

一、WTO 的法律性原则

世界贸易组织有一系列的“协定”，这些协定一经成员国签字即行生效，具有法律效力。本节首先概要介绍贯穿一切“协定”的基本原则。这些基本原则是一切“协定”所遵循的依据。已经签字生效的“协定”必须贯彻这些基本原则；正在协商行将签字的“协定”也必须符合这些基本原则。因此，这些原则虽非具体的法律，但却具有不可背离的法律性质，故称之为“法律性原则”。

WTO 的法律性原则大多是从《关税与贸易总协定》延续、发展过来的。

（一）贸易自由化原则

贸易自由化是指各 WTO 成员方通过多边贸易谈判，降低和约束关税，取消其他贸易壁垒，消除国际贸易中的歧视性待遇，扩大本国市场准入程度。总之是排除国际贸易障碍，实现贸易自由。1947 年《关税与贸易总协定》的“前言”曾提出要“扩大世界资源的充分利用以及发展商品的生产与交换”。但在世界范围内要做到这一点，舍贸易自由外，绝无可能。有鉴于此，WTO 规定要“建立一个完整的、更有活力的和持久的多边贸易体系，以包括关税和贸易总协定、以往贸易自由化努力的成果和乌拉圭回合多边贸易谈判的所有成果”。为此，要实行以市场经济为基础的贸易自由化，允许商品、货物和生产要素的自由流动。

但 WTO 各成员国的发展是不平衡的。有的发展中国家与发达国家还存有天地之距的差别。因此，WTO 的贸易自由化原则从实际出发，还带有以下几个特点。

一是相对的贸易自由化，而不是绝对的贸易自由化。

二是贸易自由化进程的渐进性。

三是发展中国家 WTO 成员方的贸易自由化进程速度、程度低于发达国家成员方。

四是对从计划经济体制向市场经济体制过渡的转型国家实行鼓励政策。

同时 WTO 也不是一个整体性的、固化了的“自由贸易”机构，它只致力于贸易的逐步自由化，使成员方在开放、公正、无扭曲的竞争中的权益得到保障。

因此，WTO 的贸易自由化是一种柔性的而不是刚性的原则，富有弹性的而不是僵硬以致僵死的原则。

（二）非歧视原则

WTO 非歧视原则为 GATT 确定的无歧视待遇原则的发展，是针对歧视待遇的一项缔约原则，要求缔约双方在实施某种优惠和限制措施时，不要对缔约对方实施歧视待遇。根据该原则，WTO 一成员方对另一成员方不采用任何其他同样不适用的优惠和限制措施。WTO 以具体的最惠国待遇原则条款与互惠条款及国民待遇条款体现非歧视原则。

在 GATT 中，无歧视原则仅涉及限制措施，而 WTO 中还涵盖了优惠措施。这样，WTO 的非歧视原则就比 GATT 又前进了一步。由于它以最惠国原则等的具体条款加以体现，因此，其贯彻实施就更加有力、更加现实、更易检查监督。

此外，在 WTO 中，最惠国待遇还扩及新的协议里，如《原产地规划协议》《与贸易有关的投资措施协议》《实施动植物卫生与检疫措施协议》《服务贸易协定》《与贸易有关的知识产权协议》等。

在 GATT 中，互惠原则最初运用在关税减让方面，后来扩及关税壁垒谈判（如海关估价、政府采购、补贴与反补贴）。互惠原则在 WTO 的各种贸易协定与协议中，在更广的范围内得到交叉运用，以求贸易利益的平衡。

总之，WTO 的非歧视原则较之 GATT 在深度、广度上都有了新的发展。

（三）一般地取消数量限制的原则

GATT 与 WTO 都承认以关税保护国内市场的合法性，但 WTO 在一般取消数量限制方面比 GATT 大大前进了一步，主要体现如下。

其一，采取“逐步回退”的办法逐步减少以配额和许可证形式实行数量限制，最后实现有关商品的完全性贸易自由化。

其二，以取消数量限制向取消其他非关税壁垒延伸。在 WTO 负责实施的货物贸易协定（如装船前检验、反倾销、进口许可证程序、海关估价、政府采购等协定），通过制订新规则和修改原规划来约束各种非关税壁垒的实施条件；对实施非关税壁垒的标准和手段做更加严格、明确和详尽的规定，提高其透明度。

其三，把一般取消数量限制原则扩大到其他有关协定。如在《服务贸易总协定》的市场准入部分，就规定不得限制服务提供者的数量，不得采用数量配额方式要求限制服务的总量等。

（四）促进公平竞争的原则

GATT 与 WTO 都把促进公平竞争作为最重要的原则。在 WTO 中，纺织品、服装和农产品贸易因各成员方达成了《纺织品服装协议》和《农产品协议》而逐步实现了公平竞争，而在 GATT 中，还没有做到这一点。例如，根据《农产品协议》，各成员方要在协议生效后的 6 年内，把直接出口补贴的金额降到比基期 1986—1990 年低 36% 的水平，实施补贴的出口的数量，在同期内降低 21%。

WTO 加强对知识产权保护的协定与措施，也体现了促进公平的努力。GATT 的原则中对此未做涉及，因此，在相当长的一段时间中，在相当大的范围内，以假冒、仿制、剽窃直至盗用等不正当手段侵犯知识产权的行为极为猖獗，这极大地侵犯了知识产权所有人及其所在国的权益，也对科学技术的发展构成了严重的侵害。WTO 成员方所签订的《与贸易有关的知识产权协定》，采取了排除这一方面的不公平竞争行为的措施，保护了正当竞争。

此外，WTO 的关于政府采购的新协议，不仅把政府采购的范围扩展到服务（包括建筑服务，地方一级和公用事业单位的采购等），还加强了保证公平和无歧视的国际竞争条件的规则。例如，在 WTO 的该协议里，要求参加方的政府把政府采购程度置于监督之下，从而使受害的私人投标商能够对政府采购决定提出质疑，而在被确认受害的情况下可以取得赔偿。

（五）对发展中国家成员予以适当照顾的原则

这一原则是从 GATT 到 WTO 的演变过程中动态地形成、发展而逐步趋于成熟的。发展中国家不断加入 GATT，促使 GATT 在 1965 年的总协定中增加了名为“贸易与发展”的第四部分，包括第 36 条、第 37 条、第 38 条三条。这一部分规则要求发展中国家缔约方的产品进入世界市场享有更优惠的条件；工业化国家对发展中国家缔约方减少和取消关税和贸易壁垒时，不期望得到对等的回报。WTO 进而更加具体地规定，允许发展中成员方以较长的时间履行义务或有较长的过渡期；允许发展中成员方在履行义务时有较大的灵活性；发达国家成员方应对发展中国家成员方提供技术援助，以使后者得以更好地履行义务；等等。

（六）透明度原则

GATT 的第 10 条对透明度原则做了专门的规定。WTO 则有所发展，通过建立“贸易政策审议机制”使该原则得到继承与加强，规定了透明的内容、保持透明的措施、进行贸易政策评审的具体措施等。

关于保持透明的措施包括：不得实施未加公布的贸易政策；各成员方应维持或尽快建立司法的、仲裁的法庭或程序；确认各成员方已有的调查程序，但要向成员方全体提供该程序的详尽资料。

关于贸易政策评审则包括了评审内容、评审对象与期限以及评审结果的提交与审议等方面。

从 GATT 发展过来的以上 WTO 主要法律性原则，是以法律性的运行程序、运行机制加以保证的。

二、WTO 的运行机制

WTO 有迅速解决争端的运行机制。WTO《关于争端解决的规则与程序的谅解》指出：“世界贸易组织的争端解决制度是保障多边贸易体制的可靠性和可预见性的核心因素。”WTO 成员承诺，不采取单边行动以对抗其发现的违反贸易规则的事件，而应在多边争端解决制度下寻求救济，并遵守其规则与裁决。这是迅速而有效地解决争端的基础，同时也是 WTO 运行机制得以实现的保障。

中国自“入世”之始，就应熟悉 WTO 的运行机制。为此，必须了解 WTO《关于争端解决的规则与程序的谅解》(简称《谅解》)的主要内容。

该《谅解》的主要内容包括：世界贸易组织解决争端的一般原则、政治方法、法律方法以及补救办法等。

(一) WTO 解决争端的一般原则

《关于争端解决的规则与程序的谅解》适用于WTO的所有协议；是否适用于诸边协议，则由这些协议的成员决定。在反倾销、反补贴、技术标准、海关估价、卫生和植物检疫及纺织品和服务贸易中，有若干争端解决的特殊规定，若遇有与该《谅解》冲突时，应遵从这些协议中的特殊规定；若特殊规定之间有冲突，则由 WTO 的争端解决机构(DSB)决定采用哪种规定。WTO 成员依 WTO 协议和该《谅解》的权利义务之争，也适用该《谅解》。

世界贸易组织在《谅解》中规定，解决争端事宜由世界贸易组织理事会负责。为此，由世界贸易组织成员组成专设的争端解决机构(DSB)，统辖各协议之争端解决事宜。DSB 的职责为成立专家小组，通过专家小组及上诉机构的审查报告，监督裁决或建议的执行，授权中止义务的减让。DSB 的决定须以各方一致意见的方式达成。

世界贸易组织采行的争端解决机制旨在为多边贸易体制提供保障和可预见性，维持世贸组织成员的权利义务，依国际法的习惯规则，澄清世界贸易组织各协议的规定。争端解决的目的在于，促使倾销与WTO各协议不符的措施，若一时撤销有困难，作为临时措施，当事方可寻求补偿的救济办法。

WTO解决争端的一般原则主要有以下七个。

1. 多边原则

世界贸易组织成员承诺，不针对其认为违反贸易规则的事件采取单边行动，而保证诉诸多边争端解决制度，并遵守其规则与裁决。世界贸易组织鼓励各成员在发生争端时尽量采用多边机制来解决分歧。

2. 程序统一原则

世界贸易组织成员方之间，凡是有关《建立世界贸易组织的协定》《多边货物贸易协议》《服务贸易总协定》《知识产权协定》《关于争端解决的规则和程序的谅解》《诸边协议》等的争端，一律适用统一程序，其中关于诸边协议的争端，还要适用《诸边协议》各方通过的规定。

3. 协商解决争端原则

《谅解》规定，每个成员保证对另一成员提出的有关问题给予考虑，并就此提供充分的磋商机会，力求寻找到与世界贸易组织规定相一致的、各方均可接受的解决方法。在非特殊情况下，如果一方向另一方提出磋商的要求，接到要求的另一方应在10天内给予答复，并在30天内进入磋商程序。

4. 自愿调解与仲裁原则

磋商程序在《谅解》中是作为必要程序而予规定的，调解与仲裁程序则建立在各方自愿的基础之上。《谅解》有名为“斡旋、调解和调停”的专条（第5条）。斡旋是第三方以各种方式以促成当事方进行谈判的行为；调停则是以第三方的中立身份直接参与有关当事方的谈判；至于调解则是将争端提交一个委员会或调解机构。调解机构的任务是调查事实，予以阐明，提出报告，提出解决争端的建议，设法使争端各方达成一致。显然，调解机构的参与程度与权威性都远大于调停方式。无论是斡旋、调解还是调停，都以当事人自愿为原则，可以在任何时候进行。也可以在任何时候停止。为保证各方积极参与斡旋、调解和调停程序，世界贸易组织规定对参与这些程序的各方立场保密，并保证这些程序决不损害各方参加进一步程序的有关权利。

《谅解》规定的仲裁程序是作为解决争端的选择性手段而设置的。自愿选择仲裁程序的当事方，须在双方达成一致的仲裁协议基础上解决争端，并受仲裁协议约束。

5. 授权救济原则

在WTO中，如果一方违反协议而给另一方造成了损失，或者阻碍了协议目标的实现，各方应优先考虑争端当事方一致同意的与各协议一致的解决办法。如果无法达成双方都满意的结果，申诉方可通过争端解决机制获得救济。

救济手段主要有三种：一为被诉方撤除与协议不相吻合的措施；二为补偿；三为中

止减让或其他义务。

中止减让或其他义务，是世界贸易组织最具特色的、也是最后的救济手段。运用该手段，胜诉方在 WTO 争端解决机构（DSB）的授权下中止有关协议下的减让或其他义务。如果在败诉的被诉方应该履行专家小组和上诉机构的建议和裁决的合理期限之后的 20 天内，仍未达成令人满意的补偿办法，申诉人可以请求争端解决机构授权中止适用对有关成员进行的减让或其他义务。

6. 法定时限原则

与 GATT 相比较，WTO 争端解决机制在时限上不但是法定的，而且大大明确并缩短了。一方如果在法定时限内没有行使权利，另一方可以立即推动进入下一程序或程序将自动进入下一阶段。专家小组和上诉机构时限与当事方的诉讼时限一样严格而具体。争端解决机构通过专家小组报告也有严格时限，如果不进入上诉程序，除非有完全协商一致的反对，必须在专家小组报告提出后 60 天内通过报告。

7. 发展中国家程序特殊原则

《谅解》第 12 条（专家小组程序）、第 21 条（对执行各项建议和裁决的监督）、第 27 条等条文，都规定了一些照顾发展中国家的原则和措施。例如，第 12 条第 11 款规定："若存在一个或一个以上当事方是发展中国家成员，专家小组报告应明确写明现已考虑到对发展中国家差别待遇的各项规定，这些规定是各有关协议的组成部分，这一问题已由发展中国家成员在执行争端解决程序的进程中提出。"

（二）WTO 解决争端的政治方法与法律方法

上述磋商、斡旋、调解、调停的方法，通常被称为 WTO 解决争端的政治方法。仲裁在国内视为法律方法，但在 WTO 的争端解决机制中，因属必须建立在自愿基础上的选择性手段，所以还是作为政治方法认定的。如进入专家小组程序，则属于法律方法的范畴了。

1. 专家小组程序

《谅解》规定，进入作为法律方法的程序，要求争端解决机构（DSB）最迟不晚于提出成立专家小组请求列入议程的会议之后的下一次会议上建立一个专家小组，除非 DSB 成员一致同意改变这个决定。专家小组的职权范围的标准由《谅解》规定。《谅解》授权专家小组对当事方的申诉进行调查，以帮助 DSB 提出建议或做出符合协议规定的裁决。如果有关各方在专家小组成立之后的 20 天内同意，专家小组可以规定不同的职权范围。专家小组在一般情况下应该由 3 人组成；如果各方同意，也可以扩大为 5 人。专家小组必须在它建立之后的 30 天内开始工作。专家小组报告应在 6 个月内做出并提交给争端各方。但是，如果属于紧急案件，包括涉及易腐烂货物的案件，时限则缩短到 3 个月。

《谅解》给专家小组规定了详细的工作程序，具体如下。

①各专家小组应当执行附件 3 所列的工作程序，除非专家小组经与争端当事方磋商后

另有决定。

②专家小组程序，在不至于不当延误工作程序的情况下，应有足够的灵活性，以确保高质量的专家小组报告。

③一经和争端各当事方磋商，在一致同意专家小组的组成及其职责范围后的一周内，该专家小组的成员应尽可能快地制订专家小组工作进程时间表，并应考虑上述第4条第1款的规定。

④在确定专家小组工作进程时间表时，该专家小组应为争端各当事方提供足够时间准备他们提交的书面材料。

⑤专家小组应明确规定当事方提交材料的最后期限，各当事方应当尊重这一最后期限。

⑥争端的每个当事方应将书面材料送到秘书处，秘书处应立即将书面材料转送专家小组和其他当事方或争端各当事方。起诉方应在相应当事方的首份书面材料之前提交他的第一份书面材料，除非在与争端各当事方磋商之后，在第12条第3款规定的时间表内，专家小组决定各当事方应同时递交他们的第一份书面材料。一旦第一份书面材料的提交顺利安排已定，该专家小组应建立严格的接受相应当事方材料的时间期限表。随后的任何书面材料应同时递交。

⑦若争端各当事方未能取得双方满意的解决方法，该专家小组应向DSB提交有关结果的书面报告。在此情况下，专家小组的这份报告应陈述事实调查结果、有关条款的适用性以及专家小组所做的调查情况与建议的基本理由。若争端各当事方之间业已达成该争端的解决办法，则专家小组的调查报告应限于该案例的简要陈述，并写明业已达成的解决办法。

⑧为使该程序更为有效，专家小组进行审查的期限，即自该专家小组的组成及其职责取得一致意见到最终报告送交争端各当事方这段时间，原则上不应超过6个月。若遇紧急情况，包括涉及易腐食品的那些情况，该专家小组应设法在3个月内将报告送给争端各当事方。

⑨若该专家小组认为其在6个月内，或紧急情况下在3个月内不能提交其报告，则应以书面形式向DSB通报延迟的原因，并通知预计将提交报告的期限。但无论如何，从专家小组的成立到各成员递交报告的期限不应超过9个月。

⑩在磋商涉及发展中国家成员所采取的某项措施时，各当事方可以同意延长第4条第7款和第4条第8款中确立的期限。在已经超过有关的期限之后，如果进行磋商的各当事方未能就磋商已经结束达成一致意见，在与各当事方磋商之后，DSB主席应决定是否延长有关的时间，若延长则延长多久。此外，在审核对发展中国家成员的起诉时，该专家小组应给予该发展中国家成员以足够时间准备和提交有关论据，任何跟本款一致的行为不得影响第20条第1款和第21条第4款的各项规定。

⑪若存在一个或一个以上当事方是发展中国家成员，专家小组报告应明确写明业已

考虑到对发展中国家成员差别待遇的各项规定，这些规定是各有关协议的组成部分，这一问题已由发展中国家成员在执行争端解决程序的进程中提出。

⑫在不超过12个月期限内的任何时刻，一经投诉当事方的请求，该专家小组即可暂停工作。若发生此类暂停，由第12条第3款、第12条第9款、第20条第1款和第21条第4款所列的时间框架应相应延长，延长的时间应跟暂停工作的时间相同，如果该专家小组暂停工作业已超过12个月，则对设立该专家小组的授权也即终止。

《谅解》规定专家小组的审议情况严格保密；专家小组的各种报告应在争端各当事方不在场的情况下，根据其提供的资料及所做各项陈述和声明进行草拟；专家小组报告中由各个专家发表的意见不应署名。

《谅解》还规定了“专家小组报告的通过”（第16条），具体如下。

①为了给各成员提供足够的时间来考虑专家小组的各项报告，只有在这些报告向各成员发布20天之后，才能考虑通过这些报告。

②对专家小组报告提出异议的各成员，至少应在将审议该项报告的DSB会议的前10天，提交解释其异议的书面理由，以供散发。

③争端各当事方应有权全面参与由DSB主持对专家报告的讨论，他们的各种意见应被充分记录在案。

④在向各成员分发专家报告的60天内，该报告在DSB的会议上应予通过，除非某一当事方向DSB正式通报其上诉的决定，或者DSB一致决议不通过该报告。这一通过程序无损于各成员就专家小组报告发表其意见的权利。

专家小组报告具有极大的权威性。但为了防止万一的失误，WTO新的争端解决机制建立了上诉制度，这是GATT机制中所没有的。

2. 上诉程序

WTO常设的上诉机构（Appellate Body）由7人组成。上诉机构成员必须具备法律、国际贸易以及各有关协议内容的知识。1995年12月由来自美国、日本、乌拉圭、菲律宾、埃及、法国和新西兰的7人组成的首个上诉机构宣布成立。上诉机构每届任期4年，可以连任一次。

只有申诉方与被申诉方具备上诉权利。有利害关系的第三方可以就有关问题提出书面意见。

上诉机构只以书面审理的形式审理案件，审理过程完全保密。

作为一般规则，自争端某当事方正式通知其上诉决定之日，到管理上诉机构公布其报告的程序，不应超过60天。如上诉机构认为其在60天内不能提交报告，则应以书面形式向DSB通报延迟的原因，并且同时告知预计提交报告的期限。但不管怎样，该程序不应超过10天。

上诉机构的工作程序同样严格保密。应在争端各方不在场的情况下，借助其提供的资料所做的各项陈述和声明，草拟该机构的各种报告。上诉机构报告中，由各成员发表的意见不应署名。

上诉机构可维持、修改或推翻专家小组的法律认定和结果。

上诉机构的报告，应在该报告向各成员发布的30天内由DSB通过，并由争端各当事方无条件地接受，除非DSB一致决议不通过该报告。这一通过程序无损于各成员就上诉报告发表其权利的意见。

从DSB设立专家小组到DSB通过专家小组报告或上诉机构报告这段时间，如对专家小组报告没有提出上诉时，不应超出9个月；如有上诉时，不应超出12个月。若专家小组或上诉机构延长了提交报告的时间，则DSB也可相应延长相同的时间。

3. 执行程序

争端解决机构通过的建议或裁决应迅速得到执行。《谅解》规定："为了全体成员的利益，必须迅速履行DSB各项建议或裁决，确保有效解决各项争端。"（第21条第1款）在通过专家小组或上诉机构报告的30天内举行的DSB会议上，有关的成员应通知DSB其执行DSB各项建议和裁决的意向。如立即履行各项建议和裁决不切实可行，有关的成员应确定一个合理的履行各项建议和裁决的期限。

该合理期限应当是：由有关成员拟议的期限，只要该期限经DSB认可；或未经DSB认可，则在通过各项建议和裁决之后45天内，由争端各当事方一致同意的一段时间；或在没有此类协议的情况下，则在通过各项建议和裁决之后90天内经有约束力的仲裁来决定的一段时间。在此类仲裁中，仲裁员的工作方针应是执行专家小组或上诉机构的建议的合理期限，不应超过自通过专家小组或上诉机构的报告后15个月。但是，该期限可按特殊情况而有所缩短或延长。

三、中国"入世"与WTO争端解决机制

WTO成立以来取得了巨大成绩，到1999年为止，依靠它的争端解决机制解决了168起案件。因此，有人认为争端解决机制是多边贸易体制的中流砥柱，它减少了单边行动，成为保护弱小国家参与公平贸易的保证，从而为全球经济的稳定做出了贡献。

中国加入世界贸易组织，意味着中国与外国的贸易交往将迅速地更大规模地发展。在国际贸易中，摩擦与争端是经常发生的。因此，掌握与运用WTO的争端解决机制，就显得十分重要。

（一）利用好WTO争端解决机制中的发展中国家地位

中国是以发展中国家地位加入WTO的，这当然对中国较为有利。因此，在不可避免的贸易摩擦中，运用好我国的发展中国家地位，是一个重要的法律技术问题。

GATT 于 1966 年通过的《根据第 23 条的程序》，对发展中国家提供了一些便利。如前所说，WTO 中的《谅解》第 12 条、第 21 条和第 27 条都规定了一些照顾发展中国家的原则和措施，比 GATT 的规定有所前进。

《谅解》第 12 条（专家小组程序）第 10、11 两款分别规定如下。

"在磋商涉及发展中国家成员所采取的某项措施时，各当事方可同意第 4 条第 7 款和第 4 条第 8 款中确立的期限。在已经超过有关的期限之后，如果进行磋商的各当事方未能就磋商已经结束达成一致意见，在与各当事方磋商之后，DSB 主席应决定是否延长有关的时间，若延长则延长多久。此外，在审核对发展中国家成员的起诉时，该专家小组应给予该发展中国家成员以足够时间准备和提交有关论据，任何跟本款一致的行为不得影响第 20 条第 1 款和第 21 条第 4 款的各项规定。"（第 10 款）

"若存在一个或一个以上当事方是发展中国家成员，专家小组报告应明确写明业已考虑到对发展中国家成员差别待遇的各项规定，这些规定是有关协议的组成部分，这一问题已由发展中国家成员在执行争端解决程序中提出。"（第 11 款）

这两款，一款涉及磋商、起诉等的时限问题，一款涉及有关协议有利于发展中国家的差别待遇问题，都要加以充分利用。例如，可以利用给予发展中国家的一些特殊优惠条款，在国际服务贸易中将一些涉及国家安全、国防机密、环境污染、不正当娱乐业，对国际收支有严重影响的服务业排除在服务业开放之列以外；对发生国外服务业者以倾销、补贴等形式抢占我国市场时，可采取临时性措施，通过某些相应的立法作为对策。而当上述措施或立法引致发达国家当事方的异议时，即可援引《谅解》的上述规定做有利于我国的辩驳，并促使专家小组做出有利于我国的报告。

《谅解》第 21 条第 2 款、第 7 款、第 8 款分别规定如下。

"对置于争端解决项下的措施，应特别关心影响发展中国家成员利益的各个方面。"（第 2 款）

"如果是一个由发展中国家成员提起的事项，DSB 应考虑它能采取的适合于此类情况的进一步行动。"（第 7 款）

"如果是一个由发展中国家成员提出的案件，在考虑可能采取的适当行动时，DSB 应不仅考虑已提出申诉的各项措施涉及的贸易范围，而且还应考虑到它们对发展中国家成员的经济影响。"（第 8 款）

在上述规定中，发展中国家作为被 DSB"关心"的对象，很容易落入无所作为的被动状态。但发展中国家不应成为襁褓中的婴儿，DSB 也不可能如同母亲那样明察子女之秋毫。如某一措施"对有关发展中国家成员的经济影响"，只有发展中国家自身才可能纤毫毕悉，因此，发展中国家包括中国，必须将有关的情况、"影响"等等全面、准确、及时、有根有据、令人信服地公之于国际社会并报告 DSB，以争取有利于己的一切。这样，"入世"后的中国企业家就决不能止步于家庭作坊主的狭隘眼界，"放眼全球"应成为名副其实的企业家座右铭。企业家应不仅是企业自身业务的行家，也应是国内政治、国际政治的热情知情者、分析者，还应是国内经济法、国际经济法包括 WTO 种种法律规定的主人。

（二）充分了解专家小组工作过程以便采取相应的措施

专家小组具体的工作进程如图 2。

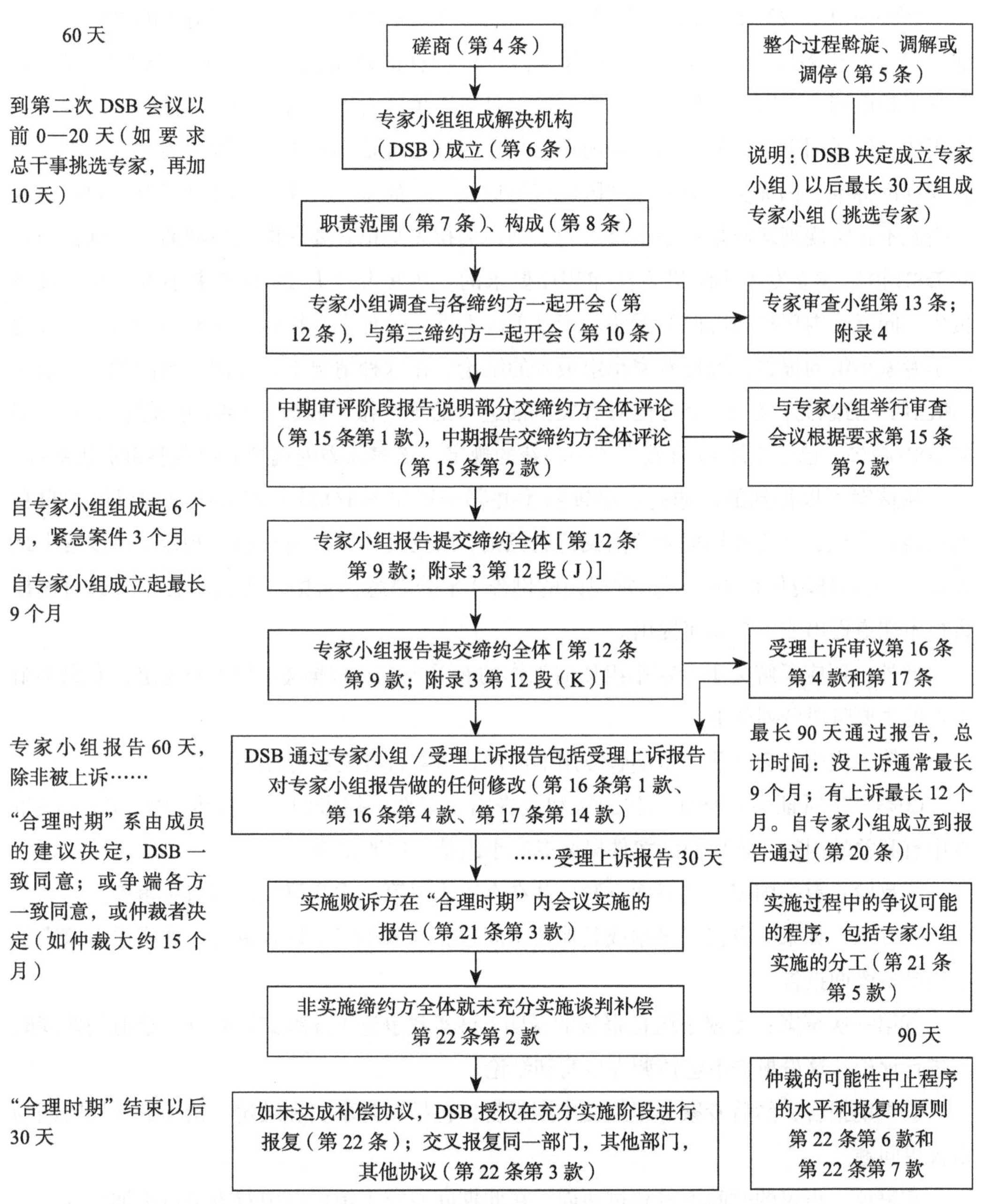

图 2　专家小组工作进程表

图2所示专家小组工作过程中所有阶段都鼓励争端中的国家相互磋商，而WTO总干事也随时可以提供斡旋、调解或帮助达成和解。在具体的贸易争端中，当事国接受或不接受斡旋，是否进行磋商，以及进入专家小组程序时如果同时不放弃非法律解决方式的考虑，而在放弃非法律解决方式的情况下又怎样把握好各种契机、掌握好时间等等，都是利用好WTO争端解决机制的重要方面。

1995年1月23日，发展中国家委内瑞拉向争端解决机构控告美国适用的规则歧视汽油进口，一年多以后，巴西于1996年4月也以同样的理由把美国告到了WTO的DSB，两案于是由同一专家小组处理。该案的发生是由于美国对进口石油的化学性质比对国内炼油用的石油适用更严格的规则。委内瑞拉与巴西认为这是不公正的，因为美国石油没有达到同样的标准，因而美国破坏了“国民待遇原则”；而且，用世界贸易组织卫生和环境保护措施不正常规则来衡量也是不公正的。委内瑞拉先是正式要求同美国磋商，遭到拒绝后向DSB提出建立专家小组进入法律程序要求的。1996年1月29日专家小组完成了最终报告，同意委内瑞拉与巴西的看法。于是美国上诉。受理上诉机构于1996年5月20日通过了专家小组的报告，维持专家小组报告的结论。在这种情况下，美国表示同意委内瑞拉（和巴西）的意见，在15个月内对有关汽油进口的规定做了修改。1997年8月26日美国向DSB报告，已于8月19日签发了一项新的规定。该案以委内瑞拉和巴西胜诉而告结束。

从该案可以得到的启迪是：必须熟悉并善于运用WTO的争端解决机制以维护自身的权益；为此，还必须同时对“国民待遇原则”以及具体案件所涉有关规定（在该案中是WTO卫生和环境保护措施不正常规则的例外）十分熟悉，否则，受到不公正待遇时连控告也不知道提出或不知如何提出。

此外，还应了解关于专家小组如何工作的有关规定。根据《谅解》的规定，专家小组工作的主要阶段分列如下。

①第一次听证会以前，争端各方用书面形式将案件提交给专家小组。

②第一次听证会：听证控告国家和被告国家案件；控告国家、被告国家和宣布在争端中有利益的国家，将他们的案件提交专家小组第一次听证会。

③反驳：有关国家提交书面反驳，并在专家小组第二次会议上进行口头争辩。

④专家：如果一方提出科学或其他技术问题，专家小组可以咨询专家或指派专家审议小组准备咨询报告。

⑤第一次草案：专家小组把报告的说明（事实和争论）段落交给双方，给他们两周时间进行评论。这份报告不包括调查事实和结论。

⑥中期报告：然后专家小组提交中期报告，包括调查事实和结论，给他们一周时间为审议提问题。

⑦审议：审议的时间不得超过两周，在此期间专家小组可以跟双方举行附加会议。

⑧最终报告：向双方提交最终报告，3周以后将最终报告分发所有世界贸易组织成

员。如果专家小组确定有争端的贸易措施确实破坏了世界贸易组织协议或一项义务，它可以建议使这项措施符合世界贸易组织规则。专家小组可以建议如何做到这一点。

⑨报告成为裁定：在60天内这个报告成为争端解决机构的裁决或建议，除非协商一致反对。双方可以各自上诉（有些情况下双方上诉）。

从上述专家小组工作的主要阶段可以看出，发生争端后，或磋商，或接受斡旋，或请求建立专家小组，在全部有关过程中，掌握争端事实的详情，受损害的情况（或者，作为被控告方，对本方行为及其结果的情况），适用的WTO与国内法律、法规等，均是必需的、不可或缺的，丝毫不要含糊。

（三）运用争端解决机制的前提应认真把握

争端解决机制的目的在于确保对争端有积极的解决办法。显然，应优先考虑争端双方都愿接受并与各有关协议相一致的解决办法，若无法达成双方愿意接受的解决办法，争端解决机制的首要目标通常是确保抛除那些与各有关协议不一致的有关措施。只有当立刻抛除这些措施不太可能时，才诉请补救的条款，而且应作为抛除与有关协议不一致的措施前的一项临时办法。《谅解》对引用争端解决程序提供的最后手段，是经DSB授权而中止有关协议项下的减让或其他义务。WTO理事会总干事实施斡旋。DSB以及专家小组的一切工作，无不依上述目的为转移。既然如此，在发生贸易摩擦，拟提出一项争端时，就应对按照争端解决机制所确立的程序而采取行动是否富有成效做出科学的判断。上述委内瑞拉、巴西控告美国一案之所以如愿胜诉，想必他们在提请进行磋商及后来要求建立专家小组之时，对采取此类行动是否有成效，是做过认真权衡研究的。否则，贸然轻蹈WTO之“法网”，未必是一件好事。这是发生贸易摩擦时要“三思而后行”的大事。

（四）未雨绸缪，做好参与争端解决机制运行的人才准备

贸易摩擦随时都可能发生，因此，做好参与争端解决机制运行的人才准备，已是一项迫在眉睫的大事。

首先，各个大型企业要拥有相应的法律人才。从目前国内企业聘请法律顾问的情况来看，有不少单位久已形同虚设，并未起实际的作用。法律顾问对聘请单位的生产经营业务往往一无所知，也漠不关心。有的法律顾问甚至身兼数职，那就只能当作从前农村过年时贴在大门上的门神招贴看待了，实际作用是几近于无的。“入世”之后，全球贸易所涉各种规则车载斗量，多如牛毛，而且是“真刀真枪”地在商海中搏击，企业法律顾问就不能再像以往那样与企业油水分离、两不相干了。当然，WTO的法律规则以及与国际贸易有关的各国法律、法规更是数量惊人，不可能每个企业都有能力储备相应的法律人才。因此，法律咨询服务会有较大的发展，企业也可利用这一社会资源。但一般来说，拥有本企业的法律人才，更有利于企业发展，是不言自明的。

其次，国家应大力培养适应“入世”的法律人才。这是任何企业不能替代的。国家应有能力把高级法律专家源源不断地输送到大型企业去。

最后，作为发展中国家，我国还有其应尽的相应义务。《谅解》第 8 条规定：“在发展中国家与发达国家成员之间发生争端时，如果该发展中国家成员提出请求的话，则该专家小组至少应包括一名来自发展中国家成员的专家。”中国作为发展中国家的大国，为尽好义务，应培养拥有较多数量的这类法律专家。

《谅解》在关于“专家小组的组成”的规定中指出，“专家小组应由资深的政府 / 或非政府人员组成，包括曾经在专家小组工作过或处理过案例的人员，或作为某个世界贸易组织成员中的代表，或某个 1947 年关贸总协定缔约方的代表，任何有关协议或它以前原有协议某个理事会或委员会的代表，或在秘书处任过职的人，或讲授或出版过国际贸易法或政策，或曾经任某个成员的高级贸易政策官员的人员”（第 1 款）；并规定专家小组成员应“拥有多种不同的背景和丰富的经验”（第 2 款）。我们在培养与储备可以参与 WTO 争端解决机制运行的人才时，无疑也应注意到上述规定。

第四章　一视同仁

——最惠国待遇原则

唐代大文豪韩愈谓：“是故圣人一视而同仁，笃近而举远。”WTO之最惠国待遇制度，颇有点像“圣人”对待百姓之同施仁爱、平等待人。《尚书·洪范》有云：“无偏无党，王道荡荡。”有所偏私，即为不仁，“王道”也就受了阻隔，不能畅通；只有“无偏无党”，一视同仁地对待臣民百姓，“王道”才可能坦坦荡荡，一往无前。这些虽然指的是治政，但用在国际经济关系中，也同样可收如同“王道荡荡”之良效。国与国之间的经济贸易关系，一要自由，二要平等，而且平等似比自由更加重要。因为一旦无平等可言，客观上的自由便不复存在，主观上也感同受压，不可能积极地去做什么“自由”贸易的事了。WTO之以最惠国待遇制度为其关键性的核心制度，其源盖出于从根本上保护贸易自由，为贸易自由开辟宽广的道路，使国际贸易事业如同一江春水，浩浩荡荡奔腾向前。

一、最惠国待遇原则概况

最惠国待遇原则是GATT的最重要原则之一，WTO则认真沿用且有所发展。

（一）最惠国待遇原则的渊源及其意义

该原则的精神及某些具体规则，可以上溯到12世纪。当时意大利发达的商业城市与北非阿拉伯国家缔结的贸易协定中，就曾规定了最惠国待遇条款。最惠国待遇是指：缔约一方现在和将来给予任何第三方的优惠和豁免，也给予缔约的对方。在国际贸易中，最惠国待遇指的是：签订双边或多边贸易协定的缔约一方，在贸易、关税、航运、公民法律地位等方面，如果给予任何第三方以减让、特权、优惠或豁免时，缔约另一方或其他缔约方也可以得到相同的待遇。12世纪以后，越来越多的国家仿行最惠国待遇制度。久而久之，有关规则日渐完善、严密，遂形成原则性的规定，为国际贸易界有识之士所首肯并力求推行到一切国家的贸易关系中去。

通常，有关国家都以所缔结的条约、协议中的最惠国待遇条款作为法律依据。根据该条款，缔约一方向另一方或缔约双方相互承担义务，在贸易协定规定的适用范围内给予最惠国待遇。作为 GATT 的核心条款，最惠国待遇原则融合了两种精神：一是无条件实施，二是非歧视地实施。根据前者，凡是承认最惠国待遇原则而在缔结的条约中予以确认的，则不再附有任何其他条件而在以后的运作中自动实施，即自动承担给予有关国家以优惠的义务。根据后者，对任何确认该原则的缔约国都要同样地给予最惠国待遇而不得有所偏私、有所歧视。由此可见，最惠国待遇原则的目的就是要确保所有出口货物在所有国家的市场上，都享有公平竞争的权利，被一视同仁地对待。因此，在缔结贸易条约、协议时，订立最惠国待遇条款具有十分重要的意义。举其大者，可见以下几端。

其一，可以确保有效地满足进口需要，发挥比较成本效益。

其二，履行最惠国待遇条款的有关义务，可以使双边关税减让的成果得到保护，还可以自动地多边化实施。

其三，可以强制大国平等地对待小国，保证新加入 WTO 的国家或单独关税地区以平等的地位、平等的条件进入国际市场。

其四，承诺实行最惠国待遇原则，就要简化进口管理制度，确保贸易政策更加透明，从而使国际贸易更加自由地发展，使国际贸易产生更大的经济与社会效益，等等。

（二）最惠国待遇原则的适用范围及其新发展

GATT 的最惠国待遇原则的适用范围包括：进出口关税和其他税费；关税和其他税费的征收方式；为国际贸易支付而征收的费用；对进出口产品征收国内税费；对进口产品销售、推销、运输、分配和使用过程中所适用的法规和要求；对产品征收的过境费用和适用的法规和程序、进口许可程序、海关估价、政府采购及进出口检验，均不得加以歧视。如实施某种限制或禁止措施，须一视同仁。

最惠国待遇原则在 WTO 中有了新的发展。这主要体现在以下两个方面。

第一，最惠国待遇原则扩大适用到了国际服务贸易和与贸易有关的知识产权贸易以及与贸易有关的投资行为等重大领域。有关的协议，都具体规定了最惠国待遇原则。例如，《与贸易有关的知识产权协定》第 4 条规定："在保护知识产权方面，一成员方给予另一成员方的公民提供的利益、优惠、特权或者豁免，应当同时无条件地给予任何其他成员方的公民。"又如，在《服务贸易总协定》的第 2 条中有如下规定："有关本协定的任何措施，每一成员方给予任何成员方的服务或服务提供者的待遇，应立即无条件地不低于前述待遇给予任何其他成员方相同的服务或服务提供者。"

第二，WTO 对发展中国家和最不发达国家做了较 GATT 更为多的优惠安排。

WTO 体制对最不发达国家几乎不要求其承担任何义务而可享受世界贸易组织成员的

一切权利。

WTO 体制对发展中国家成员的优惠安排主要体现在五个方面：①较低水平的义务；②更灵活的实施时间表，即较长的过渡期安排；③发达国家尽最大努力对发展中国家成员开放其货物和服务设施；④对最不发达国家更优惠的待遇；⑤提供技术服务和培训人力资本。

这些优惠安排虽然与最惠国待遇原则所蕴含的对等性不同，但它所体现的是帮助发展中国家和最不发达国家有一定能力进入与发达国家进行自由的经济交往、参与到平等的市场竞争中去的精神。这也是 WTO 较 GATT 更进步的表现。

当前各国经济交往中采用最惠国待遇原则，在实施的形式和内容上是不尽相同的。

从形式上看，最惠国待遇有双边与多边之分。双边的最惠国待遇如中美之间相互给予最惠国待遇，多边的最惠国待遇如世界贸易组织成员均可获得其他成员的最惠国待遇。

从内容上看，可分为无条件的最惠国待遇和有条件的最惠国待遇。无条件的最惠国待遇（又称欧洲式最惠国待遇），指缔约一方现在或将来给予任何第三方的优惠和豁免等，都应自动地无附加条件地给予另一方。1641 年，无条件的最惠国待遇在葡萄牙与尼德兰（今荷兰）缔结的协定中被首次采用。有条件的最惠国待遇是指，缔约一方只有在对方具备与任何第三方相同的条件时方可给予对方的贸易待遇。美国与法国在 1778 年缔结的贸易协定中首次采用，故又称之为美洲式最惠国待遇。有人误以为最惠国待遇就是无条件的。其实，世界贸易组织的协议是各国总体上相互妥协的产物。某发展中国家获得了发达国家给予的有关货物贸易的最惠国待遇，那是因为该发展中国家在服务贸易或知识产权保护方面，给予了发达国家最惠国待遇。也就是说，最惠国待遇的给予是有条件的。

二、最惠国待遇原则的例外规定

在规定一般最惠国待遇原则的同时，GATT 在 1994 年还做了一些例外规定，包括特惠关税，有关一体化安排的规定（关税同盟、自由贸易区和边境贸易）和东京回合通过的授权条款，以及乌拉圭回合对 GATT 第 24 条达成的谅解。

（一）关于特惠关税

关于特惠关税，GATT 第 1 条规定，在满足总协定所规定条件，即其优惠幅度受到合理约束的前提下，缔约国间可以实施优惠关税。

（二）关于经济一体化安排

关于经济一体化安排的原则性规定是：“通过自愿签订协定发展各国之间的经济一体化，对扩大贸易的自由化是有好处的。……成立关税同盟或自由贸易区的目的，应为便利组成联盟或自由贸易区的各领土之间的贸易，但对其他缔约国与这些领土之间进行的贸易，不得提高壁垒。”

在第24条第5款中，总协定针对关税同盟和自由贸易区的建立做出了条件上的规定：

“本协定的各项规定，不得阻止缔约各国在其领土之间建立关税联盟或自由贸易区，或为建立关税联盟或自由贸易区的需要采用某种临时协定。但是：

“（甲）对关税同盟或过渡到关税同盟的临时协议来说，建立起来的这种联盟或临时协定对未参加联盟或临时协定的缔约各国的贸易所实施的关税和其他贸易规章，大体上不得高于或严于未建立联盟或临时协议时各组成领土所实施的关税和贸易规章的一般限制水平；

“（乙）对自由贸易区或过渡到自由贸易区的临时协定来说，在建立自由贸易区或采用临时协定以后，每个组成领土维持的对未参加贸易区或临时协定的缔约各国贸易所适用的关税和其他贸易规章，不得高于或严于同一组成领土在未成立自由贸易区或临时协定时所实施的相当关税和其他贸易规章；

“（丙）本款（甲）项和（乙）项所称的临时协定，应具有一个在合理期间内成立关税同盟和自由贸易区的计划和进程表。”

GATT在做出针对一体化安排的灵活规定时，还规定了针对此种例外的原则，以确保GATT原则不因善意的有助于实现贸易自由化的灵活安排方面的不当而遭破坏。如第7款规定：

“（甲）任何缔约国决定加入关税联盟或自由贸易区，或签订成立关税联盟或自由贸易区的临时协定，应当及时通知缔约方全体，并应向其提供有关所拟议的联盟或贸易区的资料，以便缔约方全体得以斟酌，向缔约各国提出报告和建议。

“（乙）如缔约方全体发现参加协定各方在所拟议的期间内不可能组成关税联盟或自由贸易区，或认为所拟议的期间不够合理，缔约方全体应向参加协定各方提出建议，如参加协定各方不准备按照这些建议修改临时协定，则有关协定不得维持或付诸实施。

“（丙）本条第5款（丙）项所述计划或进程表的任何重要修改应通知缔约方全体。如果这一改变将危及或不适当地延迟关税联盟或自由贸易区的建立，缔约方全体可以要求同有关缔约国进行协商。”

（三）GATT第24条的谅解

近数十年来，经济全球化飞速发展，范围扩大，影响加深。为使这一发展趋势不阻碍世界福利的增加，关于GATT第24条的谅解重申，建立一体化组织应尽可能避免对其他总协定成员国的贸易造成不利的影响。但随着一体化的加速，一体化范围内部贸易壁垒逐渐取消，贸易自由化的成果对外部国家是不均等的。在总协定第24条第6款中曾含糊地提及补偿性调整问题，但在乌拉圭回合中由于欧盟的反对未能达成有关补偿的具体规定，仅就审查和组建程序达成如下谅解：

第一，在一体化进程中，如果成员降低关税，因而从中获益，并不存在向外部国家提供补偿的义务。

第二，在组建关税同盟时，应遵照第 24 条第 6 款和第 28 条所阐明的程序以及第 28 条解释的谅解所要求的程序来进行。

第三，加强对经济一体化组织的审查。GATT 第 24 条第 7 款规定了有关通知（参前述）的事项。第 24 条解释的谅解规定，由工作组对通知进行审查，并就审查结论向货物贸易理事会提交一份报告，当货物贸易理事会认为适宜时，可以向成员方提出适当建议。临时协定的通知还包括计划和时间表，由工作组进行审查。关税同盟和自由贸易区成员应定期向货物贸易理事会报告协定的运行情况，如有重大变化，也应报告货物贸易理事会。

（四）东京回合通过的授权条款

GATT 在最惠国待遇方面的例外还包括非常重要的东京回合通过的授权条款。其含义是，授权发达国家无须申请解除义务，就可以不受总协定第 1 条约束，给予发展中国家普惠制待遇。授权条款是为鼓励发达国家向发展中国家实施普惠制方案，促进发展中国家经济发展而通过的。在授权条款通过之前，实施普惠制的唯一法律依据是第 25 条有关解除义务的规定，但如予执行则程序烦琐，这就妨碍了对发展中国家的援助。授权条款的通过，使发达国家无需向 GATT 提出申请，就可实施普惠制，促进了发展中国家的经济发展。

从 GATT 到 WTO，最惠国待遇原则不仅范围扩大了，即从表现在货物贸易上扩展到服务贸易以及与贸易有关的知识产权贸易上，而且在几乎所有具体协议中都体现了对发展中国家和最不发达国家的更加优惠的安排上。

三、WTO 的优惠安排与中国

（一）WTO 优惠安排的意义

WTO 的许多协议中出现了“发展中国家成员”与“最不发达国家”的提法，有的条款还是专门为这些国家制定的，这在 GATT 中是没有的。

1. 发展中国家的分类

已经进入世界贸易组织的发展中国家，大体可分为以下三类。

第一类是联合国认定的最不发达国家和地区。按 1995 年世界银行标准，其年人均国民生产总值在 765 美元以下，这样的国家在世界贸易组织成员中共有 29 个。

第二类是年人均国民生产总值低于 1000 美元的国家，如玻利维亚、喀麦隆、加纳、肯尼亚、摩洛哥、尼加拉瓜、尼日利亚、巴基斯坦、菲律宾、塞内加尔等。

第三类是“其他发展中国家成员”。但是，世界贸易组织对这类成员的判断标准是不明确的，因此，往往认定困难，从而增加了解决贸易摩擦的难度，也为多边或双边条约的谈判、签订带来麻烦。

2. WTO 优惠安排对发展中国家的有利方面

WTO 较之 GATT 主要在以下几个方面更有利于发展中国家。

决策形式方面：世界贸易组织仍沿袭关税与贸易总协定“完全协商一致同意”的决策方式。如果在做出决定的会议上，没有成员反对拟议的决定，则有关机构应认为提交其考虑的有关事项已被一致通过。如果某一决定不能“完全协商一致通过”时，应采用投票的方式决定。

有关条款修改的规定方式方面：对世界贸易组织管辖的有关协定及协议的条款做出修改时，要以完全协商一致通过的方式做出决定。但如果部长会议未能在限定的时间内达成一致，则将由三分之二多数票决定是否接受修订。

机构组织方面：现在至少已有 65 个发展中国家在世界贸易组织总部日内瓦派驻代表，世界贸易组织中三分之二的发展中国家成员在日内瓦有常驻代表。

3. WTO 更优惠安排的体现

世界贸易组织发展中国家成员在世界出口中所占的比重，从 1982 年的 11%，上升到 1998 年的 20%。20 世纪 90 年代以来其出口增长速度远超过发达国家。这与世界贸易组织对发展中国家成员的优惠安排更加系统，也是分不开的。世界贸易组织在许多协定、协议中均考虑到发展中国家成员的多样性和广泛性，并对其差别待遇有更优惠的安排。主要体现在 5 个方面：(1) 较低水平的义务；(2) 更灵活的实施时间表，即较长的过渡期安排；(3) 发达国家尽最大努力对发展中国家成员开放其货物和服务设施；(4) 对最不发达国家更优惠的待遇；(5) 提供技术援助和培训人力资本。

(二) WTO 优惠安排的内容

第一，在《建立世界贸易组织协定》中，世界贸易组织明确指出其目标是促进所有成员的经济贸易发展。最不发达国家仅承担与其经济发展水平相当的义务；通过对发展中国家提供技术援助和培训，增强他们参与多边贸易体制的能力，并因此而获益。为此，世界贸易组织专门设立了“贸易与发展委员会”，世界贸易组织与世界银行联合设立了“贸易与发展论坛”，世界贸易组织与联合国贸易发展会议继续合作办好“国际贸易中心”，以便为最不发达国家和发展中国家提供服务。

第二，发展中国家成员如果出现国际收支严重不平衡或对外金融地位受到严重威胁时，可以为国际收支平衡目的采取限制。如果实施自由化努力的发展中国家和最不发达国家引用此规定，则对其仅采用简化的磋商程序，而不使用全面磋商程序。在简化磋商程序时，实施限制的成员只需每年提交一份简要的书面报告，内容涉及国际收支困难的性质、限制和方式、影响及限制放松的可能性，不需要与全体成员进行较为深入、广泛的谈判和复杂的程序。

第三，在实施保障措施方面，发展中国家成员在履行减让义务时，由于不可预见的情况出现，某种产品大量进口造成国内工业严重损害或有严重损害威胁时，它可以实施保障措施。实施期限最高可达到 10 年，而对发达国家实施期限一般为 4 年，经授权一般也不超过 8 年。但是，《保障措施协议》规定，如原产于一个发展中国家的产品在进口国同类产品总进口中的份额中不到 3%，而且这类发展中国家的合计进口量不超过同类产品进口总值的 9%，则对这类发展中国家出口的产品不得采取进口限制或提高关税。

第四，根据《反倾销协议》的规定，发达国家在实施反倾销，对发展中国家出口的产品在特殊情况时要给予特别考虑，尤其该发展中国家成员如果主要依靠某一种或几种出口产品时，针对这些产品的反倾销措施，应当尽可能考虑采用协议规定的建设性救济措施。

针对发展中国家的产品，如果倾销幅度低于 2% 或损害是微不足道的，以及原产于一个发展中国家成员的倾销产品的数量不足进口国同类产品进口总量的 3%，则终止倾销调查，对这些产品不征收反倾销税。但是，如果由数个这种不足 3% 的单个发展中国家的产品，累积占进口国同类产品 7% 时，则倾销调查要继续进行。

第五，《补贴与反补贴协议》中的优惠安排如下。

其一，如果反补贴调查发现，原产于发展中国家的受调查产品所得到的补贴不及该产品单位价值的 2%（发达国家的相应数字为 1%，最不发达国家为 3%），或者受补贴产品的进口值不到进口国同类产品进口总值的 4%，且所有不到 4% 的发展中国家的合计进口量不及进口国同类产品进口总和的 9%，则应立即取消反补贴调查。

其二，最不发达国家和人均国民收入不到 1000 美元的发展中国家不必取消禁止使用的出口补贴，其他发展中国家则可在 8 年时间内（并可申请延长）逐步取消此类补贴。

其三，对于那些在 8 年期满之前已取消出口补贴的发展中国家，以及最不发达国家和人均国民生产总值不到 1000 美元的发展中国家，若他们对产品的补贴不到该产品单位价值的 3%，则也应立即取消反补贴调查，这项规定截止到 2003 年年底。

其四，发展中国家达到出口竞争性标准的产品（即有较强竞争力的产品），在 2 年内逐步取消补贴，对最不发达国家和人均国民生产总值不足 1000 美元的发展中国家，可在 8 年内逐步取消。出口竞争性标准是指该产品连续 2 年在世界贸易中占 3.25% 及以上的份额。

其五，对于依国内产品使用情况而定的补贴（当地成分要求），其禁令在 5 年内不适用于发展中国家，最不发达国家为 8 年。

第六，《与贸易有关的投资措施协议》中的优惠安排。《与贸易有关的投资措施协议》禁止各成员使用下列与贸易有关的投资措施，包括：当地成分要求、贸易平衡要求、外汇平衡要求、外汇管制、国内销售要求、生产要求、出口实绩要求、产品授权要求、生产限制、技术转让要求、许可地要求、汇款限制、当地股份要求等。

这些措施被认为违反国民待遇和一般禁止使用数量限制的规定。《与贸易有关的投资措施协议》规定给发展中国家的过渡期为 5 年，最不发达国家为 7 年，但给发达国家的过渡期是 2 年。过渡期满后，原则上发展中国家和最不发达国家可申请延长。

第七，《进口许可证协议》中的优惠安排。《进口许可证协议》要求成员的许可证签发当局应特别考虑给新的进口商分配许可证，特别是来自发展中国家和最不发达国家的进口商。发展中国家可延期 2 年使用进口许可程序中有关自动许可证的规定。

第八，《海关估价协议》中的优惠安排。发展中国家执行《海关估价协议》的过渡期为 5 年，还可能进一步延长。协议要求发达国家给予发展中国家和最不发达国家提供人员培训和技术援助，加快其估价制度的转变。

第九，《技术性贸易壁垒协议》的优惠安排。《技术性贸易壁垒协议》根据在技术法规和标准以及在证明符合技术法规和标准的评定程序的制定和实施方面可能会遇到某些特殊困难，专门对发展中国家和地区成员的特殊和差别待遇做出具体要求。

其一，各成员应考虑到发展中国家和地区成员在其境内履行相关义务在体制安排方面的特殊性，对他们给予差别和更优惠的待遇，确保这些措施不会阻碍其出口。

其二，各成员应向发展中国家和地区成员提供技术援助以确保技术法规、标准和合格评定程序的制定和实施不会给发展中国家和地区成员出口的扩大与多样化设置障碍。在确定技术援助的期限和条件时，应考虑到提出要求的成员，尤其是最不发达成员所处的发展阶段。

其三，发展中国家和地区成员仍可按照他们的技术和社会经济的特殊情况制定某些技术法规、标准和合格评定程度，目的在于保持与他们的发展需要相一致的当地技术、生产方法和工艺。不应要求发展中国家采用不适合他们的发展、资金和贸易需要的国际标准作为他们自己的技术法规和标准。

其四，发展中国家和地区成员在技术法规、标准和合格评定程序的制定和实施方面，可能会遇到特殊的问题。因此，技术委员会在接到请求的情况下，可在限定的时间内全部或部分地免除发展中国家对该协议应履行的义务，尤其应考虑最不发达国家的特殊需要。

第十，《动植物卫生检疫协议》的优惠安排。《动植物卫生检疫协议》规定，各成员应考虑发展中国家，特别是最不发达国家的特殊要求，给予与其有利害关系的产品较长的世界贸易组织知识读本适应期，以维持其出口机会；并可根据他们的请求，以及其财政、贸易和发展的需要，有限期地全部或部分免除其在该协议所承担的义务，即发达国家不能以动植物检疫措施限制发展中国家和地区产品的出口，应给予其较长的过渡期。

第十一，《农业协议》中的优惠安排。鉴于发展中国家农产品出口及补贴对其农业和经济发展的重要意义，《农业协议》规定如下。

其一，发展中国家履行减让义务时，具有灵活性，10 年之内在市场准入、国内支持和出口竞争三大领域内其削减的比例是发达国家义务的三分之二。即发展中国家在 10 年内将对约束关税平均削减24%，单项产品的关税至少削减10%，削减补贴总量的13.33%，发展中国家对农产品的出口补贴允许有8年过渡期，最不发达国家免除减让。

其二，在实施市场准入的承诺时，发达国家应充分考虑发展中国家的特定需求和条件，提供机会和特定农产品进入发达国家的贸易。

其三，在国内支持方面，发达国家要充分认识到，发展中国家鼓励农业发展和乡村开发的政府辅助措施是其发展规划的不可分割的构成部分，并规定，免除发展中国家在以下方面的减让承诺：一是对整个农业的一般性投资补贴；二是为鼓励生产者放弃种植违法麻醉物而转产其他农作物，并向他们提供国内生产支持；三是提供给低收入或匮乏的生产者的农业投入补贴。

其四，对于粮食净进口的发展中国家，协议规定：考虑到在农产品贸易自由化过程中，粮食净进口的发展中国家和最不发达国家会受到不利的影响，因此，应建立适当的机制以提供食品援助，从而继续满足这些国家在食品方面的需求，保证任何有关农业出口信贷的协定须订立有利于最不发达国家和净食品进口的发展中国家的适当条款，以区别对待。

第十二，《服务贸易总协定》的优惠安排。

其一，发达国家应努力促进发展中国家在世界服务贸易中更多地参与并帮助他们扩大服务的出口，帮助他们提高国内服务能力效率和效力。

其二，发展中国家对服务贸易实行逐步开放，允许其根据国内服务业发展状况、竞争力决定是否开放，如何开放某一服务业，并允许对服务业实行一定程度的补贴和保护。即使在开放服务市场后，如果外国服务业大量进入造成国内服务业严重损害，也可采取保护措施。

其三，发达国家成员及其他有能力的成员应在《服务贸易总协定》生效两年内建立咨询点，以便于发展中国家服务业提供者获得有关市场的资料。

其四，发达国家应通过具体承诺义务的谈判，使发展中国家能在世界服务贸易中更多地参与。

其五，考虑到最不发达国家由于其特殊的经济状况及其发展、贸易和财政的需要，在接受协商、承担义务方面存在严重困难，他们可不履行任何义务。

其六，发达国家要努力为发展中国家和最不发达国家提供技术援助和培训，促进其服务在经济结构调整中积极作用的实现。

第十三，《与贸易有关的知识产权协定》中的优惠安排。

其一，发展中国家在1999年以前可以不强制实施《与贸易有关的知识产权协定》。如果一发展中国家按协定有义务把产品专利保护扩大到技术领域，而协定生效时该技术领域在本国不受法律保护，则可再延长5年将专利部分的规定适用于该技术领域。

其二，考虑到最不发达国家的特殊需要和要求，他们适用该协定的过渡期为10年，并还可再次延长该期限。发达国家成员应鼓励国内的企业和组织，促进对最不发达国家成员的技术转让，使这些国家建立一个稳妥可行的技术基础。

其三，应请求或按双边达成的条件，发达国家成员应向发展中国家和最不发达国家成员提供技术和财政援助。

其四，《与贸易有关的知识产权协定》仅规定各国在现行知识产权保护国际公约条件下，实施对知识产权保护的最低标准或要求，并不强制发展中国家成员必须修改其国内知识产权立法。

除上述规定、协议外，世界贸易组织中的《装船前检验协议》、《争端解决谅解》、贸易政策评审机制等均规定了发展中国家和最不发达国家成员的低水平减让义务，发达国家应尽力并努力提高技术援助和人员培训，增强发展中国家利用多边贸易体制的能力，促进其经济发展。

（三）中国对 WTO 优惠安排的分享

中国作为一个发展中国家自然可以分享 WTO 的最惠国待遇以及对发展中国家的优惠安排。例如，中国可以绕过美国用以专门限制给予共产党领导的国家以最惠国待遇的法律——《杰克逊· 瓦尼克修正案》的约束，从美国获得永久性的最惠国待遇，而不必一年审核一次。中国对从发达国家进口一些高技术及高技术产品，也会容易一些。中国还可参加 WTO 及国际贸易领域中的新规则的制定，增强发展中国家和地区对发达国家讨价还价的力量，维持发展中国家包括中国自身的利益。

但是，中国不是一般的发展中国家，而是一个发展中的大国，至少还存在以下一些主要的弱点。

其一，中国的经济发展水平还较低，人均国民生产总值 800 多美元，与最不发达国家相比，仅略高几十美元。

其二，中国不能像一些发展中小国那样依靠依附式发展模式，即主要依靠对外贸易和吸引外国直接投资来达到经济富强目的的模式，只能主要通过本国企业的发展来繁荣经济，对外贸易在国民经济发展中所占的份额不可能高居一切之上，吸收外资也只能作为促使本国企业发展的一种手段。

其三，中国从计划经济体制向市场经济体制转轨的速度是较快的，但毋庸讳言，计划经济体制的某些因素仍然在起作用，至于观念的更新，更有待时日。中国的市场经济体制改革尚未完成而又要融入经济一体化的全球市场中去，会产生许多意料之中和意料之外的困难。

其四，中国的科学技术水平和经济发展水平与发达国家相比，还有较大的差距，中国尚未完成工业现代化。这样，在贸易交往中，往往会处于劣势。

其五，中国参与经济全球化的准备比较匆忙，举凡立法、司法、执法、守法等法制准备与政策准备、思想准备都尚不足。

其六，缺乏作为 GATT、WTO 成员而进行国际经贸交往的经验，这一方面的人才也奇缺。

此外，中国经济中还存在一些目前尚未引起各方面高度重视的问题，这是各个产业普遍存在的共同问题，主要是：企业规模小、营销网络不健全、产品品种单一、技术水平低下、国际市场经验缺乏。这些问题的存在，不仅不利于我国融入经济一体化的全球市场，而且不利于利用 WTO 的最惠国待遇以及对发展中国家的例外优惠安排。

造成上述困难与问题的主要原因如下。

第一，市场化过程太短，中国企业从事真正市场化经营的时间还非常有限，经验自然相当缺乏。

第二，传统计划经济体制的痕迹还很浓重，政企分开还有很长的一段路要走。

第三，条块分割，地方利益突出，部门保守主义、地方保护主义还很严重。

第四，科技与教育水平还较低，缺乏足够数量的国际市场经营人才。

第五，短缺经济的惯性影响比较浓重，企业技术创新的动力与压力不足。

鉴于上述情况，有的放矢地加大改革与开放的力度，加重科教兴国的紧迫感、使命感与责任感，加紧社会主义法制建设，加速国有企业的改制，加大打击地方保护主义的力度，等等，都是当务之急。但这些只是客观性的、基础性的，而从 WTO 的最惠国待遇和对发展中国家的例外优惠安排的利用来说，还有若干微观的、具体的方面值得注意，具体如下。

第一，普遍地、广泛地动员企业家与经济界人士主动地、自觉地、积极地研究 WTO 规则，尤其是WTO的最惠国待遇、例外安排和优惠规定，以“用足政策”的精神力求“用足”WTO 带来的有利于我们的法律规定和一系列“倾斜”发展中国家的政策性规定。千万记住“不用白不用”这一句话。

第二，充分利用 WTO 关于向发展中国家提供技术援助与培训人力资本的职责，全面安排提出这一方面的要求并组织与检查监督其实施。

第三，充分利用 WTO 一系列规定中有利于发展中国家的有关实施时效的法律规定。例如，关于实施保障措施的期限（发展中国家可有 10 年之长）、关于取消出口补贴的期限、关于使用数量限制的过渡期限（发展中国家为 5 年）、关于使用进口许可程序中有关自动许可的期限（发展中国家可延期 2 年使用）、关于履行减让义务的时限以及对农产品的出口补贴过渡期限等。

第四，加强研究 WTO 规则，一方面尽量减少其对中国主权的危害和独立制定、执行政策的自由度的限制，另一方面充分联合发展中国家和地区成员，利用 WTO“多数票决定制”的决策机制，影响 WTO 和国际贸易新规则的制定，以维护发展中国家包括中国的利益。

第五，研究各种不违反 WTO 原则的自我保护措施、反倾销对策、各类产业的质量标准等，加强科技立法包括技术标准立法，以法律武器规避发达国家以其高技术可能对我国造成的危害，同时又维护我国的利益。WTO《技术性贸易壁垒协议》中规定，发展中国家和地区成员仍可按照其技术和社会经济的特殊情况制订某些技术法规、标准和合格评定程序，不应要求发展中国家采用不适合其发展的国际标准作为他们的技术法规和标准。这一规定的利用，将可能给我国带来相当巨大的利益，应做统筹安排、精心策划。

中国加入WTO是历经长期艰难的谈判，走过迂回曲折的道路，才大功告成的。仅仅这一点，我们就没有理由不加珍惜，尤其是珍惜由于加入WTO而可享有最惠国待遇和一系列例外优惠安排的权利。

第十七章　笑迎“上帝”

——“入世”与我国对外服务业的发展

服务的对象——顾客，素被誉为“上帝”。然而，在相当长的时期内，我国的服务业给顾客的是一张冷若冰霜的面孔，顾客何从找到“上帝”的感觉？“入世”带来了外国温文尔雅而又落落大方的微笑服务，一丝不苟而又有质有量的诚信服务。我国的服务业如不改弦易辙笑迎“上帝”，“上帝”们势必转而笑迎“老外”。因此，“入世”对我国服务业的发展既是冲击，也是推动。服务业在我国，处在千载难逢的大好机遇之中。但服务业要实现大发展，不仅要笑迎顾客这个“上帝”，而且也要笑迎 WTO 有关法律规定。为此，我们首先要了解 WTO 的《服务贸易总协定》，同时要结合我国服务业的现状，探讨笑迎“上帝”的法制需求与法律对策。

一、《服务贸易总协定》概述

（一）国际服务贸易的发展

自有国际商品贸易以来，海洋运输、运输保险、国际银行贸易结算以及为贸易而进行的国际邮务和国际电讯等，少量为国际商品贸易服务的国际服务业，大都附属于国际商品贸易，其金额一般只占商品贸易的 10% 左右。但 20 世纪以来，国际服务贸易的迅速发展已不可逆转。

独立于商品贸易之外的服务行业，如卫星通信、计算机国际网络、航天技术、国际航空、国际保险、国际证券与期货市场、国际旅游、国际海上石油勘探与联合采掘、国际咨询、国际广告和展览、国际营销和国际律师事务、国际会计、审计事务、国际租赁等，以及文化艺术珍品、影视、文艺的国际间巡回展示、展映、演出以及国际举办的教育、学术、卫生、医疗等交流活动，已成为人类生活的重要组成部分。按照之前关贸总协定的统计分类，国际服务贸易已达到 11 个大类约 150 个服务行业之多。到 20 世纪 80 年代，世界经济活动总量中，第三产业已超过第一、第二产业之和，取代了物质生产部门的“霸主”地位。

目前，国际服务贸易的金额已超过1万多亿美元，约占国际贸易总额的四分之一，而且其增长率远远超过货物贸易，其在世界经济中的地位不断上升。这就要求有一套专门的国际规则对其活动加以规范。因此，1986年开始的关税与贸易总协定乌拉圭回合多边贸易谈判将国际服务贸易纳入谈判议题，最后达成了《服务贸易总协定》这一重要文件，为国际服务贸易确立了逐步自由化的宗旨。

（二）《服务贸易总协定》及其内容

《服务贸易总协定》的达成，是发达国家和发展中国家的分歧意见逐步消解，认识逐步“磨合”的过程。发达国家如美国，认为服务贸易的自由化将和商品贸易的自由化一样，对所有国家都有好处，从而对全世界都有好处。服务业在美国国内生产总值和就业中所占的比重均超过65%。服务贸易在美国的国际收入中占有极重要的地位。美国的国内服务业市场已实现了对外开放。因此，美国强烈要求其他国家也开放自己的国内市场。美国国会在《1984年贸易与关税法》中授权政府就服务贸易、投资和知识产权进行谈判，并授权对不在这些问题上同美国妥协的国家进行报复。但发展中国家反对将服务贸易和商品贸易混在一起，否则极易遭到美国的报复。当美国开始提出服务贸易问题时，绝大多数发展中国家都坚决反对进行服务贸易多边谈判。这是因为：服务业中的许多部门，如银行、保险、通信、信息、咨询、法律事务、数据处理等，都是资本－知识密集型行业，在发展中国家，这些行业是非常脆弱的，不具备竞争优势；发展中国家的服务部门尚未成熟，经不起发达国家激烈竞争的冲击，过早地实行服务贸易自由化会毁坏和断送其不断增长的服务业前程。因此，他们坚决主张在本国的“幼稚服务业”没有获得竞争力以前，决不开放他们的服务市场；有些服务行业还涉及国家主权、机密和安全。

但是，发展中国家也是不断发展、分化的。因此，对有关谈判的态度，20世纪90年代以来发生了重大的变化。一些新兴的发展中国家和地区在某些服务业已经取得相当的优势，如韩国的建筑工程承包业就具有相当强的国际竞争力；新加坡的航空运输业在资本、成本和服务质量方面也具有明显的优势。这些国家和地区希望通过谈判来扩大本国优势服务的出口。同时，大部分发展中国家，一方面迫于来自发达国家的压力，另一方面也认识到如果不积极参与服务贸易的谈判，将会形成由发达国家制定服务贸易规则的局面，这是极其被动的，且在谈判可能产生具体规则的前提下不参加谈判，也可能会损害已取得的货物贸易利益。其结果，导致在1986年9月关贸总协定缔约方部长会议上，服务贸易被正式列为新一轮多边贸易谈判议题。经过漫长而艰苦的谈判，终于在1993年12月15日的乌拉圭回合最终谈判中达成了《服务贸易总协定》，1994年4月15日在马拉喀什正式签署。

首先，《服务贸易总协定》由以下三个部分组成。

一是适用于所有成员的基本义务的协定，即《服务贸易总协定》条款。

二是作为《服务贸易总协定》有机组成部分的涉及各服务部门的特定问题和供应方式的附件，以及关于最惠国待遇豁免的附件。

三是根据《服务贸易总协定》的规定应附在《服务贸易总协定》之后，并成为其重要组成部分的具体承诺。

除上述 3 个主要部分外，还有 9 项有关决议，包括部长决定和金融服务承诺谅解书，以及 4 项组织机构决定和一项关于服务贸易与环境的决定。它们都是《服务贸易总协定》的组成部分。

其次，《服务贸易总协定》的实质性内容包括 6 个部分、29 个具体条款及 8 个附件，具体如下。

其一，“序言”确定了各成员参加及缔结《服务贸易总协定》的目标、宗旨及原则。

其二，6 个部分、29 个具体条款是：

第一部分（第 1 条）确定了《服务贸易总协定》的适用范围及服务贸易的定义。第二部分（第 2 条至第 15 条）规定了各成员的普遍义务与原则。第三部分（第 16 条至第 18 条）规定了各成员服务部门开放的具体承诺义务。第四部分（第 19 条至第 21 条）规定各成员，尤其是发展中国家服务贸易逐步自由化的原则及权力。第五部分（第 22 条至第 26 条）是组织机构条款。第六部分（第 27 条至第 29 条）是最后条款。

其三，8 个附件是：①关于最惠国待遇豁免的附件；②关于根据本协定自然人移动提供服务的附件；③关于航运服务的附件；④⑤关于金融服务的附件一、附件二；⑥关于海运服务谈判的附件；⑦关于电讯服务的附件；⑧关于基础电讯谈判的附件。

其他有关文件是：关于体制安排和某些争端解决程序的部长决定；关于普遍例外；关于基础电讯、金融服务和专业服务的谈判；关于人员流动和海运服务的谈判以及金融服务承诺谅解书。

二、中国对外服务贸易的发展与法律对策

（一）中国对外服务贸易的发展及其存在的问题

新中国成立后，在相当长的时间里，由于经济水平较低和西方国家的封锁，我国国际服务输出规模小，结构单一（主要是劳动力输出）。党的十一届三中全会以来，我国服务输出呈现空前活跃的局面，各服务行业对国际贸易积极性迅速高涨，部分行业已有一定的发展，主要包括承包工程与劳务合作、旅游服务、运输服务、银行保险、专利服务等。

在工程承包方面，仅 1996 年上半年就签订承包合同 10329 份，承包金额 47 亿美元。

1978 年以来，我国银行在海外的分支机构和办事处已达几百家，突破十多年来只有中国人民银行在香港地区与英国两家分行的局面。

我国专利技术对外服务项目，长期以来一直是逆差。1950—1979年我国技术引进费累计达145亿美元，其中知识产权技术只有2亿美元。1978年以后，我国技术进口速度仍高于出口。大力发展专利技术出口仍是我国服务贸易努力的目标之一。从整体上看，我国的服务经济与服务贸易的水平显然比较低，同发达国家相比有很大的差距。如从服务产业的从业人数来看，以1991年的数据为例，我国从事服务产业的就业人员约占全国就业人数5.48亿的19%，而同期美国的服务产业从业人数约占就业人数1.27亿的78%；日本的服务产业就业人数约占总就业人数6505万的69%；法国的服务业就业人员约占75.3%；新加坡的服务从业人员约占71.6%。由此可见，我国的服务业还不成气候，同发达国家的服务业不能同日而语。要缩短我国服务输出与发达国家的差距，必须解决以下几方面的问题。

1. 各级政府重商品出口，轻服务出口

各级政府对商品出口较重视，而对服务出口则重视不够，没有把它当作一项事业来抓，全国至今没有形成整套的服务输出法规和政策，对风起云涌的“服务革命”缺乏敏感性。

2. 管理体制不适应

服务人员派遣层次过多。由中央部属对外经济合作公司作为总包的服务合同，落实到有关企业，一般要经过5个层次；由省市属外经公司做总包的服务合同至少要经过4个层次。这不但影响服务人员的派遣速度，也影响服务人员的选派质量。

出国审批程序复杂。有的省市对服务人员出国审批的程序多达20多道，报批文件转来转去旅行，完成一个旅程少则1个月，多则3—5个月。这不仅耽误时间，贻误工作，还影响我国的对外声誉。

人事关系的部门所有制影响了外派服务人员的质量。目前一些企业往往把劳务输出所需的生产技术骨干人员扣住不放，提出种种理由加以拒绝，或提出各种苛刻条件同需方讨价还价，或将不适合的人选滥竽充数地硬塞进去，给服务人员选派造成了很大困难。

综合派遣、协调能力差。一些服务输出项目涉及方面很多，往往一个派人单位难以承担整个项目所需的服务工作，人员要来自不同地区和单位，而目前的体制大大增加了综合派遣的难度。此外，协调机制不健全，以致各外经公司之间削价竞争等不良现象时有发生。

3. 服务成本增高

近年来，我国的服务成本不断上升，同一些输出服务的发展中国家相比，我国正逐渐失去服务价格低廉的优势。目前，世界主要服务市场普通工人的工资已下降到每月300美元，而我国的服务人员成本则达500美元。

4. 服务输出结构过于单一

似乎劳工人员外派成了服务出口的代名词，而技术咨询、文娱服务、广告服务等尚未得到应有的重视。实际上，恰恰正是这些服务才能赚取大量外汇。

5. 信息不灵

至今我国还未能建立一个搜集传递国际服务信息的网络，国内也没有统一的信息处理机构。

当然，上述情况的存在，并不意味着我国在服务输出方面毫无优势且已无所作为。当今之计，应改弦更张、扬长补短、发挥优势、弃短增长，并以法律加以促进与保障，务求在国际服务贸易中争强制胜。

我国劳务输出的潜在优势是相当巨大的。从劳动力供应的绝对数量来看，我国有12亿多人口，每年有1500—2000多万人进入劳动年龄；同时，农村还有数亿农业劳动力，已经或即将陆续离开农村去城市谋求职业，他们将成为扩大劳动力出口的主力军。

从国际市场对劳动力的需求来看，许多国家劳动力市场需求量较大。西欧、中东、亚洲将成为我国劳务输出的最大市场，我国劳务输出前景是广阔的。我国在一些新的服务领域中也存在着发展潜力，具体如下。

其一，技术输出。我国技术实力，已达到相当高的水平，并已拥有一支规模不小的技术人员队伍，有些技术领域具有世界先进水平，如卫星生产与发射技术、超导研究、中医中药、水稻种植等；特别是根据我国具体情况自主开发的某些技术较西方技术更能适应一些发展中国家的需要。因此，我国有能力向外输出一些独特的适用性技术，一些高新技术也要向发达国家输出。

其二，计算机软件输出。目前我国已有一支相当庞大、水平较高的软件人员队伍，而我国的软件人员工资水平大大低于发达国家同类水平软件人员的工资水平。这是我国发展计算机软件输出的有利条件。

其三，咨询服务。我国的咨询业虽是近几年才发展起来的，但发展相当迅速，研究与学习国际咨询业务的人员数量增加很快，这一方面的潜力是很大的。

此外，对体育服务、中国传统的文化如武术、杂技、传统戏曲、音乐等以及传统的中医、中药、气功、针灸等国际服务贸易，也大有文章可做。

（二）发展我国对外服务贸易的法制需求与对策

1. 法制需求

加入WTO，面对国际服务贸易的激烈竞争，对作为发展中国家的我国来说，既是挑战，又是机遇。这种挑战蕴涵着紧迫的法制需求，主要如下。

其一，以强有力的法制措施打破服务行业的故步自封、闭关自锁的状态。我国的服务业长期为国家所统制，统得严，管得死，服务市场处于闭关自锁状态；既少进口，又少出口，根本谈不上与12亿人口的大国相称的跨国界流动。虽然改革开放已有20多年，但久已形成的保护落后服务业的惰性心理与夜郎自大的心态，造成服务市场对外开放的难度比商品市场更大。因此，我国在服务业的市场准入和逐步自由化方面遇到的阻力将会更大，在与 WTO 规则接轨方面遇到的困难会更大。这种情况与进入 WTO 形成了极大的矛盾，从而提出了以强有力的措施打破闭关自锁。

其二，以强有力的措施推动产业结构调整，促进服务业高速发展的法制需求。我国的服务经济及服务产业比较落后，服务业从业人员不仅数量少，而且素质低。从服务业从业人员占就业人数的比例来看，我国在世界 126 个国家和地区中名列第 107 位，甚至低于老挝、孟加拉等国。我国的服务贸易仅占 GDP 的 5.4%，其出口收入还不到商品贸易的十分之一。尤其在金融、信息、通信等领域里，我国处于明显劣势。因此，产业结构通过主动的调整，使服务业跃居各业之首，已成时代要求，以法制促进产业结构调整也是极重要的。

其三，规范具体服务行业服务行为的需求。在乌拉圭回合谈判过程中，我国已向 GATT 递交了航运、专业服务、银行业、广告、旅游、远海石油勘探等 6 个具有相对优势的服务部门初步承诺开价单。在达成《服务贸易总协定》时，我国又递交了服务贸易开放的承诺表。该承诺表提出了包括法律服务、会计、审计、税收和金融管理服务，建筑设计服务，计算机服务，广告服务，管理咨询服务，翻译服务，租赁服务，与科技有关的服务，会议服务，教育服务以及零售服务等 36 个服务项目的开价单。这些服务项目以及其他项目行将进入国际市场，其行为必须符合国际惯例，符合 WTO 规则。因此，对无序状态、不规范行为必须强有力地加以制止。这就提出了相应的法制需求。

2. 法律对策

有鉴于上述主要的法制需求，我国应采取的法律对策主要如下。

其一，应根据《服务贸易总协定》，加快建立和健全服务贸易的法律规范体系，促使我国的服务向 WTO 规则和国际惯例靠拢，尽快将我国的服务市场纳入国际服务事业的法制轨道中。

其二，建立大力开展国际服务贸易的法律支撑体系。其中包括制定比较稳定的各项服务贸易政策与计划；辅以政府机构协调，兼顾各服务贸易单位业务的行政措施；负责与金融、物资、技术、外贸、海关、税务等部门加强联系，取得这些部门的配合和支持的行政措施。

其三，以法律措施促进与保障服务出口的多渠道、多层次、多元化。以法律手段排除障碍，保证畅行无阻地利用各种渠道派出服务人员。对通过公司对外签约派出，通过华侨、海外各界朋友以及与友好国家结成的姐妹城市等各种窗口开拓服务业务等，给予强有力的法律支持。

其四，以法律措施促进民间服务出口的大力发展。除继续发展建筑安装人员及建材、成衣工人、海员的服务出口外，还要向高级服务行业如设计、咨询、管理、技术专利、金融等延伸，使服务出口全民化、多样化。

其五，以财政金融法制的建设与健全，保证多渠道解决发展服务出口所需的资金。现在，带资投标、延期付款等方式在国际服务市场上日见普遍，因此，国家资金支持的力度在一定程度上决定出口服务的发展速度和规模。目前，资金不足是发展对外劳务合作事业所面临的最普遍、最重要和最突出的问题。有的专家建议在解决资金的问题上，采取以下多渠道的办法：国家把所需的资金纳入国家信贷计划；广泛利用外资，建设银行要加强同世界银行及其他国家金融组织的联系和合作，同时国家应允许服务公司在国外借款，并在外汇管理上实行特殊政策；在经营战略上要抓现汇项目的节约使用，尽量带动国内设备材料的出口。这些都应纳入法制轨道，一以法制促进，二以法制保障，三以法制规范，四以法制监督，力求以最小的投入博取最大的产出。

其六，在国际服务人才的培训工作方面，给予法律支持。国际服务市场的竞争，实际上就是人才的竞争。要扩大服务输出，就必须大力培养国际服务人才，提高服务人员的素质。一方面，各级各类职业学校要瞄准国际服务市场的需要，适当调整所设专业，培养一支在国际市场上有竞争力的服务队伍，特别是销售、法律、外语、管理、财会方面的人才；另一方面，还要在法律上支持多渠道、多形式开办培养国际服务人才的学校。此外，还应由国家拨出专项资金，挑选部分职业学校毕业生，对他们进行外语和对外经贸知识的培训，作为我国派出服务人员的重要后备力量。

三、“入世”与中国的律师业

在国际商海的搏击中，律师服务业是不可或缺的。在世界贸易组织中，一国的律师既是一支独立的船队，同时又是其他所有航船的导航、水手、警卫兼舵手。只有获得了律师的专业服务，商船才不易迷失方向；只有在律师的齐心协力的帮助下，商船才能力量倍增；只有精通 WTO 规则的律师援手，才能把好商船的舵。

改革开放 20 余年来，中国律师业已从无到有地发展起来了。中国加入 WTO，赋予中国律师以全新的使命，空前的机会也带来繁重的任务，要求中国律师以“紧急起航”的姿态，奋起努力。

(一)“入世”与中国律师业的关系

世界经济一体化提出了律师服务国际化的要求。律师服务国际化是指本国律师走向世界，到国外去设立办事机构或与对方进行合作；允许外国律师到本国来设立办事机构或与本国律师进行合作。这对研究加入 WTO 后中国律师业的发展趋势与对策，有着重要的意义。

从总体上看，律师服务国际化将导致以下几种情况的发生。

1. 律师服务向商业化、非法律化发展

融入市场经济的律师服务，应当是网罗与联合工程师、会计师、经济师、医生、电脑专家、金融专家和社会名流，为国际事务、卫生保健、银行财政、工程技术等提供全方位的法律服务。这是律师服务在市场条件下的必然趋势。有人认为这是“非法律服务”。这个提法是值得商榷的。诚然，律师服务的商业化与国际化，大大拓展了律师服务的范围，越出“纯”刑事、民事、行政的范围，进入诸如工程技术以及卫生保健、银行财政等领域，似乎非律师的“正业”。但律师服务之所以进入这些领域，仍然“万变不离其宗”，只是提供这一领域的法律服务而已，它并不直接解决工程技术、卫生保健本身的科学技术问题。

2. 律师事务所的管理与组织向经营管理型发展

律师事务所中将发生经营管理人员与专业化律师的职能分离，由经营管理人员主持律师事务所的经营管理事务和日常业务工作，如市场分析、公共关系、重组联合、考察分析、意向谈判、广告策划等，从而为律师事务所的业务拓展提供可靠的组织保证和后勤保证，使律师事务所在公司化、大型化的进程中高效率地运行和扩张。

3. 律师事务所向公司化、大型化发展

世界经济一体化过程中，跨国经营大大增多，它必然导致各国律师业竞争地域的国际化、竞争业务的复杂化和竞争手段的现代化。在这种形势下，几个人合伙开业的“小不点”律师事务所是无计可施的，律师事务所的公司化和大型化发展是必然的趋势。具体来说，可能有以下几种公司化、大型化的发展情况：一为跨国服务。跨国公司的全球化经营，要求法律服务突破传统的地域服务与本国本土服务，走出国门，实行跨国服务，在全球范围内实现智力、管理、信息等要素的最优配置，从而使法律服务成为一种多层次、全方位和综合性的高级服务贸易。二为连锁经营。这是同跨国服务的服务方式相匹配的。优势的法律服务在全球范围内经营，如同快餐业中的“麦当劳”那样，作为成功的品牌和服务不断地扩大规模，不断开出分店，形成连锁经营。三为合资经营。国际上不少大型跨国法律事务所都有合资经营的经历。一些同是英美法系或大陆法系的国家的事务所，彼此在相同或相似的法域，有着较为成熟的合资经营理念和规则，水到渠成地进行了合资经营。即使并非同一法系的律师事务所，也有合资经营的。这样做，既可在资金的利用上发挥长短互补的优势，也可在法律业务的合作上发挥快速交流的长处。

毫无疑问，上述世界经济一体化对律师服务国际化的要求，同样会发生在中国律师事业的发展上。在这一基础上，中国“入世”与中国律师业发展的关系如何呢？我们认为，最重要的是为中国律师业的发展创造了良好的机遇。主要体现在以下几个方面。

首先，加入WTO将会推动“依法治国”的进程，加快我国社会主义法治国家的建设，从而为律师依托职业发挥法律卫士的作用提供了条件，也大大提高律师的地位。

其次，我国加入WTO，将使律师业务领域进一步拓宽，给律师业的发展拓展了更为广阔的舞台。中国“入世”后，产业结构、企业组织结构、文化形态和管理模式与世界经济的整合将进一步加快；中国的商品、劳务、技术、信息和资本将全力汇入世界经济大潮，中国企业将在全球范围内进行生产要素的最佳组合和配置，分享经济全球化带来的结构优化和规模经济的实惠；中国人的消费结构、投资结构和经济理念将发生深刻变化。这一系列巨大而深刻的变化，都要求律师以自己的法律知识和经验提供高质量、高层次的法律服务，扮演越来越重要的角色，发挥越来越重要的作用。

最后，加入WTO，使得我国律师业的对外交流大大发展并逐步融入国际律师业。我国律师在频繁的对外交流中，当不断拓宽视野，转变观念，充实自我，增长才干；在激烈的竞争中，不断增强竞争意识、进取意识、开拓意识，不断提高竞争实力。

（二）中国律师业的现状与“入世”对策

机遇在望，如何抓住并使之成为自身发展的优势，这是当今中国律师界必须深思的问题。

中国律师制度恢复20年来，取得了可观的成就：现已建立起一支具有较高政治素质和业务素质、党和人民所信赖的律师队伍，这支队伍从1979年的212人已经发展到今天的11万余人；律师事务所由数十家发展到9000多家；律师业务领域不断拓宽，由恢复初期单纯的刑事辩护、民事代理，发展到涉外经济、金融、房地产、证券、高科技等市场经济的各个领域，涉及国家的政治、经济和社会生活的方方面面；律师工作的法制化进一步完善和加强；中国律师业扩大了国际间的合作，有近100家外国律师事务所和26家香港地区律师事务所在我国（内地）建立了办事处，同时，我国已批准19家国内律师事务所在美国、俄罗斯、加拿大、德国、荷兰、澳大利亚、日本、新加坡等国家设立了分支机构。这些为中国加入WTO后迎接新的挑战打下了较好的法治基础。但毋庸讳言，中国律师业与许多国家的律师业相比较，与加入WTO对中国律师业的要求相比较，还存在相当大的差距。

1. 与发达国家律师业相比，中国律师业的主要差距

其一，参与国际法律业务，尤其是参与经济全球化条件下的国际法律业务，几无经验可言。从律师素质与知识结构看，由于大学法学教育与国家律师资格考试都有重国内法轻国际（私）法的缺陷，因此，中国律师对国际（私）法知识掌握甚少，且因已掌握的国内法又很快被新的立法所淘汰，因而导致他们难以适应新形势下的新要求。

其二，由于发展时日不长，律师事务所体制尚处在不断改革的过程中，目前的律师事务所规模小、积累少、竞争力差。短期内这种情况对绝大多数律师事务所来说是难以改变的，要迎接公司化、集团化“海外兵团”的冲击和挑战，困难相当大。

其三，与上述状况相关，从宏观上看，律师行业的专业化分工尚未形成。从微观上看，绝大多数律师事务所的经营管理和律师执业合一，专长于律师事务所公司化运营的经营管理者队伍并未形成；没有规范的章程或有章不循，以单一效益工资为驱动力；执业中律师既是指挥员又是战斗员，实行的乃是原始讼师的单兵操作方式。

2. 加入 WTO 后中国律师业发展对策

借鉴发达国家律师事业发展过程中积累的经验来看，加入 WTO 后，中国律师业在发展对策上应注意以下几点。

其一，着眼国际竞争，鼓励实行联合，逐步走向公司化经营。从工作步骤上看，应先在直辖市、省会、特区和沿海开放城市的具有较大规模的律师事务所间实施联合重组，允许组建跨地区律师事务所，在人才、规模、资本和装备上，逐步奠定大型公司化基础。政府对大型公司化进程中的律师事务所的扶持十分重要，政府应积极调动社会各方面力量，在基本建设资金、税收、管理和宣传等方面给予优惠和扶持，及时总结和推广律师事务所发展壮大的经验，采取措施积极培养律师事务所的专门管理人员。

其二，放开国内市场，吸引外国律师来中国开展业务。中国的律师服务市场对外开放，让外国律师事务所在中国设立办事机构或设立分所，具有重要意义。中国律师业需要外来冲击，以打破闭关自守的陈旧观念，加强竞争意识。放开律师服务市场、吸引外国律师的意义还在于，它可大大促进外商到中国投资和开展经济技术合作，促进我国对外开放和经贸的发展，推动中外律师界的交流与合作，为我国律师业的改革发展和走向世界提供有益的借鉴。

其三，促进、鼓励律师事务所向跨国联合方向发展，培育跨国人才，增强自身实力，实现迅速扩张。中国加入 WTO 后，律师服务国际化必然导致跨国联合。这既是国外的成功经验，也是由中国的国情和律师业现状决定的。中国律师业规模小、积累少、知识结构内向，缺乏跨国竞争经验，鼓励中国律师业实行跨国联合，吸引外国的优秀涉外律师机构与中国的律师事务所联合，可收增强自身实力、实现迅速扩张之效。

其四，选择专门人才，大力培养经营者阶层。大型公司化律师事务所之间的跨国竞争，实质上就是出类拔萃的经营管理专门人才之间的竞争。但当今中国，律师事务所的专门经营管理人才奇缺。为大批培养律师业的经营者，应做与可做的工作是：加强对现代大型公司化律师事务所经营管理学的研究；按照律师服务国际化的标准，选择具有发展潜力的专门经营管理人才，到国外进行见习或培训；通过跨国联合或多种途径，引进国外人才。

其五 ，要大力推动中国律师和国际律师界的交流与合作。从形势发展的要求看，现在需要中国律师界“紧急起航”，积极参与中国企业家的全球经济商海搏战。机不可失，时不我待，“乘风破浪会有时，直挂云帆济沧海”。我们相信，中国的律师服务业与其他各类服务业一样，也将在 WTO 大舞台上一展雄姿，为中国人民与世界人民造福。

第十八章　涛头弄潮

——“入世”与我国的知识产权保护

北宋潘阆《酒泉子·长忆观潮》词有“弄潮儿向涛头立，手把红旗旗不湿”句。涛头弄潮，绝技惊世！当代科学技术飞速发展，推动经贸大海波涛翻滚，雪浪排空。知识产权的博取与保护，正是这科技与经贸汪洋大海中应有的一簇浪花。中国“入世”之前，曾经历过尖锐的知识产权问题的国际搏击；“入世”之后，也少不了“弄潮”于“涛头”的努力。能否高擎红旗旗不湿，当在是否充分了解 WTO 知识产权的有关规定，充分了解我国的知识产权法，并根据新的形势与新的问题，有所改进，有所创新。

一、WTO《与贸易有关的知识产权协定》概述

（一）《与贸易有关的知识产权协定》形成的背景

随着科学技术的发展及其在经济发展中的作用的迅速增强，加大与贸易有关的知识产权保护的力度，成了经济全球化进程中提出的必然要求。但是，以往的国际公约不能完全有效地实现知识产权保护的目标。首先，以往公约多是涉及保护程序方面的问题，而对各国的实体法要求很少，没有制定一套知识产权保护的国际标准。其次，以往公约缺乏对知识产权效力范围的全面规定。某些类型的知识产权，如商业秘密，在以往公约中很少涉及。再次，以往公约没有明确具体规定当侵权行为发生时，知识产权所有人和各国当局所能够采取的救济措施。最后，各国在知识产权交易中引发的一些贸易争端，往往会造成双方相互制裁，公约没有涉及对知识产权方面争端的解决办法。

有鉴于此，经过发达国家与发展中国家的激烈交锋和妥协，终于形成了《与贸易有关的知识产权协定》（简称《知识产权协定》）。

1.《知识产权协定》的目标在于促进贸易中的知识产权保护

其序言部分明确指出，缔结此协定的宗旨在于：减少对国际贸易的扭曲与阻碍；促

进知识产权在国际范围内更充分、有效的保护；确保知识产权的实施及程序不对合法贸易构成壁垒。

2. 为实现上述目标，世界贸易组织成员达成共识

其一，尽快建立一套解决国际贸易中关于冒牌贸易的原则、规则和纪律的多边框架。

其二，知识产权是私有权。

其三，承认知识产权保护方面各国国内法律体系所寻求的基本公共政策目标，其中包括实现发展与技术进步的目标。

其四，鉴于最不发达国家财政状况不佳，经济发展的水平较落后，过高追求知识产权的高标准保护和实施知识产权法律可能对财政产生负担，对其造成不利影响。为此，各成员同意对最不发达国家给予特殊的照顾、优惠，允许其采取更为灵活的办法对知识产权提供保护。

其五，通过多边程序达成强有力约束的承诺，以解决世界贸易组织成员间可能产生的有关知识产权的摩擦，缓解各国间的贸易矛盾，促进国际贸易的发展。

其六，世界贸易组织与世界知识产权组织及其他相关国际组织之间建立起良好的合作与相互支持的关系，从而进一步推动知识产权的国际保护。

（二）《知识产权协定》规定的一般义务与基本原则

1. 最惠国待遇原则

《知识产权协定》第 4 条规定："任何一成员就知识产权保护提供给一成员国的利益、优惠、特权或豁免应当立即、无条件地给予所有其他成员的国民。"这种最惠国待遇与《1994 年关税与贸易总协定》最惠国待遇一样，是无条件的、多边的、永久性的。

过去的知识产权领域的国际公约中，几乎没有一个知识产权方面的国际公约制定了最惠国待遇条款。为此，世界贸易组织《知识产权协定》要求在其管辖的知识产权范畴内，在 4 个重要的知识产权国际公约，即在《巴黎公约》《伯尔尼公约》《罗马公约》《关于集成电路的知识产权条约》已有的国民待遇的基础上，将重要的最惠国待遇原则纳入知识产权保护之中，这是知识产权领域国际保护方面的重大变化，对世界贸易组织成员间实行非歧视贸易提供了重要的法律基础。

2. 国民待遇原则

鉴于世界贸易组织"成员"可以是主权国家政府，也可以是单独关税区，《知识产权协定》第 1 条第 3 款专门对该协定有关"国民"的特指含义加以注释。该注释指出："本协定中所称'国民'一词，在世界贸易组织成员是一个单独关税区的情况下，应被认为系指在那里有住所或有实际和有效的工业或商业营业场所的自然人或法人。"当世界贸易组织成员是主权政府时，《知识产权协定》规定："就相关知识产权而言，其他成员的国民应理解为符合《巴黎公约》(1967)、《伯尔尼公约》(1971)、《罗马公约》和《关于集成电路的知识产权条约》所列明的保护标准项下的自然人或法人，是那些条约成员国与世界贸易组织所有成员的国民。”

在《知识产权协定》中，《巴黎公约》系指《保护工业产权巴黎公约》，《巴黎公约》（1967）系指《巴黎公约》1967年7月14日斯德哥尔摩文本；《伯尔尼公约》系指《保护文学和艺术作品的伯尔尼公约》，《伯尔尼公约》（1971）系指该公约1971年7月24日的巴黎文本，该文本共38条，其中第1条至第21条为实体条款，第22条至第38条为行政条款，此外还有一个“公约附件”，共6条，是有关发展中国家颁发强制许可证的有关优惠安排；《罗马公约》系指1961年10月26日在罗马签订的《保护表演者、唱片制作者和广播组织国际公约》；《关于集成电路的知识产权条约》系指1989年5月26日在华盛顿达成的条约。根据《知识产权协定》规定，凡是符合《巴黎公约》（1967）、《伯尔尼公约》（1971）、《罗马公约》和《关于集成电路的知识产权条约》所列明的保护标准项下的自然人或法人，是以上4个公约成员国的国民或世界贸易组织成员的国民，就应该享受《知识产权协定》的国民待遇。可见，协定使知识产权国民待遇扩大到世界贸易组织135个以上成员的范围，大大地扩大了知识产权的保护范围。

《知识产权协定》国民待遇的适用范围是有限制的，并不覆盖知识产权的所有方面，为此，协定确定了在以下几方面的例外。

其一，已经在《巴黎公约》（1967）、《伯尔尼公约》（1971）、《罗马公约》和《关于集成电路的知识产权条约》中规定的例外。

其二，有关知识产权在司法和行政程序方面的例外，包括对服务地点的指定或在某一成员司法管辖中对代理人的指定。但是，这些例外不能对正常贸易构成变相的限制，也不能与《知识产权协定》的义务相抵触。

其三，在特定情况下，如果世界贸易组织成员按《知识产权协定》规定引用《伯尔尼公约》《罗马公约》而实行“互惠待遇”是允许的。但是，必须在事前通知与贸易有关的知识产权理事会。

其四，国民待遇也不适用于由世界知识产权组织主持所缔结的多边协议中有关获得及维持知识产权的程序方面的规定。

3. 权利用尽原则

《知识产权协定》规定根据本协定进行争端解决时，在符合国民待遇和最惠国待遇规定的前提下，不得借助本协定的任何条款去涉及知识产权用尽的问题。

关于知识产权的权利“用尽”（exhaustion）问题，至今仍有较多争议。各国知识产权法律对此规定差异较大。例如，关于专利权的用尽方面，大多数国家专利法规定，专利权人制造或经专利权人授权许可制造的专利产品销售之后，其他人不需经过许可就可以有权使用或再销售该专利产品；关于商标权的用尽方面，绝大多数国家都规定注册商标所有人及被许可人的商品出售后，第三人在本国合法使用或出售的这些商品上使用该商标不构成侵权，即商标权人的权利用尽，他不能阻止第三人在该商品上使用该注册商标；关于版权的用尽方面，一些国家规定，如果版权人本人或经其授权，将其有关作品的复制本投入市场后，这一批复制本随后的发行、销售等，权利人都无权干涉，这就是“版权用尽”。

《知识产权协定》将其“目标与原则”单列为协定第 7 条、第 8 条，而不将其在协定序言与宗旨中全部加以约定或表述。这说明世界贸易组织将其视为世贸组织成员必须遵守的义务，及相应的权利加以对待，对其成员具有法律约束力。这也反映了世界贸易组织的务实性，无论是发达国家还是发展中国家成员均可以此作为权利与义务的具体依据，在自己的权利受到损害时，可按照本协定及世界贸易组织有关争端解决的协议、条款维护自己的利益。

《知识产权协定》明确世界贸易组织成员：一是可在其国内知识产权法律及条例的制定与修订中，采取必要的措施保护公众的健康和营养，以促进对社会经济和技术发展至关重要的部门的公共利益。二是可以采取适当的措施防止知识产权持有人滥用知识产权，或凭借不正当竞争手段限制贸易，或对国际间技术转让产生不利影响。但是，上述两项基本原则在实施中都不能对《知识产权协定》项下的有关规定构成冲突。这些原则为世界贸易组织成员在今后制定或修订知识产权法律时提供了重要的指南，也对各国的知识产权法律提出了基本要求，如果不与这些原则相一致，则世界贸易组织的贸易政策法规审议制度有权要求成员进行法律调整，以便与世界贸易组织相应的法律一致，否则其他成员可以向世界贸易组织提起仲裁。

除上述原则外，《知识产权协定》还就专利保护的最低标准和保护期、版权与邻接权的最低保护标准、商标的最低保护标准、地理标志保护、工业品外观设计保护、知识产权的实施与执行等做了具体而详尽的规定。其中包含了对发展中国家和最不发达国家的一些例外和优惠措施。

二、中国的知识产权法制

20 世纪 80 年代以前，中国的知识产权法制几乎是一片空白，直到 1982 年《商标法》（1982 年 8 月 23 日）颁布以及 1984 年《专利法》（1984 年 3 月 12 日）颁布后，才开始改变“无法无天”的状态。1985 年，召开了我国首届科技立法会议，大大推动了科技立法包括知识产权立法的发展。我国的知识产权保护水准迅速提高，取得了很多国家几十年甚至上百年才取得的成绩。中国在知识产权保护的立法和知识产权的执法上已接近（个别地方甚至已超出）世界贸易组织负责实施和管理的《与贸易有关的知识产权协定》。

（一）知识产权保护的立法

1. 专利法

1980 年中国加入了《巴黎公约》，显示了向知识产权保护国际惯例靠拢的决心。1984

年,《中华人民共和国专利法》颁布。1992 年 9 月，为了向 TRIPs 草案的规定靠拢，同时也为了执行与外国签订的有关专利权的双边协定（主要指 1992 年 1 月签订的《中美关于保护知识产权的谅解备忘录》)，全国人大对《专利法》(1992 年 9 月 4 日）进行了重要的修正。同年 12 月 21 日，国家专利局修订发布了《中华人民共和国专利法实施细则》。我国对专利权的保护水平与 TRIPs 的规定相比，大致情况如下：

在授予专利权的条件方面,《专利法》第 22 条规定："授予专利权的发明和实用新型，应当具备新颖性、创造性和实用性。"这是符合 TRIPs 要求的。

在专利保护客体的范围方面，1992 年《专利法》的修正中，将药品和化学物质、食品、饮料和调味品列入保护的范围之中，达到了 TRIPs 的要求。1997 年 3 月 20 日发布、10 月 1 日起施行《中华人民共和国植物新品种保护条例》，我国的植物新品种得到了保护。

在专利权人的权利方面，1992 年《专利法》的修正给予专利权人"禁止他人未经专利权人许可，为生产经营目的进口其专利产品或者进口依照其专利方法直接获得的产品"的权利。经过这次补充，我国关于专利权人的权利的规定完全符合了 TRIPs 的标准。

在专利权的保护期方面，1992 年《专利法》的修正将发明专利权自申请日起计算的期限延长为 20 年，实用新型专利权的期限延长为 10 年，符合了 TRIPs 的保护要求。

在专利实施的强制许可方面,《专利法实施细则》第 68 条规定："自专利权被授予之日起满 3 年后，任何单位均可以依照专利法第 51 条的规定，请求专利局给予强制许可。"这一条规定符合《巴黎公约》的强制许可原则。在《专利法》第 6 章和《专利法实施细则》第 5 章中，详细规定了对强制许可的限制措施，完全满足了 TRIPs 第 31 条提出的 12 项复杂的要求。

中国将对外观设计的保护放入《专利法》中进行规定。外观设计的创作人可以申请外观设计专利，对其进行保护。

在授予专利权条件方面,《专利法》第 23 条规定，外观设计只要具备新颖性，就可授予外观设计专利，而并不需要像发明和实用新型那样，同时满足新颖性、创造性和实用性三个要求。这一条规定与 TRIPs 对外观设计的独创要求是一致的。

在专利权人的权利方面,《专利法》授予了外观设计专利权人"禁止他人未经专利权人许可，为生产经营目的制造、销售或进口其外观设计专利产品"的权利，这符合 TRIPs 的要求。但是 TRIPs 同时也禁止他人未经许可、为生产经营目的制造、销售或进口"体现了该外观设计精神的产品"，这样对外观设计专利权人的保护显得更加完善，而《专利法》没有这种规定。

在专利权的保护期限方面,《专利法》规定对外观设计专利权的保护期限是自申请之日起 10 年内，这符合 TRIPs 的要求。

2000 年 8 月 25 日，第九届全国人大常委会第十七次会议再次修正了《专利法》，这部新的《专利法》于 2001 年 7 月 1 日正式生效。这次专利法的修改幅度比较大，涉及的条文达 36 条。主要内容如下。

一是取消全民所有制单位对专利权“持有”的规定。修改后的专利法取消了专利权依据单位的性质分为持有和所有，取消持有专利权的全民所有制单位对专利发明没有完全的处分权，以及在转让专利申请权或专利权时必须经上级主管机关批准等限制性规定。

二是对职务发明重新界定。专利法用授予专利权的方式酬报做出发明创造的单位和个人，鼓励发明创造。

三是明确了对职务发明人应当给予奖励和报酬。根据本次专利法修改案，发明创造专利实施后，单位根据其推广应用的范围和取得的经济效益，对发明人或者设计人应当给予报酬。

另外，修改后的专利法增加了有关许诺销售、制止非法产品的“合法”使用、诉前临时措施以及关于侵权赔偿额计算等规定。在简化、完善专利审批和维权程序、维护当事人的合法权益方面明确了提交专利国际申请（PCT）的法律依据，本次修改案取消了撤销程序。为充分保护当事人的合法权益，本次专利法修正案规定对实用新型和外观设计专利申请的确权和宣告无效均由人民法院终审。这些，直接或间接地，都是有利于接轨国际、融入 WTO 发展知识产权贸易的。

2. 著作权法

新中国成立后的首部《著作权法》颁布于 1990 年 9 月 7 日。1991 年 5 月 30 日，国家版权局又发布了《著作权法实施条例》。

根据《著作权法》第 3 条和《著作权法实施条例》第 2 条，享有著作权的作品指“文学、艺术和科学领域内，具有独创性并能以某种有形形式复制的智力创作成果”，包括：①文学作品；②口述作品；③音乐、戏剧、曲艺、舞蹈作品；④美术、摄影作品；⑤电影、电视、录像作品；⑥工程设计产品设计图纸及其说明；⑦地图、示意图等图形作品；⑧计算机软件；⑨法律、行政法规规定的其他作品。根据《著作权法实施条例》第 23 条，“著作权自作品完成创作之日起产生”，即著作权人不需履行任何手续即可获得著作权。

根据《著作权法》的精神，1991 年 6 月 4 日，国务院发布了《计算机软件保护条例》。1992 年全国人大决定中国加入《伯尔尼公约》《世界版权公约》和《日内瓦公约》。为了履行《伯尔尼公约》和与外国签订的有关著作权的双边协定（主要指 1992 年 1 月签订的《中美关于保护知识产权的谅解备忘录》），国务院又于 1992 年 9 月 25 日发布了《实施国际著作权条约的规定》。

我国的著作权保护与 TRIPs 的要求相比，大致情况如下。

在著作权保护客体的范围方面，我国已将计算机软件视为《伯尔尼公约》下的文学作品进行保护，而且著作权人不需履行任何手续即可获得计算机软件著作权，从而提前达到了 TRIPs 的要求。

我国《计算机软件保护条例》规定，计算机软件须向软件登记管理机构办理软件著作权登记，著作权人才有权提出软件权利纠纷行政处理或者诉讼。而《实施国际著作权条约的规定》却允许外国软件著作权人不履行登记手续，给予他们超国民待遇。国民待遇原则是为贸易的公平性、平等性而确立的，非国民待遇与超国民待遇都是不妥的。因此，计算机软件登记问题上的超国民待遇，是应调整的。

在著作权人的权利方面，《著作权法》规定著作权人享有发表权、署名权、修改权、保护作品完整权、使用权和获得报酬权，满足了《伯尔尼公约》的要求。TRIPs 的规定还有出租权，而《实施国际著作权条约的规定》给予外国作品著作权人以上述出租权。这也存在国民待遇原则与公平、平等原则的特殊，值得进一步探讨。

在权利的保护期限方面，我国对作者经济权利的保护符合《伯尔尼公约》和 TRIPs 的要求；在邻接权方面，对录音制品制作者和广播组织的保护较为完善，其权利期限超过了《罗马公约》的规定，达到了 TRIPs 的要求；而关于表演者，《著作权法》赋予的权利不如 TRIPs 完善，而且没有规定权利期限。

2000 年 11 月 25 日，国务院第 33 次常务会议审议并原则通过了《中华人民共和国著作权法修正案（草案）》。著作权法修改内容大体涉及三方面：一是著作权法与 WTO 不一致的地方，完全按公约修改。例如，在法律保护的客体问题上，数据库作品的保护范围将扩大。在权利范围方面，过去著作权法规定的面较窄，现将数字复制也涵盖其中；还有公开表演权，修改草案除现场表演外，还将录音、录像等机械性表演也纳入其中。二是新技术使用方面，修改草案确认了网络环境下的著作权，规定了网络下的安全措施。规定将作品上网是作者的权利，任何人把他人的作品上网，要经过他人许可，否则将侵权。三是执法方面，针对盗版的日益猖獗，草案改进了执法规定，如规定了“禁止令”，被侵害人在起诉前可要求法院发出禁止令，要求行为人停止侵害行为，并扣压证据。在赔偿问题上，引进国外“法定赔偿”制度，当事人不必举证，法官在法律规定的范围内可以自行确定赔偿数据，减轻了被侵害人的举证负担，加快诉讼审判。毫无疑问，著作权法的修正，将使我国更接近 WTO 的规则。

3. 商标法

1982 年 8 月《中华人民共和国商标法》颁布，成为我国知识产权保护领域的第一部大法。1988 年 1 月，国家工商行政管理局修订发布了《中华人民共和国商标法实施细则》。随着我国经济体制改革的深入，为了与国际接轨，全国人大于 1993 年 2 月对《商标法》进行了重要的修正。在商标的国际保护方面，早在 1980 年，我国就加入了《巴黎公约》。

我国商标权的保护状况与 TRIPs 的要求相比，情况大致如下。

在商标保护客体的范围方面，在 1993 年的修正中，将《商标法》有关商品商标的规定，适用于服务商标，符合 TRIPs 的要求。

在商标权的内容方面，《商标法》中将商标注册人拥有的权利称为“商标专用权”，而不是“商标所有权”。尽管名称不同，这种保护已经达到了 TRIPs 的要求。《商标法》第

30条规定，有下列行为之一的，均属侵犯注册商标专用权：①未经注册，商标相同或者近似商标的；②销售明知是假冒注册商标的商品的；③伪造、擅自制造注册商标标识或者销售伪造、擅自制造的注册商标标识的；④给他人的注册商标专用权造成其他损害的。虽然我国的规定方法与TRIPs第16条第1款有所不同，但保护内容是一致的，而且条文更加具体。

在商标的保护期限方面，我国规定注册商标的有效期为10年，并可申请续展注册，超过了TRIPs的保护水平。

在商标的使用要求方面，《商标法》第30条规定，注册商标连续3年停止使用的，由国家工商行政管理局商标局责令限期改正或者撤销其注册商标。这一点与TRIPs的规定是一致的。

《商标法》和《商标法实施细则》中并没有具体规定对驰名商标的保护，但是，中国保证履行《巴黎公约》中关于保护驰名商标的义务，而且在商标注册实践中，也给予了驰名商标一定的特殊待遇。

4. 地域标记的立法保护

中国已加入《巴黎公约》，承诺依照公约对地域标记进行保护，如依照《巴黎公约》第10条的规定，对标有虚假货源标记的商品，在进口时将予以扣押。我国《商标法》也规定了对地域标记的某些保护措施。根据第8条的规定，县级以上行政区划的地名或者公众知晓的外国地名，不得作为商标，但是如“北京牌”彩电、“青岛牌”啤酒等已经注册的使用地名的商标可以继续使用。这样，在一定程度上保护了与这些产地名称有利益关系的生产厂家。但是，这种零散的规定还不能达到保护地域标记的要求，与TRIPs的要求也不相符合。

5. 集成电路布图设计的立法保护

中国作为首批签字国，1989年在《华盛顿条约》上签了字，保证履行该条约规定的义务，对集成电路布图设计进行保护。但是，TRIPs对该条约有关集成电路布图设计的保护范围、保护期限和强制许可等方面进行了补充规定。我国国内法必须与之相适应。

目前，我国只是在《著作权法》中针对集成电路布图设计的保护，规定产品设计图纸及其说明可以取得著作权保护，同时在《专利法》中规定，实用新型可以进行专利申请。但是，产品设计图纸只要是独立完成的，就可取得著作权保护；而集成电路布图设计立法应保护的不是常规的设计，而是有一定难度或者有所创新的设计，即符合《华盛顿条约》“原创性”条件的设计；集成电路布图设计的“原创性”条件包括线条宽度的不断减小和电路集成规模的不断提高，有时可能没有出现根本性的改进，因而达不到实用新型的创造性要求，无法申请实用新型专利。因此，我国应加紧立法，以单行法规的形式对集成电路布图设计进行法律保护。

6. 商业秘密的立法保护

在我国“商业秘密”概念是在1991年颁行的《中华人民共和国民事诉讼法》(1991年4月9日)中首次出现的。该法第16条规定：“对涉及国家秘密、商业秘密和个人隐私的证据应当保密，需要在法庭出示的，不得在公开开庭时出示。”

为了适应TRIPs草案中关于未公开信息的规定，在1993年9月2日通过的《中华人民共和国反不正当竞争法》中，加入了有关保护商业秘密的条文。该法第10条规定：“商业秘密指不为公众所知悉、能为权利人带来经济利益、具有实用性并经权利人采取保密措施的技术信息和经营信息。”这项定义完全包括了TRIPs对商业秘密所提出的三个条件。

我国的《反不正当竞争法》还对侵权行为进行了详细的规定，包括：“(1)以盗窃、利诱、胁迫或者其他不正当手段获取权利人的商业秘密；(2)披露、使用或者允许他人使用以盗窃、利诱、胁迫或其他不正当手段获取的他人的商业秘密；(3)违反约定或者违反权利人有关保守商业秘密的要求，披露、使用或者允许他人使用其所掌握的商业秘密。”与TRIPs相比，上述对权利人的权利的规定显得更加全面。

（二）知识产权保护的执法

我国通过司法和行政两条途径处理知识产权纠纷，为权利人的合法权益提供保护。

1. 司法途径

(1)民事程序

在知识产权的司法保护方面，我国已经建立了公开、公平、公正的民事程序。主要体现在1991年4月9日颁布的《中华人民共和国民事诉讼法》中。该法规定，知识产权的诉讼程序依次如下。

其一，起诉和受理。人民法院收到起诉状，经审查，认为符合起诉条件的，应当在7日内立案，并通知当事人。法院认为侵权成立，可以做出先予执行的裁定。原告也可以提起财产保全和证据保全的申请，但必须提供充分、有效的担保。《民事诉讼法》关于证据保全措施的规定，符合TRIPs“临时措施”一节的要求。

其二，审理前的准备。人民法院应当在立案之日起5日内将起诉状副本发送被告，被告在收到之日起15日内提出答辩状，人民法院应当在收到答辩状之日起5日内将其副本送达原告。在审理前还应确定合议庭的组成人员。

其三，开庭审理和判决。知识产权案件除涉及商业秘密以外，一律公开审理和判决。

其四，上诉。当事人不服地方人民法院第一审判决的，有权在判决书送达之日起15日内向上一级人民法院提起上诉。

(2)民事救济

1986年4月12日颁布的《中华人民共和国民法通则》在“侵权的民事责任”一节中就知识产权案件的民事救济做了规定：“公民、法人的著作权（版权）、专利权、商标专用权、发现权、发明权和其他科技成果受到剽窃、篡改、假冒等侵害的，有权要求停止侵害，消除影响，赔偿损失。”我国还在1993年对《商标法》的修正中，首次规定损失赔偿款的计算方法，“赔偿额为侵权人在侵权期间因侵权所获得的利润或者被侵权人在被侵权期间因被侵权所受到的损失”。这样，当被侵权人所受损失无法计算时，可以以侵权人所获得利润为索赔依据。1993年通过的《反不正当竞争法》也肯定了这一民事救济规定。

（3）刑事救济

中国各有关法律都规定，对于那些侵犯他人知识产权情节特别严重，构成犯罪的，可以依法追究其刑事责任。于1997年10月1日施行的经修改的《中华人民共和国刑法》在分则编第3章第6节专门规定了“侵犯知识产权罪”，对侵犯注册商标、著作权、专利权、商业秘密的犯罪行为规定了具体刑罚处罚。

在依据中国法律保护知识产权的同时，当有关纠纷涉及国际关系时，有关的国际条约的规定也被援用来实施为知识产权的司法救济。1994年8月由北京市第一中级人民法院开庭审理的美国迪斯尼公司诉北京两家出版社一案中，首次在审理中直接用国际条约作为判决依据，保护了著作权人的合法权益。

2. 行政途径

在中国，专利局[①]、国家工商行政管理局[②]、国家版权局分别负责全国专利、商标和著作权管理工作，当发生专利、商标或著作权纠纷时，往往首先由这些机关依法进行处理。

1994年7月，国务院发布了《关于进一步加强知识产权保护工作的决定》，决定建立国务院知识产权办公会议制度，以加强知识产权的宏观管理和统筹协调。国务院知识产权办公会议负责研究制定知识产权管理的重大政策和对策，协调跨部门、跨地区的综合性知识产权管理工作，推动知识产权制度成为我国实施科技发展战略和建立新型科技、经济、文化体制的组成部分。

该《决定》还规定，计算机软件、音像制品著作权管理工作由国家版权局统一负责；对外知识产权谈判工作由外经贸部牵头负责，外交部协调；国家工商行政管理局、中国专利局、国家版权局分别负责依法查处相关的知识产权侵权案件；海关总署负责实施知识产权的边境保护措施。

为了加强知识产权的边境保护，参加TRIPs关于边境措施的规定，国务院于1995年10月发布了《中华人民共和国知识产权海关保护条例》。该条例规定：“侵犯受中华人民共和国法律、行政法规保护的知识产权的货物，禁止进出口。”知识产权权利人首先应当向海关总署申请知识产权保护备案；当权利人发现侵权嫌疑货物即将进出境时，可以向货物

① 1988年国务院机构改革，专利局更名为国家知识产权局。——编者注

② 2018年3月根据国务院机构改革方案，不再保留国家工商行政管理总局，其职责并入新组建的国家市场监督管理总局。——编者注

进出境地海关提出采取知识产权保护措施的申请，但应当向海关提交与进口货物 CIF 价格或出口货物 FOB 价格等值的担保金；海关发现进出境货物有侵犯在海关备案的知识产权嫌疑的，有权予以扣留，经调查确定为侵权货物的，予以没收直至销毁。

如上所述，我国的知识产权司法和行政保护是比较全面的，基本上达到了 TRIPs 要求的保护标准。但是法律的严密性、严谨性不允许有法律漏洞，加入 WTO 后，当对我国知识产权法制提出更高的要求。因此，我们还必须主动寻找差距，力求弥合，更有力地保护我国知识产权，促进中外知识产权贸易。

三、“入世”与我国知识产权的法律保护

1995 年初生效的《与贸易有关的知识产权（包括假冒品贸易）协议》(以下简称《知识产权协议》或 TRIPs）标志着世界知识产权进入了高标准、高水平的国际化保护阶段。我国加入 WTO 要求在知识产权保护方面与 TRIPs 全面协调，因此必须完善本国知识产权法制。

（一）我国知识产权法与 TRIPs 主要原则的协调问题

TRIPs 严格规定了无歧视原则、国民待遇原则、最惠国待遇原则和透明度原则等。

1.TRIPs 中的国民待遇原则与我国的知识产权法律保护

TRIPs 对国际版权明确规定了国民待遇原则，缔约方应将本协议所规定的待遇提供给其他成员的国民。但对作者的精神权利可以不予保护，这是为了与国际版权公约相吻合。“对有关的知识产权，‘其他成员的国民’应理解为合乎《巴黎公约》1967 年文本、《伯尔尼公约》1971 年文本、《罗马公约》及《集成电路的知识产权条约》所规定的标准，从而可享有的自然人或法人。就此而言，世界贸易组织的全体成员应视为上述公约的全体成员。”除此之外，每一缔约方在国际版权保护方面对其他成员提供的待遇不得低于其本国国民（并不提供给外国人的优惠多于本国国民）。但对于表演者、录音制品制作者及广播组织，这一义务仅仅适用于该协议所提供的权利。“任何成员如果可能适用《伯尔尼公约》第 6 条或《罗马公约》第 16 条第 1 款（b）项者，应依照规定通知‘与贸易有关的知识产权理事会’。”值得注意的是，虽然国民待遇原则已成为国际版权保护中首要的一项最基本、最普遍的原则，但并非必须绝对适用。实际上，在司法及行政程序方面，任何人都很难要求在另一国取得完全的国民待遇。《伯尔尼公约》《世界版权公约》和《知识产权协议》也都承认这一点。

如 TRIPs 的第 3 条第 2 款就特别强调了应注意国民待遇原则在司法与行政程序方面的例外。例如，在司法诉讼上，为了诉讼方便和保证对本国法律的了解及应用，多数国家的诉讼法都规定了外国人在本国诉讼，只能聘请本国律师代理。自 1993 年以来，已有许多

国家的外国律师事务所经许可在我国开业。但这些事务所在经办有关律师事务方面有所限制，只能经办与该外国法有关的业务，无权就中国法律提供服务。我国现行的《民事诉讼法》在“涉外民事诉讼程序的特别规定”一编中，专门强调：“外国人、无国籍人、外国企业和组织在人民法院起诉、应诉，需要委托律师代理诉讼的，必须委托中华人民共和国的律师。”（第 241 条）另外，该法还在提交委托书、法院管辖权等许多问题上，对外国诉讼主体与中国诉讼主体的差异之处做了规定。这方面无法保证国民待遇原则毫无保留地得以适用，但完全符合 TRIPs 的有关条款。

TRIPs 对版权的保护允许以“互惠原则”作为其例外。该协议在第 3 条第 1 款中专门提到了《伯尔尼公约》第 6 条和《罗马公约》第 16 条第 1 款（b）项。它们都允许成员国在特殊场合以“互惠”原则取代国民待遇原则。TRIPs 仍旧允许在这个范围内的“取代”。在上述两条所涉及的范围之外，世界贸易组织的成员在其国内法律中依照原有的四个公约（《巴黎公约》《伯尔尼公约》《罗马公约》《集成电路条约》）对保护知识产权做出过其他例外规定，即可以用互惠原则或其他原则来代替国民待遇原则；而在这两条范围内，世界贸易组织的成员有权选择以“互惠”取代国民待遇，只是必须通知与贸易有关的知识产权理事会。这就意味着，我国也可以灵活地履行 TRIPs 的有关规定，以最大限度地保护我国的知识产权。

2. TRIPs 中的最惠国待遇原则与我国的知识产权法律保护

“最惠国待遇原则”，是对国际版权保护的一大贡献。TRIPs 第 4 条明确规定了“最惠国待遇”。该条款包含两方面内容：一是在知识产权保护上，一个成员给予任何另一成员的利益、优惠、特权、豁免之类，均必须立即无条件地给予所有其他成员。即使该缔约方给予的这种优惠是针对非缔约国国民的，按照最惠国待遇原则，也同样要给予所有其他缔约方的国民。因此，通过适用此项原则，有利于确保任何一个缔约方公正有效地保护所有其他缔约方国民的知识产权，相应地扩大了保护范围，强化了保护力度，尤其是在两个或两个以上国家签订有关知识产权保护协议并且其保护水准又超出现有国际条约的情况下更是如此。二是允许在四种特例下可以不实行最惠国待遇原则，即：由一般性司法协助及法律实施的国际协定引申出且并非专为保护知识产权的；《伯尔尼公约》1971 年文本或《罗马公约》所允许的不按国民待遇，而按互惠原则提供的；本协议中未加规定的表演权、录音制品制作权及广播组织权；《建立世界贸易组织协定》生效之前业已生效的知识产权保护国际协议中产生的，且已将该协议通知与贸易有关的知识产权理事会，并对其他成员的国民不构成随意的或不公平的歧视。

上述 TRIPs 中规定的国民待遇、最惠国待遇等原则，与我国现有知识产权中的相关规定是不无抵牾的。其中影响较大的是超国民待遇问题。例如，TRIPs 协议规定，计算机软件作为文学作品可自动取得版权，而我国法律却规定软件登记是取得法律保护的前提，保护期只有 25 年，大大低于 TRIPs 规定的至少 50 年的标准。为解决这个问题，国务院于

1992 年 9 月颁布了《实施国际著作权条约的规定》，规定自动保护仅适用于外国作品，从而解决了外国人的版权在中国境内有效保护的问题。但这一规定赋予的新权益不能由本国人享有，反过来又造成了对外国人的著作权保护高于本国人的超国民待遇。本国立法表现了对本国版权的歧视，这既不利于引进人才和吸引出国留学人员在国家级高新技术开发区创业，也不利于中国著作权保护的国际协调。更严重的是会挫伤中国著作权人的创作积极性，甚至打击民族自尊心。又如，我国《著作权法》规定，除非作者本人公开声明不得转载，报刊可以任意转载其他报刊的文章，而无须取得作者的同意。由于该条款不适用于外国人，势必出现双重标准，导致在著作权方面对外国人的保护优于对中国人保护的局面。再如，根据我国《著作权法》第 22 条规定，中国的实用艺术作品中一大部分不具有著作权，而按照《实施国际著作权条约的规定》，享有公约保护的作者、中外合资企业或外商独资企业的作品，其实用艺术作品则享有 25 年的保护。这又造成了“超国民待遇”现象，也是很不公平的。

（二）知识产权保护的立法与 TRIPs 的差距问题

1. 有的知识产权法律到目前为止还是空白

如 TRIPs 把“地理标志”专门作为一项知识产权来规定，要求凡参加世界贸易组织的成员国或成员地区，均须给予保护，而我国目前尚没有专门的法律保护地理标志。

2. 已经制定和实施的某些法律、法规，还存在相互抵触及其他不足和缺陷

如《企业名称登记条例》和《商标法》之间的衔接问题，注册名称的限制是地域性的，而注册商标方面的限制则是全国性的，要是碰到企业商号与商标相同，很容易出现矛盾。又如仿冒装潢问题，商标往往是装潢的一部分，而只有具备注册条件的装潢才能申请注册，经核准后才能成为商标的一部分，这就要求《商标法》和《专利法》必须协调。再如，我国的《反不正当竞争法》中有反限制竞争条款，但它只涉及市场交易行为，并未涉及知识产权，而世界贸易组织的 TRIPs 的反限制竞争条款明确禁止在合同中限制对专利权的有效性提出异议；按照《反不正当竞争法》法定权利主体似乎只限于经营者，不正当竞争行为似乎也仅限于市场交易行为，对著作权实施中有可能遇到的不正当竞争行为尚缺少必要的概括或规定。

3. 专利法与 TRIPs 的差距

专利权保护范围方面的差距。我国于 1992 年对专利法进行了实质性的修改，将保护范围扩大到药品和化学物品，同时延长了保护期限，增设了专利进口权等，使我国的专利保护水平进入世界先进行列。但集成电路布图设计、未公开信息都是 TRIPs 的保护对象，该协议第 35 至 38 条详细规定了对集成电路布图设计的保护；而目前我国的法律对集成电路布图设计尚未给予保护。我国对未公开信息中的商业秘密保护分别规定于《科技进步法》《民事诉讼法》《劳动法》《反不正当竞争法》《关于禁止侵犯商业秘密行为的若干规定》

《科技人员流动不得非法泄露技术秘密的规定》以及《刑法》和《合同法》中。这些立法虽对商业秘密有所保护，但明显的过于分散，而且有关规定也比较原则；而 TRIPs 规定，对商业秘密的保护仅限于“他人未经许可而以违背诚实商业行为的方式披露、获得或使用合法处于其控制下的该信息”的情况。所谓“以违背诚实商业行为方式”至少应包括违约、泄密、诱使他人泄密和通过第三方获得未披露过的信息这四种行为。这比我国法律的有关规定更详尽、缜密、严格。因此，我国有必要制定一部统一的、能够调整和规范商业秘密各方面内容的商业秘密保护法。

专利强制授权制度方面的差距。我国《专利法》(1992 年 9 月 4 日）第 14 条规定，对于全民所有制单位所有的专利，国务院有关主管部门及省、自治区、直辖市人民政府有权根据国家计划决定其在本系统的推广。而 TRIPs 虽然并不完全禁止各成员的专利法实施强制许可，但对强制许可规定了严格的限制条件，这点正是我国《专利法》所缺乏的，它不利于保护专利权人的利益，同时也与 TRIPs 协议的国际标准不相吻合。

行政权与司法权制约关系方面的差距。当代世界实用新型和外观设计采用登记制的国家，多数将在无效诉讼或侵权诉讼的反诉中，对其效力提出相反要求的规定最终都由法院而不是专利局确认专利权能否成立。TRIPs 第 32、第 62 条规定，对任何宣告一项专利无效或失效的决定，均应提供机会给予司法审查；有关知识产权的获得和维持程序中的最终行政决定都应能够接受司法或准司法的复审。但我国《专利法》第 43、第 49 条分别将实用新型及外观设计专利批准与否的最终决定权和该两类专利无效请求的最终决定权赋予专利局。当实用新型或外观设计专利权人向法院提出侵权诉讼请求后，被告一方往往会提出请求宣告该专利无效的反诉，而法院会按照最高人民法院的有关规定裁定中止诉讼，将确权的反诉请求转交到国家专利局，等候专利局复审委员会审查做出维持专利或宣告专利无效的结论，法院在此基础上再恢复专利侵权诉讼。这就造成了行政权与司法权制约关系的本末倒置。这在国际上是罕见的，也不符合 TRIPs 的要求。

司法救济规定方面的差距。在方法专利侵权案件中，我国《专利法》在强化对被告举证责任的同时，还缺乏罗列举证责任倒置的具体情形。TRIPs 规定，如果通过方法专利获得的产品是新颖的，或者虽然有使用其他生产方法生产出相同产品的可能性，但专利权人通过必要的努力未能确定该项产品的真实生产方法，此时方法专利侵权案件的被告应担负举证责任（第 34 条）。TRIPs 还规定在引用相反证据时，应考虑被告有保护其生产和商业秘密的合法权益。但我国《专利法》仅规定，在发生侵权纠纷时，如果发明专利是一项新型产品的制造方法，制造同样的产品的单位或者个人应当提供其产品制造方法的证明（第 60 条）。显然，这一规定比较笼统、原则，缺乏被告获取相同产品所使用的方法与专利权人的方法专利存在实质相似，而专利权人又无法通过合理努力来确定事实上所使用的流程时，才将举证责任转移给被告的条件。由于被告在收集证据证明其获取相同产品所使用的方法与专利权人的方法专利不同时，往往会涉及自己的商业秘密，如何在举证责任适度转移中确保被告的生产利益和商业秘密免受侵害，在这一点上，我国《专利法》尚付阙如，从而造成了与国际规范要求的差距。

4. 商标法与 TRIPs 的差距

关于在先权方面的差距。TRIPs 第 16 条第 1 款中，把“不得损害已有的在先权”，作为获得注册乃至使用商标的条件之一。但我国商标法把行为人的主观状态作为保护在先权的前提，《商标法实施细则》(1993 年 7 月 15 日）第 25 条第 2 项过分强调了行为人的“主观状态”。

对驰名商标保护力度方面的差距。TRIPs 要求各国在法律或行政法规中明文保护驰名商标，在第 16 条第 3 款将驰名商标的保护扩大到不类似的商品及服务。1993 年我国在修改《商标法》及其《实施细则》时，增加了对保护公众熟知商标的原则性规定，但缺乏对驰名商标的保护力度。虽然 1996 年国家工商行政管理局发布的《驰名商标认定和管理暂行规定》中，对驰名商标的认定与保护进行了系统的规定，但该《规定》法律层次低，保护力度也不够。《商标法实施细则》虽涉及在注册方面保护驰名商标，但其致命的欠缺在于又以双重前提把不当注册者的主观状态加以强调，于是在客观上使中国商标法律制度仍旧与 TRIPs 有较大的差距。

关于商标侵权司法救济方面的法律差距。TRIPs 协议第 41 条第 4 款规定，对于初审的司法判决，有关当事人在一定条件下有权上诉提请复审；对于行政部门的终局决定或裁决，有关当事人在任何情况下有权要求司法审查。而我国《商标法》规定，对商标公告异议和撤销商标专用权的争议，商标评审委员会的裁定为终局裁定，因而不再接受司法审查，这无异于商标行政机关的终局决定权剥夺了当事人的诉讼权，与 TRIPs 的规定是背道而驰的。

此外，我国商标法有关权利限制方面与中国其他知识产权法之间不协调。中国《专利法》和《著作权法》均有权利限制条款，《商标法》却未有对商标权的限制，这不仅与其他知识产权法不相协调，而且也不符合 TRIPs 协议第 17 条规定的精神。

5. 著作权法与 TRIPs 的差距

版权限制范围方面。《伯尔尼公约》和 TRIPs 的有关规定对版权的限制局限于一定的特例之中，这些特例既不能与作品正常利益相冲突，也不能不合理地损害版权人的合法权益，同时，权利限制侧重于作品的合理使用。我国《著作权法》对版权限制的范围则较宽。例如，关于转载或转播使用他人作品，《著作权法》第 22 条第 4 项的规定（涉及几项合理使用的内容）有可能使转载或转播的作品超出《伯尔尼公约》第 10 条之一限定的政治、经济或宗教范围。由于第 22 条既不须经著作权人许可，又不必向其支付报酬的“合理使用”的规定，加上对具体使用方式未做出限制，势必造成以任何方式从事该条款所列的活动，都不能被视为侵权。《著作权法》第 43 条还规定：“广播电台、电视台非营业性播放已经出版的录音制品，可以不经著作权人、表演者、录音制作者许可，不向其支付报酬”，即所谓“法定免费使用”，此项规定离国际公约的最低要求有相当大的差距。

计算机程序的版权保护方面。TRIPs 第 10 条明确规定：“以源代码或以目标代码表达的计算机程序，均应作为伯尔尼公约 1971 年文本所指的文学作品给予保护。”中国版权立法对计算机程序的保护原则上体现在《著作权法》之中，该法将其纳入著作权客体的范畴，具体通过国务院制定的《计算机软件保护条例》加以规范。该条例规定了许多与文字作品著作权保护相区别的地方，且条例在某些方面与《著作权法》相抵触与矛盾。两相对照，TRIPs 的规定反映了计算机程序国际保护的立法趋势，而我国有关法律未能对此反映，从而造成了差距。

著作出租权的保护范围方面。TRIPs 规定，TRIPs 成员一般应承认计算机程序和电影作品的作者或其合法继承人有权允许或禁止将其享有著作权的作品原件或复制件向公众出租。我国仅仅在《著作权法实施条例》中对“发行”的解释上，明确了作品出租权。由于是通过较低层次的行政法规体现出租权，保护力度就比较弱小，而且只局限于对复制品的出租，不适用原件，显然与 TRIPs 的规定拉开了距离。

对数据库知识产权的保护方面。TRIPs 第 10 条规定：“数据或其他材料的汇编，无论采用机器可读形式，还是其他形式，只要其内容的选择或安排构成智力创作，即应予以保护。这类不延及数据或材料本身的保护，不得损害数据或材料本身已有的版权。”这一规定比《伯尔尼公约》规定的保护水平提高了一步。1996 年底通过的《世界知识产权组织版权条约》(《WCT》) 对数据汇编（数据库）也有类似的规定。

但是，我国对数据知识产权保护的法律规定仅在 1992 年 9 月颁布的《实施国际著作权条约的规定》中有所体现，即：“外国作品是由不受保护的材料编辑而成，但是在材料的选取或者编排上有独创性的，依照《著作权法》第 14 条（编辑作品）的规定予以保护。此种保护并不排斥他人利用同样的材料进行编辑。”（第 8 条）这虽然与 TRIPs 一致，但是它仅针对在中国的外国作品（数据库），而目前对中国数据库的版权保护尚无明文规定。这就造成了权利保护上的内外不平等性，必然损害我国的数据库开发者的权利。

（三）知识产权立法外的其他问题及对策

如前所述，我国知识产权的立法是积极的，进展相当迅速，与 TRIPs 的规定虽有一定差距，但一是不很大，二是进一步加紧立法，弥补起来也较容易。相比较而言，倒是在执法、守法以及法律观念的更新方面，问题更多、更大，需要大力改进。

1. 执法问题

目前比较普遍的反映是执法力度较弱。例如，我国保护著作权的法律，对罪犯制裁多采用简单的罚金处罚的方式，尤其是在打击盗版问题上，表现更为突出。仅处罚金，盗版者根本无所畏惧，反而会导致他们变本加厉，力图“搏”回损失。在商标侵权问题上也是如此。青岛第三制药厂打赢了商标官司，只获得 2 万余元赔偿。最少的一家侵权只赔到

500 元，而企业仅为打官司就花去了旅费 5 万元。

执法力度较弱的主要原因之一是地方保护主义。一些地方把盗版、复制他人作品作为重要财源而加以保护。一些行政执法部门和司法机关为利益驱使，充当地方保护主义和部门保护主义的工具。

在我国将要“入世”的情况下，这种问题的存在，必将导致地方和企业吃大亏，使客商望而生畏放弃商机，甚至与我国政府发生摩擦。因此，加大执法力度，打击地方保护主义，以法定的严厉措施保证法律的畅行无阻，保证 TRIPs 的规则在我国顺利实施，已成为不可稍有懈怠的大事。

为了加强保护知识产权的执法力度，在司法保护方面，应强化知识产权的民事救济措施。针对以往侵权诉讼中有时被侵权人所受损失和侵权人所获利润由于证据不足很难计算，以及法院难以判定一个具体的赔偿额的情况，我国可以参考 TRIPs 第 45 条，责令被侵权人按预定的某一数额（pre-established damages）进行赔偿。这种计算方法效果较好，已被不少国家所采用。TRIPs 还建议采用“发布禁令”和“没收侵权货物及制造该货物的原材料、工具”两种民事救济手段。其中“发布禁令”属于英美法传统的救济方法，中国可以不予采纳；而“没收”的方法，则可以考虑在相关法律中做出规定，以强化民事救济的执法力度。

在行政保护方面，应强化国务院知识产权办公会议的统筹协调能力，在其指导和协调下，由地方各级办公会议和执法小组每隔一段时间执行一次特别执法行动，增加调查次数和其他旨在实质性减少盗版、假冒以及其他侵犯知识产权行为的执法行动的次数，开展旨在保护知识产权的“严打”活动。

2. 法律意识与法制观念问题

毋庸讳言，直至目前为止，我国企业的知识产权和知识产权保护意识仍然较差。例如，商标注册意识就很差。据统计，1993 年中国注册生产企业 660 万家，有效商标注册仅 42 万件。而 1992 年底，美国拥有注册商标 200 多万件，日本为 100 多万件，我国的台湾地区也拥有注册商标 50 多万件。1985 年，我国加入《巴黎公约》，对保护国际驰名商标做出了庄严承诺，但是直到 1997 年底，在我国注册商标中，法律认定的驰名商标只有几十件。在国际舞台上，我们所承担的义务和可享受的权利反差太大。此外，不重视如何保护知识产权的情况甚至严重到放纵他人侵犯自己的知识产权的地步。商标管理状况也相当混乱。辽宁省在 1992 年的商标年检中发现，有 850 户企业使用的注册商标不标明注册标记；271 户企业自行改变注册商标的注册人名称和地址；207 户企业自行改变注册商标的文字、图形或者其组合；647 个商标连续 3 年没有使用过；丢证的企业有 458 户；非法许可他人使用商标的企业有 14 户；3026 户没有商标管理队伍；3267 户企业没有商标管理制度；2885 户企业没有商标管理档案。在这种情况下，如何可能在国际商海中竞争制胜呢？

与此同时，我国消费者对知识产权的保护意识也较差。据统计，购买假冒伪劣商品后真正去投诉的消费者，还不到半数。甚至有一些消费者明知是假冒商品，或慕其“洋商标”“名牌”，或贪图便宜，自愿上钩。

客观存在的上述问题造成了两种恶果：一是很多侵权人根据没有意识到自己的行为触犯了法律；二是权利人不知道采用适当的手段来保护自己的知识产权。

从上述情况看，普及和提高全社会的知识产权保护意识，已是刻不容缓的紧迫任务。1994 年，国务院做出了《进一步加强知识产权保护工作的决定》，提出要大力加强培养知识产权专业人才和宣传普及知识产权保护知识的工作；在 1995 年《有效保护及实施知识产权的行动计划中》，提出要在一两年内使 50% 的干部受到知识产权法的培训；1996 年，中国知识产权培训中心成立，这为普及知识产权知识，增强保护知识产权的法律意识，创造了较为有利的组织条件。加入 WTO，当进一步推动知识产权知识的普及工作。任重道远，我们要不断努力，务求在知识产权保护方面做出成绩。